암기 필름을 이용해 보세요!
이 책에 딸린 암기 필름을 뜯어 읽기 한자어와 쓰기 한자어를 가려보세요.
빨간색으로 인쇄된 독음과 한자가 보이지 않습니다. 암기 필름으로 한자어를
공부하면 보다 쉽게 단어를 외울 수 있고 잘 외웠는지 확인할 수 있습니다.

한 권으로 한 번에 합격!
한자능력 검정시험 마스터

3급 / 3급 Ⅱ

한 권으로 한 번에 합격!
한자능력검정시험 마스터 3급·3급 Ⅱ

지은이 신현규, 이은미
펴낸이 정규도
펴낸곳 (주)다락원

초판 1쇄 발행 2015년 6월 10일
3쇄 발행 2025년 5월 1일

편집총괄 최운선
책임편집 이경희, 김지혜
디자인 윤미주, 장미연, 장선숙

₫다락원 경기도 파주시 문발로 211
내용문의 (02) 736-2031 내선 272
구입문의 (02) 736-2031 내선 250~252
Fax (02) 732-2037
출판등록 1977년 9월 16일 제406-2008-000007호

Copyright ⓒ 2015, 다락원

저자 및 출판사의 허락 없이 이 책의 일부 또는 전부를 무단 복제·전재·발췌할 수 없습니다. 구입 후 철회는 회사 내규에 부합하는 경우에 가능하므로 구입문의처에 문의하시기 바랍니다. 분실·파손 등에 따른 소비자 피해에 대해서는 공정거래위원회에서 고시한 소비자 분쟁 해결 기준에 따라 보상 가능합니다. 잘못된 책은 바꿔 드립니다.

ISBN 978-89-277-4631-7 14710
978-89-277-4618-8 14710(set)

http://www.darakwon.co.kr
다락원 홈페이지를 통해 인터넷 주문을 하시면 자세한 정보와 함께 다양한 혜택을 받으실 수 있습니다.

한 권으로 한 번에 합격!

한자능력 검정시험 마스터

3급 / 3급 II

신현규, 이은미 지음

다락원

머리말

우리나라에서는 예나 지금이나 외국의 새로운 학문과 용어를 받아들일 때 주로 한자어로 번역합니다. 이러한 경향은 앞으로도 크게 바뀌지 않을 것입니다.

교과서에 나오는 주요한 용어나 우리말의 개념어에는 한자어가 대부분을 차지하고 있습니다. 또한, 우리말의 70% 이상이 한자어라는 사실은 한자가 이미 우리의 언어생활에서 지대한 역할을 하고 있다는 사실을 보여줍니다. 그러므로 한자를 알면 교과서 속 용어를 쉽게 이해하고, 우리말 어휘력을 높이는 데 도움이 됩니다.

이러한 상황에서 중국의 국제적인 입지가 부각되면서 한자 문화권을 중심으로 하는 한자 학습은 더욱 필수불가결한 요소가 되었습니다.

요즘 대학의 한자나 한문 수업에서도 공인 한자 급수 취득을 목표로 수업하는 경우가 많습니다. 그중에서도 (사)한국어문회가 주관하는 한자능력검정시험은 비교적 권위 있는 시험으로 자리 잡아, 해마다 많은 학생이 꾸준히 도전하고 있습니다.

이에 대비하여 다락원에서 한자 급수 시험에 더욱 효율적으로 대처하고자 「한자능력검정시험 마스터」 시리즈를 새로 내놓았습니다. 수험생들에게 꼭 필요한 한자 학습을 위하여 급수별 정보를 알차고 풍부하게 구성하였습니다.

이 책에서는 배정 한자를 가나다순으로 모아 해당 급수가 낮은 순서대로 제시하였습니다. 음이 같은 한자 중에는 한자 일부가 같은 모양을 가지고 있는 경우가 많으므로 음이 같은 한자끼리 학습하면 한자를 효율적으로 암기할 수 있습니다.

읽기/쓰기 한자를 구분하여 활용 범위 안의 단어를 실었습니다. 읽기 단어는 한자어를 읽는 연습을, 쓰기 단어는 한자어를 쓰는 연습을 하기에 좋습니다. 또한, 한자마다 해당 한자가 포함된 단어의 활용문을 실어 실생활에서 쓰이는 예시를 보여 주었습니다. 본문 맨 마지막에 실전 대비 문제를 두어 1,817자 한자 실력을 다질 수 있도록 하였고, 배정 급수 한자 학습이 모두 끝나면 부록과 더불어 모의시험을 치를 수 있는 문제지와 답안지까지 꼼꼼히 준비하였습니다.

아무쪼록 「한자능력검정시험 마스터」로 시험을 준비하는 모든 독자가 알차게 공부하여 좋은 결과를 얻을 수 있기를 바랍니다.

2015년 6월
저자를 대표하며
신현규

이 책의 특징

이 책은 (사)한국어문회에서 주관하는 한자능력검정시험 3급·3급Ⅱ의 수험 대비서입니다. 효율적인 학습을 위하여 해당 급수의 정보를 다음과 같이 구성하였습니다.

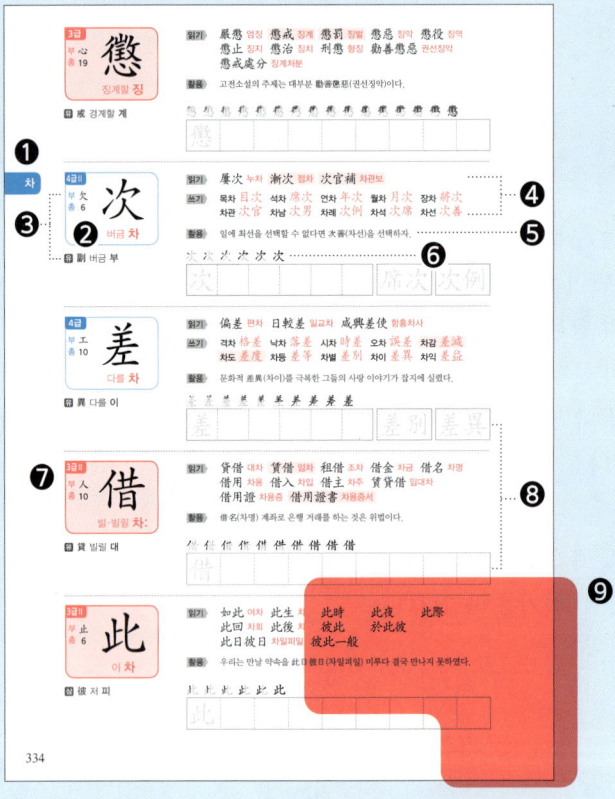

❶ 가나다순으로 한자를 모아 해당 급수가 낮은 순서대로 제시하였습니다.

❷ 장음으로 발음되는 음에는 :로, 단어에 따라 장음과 단음 두 가지로 발음되는 음에는 (:)로 표시하였으며, 단음으로 발음되는 음에는 표시하지 않았습니다.

❸ 부수를 부, 총획을 총, 약자를 약, 상대자를 상, 유의자를 유로 표시하였습니다.

❹ 해당 한자가 포함된 한자어를 실었습니다. 읽기 한자어는 독음에, 쓰기 한자어는 한자에 붉은색으로 표시하였으며, 기출 단어는 붉은색 바탕으로 표시하였습니다.

❺ 한자어의 활용문을 실어 실생활에서의 쓰임을 보여 주었습니다.

❻ 한자의 쓰는 순서를 제시하였습니다.

❼ 읽기 배정 한자(3급·3급Ⅱ)는 붉은 배경색을 하여 구분하였습니다.

❽ 읽기 배정 한자(3급·3급Ⅱ)는 한자 낱자를 쓰도록 하였고, 쓰기 배정 한자(4급~8급)는 한자 낱자와 한자어를 함께 쓰도록 하였습니다.

❾ 암기 필름을 이용하면 읽기 한자어에서는 독음을, 쓰기 한자어에서는 한자를 편리하게 외울 수 있습니다.

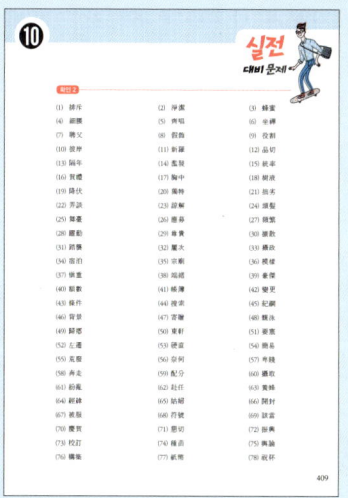

❿ 본문 맨 마지막에 실제 시험에 출제되는 유형의 문제를 실었습니다. 문제를 풀며 앞에서 익힌 한자에 대한 실력을 확인할 수 있습니다.

부록

❶ 시험 문제의 유형을 완벽히 분석하고, 유형별 학습 내용을 한눈에 확인할 수 있도록 정리하였습니다.

❷ 배정 한자를 모두 익힌 후 모의 시험을 풀어볼 수 있는 시험지를 제공합니다.

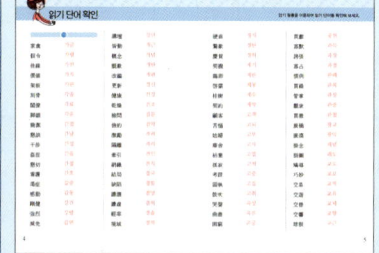

❸ 평상시 가지고 다니며 읽기/쓰기 단어와 사자성어를 복습할 수 있는 확인 학습 미니북을 제공합니다.

한자능력검정시험 안내

한자능력검정시험은 (사)한국어문회가 주관하고 한국한자능력검정회가 시행하는 종합적인 한자 능력 측정 시험입니다. 1992년 12월 9일 제1회 시험이 시행된 이래로 지금까지 꾸준히 이어져 오고 있습니다. 한자능력검정시험은 공인급수와 교육급수로 구분되어 있으며, 특급~3급II가 공인급수, 4급~8급이 교육급수입니다.

응시 자격

한자능력검정시험은 모든 급수, 즉 특급~8급에 누구나 응시할 수 있습니다. 재학 여부, 학력, 소속, 성별, 나이, 국적 등에 상관없이 원하는 급수에 응시할 수 있습니다.

급수 배정

구분	공인급수					
	특급	특급II	1급	2급	3급	3급II
읽기 배정 한자	5,978	4,918	3,500	2,355	1,817	1,500
쓰기 배정 한자	3,500	2,355	2,005	1,817	1,000	750

구분	교육급수								
	4급	4급II	5급	5급II	6급	6급II	7급	7급II	8급
읽기 배정 한자	1,000	750	500	400	300	225	150	100	50
쓰기 배정 한자	500	400	300	225	150	50	-	-	-

* 7급, 7급II, 8급에는 쓰기 배정 한자가 없습니다.
* 상위 급수 한자는 하위 급수 한자를 모두 포함하고 있습니다.
* 쓰기 배정 한자는 한두 급수 아래의 읽기 배정 한자이거나 그 범위 내에 있습니다.

급수별 출제 기준

구분	특급	특급II	1급	2급	3급	3급II	4급	4급II	5급	5급II	6급	6급II	7급	7급II	8급
독음	45	45	50	45	45	45	32	35	35	35	33	32	32	22	24
훈음	27	27	32	27	27	27	22	22	23	23	22	29	30	30	24
장단음	10	10	10	5	5	5	3	0	0	0	0	0	0	0	0
반의어 (상대어)	10	10	10	10	10	10	3	3	3	3	3	2	2	2	0
완성형 (성어)	10	10	15	10	10	10	5	5	4	4	3	2	2	2	0
부수	10	10	10	5	5	5	3	3	0	0	0	0	0	0	0
동의어 (유의어)	10	10	10	5	5	5	3	3	3	3	2	0	0	0	0
동음이의어	10	10	10	5	5	5	3	3	3	3	2	0	0	0	0
뜻풀이	5	5	10	5	5	5	3	3	3	3	2	2	2	2	0
약자	3	3	3	3	3	3	3	3	3	3	0	0	0	0	0
한자 쓰기	40	40	40	30	30	30	20	20	20	20	20	10	0	0	0
필순	0	0	0	0	0	0	0	0	3	3	3	3	2	2	2
한문	20	20	0	0	0	0	0	0	0	0	0	0	0	0	0

* 출제 기준표는 기본지침자료로서, 출제자의 의도에 따라 차이가 있을 수 있습니다.

급수별 합격 기준

구분	특급	특급II	1급	2급	3급	3급II	4급	4급II	5급	5급II	6급	6급II	7급	7급II	8급
출제 문항	200	200	200	150	150	150	100	100	100	100	90	80	70	60	50
합격 문항	160	160	160	105	105	105	70	70	70	70	63	56	49	42	35
시험 시간 (분)	100	100	90	60	60	60	50	50	50	50	50	50	50	50	50

* 특급·특급II·1급은 출제 문항의 80% 이상, 2급~8급은 70% 이상 득점하면 합격입니다.
* 1문항당 1점으로 급수별 만점은 출제 문항 수입니다.

※ 자세한 시험 안내는 (사)한국어문회 홈페이지(www.hanja.re.kr) '한자검정'을 참조하세요.

차 례

한자 기본 지식 ·· 12

3급·3급Ⅱ 배정 한자 ·································· 16

3급·3급Ⅱ 배정 한자 익히기 ······················ 44

실전 대비 문제 ·· 408

부록
- 3급 시험 문제 유형 분석 ······················ 426
- 사자성어 ·· 434
- 상대자·상대어 ······································ 456
- 유의자·유의어 ······································ 465
- 동음이의어 ·· 471
- 동자이음자 ·· 484
- 약자 ·· 487
- 모의시험 답안지 ···································· 491
- 모의 전국한자능력검정시험

📖 별책 부록 – 확인 학습 미니북
- 읽기 단어 확인 ······································ 4
- 쓰기 단어 확인 ······································ 24
- 사자성어 확인 ·· 38
- 정답 ·· 44

한자 기본 지식

한자(漢字)란 무엇인가요?

한자는 고대 중국에서 만들어져 오늘날까지 우리나라와 중국, 일본 등 한자 문화권의 여러 나라에서 널리 쓰이는 문자입니다. 맨 처음 한자는 그림과 같은 모양이었는데, 오랜 세월 동안 모양이 조금씩 변해 오다가 한(漢)나라 때 오늘날 우리가 사용하는 모양을 갖추었기에 한자라고 부르게 되었습니다.

- **한자의 3요소**

  한자는 하나의 글자가 모양(形), 소리(音), 뜻(義)을 모두 나타내는 글자입니다. 그래서 한자를 공부할 때는 하나의 글자마다 모양, 소리, 뜻의 3요소를 함께 익혀야 합니다.

육서(六書)란 무엇인가요?

한자를 만드는 여섯 가지 원리를 육서라고 합니다. 육서에는 한자를 만드는 원리인 상형, 지사, 회의, 형성과 이미 만든 한자를 활용하는 원리인 전주, 가차가 있습니다.

- **상형(象形)**

  한자를 만드는 가장 기본적인 원리로, 구체적인 사물의 모양을 본떠 한자를 만드는 방법입니다.

  > 日 날 일: 해의 모양을 본떠서 만든 글자
  > 水 물 수: 흐르는 물의 모양을 본떠서 만든 글자

- **지사(指事)**

  구체적인 모양으로 나타낼 수 없는 개념이나 관념을 점(·)이나 선(—)으로 나타내어 한자를 만드는 방법입니다.

  > 上 윗 상: 선 위에 점을 찍어 '윗 상'이라고 칭함
  > 下 아래 하: 선 아래에 점을 찍어 '아래 하'라고 칭함

- **회의(會意)**
두 개 이상의 글자에서 뜻을 결합하여 새로운 한자를 만드는 방법입니다.

明 밝을 명 = 日 날 일 + 月 달 월
林 수풀 림 = 木 나무 목 + 木 나무 목

- **형성(形聲)**
뜻(訓)을 나타내는 부분과 음(音)을 나타내는 부분을 결합하여 새로운 한자를 만드는 방법입니다.

問 물을 문 = 口 입 구 + 門 문 문
記 기록할 기 = 言 말씀 언 + 己 몸 기

- **전주(轉注)**
이미 만든 한자의 의미를 확대하여 새로운 뜻과 음으로 사용하는 원리입니다.

樂 ➡ 즐길 락 / 노래 악 / 좋아할 요
  예) 同苦同樂 동고동락
  예) 音樂 음악
  예) 樂山樂水 요산요수

惡 ➡ 악할 악 / 미워할 오
  예) 惡行 악행
  예) 惡寒 오한

- **가차(假借)**
어떤 뜻을 나타내는 한자가 없을 때, 이미 만든 한자 중에 음이 같은 한자를 빌려 쓰는 원리입니다.

Asia(아시아): 亞細亞 아세아
India(인디아): 印度 인도
Spain(스페인): 西班牙 서반아
Europe(유럽): 歐羅巴 구라파

한자 기본 지식

부수(部首)란 무엇인가요?

부수는 한자를 이루고 있는 글자 중의 한 부분으로, 한자 사전에서 한자를 찾을 때 기준이 되는 글자입니다. 그래서 모든 한자는 하나의 부수를 가지고 있습니다. 현재 사용하고 있는 부수자는 '한 일(一)'에서 '피리 약(龠)'까지 214개이며, 모든 한자는 부수자를 기준으로 분류되어 있습니다.

• 부수의 위치와 명칭

❶ 변(邊): 한자의 왼쪽에 위치한 부수
   校 나무목변   海 물수변

❸ 머리: 한자의 위쪽에 위치한 부수
   室 갓머리   萬 초두머리

❷ 방(傍): 한자의 오른쪽에 위치한 부수
   利 칼도방   郡 우부방

❹ 발: 한자의 아래쪽에 위치한 부수
   先 어진사람인발   感 마음심발

❺ 엄: 한자의 위에서 왼쪽 아래로 위치한 부수
   度 집엄   病 병질엄

❻ 책받침: 한자의 왼쪽에서 아래로 위치한 부수
   道 갖은책받침   建 민책받침

❼ 몸(에운담): 한자 전체를 에워싸고 있는 부수
   國 에운담   品 터진에운담

❽ 제부수: 글자 자체가 부수
   生 父 白 身

한자를 바르게 쓰는 순서가 있나요?

한자는 몇 개의 점이나 선으로 이루어져 있습니다. 붓을 한 번 움직여 쓸 수 있는 하나하나의 점이나 선을 '획'이라 하는데, 이 획을 쓰는 순서를 '필순'이라고 합니다.

한글이나 알파벳도 쓰는 순서가 있듯이 한자도 쓰는 순서가 있습니다. 오랜 시간 동안 많은 사람이 써 오면서 한자를 바르고 정확하게 쓰기 위해 몇 가지 원칙을 정해 놓은 것입니다. 필순의 일반적인 원칙에 따라 복잡하게 생긴 한자를 한 획씩 쓰다 보면 점점 바르고 예쁘게 한자를 쓸 수 있습니다.

❶ 위에서 아래로 씁니다.

三　一 二 三

❷ 왼쪽에서 오른쪽으로 씁니다.

川　丿 丿丨 川

❸ 왼쪽과 오른쪽이 대칭일 때는 가운데 획을 먼저 씁니다.

小　亅 小 小

❹ 가로획과 세로획이 만날 때는 가로획을 먼저 쓰고 세로획을 나중에 씁니다.

十　一 十

❺ 안쪽과 바깥쪽이 있을 때는 바깥쪽을 먼저 쓰고 안쪽은 나중에 씁니다.

同　丨 冂 冂 同 同 同

❻ 몸을 먼저 쓰고 안은 나중에 쓰나, 글자의 밑은 맨 마지막에 씁니다.

國　丨 冂 冂 同 同 同 國 國 國 國

❼ 삐침과 파임이 만날 때는 삐침을 먼저 씁니다.

父　丶 丷 父 父

❽ 글자 전체를 꿰뚫는 획은 나중에 씁니다.

中　丨 冂 口 中

❾ 받침은 나중에 씁니다.

近　斤 斤 斤 斤 斤 近 近

❿ 오른쪽 위에 있는 점은 맨 나중에 찍습니다.

代　亻 亻 仁 代 代

3급·3급Ⅱ 배정 한자

ㄱ

家 집 가 ············ 7Ⅱ
歌 노래 가 ············ 7
價 값 가 ············ 5Ⅱ
加 더할 가 ············ 5
可 옳을 가: ············ 5
假 거짓 가: ············ 4Ⅱ
街 거리 가(:) ············ 4Ⅱ
暇 틈·겨를 가: ············ 4
佳 아름다울 가: ············ 3Ⅱ
架 시렁 가: ············ 3Ⅱ
各 각각 각 ············ 6Ⅱ
角 뿔 각 ············ 6Ⅱ
刻 새길 각 ············ 4
覺 깨달을 각 ············ 4
脚 다리 각 ············ 3Ⅱ
閣 집 각 ············ 3Ⅱ
却 물리칠 각 ············ 3
間 사이 간(:) ············ 7Ⅱ
干 방패 간 ············ 4
看 볼 간 ············ 4
簡 대쪽·간략할 간(:) ············ 4
刊 새길 간 ············ 3Ⅱ
幹 줄기 간 ············ 3Ⅱ

懇 간절할 간: ············ 3Ⅱ
肝 간 간(:) ············ 3Ⅱ
姦 간음할 간 ············ 3
渴 목마를 갈 ············ 3
感 느낄 감: ············ 6
減 덜 감: ············ 4Ⅱ
監 볼 감 ············ 4Ⅱ
敢 감히·구태여 감: ············ 4
甘 달 감 ············ 4
鑑 거울 감 ············ 3Ⅱ
甲 갑옷 갑 ············ 4
江 강 강 ············ 7Ⅱ
强 강할 강(:) ············ 6
康 편안 강 ············ 4Ⅱ
講 욀 강: ············ 4Ⅱ
降 내릴 강:/항복할 항 ············ 4
剛 굳셀 강 ············ 3Ⅱ
綱 벼리 강 ············ 3Ⅱ
鋼 강철 강 ············ 3Ⅱ
開 열 개 ············ 6
改 고칠 개(:) ············ 5
個 낱 개(:) ············ 4Ⅱ
介 낄 개: ············ 3Ⅱ
槪 대개 개: ············ 3Ⅱ

蓋 덮을 개(:) ············ 3Ⅱ
慨 슬퍼할 개: ············ 3
皆 다 개 ············ 3
客 손 객 ············ 5Ⅱ
車 수레 거·차 ············ 7Ⅱ
去 갈 거: ············ 5
擧 들 거: ············ 5
居 살 거 ············ 4
巨 클 거: ············ 4
拒 막을 거: ············ 4
據 근거 거: ············ 4
距 상거할 거: ············ 3Ⅱ
件 물건 건 ············ 5
健 굳셀 건: ············ 5
建 세울 건: ············ 5
乾 하늘·마를 건 ············ 3Ⅱ
傑 뛰어날 걸 ············ 4
乞 빌 걸 ············ 3
檢 검사할 검: ············ 4Ⅱ
儉 검소할 검: ············ 4
劍 칼 검: ············ 3Ⅱ
格 격식 격 ············ 5Ⅱ
擊 칠 격 ············ 4
激 격할 격 ············ 4
隔 사이뜰 격 ············ 3Ⅱ

한자, 훈음, 해당 급수 순서입니다.

見	볼 견:/뵈올 현: …… 5II
堅	굳을 견 …… 4
犬	개 견 …… 4
牽	이끌·끌 견 …… 3
絹	비단 견 …… 3
肩	어깨 견 …… 3
遣	보낼 견: …… 3
決	결단할 결 …… 5II
結	맺을 결 …… 5II
潔	깨끗할 결 …… 4II
缺	이지러질 결 …… 4II
訣	이별할 결 …… 3II
兼	겸할 겸 …… 3II
謙	겸손할 겸 …… 3II
京	서울 경 …… 6
敬	공경 경: …… 5II
景	볕 경(:) …… 5
競	다툴 경: …… 5
輕	가벼울 경 …… 5
境	지경 경 …… 4II
慶	경사 경: …… 4II
經	지날·글 경 …… 4II
警	깨우칠 경: …… 4II
傾	기울 경 …… 4

更	고칠 경/다시 갱: …… 4
鏡	거울 경: …… 4
驚	놀랄 경 …… 4
徑	지름길·길 경 …… 3II
硬	굳을 경 …… 3II
耕	밭갈 경 …… 3II
頃	이랑·잠깐 경 …… 3II
卿	벼슬 경 …… 3
庚	별 경 …… 3
竟	마침내 경: …… 3
界	지경 계: …… 6II
計	셀 계: …… 6II
係	맬 계: …… 4II
季	계절 계: …… 4
戒	경계할 계: …… 4
系	이어맬 계: …… 4
繼	이을 계: …… 4
階	섬돌 계 …… 4
鷄	닭 계 …… 4
啓	열 계: …… 3II
契	맺을 계: …… 3II
桂	계수나무 계: …… 3II
械	기계 계: …… 3II
溪	시내 계 …… 3II

癸	북방·천간 계: …… 3
繫	맬 계: …… 3
高	높을 고 …… 6II
古	예 고: …… 6
苦	쓸 고 …… 6
告	고할 고: …… 5II
固	굳을 고(:) …… 5
考	생각할 고(:) …… 5
故	연고 고(:) …… 4II
孤	외로울 고 …… 4
庫	곳집 고 …… 4
姑	시어미 고 …… 3II
稿	원고·볏짚 고 …… 3II
鼓	북 고 …… 3II
枯	마를 고 …… 3
顧	돌아볼 고 …… 3
曲	굽을 곡 …… 5
穀	곡식 곡 …… 4
哭	울 곡 …… 3II
谷	골 곡 …… 3II
困	곤할 곤: …… 4
坤	땅 곤 …… 3
骨	뼈 골 …… 4
工	장인 공 …… 7II
空	빌 공 …… 7II

17

3급·3급Ⅱ 배정 한자

公	공평할 공	6Ⅱ
共	한가지 공:	6Ⅱ
功	공 공	6Ⅱ
孔	구멍 공:	4
攻	칠 공:	4
供	이바지할 공:	3Ⅱ
恐	두려울 공(:)	3Ⅱ
恭	공손할 공	3Ⅱ
貢	바칠 공:	3Ⅱ
果	실과 과:	6Ⅱ
科	과목 과	6Ⅱ
課	공부할·과정 과(:)	5Ⅱ
過	지날 과:	5Ⅱ
寡	적을 과:	3Ⅱ
誇	자랑할 과:	3Ⅱ
郭	둘레·외성 곽	3
觀	볼 관	5Ⅱ
關	관계할 관	5Ⅱ
官	벼슬 관	4Ⅱ
管	대롱·주관할 관	4
冠	갓 관	3Ⅱ
寬	너그러울 관	3Ⅱ
慣	익숙할 관	3Ⅱ
貫	꿸 관(:)	3Ⅱ

館	집 관	3Ⅱ
光	빛 광	6Ⅱ
廣	넓을 광:	5Ⅱ
鑛	쇳돌 광:	4
狂	미칠 광	3Ⅱ
掛	걸 괘	3
壞	무너질 괴:	3Ⅱ
怪	괴이할 괴(:)	3Ⅱ
塊	흙덩이 괴	3
愧	부끄러울 괴:	3
敎	가르칠 교:	8
校	학교 교:	8
交	사귈 교	6
橋	다리 교	5
巧	공교할 교	3Ⅱ
較	견줄·비교할 교	3Ⅱ
矯	바로잡을 교:	3
郊	들 교	3
九	아홉 구	8
口	입 구(:)	7
球	공 구	6Ⅱ
區	구분할·지경 구	6
具	갖출 구(:)	5Ⅱ
舊	예 구:	5Ⅱ
救	구원할 구:	5

句	글귀 구	4Ⅱ
求	구할 구	4Ⅱ
究	연구할 구	4Ⅱ
構	얽을 구	4
丘	언덕 구	3Ⅱ
久	오랠 구:	3Ⅱ
拘	잡을 구	3Ⅱ
俱	함께 구	3
懼	두려워할 구	3
狗	개 구	3
苟	진실로·구차할 구	3
驅	몰 구	3
龜	거북 구·귀/터질 균	3
國	나라 국	8
局	판 국	5Ⅱ
菊	국화 국	3Ⅱ
軍	군사 군	8
郡	고을 군:	6
君	임금 군	4
群	무리 군	4
屈	굽힐 굴	4
宮	집 궁	4Ⅱ
窮	다할·궁할 궁	4
弓	활 궁	3Ⅱ

한자, 훈음, 해당 급수 순서입니다.

權	권세 권	4II
券	문서 권	4
勸	권할 권:	4
卷	책 권(:)	4
拳	주먹 권:	3II
厥	그 궐	3
軌	바퀴자국 궤:	3
貴	귀할 귀:	5
歸	돌아갈 귀:	4
鬼	귀신 귀:	3II
規	법 규	5
叫	부르짖을 규	3
糾	얽힐 규	3
均	고를 균	4
菌	버섯 균	3II
極	다할·극진할 극	4II
劇	심할 극	4
克	이길 극	3II
根	뿌리 근	6
近	가까울 근:	6
勤	부지런할 근(:)	4
筋	힘줄 근	4
僅	겨우 근:	3
斤	근·날 근	3
謹	삼갈 근:	3

金	쇠 금/성 김	8
今	이제 금	6II
禁	금할 금:	4II
琴	거문고 금	3II
禽	새 금	3II
錦	비단 금:	3II
急	급할 급	6II
級	등급 급	6
給	줄 급	5
及	미칠 급	3II
肯	즐길 긍:	3
氣	기운 기	7II
記	기록할 기	7II
旗	기 기	7
基	터 기	5II
己	몸 기	5II
技	재주 기	5
期	기약할 기	5
汽	물끓는김 기	5
器	그릇 기	4II
起	일어날 기	4II
奇	기특할 기	4
寄	부칠 기	4
機	틀 기	4
紀	벼리 기	4

企	꾀할 기	3II
其	그 기	3II
畿	경기 기	3II
祈	빌 기	3II
騎	말탈 기	3II
幾	몇 기	3
忌	꺼릴 기	3
旣	이미 기	3
棄	버릴 기	3
欺	속일 기	3
豈	어찌 기	3
飢	주릴 기	3
緊	긴할 긴	3II
吉	길할 길	5

ㄴ

那	어찌 나:	3
諾	허락할 낙	3II
暖	따뜻할 난:	4II
難	어려울 난(:)	4II
南	남녘 남	8
男	사내 남	7II
納	들일 납	4
娘	계집 낭	3II
內	안 내:	7II

3급·3급Ⅱ 배정 한자

耐	견딜 내:	3Ⅱ
乃	이에 내:	3
奈	어찌 내	3
女	계집 녀	8
年	해 년	8
念	생각 념:	5Ⅱ
寧	편안 녕	3Ⅱ
努	힘쓸 노	4Ⅱ
怒	성낼 노:	4Ⅱ
奴	종 노	3Ⅱ
農	농사 농	7Ⅱ
腦	골·뇌수 뇌	3Ⅱ
惱	번뇌할 뇌	3
能	능할 능	5Ⅱ
泥	진흙 니	3Ⅱ

ㄷ

多	많을 다	6
茶	차 다·차	3Ⅱ
短	짧을 단(:)	6Ⅱ
團	둥글 단	5Ⅱ
壇	단 단	5
單	홑 단	4Ⅱ
斷	끊을 단:	4Ⅱ
檀	박달나무 단	4Ⅱ
端	끝 단	4Ⅱ
段	층계 단	4
丹	붉을 단	3Ⅱ
但	다만 단:	3Ⅱ
旦	아침 단	3Ⅱ
達	통달할 달	4Ⅱ
談	말씀 담	5
擔	멜 담	4Ⅱ
淡	맑을 담	3Ⅱ
答	대답 답	7Ⅱ
踏	밟을 답	3Ⅱ
畓	논 답	3
堂	집 당	6Ⅱ
當	마땅 당	5Ⅱ
黨	무리 당	4Ⅱ
唐	당나라·당황할 당(:)	3Ⅱ
糖	엿 당	3Ⅱ
大	큰 대(:)	8
代	대신할 대:	6Ⅱ
對	대할 대:	6Ⅱ
待	기다릴 대:	6
帶	띠 대(:)	4Ⅱ
隊	무리 대	4Ⅱ
臺	대 대	3Ⅱ
貸	빌릴·꿀 대:	3Ⅱ
德	큰 덕	5Ⅱ
道	길 도:	7Ⅱ
圖	그림 도	6Ⅱ
度	법도 도(:)/헤아릴 탁	6
到	이를 도:	5Ⅱ
島	섬 도	5
都	도읍 도	5
導	인도할 도:	4Ⅱ
徒	무리 도	4
盜	도둑 도(:)	4
逃	도망할 도	4
倒	넘어질 도:	3Ⅱ
刀	칼 도	3Ⅱ
桃	복숭아 도	3Ⅱ
渡	건널 도	3Ⅱ
途	길 도:	3Ⅱ
陶	질그릇 도	3Ⅱ
塗	칠할 도	3
挑	돋울 도	3
稻	벼 도	3
跳	뛸 도	3
讀	읽을 독/구절 두	6Ⅱ

한자, 훈음, 해당 급수 순서입니다.

| 獨 홀로 독 ············ 5II |
| 毒 독 독 ············ 4II |
| 督 감독할 독 ············ 4II |
| 篤 도타울 독 ············ 3 |
| 敦 도타울 돈 ············ 3 |
| 豚 돼지 돈 ············ 3 |
| 突 갑자기 돌 ············ 3II |
| 東 동녘 동 ············ 8 |
| 動 움직일 동: ············ 7II |
| 冬 겨울 동(:) ············ 7 |
| 同 한가지 동 ············ 7 |
| 洞 골 동:/밝을 통: ············ 7 |
| 童 아이 동(:) ············ 6II |
| 銅 구리 동 ············ 4II |
| 凍 얼 동: ············ 3II |
| 頭 머리 두 ············ 6 |
| 斗 말 두 ············ 4II |
| 豆 콩 두 ············ 4II |
| 屯 진칠 둔 ············ 3 |
| 鈍 둔할 둔: ············ 3 |
| 得 얻을 득 ············ 4II |
| 登 오를 등 ············ 7 |
| 等 무리 등: ············ 6II |
| 燈 등 등 ············ 4II |
| 騰 오를 등 ············ 3 |

ㄹ

| 羅 벌릴 라 ············ 4II |
| 樂 즐길 락/노래 악/좋아할 요 ············ 6II |
| 落 떨어질 락 ············ 5 |
| 絡 이을·얽을 락 ············ 3II |
| 亂 어지러울 란: ············ 4 |
| 卵 알 란: ············ 4 |
| 欄 난간 란 ············ 3II |
| 蘭 난초 란 ············ 3II |
| 覽 볼 람 ············ 4 |
| 濫 넘칠 람: ············ 3 |
| 朗 밝을 랑: ············ 5II |
| 廊 사랑채·행랑 랑 ············ 3II |
| 浪 물결 랑(:) ············ 3II |
| 郎 사내 랑 ············ 3II |
| 來 올 래(:) ············ 7 |
| 冷 찰 랭: ············ 5 |
| 略 간략할·약할 략 ············ 4 |
| 掠 노략질할 략 ············ 3 |
| 良 어질 량 ············ 5II |
| 量 헤아릴 량 ············ 5 |
| 兩 두 량: ············ 4II |
| 糧 양식 량 ············ 4 |
| 梁 들보·돌다리 량 ············ 3II |

| 涼 서늘할 량 ············ 3II |
| 諒 살펴알·믿을 량 ············ 3 |
| 旅 나그네 려 ············ 5II |
| 麗 고울 려 ············ 4II |
| 慮 생각할 려: ············ 4 |
| 勵 힘쓸 려: ············ 3II |
| 力 힘 력 ············ 7II |
| 歷 지날 력 ············ 5II |
| 曆 책력 력 ············ 3II |
| 練 익힐 련: ············ 5II |
| 連 이을 련 ············ 4II |
| 戀 그리워할·그릴 련: ············ 3II |
| 聯 연이을 련 ············ 3II |
| 蓮 연꽃 련 ············ 3II |
| 鍊 쇠불릴·단련할 련: ············ 3II |
| 憐 불쌍히여길 련 ············ 3 |
| 列 벌릴 렬 ············ 4II |
| 烈 매울 렬 ············ 4 |
| 裂 찢어질 렬 ············ 3II |
| 劣 못할 렬 ············ 3 |
| 廉 청렴할 렴 ············ 3 |
| 獵 사냥 렵 ············ 3 |
| 令 하여금 령(:) ············ 5 |

21

3급·3급II 배정 한자

領	거느릴 령	5	漏	샐 루:	3II	履	밟을 리:	3II
嶺	고개 령	3II	累	여러·자주 루:	3II	裏	속 리:	3II
靈	신령 령	3II	屢	여러 루:	3	梨	배 리	3
零	떨어질·영 령	3	淚	눈물 루:	3	隣	이웃 린	3
例	법식 례:	6	流	흐를 류	5II	林	수풀 림	7
禮	예도 례:	6	類	무리 류(:)	5II	臨	임할 림	3II
隷	종 례:	3	留	머무를 류	4II	立	설 립	7II
老	늙을 로:	7	柳	버들 류(:)	4			
路	길 로:	6	六	여섯 륙	8	**ㅁ**		
勞	일할 로	5II	陸	뭍 륙	5II	馬	말 마:	5
爐	화로 로	3II	輪	바퀴 륜	4	磨	갈 마	3II
露	이슬 로(:)	3II	倫	인륜 륜	3II	麻	삼 마(:)	3II
綠	푸를 록	6	律	법칙 률	4II	幕	장막 막	3II
錄	기록할 록	4II	栗	밤 률	3II	漠	넓을 막	3II
祿	녹 록	3II	率	비율 률/거느릴 솔	3II	莫	없을 막	3II
鹿	사슴 록	3				萬	일만 만:	8
論	논할 론	4II	隆	높을 륭	3II	滿	찰 만(:)	4II
弄	희롱할 롱:	3II	陵	언덕 릉	3II	晩	늦을 만:	3II
賴	의뢰할 뢰:	3II	里	마을 리:	7	慢	거만할 만:	3
雷	우레 뢰	3II	利	이할 리:	6II	漫	흩어질 만:	3
料	헤아릴 료(:)	5	理	다스릴 리:	6II	末	끝 말	5
了	마칠 료:	3	李	오얏·성 리:	6	望	바랄 망:	5II
僚	동료 료	3	離	떠날 리:	4	亡	망할 망	5
龍	용 룡	4	吏	벼슬아치·관리 리:	3II	妄	망령될 망:	3II
樓	다락 루	3II				忘	잊을 망	3

한자, 훈음, 해당 급수 순서입니다.

忙	바쁠 망	3
罔	없을 망	3
茫	아득할 망	3
每	매양 매(:)	7II
買	살 매:	5
賣	팔 매(:)	5
妹	누이 매	4
媒	중매 매	3II
梅	매화 매	3II
埋	묻을 매	3
脈	줄기 맥	4II
麥	보리 맥	3II
孟	맏 맹(:)	3II
猛	사나울 맹:	3II
盲	소경·눈멀 맹	3II
盟	맹세 맹	3II
面	낯 면:	7
勉	힘쓸 면:	4
免	면할 면:	3II
眠	잘 면	3II
綿	솜 면	3II
滅	멸할·꺼질 멸	3II
名	이름 명	7II
命	목숨 명:	7
明	밝을 명	6II

鳴	울 명	4
銘	새길 명	3II
冥	어두울 명	3
母	어미 모:	8
毛	터럭 모	4II
模	본뜰 모	4
慕	그릴 모:	3II
謀	꾀 모	3II
貌	모양 모	3II
侮	업신여길 모(:)	3
冒	무릅쓸 모	3
募	모을·뽑을 모	3
暮	저물 모:	3
某	아무 모:	3
木	나무 목	8
目	눈 목	6
牧	칠 목	4II
睦	화목할 목	3II
沒	빠질 몰	3II
夢	꿈 몽	3II
蒙	어두울 몽	3II
墓	무덤 묘:	4
妙	묘할 묘:	4
卯	토끼 묘:	3
廟	사당 묘:	3

苗	모 묘:	3
無	없을 무	5
務	힘쓸 무:	4II
武	호반 무:	4II
舞	춤출 무:	4
茂	무성할 무:	3II
貿	무역할 무:	3II
戊	천간 무:	3
霧	안개 무:	3
墨	먹 묵	3II
默	잠잠할 묵	3II
門	문 문	8
問	물을 문:	7
文	글월 문	7
聞	들을 문(:)	6II
紋	무늬 문	3II
物	물건 물	7II
勿	말 물	3II
米	쌀 미	6
美	아름다울 미(:)	6
味	맛 미:	4II
未	아닐 미(:)	4II
尾	꼬리 미:	3II
微	작을 미	3II
眉	눈썹 미	3

3급·3급Ⅱ 배정 한자

迷 미혹할 미(:) ······ 3	髮 터럭 발 ······ 4	煩 번거로울 번 ······ 3
民 백성 민 ······ 8	拔 뽑을 발 ······ 3Ⅱ	飜 번역할 번 ······ 3
憫 민망할 민 ······ 3	方 모 방 ······ 7Ⅱ	伐 칠 벌 ······ 4Ⅱ
敏 민첩할 민 ······ 3	放 놓을 방(:) ······ 6Ⅱ	罰 벌할 벌 ······ 4Ⅱ
密 빽빽할 밀 ······ 4Ⅱ	房 방 방 ······ 4Ⅱ	犯 범할 범: ······ 4
蜜 꿀 밀 ······ 3	訪 찾을 방: ······ 4Ⅱ	範 법 범: ······ 4
	防 막을 방 ······ 4Ⅱ	凡 무릇 범(:) ······ 3Ⅱ
ㅂ	妨 방해할 방 ······ 4	法 법 법 ······ 5Ⅱ
朴 성 박 ······ 6	芳 꽃다울 방 ······ 3Ⅱ	壁 벽 벽 ······ 4Ⅱ
博 넓을 박 ······ 4Ⅱ	倣 본뜰 방 ······ 3	碧 푸를 벽 ······ 3Ⅱ
拍 칠 박 ······ 4	傍 곁 방: ······ 3	變 변할 변: ······ 5Ⅱ
薄 엷을 박 ······ 3Ⅱ	邦 나라 방 ······ 3	邊 가 변 ······ 4Ⅱ
迫 핍박할 박 ······ 3Ⅱ	倍 곱 배(:) ······ 5	辯 말씀 변: ······ 4
泊 머무를·배댈 박 ······ 3	拜 절 배: ······ 4Ⅱ	辨 분별할 변: ······ 3
半 반 반: ······ 6Ⅱ	背 등 배: ······ 4Ⅱ	別 다를·나눌 별 ······ 6
反 돌이킬·돌아올 반: ······ 6Ⅱ	配 나눌·짝 배: ······ 4Ⅱ	病 병 병: ······ 6
班 나눌 반 ······ 6Ⅱ	培 북돋울 배: ······ 3Ⅱ	兵 병사 병 ······ 5Ⅱ
盤 소반 반 ······ 3Ⅱ	排 밀칠 배 ······ 3Ⅱ	丙 남녘 병: ······ 3Ⅱ
般 가지·일반 반 ······ 3Ⅱ	輩 무리 배: ······ 3Ⅱ	屛 병풍 병(:) ······ 3
飯 밥 반 ······ 3Ⅱ	杯 잔 배 ······ 3	竝 나란히 병: ······ 3
伴 짝 반: ······ 3	白 흰 백 ······ 8	保 지킬 보(:) ······ 4Ⅱ
叛 배반할 반: ······ 3	百 일백 백 ······ 7	報 갚을·알릴 보: ······ 4Ⅱ
返 돌이킬 반: ······ 3	伯 맏 백 ······ 3Ⅱ	寶 보배 보: ······ 4Ⅱ
發 필 발 ······ 6Ⅱ	番 차례 번 ······ 6	步 걸음 보: ······ 4Ⅱ
	繁 번성할 번 ······ 3Ⅱ	普 넓을 보: ······ 4

한자, 훈음, 해당 급수 순서입니다.

補	기울 보:	3II
譜	족보 보:	3II
服	옷 복	6
福	복 복	5II
復	회복할 복/다시 부:	4II
伏	엎드릴 복	4
複	겹칠 복	4
腹	배 복	3II
覆	다시 복/덮을 부	3II
卜	점 복	3
本	근본 본	6
奉	받들 봉:	5II
封	봉할 봉	3II
峯	봉우리 봉	3II
逢	만날 봉	3II
鳳	봉새 봉:	3II
蜂	벌 봉	3
父	아비 부	8
夫	지아비 부	7
部	떼 부	6II
副	버금 부:	4II
婦	며느리 부	4II
富	부자 부:	4II
府	마을 부(:)	4II

否	아닐 부:	4
負	질 부:	4
付	부칠 부:	3II
扶	도울 부	3II
浮	뜰 부	3II
符	부호 부(:)	3II
簿	문서 부:	3II
腐	썩을 부:	3II
賦	부세 부:	3II
附	붙을 부(:)	3II
赴	다다를·갈 부:	3
北	북녘 북/달아날 배	8
分	나눌 분(:)	6II
憤	분할 분:	4
粉	가루 분(:)	4
奔	달릴 분	3II
奮	떨칠 분:	3II
紛	어지러울 분	3II
墳	무덤 분	3
不	아닐 불·부	7II
佛	부처 불	4II
拂	떨칠 불	3II
崩	무너질 붕	3
朋	벗 붕	3

比	견줄 비:	5
費	쓸 비:	5
鼻	코 비:	5
備	갖출 비:	4II
悲	슬플 비:	4II
非	아닐 비(:)	4II
飛	날 비	4II
批	비평할 비:	4
碑	비석 비	4
祕	숨길 비:	4
卑	낮을 비:	3II
妃	왕비 비	3II
婢	계집종 비:	3II
肥	살찔 비:	3II
貧	가난할 빈	4II
賓	손 빈	3
頻	자주 빈	3
氷	얼음 빙	5
聘	부를 빙	3

人

四	넉 사:	8
事	일 사:	7II
社	모일 사	6II
使	하여금·부릴 사:	6

3급·3급Ⅱ 배정 한자

死	죽을 사:	6
仕	섬길 사(:)	5Ⅱ
史	사기 사:	5Ⅱ
士	선비 사:	5Ⅱ
寫	베낄 사	5
思	생각 사(:)	5
査	조사할 사	5
寺	절 사	4Ⅱ
師	스승 사	4Ⅱ
舍	집 사	4Ⅱ
謝	사례할 사:	4Ⅱ
射	쏠 사(:)	4
私	사사 사	4
絲	실 사	4
辭	말씀 사	4
司	맡을 사	3Ⅱ
斜	비낄 사	3Ⅱ
沙	모래 사	3Ⅱ
祀	제사 사	3Ⅱ
蛇	긴뱀 사	3Ⅱ
詞	말·글 사	3Ⅱ
邪	간사할 사	3Ⅱ
似	닮을 사:	3
巳	뱀 사:	3
捨	버릴 사:	3

斯	이 사	3
詐	속일 사	3
賜	줄 사:	3
削	깎을 삭	3Ⅱ
朔	초하루 삭	3
山	메 산	8
算	셈 산:	7
産	낳을 산:	5Ⅱ
散	흩을 산:	4
殺	죽일 살/감할 쇄:	4Ⅱ
三	석 삼	8
森	수풀 삼	3Ⅱ
上	윗 상:	7Ⅱ
商	장사 상	5Ⅱ
相	서로 상	5Ⅱ
賞	상줄 상	5
常	떳떳할 상	4Ⅱ
床	상 상	4Ⅱ
想	생각 상:	4Ⅱ
狀	형상 상/문서 장:	4Ⅱ
傷	다칠 상	4
象	코끼리 상	4
像	모양 상	3Ⅱ

償	갚을 상	3Ⅱ
喪	잃을 상(:)	3Ⅱ
尙	오히려 상(:)	3Ⅱ
桑	뽕나무 상	3Ⅱ
裳	치마 상	3Ⅱ
詳	자세할 상	3Ⅱ
霜	서리 상	3Ⅱ
嘗	맛볼 상	3
祥	상서 상	3
色	빛 색	7
塞	막힐 색/변방 새	3Ⅱ
索	찾을 색/노(새끼줄) 삭	3Ⅱ
生	날 생	8
西	서녘 서	8
書	글 서	6Ⅱ
序	차례 서:	5
徐	천천할 서(:)	3Ⅱ
恕	용서할 서:	3Ⅱ
緖	실마리 서:	3Ⅱ
署	마을 서:	3Ⅱ
庶	여러 서:	3
敍	펼 서:	3
暑	더울 서:	3

한자, 훈음, 해당 급수 순서입니다.

誓	맹세할 서:	3
逝	갈 서:	3
夕	저녁 석	7
席	자리 석	6
石	돌 석	6
惜	아낄 석	3II
釋	풀 석	3II
昔	예 석	3
析	쪼갤 석	3
先	먼저 선	8
線	줄 선	6II
仙	신선 선	5II
鮮	고울 선	5II
善	착할 선:	5
船	배 선	5
選	가릴 선:	5
宣	베풀 선	4
旋	돌 선	3II
禪	선 선	3II
雪	눈 설	6II
說	말씀 설/달랠 세:	5II
設	베풀 설	4II
舌	혀 설	4
攝	다스릴·잡을 섭	3

涉	건널 섭	3
姓	성 성:	7II
成	이룰 성	6II
省	살필 성/덜 생	6II
性	성품 성:	5II
城	재 성	4II
星	별 성	4II
盛	성할 성:	4II
聖	성인 성:	4II
聲	소리 성	4II
誠	정성 성	4II
世	인간 세:	7II
歲	해 세:	5II
洗	씻을 세:	5II
勢	형세 세:	4II
稅	세금 세:	4II
細	가늘 세:	4II
小	작을 소:	8
少	적을 소:	7
所	바 소:	7
消	사라질 소	6II
掃	쓸 소(:)	4II
笑	웃음 소:	4II
素	본디·흴 소(:)	4II
燒	사를 소(:)	3II

疏	소통할 소	3II
蘇	되살아날 소	3II
訴	호소할 소	3II
召	부를 소	3
昭	밝을 소	3
蔬	나물 소	3
騷	떠들 소	3
速	빠를 속	6
束	묶을 속	5II
俗	풍속 속	4II
續	이을 속	4II
屬	붙일 속	4
粟	조 속	3
孫	손자 손(:)	6
損	덜 손:	4
送	보낼 송:	4II
松	소나무 송	4
頌	기릴·칭송할 송:	4
訟	송사할 송:	3II
誦	욀 송:	3
刷	인쇄할 쇄:	3II
鎖	쇠사슬 쇄:	3II
衰	쇠할 쇠	3II
水	물 수	8
手	손 수(:)	7II

27

3급·3급II 배정 한자

數	셈 수:	7	宿	잘 숙/별자리 수:	5II	乘	탈 승	3II
樹	나무 수	6	叔	아재비 숙	4	僧	중 승	3II
首	머리 수	5II	肅	엄숙할 숙	4	昇	오를 승	3II
修	닦을 수	4II	淑	맑을 숙	3II	市	저자 시:	7II
受	받을 수(:)	4II	熟	익을 숙	3II	時	때 시	7II
守	지킬 수	4II	孰	누구 숙	3	始	비로소 시:	6II
授	줄 수	4II	順	순할 순:	5II	示	보일 시:	5
收	거둘 수	4II	純	순수할 순	4II	施	베풀 시:	4II
秀	빼어날 수	4	巡	돌·순행할 순	3II	是	이·옳을 시:	4II
垂	드리울 수	3II	旬	열흘 순	3II	視	볼 시:	4II
壽	목숨 수	3II	瞬	눈깜짝일 순	3II	試	시험 시(:)	4II
帥	장수 수	3II	循	돌 순	3	詩	시 시	4II
愁	근심 수	3II	殉	따라죽을 순	3	侍	모실 시:	3II
殊	다를 수	3II	脣	입술 순	3	矢	화살 시:	3
獸	짐승 수	3II	術	재주 술	6II	食	밥·먹을 식	7II
輸	보낼 수	3II	述	펼 술	3II	植	심을 식	7
隨	따를 수	3II	戌	개 술	3	式	법 식	6
需	쓰일·쓸 수	3II	崇	높을 숭	4	識	알 식/기록할 지	5II
囚	가둘 수	3	習	익힐 습	6	息	쉴 식	4II
搜	찾을 수	3	濕	젖을 습	3II	飾	꾸밀 식	3II
睡	졸음 수	3	拾	주울 습/열 십	3II	信	믿을 신:	6II
誰	누구 수	3	襲	엄습할 습	3II	新	새 신	6II
遂	드디어 수	3	勝	이길 승	6	神	귀신 신	6II
雖	비록 수	3	承	이을 승	4II	身	몸 신	6II
須	모름지기 수	3						

한자, 훈음, 해당 급수 순서입니다.

臣 신하 신 ……… 5II	雅 맑을 아(:) ……… 3II	夜 밤 야: ……… 6
申 납 신 ……… 4II	餓 주릴 아: ……… 3	野 들 야: ……… 6
愼 삼갈 신: ……… 3II	惡 악할 악/미워할 오 ……… 5II	也 이끼·어조사 야: ……… 3
伸 펼 신 ……… 3		耶 어조사 야 ……… 3
晨 새벽 신 ……… 3	岳 큰산 악 ……… 3	弱 약할 약 ……… 6II
辛 매울 신 ……… 3	安 편안 안 ……… 7II	藥 약 약 ……… 6II
室 집 실 ……… 8	案 책상 안: ……… 5	約 맺을 약 ……… 5II
失 잃을 실 ……… 6	眼 눈 안: ……… 4II	若 같을 약/반야 야 ……… 3II
實 열매 실 ……… 5II	岸 언덕 안: ……… 3II	
心 마음 심 ……… 7	顔 낯 안: ……… 3II	躍 뛸 약 ……… 3
深 깊을 심 ……… 4II	雁 기러기 안: ……… 3	洋 큰바다 양 ……… 6
審 살필 심(:) ……… 3II	謁 뵐 알 ……… 3	陽 볕 양 ……… 6
甚 심할 심: ……… 3II	暗 어두울 암: ……… 4II	養 기를 양: ……… 5II
尋 찾을 심 ……… 3	巖 바위 암 ……… 3II	羊 양 양 ……… 4II
十 열 십 ……… 8	壓 누를 압 ……… 4II	樣 모양 양 ……… 4
雙 두·쌍 쌍 ……… 3II	押 누를 압 ……… 3	壤 흙덩이 양: ……… 3II
氏 각시·성씨 씨 ……… 4	仰 우러를 앙: ……… 3II	揚 날릴 양 ……… 3II
	央 가운데 앙 ……… 3II	讓 사양할 양: ……… 3II
ㅇ	殃 재앙 앙 ……… 3	楊 버들 양 ……… 3
兒 아이 아 ……… 5II	愛 사랑 애(:) ……… 6	語 말씀 어: ……… 7
亞 버금 아(:) ……… 3II	哀 슬플 애 ……… 3II	漁 고기잡을 어 ……… 5
我 나 아: ……… 3II	涯 물가 애 ……… 3	魚 고기·물고기 어 ……… 5
牙 어금니 아 ……… 3II	液 진 액 ……… 4II	御 거느릴 어: ……… 3II
芽 싹 아 ……… 3II	額 이마 액 ……… 4	於 어조사 어/탄식할 오 ……… 3
阿 언덕 아 ……… 3II	厄 액 액 ……… 3	

3급·3급Ⅱ 배정 한자

億 억 억 ············ 5	硏 갈 연: ············ 4Ⅱ	詠 읊을 영: ············ 3
憶 생각할 억 ············ 3Ⅱ	延 늘일 연 ············ 4	藝 재주 예: ············ 4Ⅱ
抑 누를 억 ············ 3Ⅱ	燃 탈 연 ············ 4	豫 미리 예: ············ 4
言 말씀 언 ············ 6	緣 인연 연 ············ 4	譽 기릴·명예 예: ············ 3Ⅱ
焉 어찌 언 ············ 3	鉛 납 연 ············ 4	銳 날카로울 예: ············ 3
嚴 엄할 엄 ············ 4	宴 잔치 연: ············ 3Ⅱ	五 다섯 오: ············ 8
業 업 업 ············ 6Ⅱ	沿 물따라갈·따를 연(:) ············ 3Ⅱ	午 낮 오: ············ 7Ⅱ
如 같을 여 ············ 4Ⅱ		誤 그르칠 오: ············ 4Ⅱ
餘 남을 여 ············ 4Ⅱ	燕 제비 연(:) ············ 3Ⅱ	悟 깨달을 오: ············ 3Ⅱ
與 더불·줄 여: ············ 4	軟 연할 연: ············ 3Ⅱ	烏 까마귀 오 ············ 3Ⅱ
予 나 여 ············ 3	熱 더울 열 ············ 5	傲 거만할 오: ············ 3
余 나 여 ············ 3	悅 기쁠 열 ············ 3Ⅱ	吾 나 오 ············ 3
汝 너 여: ············ 3	閱 볼 열 ············ 3	嗚 슬플 오 ············ 3
輿 수레 여: ············ 3	染 물들 염: ············ 3Ⅱ	娛 즐길 오: ············ 3
逆 거스릴 역 ············ 4Ⅱ	炎 불꽃 염 ············ 3Ⅱ	汚 더러울 오: ············ 3
域 지경 역 ············ 4	鹽 소금 염 ············ 3Ⅱ	屋 집 옥 ············ 5
易 바꿀 역/쉬울 이: ············ 4	葉 잎 엽 ············ 5	玉 구슬 옥 ············ 4Ⅱ
亦 또 역 ············ 3Ⅱ	永 길 영: ············ 6	獄 옥 옥 ············ 3Ⅱ
役 부릴 역 ············ 3Ⅱ	英 꽃부리 영 ············ 6	溫 따뜻할 온 ············ 6
疫 전염병 역 ············ 3Ⅱ	榮 영화 영 ············ 4Ⅱ	擁 낄 옹: ············ 3
譯 번역할 역 ············ 3Ⅱ	映 비칠 영(:) ············ 4	翁 늙은이 옹 ············ 3
驛 역 역 ············ 3Ⅱ	營 경영할 영 ············ 4	瓦 기와 와: ············ 3Ⅱ
然 그럴 연 ············ 7	迎 맞을 영 ············ 4	臥 누울 와: ············ 3
演 펼 연: ············ 4Ⅱ	影 그림자 영: ············ 3Ⅱ	完 완전할 완 ············ 5
煙 연기 연 ············ 4Ⅱ	泳 헤엄칠 영: ············ 3	緩 느릴 완: ············ 3Ⅱ

한자, 훈음, 해당 급수 순서입니다.

曰 가로 왈	3	遇 만날 우:	4	源 근원 원	4
王 임금 왕	8	郵 우편 우	4	月 달 월	8
往 갈 왕:	4II	偶 짝 우:	3II	越 넘을 월	3II
外 바깥 외:	8	宇 집 우:	3II	偉 클 위	5II
畏 두려워할 외:	3	愚 어리석을 우	3II	位 자리 위	5
要 요긴할 요(:)	5II	憂 근심 우	3II	爲 하·할 위(:)	4II
曜 빛날 요:	5	羽 깃 우:	3II	衛 지킬 위	4II
謠 노래 요	4II	于 어조사 우	3	危 위태할 위	4
搖 흔들 요	3	又 또 우:	3	圍 에워쌀 위	4
腰 허리 요	3	尤 더욱 우	3	委 맡길 위	4
遙 멀 요	3	運 옮길 운:	6II	威 위엄 위	4
浴 목욕할 욕	5	雲 구름 운	5II	慰 위로할 위	4
慾 욕심 욕	3II	韻 운 운:	3II	僞 거짓 위	3II
欲 하고자할 욕	3II	云 이를 운	3	胃 밥통 위	3II
辱 욕될 욕	3II	雄 수컷 웅	5	謂 이를 위	3II
勇 날랠 용:	6II	園 동산 원	6	緯 씨 위	3
用 쓸 용:	6II	遠 멀 원:	6	違 어긋날 위	3
容 얼굴 용	4II	元 으뜸 원	5II	有 있을 유:	7
庸 떳떳할 용	3	原 언덕 원	5	油 기름 유	6
右 오를·오른(쪽) 우:	7II	院 집 원	5	由 말미암을 유	6
		願 원할 원:	5	乳 젖 유	4
友 벗 우:	5II	員 인원 원	4II	儒 선비 유	4
雨 비 우:	5II	圓 둥글 원	4II	遊 놀 유	4
牛 소 우	5	怨 원망할 원(:)	4	遺 남길 유	4
優 넉넉할 우	4	援 도울 원:	4	幼 어릴 유	3II

3급·3급Ⅱ 배정 한자

幽	그윽할 유	3Ⅱ
悠	멀 유	3Ⅱ
柔	부드러울 유	3Ⅱ
猶	오히려 유	3Ⅱ
維	벼리 유	3Ⅱ
裕	넉넉할 유:	3Ⅱ
誘	꾈 유	3Ⅱ
唯	오직 유	3
惟	생각할 유	3
愈	나을 유	3
酉	닭 유	3
育	기를 육	7
肉	고기 육	4Ⅱ
潤	불을 윤:	3Ⅱ
閏	윤달 윤:	3
銀	은 은	6
恩	은혜 은	4Ⅱ
隱	숨을 은	4
乙	새 을	3Ⅱ
音	소리 음	6Ⅱ
飮	마실 음(:)	6Ⅱ
陰	그늘 음	4Ⅱ
淫	음란할 음	3Ⅱ
吟	읊을 음	3
邑	고을 읍	7

泣	울 읍	3
應	응할 응:	4Ⅱ
凝	엉길 응:	3
意	뜻 의:	6Ⅱ
衣	옷 의	6
醫	의원 의	6
義	옳을 의:	4Ⅱ
議	의논할 의(:)	4Ⅱ
依	의지할 의	4
儀	거동 의	4
疑	의심할 의	4
宜	마땅 의	3
矣	어조사 의	3
二	두 이:	8
以	써 이:	5Ⅱ
耳	귀 이:	5
移	옮길 이	4Ⅱ
異	다를 이:	4
已	이미 이:	3Ⅱ
夷	오랑캐 이	3
而	말이을 이	3
益	더할 익	4Ⅱ
翼	날개 익	3Ⅱ
人	사람 인	8
因	인할 인	5

印	도장 인	4Ⅱ
引	끌 인	4Ⅱ
認	알 인	4Ⅱ
仁	어질 인	4
忍	참을 인	3Ⅱ
姻	혼인 인	3
寅	범·동방 인	3
一	한 일	8
日	날 일	8
逸	편안할 일	3Ⅱ
任	맡길 임(:)	5Ⅱ
壬	북방 임:	3Ⅱ
賃	품삯 임:	3Ⅱ
入	들 입	7

ㅈ

子	아들 자	7Ⅱ
自	스스로 자	7Ⅱ
字	글자 자	7
者	놈 자	6
姉	손윗누이 자	4
姿	모양 자:	4
資	재물 자	4
刺	찌를 자:/찌를 척	3Ⅱ

32

한자, 훈음, 해당 급수 순서입니다.

慈	사랑 자	3II	丈	어른 장:	3II	的	과녁 적	5II
紫	자줏빛 자	3II	掌	손바닥 장:	3II	赤	붉을 적	5
恣	마음대로·방자할 자:	3	粧	단장할 장	3II	敵	대적할 적	4II
玆	이 자	3	臟	오장 장:	3II	積	쌓을 적	4
作	지을 작	6II	莊	씩씩할 장	3II	籍	문서 적	4
昨	어제 작	6II	葬	장사지낼 장:	3II	績	길쌈 적	4
爵	벼슬 작	3	藏	감출 장:	3II	賊	도둑 적	4
酌	술부을·잔질할 작	3	墻	담 장	3	適	맞을 적	4
殘	남을 잔	4	才	재주 재	6II	寂	고요할 적	3II
暫	잠깐 잠(:)	3II	在	있을 재:	6	摘	딸 적	3II
潛	잠길 잠	3II	材	재목 재	5II	笛	피리 적	3II
雜	섞일 잡	4	財	재물 재	5II	跡	발자취 적	3II
長	긴 장(:)	8	再	두 재:	5	蹟	자취 적	3II
場	마당 장	7II	災	재앙 재	5	滴	물방울 적	3
章	글 장	6	栽	심을 재:	3II	全	온전 전	7II
將	장수 장(:)	4II	裁	옷마를 재	3II	前	앞 전	7II
障	막을 장	4II	載	실을 재:	3II	電	번개 전:	7II
壯	장할 장:	4	哉	어조사 재	3	戰	싸움 전:	6II
帳	장막 장	4	宰	재상 재:	3	傳	전할 전	5II
張	베풀 장	4	爭	다툴 쟁	5	典	법 전:	5II
腸	창자 장	4	貯	쌓을 저:	5	展	펼 전:	5II
裝	꾸밀 장	4	低	낮을 저:	4II	田	밭 전	4II
獎	장려할 장(:)	4	底	밑 저:	4	專	오로지 전	4
			抵	막을 저:	3II	轉	구를 전:	4
			著	나타날 저:	3II	錢	돈 전:	4

33

3급·3급Ⅱ 배정 한자

殿 전각 전: ······ 3Ⅱ	亭 정자 정 ······ 3Ⅱ	助 도울 조: ······ 4Ⅱ
切 끊을 절/온통 체 ··· 5Ⅱ	廷 조정 정 ······ 3Ⅱ	早 이를 조: ······ 4Ⅱ
節 마디 절 ······ 5Ⅱ	征 칠 정 ······ 3Ⅱ	造 지을 조: ······ 4Ⅱ
絶 끊을 절 ······ 4Ⅱ	淨 깨끗할 정 ······ 3Ⅱ	鳥 새 조 ······ 4Ⅱ
折 꺾을 절 ······ 4	貞 곧을 정 ······ 3Ⅱ	條 가지 조 ······ 4
竊 훔칠 절 ······ 3	頂 정수리 정 ······ 3Ⅱ	潮 밀물·조수 조 ······ 4
店 가게 점: ······ 5Ⅱ	訂 바로잡을 정 ······ 3	組 짤 조 ······ 4
占 점령할 점:/점칠 점 ······ 4	弟 아우 제: ······ 8	兆 억조 조 ······ 3Ⅱ
點 점 점(:) ······ 4	第 차례 제: ······ 6Ⅱ	照 비칠 조: ······ 3Ⅱ
漸 점점 점: ······ 3Ⅱ	題 제목 제 ······ 6Ⅱ	租 조세 조 ······ 3Ⅱ
接 이을 접 ······ 4Ⅱ	制 절제할 제: ······ 4Ⅱ	弔 조상할 조: ······ 3
蝶 나비 접 ······ 3	提 끌 제 ······ 4Ⅱ	燥 마를 조 ······ 3
正 바를 정(:) ······ 7Ⅱ	濟 건널 제: ······ 4Ⅱ	足 발 족 ······ 7Ⅱ
庭 뜰 정 ······ 6Ⅱ	祭 제사 제: ······ 4Ⅱ	族 겨레 족 ······ 6
定 정할 정: ······ 6	製 지을 제: ······ 4Ⅱ	尊 높을 존 ······ 4Ⅱ
情 뜻 정 ······ 5Ⅱ	除 덜 제 ······ 4Ⅱ	存 있을 존 ······ 4
停 머무를 정 ······ 5	際 즈음·가 제: ······ 4Ⅱ	卒 마칠 졸 ······ 5Ⅱ
政 정사 정 ······ 4Ⅱ	帝 임금 제: ······ 4	拙 졸할 졸 ······ 3
程 한도·길 정 ······ 4Ⅱ	諸 모두 제 ······ 3Ⅱ	種 씨 종(:) ······ 5Ⅱ
精 정할 정 ······ 4Ⅱ	齊 가지런할 제 ······ 3Ⅱ	終 마칠 종 ······ 5
丁 고무래·장정 정 ······ 4	堤 둑 제 ······ 3	宗 마루 종 ······ 4Ⅱ
整 가지런할 정: ······ 4	祖 할아비 조 ······ 7	從 좇을 종(:) ······ 4
靜 고요할 정 ······ 4	朝 아침 조 ······ 6	鍾 쇠북 종 ······ 4
井 우물 정(:) ······ 3Ⅱ	調 고를 조 ······ 5Ⅱ	縱 세로 종 ······ 3Ⅱ
	操 잡을 조(:) ······ 5	左 왼 좌: ······ 7Ⅱ

한자, 훈음, 해당 급수 순서입니다.

座 자리 좌:	4	遵 좇을 준:	3	枝 가지 지	3II
坐 앉을 좌:	3II	中 가운데 중	8	池 못 지	3II
佐 도울 좌:	3	重 무거울 중:	7	只 다만 지	3
罪 허물 죄:	5	衆 무리 중:	4II	遲 더딜·늦을 지	3
主 임금·주인 주	7	仲 버금 중(:)	3II	直 곧을 직	7II
住 살 주:	7	卽 곧 즉	3II	職 직분 직	4II
注 부을 주:	6II	增 더할 증	4II	織 짤 직	4
晝 낮 주	6	證 증거 증	4	眞 참 진	4II
州 고을 주	5II	憎 미울 증	3II	進 나아갈 진:	4II
週 주일 주	5II	曾 일찍 증	3II	珍 보배 진	4
走 달릴 주	4II	症 증세 증(:)	3II	盡 다할 진:	4
周 두루 주	4	蒸 찔 증	3II	陣 진칠 진	4
朱 붉을 주	4	贈 줄 증	3	振 떨칠 진:	3II
酒 술 주(:)	4	地 땅 지	7	辰 별 진/때 신	3II
奏 아뢸 주(:)	3II	紙 종이 지	7	鎭 진압할 진(:)	3II
宙 집 주:	3II	知 알 지	5II	陳 베풀 진:/묵을 진	3II
柱 기둥 주	3II	止 그칠 지	5		
株 그루 주	3II	志 뜻 지	4II	震 우레 진:	3II
洲 물가 주	3II	指 가리킬 지	4II	質 바탕 질	5II
珠 구슬 주	3II	支 지탱할 지	4II	疾 병 질	3II
鑄 쇠불릴 주	3II	至 이를 지	4II	秩 차례 질	3II
舟 배 주	3	持 가질 지	4	姪 조카 질	3
竹 대 죽	4II	智 슬기·지혜 지	4	集 모을 집	6II
準 준할 준:	4II	誌 기록할 지	4	執 잡을 집	3II
俊 준걸 준:	3	之 갈 지	3II	徵 부를 징	3II

35

3급·3급Ⅱ 배정 한자

懲	징계할 징	3	債	빚 채:	3Ⅱ	添	더할 첨	3
			彩	채색 채:	3Ⅱ	妾	첩 첩	3

ㅊ

次	버금 차	4Ⅱ	菜	나물 채:	3Ⅱ	青	푸를 청	8
差	다를 차	4	責	꾸짖을 책	5Ⅱ	淸	맑을 청	6Ⅱ
借	빌·빌릴 차:	3Ⅱ	冊	책 책	4	請	청할 청	4Ⅱ
此	이 차	3Ⅱ	策	꾀 책	3Ⅱ	廳	관청 청	4
且	또 차:	3	處	곳 처:	4Ⅱ	聽	들을 청	4
着	붙을 착	5Ⅱ	妻	아내 처	3Ⅱ	晴	갤 청	3
錯	어긋날 착	3Ⅱ	尺	자 척	3Ⅱ	體	몸 체	6Ⅱ
捉	잡을 착	3	戚	친척 척	3Ⅱ	滯	막힐 체	3Ⅱ
讚	기릴 찬:	4	拓	넓힐 척	3Ⅱ	替	바꿀 체	3
贊	도울 찬:	3Ⅱ	斥	물리칠 척	3	逮	잡을 체	3
察	살필 찰	4Ⅱ	千	일천 천	7	遞	갈릴 체	3
參	참여할 참/석 삼	5Ⅱ	天	하늘 천	7	草	풀 초	7
慘	참혹할 참	3	川	내 천	7	初	처음 초	5
慙	부끄러울 참	3	泉	샘 천	4	招	부를 초	4
窓	창 창	6Ⅱ	淺	얕을 천:	3Ⅱ	礎	주춧돌 초	3Ⅱ
唱	부를 창:	5	賤	천할 천:	3Ⅱ	肖	닮을·같을 초	3Ⅱ
創	비롯할 창:	4Ⅱ	踐	밟을 천:	3Ⅱ	超	뛰어넘을 초	3Ⅱ
倉	곳집 창(:)	3Ⅱ	遷	옮길 천:	3Ⅱ	抄	뽑을 초	3
昌	창성할 창(:)	3Ⅱ	薦	천거할 천:	3	秒	분초 초	3
蒼	푸를 창	3Ⅱ	鐵	쇠 철	5	促	재촉할 촉	3Ⅱ
暢	화창할 창:	3	哲	밝을 철	3Ⅱ	觸	닿을 촉	3Ⅱ
採	캘 채:	4	徹	통할 철	3Ⅱ	燭	촛불 촉	3
			尖	뾰족할 첨	3	寸	마디 촌:	8

한자, 훈음, 해당 급수 순서입니다.

村	마을 촌:	7
總	다 총:	4II
銃	총 총	4II
聰	귀밝을 총	3
最	가장 최:	5
催	재촉할 최:	3II
秋	가을 추	7
推	밀 추	4
追	쫓을·따를 추	3II
抽	뽑을 추	3
醜	추할 추	3
祝	빌 축	5
築	쌓을 축	4II
蓄	모을 축	4II
縮	줄일 축	4
畜	짐승 축	3II
丑	소 축	3
逐	쫓을 축	3
春	봄 춘	7
出	날 출	7
充	채울 충	5II
忠	충성 충	4II
蟲	벌레 충	4II
衝	찌를 충	3II
取	가질 취:	4II

就	나아갈 취:	4
趣	뜻 취:	4
吹	불 취:	3II
醉	취할 취:	3II
臭	냄새 취:	3
測	헤아릴 측	4II
側	곁 측	3II
層	층 층	4
致	이를 치:	5
治	다스릴 치	4II
置	둘 치:	4II
齒	이 치	4II
値	값 치	3II
恥	부끄러울 치	3II
稚	어릴 치	3II
則	법칙 칙/곧 즉	5
親	친할 친	6
七	일곱 칠	8
漆	옻 칠	3II
侵	침노할 침	4II
寢	잘 침:	4
針	바늘 침(:)	4
沈	잠길 침(:)/성 심:	
		3II
浸	잠길 침:	3II

| 枕 | 베개 침: | 3 |
| 稱 | 일컬을 칭 | 4 |

ㅋ

| 快 | 쾌할 쾌 | 4II |

ㅌ

他	다를 타	5
打	칠 타:	5
墮	떨어질 타:	3
妥	온당할 타:	3
卓	높을 탁	5
托	맡길 탁	3
濁	흐릴 탁	3
濯	씻을 탁	3
炭	숯 탄:	5
彈	탄알 탄:	4
歎	탄식할 탄:	4
誕	낳을·거짓 탄:	3
脫	벗을 탈	4
奪	빼앗을 탈	3II
探	찾을 탐	4
貪	탐낼 탐	3
塔	탑 탑	3II
湯	끓을 탕:	3II

3급·3급Ⅱ 배정 한자

太	클 태	6
態	모습 태:	4Ⅱ
殆	거의 태	3Ⅱ
泰	클 태	3Ⅱ
怠	게으를 태	3
宅	집 택	5Ⅱ
擇	가릴 택	4
澤	못 택	3Ⅱ
土	흙 토	8
討	칠 토(:)	4
兔	토끼 토	3Ⅱ
吐	토할 토(:)	3Ⅱ
通	통할 통	6
統	거느릴 통:	4Ⅱ
痛	아플 통:	4
退	물러날 퇴:	4Ⅱ
投	던질 투	4
鬪	싸움 투	4
透	사무칠 투	3Ⅱ
特	특별할 특	6

Ⅱ

波	물결 파	4Ⅱ
破	깨뜨릴 파:	4Ⅱ
派	갈래 파	4
把	잡을 파:	3
播	뿌릴 파(:)	3
罷	마칠 파	3
頗	자못 파	3
板	널 판	5
判	판단할 판	4
版	판목 판	3Ⅱ
販	팔 판	3
八	여덟 팔	8
敗	패할 패:	5
貝	조개 패:	3
便	편할 편(:)/똥오줌 변	7
篇	책 편	4
偏	치우칠 편	3Ⅱ
片	조각 편(:)	3Ⅱ
編	엮을 편	3Ⅱ
遍	두루 편	3
平	평평할 평	7Ⅱ
評	평할 평:	4
閉	닫을 폐:	4
廢	폐할·버릴 폐:	3Ⅱ
弊	폐단·해질 폐:	3Ⅱ
肺	허파 폐:	3Ⅱ
幣	화폐 폐:	3
蔽	덮을 폐:	3
包	쌀 포(:)	4Ⅱ
布	베·펼 포(:)/보시 보:	4Ⅱ
砲	대포 포:	4Ⅱ
胞	세포 포(:)	4
捕	잡을 포:	3Ⅱ
浦	개 포	3Ⅱ
抱	안을 포:	3
飽	배부를 포:	3
暴	사나울 폭/모질 포	4Ⅱ
爆	불터질 폭	4
幅	폭 폭	3
表	겉 표	6Ⅱ
票	표 표	4Ⅱ
標	표할 표	4
漂	떠다닐 표	3
品	물건 품:	5Ⅱ
風	바람 풍	6Ⅱ
豊	풍년 풍	4Ⅱ
楓	단풍 풍	3Ⅱ
疲	피곤할 피	4
避	피할 피:	4
彼	저 피:	3Ⅱ

한자, 훈음, 해당 급수 순서입니다.

皮	가죽 피	3II
被	입을 피:	3II
必	반드시 필	5II
筆	붓 필	5II
畢	마칠 필	3II
匹	짝 필	3

ㅎ

下	아래 하:	7II
夏	여름 하:	7
河	물 하	5
何	어찌 하	3II
荷	멜 하(:)	3II
賀	하례할 하:	3II
學	배울 학	8
鶴	학 학	3II
韓	한국·나라 한(:)	8
漢	한수·한나라 한:	7II
寒	찰 한	5
限	한할 한:	4II
恨	한 한:	4
閑	한가할 한	4
汗	땀 한(:)	3II
旱	가물 한:	3

割	벨 할	3II
含	머금을 함	3II
陷	빠질 함:	3II
咸	다 함	3
合	합할 합	6
港	항구 항:	4II
航	배 항:	4II
抗	겨룰 항:	4
恒	항상 항	3II
項	항목 항:	3II
巷	거리 항:	3
海	바다 해:	7II
害	해할 해:	5II
解	풀 해:	4II
亥	돼지 해	3
奚	어찌 해	3
該	갖출·마땅 해	3
核	씨 핵	4
幸	다행 행:	6II
行	다닐 행(:)/항렬 항	6
向	향할 향:	6
鄕	시골 향	4II
香	향기 향	4II
響	울릴 향:	3II

享	누릴 향:	3
許	허락할 허	5
虛	빌 허	4II
憲	법 헌:	4
獻	드릴 헌:	3II
軒	집 헌	3
驗	시험 험:	4II
險	험할 험:	4
革	가죽 혁	4
現	나타날 현:	6II
賢	어질 현	4II
顯	나타날 현:	4
懸	달 현:	3II
玄	검을 현	3II
絃	줄 현	3
縣	고을 현:	3
血	피 혈	4II
穴	굴 혈	3II
嫌	싫어할 혐	3
協	화할 협	4II
脅	위협할 협	3II
兄	형 형	8
形	모양 형	6II
刑	형벌 형	4
衡	저울대 형	3II

3급·3급Ⅱ 배정 한자

亨 형통할 형 ········ 3	紅 붉을 홍 ········ 4	黃 누를 황 ········ 6
螢 반딧불 형 ········ 3	洪 넓을 홍 ········ 3Ⅱ	況 상황 황: ········ 4
惠 은혜 혜: ········ 4Ⅱ	弘 클 홍 ········ 3	皇 임금 황 ········ 3Ⅱ
慧 슬기로울 혜: ········ 3Ⅱ	鴻 기러기 홍 ········ 3	荒 거칠 황 ········ 3Ⅱ
兮 어조사 혜 ········ 3	火 불 화(:) ········ 8	會 모일 회: ········ 6Ⅱ
號 이름 호(:) ········ 6	話 말씀 화 ········ 7Ⅱ	回 돌아올 회 ········ 4Ⅱ
湖 호수 호 ········ 5	花 꽃 화 ········ 7	灰 재 회 ········ 4
呼 부를 호 ········ 4Ⅱ	和 화할 화 ········ 6Ⅱ	悔 뉘우칠 회: ········ 3Ⅱ
好 좋을 호: ········ 4Ⅱ	畫 그림 화:/그을 획 ········ 6	懷 품을 회 ········ 3Ⅱ
戶 집 호: ········ 4Ⅱ		劃 그을 획 ········ 3Ⅱ
護 도울 호: ········ 4Ⅱ	化 될 화(:) ········ 5Ⅱ	獲 얻을 획 ········ 3Ⅱ
浩 넓을 호: ········ 3Ⅱ	貨 재물 화: ········ 4Ⅱ	橫 가로 횡 ········ 3Ⅱ
胡 되 호 ········ 3Ⅱ	華 빛날 화 ········ 4	孝 효도 효: ········ 7Ⅱ
虎 범 호(:) ········ 3Ⅱ	禍 재앙 화: ········ 3Ⅱ	效 본받을 효: ········ 5Ⅱ
豪 호걸 호 ········ 3Ⅱ	禾 벼 화 ········ 3	曉 새벽 효: ········ 3
乎 어조사 호 ········ 3	確 굳을 확 ········ 4Ⅱ	後 뒤 후: ········ 7Ⅱ
互 서로 호: ········ 3	擴 넓힐 확 ········ 3	候 기후 후: ········ 4
毫 터럭 호 ········ 3	穫 거둘 확 ········ 3	厚 두터울 후: ········ 4
或 혹 혹 ········ 4	患 근심 환: ········ 5	侯 제후 후 ········ 3
惑 미혹할 혹 ········ 3Ⅱ	歡 기쁠 환 ········ 4	訓 가르칠 훈: ········ 6
婚 혼인할 혼 ········ 4	環 고리 환(:) ········ 4	毁 헐 훼: ········ 3
混 섞을 혼: ········ 4	換 바꿀 환: ········ 3Ⅱ	揮 휘두를 휘 ········ 4
魂 넋 혼 ········ 3Ⅱ	還 돌아올 환 ········ 3Ⅱ	輝 빛날 휘 ········ 3
昏 어두울 혼 ········ 3	丸 둥글 환 ········ 3	休 쉴 휴 ········ 7
忽 갑자기 홀 ········ 3Ⅱ	活 살 활 ········ 7Ⅱ	携 이끌 휴 ········ 3

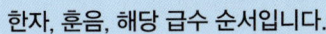 

한자, 훈음, 해당 급수 순서입니다.

凶 흉할 흉 ············ 5II
胸 가슴 흉 ············ 3II
黑 검을 흑 ············ 5
吸 마실 흡 ············ 4II
興 일 흥(:) ············ 4II
希 바랄 희 ············ 4II
喜 기쁠 희 ············ 4
稀 드물 희 ············ 3II
戱 놀이 희 ············ 3II

3급·3급Ⅱ 배정 한자 익히기

가

家 집 가 (7급II, 부 宀, 총 10)

유) 戶 집 호, 屋 집 옥, 宅 집 택, 室 집 실

- 읽기: 家禽 가금
- 쓰기: 가경 家慶, 가계 家系, 가구 家口, 가보 家寶, 가업 家業, 가옥 家屋, 가통 家統, 귀가 歸家, 백가쟁명 百家爭鳴
- 활용: 그는 삼 대째 내려오는 家業(가업)을 이었다.

歌 노래 가 (7급, 부 欠, 총 14)

유) 曲 굽을 곡, 謠 노래 요

- 쓰기: 가곡 歌曲, 가극 歌劇, 가무 歌舞, 가사 歌辭, 가요 歌謠, 가창 歌唱, 교가 校歌, 군가 軍歌, 목가 牧歌, 비가 悲歌, 송가 頌歌, 시가 詩歌, 찬가 讚歌, 애국가 愛國歌
- 활용: 경기가 끝나자 선수들은 모두 愛國歌(애국가)를 불렀다.

價 값 가 (5급II, 부 人, 총 15, 약 価)

유) 値 값 치

- 읽기: 價値 가치, 株價 주가, 同價紅裳 동가홍상
- 쓰기: 가격 價格, 가액 價額, 단가 單價, 대가 代價, 원가 原價, 유가 油價, 저가 低價, 정가 定價, 진가 眞價, 특가 特價
- 활용: 그녀는 代價(대가)를 바라지 않고 묵묵히 봉사한다.

加 더할 가 (5급, 부 力, 총 5)

상) 減 덜 감
유) 增 더할 증, 添 더할 첨

- 읽기: 加盟 가맹, 附加 부가, 追加 추가, 加重値 가중치
- 쓰기: 가공 加工, 가담 加擔, 가미 加味, 가세 加勢, 가열 加熱, 가입 加入, 가중 加重, 가해 加害, 배가 倍加, 증가 增加
- 활용: 해외 의료 자원 봉사자를 追加(추가)로 모집하였다.

可 옳을 가: (5급, 부 口, 총 5)

상) 否 아닐 부

- 읽기: 可恐 가공, 可謂 가위, 可憎 가증, 可及的 가급적
- 쓰기: 가결 可決, 가관 可觀, 가능 可能, 가당 可當, 가망 可望, 가변 可變, 가시 可視, 인가 認可, 등화가친 燈火可親
- 활용: 과반수의 찬성으로 이 안건은 可決(가결)되었다.

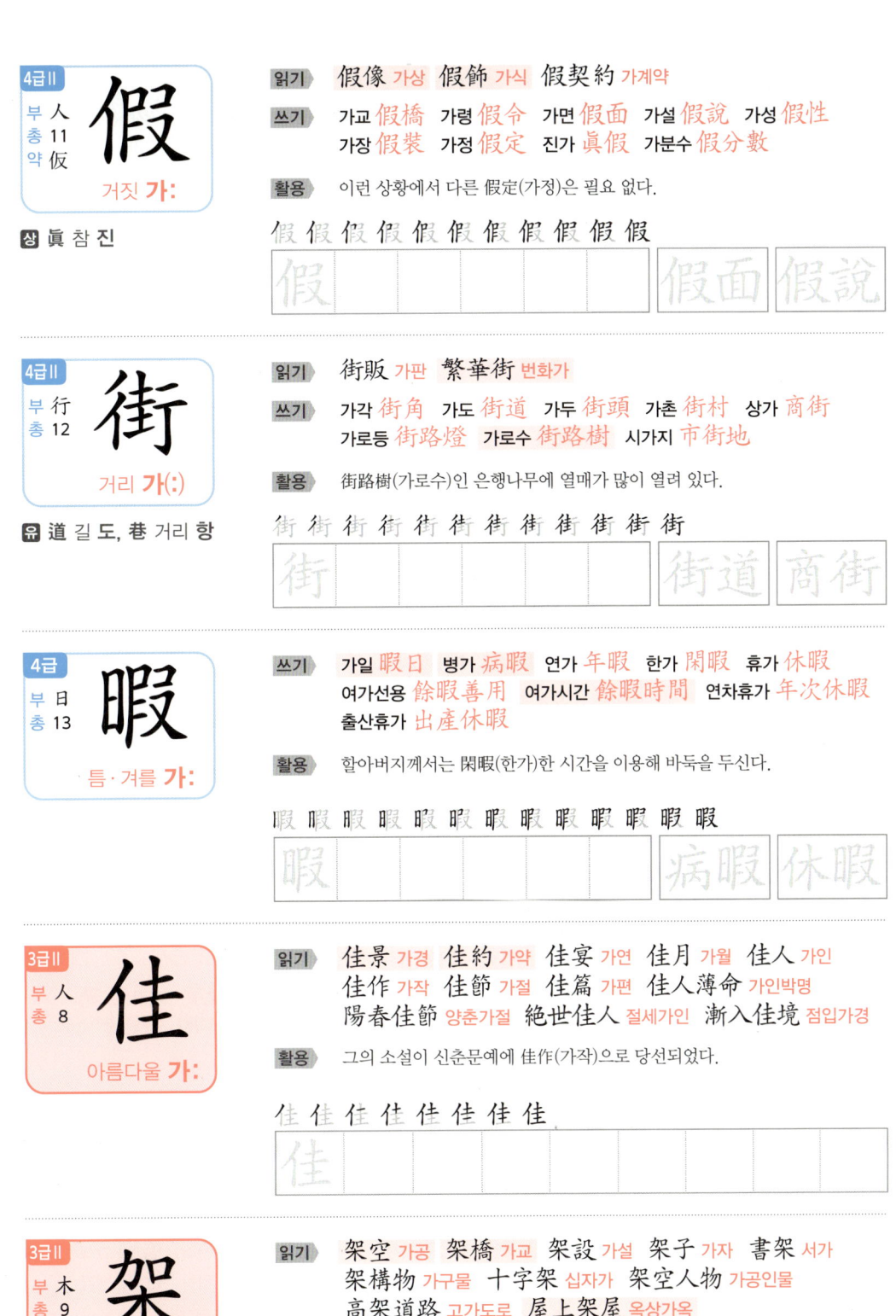

6급II 부 口 총 6 **各** 각각 **각**	읽기	各其 각기 各葬 각장 各項 각항
	쓰기	각각 各各 각계 各界 각국 各國 각방 各房 각색 各色 각위 各位 각자 各自 각종 各種 각층 各層 각파 各派
	활용	그들은 各自(각자) 조사한 과제를 수업 시간에 발표하였다.

各 各 各 各 各 各

6급II 부 角 총 7 **角** 뿔 **각**	읽기	角逐 각축 鈍角 둔각 銳角 예각 八角亭 팔각정
	쓰기	각도 角度 각목 角木 각질 角質 다각 多角 두각 頭角 반각 半角 우각 牛角 직각 直角 총각 總角 대각선 對角線
	활용	그는 여러 角度(각도)로 사물을 보는 능력을 키웠다.

角 角 角 角 角 角 角

4급 부 刀 총 8 **刻** 새길 **각** 유 刊 새길 간, 銘 새길 명	읽기	刻薄 각박 頃刻 경각 浮刻 부각 命在頃刻 명재경각
	쓰기	각고 刻苦 각인 刻印 목각 木刻 시각 時刻 심각 深刻 양각 陽刻 정각 正刻 촌각 寸刻 일각천금 一刻千金
	활용	부부는 자식의 교육 방법에 대해 深刻(심각)하게 고민하고 있다.

刻 刻 刻 刻 刻 刻 刻 刻

4급 부 見 총 20 약 覚 **覺** 깨달을 **각** 유 悟 깨달을 오	읽기	覺悟 각오 錯覺 착각 觸覺 촉각
	쓰기	각서 覺書 감각 感覺 미각 味覺 시각 視覺 자각 自覺 지각 知覺 청각 聽覺 경각심 警覺心 선각자 先覺者
	활용	그녀는 패션 感覺(감각)이 뛰어나서 옷을 잘 입는다.

覺 覺 覺 覺 覺 覺 覺 覺 覺 覺 覺 覺 覺 覺

3급II 부 肉 총 11 **脚** 다리 **각**	읽기	脚光 각광 脚本 각본 脚色 각색 健脚 건각 橋脚 교각 馬脚 마각 失脚 실각 兩脚 양각 立脚 입각 行脚 행각 脚氣病 각기병 脚線美 각선미 二人三脚 이인삼각
	활용	그 드라마는 원작 소설을 脚色(각색)한 것이다.

脚 脚 脚 脚 脚 脚 脚 脚 脚

3급II 부 門 총 14 **閣** 집 **각**

유 館 집 관

읽기 閣令 각령　閣議 각의　閣下 각하　改閣 개각　高閣 고각
內閣 내각　樓閣 누각　入閣 입각　組閣 조각　鍾閣 종각
擧國內閣 거국내각　聯立內閣 연립내각

활용 절 마당에 커다란 범종이 걸린 鍾閣(종각)이 있었다.

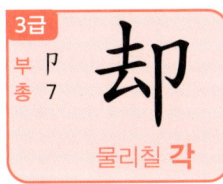

3급 부 卩 총 7 **却** 물리칠 **각**

읽기 却說 각설　却下 각하　棄却 기각　冷却 냉각　忘却 망각
賣却 매각　燒却 소각　退却 퇴각　減價償却 감가상각
賣却處分 매각처분　抗訴棄却 항소기각

활용 법원은 그의 상소를 棄却(기각)하였다.

7급II 부 門 총 12 **間** 사이 **간(:)**

유 隔 사이뜰 격

읽기 幕間 막간　瞬間 순간　倉卒間 창졸간

쓰기 간단 間斷　간식 間食　간접 間接　간지 間紙　간혹 間或
구간 區間　기간 期間　주간 晝間　문간방 門間房

활용 여동생은 저녁 식사 전에 間食(간식)으로 옥수수를 먹었다.

4급 부 干 총 3 **干** 방패 **간**

상 滿 찰 만

읽기 干涉 간섭　欄干 난간　若干 약간　干拓地 간척지

쓰기 간만 干滿　간성 干城　간여 干與　간조 干潮　간지 干支
십간 十干　여간 如干　천간 天干

활용 그는 성인이 되어서야 부모님의 干涉(간섭)에서 벗어날 수 있었다.

4급 부 目 총 9 **看** 볼 **간**

읽기 看役 간역　看疾 간질

쓰기 간과 看過　간병 看病　간수 看守　간파 看破　간판 看板
간호 看護　간호사 看護師　주마간산 走馬看山

활용 그녀는 사소한 문제라도 看過(간과)하지 않고 꼼꼼히 해결한다.

簡 (대쪽·간략할 간(:)) — 4급, 부 竹, 총 18

- 유: 略 간략할 략
- 읽기: 簡易驛 간이역
- 쓰기: 간결 簡潔, 간단 簡單, 간략 簡略, 간소 簡素, 간이 簡易, 간지 簡紙, 간택 簡擇, 간편 簡便, 서간 書簡, 죽간 竹簡
- 활용: 앞으로는 제사 음식을 더욱 簡素(간소)하게 하여 가계 부담을 줄이자.

刊 (새길 간) — 3급II, 부 刀, 총 5

- 유: 刻 새길 각
- 읽기: 刊印 간인, 刊行 간행, 近刊 근간, 發刊 발간, 夕刊 석간, 新刊 신간, 年刊 연간, 週刊 주간, 增刊 증간, 出刊 출간, 休刊 휴간, 刊行物 간행물, 創刊號 창간호
- 활용: 그녀의 취미는 잡지의 創刊號(창간호)를 모으는 것이다.

幹 (줄기 간) — 3급II, 부 干, 총 13

- 읽기: 幹部 간부, 幹事 간사, 幹線 간선, 骨幹 골간, 根幹 근간, 基幹 기간, 樹幹 수간, 語幹 어간, 才幹 재간, 主幹 주간, 幹線道路 간선도로, 基幹産業 기간산업
- 활용: 용언은 語幹(어간)과 어미로 나눌 수 있다.

懇 (간절할 간:) — 3급II, 부 心, 총 17

- 읽기: 懇曲 간곡, 懇求 간구, 懇書 간서, 懇切 간절, 懇請 간청, 懇談會 간담회
- 활용: 그는 동료에게 懇曲(간곡)히 도움을 청하였다.
  너의 懇切(간절)한 바람은 이루어질 것이다.

肝 (간 간(:)) — 3급II, 부 肉, 총 7

- 읽기: 肝炎 간염, 肝油 간유, 肝腸 간장, 肝肺 간폐, 心肝 심간, 九曲肝腸 구곡간장, 一村肝腸 일촌간장
- 활용: 그녀는 肝炎(간염)에 걸려 병원에 입원하였다.
  결과를 기다리는 동안 초조하기가 肝腸(간장)을 죄는 것 같았다.

姦 간음할 간:
3급 / 부 女 / 총 9

읽기: 姦夫 간부, 姦婦 간부, 姦淫 간음, 姦情 간정, 姦通 간통, 強姦 강간, 輪姦 윤간, 近親相姦 근친상간

활용: 그녀는 연극에서 남자 주인공을 파멸로 이끄는 姦婦(간부) 역할을 맡았다.
그는 姦通(간통) 사건을 소재로 한 소설을 읽었다.

渴 목마를 갈
3급 / 부 水 / 총 12

읽기: 渴求 갈구, 渴急 갈급, 渴望 갈망, 渴症 갈증, 枯渴 고갈, 飢渴 기갈, 燥渴 조갈, 解渴 해갈, 渴水期 갈수기

활용: 그에게는 배움에 대한 渴望(갈망)이 가장 컸다.
이것은 수분을 보충해 주고, 渴症(갈증)을 해결해 준다.

感 느낄 감:
6급 / 부 心 / 총 13

읽기: 感銘 감명, 感染 감염, 感悔 감회, 鈍感 둔감, 敏感 민감
쓰기: 감각 感覺, 감격 感激, 감사 感謝, 감전 感電, 감탄 感歎, 감흥 感興, 정감 情感, 쾌감 快感, 지성감천 至誠感天

활용: 유행 결막염은 물놀이에서 感染(감염)되기 쉬운 전염병이다.

減 덜 감:
4급Ⅱ / 부 水 / 총 12 / 약 减

읽기: 減免 감면, 削減 삭감
쓰기: 감량 減量, 감소 減少, 감속 減速, 감액 減額, 감원 減員, 감점 減點, 감축 減縮, 감형 減刑, 절감 節減, 차감 差減

활용: 그는 석 달 만에 10kg 체중을 減量(감량)하는 데 성공하였다.

상: 加 더할 가, 增 더할 증, 添 더할 첨
유: 削 깎을 삭, 損 덜 손, 除 덜 제

監 볼 감
4급Ⅱ / 부 皿 / 총 14 / 약 监

읽기: 監査役 감사역
쓰기: 감금 監禁, 감독 監督, 감시 監視, 감찰 監察, 감호 監護, 경감 警監, 교감 校監, 사감 舍監, 이감 移監, 통감 統監

활용: 나는 철통 같은 監視(감시)를 뚫고 국경을 넘었다.

유: 觀 볼 관, 視 볼 시, 察 살필 찰

敢
4급 부 攵 총 12
감히·구태여 감:

- 읽기: 焉敢生心 언감생심 勇敢無雙 용감무쌍
- 쓰기: 감결 敢決 감투 敢鬪 감행 敢行 과감 果敢 용감 勇敢 감사심 敢死心
- 활용: 소방대원은 勇敢(용감)하게 불길 속으로 뛰어들었다.

甘
4급 부 甘 총 5
달 감

상 苦 쓸 고

- 읽기: 甘井 감정 甘湯 감탕 甘露水 감로수
- 쓰기: 감미 甘味 감미 甘美 감수 甘受 감주 甘酒 감천 甘泉 감초 甘草 감언이설 甘言利說 고진감래 苦盡甘來
- 활용: 그는 친구의 甘言利說(감언이설)에 속아 큰돈을 잃었다.

鑑
3급II 부 金 총 22 약 鑒
거울 감

유 鏡 거울 경

- 읽기: 鑑別 감별 鑑査 감사 鑑賞 감상 鑑識 감식 鑑定 감정 鑑票 감표 圖鑑 도감 明鑑 명감 寶鑑 보감 年鑑 연감 東醫寶鑑 동의보감 印鑑證明 인감증명
- 활용: 그녀는 친구에게 선물 받은 반지의 鑑定(감정)을 의뢰하였다.

甲
4급 부 田 총 5
갑옷 갑

- 읽기: 甲盤 갑반 甲宴 갑연 甲乙 갑을 還甲 환갑
- 쓰기: 갑년 甲年 갑부 甲富 갑충 甲蟲 갑판 甲板 동갑 同甲 진갑 進甲 철갑 鐵甲 화갑 華甲 회갑 回甲
- 활용: 아버지의 還甲(환갑)을 맞이하여 온 친척들이 한곳에 모였다.

江
7급II 부 水 총 6
강 강

상 山 메 산
유 河 물 하

- 읽기: 江陵 강릉 江幅 강폭 渡江 도강
- 쓰기: 강남 江南 강변 江邊 강산 江山 강촌 江村 강하 江河 강호 江湖 두만강 豆滿江 한강투석 漢江投石
- 활용: 아름다운 우리 江山(강산)을 소중히 가꾸자.

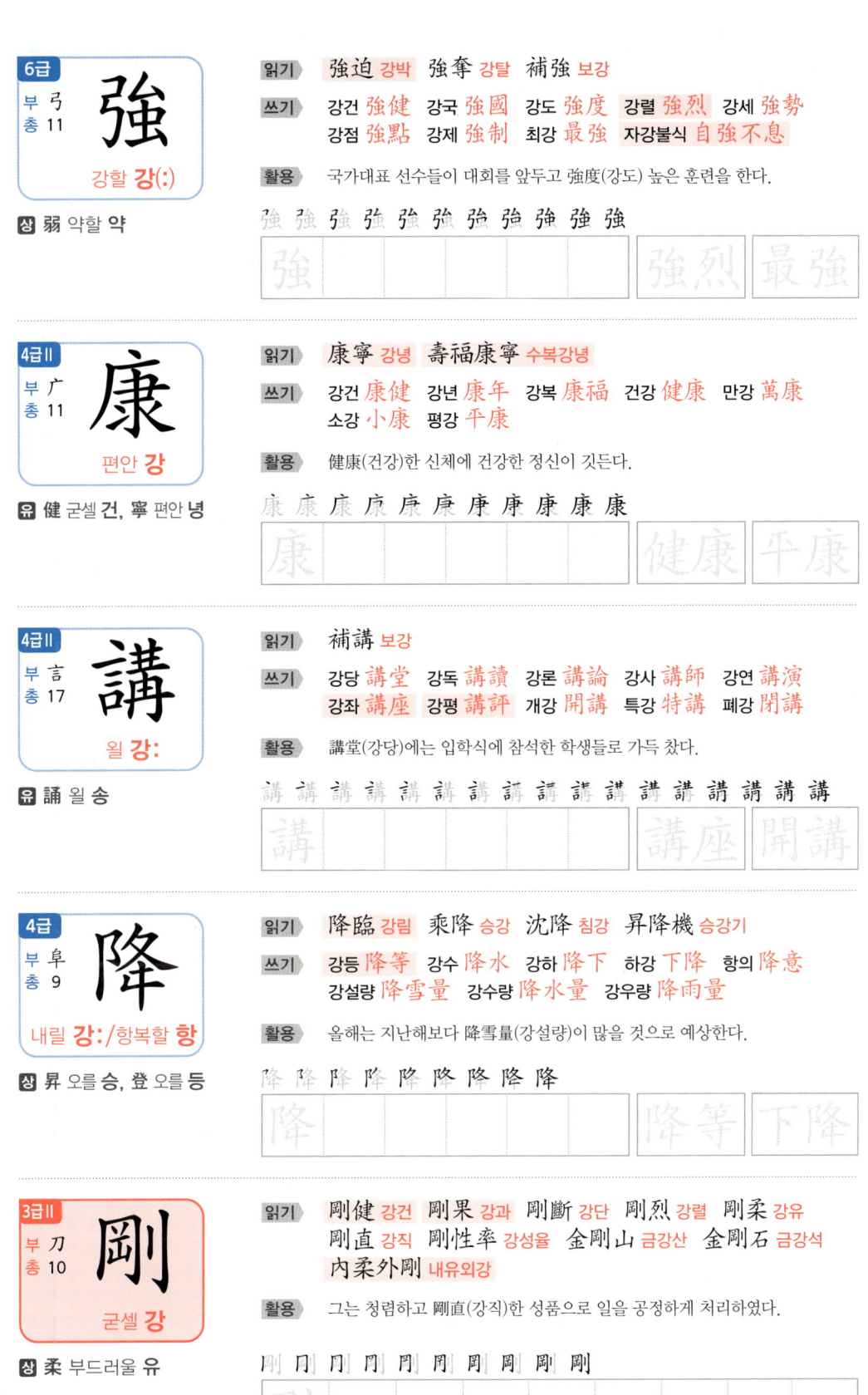

3급II 부 糸 총 14

벼리 강

유 紀 벼리 기, 維 벼리 유

읽기 綱領 강령 綱目 강목 綱常 강상 綱要 강요 紀綱 기강 大綱 대강 三綱 삼강 要綱 요강 政綱 정강 紀綱確立 기강확립 三綱五倫 삼강오륜

활용 나는 사건의 경위를 大綱(대강) 들어 알고 있었다.

綱 綱 綱 綱 綱 綱 綱 綱 綱 綱 綱

3급II 부 金 총 16

강철 강

읽기 鋼管 강관 鋼線 강선 鋼材 강재 鋼鐵 강철 鋼板 강판 製鋼 제강 鐵鋼 철강 鋼玉石 강옥석

활용 그 도시는 제철과 製鋼(제강) 공업이 발달하였다.
그는 대학교 졸업 후 鐵鋼(철강) 회사에 입사하였다.

鋼 鋼 鋼 鋼 鋼 鋼 鋼 鋼 鋼 鋼 鋼 鋼

6급 부 門 총 12

開

열 개

상 閉 닫을 폐

읽기 開刊 개간 開館 개관 開拓 개척 開幕式 개막식

쓰기 개강 開講 개발 開發 개시 開始 개업 開業 개원 開院 개통 開通 개표 開票 미개 未開 전개 展開 타개 打開

활용 그는 휴대 전화를 불법 開通(개통)하여 판매하였다.

開 開 開 開 開 開 開 開 開 開 開發 開業

5급 부 攵 총 7

改

고칠 개(:)

읽기 改閣 개각 悔改 회개 改過遷善 개과천선

쓰기 개량 改良 개명 改名 개선 改善 개설 改設 개조 改造 개종 改宗 개칭 改稱 개혁 改革 조변석개 朝變夕改

활용 농산물 수확을 늘리기 위해서는 품종 改良(개량)이 필요하다.

改 改 改 改 改 改 改 改善 改稱

4급II 부 人 총 10 약 个

낱 개(:)

쓰기 개당 個當 개별 個別 개성 個性 개수 個數 개인 個人 개체 個體 반개 半個 별개 別個 개인기 個人技 각개격파 各個擊破 개별지도 個別指導

활용 민주사회에서는 個人(개인)의 자유와 권리가 보장되어야 한다.

個 個 個 個 個 個 個 個 個人 個體

3급II 부수 人 총획 4	介 낄 개:	읽기	介甲 개갑 介石 개석 介意 개의 介入 개입 介在 개재 媒介 매개 仲介 중개
		활용	이것을 해결할 때 제삼자의 의견이 介入(개입)되어서는 안 된다. 내 친구는 그와 나 사이를 이어 주는 媒介(매개)의 역할을 하였다.

介 介 介 介

3급II 부수 木 총획 15 약 槪	概 대개 개:	읽기	概觀 개관 概念 개념 概略 개략 概論 개론 概算 개산 概要 개요 概況 개황 景概 경개 氣槪 기개 大概 대개 節槪 절개 概要略述 개요약술 日氣概況 일기개황
		활용	하지가 찾아오는 시기는 大概(대개) 모심기가 끝나는 무렵이다.

概 概 概 概 概 概 概 概 概 概 概 概

3급II 부수 艸 총획 14 약 盖	蓋 덮을 개(:)	읽기	蓋果 개과 蓋世 개세 蓋瓦 개와 蓋板 개판 覆蓋 복개 蓋頭布 개두포 蓋然性 개연성 頭蓋骨 두개골 口蓋音化 구개음화 拔山蓋世 발산개세
		활용	소설은 蓋然性(개연성)이 있는 허구이다.

蓋 蓋 蓋 蓋 蓋 蓋 蓋 蓋 蓋 蓋 蓋 蓋 蓋

3급 부수 心 총획 14 약 慨	慨 슬퍼할 개:	읽기	感慨 감개 慨世 개세 慨歎 개탄 憤慨 분개 悲慨 비개 感慨無量 감개무량
		활용	50년 만에 헤어진 동생을 만나다니 感慨無量(감개무량)하다.

유 憤 분할 분

慨 慨 慨 慨 慨 慨 慨 慨 慨 慨 慨 慨

3급 부수 白 총획 9	皆 다 개	읽기	皆勤 개근 皆伐 개벌 皆兵 개병 皆食 개식 擧皆 거개 皆骨山 개골산 皆勤賞 개근상 皆兵主義 개병주의 皆成佛道 개성불도
		활용	나는 졸업식에서 3년 皆勤賞(개근상)을 받았다.

皆 皆 皆 皆 皆 皆 皆 皆 皆

客 손 객 (5급II, 부 宀, 총 9)

읽기: 客鬼 객귀, 劍客 검객, 乘客 승객, 醉客 취객, 賀客 하객

쓰기: 객고 客苦, 객관 客觀, 객담 客談, 객석 客席, 객실 客室, 객원 客員, 객지 客地, 식객 食客, 여객 旅客, 접객 接客

활용: 오백 명이 넘는 관람객들이 공연장의 客席(객석)을 꽉 메웠다.

상 主 주인 주
유 賓 손 빈, 旅 나그네 려

車 수레 거·차 (7급II, 부 車, 총 7)

읽기: 車臺 차대, 乘用車 승용차

쓰기: 기차 汽車, 열차 列車, 정차 停車, 증차 增車, 차간 車間, 차륜 車輪, 차선 車線, 차종 車種, 자전거 自轉車

활용: 車間(차간) 거리를 지키며 안전운전을 합시다.

去 갈 거: (5급, 부 厶, 총 5)

읽기: 七去之惡 칠거지악

쓰기: 거독 去毒, 거류 去留, 거세 去勢, 거취 去就, 수거 收去, 제거 除去, 퇴거 退去, 거래처 去來處, 직거래 直去來

활용: 요즘은 농산물 直去來(직거래) 장터가 자주 열린다.

상 來 올 래
유 過 지날 과

擧 들 거: (5급, 부 手, 총 18, 약 挙擧)

읽기: 薦擧 천거, 輕擧妄動 경거망동, 被選擧權 피선거권

쓰기: 거국 擧國, 거동 擧動, 거론 擧論, 거사 擧事, 거수 擧手, 검거 檢擧, 과거 科擧, 열거 列擧, 의거 義擧, 쾌거 快擧

활용: 안건에 대한 찬반을 擧手(거수)로 결정하겠다.

居 살 거 (4급, 부 尸, 총 8)

읽기: 居喪 거상

쓰기: 거간 居間, 거사 居士, 거실 居室, 거주 居住, 거처 居處, 군거 群居, 동거 同居, 별거 別居, 은거 隱居, 주거 住居

활용: 그는 옆집에 住居(주거)하는 여인을 좋아하게 되었다.

유 住 살 주

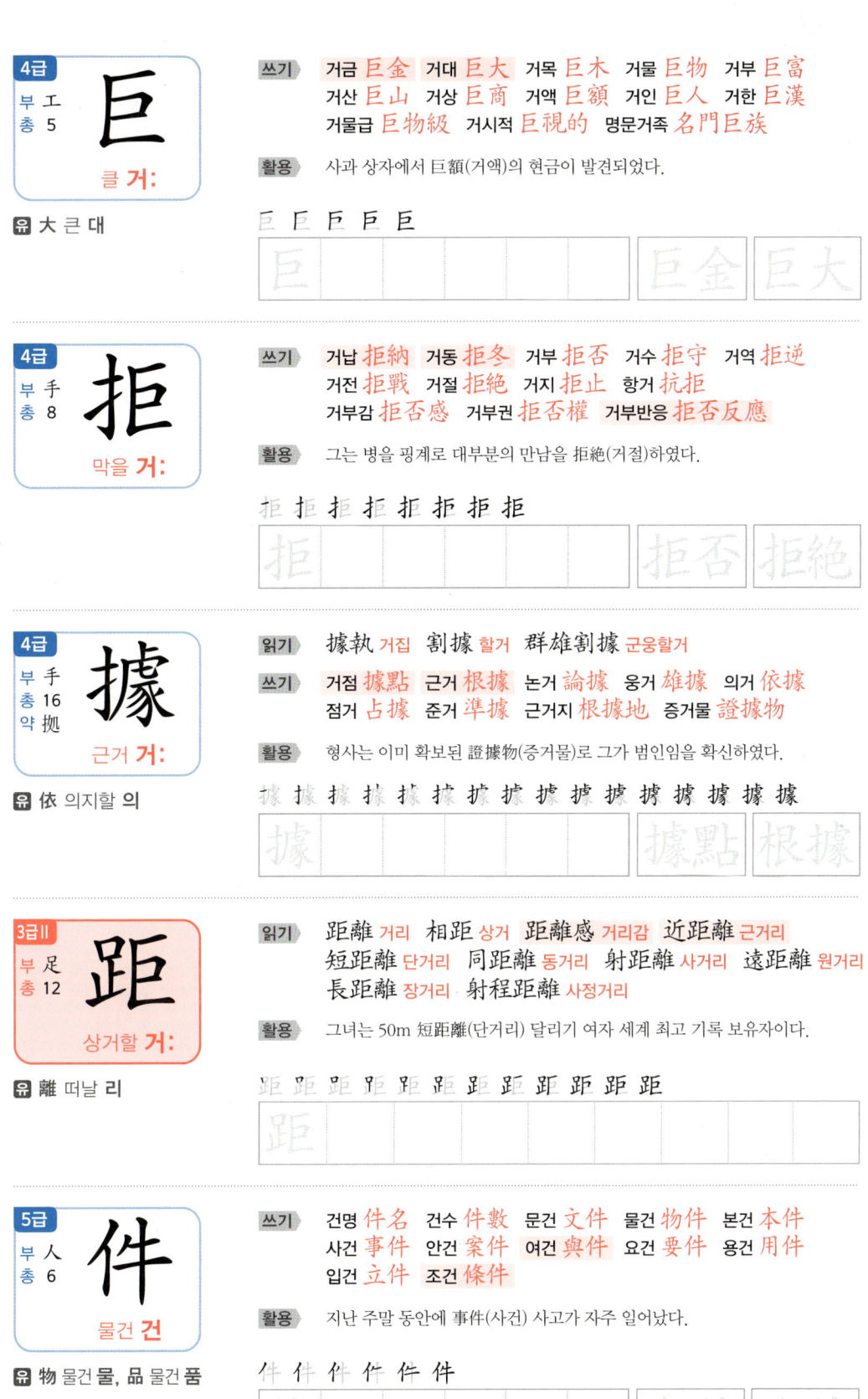

健 굳셀 건:
- 5급
- 부 人
- 총 11

유 康 편안 강

읽기: 剛健 강건, 健脚 건각
쓰기: 건강 健康, 건승 健勝, 건실 健實, 건아 健兒, 건장 健壯, 건재 健在, 건투 健鬪, 보건 保健, 불건전 不健全
활용: 할아버지는 여든이 넘은 나이에도 여전히 健在(건재)함을 과시하셨다.

建 세울 건:
- 5급
- 부 廴
- 총 9

유 立 설 립

읽기: 封建 봉건
쓰기: 건국 建國, 건립 建立, 건물 建物, 건설 建設, 건의 建議, 건축 建築, 재건 再建, 중건 重建, 건자재 建資材
활용: 신축 도서관이 우리 전통 建築(건축) 양식인 한옥으로 지어졌다.

乾 하늘·마를 건
- 3급Ⅱ
- 부 乙
- 총 11

상 坤 땅 곤, 濕 젖을 습
유 燥 마를 조

읽기: 乾期 건기, 乾達 건달, 乾性 건성, 乾水 건수, 乾式 건식, 乾燥 건조, 乾菜 건채, 乾川 건천, 乾草 건초, 乾縮 건축, 乾魚物 건어물, 乾電池 건전지
활용: 이 옷은 그늘에서 乾燥(건조)해야 색이 변하지 않는다.

傑 뛰어날 걸
- 4급
- 부 人
- 총 12

유 俊 준걸 준

읽기: 怪傑 괴걸, 俊傑 준걸, 豪傑 호걸
쓰기: 걸물 傑物, 걸사 傑士, 걸작 傑作, 걸출 傑出, 기걸 奇傑, 십걸 十傑, 여걸 女傑, 영걸 英傑, 인걸 人傑, 재걸 才傑
활용: 이순신 장군은 그 시대의 傑出(걸출)한 영웅이었다.

乞 빌 걸
- 3급
- 부 乙
- 총 3

읽기: 乞客 걸객, 乞食 걸식, 乞神 걸신, 乞兒 걸아, 乞人 걸인, 求乞 구걸, 門前乞食 문전걸식, 哀乞伏乞 애걸복걸, 流離乞食 유리걸식
활용: 그는 乞人(걸인) 행세를 하며 사람들의 눈을 피해 다녔다.

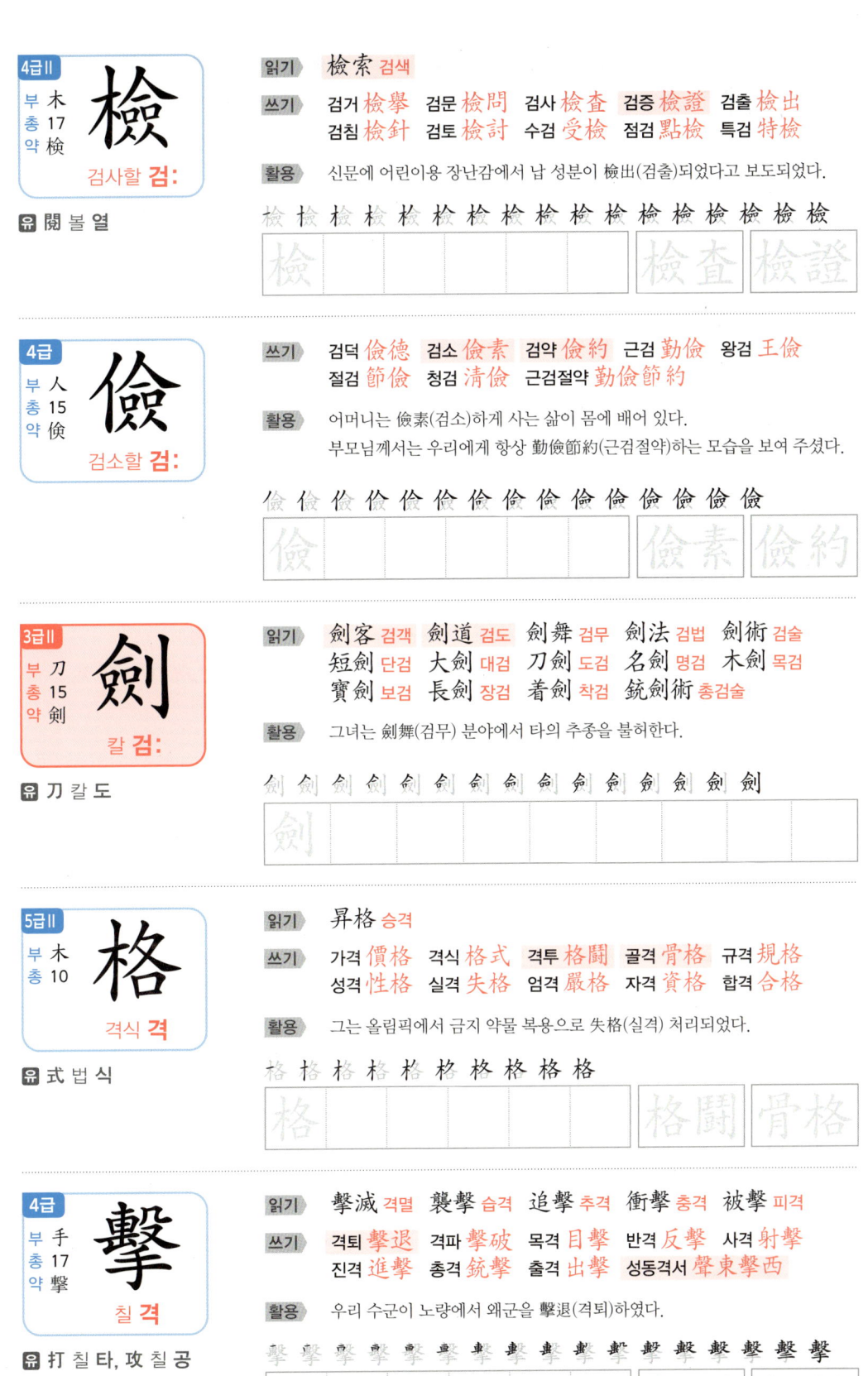

격할 격
4급 / 부 水 / 총 16

읽기 激突 격돌 激勵 격려 自激之心 자격지심
쓰기 감격 感激 격감 激減 격노 激怒 격동 激動 격렬 激烈
격론 激論 격정 激情 격투 激鬪 과격 過激 급격 急激
활용 이산가족 상봉이 이루어지던 날 온 국민이 感激(감격)의 눈물을 흘렸다.

사이 뜰 격
3급Ⅱ / 부 阜 / 총 13
유 間 사이 간

읽기 間隔 간격 隔年 격년 隔離 격리 隔月 격월 隔意 격의
隔日 격일 隔絕 격절 隔週 격주 隔差 격차 遠隔 원격
懸隔 현격 隔世之感 격세지감
활용 바이러스에 감염되지 않은 동물들을 隔離(격리) 조치하였다.

볼 견:/뵈올 현:
5급Ⅱ / 부 見 / 총 7

읽기 謁見 알현 偏見 편견 先見之明 선견지명
쓰기 견문 見聞 견식 見識 견적 見積 견해 見解 발견 發見
예견 豫見 의견 意見 이견 異見 견물생심 見物生心
활용 젊은 시절에 다양한 경험을 쌓아 見聞(견문)을 넓히자.

굳을 견
4급 / 부 土 / 총 11 / 약 坚
유 固 굳을 고

읽기 堅剛 견강 堅硬 견경 堅忍 견인 堅振 견진 堅執 견집
쓰기 견고 堅固 견과 堅果 견석 堅石 견실 堅實 견지 堅持
중견수 中堅手 중견작가 中堅作家
활용 이것은 매우 堅固(견고)하게 만들어져 백 년은 쓸 수 있다.

개 견
4급 / 부 犬 / 총 4
유 狗 개 구

읽기 猛犬 맹견 狂犬病 광견병
쓰기 견공 犬公 견마 犬馬 견치 犬齒 군견 軍犬 명견 名犬
애견 愛犬 종견 種犬 충견 忠犬 투견 鬪犬
활용 軍犬(군견)으로 훈련된 개들은 전장에도 파견된다.

58

牽 이끌·끌 견

3급 / 부 牛 / 총 11

유 引 끌 인

읽기: 牽聯 견련 牽馬 견마 牽牛 견우 牽引 견인 牽制 견제 牽合 견합 牽引力 견인력 牽引車 견인차 牽強附會 견강부회 牽牛織女 견우직녀

활용: 칠월 칠석에는 직녀와 牽牛(견우)가 오작교에서 만난다는 전설이 있다.

絹 비단 견

3급 / 부 糸 / 총 13

유 錦 비단 금

읽기: 絹麻 견마 絹綿 견면 絹毛 견모 絹絲 견사 絹布 견포 本絹 본견 生絹 생견 油絹 유견 紅絹 홍견 絹織物 견직물 人造絹 인조견

활용: 絹織物(견직물)은 습기에 노출되지 않도록 보관해야 한다.

肩 어깨 견

3급 / 부 肉 / 총 8

읽기: 肩骨 견골 肩帶 견대 肩頭 견두 肩部 견부 肩輿 견여 肩羽 견우 肩章 견장 肩井 견정 比肩 비견 兩肩 양견 肩關節 견관절

활용: 그의 군복에는 별 세 개가 붙은 肩章(견장)이 달려 있다.

遣 보낼 견:

3급 / 부 辶 / 총 14

읽기: 遣歸 견귀 遣唐 견당 遣兵 견병 遣使 견사 遣外 견외 分遣 분견 先遣 선견 消遣 소견 差遣 차견 派遣 파견 遣唐使 견당사 派遣地 파견지

활용: 정부는 그를 주미 대사로 派遣(파견)하였다.

決 결단할 결

5급Ⅱ / 부 水 / 총 7

읽기: 決裂 결렬 決裁 결재 卽決 즉결

쓰기: 결단 決斷 결사 決死 결승 決勝 결심 決心 결정 決定 결행 決行 대결 對決 속결 速決 완결 完決 해결 解決

활용: 부부는 고향으로 내려가 농사를 짓기로 決心(결심)하였다.

結 맺을 결
5급II 부 糸 총 12

- 읽기: 結審 결심
- 쓰기: 결과 結果, 결국 結局, 결단 結團, 결론 結論, 결성 結成, 결연 結緣, 결혼 結婚, 완결 完結, 결초보은 結草報恩
- 활용: 국가 대표 팀은 경기 結果(결과)에 상관없이 최선을 다하였다.

潔 깨끗할 결
4급II 부 水 총 15

유 淸 맑을 청, 淨 깨끗할 정

- 읽기: 介潔 개결, 淨潔 정결
- 쓰기: 간결 簡潔, 결백 潔白, 결복 潔服, 결신 潔身, 고결 高潔, 명결 明潔, 불결 不潔, 순결 純潔, 청결 清潔
- 활용: 피의자는 끝까지 자신의 潔白(결백)을 주장하였다.

缺 이지러질 결
4급II 부 缶 총 10 약 欠

상 出 날 출

- 읽기: 缺陷 결함, 補缺 보결
- 쓰기: 결강 缺講, 결근 缺勤, 결례 缺禮, 결번 缺番, 결손 缺損, 결식 缺食, 결원 缺員, 결점 缺點, 결항 缺航, 병결 病缺
- 활용: 봉사단체에서 缺食(결식)아동을 돕기 위한 바자회를 열었다.

訣 이별할 결
3급II 부 言 총 11

- 읽기: 訣別 결별, 訣飮 결음, 口訣 구결, 秘訣 비결, 辭訣 사결, 生訣 생결, 永訣 영결, 要訣 요결, 永訣式 영결식
- 활용: 그녀는 訣別(결별)의 슬픔을 운동으로 극복하였다.
  우천 중에 永訣式(영결식)이 거행되었다.

兼 겸할 겸
3급II 부 八 총 10

- 읽기: 兼務 겸무, 兼備 겸비, 兼床 겸상, 兼業 겸업, 兼用 겸용, 兼任 겸임, 兼職 겸직, 兼愛說 겸애설, 兼人之勇 겸인지용
- 활용: 그는 가수와 연기자를 兼業(겸업)하고 있다.
  소파 兼用(겸용) 침대는 혼자 사는 사람에게 편리하다.

謙 겸손할 겸

3급Ⅱ 부 言 총 17
유 讓 사양할 양

읽기: 謙恭 겸공 謙德 겸덕 謙卑 겸비 謙辭 겸사 謙慎 겸신 謙讓 겸양 謙語 겸어 謙稱 겸칭 謙下 겸하 謙虛 겸허

활용: 그녀는 평소에 온화한 미소로 謙讓(겸양)의 미덕을 보인다.
그는 선거 결과를 謙虛(겸허)하게 받아들였다.

京 서울 경

6급 부 亠 총 8
상 鄕 시골 향

읽기: 京畿 경기

쓰기: 경성 京城 경외 京外 경향 京鄕 귀경 歸京 동경 東京 상경 上京 재경 在京 중경 中京 경춘선 京春線

활용: 나는 취직을 위해 上京(상경)하였다.

敬 공경 경:

5급Ⅱ 부 攴 총 13
유 恭 공손할 공

읽기: 敬慕 경모 恭敬 공경

쓰기: 경례 敬禮 경배 敬拜 경애 敬愛 경어 敬語 경원 敬遠 경의 敬意 경청 敬聽 경로석 敬老席 경천애인 敬天愛人

활용: 지하철 안의 敬老席(경로석)은 노약자를 위해 비워두어야 한다.

景 볕 경(:)

5급 부 日 총 12
유 陽 볕 양

읽기: 佳景 가경 景槪 경개 景仰 경앙

쓰기: 경관 景觀 경치 景致 경황 景況 광경 光景 배경 背景 설경 雪景 야경 夜景 전경 全景 절경 絶景 정경 情景

활용: 애월 해안에서 바라보는 일몰은 참으로 佳景(가경)이다.

競 다툴 경:

5급 부 立 총 20
유 爭 다툴 쟁

읽기: 遠征競技 원정경기

쓰기: 경기 競技 경락 競落 경마 競馬 경매 競賣 경매 競買 경연 競演 경쟁 競爭 경주 競走 경진 競進 경합 競合

활용: 좋은 제품을 싸게 공급해야 판매 競爭(경쟁)에서 이길 수 있다.

輕 가벼울 경 (5급)
부: 車, 총: 14, 약: 軽

- **읽기**: 輕妄 경망, 輕微 경미, 輕薄 경박, 輕率 경솔
- **쓰기**: 경감 輕減, 경량 輕量, 경범 輕犯, 경상 輕傷, 경시 輕視, 경유 輕油, 경중 輕重, 경쾌 輕快, 경양식 輕洋食
- **활용**: 판사는 죄의 輕重(경중)을 판단하기 위해 신중하였다.

상: 重 무거울 중

境 지경 경 (4급II)
부: 土, 총: 14

- **읽기**: 越境 월경
- **쓰기**: 경계 境界, 경내 境內, 경우 境遇, 경지 境地, 곤경 困境, 국경 國境, 변경 邊境, 역경 逆境, 접경 接境, 환경 環境
- **활용**: 유럽의 여러 나라는 國境(국경) 없이 이어져 있다.

유: 界 지경 계, 域 지경 역

慶 경사 경: (4급II)
부: 心, 총: 15

- **읽기**: 慶弔 경조, 慶賀 경하
- **쓰기**: 경복 慶福, 경사 慶事, 경일 慶日, 경절 慶節, 경축 慶祝, 경행 慶幸, 대경 大慶, 국경일 國慶日
- **활용**: 오늘은 개교 100주년을 慶祝(경축)하는 날이다.

상: 弔 조상할 조

經 지날·글 경 (4급II)
부: 糸, 총: 13, 약: 経

- **읽기**: 經絡 경락, 經緯 경위, 經穴 경혈
- **쓰기**: 경과 經過, 경력 經歷, 경로 經路, 경비 經費, 경서 經書, 경영 經營, 경제 經濟, 경험 經驗, 경세제민 經世濟民
- **활용**: 그녀는 일의 經過(경과)를 보아가면서 다음 계획을 세운다.

상: 緯 씨 위
유: 過 지날 과, 歷 지날 력

警 깨우칠 경: (4급II)
부: 言, 총: 20

- **읽기**: 警笛 경적, 警察署 경찰서
- **쓰기**: 경계 警戒, 경고 警告, 경관 警官, 경구 警句, 경보 警報, 경비 警備, 경위 警衛, 경장 警長, 경찰 警察, 경호 警護
- **활용**: 그는 警告(경고)를 무시한 채 차를 몰다가 사고를 당하였다.

유: 戒 경계할 계

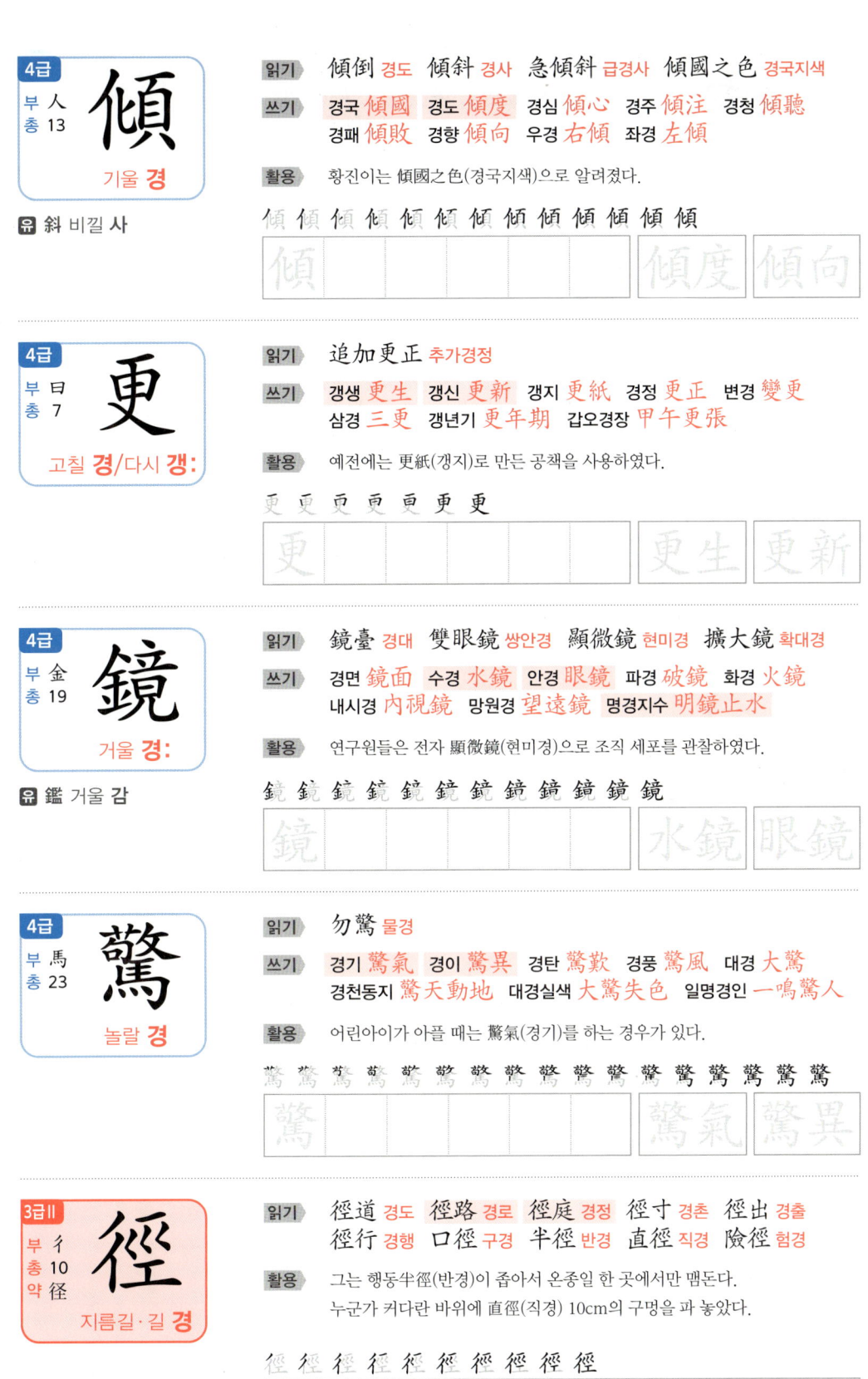

硬 굳을 경

- 3급II
- 부 石
- 총 12

상 軟 연할 연

읽기: 強硬 강경, 硬度 경도, 硬性 경성, 硬式 경식, 硬材 경재, 硬直 경직, 硬質 경질, 硬化 경화, 硬貨 경화, 生硬 생경, 強硬策 강경책, 動脈硬化 동맥경화

활용: 그는 대중 앞에서 연설할 때마다 늘 硬直(경직)되어 있다.

耕 밭 갈 경

- 3급II
- 부 耒
- 총 10

읽기: 耕作 경작, 耕田 경전, 耕地 경지, 農耕 농경, 水耕 수경, 深耕 심경, 筆耕 필경, 休耕 휴경, 耕者有田 경자유전, 耕地整理 경지정리, 晝耕夜讀 주경야독

활용: 우리 민족은 예로부터 農耕(농경)을 주업으로 해 왔다.

頃 이랑·잠깐 경

- 3급II
- 부 頁
- 총 11

유 瞬 눈깜짝일 순

읽기: 頃刻 경각, 頃步 경보, 頃日 경일, 近頃 근경, 食頃 식경, 一茶頃 일다경, 一食頃 일식경, 萬頃蒼波 만경창파, 命在頃刻 명재경각

활용: 그의 목숨이 頃刻(경각)에 달렸으니 너의 역할이 중요하다.

卿 벼슬 경

- 3급
- 부 卩
- 총 12

읽기: 客卿 객경, 卿輩 경배, 卿相 경상, 卿尹 경윤, 卿宰 경재, 公卿 공경, 九卿 구경, 正卿 정경, 卿士大夫 경사대부, 公卿大夫 공경대부

활용: 3공과 9경, 대부를 아울러 公卿大夫(공경대부)라 한다.

庚 별 경

- 3급
- 부 广
- 총 8

읽기: 庚方 경방, 庚伏 경복, 庚時 경시, 庚熱 경열, 庚炎 경염, 庚寅 경인, 庚辰 경진, 同庚 동경, 三庚 삼경, 庚辰字 경진자, 庚戌國恥 경술국치

활용: 1910년 庚戌國恥(경술국치)를 당하여 우리나라는 일본에 강제 병합되었다.

竟

3급 부 立 총 11
마침내 **경**:
유 畢 마칠 필

읽기: 竟境 경경　竟夕 경석　竟夜 경야　究竟 구경　終竟 종경　畢竟 필경

활용: 사정을 모르는 사람은 畢竟(필경) 그를 도둑으로 오해할 것이다.

竟 竟 竟 竟 竟 竟 竟 竟 竟

界

6급II 부 田 총 9
지경 **계**:
유 境 지경 경, 域 지경 역

읽기: 靈界 영계　臨界 임계
쓰기: 각계 各界　경계 境界　군계 郡界　세계 世界　업계 業界
재계 財界　정계 政界　타계 他界　학계 學界　한계 限界

활용: 이곳은 世界(세계)에서 가장 아름다운 건축물로 뽑혔다.

界 界 界 界 界 界 界 界　世界　學界

計

6급II 부 言 총 9
셀 **계**:
유 算 셈 산, 策 꾀 책, 數 셈 수

읽기: 計巧 계교　計策 계책　計劃 계획　累計 누계
쓰기: 가계 家計　계략 計略　계산 計算　계측 計測　설계 設計
시계 時計　집계 集計　통계 統計　백년대계 百年大計

활용: 새로 산 時計(시계)는 시간이 잘 맞지 않는다.

計 計 計 計 計 計 計 計　計略　時計

係

4급II 부 人 총 9
맬 **계**:

읽기: 係戀 계련　係累 계루
쓰기: 계수 係數　계원 係員　계장 係長　계쟁 係爭　관계 關係
이해관계 利害關係　인과관계 因果關係

활용: 그는 사회생활에서 선후배 간의 關係(관계)를 가장 중요시한다.

係 係 係 係 係 係 係 係　係數　係員

季

4급 부 子 총 8
계절 **계**:

읽기: 季刊 계간
쓰기: 계씨 季氏　계월 季月　계절 季節　동계 冬季　사계 四季
추계 秋季　춘계 春季　하계 夏季　사계절 四季節

활용: 한국은 四季節(사계절)이 뚜렷한 나라이다.

季 季 季 季 季 季 季　季節　四季

戒 경계할 계:
4급 부 戈 총 7

유 警 깨우칠 경, 懲 징계할 징

- 읽기: 戒刀 계도, 懲戒 징계, 斷機之戒 단기지계
- 쓰기: 계고 戒告, 계명 戒名, 계율 戒律, 십계 十戒, 훈계 訓戒, 경계선 警戒線, 계엄령 戒嚴令, 일벌백계 一罰百戒
- 활용: 선생님은 학생들에게 최선을 다하는 자세를 가질 것을 訓戒(훈계)하셨다.

系 이어맬 계:
4급 부 糸 총 7

- 읽기: 系譜 계보, 傍系 방계, 直系卑屬 직계비속
- 쓰기: 가계 家系, 계열 系列, 계통 系統, 계파 系派, 모계 母系, 부계 父系, 종계 宗系, 직계 直系, 체계 體系, 계열사 系列社
- 활용: 맹자와 안자, 증자는 유학의 정통 系譜(계보)를 이은 학자이다.

繼 이을 계:
4급 부 糸 총 20 약 継

유 承 이을 승, 續 이을 속

- 쓰기: 계모 繼母, 계부 繼父, 계속 繼續, 계승 繼承, 계주 繼走, 승계 承繼, 후계 後繼, 계부모 繼父母, 중계차 中繼車, 위성중계 衛星中繼, 인계인수 引繼引受, 중계방송 中繼放送
- 활용: 우리의 전통문화는 꾸준히 繼承(계승)되어야 한다.

階 섬돌 계
4급 부 阜 총 12

유 段 층계 단, 層 층 층

- 쓰기: 계궁 階窮, 계급 階級, 계단 階段, 계층 階層, 단계 段階, 석계 石階, 위계 位階, 음계 音階, 층계 層階, 품계 品階, 무산계급 無産階級, 유한계급 有閑階級, 지배계급 支配階級
- 활용: 그는 훈련의 段階(단계)를 착실히 밟아 나가면서 무술을 익혔다.

鷄 닭 계
4급 부 鳥 총 21

- 읽기: 鷄冠 계관, 鷄鳴狗盜 계명구도, 群鷄一鶴 군계일학
- 쓰기: 계란 鷄卵, 계림 鷄林, 계명 鷄鳴, 계사 鷄舍, 금계 金鷄, 종계 種鷄, 투계 鬪鷄, 양계장 養鷄場, 계란유골 鷄卵有骨
- 활용: 그는 오디션 프로그램 참가자 중에서 群鷄一鶴(군계일학)이었다.

啓 열 계:
3급Ⅱ 부 口 총 11

읽기 啓告 계고　啓導 계도　啓明 계명　啓聞 계문　啓發 계발
啓示 계시　拜啓 배계　復啓 복계　陳啓 진계　天啓 천계
行啓 행계　啓明星 계명성　啓蒙主義 계몽주의

활용 나는 최근 자기 啓發(계발)에 관한 책을 주로 읽고 있다.

契 맺을 계:
3급Ⅱ 부 大 총 9

읽기 契機 계기　契約 계약　契員 계원　契印 계인　契主 계주
默契 묵계　假契約 가계약　契約書 계약서　親睦契 친목계
隨意契約 수의계약

활용 그들은 봉사활동이 契機(계기)가 되어 결혼까지 하게 되었다.

유 約 맺을 약

桂 계수나무 계:
3급Ⅱ 부 木 총 10

읽기 桂冠 계관　桂林 계림　桂樹 계수　桂月 계월　桂皮 계피
桂香 계향　桂花 계화　肉桂 육계　月桂冠 월계관
月桂樹 월계수　桂冠詩人 계관시인

활용 올림픽에서 우승한 선수들의 머리에 月桂冠(월계관)이 씌워졌다.

械 기계 계:
3급Ⅱ 부 木 총 11

읽기 器械 기계　機械 기계　農機械 농기계　機械工學 기계공학
器械體操 기계체조　實驗器械 실험기계
精密機械 정밀기계　機械工學科 기계공학과

활용 할아버지께서는 지금까지 손수 農機械(농기계)를 수리하신다.

유 機 틀 기

溪 시내 계
3급Ⅱ 부 水 총 13

읽기 溪谷 계곡　溪流 계류　溪水 계수　溪川 계천　退溪 퇴계
碧溪水 벽계수　清溪川 청계천

활용 이황 선생님의 호는 退溪(퇴계)이다.
清溪川(청계천)은 본래 맑은 시냇물이었다.

유 川 내 천

癸 북방·천간 계:
3급 / 부 癶 / 총 9

읽기: 癸未 계미　癸巳 계사　癸水 계수　癸時 계시　癸坐 계좌　癸亥 계해　癸丑日記 계축일기　癸亥條約 계해조약　甲乙丙丁戊己庚辛壬癸 갑을병정무기경신임계

활용: 癸丑日記(계축일기)는 궁중 문학의 대표적 작품이다.

繫 맬 계:
3급 / 부 糸 / 총 19 / 약 繋

읽기: 繫留 계류　繫泊 계박　繫索 계삭　繫船 계선　繫屬 계속　繫柱 계주　連繫 연계　繫留場 계류장

활용: 대법원에 繫留(계류)된 사건들이 많다.
그의 모든 작품이 그의 삶과 밀접하게 連繫(연계)되어 있다.

高 높을 고
6급II / 부 高 / 총 10

읽기: 高架 고가　高爐 고로　高尙 고상　高僧 고승
쓰기: 고견 高見　고결 高潔　고공 高空　고교 高校　고귀 高貴　고수 高手　고열 高熱　고층 高層　고속도로 高速道路

활용: 버스는 高速道路(고속도로) 휴게소에서 10분 동안 정차하였다.

상 低 낮을 저, 卑 낮을 비
유 崇 높을 숭, 尊 높을 존, 卓 높을 탁

古 예 고:
6급 / 부 口 / 총 5

읽기: 古蹟 고적　古稀 고희　懷古 회고
쓰기: 고궁 古宮　고대 古代　고목 古木　고성 古城　고옥 古屋　고전 古典　고철 古鐵　복고 復古　만고불변 萬古不變

활용: 우리 가족은 古代(고대) 이집트의 유적을 관람하였다.

상 新 새 신, 今 이제 금
유 昔 예 석

苦 쓸 고
6급 / 부 艹 / 총 9

읽기: 苦役 고역　忍苦 인고　鶴首苦待 학수고대
쓰기: 고난 苦難　고락 苦樂　고생 苦生　고심 苦心　고전 苦戰　고통 苦痛　고행 苦行　노고 勞苦　병고 病苦　산고 産苦

활용: 苦生(고생) 끝에 낙이 온다.

상 樂 즐길 락, 甘 달 감
유 難 어려울 난

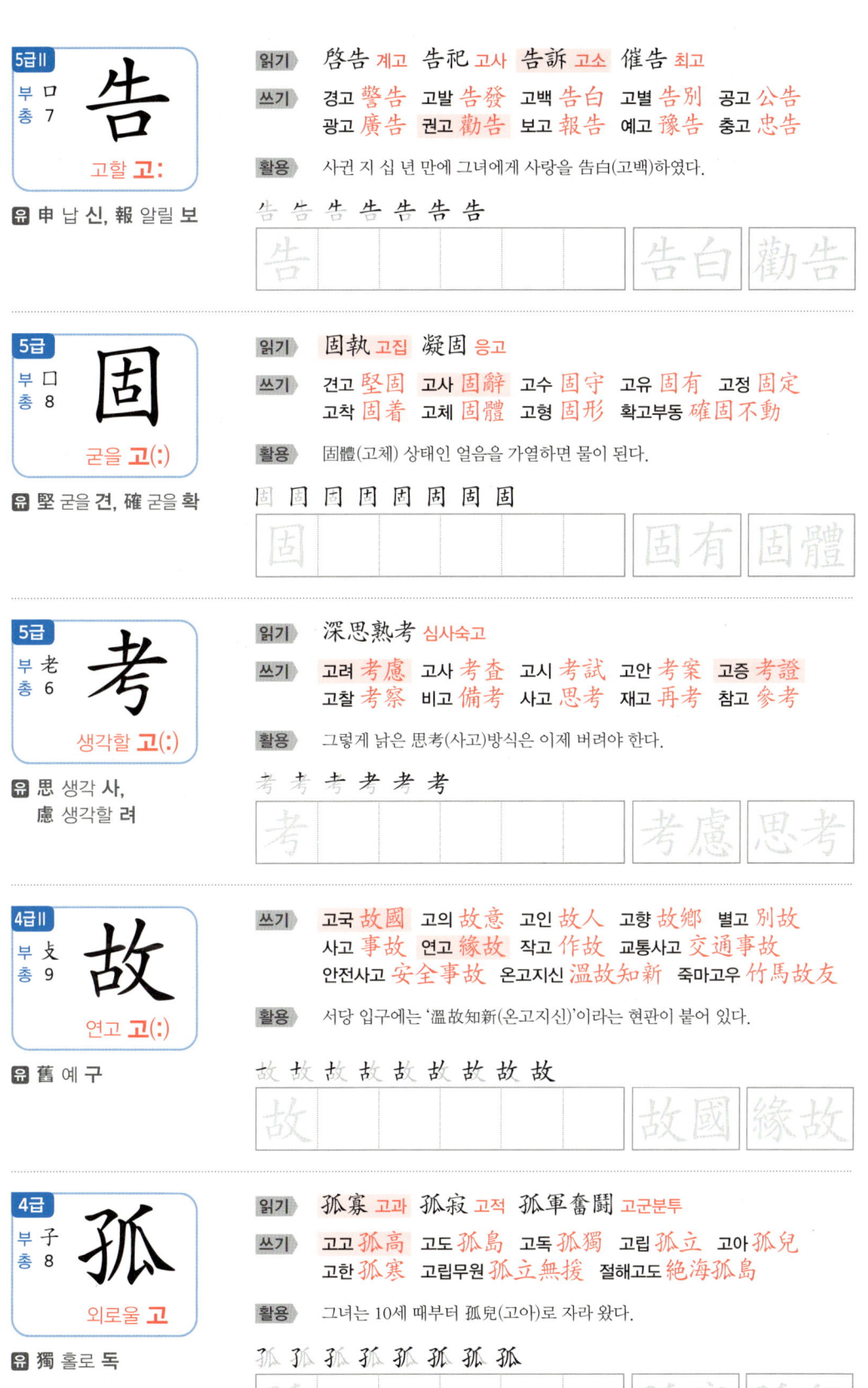

庫 (곳집 고) — 4급, 부수 广, 총 10획

읽기: 倉庫 창고, 冷藏庫 냉장고

쓰기: 국고 國庫, 금고 金庫, 문고 文庫, 보고 寶庫, 서고 書庫, 입고 入庫, 차고 車庫, 출고 出庫, 석빙고 石氷庫

활용: 경주에는 얼음을 보관하던 창고인 石氷庫(석빙고)가 있다.

유: 倉 곳집 창

姑 (시어미 고) — 3급II, 부수 女, 총 8획

읽기: 姑母 고모, 姑婦 고부, 姑叔 고숙, 姑從 고종, 姑母夫 고모부, 姑婦間 고부간, 姑息的 고식적, 堂姑母 당고모, 王姑母 왕고모, 姑息之計 고식지계, 因循姑息 인순고식

활용: 그는 항상 姑息的(고식적)인 태도로 일을 해결한다.

상: 婦 며느리 부

稿 (원고·볏짚 고) — 3급II, 부수 禾, 총 15획

읽기: 稿料 고료, 稿本 고본, 寄稿 기고, 送稿 송고, 玉稿 옥고, 原稿 원고, 遺稿 유고, 草稿 초고, 脫稿 탈고, 投稿 투고, 原稿料 원고료, 原稿用紙 원고용지

활용: 스승님의 玉稿(옥고)를 책에 싣게 되어 영광으로 여겼다.

鼓 (북 고) — 3급II, 부수 鼓, 총 13획

읽기: 鼓角 고각, 鼓動 고동, 鼓勵 고려, 鼓舞 고무, 鼓腹 고복, 鼓手 고수, 鼓吹 고취, 法鼓 법고, 魚鼓 어고, 鼓笛隊 고적대, 勝戰鼓 승전고, 申聞鼓 신문고, 自鳴鼓 자명고

활용: 광대는 鼓手(고수)의 장단에 맞추어 춤을 추었다.

枯 (마를 고) — 3급, 부수 木, 총 9획

읽기: 枯渴 고갈, 枯骨 고골, 枯淡 고담, 枯木 고목, 枯死 고사, 枯魚 고어, 枯葉 고엽, 枯枝 고지, 枯木生花 고목생화, 榮枯盛衰 영고성쇠

활용: 이곳에는 오랫동안 돌보지 않아 枯死(고사)한 나무가 있다.

顧 돌아볼 고
3급 / 부 頁 / 총 21

읽기: 顧客 고객, 顧慮 고려, 顧望 고망, 顧問 고문, 顧復 고복, 三顧 삼고, 愛顧 애고, 回顧錄 회고록, 不顧廉恥 불고염치, 四顧無親 사고무친

활용: 그는 자신의 인생을 돌아보며 回顧錄(회고록)을 집필하였다.

曲 굽을 곡
5급 / 부 曰 / 총 6

읽기: 懇曲 간곡, 偏曲 편곡, 戲曲 희곡, 九曲肝腸 구곡간장

쓰기: 가곡 歌曲, 곡예 曲藝, 곡절 曲折, 곡해 曲解, 선곡 選曲, 신곡 新曲, 악곡 樂曲, 작곡 作曲, 불문곡직 不問曲直

활용: 그녀는 음악 대학에서 作曲(작곡)을 전공한다.

상: 直 곧을 직
유: 歌 노래 가, 屈 굽힐 굴

穀 곡식 곡
4급 / 부 禾 / 총 15 / 약 穀

읽기: 穀倉 곡창

쓰기: 곡가 穀價, 곡기 穀氣, 곡류 穀類, 곡물 穀物, 곡식 穀食, 미곡 米穀, 백곡 白穀, 오곡 五穀, 잡곡 雜穀, 탈곡 脫穀

활용: 쌀, 보리, 콩, 조, 기장을 五穀(오곡)이라 한다.

哭 울 곡
3급Ⅱ / 부 口 / 총 10

읽기: 哭臨 곡림, 哭聲 곡성, 哀哭 애곡, 弔哭 조곡, 止哭 지곡, 痛哭 통곡, 號哭 호곡, 大聲痛哭 대성통곡

활용: 밤마다 여인의 哭聲(곡성)이 들려 잠을 이룰 수가 없다.
그녀는 친구의 죽음 소식을 전해 듣고 大聲痛哭(대성통곡)하였다.

유: 泣 울 읍

谷 골 곡
3급Ⅱ / 부 谷 / 총 7

읽기: 溪谷 계곡, 谷泉 곡천, 谷風 곡풍, 空谷 공곡, 陵谷 능곡, 山谷 산곡, 幽谷 유곡, 栗谷 율곡, 深山幽谷 심산유곡, 進退維谷 진퇴유곡

활용: 피서지로는 깊은 산 溪谷(계곡)이 제일이다.

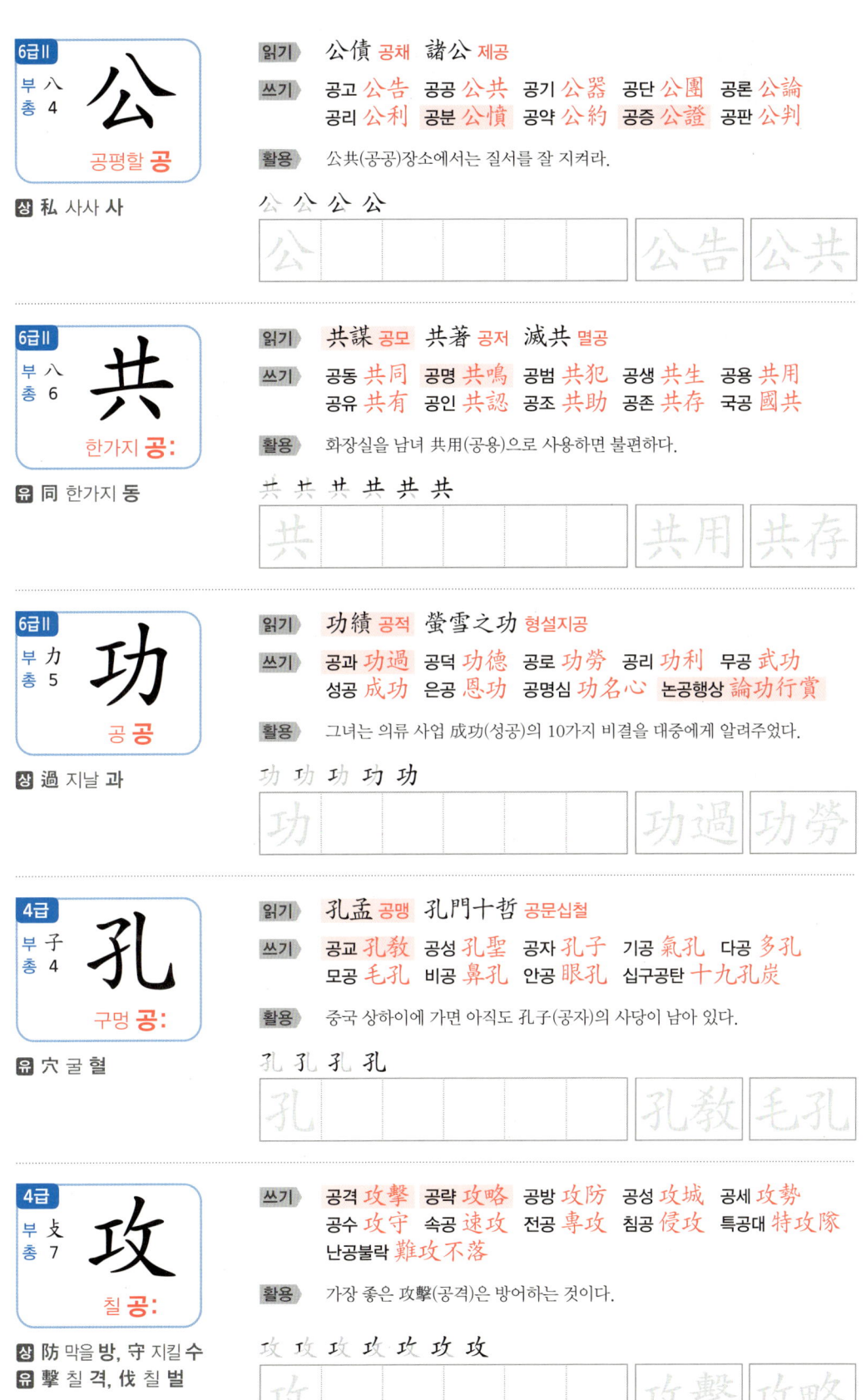

供 이바지할 공:
3급II 부 人 총 8

읽기 供給 공급　供覽 공람　供物 공물　供養 공양　供與 공여
　　　供出 공출　口供 구공　佛供 불공　提供 제공

활용 종이의 供給(공급)이 원활하지 못하여 인쇄 날짜를 늦추었다.
　　　자선가는 소년·소녀 가장에게 식료품을 提供(제공)하기로 하였다.

恐 두려울 공(:)
3급II 부 心 총 10

읽기 可恐 가공　恐懼 공구　恐動 공동　恐龍 공룡　恐愼 공신
　　　恐妻 공처　不恐 불공　震恐 진공　恐妻家 공처가

활용 이 폭발물은 可恐(가공)할만한 위력을 가진다.
　　　그는 방송에서 소문난 恐妻家(공처가)임을 증명하였다.

恭 공손할 공
3급II 부 心 총 10

읽기 恭敬 공경　恭勤 공근　恭待 공대　恭順 공순　恭人 공인
　　　恭祝 공축　恭賀 공하　不恭 불공　恭賀新年 공하신년

활용 그는 늘 어른에게 恭敬(공경)하는 태도를 보인다.

유 敬 공경 경

貢 바칠 공:
3급II 부 貝 총 10

읽기 貢納 공납　貢女 공녀　貢物 공물　貢米 공미　貢獻 공헌
　　　來貢 내공　別貢 별공　歲貢 세공　入貢 입공　朝貢 조공

활용 대동법은 여러 가지 貢物(공물)을 쌀로 통일하여 바치게 한 납세 제도이다.
　　　선생님께서 학계에 보여준 貢獻(공헌)에 감사드린다.

유 獻 드릴 헌

果 실과 과:
6급II 부 木 총 8

읽기 果糖 과당

쓰기 결과 結果　과감 果敢　과단 果斷　과실 果實　과연 果然
　　　성과 成果　실과 實果　약과 藥果　전과 戰果　효과 效果

활용 소문대로 그는 果然(과연) 대장부였다.

상 因 인할 인
유 實 열매 실

74

科 과목 과 (6급II, 부 禾, 총 9)

쓰기: 과객 科客, 과거 科擧, 과락 科落, 과목 科目, 과학 科學, 내과 內科, 문과 文科, 안과 眼科, 예과 豫科, 외과 外科, 이과 理科, 치과 齒科, 학과 學科, 교과서 教科書

활용: 네가 가장 좋아하는 科目(과목)이 무엇이냐?

課 공부할·과정 과(:) (5급II, 부 言, 총 15)

읽기: 賦課 부과, 租課 조과

쓰기: 과세 課稅, 과업 課業, 과외 課外, 과장 課長, 과정 課程, 과제 課題, 과표 課標, 방과 放課, 분과 分課, 일과 日課

활용: 어머니는 日課(일과)를 늘 운동으로 시작한다.

過 지날 과: (5급II, 부 辶, 총 13)

읽기: 過敏 과민, 過慾 과욕, 默過 묵과, 超過 초과

쓰기: 간과 看過, 과거 過去, 과격 過激, 과납 過納, 과다 過多, 과로 過勞, 과밀 過密, 과속 過速, 과실 過失, 과음 過飮

활용: 어두운 過去(과거)는 잊고 새 출발을 하여라.

상 功 공 공
유 去 갈 거, 經 지날 경, 超 뛰어넘을 초

寡 적을 과: (3급II, 부 宀, 총 14)

읽기: 寡宅 과댁, 寡頭 과두, 寡默 과묵, 寡聞 과문, 寡婦 과부, 寡少 과소, 寡守 과수, 寡言 과언, 寡慾 과욕, 寡人 과인, 多寡 다과, 獨寡占 독과점, 衆寡不敵 중과부적

활용: 옆집에는 서른도 안 된 寡婦(과부)와 딸이 산다.

상 多 많을 다, 衆 무리 중
유 少 적을 소

誇 자랑할 과: (3급II, 부 言, 총 13)

읽기: 誇大 과대, 誇負 과부, 誇示 과시, 誇言 과언, 誇張 과장, 誇稱 과칭, 浮誇 부과, 自誇 자과, 誇張法 과장법, 誇大廣告 과대광고, 誇大妄想 과대망상

활용: 그는 상황을 誇張(과장)해서 말하는 버릇이 있다.

郭 (둘레·외성 곽) — 3급, 부 邑, 총 11

읽기: 郭公 곽공, 郭外 곽외, 城郭 성곽, 姓郭 성곽, 外郭 외곽, 輪郭 윤곽, 一郭 일곽

활용: 마을 사람들은 외적의 침입을 막기 위해 힘을 모아 城郭(성곽)을 쌓았다.
서울 外廓(외곽) 순환 도로에서 8중 추돌 사고가 발생하였다.

觀 (볼 관) — 5급Ⅱ, 부 見, 총 25, 약 观/観

유) 覽 볼 람

읽기: 槪觀 개관, 觀照 관조, 明若觀火 명약관화

쓰기: 관객 觀客, 관광 觀光, 관념 觀念, 관람 觀覽, 관망 觀望, 관점 觀點, 관중 觀衆, 미관 美觀, 비관 悲觀, 외관 外觀

활용: 연극배우는 연기할 때 觀客(관객)을 의식하지 않는다.

關 (관계할 관) — 5급Ⅱ, 부 門, 총 19, 약 関

읽기: 關聯 관련

쓰기: 관계 關係, 관문 關文, 관심 關心, 관여 關與, 관절 關節, 난관 難關, 상관 相關, 세관 稅關, 통관 通關

활용: 우리 이웃에 따뜻한 關心(관심)을 두자.

官 (벼슬 관) — 4급Ⅱ, 부 宀, 총 8

상) 民 백성 민
유) 爵 벼슬 작

읽기: 官僚 관료, 官吏 관리, 官需 관수, 貪官汚吏 탐관오리

쓰기: 관가 官家, 관권 官權, 관복 官服, 관사 官舍, 관인 官印, 관직 官職, 관청 官廳, 내관 內官, 사관 史官, 임관 任官

활용: 조선 후기에는 양반이 부패하여 官職(관직)을 사고파는 일이 많았다.

管 (대롱·주관할 관) — 4급, 부 竹, 총 14

읽기: 管掌 관장, 管絃 관현

쓰기: 관내 管內, 관리 管理, 관악 管樂, 관외 管外, 보관 保管, 소관 所管, 이관 移管, 주관 主管, 혈관 血管, 기관지 氣管支

활용: 옹기를 사용하면 곡식을 신선하게 保管(보관)할 수 있다.

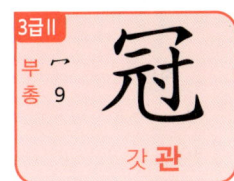

읽기 冠帶 관대 冠禮 관례 冠詞 관사 金冠 금관 無冠 무관
弱冠 약관 王冠 왕관 衣冠 의관 冠婚喪祭 관혼상제
金冠朝服 금관조복

활용 그의 첫째 아들은 弱冠(약관)의 나이에 문과에 급제하였다.

冠 冠 冠 冠 冠 冠 冠 冠 冠

읽기 寬大 관대 寬待 관대 寬猛 관맹 寬免 관면 寬恕 관서
寬嚴 관엄 寬容 관용 寬裕 관유 寬仁 관인 寬政 관정
寬弘 관홍 寬厚 관후

활용 그는 아랫사람에게 寬容(관용)을 베풀 줄 안다.

寬 寬 寬 寬 寬 寬 寬 寬 寬 寬 寬 寬

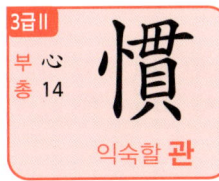

읽기 慣例 관례 慣面 관면 慣聞 관문 慣性 관성 慣熟 관숙
慣習 관습 慣用 관용 慣行 관행 舊慣 구관 習慣 습관

활용 그는 매번 慣行(관행)대로만 일을 처리하였다.
세 살 習慣(습관)이 여든까지 간다.

慣 慣 慣 慣 慣 慣 慣 慣 慣 慣 慣

유 習 익힐 습

읽기 貫祿 관록 貫流 관류 貫徹 관철 貫通 관통 貫鄕 관향
貫革 관혁 本貫 본관 一貫 일관

활용 그녀는 자기 뜻대로 일이 貫徹(관철)될 때까지 절대 포기하지 않는다.
우리는 자동차로 좁은 시골 마을을 貫通(관통)하는 길을 지났다.

貫 貫 貫 貫 貫 貫 貫 貫 貫 貫

유 徹 통할 철, 通 통할 통

3급II 부 食 총 17 약 舘

館
집 관

읽기 開館 개관 館長 관장 舊館 구관 別館 별관 本館 본관
新館 신관 旅館 여관 學館 학관 會館 회관 休館 휴관
圖書館 도서관 博物館 박물관 館閣堂上 관각당상

활용 박물관 開館(개관) 행사를 축하하기 위해 가수들이 왔다.

館 館 館 館 館 館 館 館 館 館 館 館

유 閣 집 각

光 (빛 광) — 6급II, 부 儿, 총 6

읽기: 脚光 각광 光彩 광채 光澤 광택

쓰기: 관광 觀光 광무 光武 광선 光線 야광 夜光 역광 逆光 영광 榮光 일촌광음 一寸光陰 전광석화 電光石火

활용: 산에서 내려오니 觀光(관광)버스가 나를 기다리고 있었다.

廣 (넓을 광:) — 5급II, 부 广, 총 15, 약 広

읽기: 廣漠 광막 高臺廣室 고대광실

쓰기: 광고 廣告 광대 廣大 광박 廣博 광야 廣野 광역 廣域 광원 廣遠 광의 廣義 광장 廣場 광범위 廣範圍

활용: 지금 서울 廣場(광장)에 나가 있는 신준영 기자를 연결하겠다.

유: 漠 넓을 막, 博 넓을 박

鑛 (쇳돌 광:) — 4급, 부 金, 총 23, 약 鉱

읽기: 廢鑛 폐광

쓰기: 광구 鑛區 광맥 鑛脈 광물 鑛物 광부 鑛夫 광석 鑛石 광업 鑛業 광천 鑛泉 채광 採鑛 철광 鐵鑛 탄광 炭鑛

활용: 그는 평생을 鑛夫(광부)로 일하다가 생을 마감하였다.

狂 (미칠 광) — 3급II, 부 犬, 총 7

읽기: 狂犬 광견 狂氣 광기 狂亂 광란 狂奔 광분 狂人 광인 狂的 광적 狂暴 광폭 狂風 광풍 發狂 발광 熱狂 열광 狂想曲 광상곡 狂詩曲 광시곡 狂信徒 광신도

활용: 한류에 熱狂(열광)하는 외국 관광객들이 한국으로 여행을 온다.

掛 (걸 괘) — 3급, 부 手, 총 11

읽기: 掛鏡 괘경 掛冠 괘관 掛金 괘금 掛念 괘념 掛圖 괘도 掛曆 괘력 掛書 괘서 掛心 괘심 掛意 괘의 掛鍾 괘종 掛鍾時計 괘종시계

활용: 지난 일에 너무 掛念(괘념)하지 말고 새롭게 시작하자.

78

壞 무너질 괴:
- 3급II 부 土 총 19 약 壊
- 유 毀 헐 훼, 崩 무너질 붕

읽기: 壞決 괴결, 壞落 괴락, 壞亂 괴란, 壞滅 괴멸, 壞死 괴사, 壞損 괴손, 壞敗 괴패, 崩壞 붕괴, 損壞 손괴, 破壞 파괴, 破壞力 파괴력, 壞血病 괴혈병

활용: 쓰레기를 함부로 버리면 우리의 환경이 破壞(파괴)된다.

怪 괴이할 괴(:)
- 3급II 부 心 총 8
- 유 奇 기특할 기

읽기: 怪傑 괴걸, 怪奇 괴기, 怪談 괴담, 怪盜 괴도, 怪力 괴력, 怪物 괴물, 怪變 괴변, 怪獸 괴수, 怪異 괴이, 怪疾 괴질, 怪漢 괴한, 奇怪 기괴

활용: 아이들은 탈을 쓴 사람을 보고 怪物(괴물)이 나타났다고 말하였다.

塊 흙덩이 괴
- 3급 부 土 총 13

읽기: 塊根 괴근, 塊狀 괴상, 塊石 괴석, 塊鐵 괴철, 塊炭 괴탄, 塊形 괴형, 金塊 금괴, 大塊 대괴, 氷塊 빙괴, 銀塊 은괴, 地塊 지괴, 土塊 토괴

활용: 그의 집 금고에서 많은 金塊(금괴)가 발견되었다.

愧 부끄러울 괴:
- 3급 부 心 총 13
- 유 慙 부끄러울 참

읽기: 愧服 괴복, 愧色 괴색, 愧心 괴심, 愧恥 괴치, 愧歎 괴탄, 愧汗 괴한, 面愧 면괴, 無愧 무괴, 自愧 자괴, 慙愧 참괴, 自愧感 자괴감, 自愧之心 자괴지심

활용: 그는 사업에 실패하자 심한 自愧感(자괴감)에 빠졌다.

敎 가르칠 교:
- 8급 부 攵 총 11
- 상 學 배울 학
- 유 訓 가르칠 훈

읽기: 敎鍊 교련, 敎皇 교황

쓰기: 교구 敎具, 교단 敎壇, 교도 敎導, 교리 敎理, 교사 敎師, 교수 敎授, 교양 敎養, 교육 敎育, 교파 敎派, 교훈 敎訓

활용: 나라의 미래는 아이들의 敎育(교육)에 달려있다.

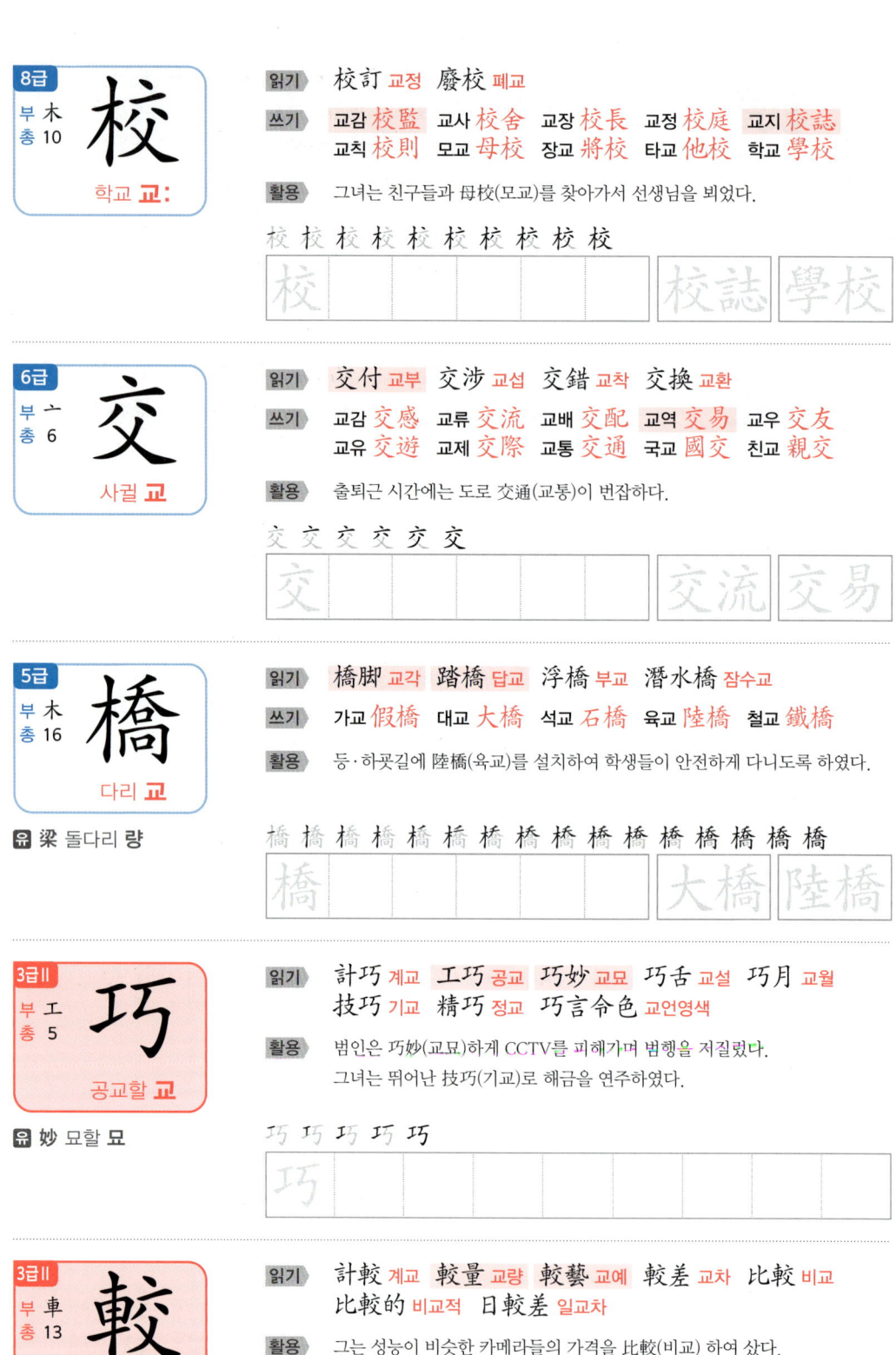

3급 부 矢 총 17 **矯** 바로잡을 교:

읽기 矯導 교도 矯世 교세 矯俗 교속 矯首 교수 矯飾 교식
矯正 교정 矯風 교풍 矯導所 교도소 矯角殺牛 교각살우
齒列矯正 치열교정

활용 나는 齒列矯正(치열교정)을 하는 중이라 딱딱한 음식을 먹지 못한다.

3급 부 邑 총 9 **郊** 들 교

읽기 江郊 강교 郊里 교리 郊祀 교사 郊野 교야 郊外 교외
郊原 교원 郊村 교촌 近郊 근교 南郊 남교 遠郊 원교
春郊 춘교 平郊 평교

활용 주말에 날씨가 좋다니 郊外(교외)로 드라이브를 다녀오자.

유 野 들 야

8급 부 乙 총 2 **九** 아홉 구

읽기 九曲肝腸 구곡간장 九尺長身 구척장신
쓰기 구곡 九穀 구십 九十 구족 九族 구천 九泉 구관조 九官鳥
구사일생 九死一生 구우일모 九牛一毛 구절양장 九折羊腸

활용 그들은 위기 상황에서 九死一生(구사일생)으로 살아났다.

7급 부 口 총 3 **口** 입 구(:)

읽기 口徑 구경 口述 구술 浦口 포구
쓰기 구령 口令 구미 口味 구전 口傳 구좌 口座 극구 極口
입구 入口 항구 港口 유구무언 有口無言 이구동성 異口同聲

활용 현관 入口(입구)를 깨끗이 치워 놓아라.

6급Ⅱ 부 玉 총 11 **球** 공 구

읽기 球審 구심 排球 배구
쓰기 구근 球根 구기 球技 구장 球場 속구 速球 안구 眼球
야구 野球 전구 電球 지구 地球 직구 直球 투구 投球

활용 올림픽 球場(구장)에서 경기가 한창이다.

81

6급 부 匚 총 11 약 区	區 구분할·지경 구	읽기	區劃 구획
		쓰기	관구 管區 광구 鑛區 구간 區間 구내 區內 구민 區民 구별 區別 구분 區分 구역 區域 구청 區廳 지구 地區
		활용	그는 옳고 그른 일을 區分(구분)하여 행동하였다.

유 別 나눌 별, 分 나눌 분

區區區區區區區區區 | 區間 | 區域

5급Ⅱ 부 八 총 8	具 갖출 구(:)	쓰기	가구 家具 공구 工具 구비 具備 구상 具象 구색 具色 구현 具現 기구 器具 도구 道具 침구 寢具 구체적 具體的 장신구 裝身具 필기구 筆記具
		활용	이사하기 전에 家具(가구) 배치를 미리 생각해 두어라.

유 備 갖출 비

具具具具具具具具 | 具象 | 寢具

5급Ⅱ 부 臼 총 18 약 旧	舊 예 구:	쓰기	구관 舊官 구면 舊面 구습 舊習 구식 舊式 구악 舊惡 구원 舊怨 구형 舊形 복구 復舊 신구 新舊 의구 依舊 친구 親舊 구태의연 舊態依然 송구영신 送舊迎新
		활용	이렇게 비가 오는 날이면 親舊(친구)가 생각난다.

상 新 새 신
유 故 연고 고

舊舊舊舊舊舊舊舊舊舊舊舊 | 舊式 | 舊怨

5급 부 攵 총 11	救 구원할 구:	쓰기	구국 救國 구급 救急 구난 救難 구명 救命 구원 救援 구제 救濟 구조 救助 구출 救出 구호 救護 자구 自救
		활용	사고 수습에 119救急(구급)대원의 활약이 컸다. 물에 빠진 아이는 마침 지나가던 사람에게 救助(구조)되었다.

유 濟 건널 제

救救救救救救救救救救 | 救援 | 救助

4급Ⅱ 부 口 총 5 약 勾	句 글귀 구	쓰기	결구 結句 경구 警句 구절 句節 문구 文句 시구 詩句 어구 語句 자구 字句 절구 絕句 미사여구 美辭麗句 일언반구 一言半句 구구절절 句句節節
		활용	그의 말이 句句節節(구구절절) 옳다.

句句句句句 | 詩句 | 語句

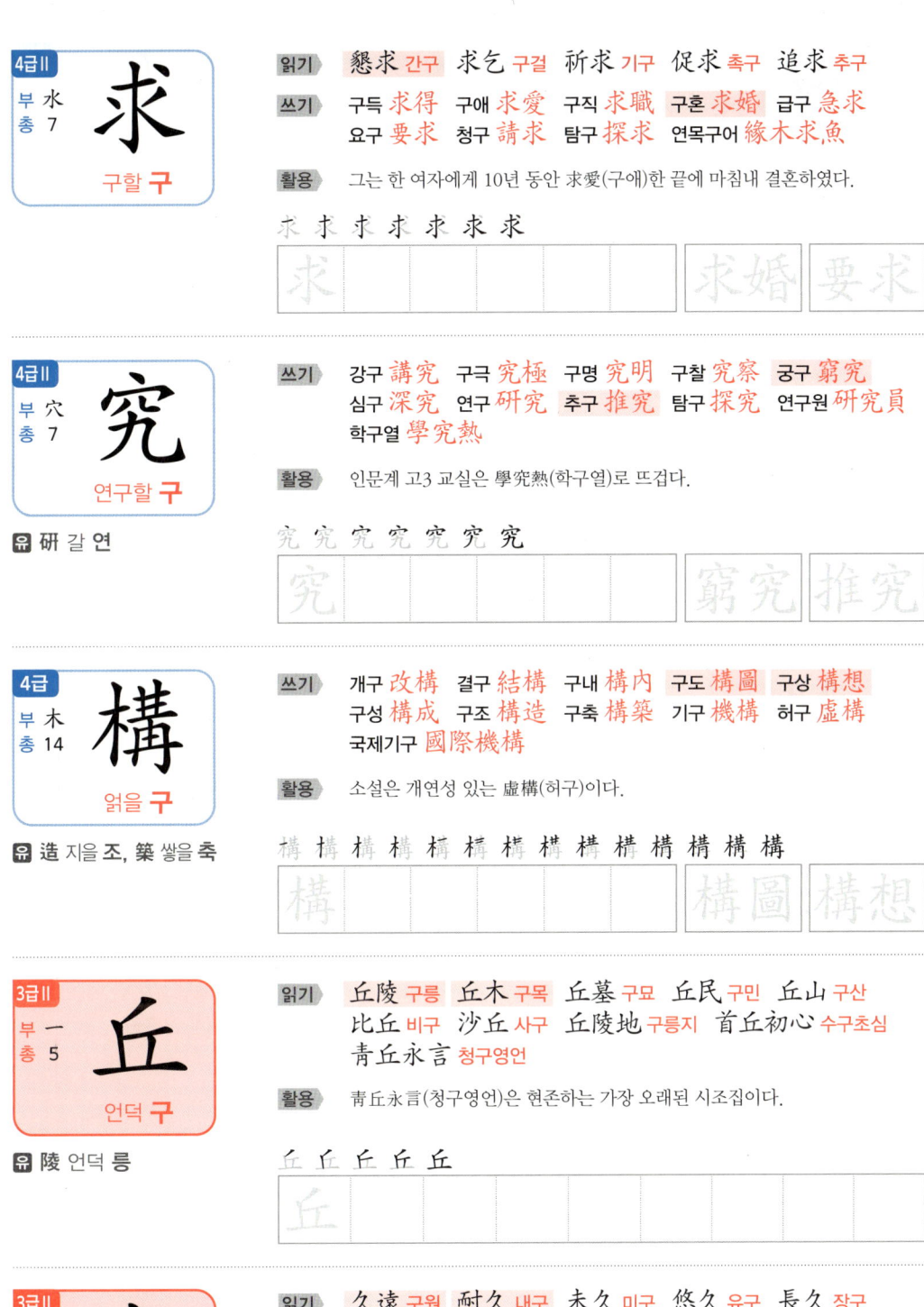

拘 잡을 구
3급II 부 手 총 8

읽기 拘禁 구금　拘留 구류　拘束 구속　拘引 구인　不拘 불구
拘置所 구치소　不拘束 불구속

활용 살인 사건의 용의자를 구치소에 拘禁(구금)하였다.
경찰은 용의자를 不拘束(불구속) 입건하였다.

俱 함께 구
3급 부 人 총 10

읽기 俱工 구공　俱沒 구몰　俱發 구발　俱生 구생　俱全 구전
俱存 구존　俱唱 구창　俱現 구현　俱樂部 구락부

활용 먹는 것이나 입는 것이나 모두 俱全(구전)하게 살고 있다.

懼 두려워할 구
3급 부 心 총 21

읽기 驚懼 경구　戒懼 계구　恐懼 공구　懼然 구연　懼憂 구우
畏懼 외구　危懼 위구　危懼心 위구심　疑懼心 의구심
喜懼之心 희구지심

활용 경찰은 끝까지 그에 대한 疑懼心(의구심)을 버리지 않았다.

유 畏 두려워할 외

狗 개 구
3급 부 犬 총 8

읽기 鷄狗 계구　狗肉 구육　堂狗 당구　走狗 주구　海狗 해구
黃狗 황구　喪家之狗 상가지구　羊頭狗肉 양두구육
泥田鬪狗 이전투구

활용 시골집에서 키우는 黃狗(황구)가 매우 영리하다.

유 犬 개 견

苟 진실로·구차할 구
3급 부 艸 총 9

읽기 苟免 구면　苟命 구명　苟生 구생　苟言 구언　苟安 구안
苟容 구용　苟存 구존　苟且 구차　苟充 구충　苟合 구합
苟活 구활

활용 더는 苟且(구차)한 변명은 하지 않겠다.

驅 (몰 구) — 3급, 부 馬, 총 21

읽기: 驅迫 구박, 驅步 구보, 驅使 구사, 驅除 구제, 驅逐 구축, 驅蟲 구충, 先驅 선구, 先驅者 선구자, 乘勝長驅 승승장구, 前輪驅動 전륜구동, 外國語驅使 외국어구사

활용: 그녀는 우리나라 여성 교육의 先驅者(선구자)이다.

龜 (거북 구·귀/터질 균) — 3급, 부 龜, 총 16, 약 亀

읽기: 龜裂 균열, 龜鑑 귀감, 龜甲 귀갑, 龜頭 귀두, 龜毛 귀모, 龜背 귀배, 龜卜 귀복, 龜船 귀선, 神龜 신귀, 龜尾市 구미시, 龜甲文字 귀갑문자

활용: 새로 지은 건물에 龜裂(균열)이 생겼다.

國 (나라 국) — 8급, 부 囗, 총 11, 약 国

읽기: 國策 국책, 殉國 순국

쓰기: 국감 國監, 국경 國境, 국고 國庫, 국론 國論, 국산 國産, 국익 國益, 국적 國籍, 귀국 歸國, 치국안민 治國安民

활용: 아버지는 國産(국산) 자동차를 애용하신다.

유: 邦 나라 방

局 (판 국) — 5급Ⅱ, 부 尸, 총 7

읽기: 局署 국서, 換局 환국

쓰기: 결국 結局, 국번 局番, 국한 局限, 난국 亂局, 당국 當局, 대국 對局, 약국 藥局, 종국 終局, 파국 破局, 사무국 事務局

활용: 그들은 結局(결국) 행복한 삶을 찾았다.

菊 (국화 국) — 3급Ⅱ, 부 艹, 총 12

읽기: 菊月 국월, 菊判 국판, 菊花 국화, 霜菊 상국, 水菊 수국, 黃菊 황국, 梅蘭菊竹 매란국죽

활용: 菊花(국화)를 보고 있노라면 서정주의 시가 떠오른다.
아버지는 어머니에게 水菊(수국) 한 다발을 선물하셨다.

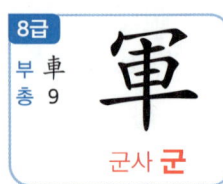
군사 **군**

유 兵 병사 병

읽기	叛軍 반군　我軍 아군　孤軍奮鬪 고군분투
쓰기	국군 國軍　군가 軍歌　군기 軍旗　군납 軍納　군대 軍隊 군란 軍亂　군비 軍費　군축 軍縮　적군 敵軍　회군 回軍
활용	國軍(국군)의 날에 거리 행진이 있었다.

고을 **군:**

유 邑 고을 읍, 州 고을 주,
縣 고을 현

읽기	郡縣 군현
쓰기	고군 故郡　군계 郡界　군내 郡內　군도 郡道　군민 郡民 군사 郡史　군수 郡守　군읍 郡邑　군청 郡廳　일군 一郡
활용	군내에서 열리는 체육 대회에 많은 郡民(군민)이 참여하였다.

임금 **군**

상 臣 신하 신, 民 백성 민
유 王 임금 왕

읽기	君臨 군림　郞君 낭군　諸君 제군　梁上君子 양상군자
쓰기	군국 君國　군신 君臣　단군 檀君　부군 夫君　성군 聖君 폭군 暴君　사군자 四君子　불사이군 不事二君
활용	매화, 난초, 국화, 대나무를 그린 그림을 四君子(사군자)라고 한다.

무리 **군**

유 衆 무리 중, 黨 무리 당

읽기	群像 군상　拔群 발군　症候群 증후군　群雄割據 군웅할거
쓰기	군거 群居　군도 群島　군락 群落　군무 群舞　군민 群民 군중 群衆　군집 群集　어군 魚群　일군 一群　학군 學群
활용	광화문 광장에 수만 群衆(군중)이 모였다.

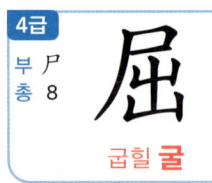
굽힐 **굴**

상 伸 펼 신
유 曲 굽을 곡, 折 꺾을 절

읽기	屈辱 굴욕　卑屈 비굴
쓰기	굴곡 屈曲　굴복 屈服　굴복 屈伏　굴신 屈身　굴절 屈折 굴지 屈指　불굴 不屈　자굴 自屈　백절불굴 百折不屈
활용	국권을 상실하여 屈辱(굴욕)적인 일을 겪어야 했다.

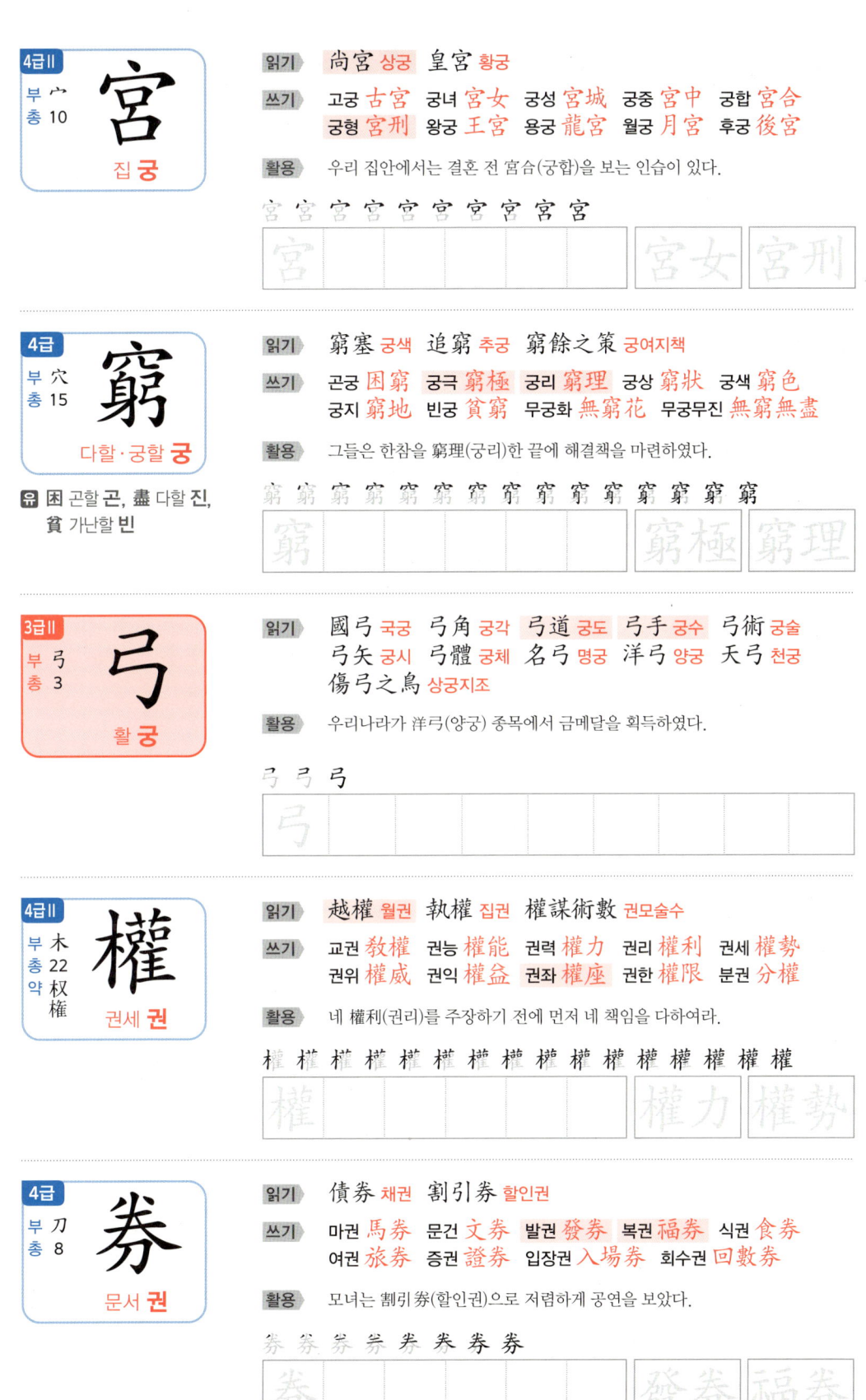

4급
부수 力
총획 20
약자 劝

勸 권할 권:

유 獎 장려할 장

읽기 勸誘 권유　勸善懲惡 권선징악

쓰기 강권 強勸　권고 勸告　권농 勸農　권면 勸勉　권사 勸士
　　　 권선 勸善　권장 勸獎　권주 勸酒　권학 勸學

활용 의사는 그녀에게 채소와 과일을 많이 먹을 것을 勸告(권고)하였다.

4급
부수 㔾
총획 8

卷 책 권(:)

읽기 卷尾 권미　手不釋卷 수불석권

쓰기 권말 卷末　권수 卷數　권연 卷煙　단권 單卷　상권 上卷
　　　 석권 席卷　압권 壓卷　전권 全卷　통권 通卷　하권 下卷

활용 주인공이 사랑하는 연인에게 유언을 남기는 장면은 壓卷(압권)이었다.

3급 II
부수 手
총획 10

拳 주먹 권:

읽기 空拳 공권　拳法 권법　拳書 권서　拳石 권석　拳勇 권용
　　　 拳銃 권총　拳鬪 권투　鐵拳 철권　赤手空拳 적수공권

활용 형사는 도주하는 절도범을 향해 拳銃(권총)을 뽑았다.
　　　 그녀는 다이어트를 위해 拳鬪(권투)를 배우고 있다.

3급
부수 厂
총획 12

厥 그 궐

유 其 그 기

읽기 厥角 궐각　厥公 궐공　厥女 궐녀　厥明 궐명　厥尾 궐미
　　　 厥也 궐야　厥者 궐자　厥初 궐초　厥後 궐후　突厥 돌궐
　　　 厥頭痛 궐두통　厥心痛 궐심통

활용 突厥(돌궐)은 한때 중앙아시아를 지배하던 유목 민족이다.

3급
부수 車
총획 9

軌 바퀴 자국 궤:

읽기 廣軌 광궤　軌間 궤간　軌道 궤도　軌度 궤도　軌範 궤범
　　　 軌跡 궤적　單軌 단궤　同軌 동궤　常軌 상궤　先軌 선궤
　　　 一軌 일궤　無限軌道 무한궤도

활용 우리 회사의 신규 사업이 정상 軌道(궤도)에 올랐다.

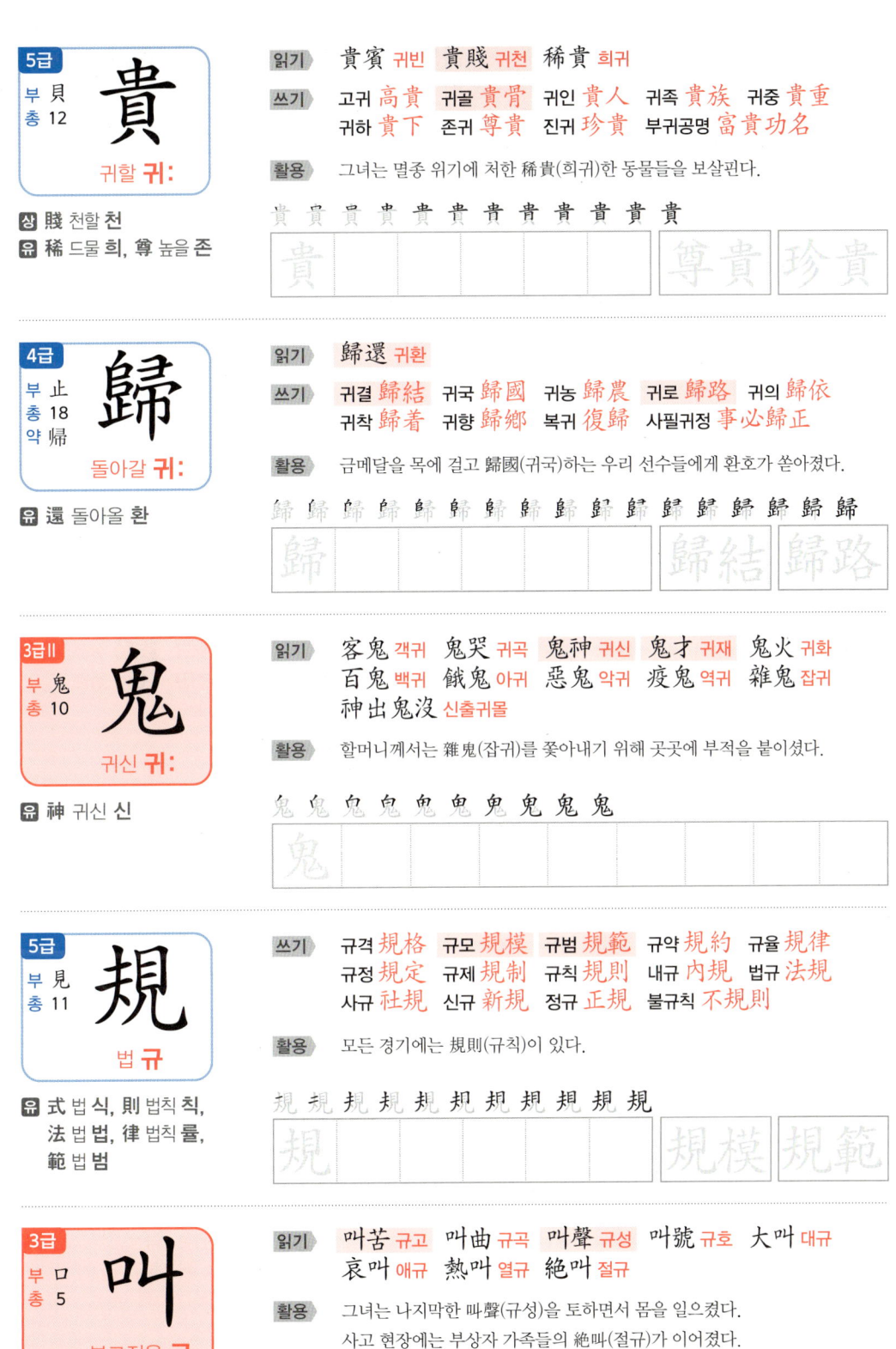

3급 糾 (부 糸, 총 8) 얽힐 규

읽기: 糾明 규명, 糾問 규문, 糾正 규정, 糾罪 규죄, 糾錯 규착, 糾察 규찰, 糾彈 규탄, 糾合 규합, 紛糾 분규, 審糾 심규, 勞使紛糾 노사분규

활용: 시민들은 정부에 진상 糾明(규명)을 촉구하였다.

4급 均 (부 土, 총 7) 고를 균

읽기: 均排 균배, 均割 균할, 均衡 균형, 成均館 성균관
쓰기: 균등 均等, 균배 均配, 균분 均分, 균일 均一, 균전 均田, 균질 均質, 평균 平均, 균일화 均一化

활용: 우리 반 기말고사의 平均(평균)은 90점이다.

유 調 고를 조, 平 평평할 평

3급Ⅱ 菌 (부 艹, 총 12) 버섯 균

읽기: 球菌 구균, 菌絲 균사, 滅菌 멸균, 病菌 병균, 殺菌 살균, 細菌 세균, 雜菌 잡균, 種菌 종균, 眞菌 진균, 抗菌 항균, 大腸菌 대장균, 無菌室 무균실, 保菌者 보균자

활용: 세포 배양 실험은 無菌室(무균실)에서 진행되었다.

4급Ⅱ 極 (부 木, 총 13) 다할·극진할 극

읽기: 極甚 극심, 罔極 망극
쓰기: 궁극 窮極, 극단 極端, 극렬 極烈, 극비 極秘, 극찬 極讚, 극치 極致, 극한 極限, 지극 至極, 극악무도 極惡無道

활용: 그녀는 極限(극한)의 상황에서도 동료를 먼저 걱정하는 이타주의자이다.

유 盡 다할 진, 端 끝 단

4급 劇 (부 刂, 총 15) 심할 극

쓰기: 가극 歌劇, 극단 劇團, 극본 劇本, 극약 劇藥, 극장 劇場, 비극 悲劇, 사극 史劇, 악극 樂劇, 연극 演劇, 창극 唱劇, 촌극 寸劇, 활극 活劇, 희극 喜劇, 인형극 人形劇

활용: 史劇(사극)을 보면 그 시대상을 알 수 있다.

3급II 부 儿 총 7	**克** 이길 **극**	읽기	克家 극가　克己 극기　克難 극난　克明 극명　克服 극복 克復 극복　克慾 극욕　超克 초극　克己復禮 극기복례 克己訓鍊 극기훈련　水火相克 수화상극
		활용	그는 어려움을 克服(극복)하고 산 정상에 올라 전설의 산악인이 되었다.

6급 부 木 총 10	**根** 뿌리 **근** 유 本 근본 본	읽기	根幹 근간　禍根 화근
		쓰기	근거 根據　근기 根氣　근본 根本　근성 根性　근원 根源 근저 根底　근절 根絶　모근 毛根　사실무근 事實無根
		활용	범죄자라고 해서 모두 根本(근본)이 나쁜 사람은 아니다.

6급 부 辵 총 8	**近** 가까울 **근:** 상 遠 멀 원	읽기	近刊 근간　近郊 근교　近影 근영　附近 부근　側近 측근
		쓰기	근대 近代　근래 近來　근방 近方　근자 近者　근접 近接 근처 近處　근해 近海　근황 近況　최근 最近　친근 親近
		활용	그는 오랜만에 만난 친구에게 近況(근황)을 물어보았다.

4급 부 力 총 13	**勤** 부지런할 **근(:)** 상 怠 게으를 태	읽기	皆勤 개근
		쓰기	결근 缺勤　근검 勤儉　근로 勤勞　근면 勤勉　근무 勤務 근속 勤續　근학 勤學　야근 夜勤　외근 外勤　퇴근 退勤
		활용	아버지는 退勤(퇴근)한 후에 가족들과 시간을 보내신다.

4급 부 竹 총 12	**筋** 힘줄 **근**	읽기	腹筋 복근　胸筋 흉근
		쓰기	근골 筋骨　근력 筋力　근맥 筋脈　근육 筋肉　근축 筋縮 심근 心筋　안근 眼筋　철근 鐵筋　근육질 筋肉質
		활용	그는 온몸이 筋肉質(근육질)로 된 남성미를 과시한다.

| 3급 | 부 人 총 13 | 僅 겨우 근: |

읽기 僅僅 근근   僅少 근소   僅僅圖生 근근도생   僅僅得生 근근득생
僅僅扶持 근근부지   幾死僅生 기사근생

활용 그는 적은 월급으로 하루하루 僅僅(근근)이 살아간다.

僅 僅 僅 僅 僅 僅 僅 僅 僅 僅 僅

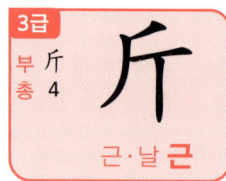

| 3급 | 부 斤 총 4 | 斤 근·날 근 |

읽기 斤量 근량   斤兩 근량   斤數 근수   斤正 근정   萬斤 만근
千斤 천근   斤兩重 근량중   千斤萬斤 천근만근

활용 가게 주인이 고기의 斤數(근수)를 재어보더니 조금 덜어냈다.
자고 일어났더니 몸이 千斤萬斤(천근만근) 무겁게 느껴졌다.

斤 斤 斤 斤

| 3급 | 부 言 총 18 | 謹 삼갈 근: |

읽기 謹啓 근계   謹告 근고   謹身 근신   謹愼 근신   謹嚴 근엄
謹製 근제   謹弔 근조   謹直 근직   謹賀新年 근하신년

활용 그는 사고에 대한 책임을 통감하고 한동안 謹身(근신)하기로 하였다.
아버지는 謹嚴(근엄)한 표정으로 우리를 꾸짖으셨다.

유 愼 삼갈 신

謹 謹 謹 謹 謹 謹 謹 謹 謹

| 8급 | 부 金 총 8 | 金 쇠 금/성 김 |

읽기 金冠 금관   貸金 대금   金蘭之交 금란지교   金枝玉葉 금지옥엽

쓰기 금고 金庫   금색 金色   금액 金額   금언 金言   금품 金品
기금 基金   상금 賞金   성금 誠金   세금 稅金   저금 貯金

활용 그녀는 퀴즈대회에서 받은 賞金(상금)을 장학금으로 기부하였다.

金 金 金 金 金 金 金 金

金   金色 貯金

| 6급Ⅱ | 부 人 총 4 | 今 이제 금 |

읽기 今昔 금석   今昔之感 금석지감

쓰기 고금 古今   금년 今年   금일 今日   금주 今週   금회 今回
방금 方今   작금 昨今   금세기 今世紀   동서고금 東西古今

활용 내부 수리 공사로 今日(금일) 휴업합니다.

상 古 예 고, 昔 예 석,
昨 어제 작

今 今 今 今

今   今年 今日

4급Ⅱ
부 示
총 13

금할 금:

읽기 拘禁 구금 禁忌 금기 禁慾 금욕 軟禁 연금

쓰기 감금 監禁 금단 禁斷 금물 禁物 금서 禁書 금식 禁食
금연 禁煙 금주 禁酒 금지 禁止 금혼 禁婚 엄금 嚴禁

활용 아버지께서 갑자기 가족들에게 禁煙(금연) 선언을 하셨다.

禁 禁 禁 禁 禁 禁 禁 禁 禁 禁 禁 禁 禁 禁煙 禁止

3급Ⅱ
부 玉
총 12

거문고 금

읽기 琴道 금도 琴線 금선 琴音 금음 大琴 대금 心琴 심금
彈琴 탄금 風琴 풍금 奚琴 해금 玄琴 현금

활용 애절하고 슬픈 노래가 방청객의 心琴(심금)을 울렸다.
건넌방에서 어머니의 風琴(풍금) 소리가 들려왔다.

琴 琴 琴 琴 琴 琴 琴 琴 琴 琴 琴 琴

3급Ⅱ
부 禸
총 13

새 금

유 鳥 새 조

읽기 家禽 가금 禽獸 금수 禽鳥 금조 禽蟲 금충 禽獲 금획
猛禽 맹금 鳴禽 명금 飛禽 비금 仙禽 선금 野禽 야금

활용 부모님의 은혜를 모르는 사람은 禽獸(금수)만도 못하다.
지금은 猛禽(맹금) 같은 사나운 용기가 필요한 때이다.

禽 禽 禽 禽 禽 禽 禽 禽 禽 禽 禽 禽

3급Ⅱ
부 金
총 16

錦

비단 금:

유 絹 비단 견

읽기 錦江 금강 錦衣 금의 錦察 금찰 錦上添花 금상첨화
錦衣夜行 금의야행 錦衣玉食 금의옥식 錦衣還鄕 금의환향

활용 뮤지컬 배우가 뛰어난 가창력에 연기력까지 갖추면 錦上添花(금상첨화)이다.
그는 큰돈을 벌어 錦衣還鄕(금의환향)하였다.

錦 錦 錦 錦 錦 錦 錦 錦 錦 錦 錦 錦

6급Ⅱ
부 心
총 9

급할 급

상 緩 느릴 완
유 速 빠를 속,
　 迫 핍박할 박

읽기 急迫 급박 急襲 급습 緩急 완급 緊急事態 긴급사태

쓰기 급감 急減 급격 急激 급사 急死 급조 急造 급증 急增
급행 急行 성급 性急 위급 危急 지급 至急 특급 特急

활용 부부의 건강 상태가 전원생활을 시작하고부터 急激(급격)히 좋아졌다.

急 急 急 急 急 急 急 急 急 急 性急 危急

級

6급 / 부 糸 / 총 10
등급 급
유 等 무리 등

- **읽기**: 昇級 승급
- **쓰기**: 계급 階級, 고급 高級, 급우 級友, 급훈 級訓, 등급 等級, 상급 上級, 저급 低級, 직급 職級, 초급 初級, 학급 學級
- **활용**: 각 學級(학급)에서 대표 한 명씩 뽑아 주세요.

給

5급 / 부 糸 / 총 12
줄 급
상 需 쓰일 수
유 與 줄 여

- **읽기**: 供給 공급, 補給 보급, 需給 수급, 還給 환급
- **쓰기**: 급료 給料, 급사 給仕, 급식 給食, 급여 給與, 발급 發給, 배급 配給, 수급 受給, 월급 月給, 자급자족 自給自足
- **활용**: 수해 지역에 생활필수품을 補給(보급)할 예정이다.

及

3급 II / 부 又 / 총 4
미칠 급
상 落 떨어질 락

- **읽기**: 及落 급락, 及第 급제, 論及 논급, 未及 미급, 普及 보급, 言及 언급, 波及 파급, 可及的 가급적, 及其也 급기야, 過猶不及 과유불급, 後悔莫及 후회막급
- **활용**: 可及的(가급적)이면 재활용품을 사용해 주시기 바랍니다.

肯

3급 / 부 肉 / 총 8
즐길 긍:

- **읽기**: 肯諾 긍낙, 肯意 긍의, 肯定 긍정, 肯從 긍종, 肯志 긍지, 不肯 불긍, 首肯 수긍, 肯定文 긍정문, 肯定的 긍정적
- **활용**: 그녀는 매사에 肯定的(긍정적)이다.

氣

7급 II / 부 气 / 총 10 / 약 気
기운 기

- **읽기**: 氣概 기개, 浮氣 부기, 濕氣 습기, 傲氣 오기, 換氣 환기
- **쓰기**: 경기 景氣, 기관 氣管, 기분 氣分, 기세 氣勢, 기압 氣壓, 기온 氣溫, 기운 氣運, 기혈 氣血, 기후 氣候, 연기 煙氣
- **활용**: 나는 부모님에게 칭찬을 받아 氣分(기분)이 좋아졌다.

記
7급II
부 言
총 10
기록할 기

읽기 記述 기술 記憶 기억 記載 기재 附記 부기

쓰기 기록 記錄 기사 記事 기장 記帳 기호 記號 수기 手記 암기 暗記 일기 日記 전기 傳記 표기 標記 필기 筆記

활용 어머니께서는 지금도 매일매일 日記(일기)를 쓰신다.

유 錄 기록할 록

記 記 記 記 記 記 記 記 記 記

記 記錄 暗記

旗
7급
부 方
총 14
기 기

읽기 旗幅 기폭 弔旗 조기

쓰기 국기 國旗 기수 旗手 기장 旗章 반기 反旗 백기 白旗 적기 赤旗 청기 青旗 오륜기 五輪旗 태극기 太極旗

활용 각국 대표 선수들은 모두 자기 나라의 國旗(국기)를 들고 입장하였다.

旗 旗 旗 旗 旗 旗 旗 旗 旗 旗 旗 旗 旗 旗

旗 旗章 青旗

基
5급II
부 土
총 11
터 기

읽기 基盤 기반 基礎 기초 基幹事業 기간사업

쓰기 가기 家基 국기 國基 기금 基金 기본 基本 기인 基因 기저 基底 기조 基調 기준 基準 기지 基地 기층 基層

활용 배낭여행을 가기 전에 基本(기본) 회화를 꼭 배워두어라.

基 基 基 基 基 基 基 基 基 基 基

基 基底 基準

己
5급II
부 己
총 3
몸 기

읽기 克己 극기 一己之慾 일기지욕

쓰기 기물 己物 기심 己心 수기 修己 이기 利己 자기 自己 지기 知己 기미운동 己未運動 십년지기 十年知己

활용 그는 모든 것을 自己(자기) 위주로 판단하고 행동한다.

유 身 몸 신, 自 스스로 자

己 己 己

己 自己 知己

技
5급
부 手
총 7
재주 기

읽기 技巧 기교

쓰기 경기 競技 기감 技監 기공 技工 기능 技能 기술 技術 기예 技藝 연기 演技 잡기 雜技 장기 長技 특기 特技

활용 나는 국가 공인 技術(기술) 자격증을 가지고 있다.

유 藝 재주 예, 術 재주 술

技 技 技 技 技 技 技

技 演技 雜技

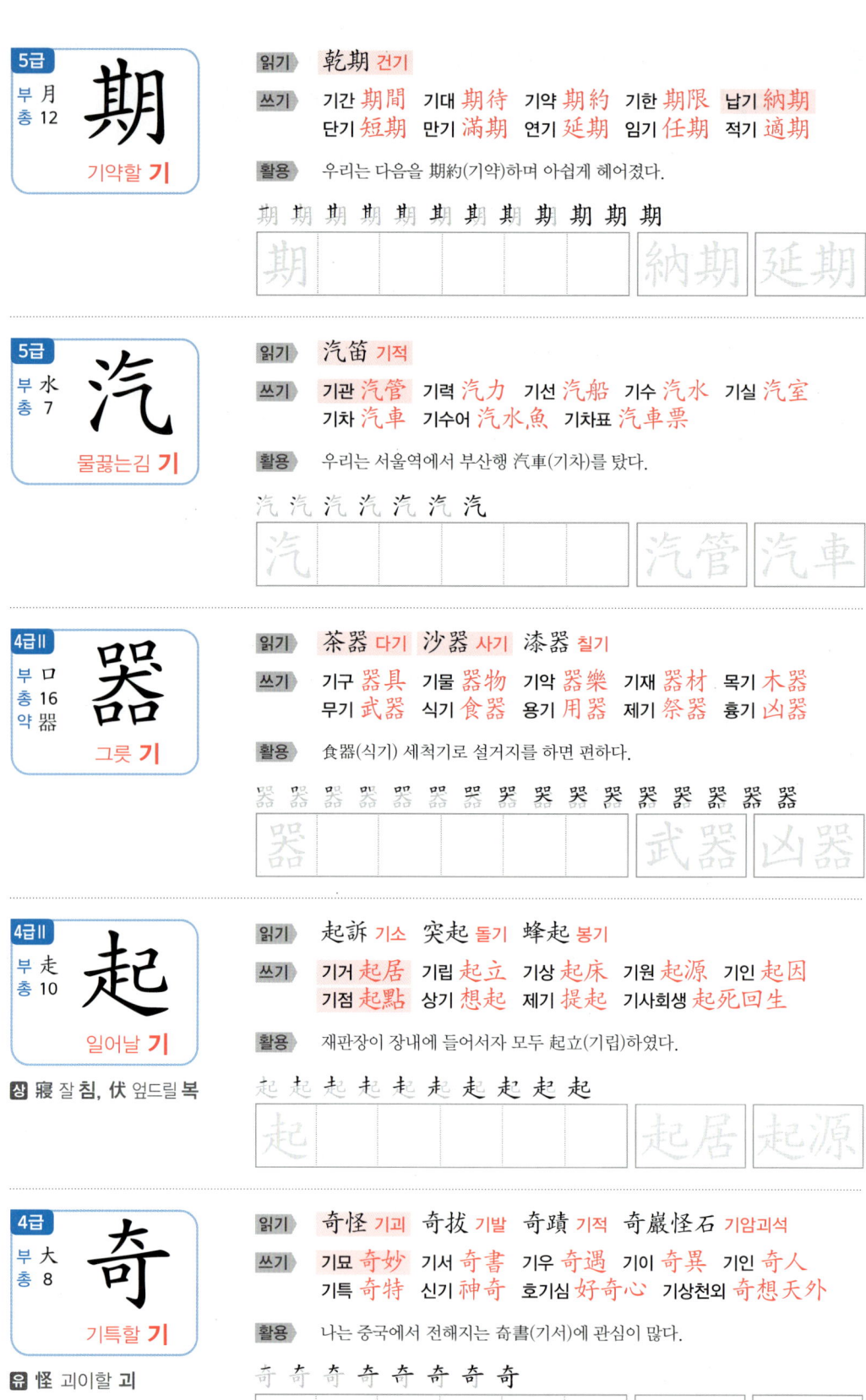

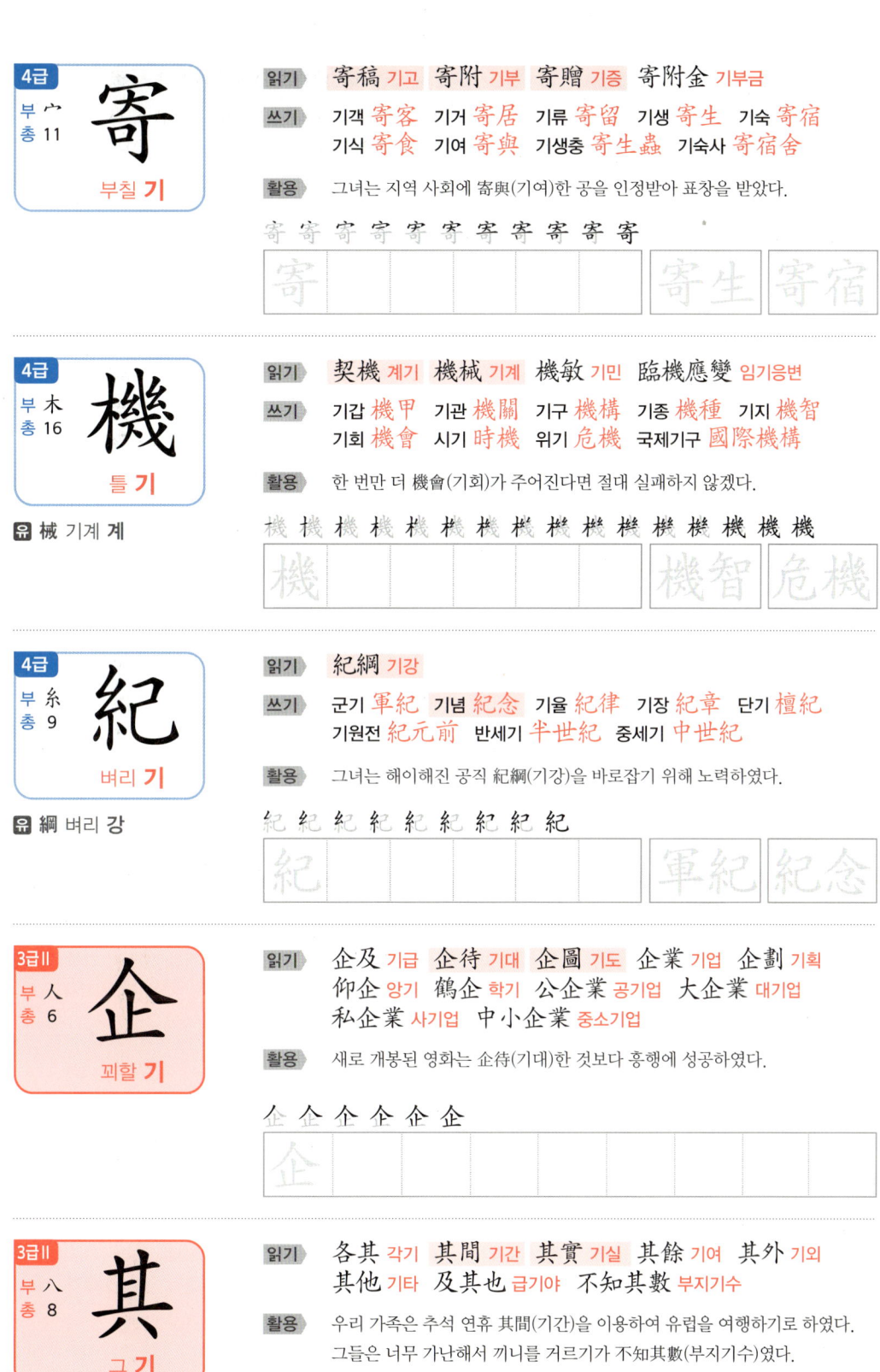

畿 경기 기 (3급II, 부 田, 총 15)

읽기 京畿 경기 近畿 근기 畿內 기내 畿湖 기호 邦畿 방기
京畿道 경기도

활용 내일 京畿(경기) 지역에 많은 비가 내릴 것으로 예상한다.

祈 빌 기 (3급II, 부 示, 총 9)

읽기 祈求 기구 祈福 기복 祈雨 기우 祈願 기원 祈祝 기축
祈雨祭 기우제

활용 우리는 선생님께서 속히 쾌유하시기를 祈願(기원)한다.
마을 주민들이 한자리에 모여 祈雨祭(기우제)를 지냈다.

유 祝 빌 축

騎 말 탈 기 (3급II, 부 馬, 총 18)

읽기 騎馬 기마 騎兵 기병 騎士 기사 騎手 기수 騎乘 기승
單騎 단기 輕騎兵 경기병 騎馬戰 기마전 騎兵隊 기병대
騎士道 기사도 騎虎之勢 기호지세 單騎匹馬 단기필마

활용 보병대가 도착하기 전에 騎兵隊(기병대)는 이미 도착해 있었다.

幾 몇 기 (3급, 부 幺, 총 12)

읽기 幾微 기미 幾百 기백 幾日 기일 幾何 기하 幾回 기회
未幾 미기 庶幾 서기 幾十萬 기십만 幾至死境 기지사경
幾何級數 기하급수

활용 습도가 일정하게 유지되자 세균들이 幾何級數(기하급수)로 번식하였다.

忌 꺼릴 기 (3급, 부 心, 총 7)

읽기 禁忌 금기 忌故 기고 忌日 기일 忌祭 기제 忌中 기중
忌避 기피 大忌 대기 父忌 부기 週忌 주기 初忌 초기
忌祭祀 기제사

활용 아버님의 忌日(기일)이 곧 돌아온다.

유 避 피할 피, 嫌 싫어할 혐

旣 이미 기 (3급, 부 无, 총 11, 약 既)

유 已 이미 이

읽기: 旣刊 기간, 旣決 기결, 旣述 기술, 旣約 기약, 旣定 기정, 旣存 기존, 旣婚 기혼, 旣得權 기득권, 旣成服 기성복, 旣往之事 기왕지사, 旣定事實 기정사실

활용: 우리는 旣存(기존) 건축물을 헐지 않고 보수하기로 하였다.

棄 버릴 기 (3급, 부 木, 총 12, 약 弃)

읽기: 棄却 기각, 棄權 기권, 棄兒 기아, 遺棄 유기, 投棄 투기, 破棄 파기, 廢棄 폐기, 自暴自棄 자포자기, 職務遺棄 직무유기, 抗訴棄却 항소기각

활용: 발암 물질이 검출된 불량 식품을 모두 廢棄(폐기) 처분하였다.

欺 속일 기 (3급, 부 欠, 총 12)

유 詐 속일 사

읽기: 欺君 기군, 欺弄 기롱, 欺慢 기만, 欺罔 기망, 欺笑 기소, 欺心 기심, 欺隱 기은, 欺人 기인, 欺情 기정, 欺惑 기혹, 詐欺 사기, 自欺 자기, 詐欺罪 사기죄

활용: 그는 詐欺(사기) 횡령죄로 고소되었다.

豈 어찌 기 (3급, 부 豆, 총 10)

유 那 어찌 나, 何 어찌 하

읽기: 豈可 기가, 豈敢 기감, 豈不 기불, 豈敢毁傷 기감훼상

활용: 豈敢毁傷(기감훼상)이리오?

飢 주릴 기 (3급, 부 食, 총 11)

상 飽 배부를 포
유 餓 주릴 아

읽기: 飢渴 기갈, 飢困 기곤, 飢民 기민, 飢腹 기복, 飢死 기사, 飢色 기색, 飢餓 기아, 飢飽 기포, 飢寒 기한, 耐飢 내기, 虛飢 허기, 飢者甘食 기자감식

활용: 대학생 봉사자들은 飢餓(기아) 체험 행사에 참여하였다.

3급Ⅱ
부 糸
총 14
약 紧

緊

긴할 **긴**

유 要 요긴할 **요**

읽기 緊急 긴급 緊談 긴담 緊密 긴밀 緊迫 긴박 緊要 긴요
緊張 긴장 緊縮 긴축 要緊 요긴 緊迫感 긴박감

활용 우리 緊要(긴요)한 문제부터 논의하자.

緊 緊 緊 緊 緊 緊 緊 緊 緊 緊 緊 緊 緊 緊

緊

5급
부 口
총 6

吉

길할 **길**

상 凶 흉할 **흉**

읽기 吉夢 길몽 吉兆 길조 吉凶禍福 길흉화복

쓰기 길년 吉年 길보 吉報 길운 吉運 길일 吉日 길조 吉鳥
길흉 吉凶 불길 不吉 입춘대길 立春大吉

활용 나는 어젯밤에 不吉(불길)한 꿈을 꿨다.

吉 吉 吉 吉 吉 吉

吉 吉運 吉鳥

3급
부 邑
총 7

那

어찌 **나:**

유 豈 어찌 **기**, 何 어찌 **하**

읽기 那落 나락 那邊 나변 那何 나하 支那 지나

활용 그는 계속된 사업 실패로 절망의 那落(나락)에 떨어졌다.

那 那 那 那 那 那 那

那

3급Ⅱ
부 言
총 16

諾

허락할 **낙**

유 許 허락할 **허**

읽기 甘諾 감낙 輕諾 경낙 諾言 낙언 受諾 수락 宿諾 숙낙
承諾 승낙 應諾 응낙 快諾 쾌락 許諾 허락

활용 그들은 결혼 承諾(승낙)을 받기 위해 부모님들을 찾아뵈었다.

諾 諾 諾 諾 諾 諾 諾 諾 諾 諾 諾 諾 諾 諾 諾 諾

諾

4급Ⅱ
부 日
총 13

暖

따뜻할 **난:**

상 寒 찰 **한**, 冷 찰 **랭**
유 溫 따뜻할 **온**

쓰기 난대 暖帶 난동 暖冬 난류 暖流 난방 暖房 난열 暖熱
난의 暖衣 난지 暖地 난파 暖波 온난 溫暖 춘난 春暖
한난 寒暖 온난화 溫暖化

활용 한겨울이 오기 전에 건물의 暖房(난방) 시설을 점검하였다.

暖 暖 暖 暖 暖 暖 暖 暖 暖 暖 暖 暖 暖

暖 暖帶 溫暖

나

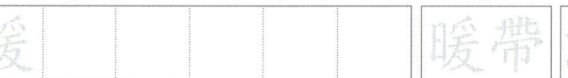

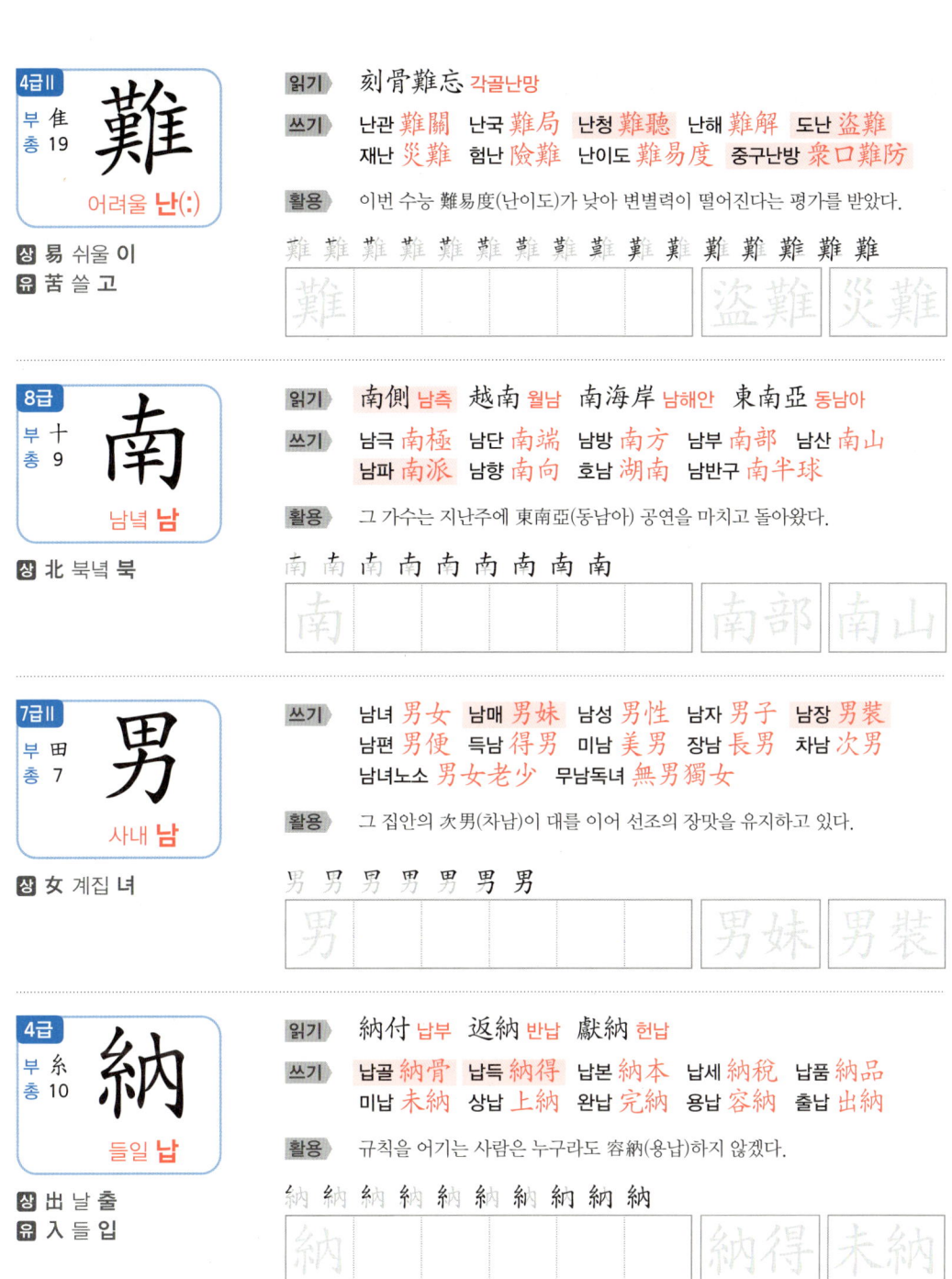

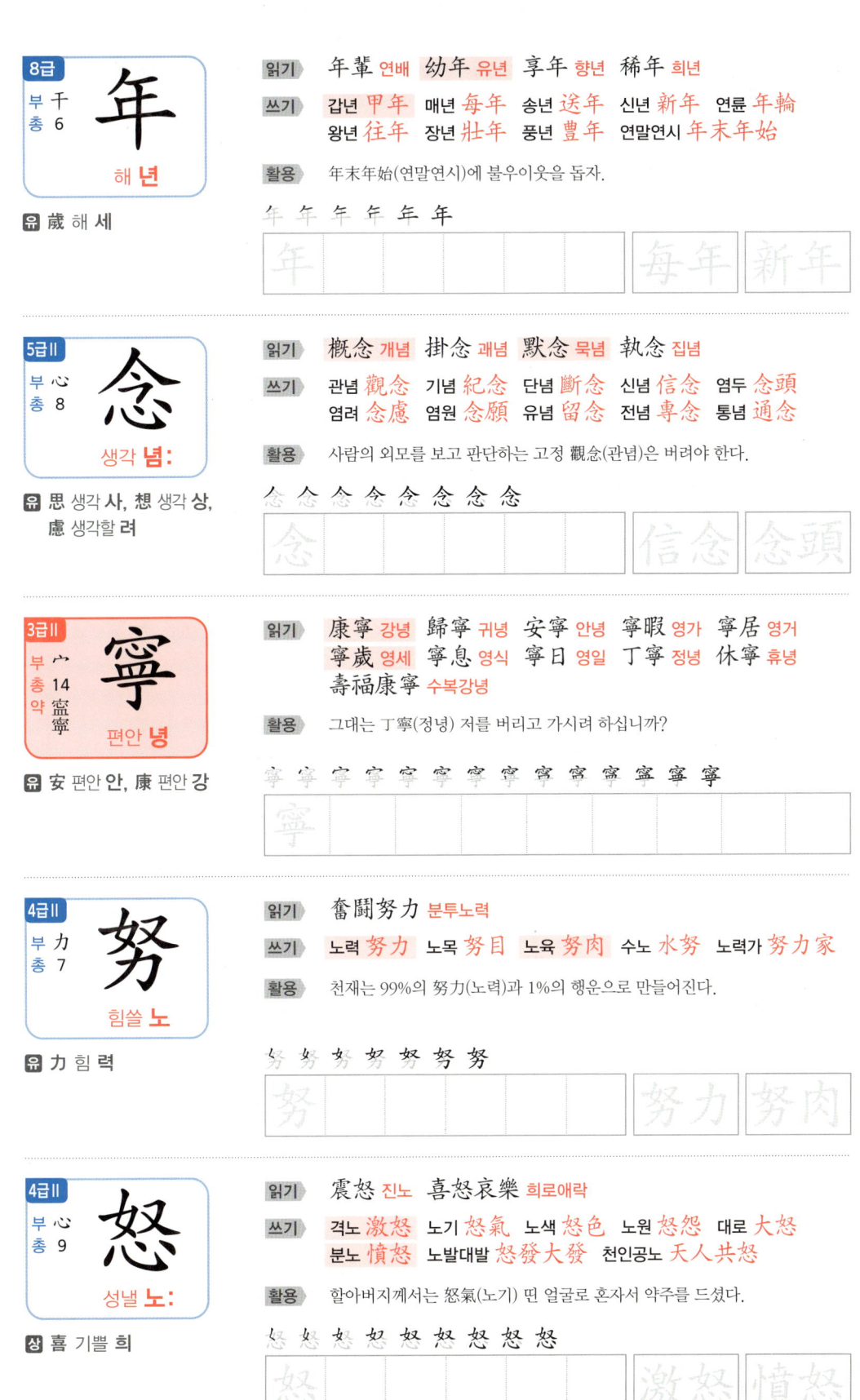

奴 종 노

3급II 부 女 총 5

- **읽기**: 京奴 경노, 奴婢 노비, 奴隷 노예, 農奴 농노, 私奴 사노, 賣國奴 매국노, 守錢奴 수전노
- **활용**: 그는 대대로 내려오는 奴婢(노비) 문서를 불태웠다.
  그는 賣國奴(매국노)를 처단하는 데 앞장섰다.

(상) 婢 계집종 비

農 농사 농

7급II 부 辰 총 13

- **읽기**: 農耕 농경, 農繁期 농번기
- **쓰기**: 권농 勸農, 농부 農夫, 농악 農樂, 농업 農業, 농요 農謠, 농원 農園, 농토 農土, 영농 營農, 사농공상 士農工商
- **활용**: 한 해의 농사는 農夫(농부)의 부지런함에 달려있다.

腦 골·뇌수 뇌

3급II 부 肉 총 13 약 脳

- **읽기**: 腦裏 뇌리, 腦死 뇌사, 腦炎 뇌염, 腦波 뇌파, 大腦 대뇌, 頭腦 두뇌, 洗腦 세뇌, 首腦 수뇌, 腦卒中 뇌졸중
- **활용**: 어머니의 유언이 腦裏(뇌리)에서 지워지지 않는다.
  그녀는 친구에게 洗腦(세뇌)를 당해 새로운 사업에 투자하였다.

惱 번뇌할 뇌

3급 부 心 총 12 약 悩

- **읽기**: 苦惱 고뇌, 困惱 곤뇌, 惱亂 뇌란, 惱殺 뇌쇄, 煩惱 번뇌, 病惱 병뇌, 心惱 심뇌, 憂惱 우뇌, 惱殺的 뇌쇄적, 百八煩惱 백팔번뇌
- **활용**: 그녀는 百八煩惱(백팔번뇌)를 생각하며 108개의 계단을 올랐다.

能 능할 능

5급II 부 肉 총 10

- **읽기**: 能率 능률, 能熟 능숙
- **쓰기**: 권능 權能, 기능 技能, 능동 能動, 능력 能力, 능통 能通, 예능 藝能, 효능 效能, 가능성 可能性, 전지전능 全知全能
- **활용**: 1%의 可能性(가능성)만 있어도 도전해 보아라.

3급II	
부 水	
총 8	

泥
진흙 니

읽기 沙泥 사니　泥工 이공　泥丘 이구　泥水 이수　泥醉 이취
　　　泥炭 이탄　泥土 이토　泥海 이해　雲泥之差 운니지차
　　　泥田鬪狗 이전투구

활용 나는 泥土(이토)를 반죽하여 도자기를 만들 계획이다.

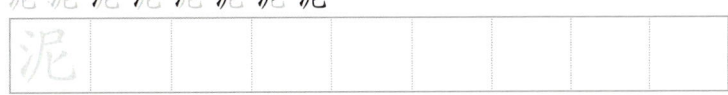

6급	
부 夕	
총 6	

多
많을 다

읽기 多寡 다과　多忙 다망　多濕 다습
쓰기 다감 多感　다단 多段　다변 多辯　다복 多福　다산 多産
　　　다양 多樣　다중 多衆　다독상 多讀賞　박학다식 博學多識

활용 책을 많이 읽은 학생에게 多讀賞(다독상)을 주었다.

상 寡 적을 과, 少 적을 소

3급II	
부 艹	
총 10	

茶
차 다·차

읽기 甘茶 감차　綠茶 녹차　茶具 다구　茶器 다기　茶道 다도
　　　茶禮 다례　茶母 다모　茶房 다방　茶室 다실　紅茶 홍차
　　　茶飯事 다반사

활용 그가 약속 시간을 어기는 것은 茶飯事(다반사)이다.

6급II	
부 矢	
총 12	

短
짧을 단(:)

읽기 短劍 단검　短刀 단도　短距離 단거리
쓰기 단기 短期　단명 短命　단신 短身　단자 短資　단점 短點
　　　단축 短縮　단타 短打　고저장단 高低長短　일장일단 一長一短

활용 나는 장점을 극대화하고 短點(단점)을 극복하기 위해 항상 노력한다.

상 長 긴 장

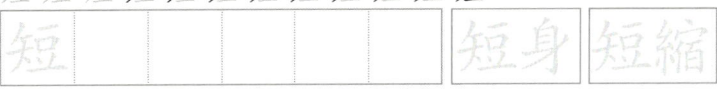

5급II	
부 口	
총 14	
약 団	

團
둥글 단

읽기 團塊 단괴　僧團 승단
쓰기 극단 劇團　단결 團結　단속 團束　단원 團員　단지 團地
　　　단체 團體　단합 團合　입단 入團　재단 財團　집단 集團

활용 이번 환경 보호 활동은 시민 團體(단체)를 중심으로 진행되었다.

유 圓 둥글 원

다

壇 단 단 (5급, 부 土, 총 16)

쓰기: 가단 歌壇 강단 講壇 교단 教壇 논단 論壇 단상 壇上 등단 登壇 문단 文壇 악단 樂壇 제단 祭壇 화단 花壇

활용: 그녀는 졸업 후 모교의 講壇(강단)에 서서 강의하는 것을 항상 꿈꾸었다.
그는 환경 미화를 위하여 花壇(화단)을 가꾸었다.

單 홑 단 (4급II, 부 口, 총 12, 약 単)

읽기: 單刀直入 단도직입

쓰기: 간단 簡單 단가 單價 단독 單獨 단선 單線 단순 單純 단위 單位 단일 單一 단조 單調 단층 單層 명단 名單

활용: 이번 캠프에 참가할 名單(명단)이 곧 공개될 것이다.

상 複 겹칠 복
유 獨 홀로 독

斷 끊을 단: (4급II, 부 斤, 총 18, 약 断)

읽기: 剛斷 강단 斷片 단편 裁斷 재단 優柔不斷 우유부단

쓰기: 단교 斷交 단선 斷線 단속 斷續 단수 斷水 단식 斷食 단절 斷絶 단정 斷定 단죄 斷罪 단층 斷層 판단력 判斷力

활용: 그는 사고 이후 判斷力(판단력)이 흐려져 자주 실수를 한다.

상 續 이을 속
유 絶 끊을 절, 切 끊을 절

檀 박달나무 단 (4급II, 부 木, 총 17)

읽기: 檀弓 단궁 震檀 진단

쓰기: 단군 檀君 단기 檀紀 단목 檀木 단향 檀香 백단 白檀 진단 眞檀 흑단 黑檀

활용: 올해는 檀紀(단기) 4348년이다.

端 끝 단 (4급II, 부 立, 총 14)

읽기: 端緖 단서 端雅 단아 尖端 첨단 弊端 폐단

쓰기: 극단 極端 남단 南端 단오 端午 단장 端裝 단정 端整 발단 發端 상단 上端 선단 先端 양단 兩端 이단 異端

활용: 마라도는 우리나라의 가장 南端(남단)에 있는 섬이다.

유 末 끝 말, 極 다할 극

4급 부 殳 총 9

층계 **단**

유 階 섬돌 계

읽기: 昇段 승단

쓰기: 단계 段階　단수 段數　문단 文段　분단 分段　상단 上段　수단 手段　초단 初段　유단자 有段者　일단락 一段落

활용: 文段(문단)이 바뀔 때마다 줄을 바꾸고 한 칸씩 들여 써라.

3급Ⅱ 부 丶 총 4

붉을 **단**

유 赤 붉을 적, 紅 붉을 홍, 朱 붉을 주

읽기: 丹藥 단약　丹粧 단장　丹田 단전　丹靑 단청　丹楓 단풍　牧丹 목단　仙丹 선단　朱丹 주단　五色丹靑 오색단청　一片丹心 일편단심　七寶丹粧 칠보단장

활용: 갑자기 기온이 떨어져 올해는 丹楓(단풍)을 제대로 보지 못하였다.

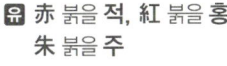

3급Ⅱ 부 人 총 7

다만 **단:**

유 只 다만 지

읽기: 但書 단서　但只 단지　非但 비단　不但空 부단공

활용: 네 권리를 보장하는 조건으로 몇 가지 但書(단서)가 있다.

3급Ⅱ 부 日 총 5

아침 **단**

상 夕 저녁 석

읽기: 今旦 금단　旦明 단명　旦暮 단모　旦夕 단석　明旦 명단　歲旦 세단　元旦 원단　一旦 일단　正旦 정단　震旦 진단

활용: 元旦(원단)을 맞이하여 각오를 새롭게 하자.

4급Ⅱ 부 辶 총 13

통달할 **달**

유 到 이를 도, 通 통할 통

읽기: 乾達 건달　熟達 숙달

쓰기: 달관 達觀　달변 達辯　달인 達人　득달 得達　배달 配達　영달 榮達　전달 傳達　통달 通達　사통팔달 四通八達

활용: 그는 모든 것에 通達(통달)한 듯한 표정을 지었다.

107

談 말씀 담 (5급, 부수 言, 총 15획)

유: 話 말씀 화, 言 말씀 언, 說 말씀 설

읽기: 怪談 괴담, 弄談 농담, 豪言壯談 호언장담

쓰기: 담론 談論, 담소 談笑, 담판 談判, 담합 談合, 덕담 德談, 상담 相談, 진담 眞談, 혼담 婚談, 환담 歡談, 회담 會談

활용: 담임 선생님은 학생 相談(상담)에 신경을 많이 쓰신다.

擔 멜 담 (4급II, 부수 手, 총 16획, 약 担)

쓰기: 가담 加擔, 담당 擔當, 담보 擔保, 담세 擔稅, 담임 擔任, 부담 負擔, 분담 分擔, 자담 自擔, 전담 專擔, 중담 重擔, 담당자 擔當者, 부담감 負擔感

활용: 집을 擔保(담보)로 은행 대출을 받았다.

淡 맑을 담 (3급II, 부수 水, 총 11획)

읽기: 枯淡 고담, 冷淡 냉담, 淡淡 담담, 淡味 담미, 淡泊 담박, 淡白 담백, 淡素 담소, 淡水 담수, 雅淡 아담, 淡彩畫 담채화

활용: 우리의 기대와 달리 그의 반응은 冷淡(냉담)하였다.
어머니는 가족의 건강을 위해 평소 음식의 간을 싱겁고 淡白(담백)하게 하신다.

答 대답 답 (7급II, 부수 竹, 총 12획)

상: 問 물을 문

읽기: 默默不答 묵묵부답, 愚問賢答 우문현답

쓰기: 답례 答禮, 답변 答辯, 대답 對答, 문답 問答, 오답 誤答, 응답 應答, 정답 正答, 해답 解答, 화답 和答, 확답 確答

활용: 그들은 수화로 問答(문답)하였다.

踏 밟을 답 (3급II, 부수 足, 총 15획)

읽기: 踏歌 답가, 踏橋 답교, 踏步 답보, 踏查 답사, 踏山 답산, 踏襲 답습, 踏破 답파, 未踏 미답, 踐踏 천답, 遍踏 편답

활용: 수학여행에 앞서 선생님들이 현장 踏查(답사)를 다녀오셨다.
이전의 잘못된 문화를 그대로 踏襲(답습)해서는 안 된다.

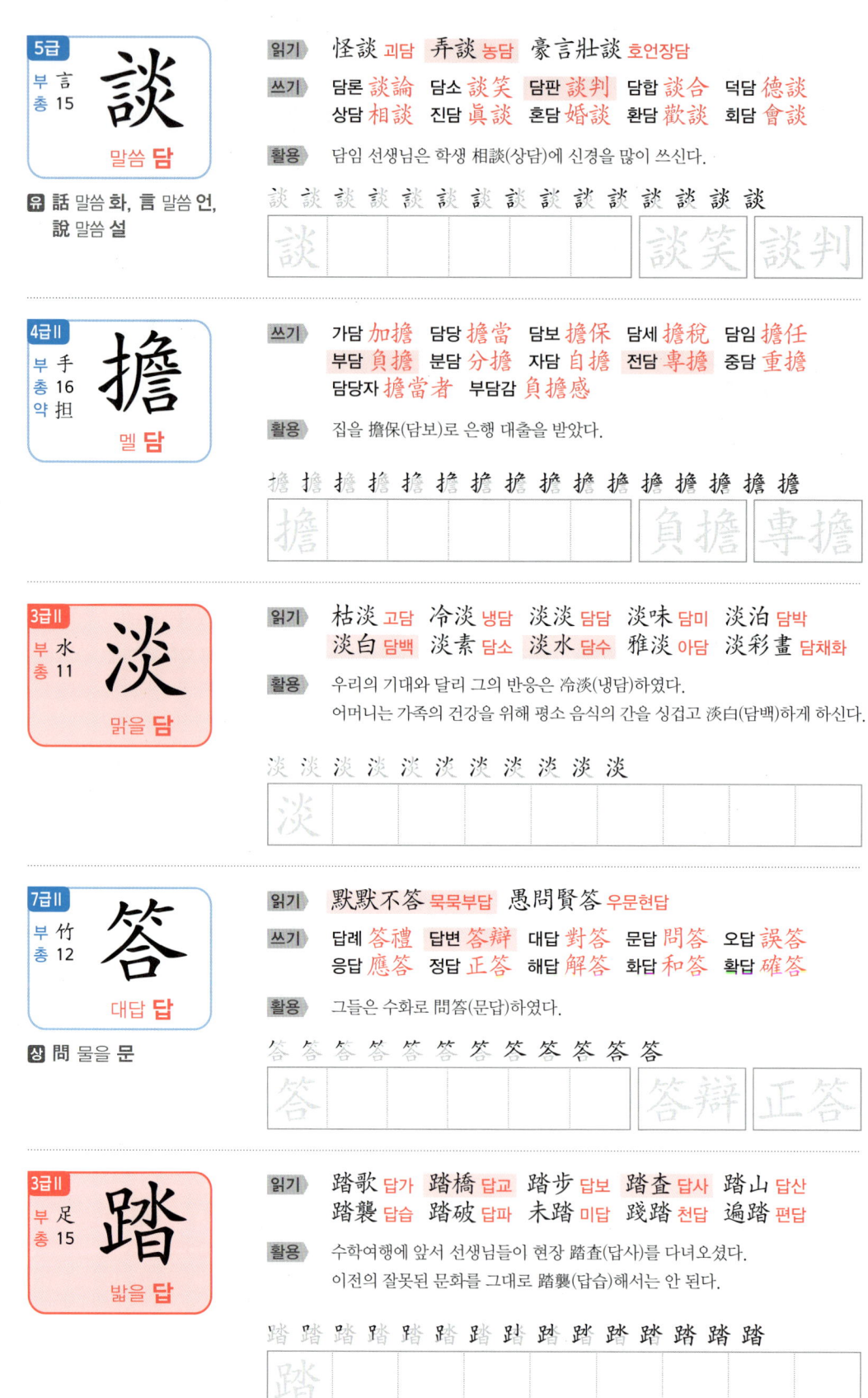

畓 논 답

3급 / 부 田 / 총 9

읽기: 乾畓 건답 畓穀 답곡 畓農 답농 墓畓 묘답 田畓 전답 宗畓 종답 位土畓 위토답 宗中畓 종중답 天水畓 천수답 乾畓直播 건답직파

활용: 할아버지께서는 20세에 고향의 田畓(전답)을 모두 팔아 상경하셨다.

상 田 밭 전

堂 집 당

6급Ⅱ / 부 土 / 총 11

읽기: 堂姪 당질 慈堂 자당
쓰기: 강당 講堂 당숙 堂叔 명당 明堂 법당 法堂 별당 別堂 불당 佛堂 서당 書堂 성당 聖堂 식당 食堂 칠성당 七星堂

활용: 書堂(서당) 개 삼 년에 풍월한다.

유 室 집 실

當 마땅 당

5급Ⅱ / 부 田 / 총 13 / 약 当

읽기: 當付 당부 當惑 당혹 抵當 저당 割當 할당
쓰기: 가당 可當 담당 擔當 당도 當到 당락 當落 당번 當番 당선 當選 당연 當然 당좌 當座 배당 配當 적당 適當

활용: 그가 선거에서 떨어진 것은 當然(당연)하다.

상 落 떨어질 락
유 宜 마땅 의, 該 마땅 해

黨 무리 당

4급Ⅱ / 부 黑 / 총 20 / 약 党

읽기: 朋黨 붕당 不偏不黨 불편부당
쓰기: 당규 黨規 당략 黨略 당론 黨論 당세 黨勢 당수 黨首 당쟁 黨爭 당적 黨籍 당파 黨派 도당 徒黨 악당 惡黨

활용: 영조 시대에는 黨爭(당쟁)을 해결하기 위해 탕평책을 썼다.

유 群 무리 군, 徒 무리 도

唐 당나라·당황할 당(:)

3급Ⅱ / 부 口 / 총 10

읽기: 唐突 당돌 唐絲 당사 唐書 당서 唐手 당수 唐詩 당시 盛唐 성당 初唐 초당 荒唐 황당 唐三彩 당삼채

활용: 중국의 唐三彩(당삼채)는 아직도 높은 가격에 거래된다.

糖 엿 당 (3급II, 부 米, 총 16)

읽기: 果糖 과당, 糖度 당도, 糖類 당류, 糖分 당분, 糖質 당질, 白糖 백당, 雪糖 설탕, 製糖 제당, 血糖 혈당, 糖水肉 탕수육, 黑雪糖 흑설탕

활용: 血糖(혈당) 수치가 높은 그는 설탕 섭취를 줄여야 한다.

大 큰 대(:) (8급, 부 大, 총 3)

상: 小 작을 소
유: 巨 클 거, 偉 클 위

읽기: 大綱 대강, 大概 대개, 大腦 대뇌, 大凡 대범

쓰기: 대감 大監, 대거 大擧, 대권 大權, 대도 大盜, 대량 大量, 대로 大路, 대사 大事, 대성 大盛, 위대 偉大, 최대 最大

활용: 김구는 偉大(위대)한 민족 운동가이다.

代 대신할 대: (6급II, 부 人, 총 5)

읽기: 代役 대역, 代替 대체, 稀代未聞 희대미문

쓰기: 교대 交代, 대납 代納, 대리 代理, 대신 代身, 대안 代案, 대용 代用, 대타 代打, 대필 代筆, 시대 時代, 역대 歷代

활용: 나를 代身(대신)하여 이 일을 누가 처리할 것인가?

對 대할 대: (6급II, 부 寸, 총 14, 약 対)

읽기: 對譯 대역, 對照 대조, 對策 대책

쓰기: 대결 對決, 대담 對談, 대답 對答, 대립 對立, 대변 對辯, 대비 對比, 대상 對象, 대칭 對稱, 대항 對抗, 대각선 對角線

활용: 두 요리사가 불꽃 튀는 對決(대결)을 벌이고 있다.

待 기다릴 대: (6급, 부 彳, 총 9)

읽기: 恭待 공대, 賤待 천대, 鶴首苦待 학수고대

쓰기: 기대 期待, 냉대 冷待, 대령 待令, 대우 待遇, 대접 待接, 우대 優待, 응대 應待, 접대 接待, 초대 招待, 환대 歡待

활용: 期待(기대)가 크면 실망도 크다.

帶 띠 대(:)
4급Ⅱ 부 巾 총 11

읽기: 帶劍 대검, 附帶 부대, 腰帶 요대, 携帶 휴대
쓰기: 난대 暖帶, 대동 帶同, 성대 聲帶, 열대 熱帶, 옥대 玉帶, 온대 溫帶, 일대 一帶, 지대 地帶, 혁대 革帶, 이세대 二世帶
활용: 장군은 미더운 부하들을 帶同(대동)하고 적지로 들어갔다.

隊 무리 대
4급Ⅱ 부 阜 총 12
유 部 떼 부

읽기: 縱隊 종대, 編隊 편대, 橫隊 횡대
쓰기: 군대 軍隊, 대열 隊列, 대원 隊員, 대장 隊長, 부대 部隊, 제대 除隊, 중대 中隊, 선발대 先發隊, 후발대 後發隊
활용: 그들은 先發隊(선발대)로 뽑혀 먼저 진지를 떠났다.

臺 대 대
3급Ⅱ 부 至 총 14 약 台, 坮

읽기: 鏡臺 경대, 臺帳 대장, 燈臺 등대, 舞臺 무대, 燭臺 촉대, 寢臺 침대, 土臺 토대, 氣象臺 기상대, 乘車臺 승차대, 展望臺 전망대
활용: 그녀는 평소엔 얌전하지만 일단 舞臺(무대)에 올라가면 전혀 다른 사람이 된다.

貸 빌릴·꿀 대:
3급Ⅱ 부 貝 총 12
유 借 빌·빌릴 차

읽기: 貸金 대금, 貸物 대물, 貸付 대부, 貸與 대여, 貸越 대월, 貸切 대절, 貸借 대차, 貸出 대출, 賃貸 임대, 轉貸 전대, 賃貸料 임대료, 賃貸借 임대차, 高利貸金 고리대금
활용: 그들은 노후에 賃貸料(임대료)를 주 수입원으로 생활할 예정이다.

德 큰 덕
5급Ⅱ 부 彳 총 15 약 悳

읽기: 德澤 덕택, 背恩忘德 배은망덕
쓰기: 공덕 功德, 덕담 德談, 덕망 德望, 덕목 德目, 덕분 德分, 덕행 德行, 도덕 道德, 미덕 美德, 은덕 恩德, 후덕 厚德
활용: 그녀는 남편의 정성스런 간호 德澤(덕택)에 병세가 호전되었다.

7급 II
부 辵
총 13
道
길 **도:**

유 街 거리 가, 路 길 로

읽기 劍道 검도　軌道 궤도　茶道 다도　索道 삭도　片道 편도
쓰기 가도 街道　도구 道具　도로 道路　도리 道理　도사 道士
　　　도정 道程　세도 勢道　인도 人道　차도 車道　철도 鐵道
활용 차는 車道(차도)로, 사람은 人道(인도)로 다녀야 한다.

道 道 道 道 道 道 道 道 道 道 道

6급 II
부 口
총 14
약 図
圖
그림 **도**

유 畫 그림 화

읽기 掛圖 괘도　企圖 기도　圖謀 도모　圖書館 도서관
쓰기 구도 構圖　도록 圖錄　도서 圖書　도안 圖案　도장 圖章
　　　약도 略圖　의도 意圖　제도 製圖　지도 地圖　축도 縮圖
활용 나에게 친절하게 구는 그의 진짜 意圖(의도)가 궁금하다.

圖 圖 圖 圖 圖 圖 圖 圖 圖 圖 圖

6급
부 广
총 9
度
법도 **도(:)**/헤아릴 **탁**

유 法 법 법

읽기 頻度 빈도　濕度 습도　緯度 위도　尺度 척도
쓰기 각도 角度　강도 強度　경도 傾度　고도 高度　극도 極度
　　　도량 度量　밀도 密度　순도 純度　온도 溫度　태도 態度
활용 실내 溫度(온도)를 적당하게 조절하였다.

度 度 度 度 度 度 度 度

5급 II
부 刀
총 8
到
이를 **도:**

유 達 통달할 달,
着 붙을 착

읽기 晩到 만도　周到綿密 주도면밀
쓰기 당도 當到　도달 到達　도래 到來　도착 到着　도처 到處
　　　미도 未到　쇄도 殺到　주도 周到　용의주도 用意周到
활용 목적지에 到着(도착)하기 전에 소지품을 잘 챙겨라.

到 到 到 到 到 到 到 到

5급
부 山
총 10
島
섬 **도**

읽기 島夷 도이　諸島 제도
쓰기 군도 群島　낙도 落島　도민 島民　독도 獨島　반도 半島
　　　열도 列島　다도해 多島海　반도국 半島國　삼다도 三多島
활용 우리나라는 삼면이 바다로 둘러싸인 半島國(반도국)이다.

島 島 島 島 島 島 島 島 島 島

都 도읍 도 (5급, 부 邑, 총 12)

읽기: 遷都 천도 還都 환도

쓰기: 고도 古都 도급 都給 도성 都城 도시 都市 도심 都心
도읍 都邑 수도 首都 왕도 王都 송도삼절 松都三絶

활용: 대한민국의 首都(수도)는 서울이다.

導 인도할 도: (4급II, 부 寸, 총 16)
유 引 끌 인

읽기: 啓導 계도 補導 보도 誘導 유도

쓰기: 교도 教導 도입 導入 선도 先導 선도 善導 영도 領導
오도 誤導 인도 引導 전도 傳導 주도 主導 지도 指導

활용: 자신감을 잃은 아이들에게는 부모의 세심한 指導(지도)가 필요하다.

徒 무리 도 (4급, 부 彳, 총 10)
유 黨 무리 당, 輩 무리 배

읽기: 徒輩 도배 叛徒 반도 花郎徒 화랑도

쓰기: 교도 教徒 도당 徒黨 불도 佛徒 생도 生徒 신도 信徒
폭도 暴徒 학도 學徒 도로무공 徒勞無功 무위도식 無爲徒食

활용: 우리 가족은 모두 독실한 천주교 信徒(신도)이다.

盜 도둑 도(:) (4급, 부 皿, 총 12)
유 賊 도둑 적, 竊 훔칠 절

읽기: 怪盜 괴도 竊盜犯 절도범 捕盜大將 포도대장

쓰기: 강도 強盜 거도 巨盜 대도 大盜 도견 盜見 도난 盜難
도벌 盜伐 도살 盜殺 도용 盜用 도적 盜賊 도청 盜聽

활용: 그는 인상이 험악해서 자주 竊盜犯(절도범)으로 오해받곤 하였다.

逃 도망할 도 (4급, 부 辵, 총 10)
유 避 피할 피, 亡 망할 망

쓰기: 도망 逃亡 도주 逃走 도탈 逃脫 도피 逃避 원도 遠逃
도주죄 逃走罪 도피성 逃避性 야반도주 夜半逃走
현실도피 現實逃避

활용: 경찰은 逃走(도주)의 우려가 있는 피의자를 구속하였다.

113

倒 넘어질 도:
3급II 부 人 총 10

읽기 傾倒 경도　倒壞 도괴　倒産 도산　倒影 도영　倒錯 도착
倒置 도치　倒行 도행　壓倒 압도　卒倒 졸도　打倒 타도

활용 작가는 倒置(도치)를 사용하여 문장의 묘미를 살렸다.
그녀는 충격적인 소식을 전해 듣고 卒倒(졸도)하였다.

刀 칼 도
3급II 부 刀 총 2

읽기 亂刀 난도　短刀 단도　刀劍 도검　刀工 도공　面刀 면도
長刀 장도　竹刀 죽도　執刀 집도　銀粧刀 은장도
單刀直入 단도직입　一刀兩難 일도양난

활용 나는 여러 말을 늘어놓는 것보다 單刀直入(단도직입)으로 말하기를 좋아한다.

유 劍 칼 검

桃 복숭아 도
3급II 부 木 총 10

읽기 桃李 도리　桃林 도림　桃園 도원　桃源 도원　桃花 도화
白桃 백도　仙桃 선도　天桃 천도　胡桃 호도　黃桃 황도
武陵桃源 무릉도원　五宮桃花 오궁도화

활용 할머니는 부드러운 黃桃(황도)를 간식으로 드신다.

渡 건널 도
3급II 부 水 총 12

읽기 過渡 과도　渡江 도강　渡來 도래　渡美 도미　渡河 도하
賣渡 매도　不渡 부도　讓渡 양도　引渡 인도　過渡期 과도기
渡來地 도래지　讓渡稅 양도세　現場渡 현장도

활용 낙동강 하류는 철새 渡來地(도래지)로 알려졌다.

유 涉 건널 섭

途 길 도:
3급II 부 辵 총 11

읽기 途上 도상　途中 도중　方途 방도　別途 별도　用途 용도
壯途 장도　前途 전도　中途 중도　行途 행도　開途國 개도국
多用途 다용도　途中下車 도중하차

활용 나는 이 물건의 정확한 用途(용도)를 모르겠다.

3급II 부 阜 총 11 **陶** 질그릇 도	읽기	陶工 도공　陶器 도기　陶業 도업　陶藝 도예　陶人 도인 陶醉 도취　陶土 도토　灰陶 회도　陶山書院 도산서원 自我陶醉 자아도취
	활용	임진왜란 이후 우리나라의 많은 陶工(도공)이 일본으로 끌려갔다.

陶 陶 陶 陶 陶 陶 陶 陶 陶

3급 부 土 총 13 **塗** 칠할 도	읽기	塗料 도료　塗壁 도벽　塗色 도색　塗飾 도식　塗裝 도장 塗漆 도칠　塗炭 도탄　塗布 도포　道聽塗說 도청도설
	활용	고속도로의 塗色(도색) 작업이 한창이라 차량 정체가 심하다. 환관인 조고의 손에 놀아난 호해는 백성들을 塗炭(도탄)에 빠뜨렸다.

塗 塗 塗 塗 塗 塗 塗 塗 塗 塗

3급 부 手 총 9 **挑** 돋울 도	읽기	挑燈 도등　挑發 도발　挑戰 도전　挑出 도출　挑禍 도화 挑發的 도발적　挑戰者 도전자　挑戰的 도전적
	활용	무모한 전쟁 挑發(도발)은 정권 교체로 이어질 수 있다. 모든 挑戰(도전)에는 위험이 따른다.

挑 挑 挑 挑 挑 挑 挑 挑

3급 부 禾 총 15 **稻** 벼 도	읽기	稻苗 도묘　稻作 도작　稻田 도전　稻花 도화　手稻 수도 水稻 수도　陸稻 육도　早稻 조도　稻熱病 도열병 立稻先賣 입도선매
	활용	이것은 稻熱病(도열병) 예방과 치료에 효과가 있는 농약이다.

유 禾 벼 화

稻 稻 稻 稻 稻 稻 稻 稻 稻 稻

3급 부 足 총 13 **跳** 뛸 도	읽기	高跳 고도　跳梁 도량　跳躍 도약　跳躍臺 도약대 跳躍力 도약력　走幅跳 주폭도
	활용	기업은 짧은 기간 동안 눈부신 跳躍(도약)을 보여주었다.

유 躍 뛸 약

跳 跳 跳 跳 跳 跳 跳 跳 跳 跳 跳

급수	한자	읽기	쓰기	활용
6급II 부 言 총 22 약 読	讀 읽을 독/구절 두	熟讀 숙독, 吏讀 이두, 晝耕夜讀 주경야독	강독 講讀, 낭독 朗讀, 다독 多讀, 독서 讀書, 독자 讀者, 독파 讀破, 속독 速讀, 정독 精讀, 우이독경 牛耳讀經	가을은 讀書(독서)의 계절이다.
5급II 부 犬 총 16 약 独 상 群 무리 군 유 單 홀 단, 孤 외로울 고	獨 홀로 독	獨裁 독재, 惟獨 유독	고독 孤獨, 단독 單獨, 독단 獨斷, 독립 獨立, 독선 獨善, 독신 獨身, 독점 獨占, 독특 獨特, 무남독녀 無男獨女	김구의 소원은 조선의 완전한 자주獨立(독립)이었다.
4급II 부 毋 총 8 약 毒	毒 독 독	毒蛇 독사, 梅毒 매독, 猛毒 맹독	독물 毒物, 독살 毒殺, 독설 毒舌, 독성 毒性, 독소 毒素, 독약 毒藥, 독종 毒種, 독주 毒酒, 독충 毒蟲, 중독 中毒	날도토리는 毒性(독성)이 있어 많이 먹으면 몸에 해롭다.
4급II 부 目 총 13	督 감독할 독	督勵 독려, 督促 독촉	감독 監督, 독찰 督察, 독책 督責, 제독 提督, 총독 總督, 감독관 監督官, 기독교 基督敎, 명감독 名監督	축구팀 주장은 팀원들을 督勵(독려)하여 경기를 잘 이끌었다.
3급 부 竹 총 16 유 敦 도타울 돈	篤 도타울 독	篤慶 독경, 篤恭 독공, 篤敏 독민, 篤信 독신, 篤實 독실, 篤忠 독충, 篤厚 독후, 敦篤 돈독, 危篤 위독, 篤信者 독신자, 篤志家 독지가	어머니는 篤實(독실)한 불교 신자이다.

3급 부 攵 총 12	**敦** 도타울 **돈**	읽기	敦篤 돈독　敦睦 돈목　敦實 돈실　敦親 돈친　敦化 돈화 敦厚 돈후　敦化門 돈화문
		활용	그들은 워낙 우의가 敦篤(돈독)해서 웬만한 일로 다투지 않는다.

유 篤 도타울 독,
　厚 두터울 후

3급 부 豕 총 11	**豚** 돼지 **돈**	읽기	家豚 가돈　江豚 강돈　鷄豚 계돈　豚犬 돈견　豚舍 돈사 豚兒 돈아　豚油 돈유　豚肉 돈육　豚皮 돈피　養豚 양돈 幼豚 유돈　種豚 종돈
		활용	구제역 파급으로 養豚(양돈) 농가의 피해가 이만저만이 아니다.

3급Ⅱ 부 穴 총 9	**突** 갑자기 **돌**	읽기	激突 격돌　唐突 당돌　突擊 돌격　突起 돌기　突發 돌발 突變 돌변　突然 돌연　突入 돌입　突出 돌출　突風 돌풍 溫突 온돌　追突 추돌　衝突 충돌　左衝右突 좌충우돌
		활용	사고 이후 그녀의 태도가 냉정하게 突變(돌변)하였다.

유 衝 찌를 충

8급 부 木 총 8	**東** 동녘 **동**	읽기	嶺東 영동　東奔西走 동분서주
		쓰기	극동 極東　동궁 東宮　동북 東北　동해 東海　동향 東向 관동팔경 關東八景　동서고금 東西古今　마이동풍 馬耳東風
		활용	東海(동해)를 일본해로 표기해서는 안 된다.

상 西 서녘 서

7급Ⅱ 부 力 총 11	**動** 움직일 **동:**	읽기	鼓動 고동　動搖 동요　微動 미동　騷動 소동　衝動 충동
		쓰기	거동 擧動　격동 激動　동란 動亂　동력 動力　동맥 動脈 동물 動物　동작 動作　동정 動靜　동태 動態　이동 移動
		활용	언제나 말과 行動(행동)을 조심하여라.

상 靜 고요할 정
유 搖 흔들 요

7급	
부 冫	
총 5	

겨울 **동(:)**

상 夏 여름 하

읽기 冬眠 동면　越冬 월동

쓰기 동계 冬季　동기 冬期　동복 冬服　동절 冬節　동지 冬至
삼동 三冬　입동 立冬　엄동설한 嚴冬雪寒　춘하추동 春夏秋冬

활용 冬至(동지)에 팥죽을 먹어야 한 살 더 먹는다는 말이 있다.

冬 冬 冬 冬 冬

| 冬 | | | | | 冬季 | 冬至 |

7급	
부 口	
총 6	

한가지 **동**

상 異 다를 이
유 共 한가지 공

읽기 同盟 동맹　同封 동봉　同乘 동승

쓰기 공동 共同　동감 同感　동갑 同甲　동류 同類　동업 同業
동정 同情　동포 同胞　합동 合同　이구동성 異口同聲

활용 이번 아시안 게임에 남북 대표 팀이 共同(공동)으로 출전하였다.

同 同 同 同 同 同

| 同 | | | | | 同甲 | 合同 |

7급	
부 水	
총 9	

골 **동:**/밝을 **통:**

유 里 마을 리

쓰기 공동 空洞　근동 近洞　동구 洞口　동내 洞內　동리 洞里
동장 洞長　통달 洞達　통찰 洞察　공동화 空洞化
통찰력 洞察力

활용 洞口(동구) 밖에는 과수원으로 난 길로 이어진다.

洞 洞 洞 洞 洞 洞 洞 洞 洞

| 洞 | | | | | 洞口 | 洞長 |

6급II	
부 立	
총 12	

아이 **동(:)**

유 兒 아이 아

읽기 童顔 동안　童貞 동정　三尺童子 삼척동자

쓰기 동시 童詩　동심 童心　동요 童謠　동화 童話　목동 牧童
신동 神童　아동 兒童　악동 惡童　동화책 童話冊

활용 그녀는 아이들과 뛰어노는 동안 한껏 童心(동심)에 젖었다.

童 童 童 童 童 童 童 童 童 童

| 童 | | | | | 神童 | 兒童 |

4급II	
부 金	
총 14	

구리 **동**

읽기 銅劍 동검　銅像 동상　銅版 동판　青銅火爐 청동화로

쓰기 동경 銅鏡　동관 銅管　동상 銅賞　동전 銅錢　동화 銅貨
황동 黃銅　고동색 古銅色　청동기 青銅器

활용 북부 지역에서 青銅器(청동기) 시대의 유물이 발견되었다.

銅 銅 銅 銅 銅 銅 銅 銅 銅 銅 銅 銅

| 銅 | | | | | 銅鏡 | 黃銅 |

3급II 부 冫 총 10
凍 얼 동:

읽기 冷凍 냉동　凍結 동결　凍死 동사　凍傷 동상　凍雲 동운
凍太 동태　凍土 동토　凍破 동파　凍寒 동한　解凍 해동
不凍液 부동액　凍氷寒雪 동빙한설

활용 한파가 이어지는 동안 수도관이 凍破(동파)되지 않도록 대비하여라.

6급 부 頁 총 16
頭 머리 두

유 首 머리 수

읽기 頭腦 두뇌　頭緒 두서　沒頭 몰두　頭蓋骨 두개골
쓰기 가두 街頭　거두 巨頭　두각 頭角　두령 頭領　두목 頭目
두발 頭髮　두통 頭痛　서두 序頭　선두 先頭　염두 念頭

활용 입학 초기부터 頭角(두각)을 나타낸 그녀는 전체 수석으로 졸업하였다.

4급II 부 斗 총 4
斗 말 두

읽기 泰斗 태두　泰山北斗 태산북두
쓰기 대두 大斗　두곡 斗穀　두기 斗起　두량 斗量　두우 斗牛
두주불사 斗酒不辭　북두칠성 北斗七星　일간두옥 一間斗屋

활용 北斗七星(북두칠성) 자리를 찾으면 계절을 알 수 있다.

4급II 부 豆 총 7
豆 콩 두

읽기 豆腐 두부
쓰기 녹두 綠豆　대두 大豆　두유 豆乳　두태 豆太　두황 豆黃
적두 赤豆　흑두 黑豆　두만강 豆滿江　종두득두 種豆得豆

활용 건강을 생각해서 우유 대신 豆乳(두유)를 마시는 사람들이 늘었다.

3급 부 屮 총 4
屯 진칠 둔

읽기 屯監 둔감　屯防 둔방　屯兵 둔병　屯營 둔영　屯田 둔전
屯陣 둔진　雲屯 운둔　屯田兵 둔전병

활용 그들은 군량미를 마련하기 위해 屯田(둔전)을 개간하였다.

119

鈍 둔할 둔:

3급 부 金 총 12

상 敏 민첩할 민, 銳 날카로울 예

읽기: 鈍角 둔각, 鈍感 둔감, 鈍器 둔기, 鈍才 둔재, 鈍聰 둔총, 鈍濁 둔탁, 鈍筆 둔필, 鈍化 둔화, 銳鈍 예둔, 愚鈍 우둔

활용: 그는 鈍感(둔감)해서 그녀의 기분을 전혀 알아채지 못하였다.
그는 鈍器(둔기)를 휘둘러 곁에 있는 사람들을 위협하였다.

得 얻을 득

4급II 부 彳 총 11

상 失 잃을 실
유 獲 얻을 획

읽기: 拾得 습득, 獲得 획득

쓰기: 납득 納得, 득달 得達, 득세 得勢, 득점 得點, 설득 說得, 소득 所得, 취득 取得, 이해득실 利害得失, 일거양득 一擧兩得

활용: 좋은 일도 하고 수익도 있으니 一擧兩得(일거양득)이다.

登 오를 등

7급 부 癶 총 12

상 降 내릴 강

읽기: 登載 등재, 登頂 등정

쓰기: 등과 登科, 등교 登校, 등극 登極, 등단 登壇, 등록 登錄, 등산 登山, 등용 登用, 등장 登場, 등정 登程, 등판 登板

활용: 내 친구는 주말마다 登山(등산)하며 여가를 즐긴다.

等 무리 등:

6급II 부 竹 총 12

유 級 등급 급

읽기: 越等 월등, 劣等感 열등감

쓰기: 강등 降等, 균등 均等, 대등 對等, 등급 等級, 등수 等數, 등위 等位, 비등 比等, 우등 優等, 차등 差等, 평등 平等

활용: 회사는 모든 직원에게 均等(균등)한 기회를 주고자 노력하였다.

燈 등 등

4급II 부 火 총 16 약 灯

읽기: 燈臺 등대, 燒燈 소등, 照明燈 조명등, 螢光燈 형광등

쓰기: 석등 石燈, 소등 消燈, 전등 電燈, 점등 點燈, 가로등 街路燈, 주마등 走馬燈, 등화가친 燈火可親, 풍전등화 風前燈火

활용: 집 앞에 街路燈(가로등)이 없어 밤에 다니기가 불편하다.

騰 오를 등 (3급, 부 馬, 총 20)

읽기: 急騰 급등 騰貴 등귀 騰落 등락 反騰 반등 上騰 상등 續騰 속등 仰騰 앙등 漸騰 점등 暴騰 폭등 急騰勢 급등세 龍蛇飛騰 용사비등

활용: 물가가 急騰(급등)하면서 서민들의 생활고가 심해졌다.

상 落 떨어질 락

羅 벌릴 라 (4급Ⅱ, 부 网, 총 19)

읽기: 羅針盤 나침반 徐羅伐 서라벌 阿修羅 아수라
쓰기: 나성 羅城 나열 羅列 나왕 羅王 나주 羅州 나한 羅漢 신라 新羅 수라장 修羅場 전라도 全羅道

활용: 김유신은 新羅(신라)의 장군으로 삼국 통일에 큰 공을 세웠다.

유 列 벌릴 렬

樂 즐길 락 / 노래 악 / 좋아할 요 (6급Ⅱ, 부 木, 총 15, 약 楽)

읽기: 樂譜 악보 娛樂 오락 享樂 향락 管絃樂 관현악
쓰기: 고락 苦樂 낙원 樂園 악기 樂器 악대 樂隊 위락 慰樂 쾌락 快樂 환락 歡樂 극락왕생 極樂往生 동고동락 同苦同樂

활용: 부부는 30년 동안 同苦同樂(동고동락)해 왔다.

상 悲 슬플 비, 苦 쓸 고, 哀 슬플 애
유 喜 기쁠 희, 娛 즐길 오

落 떨어질 락 (5급, 부 艹, 총 13)

읽기: 衰落 쇠락 陷落 함락
쓰기: 낙담 落膽 낙마 落馬 낙서 落書 낙수 落水 낙엽 落葉 낙점 落點 낙하 落下 낙후 落後 당락 當落 탈락 脫落

활용: 화장실에 落書(낙서)한 학생들에게 화장실 청소를 시켰다.

상 騰 오를 등, 及 미칠 급, 當 마땅 당
유 墮 떨어질 타

絡 이을·얽을 락 (3급Ⅱ, 부 糸, 총 12)

읽기: 經絡 경락 絡車 낙거 短絡 단락 脈絡 맥락 連絡 연락 連絡不絶 연락부절

활용: 출산율 저하와 청년 실업이 같은 脈絡(맥락)의 사회적 문제로 다뤄지고 있다.

급수	한자	구분	내용
4급 부 乙 총 13 약 乱 어지러울 란:	亂	읽기	亂刺 난자 騷亂 소란 淫亂 음란
		쓰기	난무 亂舞 난잡 亂雜 난정 亂政 난투 亂鬪 난폭 亂暴 동란 動亂 변란 變亂 산란 散亂 전란 戰亂 혼란 混亂
		활용	건물에 불이 나자 한 시민이 나서서 混亂(혼란)을 수습하였다.

4급 부 卩 총 7 알 란:	卵	읽기	累卵 누란 排卵 배란
		쓰기	계란 鷄卵 난관 卵管 난자 卵子 명란 明卵 산란 産卵 어란 魚卵 난세포 卵細胞 계란유골 鷄卵有骨
		활용	정자와 卵子(난자)가 만나 수정란이 된다.

3급Ⅱ 부 木 총 21 난간 란	欄	읽기	空欄 공란 交欄 교란 欄干 난간 欄外 난외 本欄 본란 懸欄 현란 廣告欄 광고란 備考欄 비고란 消息欄 소식란
		활용	그녀는 정자의 欄干(난간)에 기대어 노을 지는 모습을 바라보았다.

3급Ⅱ 부 艸 총 21 난초 란	蘭	읽기	金蘭 금란 蘭客 난객 蘭契 난계 蘭草 난초 樓蘭 누란 春蘭 춘란 和蘭 화란 金蘭之交 금란지교 梅蘭菊竹 매란국죽
		활용	선생님은 댁에서 蘭草(난초)를 가꾸며 시간을 보내신다.

4급 부 見 총 21 약 覧覧 볼 람 유 觀 볼 관	覽	읽기	供覽 공람 御覽 어람 閱覽 열람
		쓰기	관람 觀覽 요람 要覽 유람 遊覽 편람 便覽 회람 回覽 관람객 觀覽客 박람회 博覽會 전람회 展覽會
		활용	무료 시사회에 觀覽客(관람객)들이 엄청나게 몰렸다.

濫 넘칠 람:
3급 부수 水 총 17획 약 滥

읽기: 濫讀 남독 濫發 남발 濫伐 남벌 濫罰 남벌 濫費 남비 濫殺 남살 濫用 남용 濫造 남조 濫行 남행 濫獲 남획 太濫 태람

활용: 청정 구역에서 濫獲(남획)이 이루어져 어종이 감소하고 있다.

朗 밝을 랑:
5급Ⅱ 부수 月 총 11획
유 明 밝을 명

읽기: 朗誦 낭송 朗悟 낭오

쓰기: 낭독 朗讀 낭랑 朗朗 낭보 朗報 낭색 朗色 낭소 朗笑 낭월 朗月 낭화 朗話 명랑 明朗

활용: 그녀는 성격이 쾌활하고 明朗(명랑)하다.

廊 사랑채·행랑 랑
3급Ⅱ 부수 广 총 13획

읽기: 公廊 공랑 廊下 낭하 廊漢 낭한 東廊 동랑 月廊 월랑 行廊 행랑 畫廊 화랑 回廊 회랑 舍廊房 사랑방 行廊房 행랑방

활용: 유명 작가의 작품을 보러 온 사람들로 畫廊(화랑)이 만원을 이루었다.

浪 물결 랑(:)
3급Ⅱ 부수 水 총 10획
유 波 물결 파

읽기: 激浪 격랑 浪漫 낭만 浪費 낭비 浪說 낭설 浪人 낭인 孟浪 맹랑 放浪 방랑 流浪 유랑 波浪 파랑 風浪 풍랑 虛無孟浪 허무맹랑

활용: 시간을 浪費(낭비)하면서 인생을 살면 안 된다.

郎 사내 랑
3급Ⅱ 부수 邑 총 10획
상 女 계집 녀

읽기: 佳郎 가랑 郎官 낭관 郎君 낭군 郎子 낭자 妙郎 묘랑 問郎 문랑 仙郎 선랑 侍郎 시랑 新郎 신랑 花郎 화랑 花郎徒 화랑도

활용: 신라 시대 花郎徒(화랑도)는 뛰어난 청소년들의 모임이다.

7급
부 人
총 8
약 来

올 래(:)

상 往 갈 왕, 去 갈 거

읽기 來賓 내빈 渡來 도래
쓰기 거래 去來 내년 來年 내력 來歷 내일 來日 도래 到來
원래 原來 장래 將來 전래 傳來 종래 從來 초래 招來

활용 우리에게는 새로운 來日(내일)이 기다리고 있다.

5급
부 冫
총 7

찰 랭:

상 溫 따뜻할 온,
　暖 따뜻할 난,
　熱 더울 열
유 寒 찰 한

읽기 冷却 냉각 冷淡 냉담 冷凍 냉동 冷湯 냉탕
쓰기 냉기 冷氣 냉대 冷待 냉방 冷房 냉소 冷笑 냉수 冷水
냉엄 冷嚴 냉전 冷戰 냉정 冷情 온랭 溫冷 한랭 寒冷

활용 그는 내 부탁을 冷情(냉정)하게 거절하였다.

4급
부 田
총 11

간략할·약할 략

유 簡 간략할 간

읽기 槪略 개략 謀略 모략 略述 약술 策略 책략
쓰기 간략 簡略 계략 計略 공략 攻略 생략 省略 약도 略圖
약력 略歷 약사 略史 약자 略字 약칭 略稱 침략 侵略

활용 한자의 略字(약자)를 기억해 두면 쓸모가 많다.

3급
부 手
총 11

노략질할 략

유 奪 빼앗을 탈

읽기 攻掠 공략 盜掠 도략 掠治 약치 掠奪 약탈 侵掠 침략
掠奪婚 약탈혼 掠奪經濟 약탈경제 掠奪農業 약탈농업

활용 그들은 식민지를 掠奪(약탈)하고 병참기지로 삼았다.

5급 II
부 艮
총 7

어질 량

유 賢 어질 현, 好 좋을 호

읽기 賢母良妻 현모양처
쓰기 개량 改良 불량 不良 선량 善良 양서 良書 양심 良心
양질 良質 양호 良好 한량 閑良 우량아 優良兒

활용 그는 태도가 不良(불량)해서 징계 처분을 받았다.

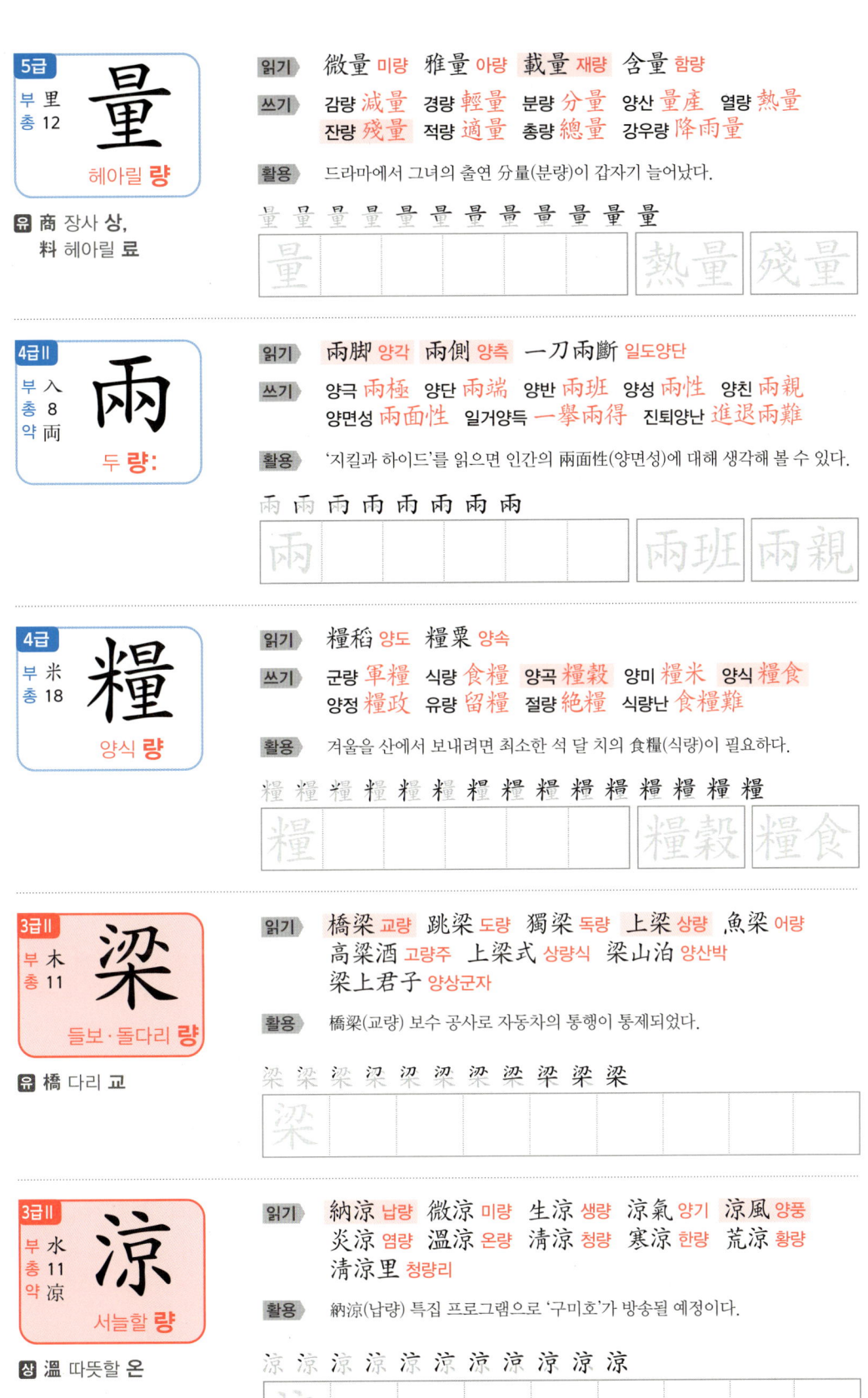

3급 부 言 총 15	諒 살펴알·믿을 량	읽기	默諒 묵량 深諒 심량 諒恕 양서 諒知 양지 諒察 양찰 諒燭 양촉 諒解 양해 諒會 양회 下諒 하량 海諒 해량 諒解覺書 양해각서
		활용	행사 시작이 지체되는 점을 널리 諒解(양해)해 주시기 바랍니다.

5급Ⅱ 부 方 총 10	旅 나그네 려	읽기	旅館 여관
		쓰기	여객 旅客 여권 旅券 여단 旅團 여독 旅毒 여로 旅路 여비 旅費 여장 旅裝 여정 旅情 여정 旅程 여행 旅行
유 客 손 객		활용	대학생인 그는 유럽 여행의 旅費(여비)를 스스로 마련하였다.

4급Ⅱ 부 鹿 총 19 약 麗	麗 고울 려	쓰기	고려 高麗 기려 奇麗 단려 端麗 미려 美麗 수려 秀麗 여구 麗句 여요 麗謠 유려 流麗 장려 壯麗 화려 華麗 고구려 高句麗 미사여구 美辭麗句
유 鮮 고울 선, 美 아름다울 미		활용	그의 글에는 美辭麗句(미사여구)가 너무 많다.

4급 부 心 총 15	慮 생각할 려:	읽기	熟慮 숙려 憂慮 우려
		쓰기	고려 考慮 무려 無慮 배려 配慮 사려 思慮 심려 心慮 염려 念慮 원려 遠慮 조불려석 朝不慮夕 천려일득 千慮一得
유 思 생각 사, 念 생각 념, 考 생각할 고		활용	협동 작업을 할 때는 조원들을 配慮(배려)하는 태도가 중요하다.

3급Ⅱ 부 力 총 17 약 励	勵 힘쓸 려:	읽기	刻勵 각려 激勵 격려 勸勵 권려 督勵 독려 勉勵 면려 勵節 여절 獎勵 장려
유 勉 힘쓸 면		활용	그녀는 남편의 督勵(독려) 덕분에 시험에 합격할 수 있었다. 조선 시대에는 불교를 억제하고 유교를 獎勵(장려)하였다.

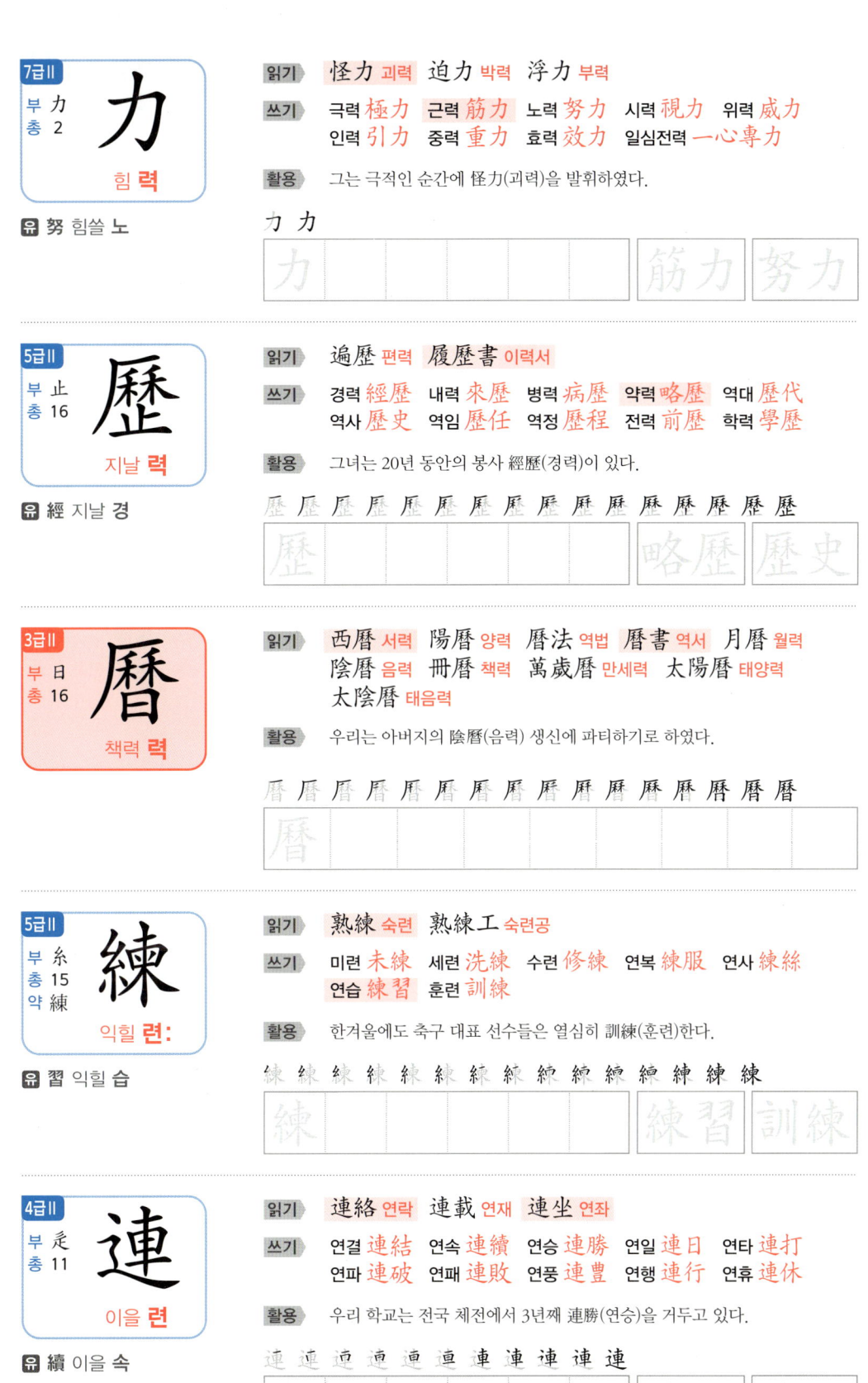

戀

3급Ⅱ
부 心
총 23
약 恋
그리워할·그릴 **련:**

유 慕 그릴 모, 愛 사랑 애

읽기 悲戀 비련　邪戀 사련　失戀 실연　哀戀 애련　戀歌 연가
戀慕 연모　戀書 연서　戀愛 연애　戀戀 연연　戀人 연인
戀敵 연적　戀情 연정

활용 그녀는 이번 영화에서 悲戀(비련)의 여주인공 역할을 맡았다.

聯

3급Ⅱ
부 耳
총 17
약 联
연이을 **련**

읽기 關聯 관련　對聯 대련　蘇聯 소련　聯句 연구　聯動 연동
聯絡 연락　聯立 연립　聯盟 연맹　聯邦 연방　聯想 연상
聯合 연합

활용 그림을 보고 聯想(연상)되는 단어를 적으세요.

蓮

3급Ⅱ
부 艸
총 15
연꽃 **련**

읽기 木蓮 목련　白蓮 백련　睡蓮 수련　蓮根 연근　蓮堂 연당
蓮實 연실　蓮葉 연엽　蓮子 연자　蓮池 연지　蓮花 연화
紅蓮 홍련

활용 蓮根(연근)은 비타민 C와 철분, 식이섬유가 풍부하다.

鍊

3급Ⅱ
부 金
총 17
약 錬
쇠불릴·단련할 **련:**

읽기 敎鍊 교련　老鍊 노련　對鍊 대련　修鍊 수련　試鍊 시련
鍊金 연금　鍊磨 연마　鍊武 연무　再鍊 재련　製鍊 제련
調鍊 조련　訓鍊 훈련　訓鍊所 훈련소

활용 그는 老鍊(노련)한 솜씨로 여러 명의 어린아이를 돌보았다.

憐

3급
부 心
총 15
불쌍히여길 **련**

유 憫 민망할 민

읽기 可憐 가련　相憐 상련　哀憐 애련　愛憐 애련　憐憫 연민
憐恕 연서　同病相憐 동병상련　淸純可憐 청순가련

활용 시험에 낙방한 두 사람은 同病相憐(동병상련)의 마음으로 함께 위로했다.

獵 사냥 렵 (3급, 부 犬, 총 18, 약 猎)

읽기: 禁獵 금렵, 密獵 밀렵, 涉獵 섭렵, 獵犬 엽견, 獵官 엽관, 獵奇 엽기, 獵夫 엽부, 獵師 엽사, 獵銃 엽총, 遊獵 유렵, 田獵 전렵

활용: 희귀한 동물을 密獵(밀렵)하려는 사냥꾼들이 경찰에 적발되었다.

令 하여금 령(:) (5급, 부 人, 총 5)

읽기: 縣令 현령, 司令官 사령관, 司令塔 사령탑

쓰기: 가령 假令, 구령 口令, 대령 待令, 명령 命令, 발령 發令, 법령 法令, 설령 設令, 지령 指令, 타령 打令, 호령 號令

활용: 군인들은 상사의 命令(명령)에 복종한다.

유 命 목숨 명

領 거느릴 령 (5급, 부 頁, 총 14)

읽기: 綱領 강령, 橫領 횡령

쓰기: 두령 頭領, 수령 受領, 영도 領導, 영역 領域, 영유 領有, 영주 領主, 영치 領置, 영토 領土, 요령 要領, 점령 占領

활용: 같은 일을 자꾸 계속하다 보면 要領(요령)이 생길 것이다.

유 率 거느릴 솔

嶺 고개 령 (3급II, 부 山, 총 17)

읽기: 高嶺 고령, 嶺南 영남, 嶺東 영동, 嶺上 영상, 嶺西 영서, 竹嶺 죽령, 太嶺 태령, 大關嶺 대관령, 分水嶺 분수령

활용: 嶺東(영동) 지방은 겨울에 눈이 많이 내린다.

靈 신령 령 (3급II, 부 雨, 총 24, 약 灵/霊)

읽기: 妄靈 망령, 聖靈 성령, 神靈 신령, 心靈 심령, 惡靈 악령, 靈感 영감, 靈妙 영묘, 靈物 영물, 靈山 영산, 靈藥 영약, 靈長 영장, 靈前 영전, 靈驗 영험, 靈魂 영혼, 幽靈 유령

활용: 그는 돈을 벌기 위해서라면 靈魂(영혼)도 팔 사람이다.

유 魂 넋 혼, 神 귀신 신

零

3급 부 雨 총 13
떨어질·영 **령**

유 落 떨어질 락

읽기: 零度 영도, 零落 영락, 零淚 영루, 零封 영봉, 零上 영상, 零細 영세, 零時 영시, 零餘 영여, 零在 영재, 零點 영점, 零縮 영축, 零敗 영패, 零下 영하, 零細民 영세민

활용: 기온이 零下(영하)로 떨어지자 난방용품이 불티나게 팔리고 있다.

例

6급 부 人 총 8
법식 **례:**

읽기: 慣例 관례, 凡例 범례

쓰기: 비례 比例, 사례 事例, 예시 例示, 예외 例外, 예제 例題, 용례 用例, 이례 異例, 전례 典例, 차례 次例, 판례 判例

활용: 네 주장을 증명할 수 있는 例示(예시)를 들어 보아라.

禮

6급 부 示 총 18 약 礼
예도 **례:**

읽기: 賀禮 하례, 虛禮虛飾 허례허식

쓰기: 결례 缺禮, 경례 敬禮, 답례 答禮, 무례 無禮, 예기 禮器, 예법 禮法, 예절 禮節, 의례 儀禮, 제례 祭禮, 혼례 婚禮

활용: 어른에게 無禮(무례)히 굴지 말고 겸손하게 행동하여라.

隸

3급 부 隶 총 16
종 **례:**

읽기: 官隸 관례, 奴隸 노예, 同隸 동례, 隸書 예서, 隸屬 예속, 隸臣 예신, 隸人 예인, 直隸 직례, 賤隸 천례

활용: 奴隸(노예) 제도 폐지는 대단한 사회적 여파를 몰고 왔다.

老

7급 부 老 총 6
늙을 **로:**

상 少 적을 소, 幼 어릴 유
유 翁 늙은이 옹

읽기: 老鍊 노련, 老妄 노망, 老衰 노쇠, 老役 노역, 老翁 노옹

쓰기: 경로 敬老, 노년 老年, 노목 老木, 노안 老眼, 노인 老人, 장로 長老, 초로 初老, 남녀노소 男女老少, 불로장생 不老長生

활용: 男女老少(남녀노소) 할 것 없이 모두 그 행사에 참여하였다.

6급 부 足 총 13	路 길 로:	읽기	路頂 노정 路幅 노폭 迷路 미로
		쓰기	귀로 歸路 노면 路面 노변 路邊 말로 末路 육로 陸路 항로 航路 험로 險路 회로 回路 격화일로 激化一路
		활용	눈이 와서 路面(노면)이 얼었으니 조심히 걸어야 한다.

유 道 길 도

5급Ⅱ 부 力 총 12 약 労	勞 일할 로	읽기	勞役 노역 勞賃 노임
		쓰기	공로 功勞 과로 過勞 근로 勤勞 노고 勞苦 노무 勞務 노사 勞使 위로 慰勞 피로 疲勞 노동법 勞動法
		활용	여성과 청소년을 보호하는 勞動法(노동법)이 개정되었다.

상 使 하여금 사
유 務 힘쓸 무

3급Ⅱ 부 火 총 20 약 炉	爐 화로 로	읽기	暖爐 난로 茶爐 다로 小爐 소로 香爐 향로 火爐 화로 原子爐 원자로 爐邊談話 노변담화 靑銅火爐 청동화로 紅爐點雪 홍로점설
		활용	나는 겨울날 火爐(화로)에서 구워 먹는 고구마 맛을 잊을 수 없다.

3급Ⅱ 부 雨 총 21	露 이슬 로(:)	읽기	露骨 노골 露宿 노숙 露店 노점 露天 노천 露出 노출 發露 발로 吐露 토로 暴露 폭로 甘露水 감로수 露骨的 노골적 草露人生 초로인생
		활용	그들은 일자리를 잃고 露宿(노숙)을 하며 지낸다.

6급 부 糸 총 14	綠 푸를 록	읽기	綠茶 녹차 綠衣紅裳 녹의홍상
		쓰기	녹두 綠豆 녹말 綠末 녹색 綠色 녹음 綠陰 신록 新綠 청록 靑綠 상록수 常綠樹 엽록소 葉綠素 초록동색 草綠同色
		활용	5월은 新綠(신록)의 계절이다.

유 靑 푸를 청

錄 기록할 록
- 4급II
- 부 金
- 총 16
- 약 录

읽기: 附錄 부록, 抄錄 초록, 芳名錄 방명록

쓰기: 기록 記錄, 녹음 錄音, 등록 登錄, 목록 目錄, 비록 祕錄, 실록 實錄, 어록 語錄, 채록 採錄, 견문록 見聞錄

활용: 자신의 목소리를 錄音(녹음)해서 들어보면 발음의 문제점을 알 수 있다.

유 記 기록할 기

祿 녹 록
- 3급II
- 부 示
- 총 13

읽기: 家祿 가록, 貫祿 관록, 國祿 국록, 祿命 녹명, 祿米 녹미, 祿仕 녹사, 祿地 녹지, 無祿 무록, 福祿 복록, 食祿 식록, 爵祿 작록, 厚祿 후록

활용: 그는 경력 20년의 貫祿(관록) 있는 정치가이다.

鹿 사슴 록
- 3급
- 부 鹿
- 총 11

읽기: 鹿角 녹각, 鹿骨 녹골, 鹿血 녹혈, 馬鹿 마록, 白鹿 백록, 赤鹿 적록, 靑鹿 청록, 逐鹿 축록, 指鹿爲馬 지록위마

활용: 指鹿爲馬(지록위마)는 윗사람을 농락하여 권세를 마음대로 함을 뜻한다.

論 논할 론
- 4급II
- 부 言
- 총 15

읽기: 槪論 개론, 論述 논술, 莫論 막론

쓰기: 강론 講論, 결론 結論, 논거 論據, 논문 論文, 담론 談論, 여론 輿論, 재론 再論, 지론 持論, 추론 推論, 토론 討論

활용: 그는 대학원에 들어간 지 10년 만에 論文(논문)을 냈다.

유 議 의논할 의

弄 희롱할 롱:
- 3급II
- 부 廾
- 총 7

읽기: 弄談 농담, 弄月 농월, 弄調 농조, 愚弄 우롱, 才弄 재롱, 戲弄 희롱, 弄假成眞 농가성진, 弄瓦之慶 농와지경, 吟風弄月 음풍농월

활용: 할머니는 아이들의 才弄(재롱)을 보느라 시간 가는 줄 몰랐다.

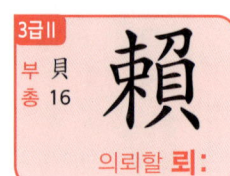

3급II	읽기	賴力 뇌력 信賴 신뢰 又賴 우뢰 依賴 의뢰 資賴 자뢰
부 貝		無賴輩 무뢰배 無賴漢 무뢰한 信賴感 신뢰감 信賴度 신뢰도
총 16		依賴人 의뢰인
의뢰할 뢰:	활용	그는 많은 환자에게 信賴(신뢰)받는 의사이다.

3급II	읽기	落雷 낙뢰 雷管 뇌관 雷同 뇌동 雷聲 뇌성 雷雨 뇌우
부 雨		魚雷 어뢰 地雷 지뢰 避雷 피뢰 避雷針 피뢰침
총 13		附和雷同 부화뇌동
우레 뢰:	활용	몇 명의 군인들이 훈련 중에 地雷(지뢰)를 밟아 다쳤다.

유 震 우레 진

5급	읽기	稿料 고료 肥料 비료 染料 염료
부 斗	쓰기	급료 給料 무료 無料 사료 思料 연료 燃料 요금 料金
총 10		원료 原料 유료 有料 음료 飮料 자료 資料 재료 材料
헤아릴 료(:)	활용	올해 대중교통 料金(요금)이 17%나 인상되었다.

유 量 헤아릴 량

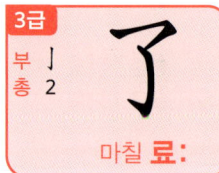

3급	읽기	結了 결료 滿了 만료 未了 미료 修了 수료 完了 완료
부 亅		了得 요득 了知 요지 了債 요채 了解 요해 自了 자료
총 2		終了 종료 未完了 미완료 修了式 수료식
마칠 료:	활용	그녀는 박사 과정을 修了(수료)한 후 논문을 준비하고 있다.

유 終 마칠 종

3급	읽기	閣僚 각료 官僚 관료 黨僚 당료 同僚 동료 幕僚 막료
부 人		臣僚 신료 僚堂 요당 僚友 요우 僚佐 요좌 作僚 작료
총 14		職僚 직료 下僚 하료
동료 료	활용	그는 어떤 경우라도 同僚(동료)를 배신하지 않을 사람이다.

龍 (용 룡) — 4급, 부수 龍, 총16획, 약자 竜

읽기: 恐龍 공룡, 雙龍 쌍룡, 龍顔 용안

쓰기: 복룡 伏龍, 비룡 飛龍, 용궁 龍宮, 용마 龍馬, 용문 龍門, 용상 龍床, 용왕 龍王, 등용문 登龍門, 좌청룡 左靑龍

활용: 자라는 토끼를 속여 龍宮(용궁)으로 데려갔다.

樓 (다락 루) — 3급II, 부수 木, 총15획, 약자 楼

읽기: 高樓 고루, 樓閣 누각, 樓上 누상, 望樓 망루, 名樓 명루, 門樓 문루, 城樓 성루, 玉樓 옥루, 空中樓閣 공중누각, 沙上樓閣 사상누각

활용: 그들이 한 일은 결국 모래 위에 세운 樓閣(누각)일 것이다.

漏 (샐 루:) — 3급II, 부수 水, 총14획

읽기: 宮漏 궁루, 漏刻 누각, 漏氣 누기, 漏落 누락, 漏水 누수, 漏濕 누습, 漏失 누실, 漏電 누전, 漏出 누출, 脫漏 탈루, 自擊漏 자격루

활용: 겨울이 오기 전에 배관 漏水(누수)를 점검해야 한다.

累 (여러·자주 루:) — 3급II, 부수 糸, 총11획

읽기: 累加 누가, 累計 누계, 累代 누대, 累犯 누범, 累積 누적, 累進 누진, 累次 누차, 累責 누책, 連累 연루, 累進稅 누진세, 累卵之勢 누란지세

활용: 그는 사기 사건에 連累(연루)되어 지금 수배 중이다.

屢 (여러 루:) — 3급, 부수 尸, 총14획

읽기: 屢年 누년, 屢屢 누누, 屢代 누대, 屢度 누도, 屢報 누보, 屢朔 누삭, 屢世 누세, 屢言 누언, 屢次 누차, 屢回 누회, 屢代奉祀 누대봉사

활용: 屢次(누차) 이야기했지만, 준비된 자만이 기회를 만난다.

135

3급 涙 (부 水, 총 11, 약 涙) 눈물 루:

읽기: 感淚 감루, 落淚 낙루, 淚管 누관, 淚水 누수, 淚眼 누안, 淚河 누하, 別淚 별루, 愁淚 수루, 催淚 최루, 血淚 혈루, 催淚彈 최루탄

활용: 시위대를 진압하기 위해 뿌린 催淚(최루) 가스로 인해 눈을 뜰 수가 없다.

5급II 流 (부 水, 총 10) 흐를 류

읽기: 亞流 아류, 流浪 유랑, 濁流 탁류, 漂流 표류

쓰기: 격류 激流, 교류 交流, 난류 暖流, 역류 逆流, 유려 流麗, 유출 流出, 유통 流通, 유포 流布, 유형 流刑, 조류 潮流

활용: 상품의 중간 流通(유통) 과정을 최대한 줄여 가격을 낮추었다.

5급II 類 (부 頁, 총 19) 무리 류(:)

쓰기: 곡류 穀類, 동류 同類, 부류 部類, 분류 分類, 어류 魚類, 유례 類例, 유별 類別, 육류 肉類, 의류 衣類, 인류 人類, 종류 種類, 유만부동 類萬不同, 유유상종 類類相從

활용: 올해 類例(유례)없는 폭설로 농가가 손해를 입었다.

4급II 留 (부 田, 총 10) 머무를 류

읽기: 拘留 구류, 押留 압류, 抑留 억류, 虎死留皮 호사유피

쓰기: 거류 居留, 보류 保留, 유념 留念, 유보 留保, 유임 留任, 유치 留置, 유학 留學, 잔류 殘留, 정류장 停留場

활용: 부모님의 반대를 무릅쓰고 그녀는 중국으로 留學(유학)을 떠났다.

유 停 머무를 정

4급 柳 (부 木, 총 9) 버들 류(:)

읽기: 楊柳 양류, 柳眉 유미, 路柳墻花 노류장화

쓰기: 세류 細柳, 유기 柳器, 유사 柳絲, 절류 折柳, 화류 花柳, 유록화홍 柳綠花紅, 유태화용 柳態花容

활용: 이 柳器(유기)는 할머니가 시집올 때 가져온 것이다.

유 楊 버들 양

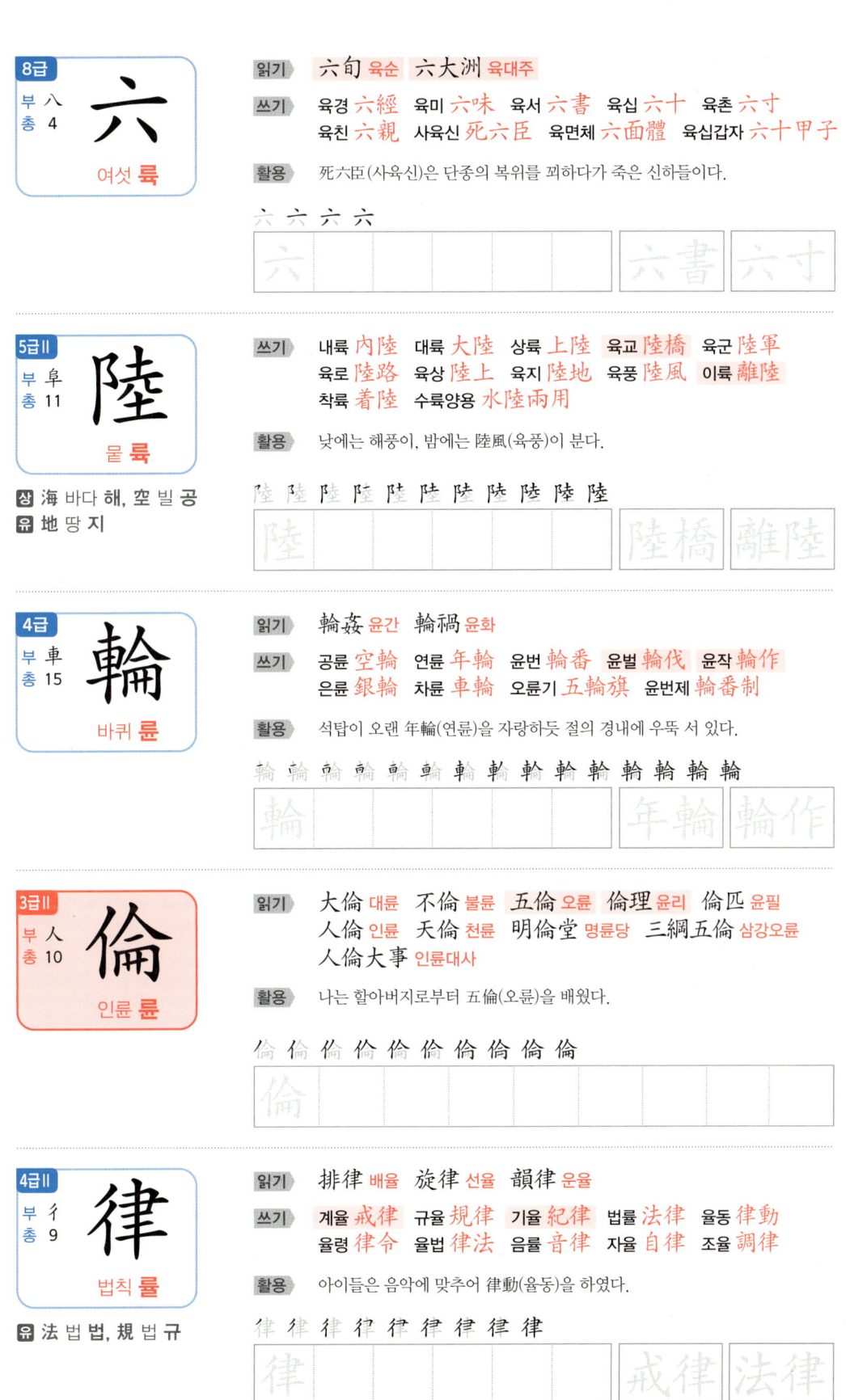

栗 밤 률
3급II 부 木 총 10

읽기: 甘栗 감률　木栗 목률　生栗 생률　栗谷 율곡　栗木 율목　栗房 율방　栗園 율원　栗子 율자　黃栗 황률

활용: 제사상에 잘 여문 生栗(생률)을 올려 두었다.

栗 栗 栗 栗 栗 栗 栗 栗 栗 栗

率 비율 률/거느릴 솔
3급II 부 玄 총 11

유: 領 거느릴 령, 統 거느릴 통

읽기: 輕率 경솔　能率 능률　倍率 배율　比率 비율　率先 솔선　率直 솔직　勝率 승률　食率 식솔　引率 인솔　眞率 진솔　打率 타율　統率 통솔　確率 확률

활용: 이 일을 輕率(경솔)하게 처리하지 마라.

率 率 率 率 率 率 率 率 率 率

隆 높을 륭
3급II 부 阜 총 12

유: 盛 성할 성, 昌 창성할 창

읽기: 汚隆 오륭　隆起 융기　隆鼻 융비　隆盛 융성　隆崇 융숭　隆運 융운　隆恩 융은　興隆 흥륭

활용: 隆起(융기)와 침강이 번갈아 일어난 이 지역에 습곡이 형성되었다.

隆 隆 隆 隆 隆 隆 隆 隆 隆 隆

陵 언덕 릉
3급II 부 阜 총 11

유: 丘 언덕 구

읽기: 江陵 강릉　丘陵 구릉　陵谷 능곡　陵墓 능묘　陵碑 능비　陵園 능원　陵寢 능침　山陵 산릉　王陵 왕릉　武陵桃源 무릉도원

활용: 왕비의 시신도 王陵(왕릉)에 안치되었다.

陵 陵 陵 陵 陵 陵 陵 陵 陵 陵

里 마을 리:
7급 부 里 총 7

유: 洞 골 동, 村 마을 촌

읽기: 明沙十里 명사십리　五里霧中 오리무중

쓰기: 동리 洞里　십리 十里　이수 里數　이장 里長　향리 鄕里　삼천리 三千里　이정표 里程標　불원천리 不遠千里

활용: 그는 마을에서 20년째 里長(이장)을 하고 있다.

里 里 里 里 里 里　　　洞里 鄕里

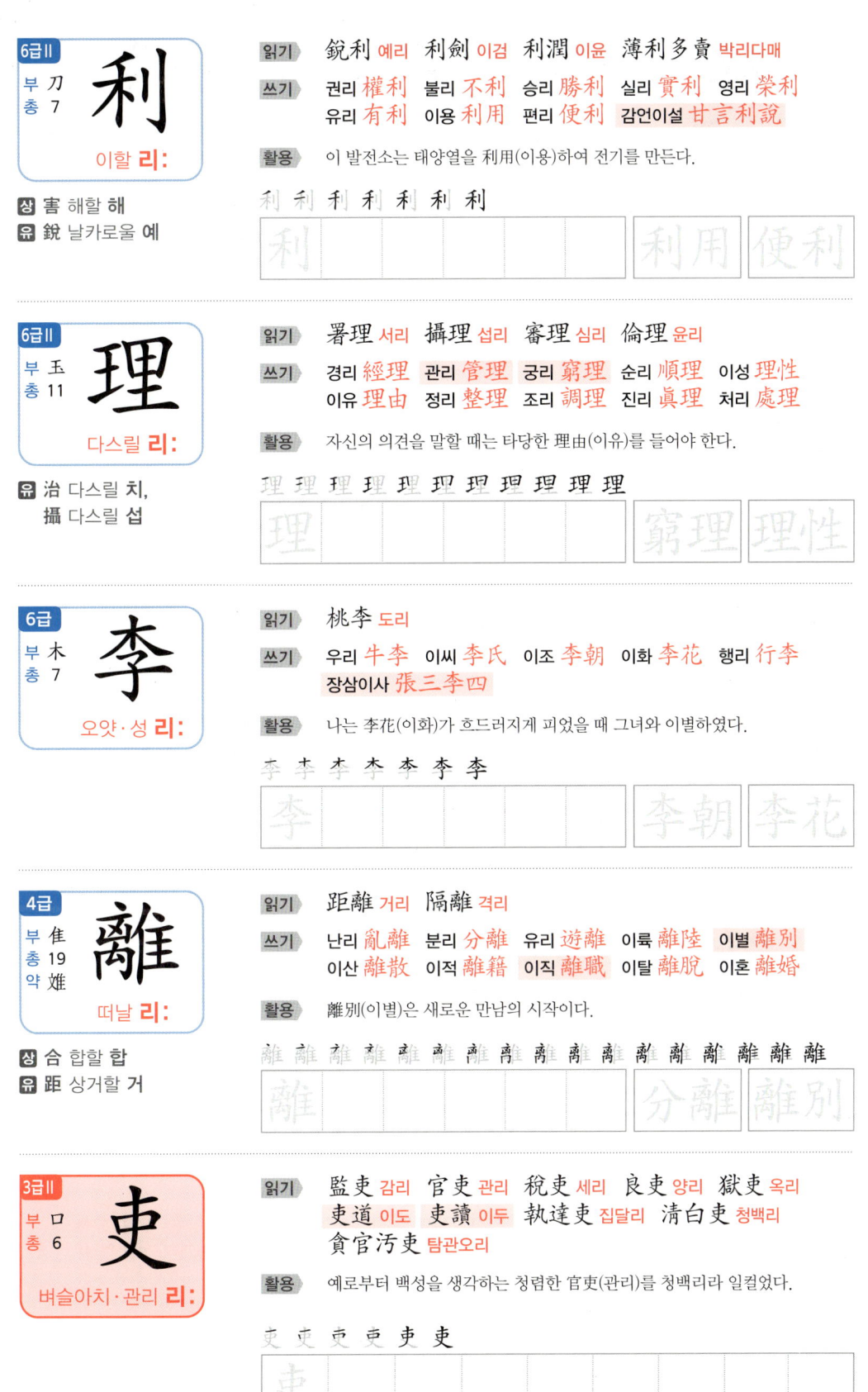

| 3급II
부 尸
총 15
履
밟을 리: | 읽기: 冠履 관리　木履 목리　絲履 사리　履歷 이력　履氷 이빙
履修 이수　履行 이행　革履 혁리　不履行 불이행
履歷書 이력서 |

활용: 이 정도 履歷(이력)이면 어느 회사에나 지원할 수 있다.

| 3급II
부 衣
총 13
裏
속 리: | 읽기: 客裏 객리　宮裏 궁리　內裏 내리　腦裏 뇌리　心裏 심리
獄裏 옥리　裏面 이면　裏書 이서　表裏 표리　凶裏 흉리
表裏不同 표리부동 |

활용: 어머니께서 생전에 하시던 말씀이 나의 腦裏(뇌리)에서 떠나지 않는다.

상 表 겉 표

| 3급
부 木
총 11
梨
배 리 | 읽기: 凍梨 동리　山梨 산리　生梨 생리　梨園 이원　梨花 이화
青梨 청리　烏飛梨落 오비이락 |

활용: 공교롭게 의심을 받으니 烏飛梨落(오비이락)이라 할 수밖에 없다.

| 3급
부 阜
총 15
隣
이웃 린 | 읽기: 交隣 교린　近隣 근린　善隣 선린　隣近 인근　隣邦 인방
隣保 인보　隣接 인접　隣村 인촌　近隣公園 근린공원
善隣友好 선린우호 |

활용: 수상한 사람을 발견하면 隣近(인근) 파출소로 연락해 주세요.

| 7급
부 木
총 8
林
수풀 림 | 읽기: 茂林 무림　森林 삼림　森林浴 삼림욕
쓰기: 농림 農林　밀림 密林　산림 山林　송림 松林　유림 儒林
육림 育林　임립 林立　임야 林野　임업 林業　조림 造林 |

활용: 산촌에 사는 사람들은 林業(임업)을 생업으로 하였다.

유 森 수풀 삼, 樹 나무 수

3급Ⅱ 부 臣 총 17 약 临	臨 임할 림	읽기	降臨 강림　君臨 군림　登臨 등림　臨檢 임검　臨迫 임박 臨床 임상　臨時 임시　臨終 임종　臨海 임해　再臨 재림 臨機應變 임기응변　臨時變通 임시변통　臨戰無退 임전무퇴
		활용	그녀는 臨機應變(임기응변)을 발휘하여 위기를 잘 넘겼다.

臨臨臨臨臨臨臨臨臨臨臨臨臨臨臨
| 臨 | | | | | | | | | | | | | | |

7급Ⅱ 부 立 총 5	立 설 립	읽기	竝立 병립　聯立 연립　立脚 입각　立身揚名 입신양명
		쓰기	건립 建立　국립 國立　기립 起立　독립 獨立　입장 立場 입증 立證　조립 組立　창립 創立　입춘대길 立春大吉
		활용	먼저 상대방의 立場(입장)에서 생각해 보아라.

유 建 세울 건

立立立立立
| 立 | | | | | | | 建立 | 獨立 |

5급 부 馬 총 10	馬 말 마:	읽기	馬脚 마각　馬匹 마필　乘馬 승마　天高馬肥 천고마비
		쓰기	경마 競馬　낙마 落馬　마차 馬車　명마 名馬　백마 白馬 용마 龍馬　출마 出馬　주마등 走馬燈　죽마고우 竹馬故友
		활용	승마 선수가 落馬(낙마)하여 중상을 입었다.

馬馬馬馬馬馬馬馬馬馬
| 馬 | | | | | | | | 落馬 | 出馬 |

3급Ⅱ 부 石 총 16	磨 갈 마	읽기	講磨 강마　達磨 달마　磨光 마광　磨滅 마멸　磨墨 마묵 磨石 마석　磨損 마손　不磨 불마　鍊磨 연마　研磨 연마 磨製石器 마제석기
		활용	젊은 시절에 부지런히 기술을 研磨(연마)해 두어라.

유 硏 갈 연

磨磨磨磨磨磨磨磨磨磨磨
| 磨 | | | | | | | | | | |

3급Ⅱ 부 麻 총 11	麻 삼 마(:)	읽기	亂麻 난마　大麻 대마　麻絲 마사　麻衣 마의　麻織 마직 麻布 마포　亞麻 아마　菜麻 채마　黃麻 황마　大麻草 대마초 麻織物 마직물
		활용	麻織物(마직물)은 통기성이 좋아 여름철 옷감으로 좋다.

麻麻麻麻麻麻麻麻
| 麻 | | | | | | | | |

마

幕 (장막 막) — 3급II, 부 巾, 총 14

읽기: 開幕 개막, 內幕 내막, 幕間 막간, 幕舍 막사, 幕下 막하, 序幕 서막, 煙幕 연막, 銀幕 은막, 帳幕 장막, 酒幕 주막, 天幕 천막, 閉幕 폐막, 園頭幕 원두막

활용: 연극배우들은 幕間(막간)을 이용하여 무대 소품을 점검한다.

유 帳 장막 장

漠 (넓을 막) — 3급II, 부 水, 총 14

읽기: 空漠 공막, 廣漠 광막, 大漠 대막, 漠漠 막막, 漠然 막연, 漠地 막지, 茫漠 망막, 冥漠 명막, 沙漠 사막, 荒漠 황막, 漠漠大海 막막대해

활용: 사고로 부모님을 한 번에 잃은 그는 살길이 漠漠(막막)하였다.

유 廣 넓을 광

莫 (없을 막) — 3급II, 부 艸, 총 11

읽기: 莫強 막강, 莫及 막급, 莫大 막대, 莫論 막론, 莫上 막상, 莫甚 막심, 莫逆 막역, 莫重 막중, 索莫 삭막, 適莫 적막, 莫逆之友 막역지우, 無知莫知 무지막지, 後悔莫及 후회막급

활용: 사업 실패로 莫大(막대)한 손해를 입었다.

萬 (일만 만:) — 8급, 부 艸, 총 13, 약 万

읽기: 萬邦 만방, 萬古風霜 만고풍상, 危險千萬 위험천만

쓰기: 만감 萬感, 만강 萬康, 만년 萬年, 만능 萬能, 만무 萬無, 만물 萬物, 만민 萬民, 만복 萬福, 만사 萬事, 만세 萬歲

활용: 새해에 萬事(만사)가 편안하시길 바랍니다.

滿 (찰 만(:)) — 4급II, 부 水, 총 14, 약 満

읽기: 滿了 만료, 滿朔 만삭, 滿載 만재, 肥滿 비만, 飽滿 포만

쓰기: 간만 干滿, 만개 滿開, 만기 滿期, 만원 滿員, 만점 滿點, 만족 滿足, 미만 未滿, 불만 不滿, 원만 圓滿, 충만 充滿

활용: 4월이 되면 곳곳에 벚꽃이 滿開(만개)한다.

상 干 방패 간
유 充 채울 충

晚 (늦을 만:) — 3급II, 부 日, 총 11

읽기: 晚年 만년, 晚成 만성, 晚鍾 만종, 晚秋 만추, 晚學 만학, 晚婚 만혼, 歲晚 세만, 早晚間 조만간, 大器晚成 대기만성, 晚時之歎 만시지탄

활용: 早晚間(조만간) 선생님께서 너에게 연락하실 것이다.

상 早 이를 조

慢 (거만할 만:) — 3급, 부 心, 총 14

읽기: 慢侮 만모, 慢性 만성, 慢心 만심, 慢遊 만유, 傲慢 오만, 緩慢 완만, 自慢 자만, 怠慢 태만, 慢性病 만성병, 自慢心 자만심, 慢性肝炎 만성간염

활용: 이번 시험 결과가 좋다고 해서 自慢(자만)해서는 안 된다.

유 傲 거만할 오, 怠 게으를 태

漫 (흩어질 만:) — 3급, 부 水, 총 14

읽기: 浪漫 낭만, 漫談 만담, 漫步 만보, 漫然 만연, 漫醉 만취, 漫評 만평, 漫筆 만필, 漫畫 만화, 放漫 방만, 散漫 산만, 時事漫評 시사만평

활용: 그는 주의가 散漫(산만)해서 친구들에게 피해를 준다.

유 散 흩을 산

末 (끝 말) — 5급, 부 木, 총 5

읽기: 末尾 말미, 微官末職 미관말직

쓰기: 결말 結末, 권말 卷末, 말기 末期, 말년 末年, 말단 末端, 말복 末伏, 말엽 末葉, 말일 末日, 연말 年末, 주말 週末

활용: 드라마의 結末(결말)이 어떻게 될지 궁금하다.

상 本 근본 본, 始 비로소 시
유 端 끝 단, 尾 꼬리 미, 終 마칠 종

望 (바랄 망:) — 5급II, 부 月, 총 11

읽기: 渴望 갈망, 望臺 망대, 望樓 망루, 仰望 앙망, 慾望 욕망

쓰기: 관망 觀望, 낙망 落望, 망월 望月, 명망 名望, 소망 所望, 실망 失望, 야망 野望, 여망 餘望, 원망 怨望, 희망 希望

활용: 끊임없는 노력 끝에 마침내 월드컵 우승의 所望(소망)이 이루어졌다.

유 希 바랄 희, 願 원할 원

| 3급 | 茫 | 아득할 망 |

부 艸
총 10

읽기	茫漠 망막 茫洋 망양 茫然 망연 茫茫大海 망망대해
	茫然自失 망연자실
활용	그는 총책임자가 된 후 茫茫大海(망망대해)에 혼자 버려진 느낌이 들었다.

| 7급II | 每 | 매양 매(:) |

부 毋
총 7

쓰기	매기 每期 매년 每年 매번 每番 매사 每事 매양 每樣
	매월 每月 매인 每人 매일 每日 매주 每週 매회 每回
	매시간 每時間
활용	어머니는 每事(매사)에 물샐 틈 없이 일 처리를 하신다.

| 5급 | 買 | 살 매: |

부 貝
총 12

상 賣 팔 매

읽기	賤買 천매 換買 환매 買占賣惜 매점매석
쓰기	경매 競買 매매 賣買 매명 買名 매상 買上 매수 買收
	매식 買食 매입 買入 불매 不買 암매 暗買 예매 豫買
활용	그는 5년간 사용한 냉장고를 중고 賣買(매매) 센터에 팔았다.

| 5급 | 賣 | 팔 매(:) |

부 貝
총 15
약 売

상 買 살 매
유 販 팔 판

읽기	賣却 매각 賣渡 매도 販賣 판매 薄利多賣 박리다매
쓰기	강매 強賣 도매 都賣 매상 賣上 매점 賣店 매진 賣盡
	매출 賣出 전매 專賣 매표소 賣票所 비매품 非賣品
활용	날씨가 궂어서 오늘 賣上(매상)이 좋지 않았다.

| 4급 | 妹 | 누이 매 |

부 女
총 8

상 姉 손윗누이 자

쓰기	귀매 歸妹 남매 男妹 매부 妹夫 매씨 妹氏 매제 妹弟
	매형 妹兄 영매 令妹 자매 姉妹 종매 從妹 친남매 親男妹
	형제자매 兄弟姉妹
활용	잡지에 남자 혼자서 삼 男妹(남매)를 키우는 기사가 실렸다.

3급II 부 女 총 12	媒 중매 매	읽기	冷媒 냉매　媒介 매개　媒緣 매연　媒質 매질　媒體 매체 媒合 매합　靈媒 영매　仲媒 중매　觸媒 촉매　媒介物 매개물 媒介體 매개체
		활용	그들은 은사님의 仲媒(중매)로 만나 결혼하였다.

媒 媒 媒 媒 媒 媒 媒 媒 媒 媒

3급II 부 木 총 11	梅 매화 매	읽기	梅毒 매독　梅實 매실　梅雨 매우　梅香 매향　梅花 매화 青梅 청매　春梅 춘매　探梅 탐매　雪中梅 설중매 松竹梅 송죽매　梅蘭菊竹 매란국죽
		활용	어머니는 매년 좋은 梅實(매실)을 사서 매실 원액을 만드신다.

梅 梅 梅 梅 梅 梅 梅 梅 梅 梅

3급 부 土 총 10	埋 묻을 매	읽기	埋骨 매골　埋立 매립　埋沒 매몰　埋伏 매복　埋葬 매장 埋藏 매장　假埋葬 가매장　埋藏量 매장량　埋葬費 매장비 生埋葬 생매장　暗埋葬 암매장
		활용	쓰레기를 불법으로 埋立(매립)한 사람들이 구속되었다.

埋 埋 埋 埋 埋 埋 埋 埋

4급II 부 肉 총 10	脈 줄기 맥	읽기	脈絡 맥락
		쓰기	광맥 鑛脈　난맥 亂脈　동맥 動脈　명맥 命脈　문맥 文脈 산맥 山脈　인맥 人脈　혈맥 血脈　일맥상통 一脈相通
		활용	그는 정계의 人脈(인맥)이 좋아 승진할 수 있었다.

脈 脈 脈 脈 脈 脈 脈 脈　　山脈　人脈

3급II 부 麥 총 11 약 麦	麥 보리 맥	읽기	大麥 대맥　麥農 맥농　麥類 맥류　麥飯 맥반　麥芽 맥아 麥酒 맥주　小麥 소맥　原麥 원맥　精麥 정맥　小麥粉 소맥분 麥秀之歎 맥수지탄
		활용	그들은 주로 麥酒(맥주)를 마시며 담소를 나눈다.

麥 麥 麥 麥 麥 麥 麥 麥 麥 麥

孟 맏 맹(:)
3급II 부 子 총 8

읽기: 孔孟 공맹 論孟 논맹 孟冬 맹동 孟浪 맹랑 孟子 맹자 孟秋 맹추 孟春 맹춘 孟夏 맹하 孟母三遷 맹모삼천 虛無孟浪 허무맹랑

활용: 형은 어려서부터 孔孟(공맹)을 배우며 예의범절을 익혔다.

猛 사나울 맹:
3급II 부 犬 총 11

유 勇 날랠 용

읽기: 猛犬 맹견 猛攻 맹공 猛禽 맹금 猛毒 맹독 猛烈 맹렬 猛暑 맹서 猛獸 맹수 猛將 맹장 猛打 맹타 猛虎 맹호 勇猛 용맹

활용: 젊은 사육사가 猛獸(맹수)에게 먹이를 주다가 습격을 당하였다.

盲 소경·눈멀 맹
3급II 부 目 총 8

읽기: 盲目 맹목 盲信 맹신 盲兒 맹아 盲人 맹인 盲腸 맹장 盲點 맹점 盲從 맹종 文盲 문맹 色盲 색맹 盲目的 맹목적 夜盲症 야맹증

활용: 나는 盲腸(맹장) 제거 수술을 하느라 일주일간 결근하였다.

盟 맹세 맹
3급II 부 皿 총 13

유 誓 맹세할 서

읽기: 加盟 가맹 結盟 결맹 同盟 동맹 盟邦 맹방 盟誓 맹서 盟約 맹약 盟言 맹언 盟友 맹우 盟主 맹주 聯盟 연맹 血盟 혈맹

활용: 두 나라는 同盟(동맹)을 맺고 적극적인 교역을 시작하였다.

面 낯 면:
7급 부 面 총 9

유 顔 낯 안, 容 얼굴 용, 貌 모양 모

읽기: 面刀 면도 面貌 면모 側面 측면 人面獸心 인면수심

쓰기: 가면 假面 구면 舊面 만면 滿面 면담 面談 면목 面目 면식 面識 면접 面接 방면 方面 수면 水面 평면 平面

활용: 그녀는 여러 方面(방면)에 재주가 많은 사람이다.

힘쓸 면:

유 勵 힘쓸 려

읽기 勉勵 면려
쓰기 권면 勸勉 근면 勤勉 면학 勉學 면행 勉行 역면 力勉
활용 강사는 수강생들에게 독서를 勸勉(권면)하였다.
내 친구는 勤勉(근면)한 생활 습관이 몸에 배어 있다.

면할 면:

상 任 맡길 임

읽기 減免 감면 免稅 면세 免疫 면역 免除 면제 免罪 면죄
免職 면직 免責 면책 謀免 모면 放免 방면 罷免 파면
免許證 면허증 任免權 임면권
활용 올해부터 주택 구매 시 취득세 減免(감면) 혜택이 있다.

잘 면

유 睡 졸음 수

읽기 冬眠 동면 不眠 불면 睡眠 수면 熟眠 숙면 安眠 안면
永眠 영면 催眠 최면 昏眠 혼면 休眠 휴면 不眠症 불면증
休眠計座 휴면계좌
활용 그녀는 不眠症(불면증)으로 매일 밤 잠을 이루지 못한다.

솜 면

읽기 綿密 면밀 綿絲 면사 綿羊 면양 綿衣 면의 石綿 석면
純綿 순면 連綿 연면 原綿 원면 綿製品 면제품
綿織物 면직물 周到綿密 주도면밀
활용 예민한 피부를 가진 사람은 純綿(순면) 제품을 입는 것이 좋다.

멸할·꺼질 멸

유 亡 망할 망,
消 사라질 소

읽기 磨滅 마멸 滅共 멸공 滅菌 멸균 滅亡 멸망 滅族 멸족
滅種 멸종 不滅 불멸 消滅 소멸 自滅 자멸 全滅 전멸
點滅 점멸 破滅 파멸
활용 고니는 滅種(멸종) 위기에 놓인 천연기념물이다.

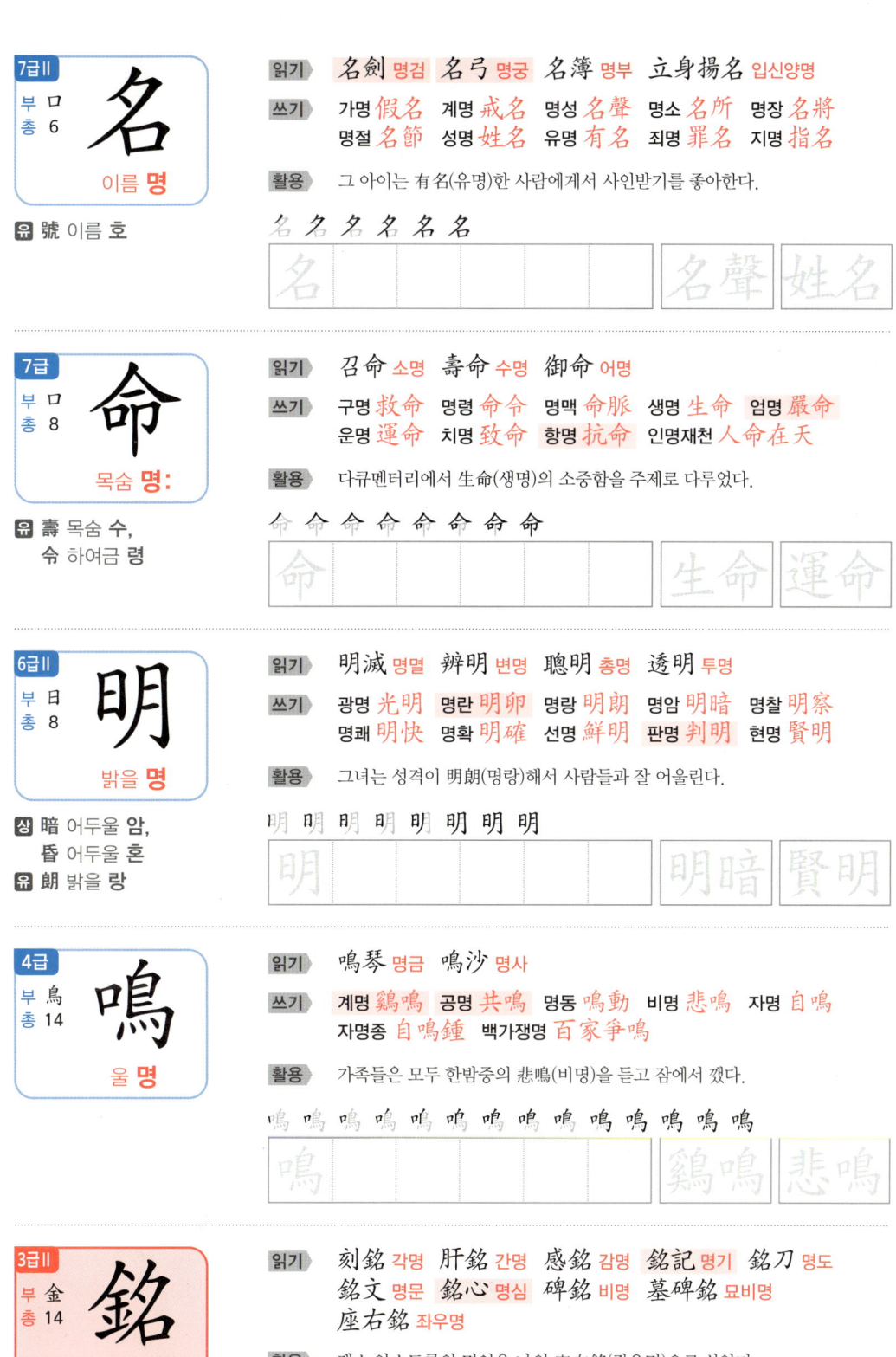

冥

- 3급
- 부 冖
- 총 10
- 어두울 명
- 유 昏 어두울 혼

읽기 冥感 명감　冥鬼 명귀　冥器 명기　冥途 명도　冥冥 명명
冥福 명복　冥府 명부　冥想 명상　冥助 명조　幽冥 유명
冥王星 명왕성

활용 삼가 고인의 冥福(명복)을 빕니다.

母

- 8급
- 부 母
- 총 5
- 어미 모:
- 상 父 아비 부

읽기 伯母 백모　丈母 장모　賢母良妻 현모양처

쓰기 노모 老母　모계 母系　모유 母乳　모정 母情　모친 母親
부모 父母　산모 産母　침모 針母　조실부모 早失父母

활용 그 집 장남은 父母(부모)님을 닮아 성품이 점잖다.

毛

- 4급Ⅱ
- 부 毛
- 총 4
- 터럭 모
- 유 髮 터럭 발, 毫 터럭 호

읽기 毛皮 모피

쓰기 모골 毛骨　모근 毛根　모발 毛髮　모직 毛織　모포 毛布
순모 純毛　탈모 脫毛　불모지 不毛地　구우일모 九牛一毛

활용 우리는 야외에서 체온을 유지하기 위해 毛布(모포)를 덮었다.

模

- 4급
- 부 木
- 총 15
- 본뜰 모
- 유 範 법 범, 倣 본뜰 방

읽기 模倣 모방

쓰기 규모 規模　모범 模範　모사 模寫　모양 模樣　모조 模造
모작 模作　모창 模唱　모형 模型　모조품 模造品

활용 상급생이 되었으니 후배들에게 模範(모범)을 보이도록 해라.

慕

- 3급Ⅱ
- 부 心
- 총 15
- 그릴 모:
- 유 戀 그릴 련, 愛 사랑 애

읽기 感慕 감모　傾慕 경모　慕仰 모앙　慕情 모정　思慕 사모
崇慕 숭모　愛慕 애모　哀慕 애모　戀慕 연모　追慕 추모
思慕不忘 사모불망

활용 그는 그녀를 思慕(사모)하는 마음이 사무쳐 병이 들었다.

謀 꾀 모
- 3급II
- 부 言
- 총 16

유 策 꾀 책

읽기: 共謀 공모, 圖謀 도모, 謀略 모략, 謀反 모반, 謀事 모사, 謀議 모의, 謀陷 모함, 無謀 무모, 逆謀 역모, 陰謀 음모, 智謀 지모, 參謀 참모, 權謀術數 권모술수

활용: 그는 믿었던 동기의 謀陷(모함)으로 하루아침에 파문을 당했다.

貌 모양 모
- 3급II
- 부 豸
- 총 14
- 약 皃

유 面 낯 면, 容 얼굴 용, 姿 모양 자

읽기: 面貌 면모, 貌樣 모양, 美貌 미모, 變貌 변모, 言貌 언모, 外貌 외모, 容貌 용모, 全貌 전모, 體貌 체모, 片貌 편모, 風貌 풍모

활용: 우리 회사는 단정한 容貌(용모)와 친절한 태도를 지닌 사람을 원한다.

侮 업신여길 모(:)
- 3급
- 부 人
- 총 9

읽기: 輕侮 경모, 陵侮 능모, 慢侮 만모, 免侮 면모, 侮慢 모만, 侮笑 모소, 侮言 모언, 侮辱 모욕, 受侮 수모, 侵侮 침모, 侮辱罪 모욕죄

활용: 그는 10년 동안 온갖 受侮(수모)를 겪으면서 열심히 돈을 벌었다.

冒 무릅쓸 모
- 3급
- 부 冂
- 총 9

읽기: 感冒 감모, 冒頭 모두, 冒犯 모범, 冒認 모인, 冒稱 모칭, 冒寒 모한, 冒險 모험, 僞冒 위모, 侵冒 침모

활용: 그들은 늘 冒險(모험)을 즐기는 편이다.

募 모을·뽑을 모
- 3급
- 부 力
- 총 13

읽기: 公募 공모, 急募 급모, 募軍 모군, 募金 모금, 募兵 모병, 募集 모집, 應募 응모, 公募展 공모전, 募集人 모집인, 懸賞公募 현상공모

활용: 그는 이번에 중소기업 신입 사원 募集(모집)에 지원하였다.

상 朝 아침 조

읽기 晩暮 만모　暮景 모경　暮境 모경　暮年 모년　暮色 모색
暮雨 모우　暮秋 모추　歲暮 세모　朝令暮改 조령모개
朝三暮四 조삼모사

활용 歲暮(세모)를 맞아 온 거리는 사람들로 붐빈다.

暮 暮 暮 暮 暮 暮 暮 暮 莫 莫 幕 暮 暮

읽기 某國 모국　某年 모년　某某 모모　某時 모시　某氏 모씨
某月 모월　某日 모일　某種 모종　某紙 모지　某處 모처
某側 모측　某月某日 모월모일

활용 모월 모시 某處(모처)에서 그들은 만나기로 약속하였다.

某 某 某 某 某 苿 某 某

유 樹 나무 수

읽기 枯木 고목　木劍 목검　苗木 묘목　草根木皮 초근목피

쓰기 목각 木刻　목석 木石　목수 木手　목제 木製　목조 木造
벌목 伐木　재목 材木　식목일 植木日　연목구어 緣木求魚

활용 운동장에는 枯木(고목) 한 그루가 덩그러니 서 있다.

木 十 木 木

유 眼 눈 안

읽기 綱目 강목　盲目 맹목　項目 항목

쓰기 덕목 德目　두목 頭目　면목 面目　목록 目錄　목차 目次
목표 目標　안목 眼目　조목 條目　종목 種目　지목 指目

활용 어머니는 좋은 물건을 잘 고르는 眼目(안목)이 뛰어나다.

目 冂 目 目 目

읽기 牧丹 목단　牧畜 목축

쓰기 목동 牧童　목사 牧師　목우 牧牛　목장 牧場　목초 牧草
방목 放牧　유목민 遊牧民　목민심서 牧民心書

활용 그는 농장의 소들에게 신선한 牧草(목초)를 가져다주었다.

牧 牧 牧 牧 牧 牧 牧

睦 화목할 목

- 3급II
- 부 目
- 총 13

유 和 화할 화

읽기: 敦睦 돈목　睦族 목족　不睦 불목　親睦 친목　和睦 화목

활용: 회원들의 親睦(친목) 도모를 위해 정기적으로 체육 대회를 연다.
우리 가족은 집안의 和睦(화목)을 위해 항상 노력한다.

沒 빠질 몰

- 3급II
- 부 水
- 총 7

상 出 날 출
유 沈 잠길 침, 陷 빠질 함

읽기: 埋沒 매몰　沒頭 몰두　沒落 몰락　沒殺 몰살　沒收 몰수
沒我 몰아　沒入 몰입　日沒 일몰　出沒 출몰　沈沒 침몰
陷沒 함몰　神出鬼沒 신출귀몰

활용: 나는 어느 한 가지 일에 沒入(몰입)하면 종일 꼼짝도 하지 않는다.

夢 꿈 몽

- 3급II
- 부 夕
- 총 14
- 약 梦

읽기: 吉夢 길몽　夢想 몽상　夢遊 몽유　迷夢 미몽　惡夢 악몽
解夢 해몽　現夢 현몽　夢遊病 몽유병　同床異夢 동상이몽
一場春夢 일장춘몽

활용: 꿈보다 解夢(해몽)이 좋다.

蒙 어두울 몽

- 3급II
- 부 艸
- 총 14

읽기: 啓蒙 계몽　童蒙 동몽　蒙古 몽고　蒙利 몽리　蒙恩 몽은
蒙惠 몽혜　愚蒙 우몽　朱蒙 주몽　蒙學訓長 몽학훈장
訓蒙字會 훈몽자회

활용: 그들은 농촌 啓蒙(계몽)을 위해 아이들을 모아 가르쳤다.

墓 무덤 묘:

- 4급
- 부 土
- 총 14

유 墳 무덤 분

읽기: 墓穴 묘혈　墳墓 분묘

쓰기: 묘비 墓碑　묘소 墓所　묘역 墓域　묘제 墓祭　묘지 墓地
묘표 墓表　선묘 先墓　성묘 省墓　국립묘지 國立墓地

활용: 우리 가족은 추석을 맞아 할아버지 산소에 省墓(성묘)하였다.

153

읽기	巧妙 교묘 妙策 묘책 微妙 미묘
쓰기	기묘 奇妙 묘계 妙計 묘기 妙技 묘미 妙味 묘수 妙手 묘안 妙案 묘약 妙藥 절묘 絶妙 묘기백출 妙技百出
활용	아무리 생각해 보아도 妙策(묘책)이 떠오르지 않았다.

妙 妙 妙 妙 妙 妙 妙

읽기	己卯 기묘 卯飯 묘반 卯方 묘방 卯時 묘시 卯飮 묘음 卯日 묘일 卯正 묘정 卯酒 묘주 卯初 묘초 乙卯 을묘 卯坐酉向 묘좌유향 己卯士禍 기묘사화
활용	조광조는 己卯士禍(기묘사화) 때 죽임을 당하였다.

卯 卯 卯 卯 卯

읽기	家廟 가묘 東廟 동묘 廟堂 묘당 廟社 묘사 廟室 묘실 廟議 묘의 廟廷 묘정 文廟 문묘 靈廟 영묘 宗廟 종묘 廟庭配享 묘정배향
활용	공자를 모신 사당을 文廟(문묘)라고 한다.

廟 廟 廟 廟 廟 廟 廟 廟 廟 廟 廟

읽기	苗根 묘근 苗脈 묘맥 苗木 묘목 苗床 묘상 苗族 묘족 苗種 묘종 苗板 묘판 桑苗 상묘 養苗 양묘 育苗 육묘 種苗 종묘 禾苗 화묘
활용	정성 들여 심은 苗木(묘목)이 석 달 만에 어른 키만큼 자랐다.

苗 苗 苗 苗 苗 苗 苗 苗

5급 부 火 총 12
無 없을 무
상 有 있을 유, 存 있을 존

읽기	無顔 무안 傍若無人 방약무인 束手無策 속수무책
쓰기	무관 無關 무극 無極 무단 無斷 무료 無料 무식 無識 무엄 無嚴 무통 無痛 무효 無效 무위도식 無爲徒食
활용	65세 이상 노인은 지하철 요금이 無料(무료)이다.

無 無 無 無 無 無 無 無 無

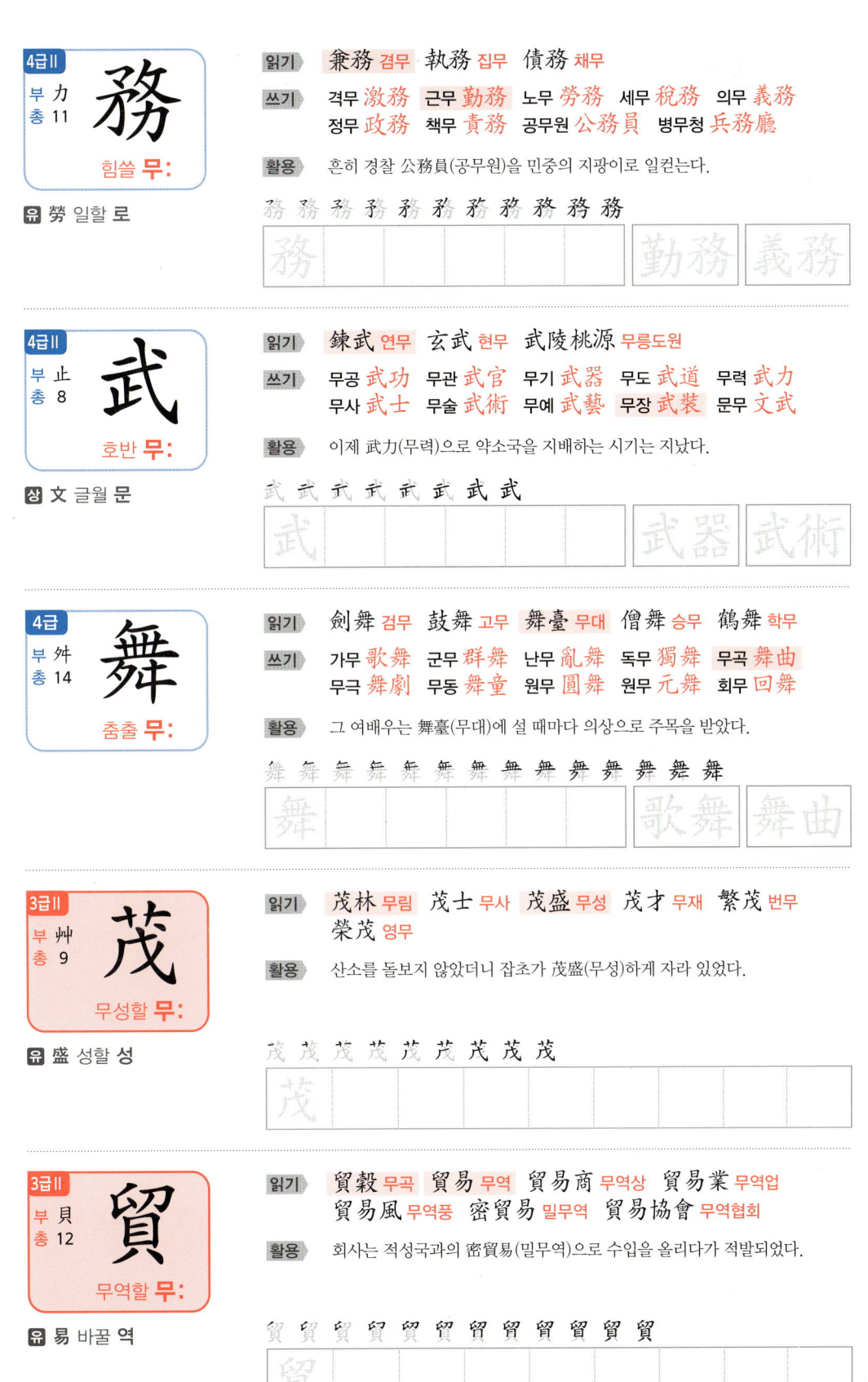

3급 부 戊 총 5 천간 무:	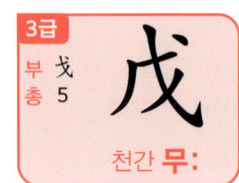	읽기	戊戌 무술　戊夜 무야　戊午 무오　戊寅 무인　戊子 무자 戊辰 무진　戊辰年 무진년　戊午士禍 무오사화 甲乙丙丁戊己庚辛壬癸 갑을병정무기경신임계
		활용	연산군은 戊午史禍(무오사화)를 일으켜 많은 선비를 죽였다.

戊 戊 戊 戊 戊
戊

3급 부 雨 총 19 안개 무:	霧	읽기	霧帶 무대　霧露 무로　霧散 무산　霧索 무색　霧堤 무제 霧集 무집　霧合 무합　煙霧 연무　雲霧 운무　海霧 해무 曉霧 효무　五里霧中 오리무중
		활용	일이 진행되어 갈수록 여전히 五里霧中(오리무중) 상태이다.

霧 霧 霧 霧 霧 霧 霧 霧 霧 霧
霧

3급II 부 土 총 15 약 墨 먹 묵	墨	읽기	墨客 묵객　墨光 묵광　墨字 묵자　墨竹 묵죽　墨紙 묵지 墨香 묵향　墨刑 묵형　白墨 백묵　紙墨 지묵　筆墨 필묵 松煙墨 송연묵　水墨畫 수묵화
		활용	이 水墨畫(수묵화)는 할아버지께서 남기신 유품이다.

墨 墨 墨 墨 墨 墨 墨 墨 墨 墨 墨 墨
墨

3급II 부 黑 총 16 약 默 잠잠할 묵		읽기	寡默 과묵　默契 묵계　默過 묵과　默念 묵념　默禮 묵례 默殺 묵살　默想 묵상　默認 묵인　默珠 묵주　沈默 침묵 默祕權 묵비권　默默不答 묵묵부답
		활용	순국선열을 위한 默念(묵념)의 시간이 주어졌다.

默 默 默 默 默 默 默 默 默 默 默 默
默

8급 부 門 총 8 문 문		읽기	滅門 멸문　獄門 옥문
		쓰기	문객 門客　방문 房門　철문 鐵門　폐문 閉門　등용문 登龍門 문외한 門外漢　명문거족 名門巨族　문전성시 門前成市
		활용	한자에 門外漢(문외한)이었던 나는 업무 때문에 한자 공부를 시작하였다.

유 戶 집 호

門 門 門 門 門 門
門　　　　　　　　鐵門　閉門

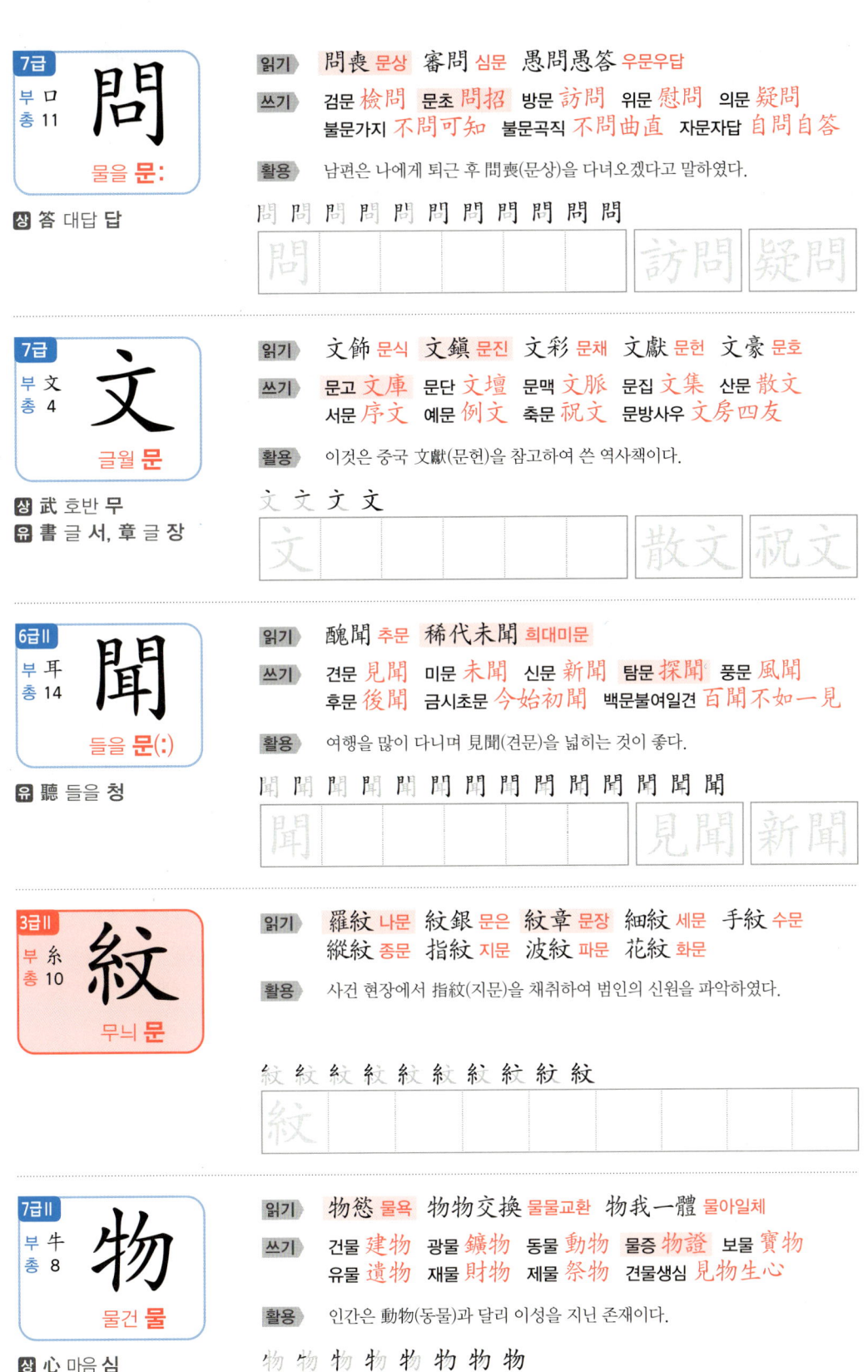

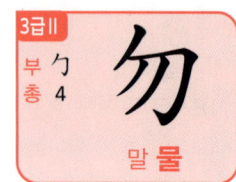

3급II	勿 말 물
부 勹	
총 4	

읽기 　勿驚 물경　勿禁 물금　勿念 물념　勿論 물론　勿問 물문
　　　　勿施 물시　勿入 물입　勿忘草 물망초　勿失好機 물실호기
　　　　勿藥自效 물약자효

활용 　너는 勿論(물론) 너의 가족까지 모두 들어와서 살도록 하여라.

6급	米 쌀 미
부 米	
총 6	

읽기 　米壽 미수　玄米 현미　供養米 공양미
쓰기 　미곡 米穀　미색 米色　미음 米飮　미작 米作　백미 白米
　　　　양미 糧米　절미 節米　정미소 精米所　청백미 淸白米

활용 　나는 아프신 어머니를 위해 직접 米飮(미음)을 쑤었다.

6급	美 아름다울 미(:)
부 羊	
총 9	

상 醜 추할 추, 惡 악할 악
유 麗 고울 려

읽기 　美貌 미모　脚線美 각선미　美粧院 미장원　審美眼 심미안
쓰기 　미관 美觀　미담 美談　미덕 美德　미려 美麗　미식 美食
　　　　미용 美容　미인 美人　찬미 讚美　미풍양속 美風良俗

활용 　그는 美人(미인) 대회 출신의 여자와 결혼하였다.

4급II	味 맛 미:
부 口	
총 8	

읽기 　吟味 음미　無味乾燥 무미건조
쓰기 　가미 加味　감미 甘味　구미 口味　묘미 妙味　미각 味覺
　　　　취미 趣味　흥미 興味　조미료 調味料　산해진미 山海珍味

활용 　한문 시간에 이백과 두보의 한시를 吟味(음미)해 보았다.

4급II	未 아닐 미(:)
부 木	
총 5	

읽기 　未及 미급　未詳 미상　未遂 미수　未熟 미숙
쓰기 　미개 未開　미거 未擧　미결 未決　미납 未納　미달 未達
　　　　미래 未來　미련 未練　미비 未備　미수 未收　미진 未盡

활용 　나의 지난달 아파트 관리비가 未納(미납)되어 있다.

尾 꼬리 미:
3급II 부 尸 총 7

상 首 머리 수
유 末 끝 말

읽기 交尾 교미　大尾 대미　末尾 말미　尾行 미행　船尾 선미
首尾 수미　語尾 어미　後尾 후미　尾生之信 미생지신
魚頭肉尾 어두육미　龍頭蛇尾 용두사미　徹頭徹尾 철두철미

활용 젊은 형사가 살인 사건의 용의자를 尾行(미행)하였다.

微 작을 미
3급II 부 彳 총 13

유 細 가늘 세, 小 작을 소

읽기 輕微 경미　微動 미동　微量 미량　微明 미명　微妙 미묘
微細 미세　微笑 미소　微弱 미약　微熱 미열　微賤 미천
微視的 미시적　顯微鏡 현미경

활용 微弱(미약)하지만 도움이 된다면 성심성의껏 돕겠다.

眉 눈썹 미
3급 부 目 총 9

읽기 頭眉 두미　眉間 미간　眉目 미목　眉壽 미수　眉宇 미우
眉月 미월　白眉 백미　兩眉 양미　長眉 장미　畫眉 화미
兩眉間 양미간　眉目秀麗 미목수려

활용 나는 평소 兩眉間(양미간)을 찡그리는 습관이 있다.

迷 미혹할 미(:)
3급 부 辶 총 10

유 惑 미혹할 혹

읽기 迷宮 미궁　迷亂 미란　迷路 미로　迷夢 미몽　迷息 미식
迷信 미신　迷兒 미아　迷彩 미채　迷惑 미혹　昏迷 혼미
迷信打破 미신타파

활용 나는 순간 정신이 昏迷(혼미)해지면서 의식을 잃었다.

民 백성 민
8급 부 氏 총 5

상 君 임금 군, 王 임금 왕, 官 벼슬 관

읽기 民泊 민박　民弊 민폐　庶民 서민　賤民 천민

쓰기 국민 國民　난민 亂民　민간 民間　민단 民團　민속 民俗
민요 民謠　민중 民衆　이민 移民　경세제민 經世濟民

활용 온 國民(국민)이 올림픽에 출전하고 돌아온 선수들을 환영하였다.

3급	憫
부 心 총 15	민망할 민

유 憐 불쌍히여길 련

읽기 憫迫 민박 憫笑 민소 憫然 민연 憫情 민정 憫酒 민주
憐憫 연민

활용 그녀는 그에 대한 憐憫(연민)을 사랑이라고 착각하였다.

憫 憫 憫 憫 憫 憫 憫 憫 憫 憫 憫

3급	敏
부 攴 총 11	민첩할 민

상 鈍 둔할 둔

읽기 過敏 과민 機敏 기민 敏感 민감 敏智 민지 敏活 민활
不敏 불민 秀敏 수민 銳敏 예민 俊敏 준민 慧敏 혜민

활용 대리석은 급격한 온도 변화에 敏感(민감)하게 반응한다.
그녀는 돈 문제에 대해서 늘 銳敏(예민)하게 반응한다.

敏 敏 敏 敏 敏 敏 敏 敏 敏

4급Ⅱ	密
부 宀 총 11	빽빽할 밀

읽기 緊密 긴밀 密封 밀봉 密輸 밀수 周到綿密 주도면밀

쓰기 밀고 密告 밀림 密林 밀착 密着 밀폐 密閉 밀항 密航
비밀 秘密 세밀 細密 엄밀 嚴密 은밀 隱密 정밀 精密

활용 이 일은 너와 나만이 아는 祕密(비밀)이다.

密 密 密 密 密 密 密 密 密閉 細密

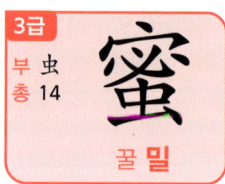

3급	蜜
부 虫 총 14	꿀 밀

읽기 木蜜 목밀 蜜蜂 밀봉 蜜水 밀수 蜜語 밀어 蜜源 밀원
蜜月 밀월 蜜丸 밀환 採蜜 채밀 淸蜜 청밀 火蜜 화밀
蜜月旅行 밀월여행

활용 그는 그녀에게 사랑의 蜜語(밀어)를 속삭였다.

蜜 蜜 蜜 蜜 蜜 蜜 蜜 蜜 蜜 蜜 蜜

6급	朴
부 木 총 6	성 박

유 素 본디 소

읽기 敦朴 돈박 鈍朴 둔박 朴刀 박도

쓰기 간박 簡朴 검박 儉朴 고박 古朴 박씨 朴氏 박충 朴忠
소박 素朴 질박 質朴 후박 厚朴

활용 이 도자기는 화려하지 않지만 質朴(질박)한 아름다움이 있다.

朴 朴 朴 朴 朴 素朴 厚朴

부 十
총 12

넓을 **박**

유 廣 넓을 광

읽기	該博 해박　浩博 호박　博物館 박물관
쓰기	박람 博覽　박문 博文　박사 博士　박식 博識　박애 博愛 박학 博學　박람회 博覽會　박학다식 博學多識
활용	코엑스에서 도서 博覽會(박람회)가 열리고 있다.

부 手
총 8

칠 **박**

읽기	拍掌 박장　拍掌大笑 박장대소
쓰기	간박 間拍　강박 強拍　박수 拍手　박자 拍子　박차 拍車 반박 半拍　약박 弱拍　사박자 四拍子
활용	뜨거운 拍手(박수)갈채 속에 공연이 막을 내렸다.

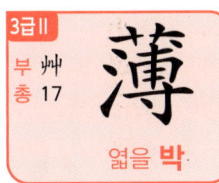
부 艸
총 17

엷을 **박**

상 厚 두터울 후
유 淺 얕을 천

| 읽기 | 刻薄 각박　輕薄 경박　薄明 박명　薄命 박명　薄福 박복
薄氷 박빙　薄情 박정　野薄 야박　淺薄 천박　稀薄 희박
門前薄待 문전박대　薄利多賣 박리다매 |
| 활용 | 그는 輕薄(경박)한 말투와 행동으로 이미지가 실추되었다. |

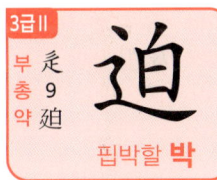
부 辵
총 9
약 迫

핍박할 **박**

유 急 급할 급,
　脅 위협할 협

| 읽기 | 強迫 강박　驅迫 구박　急迫 급박　緊迫 긴박　迫力 박력
迫進 박진　迫害 박해　臨迫 임박　促迫 촉박　脅迫 협박
緊迫感 긴박감　壓迫感 압박감　切迫感 절박감 |
| 활용 | 작가는 원고 마감 시간이 臨迫(임박)해지자 비로소 글을 쓰기 시작하였다. |

부 水
총 8

머무를 · 배댈 **박**

| 읽기 | 來泊 내박　淡泊 담박　民泊 민박　氷泊 빙박　宿泊 숙박
旅泊 여박　外泊 외박　漂泊 표박 |
| 활용 | 유럽 여행 때 우리는 경비를 줄이기 위해 民泊(민박)을 하였다.
부모님께서는 나에게 外泊(외박)은 안 된다고 말씀하셨다. |

쓰기 반감 半減 반구 半球 반도 半島 반액 半額 반절 半切
　　　 반점 半點 절반 折半 후반 後半 반신반의 半信半疑
　　　 야반도주 夜半逃走 이해상반 利害相半 일언반구 一言半句

활용 우리가 얻은 것을 정확히 折半(절반)으로 나누자.

半 半 半 半 半

| 半 | | | | | 折半 | 後半 |

읽기 謀反 모반　違反 위반　贊反 찬반　反對給付 반대급부

쓰기 반감 反感 반대 反對 반복 反復 반사 反射 반성 反省
　　　 반영 反映 반응 反應 반칙 反則 이율배반 二律背反

활용 이 의견에 反對(반대)하는 분은 손을 들어 주세요.

상 正 바를 정, 贊 도울 찬

反 反 反 反

| 反 | | | | | 反省 | 反則 |

6급II 부 玉 총 10
班
나눌 반

읽기 越班 월반

쓰기 무반 武班　문반 文班　반상 班常　반열 班列　반장 班長
　　　 반촌 班村　분반 分班　수반 首班　양반 兩班　합반 合班

활용 학교에서는 학생들의 수준을 고려하여 分班(분반) 수업을 하기로 하였다.

班 班 班 班 班 班 班 班

| 班 | | | | | | 班長 | 兩班 |

읽기 骨盤 골반　基盤 기반　落盤 낙반　盤面 반면　盤石 반석
　　　 盤松 반송　盤回 반회　旋盤 선반　巖盤 암반　原盤 원반
　　　 音盤 음반　羅針盤 나침반

활용 그들은 巖盤(암반)을 뚫고 지하수를 끌어 올렸다.

盤 盤 盤 盤 盤 盤 盤 盤 盤 盤 盤

| 盤 | | | | | | | | | | |

읽기 今般 금반　般樂 반락　一般 일반　全般 전반　諸般 제반
　　　 一般的 일반적　全般的 전반적　般若心經 반야심경
　　　 彼此一般 피차일반

활용 선생님은 아이의 성적 全般(전반)에 관한 의견을 학부모에게 말하였다.

般 般 般 般 般 般 般

| 般 | | | | | | | |

飯 밥 반
3급II 부 食 총 13
유 食 밥 식

읽기 加飯 가반 飯米 반미 飯床 반상 飯食 반식 飯店 반점
飯酒 반주 白飯 백반 殘飯 잔반 朝飯 조반 茶飯事 다반사
飯床器 반상기

활용 할아버지는 식당에서 얻은 殘飯(잔반)을 돼지에게 먹였다.

伴 짝 반:
3급 부 人 총 7

읽기 同伴 동반 伴隨 반수 伴食 반식 伴友 반우 伴人 반인
伴奏 반주 伴寢 반침 伴行 반행 隨伴 수반 同伴者 동반자
同伴作家 동반작가

활용 5세 미만의 아이를 同伴(동반)한 성인들은 입장이 불가하다.

叛 배반할 반:
3급 부 又 총 9

읽기 謀叛 모반 叛骨 반골 叛軍 반군 叛起 반기 叛旗 반기
叛徒 반도 叛亂 반란 叛民 반민 叛臣 반신 叛心 반심
叛逆 반역 背叛 배반

활용 그는 가족의 안전을 위해 우리를 背叛(배반)하고 도망갔다.

返 돌이킬 반:
3급 부 辵 총 8
유 還 돌아올 환

읽기 未返 미반 返歌 반가 返納 반납 返路 반로 返報 반보
返喪 반상 返書 반서 返送 반송 返信 반신 返品 반품
返還 반환 返生香 반생향

활용 형에게 보낸 소포가 返送(반송)되어 돌아왔다.

發 필 발
6급II 부 癶 총 12 약 発
유 射 쏠 사

읽기 濫發 남발 發刊 발간 發露 발로 發奮 발분 摘發 적발

쓰기 단발 單發 만발 滿發 발각 發覺 발급 發給 발단 發端
발달 發達 발사 發射 발산 發散 발전 發展 폭발 爆發

활용 그는 시험 시간에 부정행위를 하다가 감독관에게 摘發(적발)되었다.

髮

4급 부 髟 총 15
터럭 **발**

유 毛 터럭 모, 毫 터럭 호

- 읽기: 削髮 삭발
- 쓰기: 가발 假髮 단발 短髮 두발 頭髮 모발 毛髮 백발 白髮 산발 散髮 이발 理髮 이발소 理髮所 위기일발 危機一髮
- 활용: 그녀의 검은 머리카락이 어느덧 白髮(백발)이 되었다.

拔

3급II 부 手 총 8
뽑을 **발**

유 選 가릴 선

- 읽기: 簡拔 간발 奇拔 기발 拔劍 발검 拔群 발군 拔取 발취 拔齒 발치 選拔 선발 卓拔 탁발 拔本塞源 발본색원 拔山蓋世 발산개세
- 활용: 나는 拔齒(발치)한 곳에 통증이 심하여 음식을 먹지 못하였다.

方

7급II 부 方 총 4
모 **방**

상 圓 둥글 원

- 읽기: 方途 방도 方伯 방백 方策 방책 西方淨土 서방정토
- 쓰기: 근방 近方 방금 方今 방법 方法 방안 方案 방침 方針 방편 方便 비방 秘方 처방 處方 행방불명 行方不明
- 활용: 우리는 문제를 해결하기 위해 가능한 方法(방법)을 모두 활용하였다.

放

6급II 부 攵 총 8
놓을 **방(:)**

유 釋 풀 석, 解 풀 해

- 읽기: 放浪 방랑 放縱 방종 追放 추방 假釋放 가석방
- 쓰기: 방과 放課 방류 放流 방사 放射 방생 放生 방송 放送 방심 放心 방임 放任 방전 放電 방치 放置 해방 解放
- 활용: 내가 잠시 放心(방심)한 사이에 사고가 발생하였다.

房

4급II 부 戶 총 8
방 **방**

- 읽기: 茶房 다방 僧房 승방 舍廊房 사랑방 阿房宮 아방궁
- 쓰기: 각방 各房 감방 監房 공방 工房 방문 房門 서방 書房 신방 新房 책방 冊房 필방 筆房 금은방 金銀房
- 활용: 바람이 들어오지 않도록 房門(방문)을 잘 닫고 들어오너라.

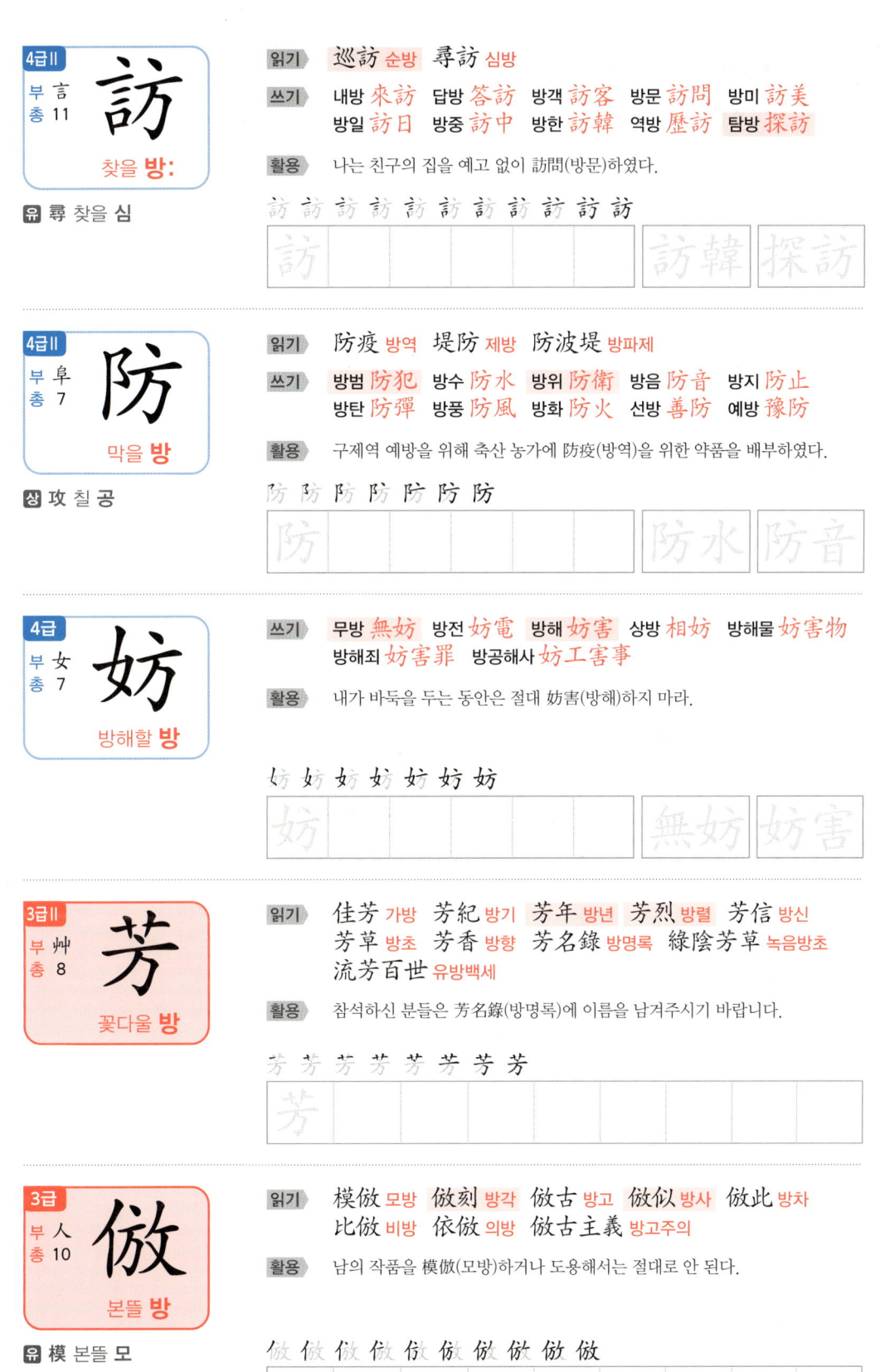

傍 곁 방: (3급, 부 人, 총 12)
유 側 곁 측

읽기: 道傍 도방, 傍系 방계, 傍觀 방관, 傍白 방백, 傍人 방인, 傍點 방점, 傍助 방조, 傍證 방증, 傍聽 방청, 傍聽客 방청객, 傍系血族 방계혈족, 傍若無人 방약무인

활용: 이 일에 傍觀(방관)하지 말고 적극적으로 의견을 피력하기 바란다.

邦 나라 방 (3급, 부 邑, 총 7)
유 國 나라 국

읽기: 東邦 동방, 萬邦 만방, 盟邦 맹방, 邦交 방교, 邦國 방국, 邦畫 방화, 聯邦 연방, 友邦 우방, 合邦 합방, 異邦人 이방인, 韓日合邦 한일합방

활용: 그 나라는 友邦(우방)의 힘에 의존하여 문제를 해결하려고 하였다.

倍 곱 배(:) (5급, 부 人, 총 10)

읽기: 倍率 배율
쓰기: 배가 倍加, 배구 倍舊, 배달 倍達, 배수 倍數, 배승 倍勝, 배액 倍額, 배전 倍前, 배증 倍增, 용기백배 勇氣百倍

활용: 임신 사실을 알고 기뻤지만, 쌍둥이인 것을 알고 기쁨이 倍加(배가)되었다.

拜 절 배: (4급Ⅱ, 부 手, 총 9, 약 拝)

쓰기: 경배 敬拜, 단배 單拜, 배견 拜見, 배례 拜禮, 배명 拜命, 배상 拜上, 백배 百拜, 복배 伏拜, 삼배 三拜, 세배 歲拜, 숭배 崇拜, 예배 禮拜, 재배 再拜, 참배 參拜

활용: 이것은 조상을 崇拜(숭배)하는 마음에서 만들어진 종교적 상징물이다.

背 등 배: (4급Ⅱ, 부 肉, 총 9)
상 腹 배 복, 胸 가슴 흉

읽기: 背泳 배영, 腹背 복배, 背恩忘德 배은망덕
쓰기: 배경 背景, 배반 背反, 배서 背書, 배수 背水, 배신 背信, 배임 背任, 배후 背後, 향배 向背, 배수진 背水陣

활용: 사건의 背後(배후)에 있는 사람을 모두 찾았다.

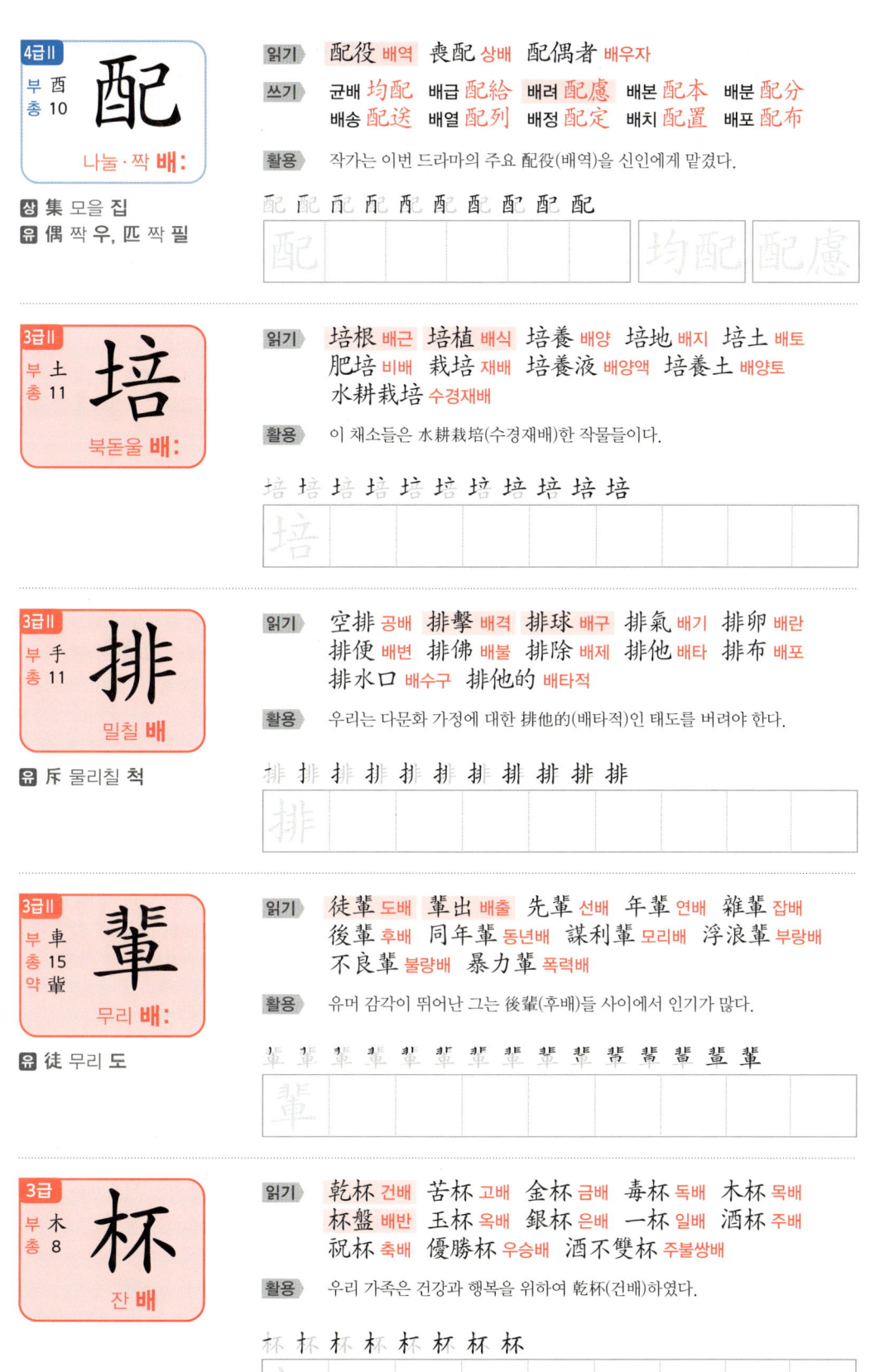

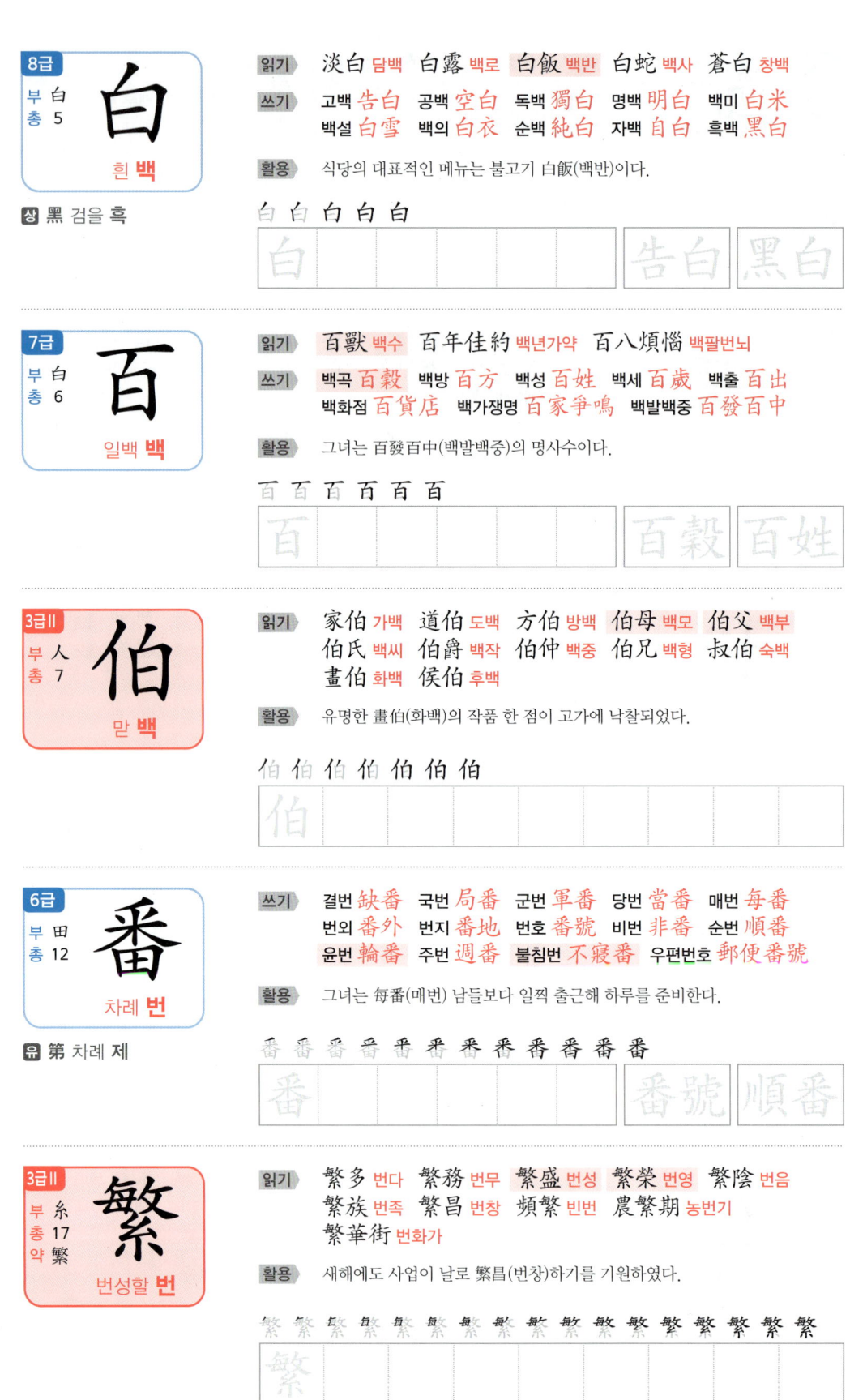

煩 번거로울 번 (3급, 부 火, 총 13)

읽기: 耐煩 내번, 多煩 다번, 煩告 번고, 煩急 번급, 煩惱 번뇌, 煩忙 번망, 煩憂 번우, 煩雜 번잡, 百八煩惱 백팔번뇌, 食少事煩 식소사번

활용: 부부는 煩雜(번잡)한 도시 생활을 정리한 후 고향으로 내려갔다.

飜 번역할 번 (3급, 부 飛, 총 21)

읽기: 飜刻 번각, 飜擧 번거, 飜曲 번곡, 飜文 번문, 飜覆 번복, 飜案 번안, 飜譯 번역, 飜音 번음, 飜意 번의, 飜譯劇 번역극, 飜案小說 번안소설

활용: 그녀는 프랑스 소설을 飜譯(번역)하는 일로 부수입을 얻는다.

유: 譯 번역할 역

伐 칠 벌 (4급II, 부 人, 총 6)

읽기: 征伐 정벌, 徐羅伐 서라벌

쓰기: 간벌 間伐, 도벌 盜伐, 벌목 伐木, 벌채 伐採, 벌초 伐草, 북벌 北伐, 살벌 殺伐, 윤벌 輪伐, 자벌 自伐, 토벌 討伐

활용: 녹지 조성을 위해 伐木(벌목)을 금지하고 있다.

유: 征 칠 정, 討 칠 토, 攻 칠 공

罰 벌할 벌 (4급II, 부 网, 총 14)

읽기: 懲罰 징벌, 雙罰罪 쌍벌죄

쓰기: 벌금 罰金, 벌점 罰點, 벌칙 罰則, 상벌 賞罰, 엄벌 嚴罰, 죄벌 罪罰, 중벌 重罰, 처벌 處罰, 천벌 天罰, 형벌 刑罰

활용: 경찰은 교통 법규를 어긴 차량의 주인에게 罰金(벌금)을 부과하였다.

상: 賞 상줄 상
유: 刑 형벌 형

犯 범할 범: (4급, 부 犬, 총 5)

쓰기: 공범 共犯, 도범 盜犯, 방범 防犯, 범인 犯人, 범죄 犯罪, 잡범 雜犯, 재범 再犯, 전범 戰犯, 정범 正犯, 종범 從犯, 주범 主犯, 중범 重犯, 진범 眞犯, 초범 初犯, 침범 侵犯

활용: 각종 산업 폐기물이 환경 오염의 主犯(주범)이 되고 있다.

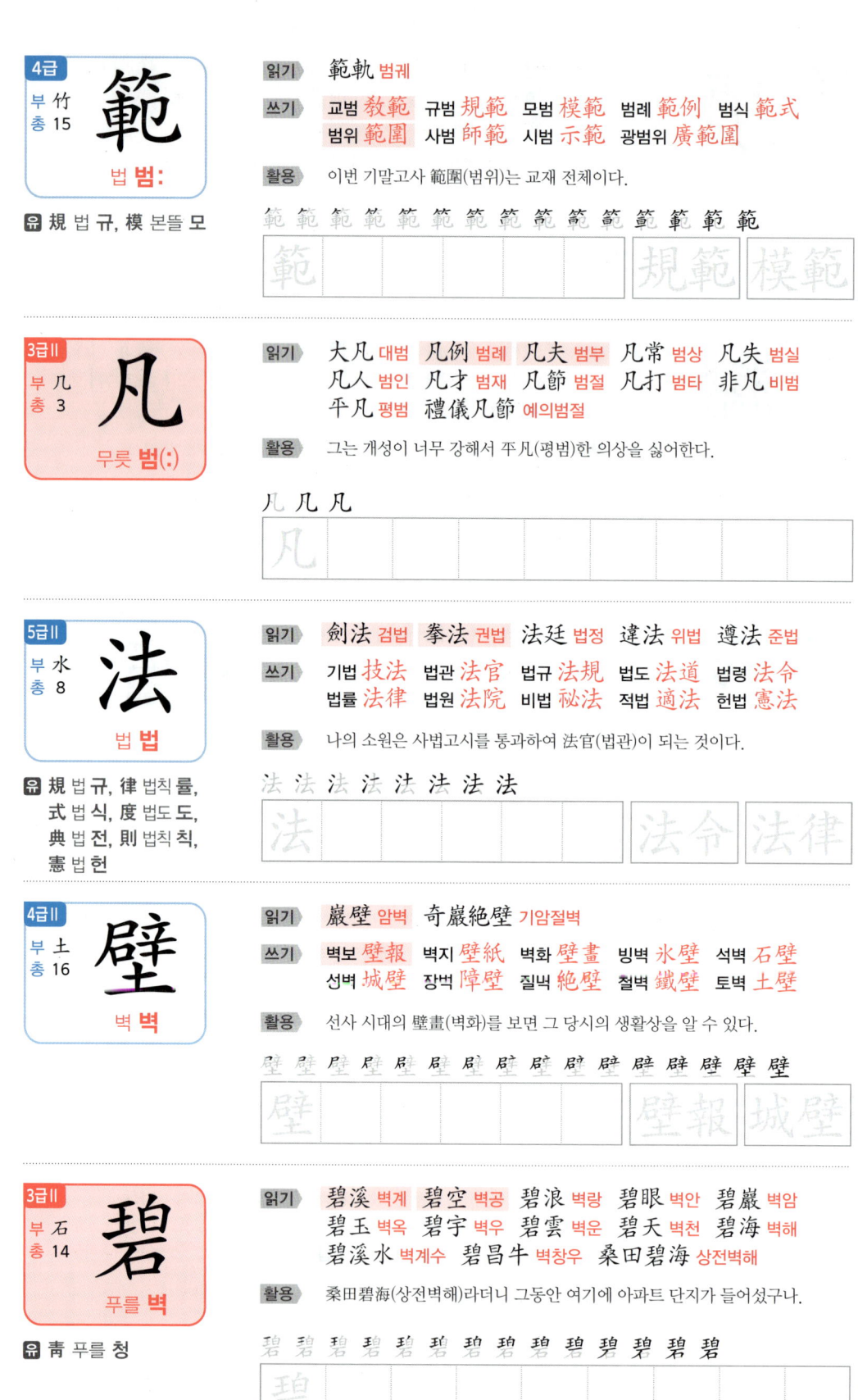

變 변할 변:
5급II / 부수 言 / 총23획 / 약자 変

읽기: 怪變 괴변, 變貌 변모, 變遷 변천, 變換 변환, 慘變 참변
쓰기: 격변 激變, 급변 急變, 변경 變更, 변덕 變德, 변동 變動, 변란 變亂, 변장 變裝, 변칙 變則, 변혁 變革, 변화 變化

활용: 그녀는 대외 정세의 變化(변화)에 적극적으로 대처하였다.

유 化 될 화

邊 가 변
4급II / 부수 辵 / 총19획 / 약자 辺, 边

쓰기: 강변 江邊, 관변 官邊, 노변 路邊, 대변 對邊, 등변 等邊, 변경 邊境, 변방 邊方, 신변 身邊, 연변 緣邊, 저변 低邊, 주변 周邊, 천변 川邊, 해변 海邊

활용: 늦은 밤에 海邊(해변)에서 혼자 노는 것은 위험하다.

辯 말씀 변:
4급 / 부수 辛 / 총21획

쓰기: 강변 強辯, 구변 口辯, 능변 能辯, 다변 多辯, 달변 達辯, 답변 答辯, 변론 辯論, 변사 辯士, 언변 言辯, 열변 熱辯, 웅변 雄辯, 통변 通辯, 항변 抗辯, 변호사 辯護士

활용: 그는 화려한 達辯(달변)으로 국민을 설득하였다.

辨 분별할 변:
3급 / 부수 辛 / 총16획

읽기: 辨告 변고, 辨明 변명, 辨別 변별, 辨償 변상, 辨說 변설, 辨濟 변제, 辨證 변증, 辨理士 변리사, 辨別力 변별력, 辨證法 변증법, 辨別學習 변별학습

활용: 이런 결과에 대해 누구의 辨明(변명)도 허락하지 않겠다.

別 다를·나눌 별
6급 / 부수 刀 / 총7획

읽기: 鑑別 감별, 別館 별관, 別莊 별장, 惜別 석별
쓰기: 구별 區別, 별거 別居, 별납 別納, 별당 別堂, 별명 別名, 별미 別味, 별세 別世, 이별 離別, 작별 作別, 차별 差別

활용: 증조할아버지의 유물을 鑑別(감별)했더니 국보급 문화재로 판명되었다.

유 分 나눌 분, 選 가릴 선, 區 구분할 구

6급	부 疒 총 10	병 **병:**
유 疾 병 질		

읽기 病菌 병균　疾病 질병　傳染病 전염병　無病長壽 무병장수
쓰기 문병 問病　발병 發病　병가 病暇　병고 病苦　병력 病歷
　　　병명 病名　병상 病床　병원 病院　지병 持病　투병 鬪病

활용 청소나 소독을 자주 하여 아이가 病菌(병균)에 감염되지 않도록 하였다.

病 病 病 病 病 病 病 病 病
| 病 | | | | | | | 病暇 | 病院 |

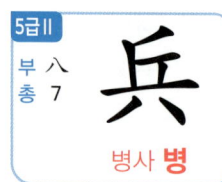

5급Ⅱ	부 八 총 7	병사 **병**
상 將 장수 장, 士 선비 사		
유 軍 군사 군, 卒 마칠 졸		

읽기 兵役 병역　徵兵 징병
쓰기 병기 兵器　병란 兵亂　병력 兵力　병법 兵法　병사 兵士
　　　병영 兵營　병정 兵丁　보병 步兵　사병 私兵　장병 將兵

활용 兵士(병사)들의 사기가 하늘을 찌를 듯하였다.

兵 兵 兵 兵 兵 兵 兵
| 兵 | | | | | | | 兵力 | 兵士 |

3급Ⅱ	부 一 총 5	丙 남녘 **병:**

읽기 丙科 병과　丙方 병방　丙戌 병술　丙時 병시　丙夜 병야
　　　丙午 병오　丙子 병자　丙丁 병정　丙種 병종　丙坐 병좌
　　　丙子胡亂 병자호란

활용 丙子胡亂(병자호란) 당시 임금은 남한산성으로 피신하였다.

丙 丙 丙 丙 丙
| 丙 | | | | | | | | |

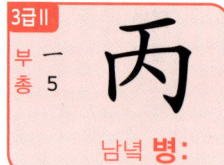

3급	부 尸 총 11 약 屏	병풍 **병(:)**

읽기 曲屛 곡병　門屛 문병　屛去 병거　屛居 병거　屛棄 병기
　　　屛伏 병복　屛帳 병장　屛風 병풍　玉屛 옥병　畫屛 화병
　　　屛門親舊 병문친구

활용 어머니는 십장생이 수놓아진 屛風(병풍)을 샀다.

屛 屛 屛 屛 屛 屛 屛 屛 屛
| 屛 | | | | | | | | |

3급	부 立 총 10 약 並	竝 나란히 **병:**

읽기 竝肩 병견　竝起 병기　竝力 병력　竝列 병렬　竝流 병류
　　　竝立 병립　竝書 병서　竝設 병설　竝用 병용　竝進 병진
　　　竝唱 병창　竝置 병치　竝稱 병칭　竝行 병행

활용 그는 학업과 생계를 竝行(병행)하느라 항상 시간에 쫓긴다.

竝 竝 竝 竝 竝 竝 竝 竝 竝
| 竝 | | | | | | | | |

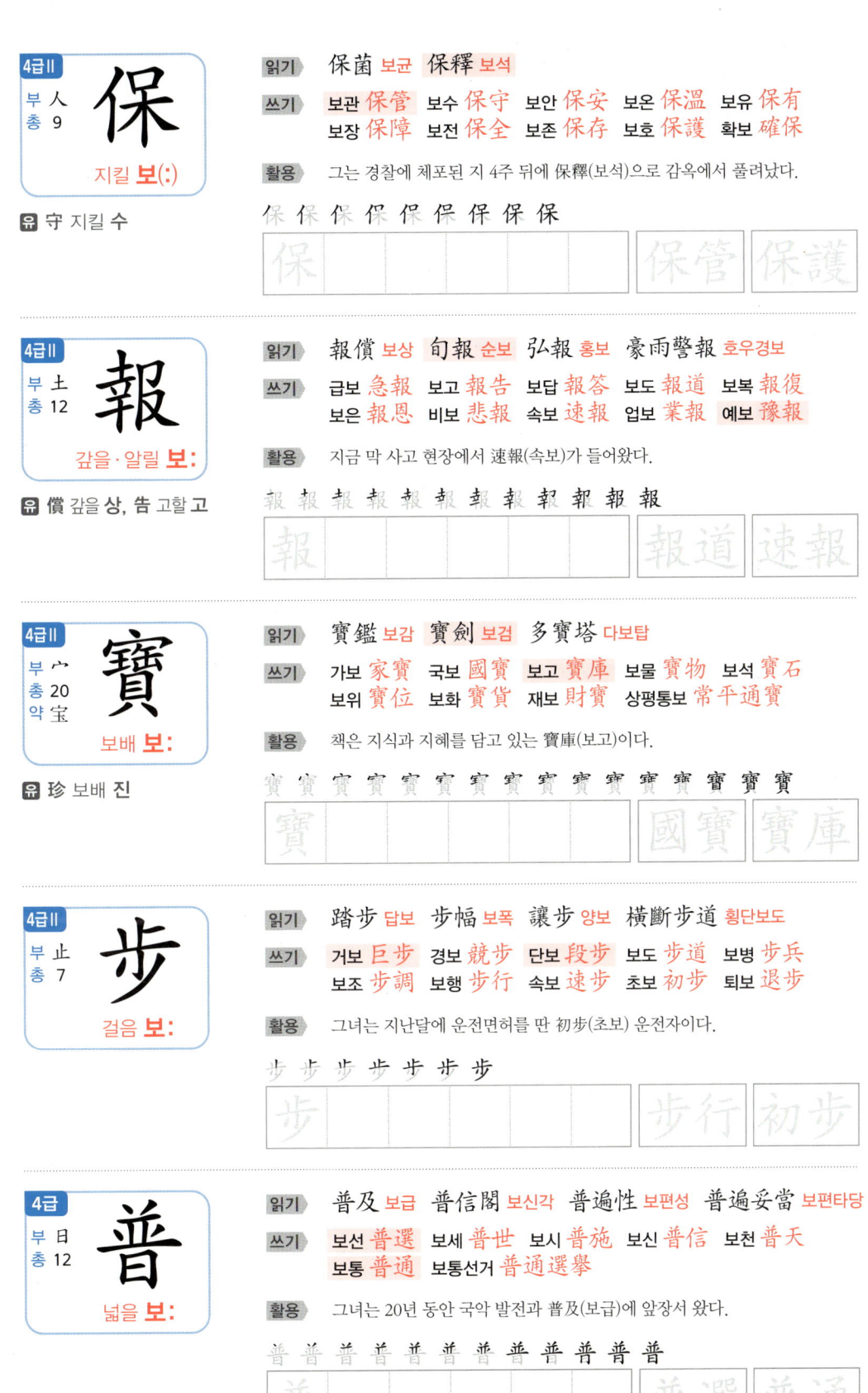

補 (기울 보:) — 3급II, 부 衣, 총 12

읽기: 補強 보강, 補講 보강, 補缺 보결, 補給 보급, 補導 보도, 補償 보상, 補色 보색, 補選 보선, 補修 보수, 補植 보식, 補藥 보약, 補完 보완, 補助 보조, 補充 보충, 增補 증보

활용: 회사는 기존 제품의 문제점을 補完(보완)하고 업그레이드하였다.

譜 (족보 보:) — 3급II, 부 言, 총 19

읽기: 家譜 가보, 系譜 계보, 新譜 신보, 氏譜 씨보, 樂譜 악보, 年譜 연보, 音譜 음보, 印譜 인보, 族譜 족보, 採譜 채보, 波譜 파보, 殉愛譜 순애보

활용: 소녀는 樂譜(악보)를 읽을 줄 모르지만, 절대음감을 가지고 있다.

服 (옷 복) — 6급, 부 月, 총 8

유 衣 옷 의

읽기: 克服 극복, 服役 복역, 喪服 상복, 僧服 승복
쓰기: 관복 官服, 굴복 屈服, 내복 內服, 복식 服食, 복용 服用, 복장 服裝, 소복 素服, 양복 洋服, 예복 禮服, 한복 韓服

활용: 나는 감기약을 아침저녁으로 두 번 服用(복용)하였다.

福 (복 복) — 5급II, 부 示, 총 14

상 禍 재앙 화
유 幸 다행 행

읽기: 冥福 명복, 薄福 박복, 裕福 유복, 妻福 처복, 禍福 화복
쓰기: 강복 降福, 경복 慶福, 다복 多福, 만복 萬福, 복권 福券, 복리 福利, 복음 福音, 식복 食福, 축복 祝福, 행복 幸福

활용: 결혼식에 참석한 사람들은 그들의 앞날을 祝福(축복)하였다.

復 (회복할 복/다시 부:) — 4급II, 부 彳, 총 12

상 往 갈 왕

쓰기: 반복 反復, 복고 復古, 복구 復舊, 복귀 復歸, 복습 復習, 복원 復原, 복적 復籍, 복직 復職, 복창 復唱, 복학 復學, 부활 復活, 부흥 復興, 회복 回復, 중언부언 重言復言

활용: 그는 군을 제대한 뒤 2학년에 復學(복학)하였다.

伏 (4급, 부 人, 총 6) 엎드릴 복

읽기: 埋伏 매복　潛伏 잠복

쓰기: 굴복 屈伏　기복 起伏　말복 末伏　복배 伏拜　복병 伏兵　복선 伏線　복중 伏中　삼복 三伏　초복 初伏　항복 降伏

활용: 경찰들이 살인 용의자의 고향에서 潛伏(잠복)하고 있다.

상 起 일어날 기

複 (4급, 부 衣, 총 14) 겹칠 복

읽기: 複芽 복아　複寫版 복사판

쓰기: 복도 複道　복리 複利　복사 複寫　복선 複線　복수 複數　복식 複式　복잡 複雜　복제 複製　복합 複合　중복 重複

활용: 소문이 나면 일이 더 複雜(복잡)해질까 염려된다.

상 單 홑 단

腹 (3급Ⅱ, 부 肉, 총 13) 배 복

읽기: 開腹 개복　空腹 공복　腹背 복배　腹部 복부　腹水 복수　腹痛 복통　心腹 심복　割腹 할복　遺腹子 유복자　面從腹背 면종복배　異腹兄弟 이복형제　抱腹絶倒 포복절도

활용: 갑자기 심한 腹痛(복통)이 일어나서 응급실에 갔다.

상 背 등 배

覆 (3급Ⅱ, 부 襾, 총 18) 다시 복/덮을 부

읽기: 檢覆 검복　傾覆 경복　飜覆 번복　覆蓋 복개　覆面 복면　覆滅 복멸　覆沒 복몰　覆試 복시　覆審 복심　覆土 복토　天覆 천부　被覆 피복

활용: 한번 결정된 사안에 대해서 飜覆(번복)할 수 없다.

卜 (3급, 부 卜, 총 2) 점 복

읽기: 龜卜 귀복　問卜 문복　卜居 복거　卜吉 복길　卜馬 복마　卜術 복술　卜人 복인　卜日 복일　卜定 복정　卜債 복채　占卜 점복　卜晝卜夜 복주복야

활용: 점쟁이는 卜債(복채) 대신 술을 원하였다.

本 (근본 본) — 6급, 부 木, 총 5

읽기: 脚本 각본 · 臺本 대본 · 本館 본관 · 本妻 본처 · 像本 상본
쓰기: 극본 劇本 · 본능 本能 · 본래 本來 · 본성 本性 · 본의 本意 · 본적 本籍 · 본지 本誌 · 원본 原本 · 자본 資本 · 진본 珍本
활용: 맹자는 인간의 本性(본성)이 선하다는 성선설을 주장하였다.

상: 末 끝 말
유: 根 뿌리 근

筆順: 本 ナ 木 木 本

奉 (받들 봉:) — 5급II, 부 大, 총 8

읽기: 奉獻 봉헌 · 滅私奉公 멸사봉공
쓰기: 봉명 奉命 · 봉사 奉事 · 봉사 奉仕 · 봉안 奉安 · 봉양 奉養 · 봉창 奉唱 · 봉축 奉祝 · 봉행 奉行 · 신봉 信奉 · 참봉 參奉
활용: 간호학과 학생들이 병원에 奉仕(봉사) 활동을 갔다.

유: 仕 섬길 사

筆順: 奉 三 丰 夫 表 奏 奉

封 (봉할 봉) — 3급II, 부 寸, 총 9

읽기: 開封 개봉 · 同封 동봉 · 密封 밀봉 · 封建 봉건 · 封書 봉서 · 封印 봉인 · 封紙 봉지 · 封窓 봉창 · 封合 봉합 · 冊封 책봉 · 皮封 피봉 · 金一封 금일봉
활용: 나와 엄마는 최근 開封(개봉)한 영화를 보면서 눈물을 흘렸다.

峯 (봉우리 봉) — 3급II, 부 山, 총 10

읽기: 高峯 고봉 · 奇峯 기봉 · 山峯 산봉 · 雪峯 설봉 · 連峯 연봉 · 靈峯 영봉 · 雲峯 운봉 · 主峯 주봉 · 尖峯 첨봉 · 大靑峯 대청봉 · 天王峯 천왕봉 · 最高峯 최고봉
활용: 설악산 大靑峯(대청봉)에는 봄에도 눈이 내린다.

逢 (만날 봉) — 3급II, 부 辵, 총 11

읽기: 更逢 갱봉 · 逢年 봉년 · 逢變 봉변 · 逢別 봉별 · 逢迎 봉영 · 逢辱 봉욕 · 逢遇 봉우 · 逢着 봉착 · 逢敗 봉패 · 逢禍 봉화 · 相逢 상봉 · 再逢 재봉
활용: 남북 이산가족 相逢(상봉) 행사가 내달에 이루어질 예정이다.

유: 遇 만날 우

鳳 봉새 봉:
- 3급II, 부 鳥, 총 14

읽기: 鳳冠 봉관, 鳳帶 봉대, 鳳德 봉덕, 鳳尾 봉미, 鳳聲 봉성, 鳳兒 봉아, 鳳輿 봉여, 鳳蝶 봉접, 鳳枕 봉침, 神鳳 신봉, 鳳仙花 봉선화, 龍尾鳳湯 용미봉탕

활용: 나는 손톱에 鳳仙花(봉선화) 물을 들였다.

蜂 벌 봉
- 3급, 부 虫, 총 13

읽기: 蜂群 봉군, 蜂起 봉기, 蜂屯 봉둔, 蜂蜜 봉밀, 蜂聲 봉성, 蜂蝶 봉접, 蜂鳥 봉조, 蜂出 봉출, 蜂針 봉침, 分蜂 분봉, 養蜂 양봉, 女王蜂 여왕봉

활용: 우리 집은 대대로 養蜂(양봉)을 하면서 생계를 이어왔다.

父 아비 부
- 8급, 부 父, 총 4

읽기: 伯父 백부, 曾祖父 증조부, 嚴父慈母 엄부자모

쓰기: 부계 父系, 부권 父權, 부녀 父女, 부모 父母, 부자 父子, 부친 父親, 부형 父兄, 사부 師父, 신부 神父, 엄부 嚴父

활용: 우리 집 父子(부자)는 얼굴뿐만 아니라 식습관도 닮았다.

상: 母 어미 모, 子 아들 자

夫 지아비 부
- 7급, 부 大, 총 4

읽기: 夫妻 부처, 姑母夫 고모부

쓰기: 광부 鑛夫, 농부 農夫, 망부 亡夫, 목부 牧夫, 부군 夫君, 부권 夫權, 어부 漁夫, 형부 兄夫, 사대부 士大夫

활용: 夫君(부군)은 남의 남편을 높여 이르는 말이다.

상: 婦 며느리 부, 妻 아내 처

部 떼 부
- 6급II, 부 邑, 총 11

읽기: 幹部 간부, 腹部 복부, 部署 부서, 恥部 치부

쓰기: 부대 部隊, 부락 部落, 부류 部類, 부분 部分, 부속 部屬, 부원 部員, 부위 部位, 부족 部族, 부품 部品, 세부 細部

활용: 그와 대화하면 이해가 안 되는 部分(부분)이 많다.

유: 隊 무리 대

4급Ⅱ
부 刀
총 11

副

버금 **부:**

유 次 버금 차

읽기 副詞 부사 副葬品 부장품

쓰기 부관 副官 부상 副賞 부식 副食 부업 副業 부제 副題
부교수 副教授 부산물 副産物 부작용 副作用 부차적 副次的

활용 옥수수나 감자는 쌀이 부족할 때 훌륭한 副食(부식)이 된다.

副 副 副 副 副 副 副 副 副 副 副

副 副業 副題

4급Ⅱ
부 女
총 11

婦

며느리 **부**

상 夫 지아비 부, 姑 시어미 고

읽기 姑婦 고부 寡婦 과부 姪婦 질부 夫唱婦隨 부창부수

쓰기 독부 毒婦 부덕 婦德 부도 婦道 부부 夫婦 부인 婦人
신부 新婦 열부 烈婦 자부 子婦 주부 主婦 효부 孝婦

활용 그들이 夫婦(부부)의 연을 맺은 지도 벌써 10년이 지났다.

婦 婦 婦 婦 婦 婦 婦 婦 婦 婦 婦

婦 夫婦 主婦

4급Ⅱ
부 宀
총 12
약 冨

富

부자 **부:**

상 貧 가난할 빈

쓰기 갑부 甲富 거부 巨富 국부 國富 부강 富強 부귀 富貴
부농 富農 부력 富力 부자 富者 부촌 富村 부호 富戶
풍부 豊富 부귀공명 富貴功名

활용 북한은 남한보다 지하자원이 豊富(풍부)하다.

富 富 富 富 富 富 富 富 富 富 富 富

富 富者 豊富

4급Ⅱ
부 广
총 8

府

마을 **부(:)**

읽기 幕府 막부 司憲府 사헌부 春府丈 춘부장

쓰기 권부 權府 부군 府君 부사 府使 정부 政府 학부 學府
부원군 府院君 입법부 立法府 총독부 總督府 행정부 行政府

활용 立法府(입법부)가 이번에 새로운 법안을 상정하였다.

府 府 府 府 府 府 府 府

府 權府 政府

4급
부 口
총 7

否

아닐 **부:**

상 可 옳을 가

읽기 贊否 찬부 日可日否 왈가왈부

쓰기 가부 可否 부결 否決 부인 否認 부정 否定 안부 安否
여부 與否 적부 適否 진부 眞否 거부권 拒否權

활용 이번 경기의 참석 與否(여부)를 메일로 알려주십시오.

否 否 否 否 否 否 否

否 可否 安否

負 질 부:

4급 | 부 貝 | 총 9

상 勝 이길 승

읽기 負役 부역   負債 부채   抱負 포부

쓰기 부담 負擔   부상 負傷   부세 負稅   부책 負責   승부 勝負
자부 自負   청부 請負   자부심 自負心   청부살인 請負殺人

활용 負傷(부상) 당한 선수를 치료하기 위해 의료팀이 도착하였다.

負 負 負 負 負 負 負 負 負

付 부칠 부:

3급Ⅱ | 부 人 | 총 5

읽기 結付 결부   交付 교부   給付 급부   納付 납부   當付 당부
發付 발부   配付 배부   分付 분부   送付 송부   植付 식부
還付金 환부금   反對給付 반대급부   申申當付 신신당부

활용 다음 주부터 신입생 원서 交付(교부)가 시작된다.

付 付 付 付 付

扶 도울 부

3급Ⅱ | 부 手 | 총 7

유 助 도울 조

읽기 扶起 부기   扶老 부로   扶桑 부상   扶植 부식   扶養 부양
扶助 부조   扶持 부지   扶護 부호   相扶 상부
扶養家族 부양가족   相扶相助 상부상조   抑强扶弱 억강부약

활용 우리 민족은 예로부터 相扶相助(상부상조)하는 전통을 지니고 있다.

扶 扶 扶 扶 扶 扶 扶

浮 뜰 부

3급Ⅱ | 부 水 | 총 10

상 沈 잠길 침

읽기 浮刻 부각   浮橋 부교   浮氣 부기   浮動 부동   浮力 부력
浮流 부류   浮上 부상   浮揚 부양   浮遊 부유   浮沈 부침
浮黃 부황   浮動票 부동표   浮浪輩 부랑배

활용 자동차 부품 산업의 발달로 도시가 신흥 공업도시로 浮上(부상)하였다.

浮 浮 浮 浮 浮 浮 浮 浮 浮 浮

符 부호 부(:)

3급Ⅱ | 부 竹 | 총 11

읽기 符書 부서   符信 부신   符籍 부적   符節 부절   符合 부합
符號 부호   音符 음부   終止符 종지부   名實相符 명실상부
呼出符號 호출부호

활용 할머니는 미신을 굳게 믿으셔서 몸에 符籍(부적)을 항상 지니신다.

符 符 符 符 符 符 符 符 符 符 符

簿

- 부 竹
- 총 19
- 문서 **부:**

읽기 官簿 관부　名簿 명부　文簿 문부　簿記 부기　簿錄 부록
　　　　簿冊 부책　原簿 원부　帳簿 장부　主簿 주부　家計簿 가계부
　　　　出席簿 출석부　學籍簿 학적부

활용 매출 帳簿(장부)를 통해서 사업 규모를 알 수 있다.

腐

- 부 肉
- 총 14
- 썩을 **부:**

읽기 豆腐 두부　腐植 부식　腐心 부심　腐臭 부취　腐敗 부패
　　　　腐刑 부형　陳腐 진부　腐植土 부식토　腐葉土 부엽토
　　　　不正腐敗 부정부패　切齒腐心 절치부심

활용 콩물을 끓이다 간수를 부어 거르면 豆腐(두부)를 만들 수 있다.

賦

- 부 貝
- 총 15
- 부세 **부:**

읽기 賦課 부과　賦金 부금　賦與 부여　賦役 부역　賦存 부존
　　　　年賦 연부　月賦 월부　天賦 천부　割賦 할부　年賦金 연부금
　　　　赤壁賦 적벽부　天賦的 천부적　割賦金 할부금

활용 어머니는 냉장고를 12개월 割賦(할부)로 샀다.

附

- 부 阜
- 총 8
- 붙을 **부(:)**

읽기 寄附 기부　附加 부가　附課 부과　附近 부근　附記 부기
　　　　附帶 부대　附錄 부록　附設 부설　附屬 부속　附言 부언
　　　　附與 부여　附着 부착　附則 부칙　阿附 아부　回附 회부

활용 나는 附錄(부록)이 마음에 들어 잡지를 샀다.

유 着 붙을 착, 屬 붙일 속

赴

- 부 走
- 총 9
- 다다를·갈 **부:**

읽기 美赴 미부　赴擧 부거　赴門 부문　赴召 부소　赴役 부역
　　　　赴援 부원　赴任 부임　赴敵 부적　新赴 신부　勇赴 용부

활용 그가 새 학교에 赴任(부임)하자마자 크고 작은 사건들이 끊이지 않았다.

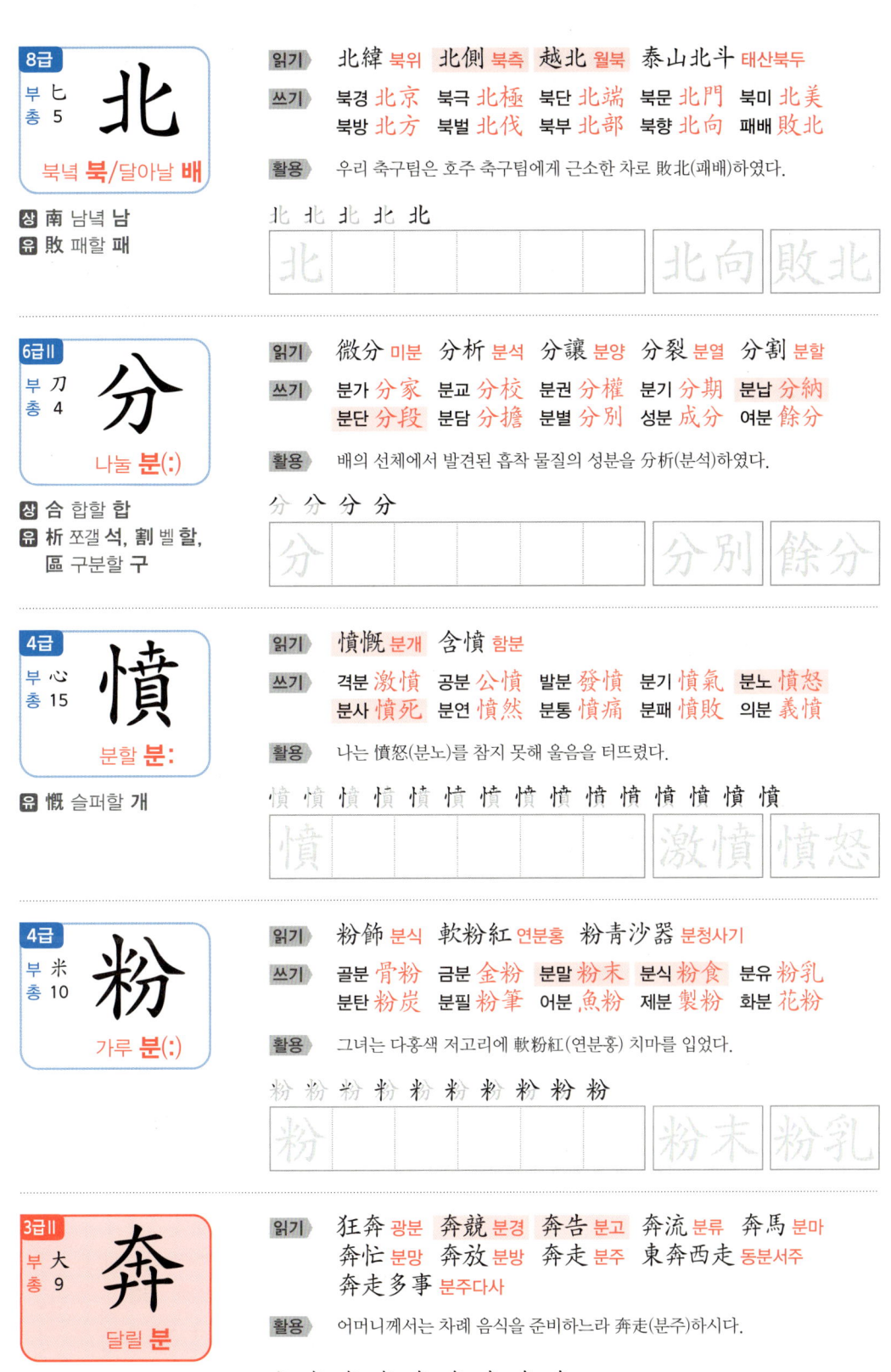

奮 떨칠 분:
3급II 부 大 총 16

읽기 感奮 감분　激奮 격분　猛奮 맹분　發奮 발분　奮起 분기
奮發 분발　奮然 분연　奮戰 분전　奮討 분토　奮鬪 분투
義奮 의분　興奮 흥분　孤軍奮鬪 고군분투

활용 지금부터 더욱 奮發(분발)하여 좋은 성적을 내주기 바란다.

紛 어지러울 분
3급II 부 糸 총 10

읽기 內紛 내분　紛糾 분규　紛亂 분란　紛紛 분분　紛失 분실
紛如 분여　紛然 분연　紛議 분의　紛爭 분쟁　紛錯 분착
紛華 분화

활용 이번 사안에 대해서는 의견이 紛紛(분분)하다.

墳 무덤 분
3급 부 土 총 15

읽기 古墳 고분　丘墳 구분　大墳 대분　封墳 봉분　墳墓 분묘
墳山 분산　墳樹 분수　墳籍 분적　墳土 분토　雙墳 쌍분
連墳 연분　荒墳 황분

활용 우리는 조상의 墳墓(분묘)가 있는 선산으로 성묘를 갔다.

유 墓 무덤 묘

不 아닐 불·부
7급II 부 一 총 4

읽기 不肖 불초　不惑 불혹　不起訴 불기소　不眠症 불면증

쓰기 불과 不過　불길 不吉　불능 不能　불량 不良　불안 不安
불찰 不察　불편 不便　불행 不幸　불호 不好　불화 不和

활용 시험이 다가오니 마음이 不安(불안)하다.

佛 부처 불
4급II 부 人 총 7 약 仏

읽기 排佛 배불　佛供 불공　佛像 불상　佛譯 불역

쓰기 불가 佛家　불경 佛經　불교 佛敎　불당 佛堂　불전 佛典
불화 佛畫　석불 石佛　성불 成佛　신불 神佛　염불 念佛

활용 할머니는 새해가 되면 절에 가서 부처님께 佛供(불공)을 드린다.

拂 떨칠 불 (3급II, 부수 手, 총8획, 약자 払)

읽기: 假拂 가불　過拂 과불　未拂 미불　拂入 불입　拂下 불하
先拂 선불　年拂 연불　延拂 연불　完拂 완불　支拂 지불
換拂 환불　還拂 환불　後拂 후불　一時拂 일시불

활용: 아파트 관리비가 이중 청구되어 그 부분을 還拂(환불) 받았다.

崩 무너질 붕 (3급, 부수 山, 총11획)

유 壞 무너질 괴

읽기: 分崩 분붕　崩壞 붕괴　崩落 붕락　崩裂 붕렬　崩御 붕어
山崩 산붕　雪崩 설붕　土崩 토붕　崩城之痛 붕성지통
土崩瓦解 토붕와해

활용: 지반이 崩壞(붕괴)되면서 대형 참사로 이어졌다.

朋 벗 붕 (3급, 부수 月, 총8획)

유 友 벗 우

읽기: 舊朋 구붕　百朋 백붕　朋黨 붕당　朋徒 붕도　朋僚 붕료
朋輩 붕배　朋比 붕비　朋友 붕우　朋執 붕집　良朋 양붕
朋友有信 붕우유신　朋友責善 붕우책선

활용: 그는 朋黨(붕당) 싸움에서 벗어나 자연에 귀의하고자 하였다.

比 견줄 비: (5급, 부수 比, 총4획)

유 較 견줄 교

읽기: 比肩 비견　比較 비교　比率 비율

쓰기: 대비 對比　반비 反比　비가 比價　비등 比等　비례 比例
비중 比重　성비 性比　반비례 反比例　정비례 正比例

활용: 적극적인 남편의 성격이 소극적인 아내의 성격과 對比(대비)된다.

費 쓸 비: (5급, 부수 貝, 총12획)

유 用 쓸 용

읽기: 浪費 낭비　維持費 유지비

쓰기: 경비 經費　군비 軍費　비용 費用　식비 食費　실비 實費
여비 旅費　잡비 雜費　회비 會費　인건비 人件費

활용: 행사에 필요한 총 費用(비용)이 얼마나 되느냐?

5급	鼻
부 鼻 총 14	코 비:

읽기: 鼻炎 비염

쓰기: 비골 鼻骨　비공 鼻孔　비모 鼻毛　비소 鼻笑　비음 鼻音
비조 鼻祖　비혈 鼻血　이비 耳鼻　이목구비 耳目口鼻

활용: 그녀의 목소리에는 鼻音(비음)이 많이 섞여 있다.

4급II	備
부 人 총 12	갖출 비:

유 具 갖출 구

읽기: 兼備 겸비　備忘錄 비망록　豫備役 예비역

쓰기: 구비 具備　대비 對備　방비 防備　비축 備蓄　비품 備品
상비 常備　설비 設備　수비 守備　정비 整備　준비 準備

활용: 각 가정에 구급약을 常備(상비)해 두는 것이 좋다.

4급II	悲
부 心 총 12	슬플 비:

상 喜 기쁠 희, 樂 즐길 락
유 哀 슬플 애

읽기: 悲戀 비련　悲哀 비애　悲慘 비참　慈悲 자비

쓰기: 비가 悲歌　비관 悲觀　비극 悲劇　비명 悲鳴　비보 悲報
비운 悲運　비장 悲壯　비통 悲痛　비화 悲話　희비 喜悲

활용: 그녀는 悲戀(비련)의 여주인공 역할을 무리 없이 소화하였다.

4급II	非
부 非 총 8	아닐 비(:)

상 是 옳을 시

읽기: 非凡 비범　非能率 비능률　似而非 사이비　超非常 초비상

쓰기: 비난 非難　비례 非禮　비리 非理　비명 非命　비번 非番
비상 非常　비정 非情　비공개 非公開　비공식 非公式

활용: 그가 非公式(비공식) 석상에 모습을 드러낸 것은 이번이 처음이다.

4급II	飛
부 飛 총 9	날 비

읽기: 飛躍 비약　飛虎 비호　飛禍 비화　烏飛梨落 오비이락

쓰기: 비보 飛報　비상 飛上　비선 飛仙　비어 飛魚　비조 飛鳥
비행 飛行　웅비 雄飛　비행기 飛行機　비행선 飛行船

활용: 飛行機(비행기)로 가면 제주까지 한 시간도 채 걸리지 않는다.

4급
부 手
총 7

批

비평할 비:

유 評 평할 평

읽기 蒙批 몽비　御批 어비

쓰기 고비 高批　비답 批答　비점 批點　비정 批正　비판 批判
비평 批評　비판적 批判的

활용 이 칼럼은 批判的(비판적) 시각으로 이해해야 한다.

批 批 批 批 批 批 批

4급
부 石
총 13

碑

비석 비

읽기 碑銘 비명　忠魂碑 충혼비

쓰기 구비 口碑　묘비 墓碑　비문 碑文　비석 碑石　시비 詩碑
기념비 記念碑　송덕비 頌德碑

활용 그의 생전 업적이 碑文(비문)에 적혀 있었다.

碑 碑 碑 碑 碑 碑 碑 碑 碑

4급
부 示
총 10

祕

숨길 비:

읽기 祕藏 비장　祕策 비책　默祕權 묵비권

쓰기 극비 極祕　비결 祕結　비경 祕境　비록 祕錄　비문 祕文
비밀 祕密　비법 祕法　비표 祕標　비화 祕話　신비 神祕

활용 누나는 祕藏(비장)의 솜씨를 발휘하여 부모님께 생일상을 차려드렸다.

祕 祕 祕 祕 祕 祕 祕 祕

3급 II
부 十
총 8

卑

낮을 비:

상 尊 높을 존
유 賤 천할 천

읽기 卑屈 비굴　卑近 비근　卑小 비소　卑俗 비속　卑屬 비속
卑賤 비천　卑下 비하　野卑 야비　登高自卑 등고자비
眼高手卑 안고수비　尊卑貴賤 존비귀천　直系卑屬 직계비속

활용 그에게 잘 보이려고 卑屈(비굴)한 태도로 접근하는 사람이 적지 않았다.

卑 卑 卑 卑 卑 卑 卑 卑

3급 II
부 女
총 6

妃

왕비 비

읽기 繼妃 계비　宮妃 궁비　貴妃 귀비　大妃 대비　妃氏 비씨
玉妃 옥비　王妃 왕비　正妃 정비　皇妃 황비　后妃 후비
大王大妃 대왕대비

활용 혜경궁은 세자의 폐위로 王妃(왕비)가 되지 못하였다.

妃 妃 妃 妃 妃 妃

185

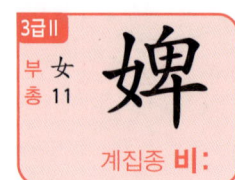

읽기 家婢 가비 哭婢 곡비 官婢 관비 奴婢 노비 飯婢 반비
婢女 비녀 婢夫 비부 婢子 비자 婢妾 비첩 侍婢 시비
賤婢 천비 下婢 하비

활용 노비안검법은 고려 때 양민이었던 奴婢(노비)를 해방해 주려고 만든 법이다.

상 奴 종 노

읽기 金肥 금비 綠肥 녹비 肥大 비대 肥鈍 비둔 肥料 비료
肥滿 비만 肥培 비배 施肥 시비 液肥 액비 追肥 추비
肥肉牛 비육우 天高馬肥 천고마비 化學肥料 화학비료

활용 이곳은 몸집이 肥大(비대)한 남자가 통과하기 힘든 공간이다.

읽기 貧賤 빈천

쓰기 극빈 極貧 빈곤 貧困 빈국 貧國 빈궁 貧窮 빈농 貧農
빈부 貧富 빈약 貧弱 빈촌 貧村 빈혈 貧血 청빈 淸貧

활용 관광 자원이 貧弱(빈약)한 도시가 반짝이는 아이디어로 수입을 올리고 있다.

상 富 부자 부
유 窮 궁할 궁, 困 곤할 곤

읽기 國賓 국빈 貴賓 귀빈 來賓 내빈 賓客 빈객 賓對 빈대
賓旅 빈려 賓服 빈복 賓朋 빈붕 賓從 빈종 賓天 빈천
外賓 외빈 接賓 접빈 主賓 주빈 迎賓館 영빈관

활용 청와대 영빈관은 國賓(국빈)을 맞이하기 위한 장소이다.

유 客 손 객

읽기 頻起 빈기 頻年 빈년 頻度 빈도 頻脈 빈맥 頻發 빈발
頻繁 빈번 頻頻 빈빈 頻數 빈삭 頻出 빈출

활용 최근 두 사람이 만나는 일이 頻頻(빈번)하더니 결혼을 발표하였다.

5급 부 水 총 5 얼음 **빙**	쓰기	결빙 結氷 빙고 氷庫 빙구 氷球 빙벽 氷壁 빙상 氷上 빙수 氷水 빙원 氷原 빙점 氷點 빙질 氷質 빙판 氷板 빙하 氷河 제빙 製氷 해빙 解氷 빙산일각 氷山一角
	활용	지구 온난화로 극지방의 氷河(빙하)가 녹고 있다.

상 炭 숯 탄

氷 氷 氷 氷 氷

3급 부 耳 총 13 부를 **빙**	읽기	來聘 내빙 報聘 보빙 聘家 빙가 聘禮 빙례 聘母 빙모 聘問 빙문 聘物 빙물 聘父 빙부 聘召 빙소 聘丈 빙장 使聘 사빙 禮聘 예빙 招聘 초빙
	활용	우리는 그녀를 이번 학기의 특강 강사로 招聘(초빙)하였다.

유 招 부를 초, 召 부를 소

聘 聘 聘 聘 聘 聘 聘 聘 聘

8급 부 口 총 5 넉 **사:**	읽기	四勿 사물 四柱 사주 四六版 사륙판 四顧無親 사고무친
	쓰기	사계 四季 사고 四苦 사기 四氣 사단 四端 사물 四物 사미 四美 사상 四象 사색 四色 사각형 四角形
	활용	우리나라는 四季(사계)가 뚜렷하여 다양한 목재를 얻을 수 있다.

四 四 四 四 四

7급Ⅱ 부 亅 총 8 일 **사:**	읽기	幹事 간사 役事 역사 獄事 옥사 執事 집사 恥事 치사
	쓰기	기사 記事 매사 每事 사건 事件 사고 事故 사례 事例 사리 事理 사상 事象 사업 事業 사유 事由 행사 行事
	활용	그는 事件(사건) 당시의 목격담들을 모아 재구성하였다.

유 業 업 업

事 事 事 事 事 事 事 事

6급Ⅱ 부 示 총 8 모일 **사**	읽기	社債 사채 出版社 출판사 造幣公社 조폐공사
	쓰기	사고 社告 사규 社規 사명 社名 사옥 社屋 사우 社友 사원 社員 사장 社長 사재 社財 사주 社主 사회 社會
	활용	밝은 미소가 밝은 社會(사회)를 만든다.

유 會 모일 회

社 社 社 社 社 社

사

6급 부 人 총 8

하여금·부릴 **사:**

상 勞 일할 로
유 役 부릴 역

읽기　使役 사역　御使 어사　公使館 공사관
쓰기　노사 勞使　사도 使道　사동 使動　사령 使令　사명 使命
　　　사신 使臣　사용 使用　사절 使節　천사 天使　특사 特使

활용　제품의 使用(사용) 설명서를 먼저 읽어 보아야 한다.

使 使 使 使 使 使　　　　　　　　勞使　使用

6급 부 歹 총 6

죽을 **사:**

상 生 날 생, 活 살 활

읽기　沒死 몰사　死滅 사멸　死刑 사형　慘死 참사　橫死 횡사
쓰기　급사 急死　사경 死境　사력 死力　사망 死亡　사별 死別
　　　사색 死色　사선 死線　사체 死體　사투 死鬪　치사 致死

활용　그녀는 남편과 死別(사별) 뒤에 이민을 떠났다.

死 死 死 死 死 死　　　　　　　　死亡　死鬪

5급Ⅱ 부 人 총 5

섬길 **사(:)**

유 奉 받들 봉

읽기　仕途 사도　罷仕 파사
쓰기　구사 求仕　급사 給仕　봉사 奉仕　사관 仕官　사로 仕路
　　　사진 仕進　사퇴 仕退　출사 出仕　치사 致仕

활용　학생들은 방학 동안 해외로 奉仕(봉사) 활동을 떠난다.

仕 仕 仕 仕 仕　　　　　　　　奉仕　仕退

5급Ⅱ 부 口 총 5

사기 **사:**

읽기　史蹟 사적　史禍 사화　暗行御史 암행어사
쓰기　사관 史官　사극 史劇　사기 史記　사략 史略　사록 史錄
　　　사료 史料　사실 史實　사초 史草　선사 先史　야사 野史

활용　삼국유사는 삼국사기와 달리 野史(야사)로서의 가치가 있다.

史 史 史 史 史　　　　　　　　史劇　史略

5급Ⅱ 부 士 총 3

선비 **사:**

유 儒 선비 유, 兵 병사 병

읽기　謀士 모사　士禍 사화　操縱士 조종사　司法書士 사법서사
쓰기　도사 道士　명사 名士　사기 士氣　사병 士兵　악사 樂士
　　　열사 烈士　장사 壯士　지사 志士　처사 處士　투사 鬪士

활용　장군의 아들로 태어난 그는 남달리 힘이 壯士(장사)였다.

士 士 士　　　　　　　　士兵　壯士

5급 부 宀 총 15 약 写 寫	寫 베낄 사	읽기	影寫本 영사본 被寫體 피사체
		쓰기	모사 模寫 복사 複寫 사본 寫本 사생 寫生 사진 寫眞 속사 速寫 필사 筆寫 시사회 試寫會 영사기 映寫機
		활용	계약서는 반드시 寫本(사본)을 보관해 두어라.

寫 寫 寫 寫 寫 寫 寫 寫 寫 寫 寫 寫 寫 寫 寫

| 寫 | | | | | 模寫 | 寫眞 |

5급 부 心 총 9	思 생각 사(:)	읽기	思慕 사모 思索 사색 思惟 사유 深思熟考 심사숙고
		쓰기	사고 思考 사념 思念 사려 思慮 사료 思料 사상 思想 의사 意思 사모곡 思母曲 사춘기 思春期 상사병 相思病
		활용	시간이 지날수록 그녀를 思慕(사모)하는 마음이 깊어졌다.

유 想 생각 상, 念 생각 념,
考 생각할 고,
慮 생각할 려,
惟 생각할 유

思 思 思 思 思 思 思 思 思

| 思 | | | | | 思考 | 思慮 |

5급 부 木 총 9	查 조사할 사	읽기	鑑查 감사 踏查 답사 查丈 사장 審查 심사
		쓰기	감사 監查 검사 檢查 고사 考查 내사 內查 사실 查實 사정 查定 사증 查證 사찰 查察 조사 調查 탐사 探查
		활용	선생님은 학생들을 인솔하여 경주로 고적 踏查(답사)를 떠났다.

유 閱 볼 열

查 查 查 查 查 查 查 查 查

| 查 | | | | | 檢查 | 調查 |

4급Ⅱ 부 寸 총 6	寺 절 사	읽기	寺奴 사노 寺畓 사답 寺塔 사탑
		쓰기	고사 古寺 대사 大寺 본사 本寺 불사 佛寺 사원 寺院 사전 寺田 산사 山寺 불국사 佛國寺 해인사 海印寺
		활용	밤이 깊으니 山寺(산사)에 풀벌레 소리만 들린다.

寺 寺 寺 寺 寺 寺

| 寺 | | | | | 寺院 | 山寺 |

4급Ⅱ 부 巾 총 10 약 师	師 스승 사	쓰기	강사 講師 교사 敎師 목사 牧師 사단 師團 사도 師道 사범 師範 사부 師父 사제 師弟 약사 藥師 은사 恩師 의사 醫師 간호사 看護師 선교사 宣敎師
		활용	처방은 醫師(의사)에게, 약은 藥師(약사)에게.

상 弟 아우 제

師 師 師 師 師 師 師 師 師 師

| 師 | | | | | 敎師 | 醫師 |

舍 집 사

4급II 부 舌 총 8

유 宅 집 택, 屋 집 옥

읽기 館舍 관사　幕舍 막사　獄舍 옥사　畜舍 축사

쓰기 객사 客舍　계사 鷄舍　관사 官舍　교사 校舍　당사 黨舍
사감 舍監　사택 舍宅　청사 廳舍　기숙사 寄宿舍

활용 그 학교의 寄宿舍(기숙사)는 규율이 엄하기로 소문나 있다.

舍 舍 舍 舍 舍 舍 舍 舍

謝 사례할 사:

4급II 부 言 총 17

읽기 陳謝 진사　新陳代謝 신진대사

쓰기 감사 感謝　사과 謝過　사례 謝禮　사은 謝恩　사의 謝意
사절 謝絶　사죄 謝罪　후사 厚謝　백배사례 百拜謝禮

활용 백화점 謝恩(사은) 행사 기간에 기념품을 나누어 준다.

謝 謝 謝 謝 謝 謝 謝 謝 謝 謝 謝 謝 謝 謝 謝 謝 謝

射 쏠 사(:)

4급 부 寸 총 10

유 發 필 발

읽기 射臺 사대　射程距離 사정거리

쓰기 난사 亂射　반사 反射　발사 發射　사격 射擊　사살 射殺
사수 射手　속사 速射　응사 應射　직사 直射　투사 投射

활용 군인 출신답게 그는 무술과 射擊(사격)에 능하였다.

射 射 射 射 射 射 射 射 射 射

私 사사 사

4급 부 禾 총 7

상 公 공평할 공

읽기 私淑 사숙　私債 사채　公私多忙 공사다망　私利私慾 사리사욕

쓰기 사감 私感　사견 私見　사담 私談　사립 私立　사복 私服
사비 私費　사사 私事　시심 私心　시유 私有　사댁 私宅

활용 공식적인 업무를 처리할 때 私見(사견)이 개입되면 안 된다.

私 私 私 私 私 私 私

絲 실 사

4급 부 糸 총 12

읽기 絹絲 견사　綿絲 면사

쓰기 금사 金絲　모사 毛絲　생사 生絲　원사 原絲　은사 銀絲
철사 鐵絲　합사 合絲　일사불란 一絲不亂

활용 훈련에 익숙한 학생들이 一絲不亂(일사불란)하게 움직였다.

絲 絲 絲 絲 絲 絲 絲 絲 絲 絲 絲 絲

辭 말씀 사
4급 부 辛 총 19 약 辞

- 유의자: 言 말씀 언, 語 말씀 어, 說 말씀 설

읽기: 辭讓 사양, 弔辭 조사

쓰기: 고사 固辭, 사서 辭書, 사설 辭說, 사의 辭意, 사전 辭典, 사직 辭職, 사표 辭表, 송사 送辭, 축사 祝辭, 치사 致辭

활용: 모르는 한자가 나오면 한자 辭典(사전)을 찾아서 확인하였다.

司 맡을 사
3급II 부 口 총 5

읽기: 公司 공사, 司徒 사도, 司牧 사목, 司法 사법, 司書 사서, 司正 사정, 司祭 사제, 司直 사직, 司會 사회, 上司 상사, 司令塔 사령탑, 司法府 사법부, 司憲府 사헌부

활용: 그는 이번에 축구 국가 대표 팀의 司令塔(사령탑)을 맡게 되었다.

斜 비낄 사
3급II 부 斗 총 11

- 유의자: 傾 기울 경

읽기: 傾斜 경사, 斜角 사각, 斜面 사면, 斜線 사선, 斜視 사시, 斜陽 사양, 斜塔 사탑, 傾斜度 경사도, 急傾斜 급경사, 斜陽産業 사양산업

활용: 우리는 매일 傾斜(경사)가 심한 산을 오르내렸다.

沙 모래 사
3급II 부 水 총 7

읽기: 沙工 사공, 沙果 사과, 沙丘 사구, 沙器 사기, 沙漠 사막, 沙石 사석, 沙場 사장, 沙土 사토, 黃沙 황사, 白沙場 백사장, 明沙十里 명사십리, 粉青沙器 분청사기

활용: 내일은 黃沙(황사)가 심하니 외출을 자제하기 바란다.

祀 제사 사
3급II 부 示 총 8

- 유의자: 祭 제사 제

읽기: 告祀 고사, 大祀 대사, 祀典 사전, 祀天 사천, 神祀 신사, 節祀 절사, 祭祀 제사, 從祀 종사, 合祀 합사, 享祀 향사, 祭祀床 제사상

활용: 명절을 맞아 祭祀床(제사상)에 올릴 음식을 준비하였다.

蛇

3급II 부 虫 총 11

긴뱀 **사**

유 巳 뱀 사

읽기 毒蛇 독사　白蛇 백사　蛇龍 사룡　蛇足 사족　蛇體 사체
蛇皮 사피　海蛇 해사　生蛇湯 생사탕　長蛇陣 장사진
龍頭蛇尾 용두사미　龍蛇飛騰 용사비등

활용 논리적인 글을 쓸 때는 蛇足(사족)을 줄이도록 하여라.

蛇 蛇 蛇 蛇 蛇 蛇 蛇 蛇 蛇

詞

3급II 부 言 총 12

말·글 **사**

읽기 歌詞 가사　冠詞 관사　臺詞 대사　動詞 동사　名詞 명사
副詞 부사　詞兄 사형　作詞 작사　助詞 조사　品詞 품사
感歎詞 감탄사　冠形詞 관형사　代名詞 대명사　前置詞 전치사

활용 국어에는 9개의 品詞(품사)가 있다.

詞 詞 詞 詞 詞 詞 詞 詞 詞

邪

3급II 부 邑 총 7

간사할 **사**

읽기 邪敎 사교　邪念 사념　邪道 사도　邪戀 사련　邪心 사심
邪惡 사악　邪慾 사욕　邪正 사정　邪風 사풍　酒邪 주사
破邪顯正 파사현정

활용 악당들의 邪惡(사악)한 음모가 만천하에 드러났다.

邪 邪 邪 邪 邪 邪 邪

似

3급 부 人 총 7

닮을 **사:**

읽기 近似 근사　相似 상사　類似 유사　形似 형사　近似値 근사치
似而非 사이비　類似品 유사품　非夢似夢 비몽사몽
類似宗敎 유사종교　非夢似夢間 비몽사몽간

활용 非夢似夢間(비몽사몽간)에 새벽에 방문한 손님들을 맞이하였다.

似 似 似 似 似 似

巳

3급 부 己 총 3

뱀 **사:**

유 蛇 긴뱀 사

읽기 巳年 사년　巳方 사방　巳生 사생　巳時 사시　巳月 사월
巳日 사일　巳初 사초　巳時佛供 사시불공　巳進申退 사진신퇴
乙巳條約 을사조약

활용 乙巳條約(을사조약)은 일본이 한국의 외교권을 빼앗으려고 맺은 조약이다.

巳 巳 巳

3급 捨 버릴 사:
부 手 총 11

읽기 外捨 외사 用捨 용사 取捨 취사 投捨 투사 喜捨 희사
四捨五入 사사오입 捨生取義 사생취의 捨身供養 사신공양
捨身成道 사신성도 取捨選擇 취사선택

활용 여러 아이디어 가운데 우리의 기준에 맞추어 取捨選擇(취사선택)하였다.

상 取 가질 취

3급 斯 이 사
부 斤 총 12

읽기 斯界 사계 斯道 사도 斯文 사문 斯民 사민 斯世 사세
斯學 사학 如斯 여사 我羅斯 아라사 阿斯達 아사달
斯文亂賊 사문난적

활용 단군이 고조선을 개국할 때 阿斯達(아사달)에 도읍을 정하였다.

3급 詐 속일 사
부 言 총 12

읽기 巧詐 교사 變詐 변사 詐計 사계 詐欺 사기 詐力 사력
詐病 사병 詐術 사술 詐取 사취 詐稱 사칭 詐降 사항
詐欺罪 사기죄

활용 그는 경찰을 詐稱(사칭)하면서 범행을 저질렀다.

유 欺 속일 기

3급 賜 줄 사:
부 貝 총 15

읽기 拜賜 배사 賜金 사금 賜姓 사성 賜顔 사안 賜額 사액
賜藥 사약 賜田 사전 賜花 사화 賞賜 상사 恩賜 은사
下賜 하사 惠賜 혜사 厚賜 후사 御賜花 어사화

활용 장관이 국가 유공자에게 격려의 뜻으로 기념품을 下賜(하사)하였다.

3급II 削 깎을 삭
부 刀 총 9

읽기 刻削 각삭 減削 감삭 削減 삭감 削官 삭관 削刀 삭도
削髮 삭발 削除 삭제 削職 삭직 切削 절삭 添削 첨삭
削奪官職 삭탈관직

활용 석 달간 징계를 받으면서 봉급도 절반으로 削減(삭감)되었다.

상 增 더할 증, 添 더할 첨
유 減 덜 감, 除 덜 제

朔 (3급, 부 月, 총 10) — 초하루 삭

읽기: 滿朔 만삭, 每朔 매삭, 半朔 반삭, 朔禽 삭금, 朔漠 삭막, 朔望 삭망, 朔方 삭방, 朔月 삭월, 朔風 삭풍, 合朔 합삭, 八朔童 팔삭동

활용: 여가수는 滿朔(만삭)의 몸으로도 무대에 올라 공연을 하였다.

山 (8급, 부 山, 총 3) — 메 산

읽기: 山岳 산악, 山頂 산정, 靈山 영산, 金剛山 금강산
쓰기: 광산 鑛山, 등산 登山, 산림 山林, 산맥 山脈, 산세 山勢, 산신 山神, 산적 山積, 산적 山賊, 산행 山行, 야산 野山

활용: 그는 山勢(산세)가 험한 곳을 등산하기 좋아한다.

상 江 강 강, 川 내 천, 海 바다 해

算 (7급, 부 竹, 총 14) — 셈 산:

읽기: 珠算 주산, 換算 환산, 緊縮豫算 긴축예산
쓰기: 결산 決算, 계산 計算, 산수 算數, 산술 算術, 산정 算定, 산출 算出, 암산 暗算, 예산 豫算, 정산 精算, 추산 推算

활용: 나는 수학을 좋아하지만, 算數(산수)에 약하다.

유 計 셀 계, 數 셈 수

産 (5급Ⅱ, 부 生, 총 11) — 낳을 산:

읽기: 倒産 도산, 畜産 축산
쓰기: 산고 産苦, 산란 産卵, 산모 産母, 산실 産室, 생산 生産, 순산 順産, 유산 遺産, 자산 資産, 재산 財産, 증산 增産

활용: 80대 할머니께서 한평생 모은 財産(재산)을 사회에 기부하셨다.

유 生 날 생

散 (4급, 부 攵, 총 12) — 흩을 산:

읽기: 霧散 무산, 奔散 분산, 散漫 산만, 散策 산책, 擴散 확산
쓰기: 분산 分散, 산란 散亂, 산매 散賣, 산문 散文, 산발 散發, 산재 散在, 산적 散積, 산화 散華, 이산 離散, 한산 閑散

활용: 백일장은 운문과 散文(산문) 부문으로 나누어 진행된다.

상 集 모을 집, 會 모일 회
유 漫 흩어질 만

4급II 부 殳 / 총 11 / 약 殺
죽일 **살** / 감할 **쇄:**

읽기 沒殺 몰살 默殺 묵살 殺菌 살균 被殺 피살
쓰기 감쇄 減殺 격살 擊殺 살기 殺氣 살상 殺傷 살생 殺生
　　　상쇄 相殺 암살 暗殺 자살 自殺 총살 銃殺 타살 他殺
활용 불교에서는 미물이라도 殺生(살생)을 금한다.

殺 殺 殺 殺 殺 殺 殺 殺 殺 殺
殺　　　　　　　　殺生　銃殺

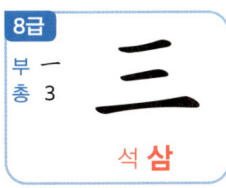

8급 부 一 / 총 3
석 **삼**

읽기 三尺 삼척 三人成虎 삼인성호 朝三暮四 조삼모사
쓰기 삼경 三更 삼경 三經 삼동 三冬 삼류 三流 삼성 三省
　　　삼추 三秋 삼륜차 三輪車 삼인칭 三人稱 삼천리 三千里
활용 건물의 외관은 三流(삼류) 호텔 같았지만, 안은 깔끔하게 정돈되어 있었다.

三 三 三
三　　　　　　　　三更　三省

3급II 부 木 / 총 12
수풀 **삼**

유 林 수풀 림

읽기 森羅 삼라 森列 삼렬 森林 삼림 森立 삼립 森嚴 삼엄
　　　森然 삼연 森閑 삼한 森林浴 삼림욕 森羅萬象 삼라만상
　　　森林浴場 삼림욕장
활용 숲이 우거진 森林浴場(삼림욕장)에서 신선한 공기를 마시자.

森

7급II 부 一 / 총 3
윗 **상:**

상 下 아래 하

읽기 樓上 누상 浮上 부상 上訴 상소 上昇 상승 上策 상책
쓰기 노상 路上 상고 上告 상관 上官 상권 上卷 상급 上級
　　　상기 上氣 상단 上端 상위 上位 상의 上衣 연상 年上
활용 그는 선생님께 칭찬을 들어 얼굴이 上氣(상기)되었다.

上　　　　　　　　路上　上位

5급II 부 口 / 총 11
장사 **상**

유 量 헤아릴 량

읽기 商魂 상혼
쓰기 거상 巨商 상가 商街 상법 商法 상술 商術 상업 商業
　　　상점 商店 상표 商標 상품 商品 통상 通商 행상 行商
활용 명동은 商店(상점)들이 모여 있는 번화가이다.

商　　　　　　　　巨商　商業

5급II
부 目
총 9
서로 **상**
유 互 서로 호

읽기	相逢 상봉　相衝 상충　相好 상호　皮相的 피상적
쓰기	관상 觀相　상관 相關　상담 相談　상반 相反　상종 相從 양상 樣相　외상 外相　상대방 相對方　상사병 相思病
활용	대화할 때는 相對方(상대방)의 눈을 쳐다보아야 한다.

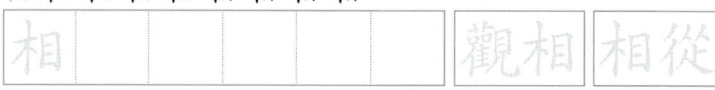

5급
부 貝
총 15
상줄 **상**
상 罰 벌할 벌

읽기	鑑賞 감상　懸賞 현상
쓰기	대상 大賞　부상 副賞　상금 賞金　상벌 賞罰　상여 賞與 상장 賞狀　상품 賞品　수상 受賞　시상 施賞　입상 入賞
활용	그는 우승해서 받은 賞金(상금)을 이웃 돕기 성금으로 냈다.

4급II
부 巾
총 11
떳떳할 **상**
유 恒 항상 항

읽기	凡常 범상　沒常識 몰상식　超非常 초비상
쓰기	비상 非常　상근 常勤　상도 常道　상무 常務　상민 常民 상온 常溫　상용 常用　상위 常委　상존 常存　정상 正常
활용	밤새 고열이 오르더니 이제야 체온이 正常(정상)으로 돌아왔다.

4급II
부 广
총 7
상 **상**

읽기	兼床 겸상　臨床 임상　飯床器 반상기　同床異夢 동상이몽
쓰기	기상 起床　독상 獨床　병상 病床　온상 溫床　착상 着床 책상 冊床　평상 平床　하상 河床　주안상 酒案床
활용	우리는 시골 平床(평상)에 누워 밤하늘의 별을 바라보았다.

4급II
부 心
총 13
생각 **상:**
유 思 생각 사, 念 생각 념

읽기	妄想 망상　冥想 명상　夢想 몽상　默想 묵상　想像 상상
쓰기	가상 假想　감상 感想　공상 空想　구상 構想　발상 發想 사상 思想　상기 想起　상념 想念　상정 想定　예상 豫想
활용	그들은 컴퓨터 속의 假想(가상) 세계에서 전쟁을 벌였다.

狀 형상 상/문서 장:
- 4급II 부 犬 총 8 약 状
- **읽기**: 狀啓 장계, 症狀 증상, 告訴狀 고소장, 年賀狀 연하장
- **쓰기**: 궁상 窮狀, 답장 答狀, 상태 狀態, 실상 實狀, 영장 令狀, 죄상 罪狀, 험상 險狀, 현상 現狀, 형상 形狀, 환상 環狀
- **활용**: 이 병은 발병하기까지 별다른 症狀(증상)이 없었다.

傷 다칠 상
- 4급 부 人 총 13
- **읽기**: 凍傷 동상, 裂傷 열상
- **쓰기**: 경상 輕傷, 낙상 落傷, 부상 負傷, 살상 殺傷, 상심 傷心, 상처 傷處, 상해 傷害, 손상 損傷, 외상 外傷, 중상 重傷
- **활용**: 그녀는 누구에게도 쓰라린 傷處(상처)를 주고 싶지 않았다.

象 코끼리 상
- 4급 부 豕 총 12
- **읽기**: 象徵 상징, 抽象 추상, 觀象臺 관상대, 森羅萬象 삼라만상
- **쓰기**: 가상 假象, 구상 具象, 기상 氣象, 대상 對象, 만상 萬象, 상형 象形, 인상 印象, 표상 表象, 현상 現象, 형상 形象
- **활용**: 원정대는 氣象(기상) 상태가 악화하여 출발 시각을 늦추었다.

像 모양 상
- 3급II 부 人 총 14
- **읽기**: 假像 가상, 群像 군상, 銅像 동상, 木像 목상, 佛像 불상, 像本 상본, 想像 상상, 石像 석상, 映像 영상, 偶像 우상, 立像 입상, 坐像 좌상, 肖像 초상, 虛像 허상, 現像 현상
- **활용**: 그는 노래 한 곡으로 청소년들의 偶像(우상)이 되었다.
- 유 形 모양 형

償 갚을 상
- 3급II 부 人 총 17
- **읽기**: 求償 구상, 無償 무상, 辨償 변상, 報償 보상, 補償 보상, 償還 상환, 有償 유상, 無償株 무상주, 減價償却 감가상각, 有償增資 유상증자
- **활용**: 냉장고는 보증수리 기간이 지나면 有償(유상)으로 수리할 수 있다.
- 유 報 갚을 보

3급Ⅱ 부 口 총 12	喪 잃을 상(:)	읽기	國喪 국상　問喪 문상　喪配 상배　喪服 상복　喪失 상실 喪心 상심　喪章 상장　喪主 상주　喪中 상중　喪妻 상처 惡喪 악상　初喪 초상　出喪 출상　親喪 친상　好喪 호상
	유 失 잃을 실	활용	그들은 喪中(상중)이라 모두 검은색 옷을 입고 있다.

3급Ⅱ 부 小 총 8	尙 오히려 상(:)	읽기	高尙 고상　尙古 상고　尙宮 상궁　尙武 상무　尙文 상문 尙友 상우　尙早 상조　尙存 상존　尙州 상주　崇拜 숭배 和尙 화상　時機尙早 시기상조
		활용	인도 사람들은 소를 崇拜(숭배)한다.

3급Ⅱ 부 木 총 10 약 桒	桑 뽕나무 상	읽기	農桑 농상　扶桑 부상　山桑 산상　桑根 상근　桑年 상년 桑婦 상부　桑實 상실　桑葉 상엽　桑田 상전　桑海 상해 桑田碧海 상전벽해
		활용	扶桑(부상)은 해가 뜨는 동쪽 바다를 뜻한다.

3급Ⅱ 부 衣 총 14	裳 치마 상	읽기	羅裳 나상　衣裳 의상　赤裳 적상　靑裳 청상　紅裳 홍상 黃裳 황상　衣裳室 의상실　綠衣紅裳 녹의홍상 同價紅裳 동가홍상
		활용	그는 이번 뮤지컬 공연에서 무대 衣裳(의상)을 담당하고 있다.

3급Ⅱ 부 言 총 13	詳 자세할 상	읽기	未詳 미상　不詳 불상　詳計 상계　詳記 상기　詳論 상론 詳問 상문　詳報 상보　詳細 상세　詳述 상술　昭詳 소상 精詳 정상　詳定古今禮文 상정고금예문
		활용	이 그림은 서명과 기록이 없어 작자 未詳(미상)의 작품으로 남아 있다.

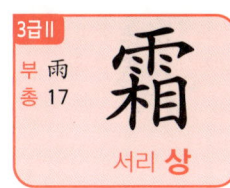

3급Ⅱ 부 雨 총 17

霜 서리 **상**

읽기 霜菊 상국 霜髮 상발 霜雪 상설 霜葉 상엽 霜害 상해
星霜 성상 秋霜 추상 風霜 풍상 萬古風霜 만고풍상
雪上加霜 설상가상 秋霜烈日 추상열일

활용 교통이 혼잡하였는데 雪上加霜(설상가상)으로 폭설이 내렸다.

3급 부 口 총 14 약 甞

嘗 맛볼 **상**

읽기 奉嘗 봉상 嘗味 상미 嘗試 상시 嘗新 상신 嘗藥 상약
嘗敵 상적 未嘗不 미상불

활용 차려진 음식을 嘗味(상미)하였지만 아무런 맛도 느낄 수 없었다.

3급 부 示 총 11

祥 상서 **상**

읽기 吉祥 길상 大祥 대상 發祥 발상 祥慶 상경 祥年 상년
祥夢 상몽 祥雲 상운 祥運 상운 小祥 소상 發祥地 발상지
不祥事 불상사

활용 다시는 이런 不祥事(불상사)가 일어나지 않도록 주의해야 한다.

7급 부 色 총 6

色 빛 **색**

읽기 薄色 박색 色盲 색맹 顏色 안색 染色 염색 彩色 채색

쓰기 난색 難色 녹색 綠色 물색 物色 본색 本色 색감 色感
색상 色相 원색 原色 자색 姿色 탈색 脫色 특색 特色

활용 나와 남동생은 적록 色盲(색맹)이다.

3급Ⅱ 부 土 총 13

塞 막힐 **색**/변방 **새**

읽기 困塞 곤색 窮塞 궁색 氣塞 기색 邊塞 변새 塞源 색원
塞責 색책 語塞 어색 要塞 요새 通塞 통색 閉塞 폐색
拔本塞源 발본색원 塞翁之馬 새옹지마

활용 그렇게 窮塞(궁색)한 변명만 늘어놓으려거든 돌아가거라.

유 滯 막힐 체

3급II 부 系 총 10	索 찾을 색/노(새끼줄) 삭	읽기	檢索 검색　究索 구색　思索 사색　索道 삭도　索莫 삭막 索引 색인　索出 색출　搜索 수색　暗索 암색　力索 역색 探索 탐색
		활용	索莫(삭막)한 도시 생활에서 별빛을 즐길 여유가 없었다.

유 搜 찾을 수, 探 찾을 탐

索索索索索索索索索索

8급 부 生 총 5	生 날 생	읽기	生硬 생경　生疏 생소　生辰 생신　生涯 생애　生還 생환
		쓰기	고생 苦生　공생 共生　발생 發生　방생 放生　생약 生藥 생후 生後　유생 儒生　재생 再生　중생 衆生　파생 派生
		활용	우리는 환경보호를 위해 再生(재생) 용지를 사용한다.

상 死 죽을 사
유 産 낳을 산, 活 살 활

生生生生生

8급 부 西 총 6	西 서녘 서	읽기	西岸 서안　嶺西 영서　露西亞 노서아　東奔西走 동분서주
		쓰기	관서 關西　서경 西經　서기 西紀　서역 西域　서풍 西風 대서양 大西洋　서대문 西大門　동문서답 東問西答
		활용	현재 西大門(서대문)은 남아 있지 않다.

상 東 동녘 동

西西西西西西

6급II 부 日 총 10	書 글 서	읽기	但書 단서　司書 사서　書架 서가　譯書 역서　著書 저서
		쓰기	각서 覺書　금서 禁書　기서 奇書　낙서 落書　서경 書經 서고 書庫　서류 書類　시면 書面　서적 書籍　엽서 葉書
		활용	그녀는 書架(서가)에 빼곡히 꽂힌 책들을 바라보았다.

유 文 글월 문, 冊 책 책

書書書書書書書書書書

5급 부 广 총 7	序 차례 서:	읽기	序幕 서막　秩序 질서　長幼有序 장유유서
		쓰기	서곡 序曲　서두 序頭　서론 序論　서문 序文　서설 序說 서시 序詩　서언 序言　서열 序列　서차 序次　순서 順序
		활용	아이는 오페라의 序曲(서곡)만 듣고도 곡 이름을 알아맞힌다.

유 秩 차례 질

序序序序序序序

徐

3급Ⅱ 부 彳 총 10
천천할 서(:)

유 緩 느릴 완

읽기: 徐看 서간 徐步 서보 徐徐 서서 徐緩 서완 徐行 서행
徐羅伐 서라벌

활용: 자동차가 어린이보호구역을 주행할 때는 徐行(서행)해야 한다.

恕

3급Ⅱ 부 心 총 10
용서할 서:

읽기: 寬恕 관서 恕諒 서량 恕罪 서죄 憐恕 연서 容恕 용서
仁恕 인서 忠恕 충서 海恕 해서

활용: 이번 일만큼은 절대 그를 容恕(용서)할 수 없다.

緒

3급Ⅱ 부 糸 총 15 약 绪
실마리 서:

읽기: 端緒 단서 頭緒 두서 緒論 서론 緒言 서언 緒業 서업
緒餘 서여 緒戰 서전 緒正 서정 緒風 서풍 由緒 유서
情緒 정서 統緒 통서

활용: 시에는 시인의 슬픈 情緒(정서)가 잘 녹아 있다.

署

3급Ⅱ 부 网 총 14
마을 서:

읽기: 官署 관서 本署 본서 部署 부서 署理 서리 署名 서명
署門 서문 署員 서원 署長 서장 連署 연서 支署 지서
警察署 경찰서 官公署 관공서 稅務署 세무서

활용: 범안을 통과시키기 위해 대국민 署名(서명) 운동이 벌어졌다.

庶

3급 부 广 총 11
여러 서:

읽기: 庶母 서모 庶務 서무 庶民 서민 庶人 서인 庶子 서자
庶政 서정 庶出 서출 庶品 서품 臣庶 신서 億庶 억서
衆庶 중서 庶務課 서무과

활용: 홍길동은 庶子(서자)로 태어나 과거를 볼 수 없었다.

敍 펼 서:
3급 부 攴 / 총 11 / 약 叙

읽기 敍景 서경　敍事 서사　敍述 서술　敍任 서임　敍爵 서작
　　　敍情 서정　列敍 열서　追敍 추서　敍事詩 서사시
　　　敍情詩 서정시　敍品式 서품식　自敍傳 자서전

활용 그는 자신의 인생을 회고하며 自敍傳(자서전)을 집필하였다.

暑 더울 서:
3급 부 日 / 총 13

읽기 大暑 대서　暑氣 서기　暑熱 서열　暑炎 서염　暑節 서절
　　　暑天 서천　暑退 서퇴　小暑 소서　殘暑 잔서　處暑 처서
　　　暴暑 폭서　避暑 피서　寒暑 한서　避暑地 피서지

활용 우리 가족은 지난여름 계곡으로 避暑(피서)를 다녀왔다.

상 寒 찰 한
유 熱 더울 열

誓 맹세할 서:
3급 부 言 / 총 14

읽기 祈誓 기서　起誓 기서　盟誓 맹서　誓命 서명　誓文 서문
　　　誓約 서약　誓言 서언　誓願 서원　宣誓 선서　信誓 신서
　　　弘誓 홍서　誓約書 서약서

활용 언니는 고등학교 신입생 대표로 宣誓(선서)를 하였다.

유 盟 맹세 맹

逝 갈 서:
3급 부 辶 / 총 11

읽기 急逝 급서　傷逝 상서　逝去 서거　逝世 서세　逝者 서자
　　　逝川 서천　仙逝 선서　永逝 영서　遠逝 원서　長逝 장서
　　　卒逝 졸서

활용 대통령 逝去(서거) 4주기를 맞아 시민들의 추모 행렬이 이어졌다.

夕 저녁 석
7급 부 夕 / 총 3

읽기 夕刊 석간　夕飯 석반　夕照 석조

쓰기 석양 夕陽　석음 夕陰　월석 月夕　조석 朝夕　추석 秋夕
　　　칠석 七夕　조변석개 朝變夕改　조불려석 朝不慮夕

활용 朝夕(조석)으로 변하는 그녀의 마음을 알 수가 없다.

상 朝 아침 조, 旦 아침 단

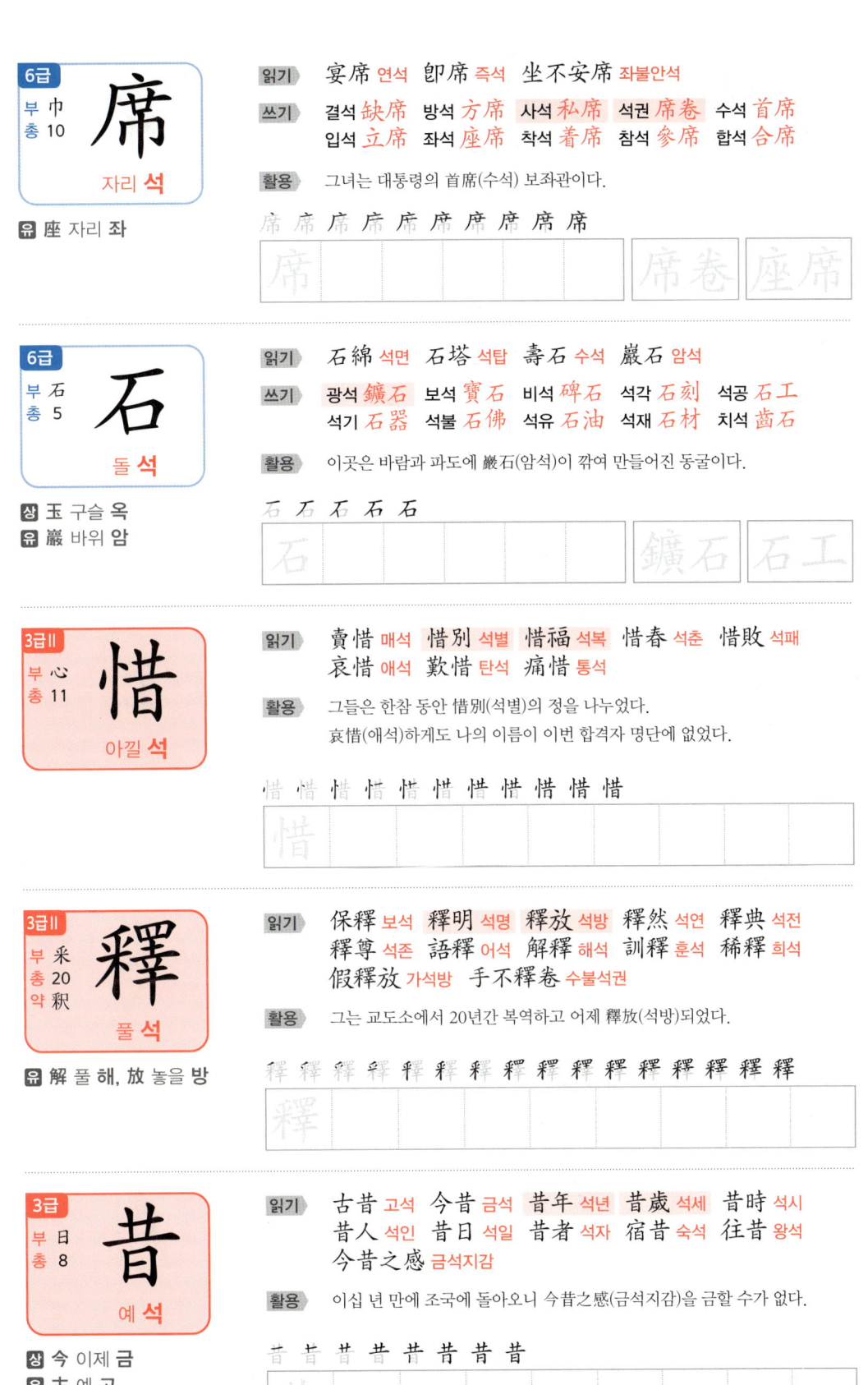

3급 析 쪼갤 석
부 木 / 총 8

유 分 나눌 분

읽기: 開析 개석, 辨析 변석, 分析 분석, 析出 석출, 解析 해석, 分析的 분석적, 解析學 해석학

활용: 여자 친구는 매사에 分析的(분석적)이고 까칠하다.

析 析 析 析 析 析 析

8급 先 먼저 선
부 儿 / 총 6

상 後 뒤 후

읽기: 先納 선납, 先輩 선배, 于先 우선, 先驅者 선구자

쓰기: 선금 先金, 선급 先給, 선두 先頭, 선례 先例, 선수 先手, 선약 先約, 선임 先任, 선조 先祖, 선현 先賢, 선후 先後

활용: 일의 절차와 先後(선후) 관계를 잘 따져서 처리하여라.

先 先 先 先 先 先

先頭 先後

6급II 線 줄 선
부 糸 / 총 15

유 絃 줄 현

읽기: 橫線 횡선, 雙曲線 쌍곡선

쓰기: 곡선 曲線, 광선 光線, 복선 複線, 선로 線路, 전선 電線, 점선 點線, 직선 直線, 차선 車線, 탈선 脫線, 혼선 混線

활용: 담당자가 사고 수습 과정에서 있었던 混線(혼선)과 문제점에 대해 사과하였다.

線 線 線 線 線 線 線 線 線 線

曲線 點線

5급II 仙 신선 선
부 人 / 총 5

읽기: 仙鶴 선학, 鳳仙花 봉선화, 仙人掌 선인장

쓰기: 등선 登仙, 비선 飛仙, 선경 仙境, 선녀 仙女, 선약 仙藥, 선인 仙人, 시선 詩仙, 신선 神仙, 수선화 水仙花

활용: 仙人掌(선인장)은 대표적인 다육 식물이다.

仙 仙 仙 仙 仙

仙女 神仙

5급II 鮮 고울 선
부 魚 / 총 17

유 麗 고울 려

쓰기: 생선 生鮮, 선결 鮮潔, 선도 鮮度, 선려 鮮麗, 선명 鮮明, 선묘 鮮妙, 선미 鮮美, 선미 鮮味, 선어 鮮魚, 선혈 鮮血, 신선 新鮮, 조선 朝鮮

활용: 대형상점에 가면 항상 신선한 生鮮(생선)을 살 수 있다.

鮮 鮮 鮮 鮮 鮮 鮮 鮮 鮮 鮮 鮮 鮮 鮮

鮮明 鮮妙

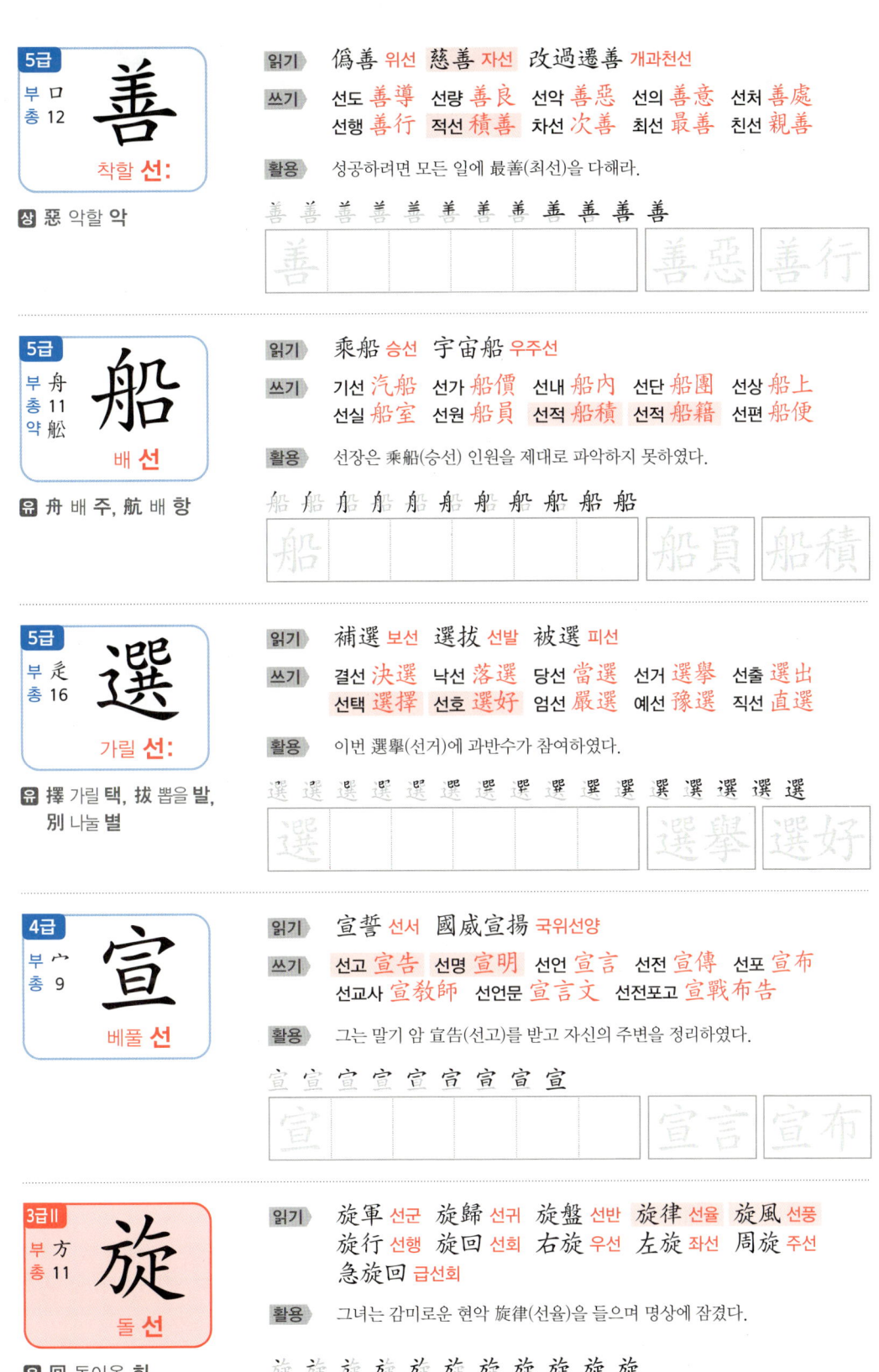

禪 선 선
3급II 부 示 총 17 약 禅

읽기: 禪家 선가, 禪教 선교, 禪房 선방, 禪師 선사, 禪寺 선사, 禪讓 선양, 禪院 선원, 禪位 선위, 禪宗 선종, 坐禪 좌선, 參禪 참선, 口頭禪 구두선, 大禪師 대선사

활용: 參禪(참선)을 하면 마음을 평화롭게 다스릴 수 있다.

雪 눈 설
6급II 부 雨 총 11

읽기: 霜雪 상설, 雪辱 설욕, 螢雪 형설, 雪中梅 설중매

쓰기: 설경 雪景, 설야 雪夜, 설원 雪原, 설해 雪害, 잔설 殘雪, 적설 積雪, 춘설 春雪, 폭설 暴雪, 강설량 降雪量

활용: 그녀는 지난날의 패배를 雪辱(설욕)하고 대회에서 최종 우승하였다.

說 말씀 설/달랠 세:
5급II 부 言 총 14

읽기: 浪說 낭설, 辱說 욕설

쓰기: 가설 假說, 발설 發說, 사설 辭說, 설복 說伏, 소설 小說, 역설 逆說, 연설 演說, 유세 遊說, 이설 異說, 정설 定說

활용: 나는 시간 날 때마다 小說(소설)을 읽는다.

유: 談 말씀 담, 言 말씀 언, 辭 말씀 사

設 베풀 설
4급II 부 言 총 11

읽기: 竝設 병설, 附設 부설, 陳設 진설

쓰기: 개설 改設, 건설 建設, 사설 私設, 상설 常設, 설계 設計, 설립 設立, 설문 設問, 설비 設備, 설치 設置, 설혹 設或

활용: 이 건물은 設計(설계) 단계부터 다시 점검해야 한다.

유: 施 베풀 시

舌 혀 설
4급 부 舌 총 6

읽기: 舌禍 설화, 龍舌蘭 용설란

쓰기: 독설 毒舌, 변설 辯舌, 설단 舌端, 설음 舌音, 설전 舌戰, 언설 言舌, 구설수 口舌數, 장광설 長廣舌, 관재구설 官災口舌

활용: 괜한 口舌數(구설수)에 휘말리지 않도록 몸가짐을 조심하여라.

3급 攝 (부 手, 총 21, 약 摂) 다스릴·잡을 섭

유 理 다스릴 리

읽기: 攝理 섭리 攝祀 섭사 攝事 섭사 攝生 섭생 攝受 섭수 攝心 섭심 攝氏 섭씨 攝政 섭정 攝衆 섭중 攝取 섭취 攝行 섭행 包攝 포섭

활용: 겨울이 가고 봄이 오는 것은 자연의 攝理(섭리)이다.

3급 涉 (부 水, 총 10) 건널 섭

유 渡 건널 도

읽기: 干涉 간섭 關涉 관섭 交涉 교섭 涉歷 섭력 涉獵 섭렵 涉水 섭수 涉外 섭외 不干涉 불간섭 交涉團體 교섭단체 內政干涉 내정간섭 幕後交涉 막후교섭

활용: 그는 자기 일에 干涉(간섭)하는 것을 가장 싫어한다.

7급II 姓 (부 女, 총 8) 성 성:

유 氏 성씨 씨

쓰기: 각성 各姓 동성 同姓 백성 百姓 복성 複姓 성명 姓名 성씨 姓氏 이성 異姓 타성 他姓 통성명 通姓名 동성동본 同姓同本

활용: 편지 봉투에 발신인의 姓名(성명)과 주소가 적혀 있지 않았다.

6급II 成 (부 戈, 총 7) 이룰 성

상 敗 패할 패

읽기: 成熟 성숙 贊成 찬성 編成 편성 大器晩成 대기만성

쓰기: 구성 構成 성공 成功 성과 成果 성분 成分 성원 成員 성적 成績 성취 成就 성혼 成婚 완성 完成 육성 育成

활용: 실패는 成功(성공)의 어머니이다.

6급II 省 (부 目, 총 9) 살필 성/덜 생

유 察 살필 찰

읽기: 昏定晨省 혼정신성

쓰기: 감성 感省 귀성 歸省 반성 反省 삼성 三省 생략 省略 성묘 省墓 성찰 省察 자성 自省 인사불성 人事不省

활용: 지난해의 잘못을 反省(반성)하고 새해의 계획을 세우자.

聲 소리 성
- 4급II
- 부수: 耳
- 총획: 17
- 약자: 声
- 유의자: 音 소리 음

읽기: 哭聲 곡성, 大聲痛哭 대성통곡

쓰기: 가성 假聲, 명성 名聲, 발성 發聲, 변성 變聲, 성대 聲帶, 성량 聲量, 성악 聲樂, 성우 聲優, 성원 聲援, 성토 聲討

활용: 그는 假聲(가성)을 써서 노래 부르는 것으로 유명하다.

誠 정성 성
- 4급II
- 부수: 言
- 총획: 14

쓰기: 성금 誠金, 성미 誠米, 성실 誠實, 성심 誠心, 성의 誠意, 열성 熱誠, 정성 精誠, 지성 至誠, 충성 忠誠, 치성 致誠, 효성 孝誠, 불성실 不誠實, 지성감천 至誠感天

활용: 불우이웃을 돕기 위한 誠金(성금)이 마련되었다.

世 인간 세:
- 7급II
- 부수: 一
- 총획: 5

읽기: 世襲 세습, 絶世佳人 절세가인

쓰기: 근세 近世, 난세 亂世, 세계 世界, 세기 世紀, 세칭 世稱, 세파 世波, 세평 世評, 처세 處世, 치세 治世, 현세 現世

활용: 그들은 오랫동안 世襲(세습)되어 온 풍습을 따르지 않았다.

歲 해 세:
- 5급II
- 부수: 止
- 총획: 13
- 약자: 岁, 歳
- 유의자: 年 해 년

읽기: 歲旦 세단, 歲暮 세모

쓰기: 과세 過歲, 만세 萬歲, 세배 歲拜, 세수 歲首, 세시 歲時, 세월 歲月, 세출 歲出, 연세 年歲, 세한삼우 歲寒三友

활용: 흐르는 歲月(세월)은 부자에게도 비껴가지 않는다.

洗 씻을 세:
- 5급II
- 부수: 水
- 총획: 9
- 유의자: 濯 씻을 탁

읽기: 洗腦 세뇌, 洗淨 세정, 洗濯 세탁, 洗面臺 세면대

쓰기: 세련 洗練, 세례 洗禮, 세면 洗面, 세발 洗髮, 세수 洗手, 세안 洗眼, 세차 洗車, 영세 領洗, 수세식 水洗式

활용: 그녀는 남편에게 洗腦(세뇌) 당해 결혼하게 되었다고 주장하였다.

勢 형세 세: (4급II, 부 力, 총 13)

읽기 劣勢 열세 症勢 증세 換時勢 환시세

쓰기 가세 加勢 강세 強勢 득세 得勢 세력 勢力 우세 優勢
위세 威勢 자세 姿勢 전세 戰勢 태세 態勢 허세 虛勢

활용 그녀는 평소 동료들 앞에서 虛勢(허세)가 심하다.

稅 세금 세: (4급II, 부 禾, 총 12)

읽기 免稅 면세 稅率 세율 租稅 조세

쓰기 납세 納稅 세관 稅關 세금 稅金 세목 稅目 세무 稅務
세정 稅政 수세 收稅 절세 折稅 증세 增稅 탈세 脫稅

활용 이것은 워낙 고가품이라 稅關(세관)을 통과하기 힘들다.

유 租 조세 조

細 가늘 세: (4급II, 부 糸, 총 11)

읽기 微細 미세 詳細 상세 細菌 세균 亞細亞 아세아

쓰기 명세 明細 세공 細工 세관 細管 세밀 細密 세부 細部
세분 細分 세심 細心 세칙 細則 세포 細胞 세필 細筆

활용 그곳은 보석 細工(세공)으로 유명한 장인들이 많이 살고 있다.

유 微 작을 미

小 작을 소: (8급, 부 小, 총 3)

읽기 微小 미소 小麥 소맥 小暑 소서 小我 소아 小宴 소연

쓰기 과소 過小 군소 群小 극소 極小 소계 小計 소변 小便
소설 小說 소식 小食 소위 小委 소형 小形 축소 縮小

활용 아버지는 가족사진을 縮小(축소)하여 지갑에 넣고 다니신다.

상 大 큰 대
유 微 작을 미

少 적을 소: (7급, 부 小, 총 4)

읽기 寡少 과소 稀少 희소 稀少價値 희소가치

쓰기 감소 減少 노소 老少 다소 多少 소량 少量 소령 少領
소론 少論 소액 少額 연소자 年少者 청소년 青少年

활용 그는 제품을 少量(소량) 생산하여 희소가치를 높였다.

상 多 많을 다, 老 늙을 로
유 寡 적을 과

所 (바 소:)
7급 부 戶 총 8
유 處 곳 처

읽기: 所謂 소위, 所藏 소장, 印刷所 인쇄소
쓰기: 급소 急所, 묘소 墓所, 소감 所感, 소관 所管, 소득 所得, 소문 所聞, 소속 所屬, 소요 所要, 소중 所重, 소지 所持
활용: 공공기관에 출입하는 사람은 신분증이나 여권을 所持(소지)해야 한다.

消 (사라질 소)
6급II 부 水 총 10
유 滅 멸할 멸

읽기: 消却 소각, 消滅 소멸
쓰기: 소거 消去, 소독 消毒, 소등 消燈, 소방 消防, 소비 消費, 소식 消息, 소진 消盡, 소화 消化, 취소 取消, 해소 解消
활용: 지난겨울 이후 그에게서 아무런 消息(소식)이 없다.

掃 (쓸 소(:))
4급II 부 手 총 11

읽기: 掃滅 소멸, 刷掃 쇄소, 淨掃 정소
쓰기: 소사 掃射, 소여 掃如, 소제 掃除, 소지 掃地, 소해 掃海, 일소 一掃, 청소 淸掃, 청소차 淸掃車, 기총소사 機銃掃射
활용: 나는 매일 아침 집 앞을 淸掃(청소)한다.

笑 (웃음 소:)
4급II 부 竹 총 10

읽기: 微笑 미소, 笑顔 소안, 拍掌大笑 박장대소, 破顔大笑 파안대소
쓰기: 가소 可笑, 고소 苦笑, 냉소 冷笑, 담소 談笑, 대소 大笑, 목소 目笑, 소납 笑納, 소화 笑話, 실소 失笑, 폭소 爆笑
활용: 방청객들은 그의 우스꽝스러운 행동 때문에 爆笑(폭소)하였다.

素 (본디·흴 소(:))
4급II 부 糸 총 10
유 朴 성 박

쓰기: 검소 儉素, 독소 毒素, 색소 色素, 소박 素朴, 소복 素服, 소양 素養, 소인 素因, 소재 素材, 소지 素地, 소질 素質, 소행 素行, 요소 要素, 원소 元素, 탄소 炭素, 평소 平素
활용: 백자의 아름다움은 素朴(소박)함에 있다.

燒 사를 소(:)
- 3급II
- 부 火 총 16 약 焼
- 유 燃 탈 연

읽기: 半燒 반소, 燒却 소각, 燒滅 소멸, 燒死 소사, 燒散 소산, 燒失 소실, 燒印 소인, 燒酒 소주, 燒盡 소진, 燒火 소화, 燃燒 연소, 全燒 전소

활용: 지난 화재로 건물은 全燒(전소)되고 골조만 남았다.

疏 소통할 소
- 3급II
- 부 疋 총 12

읽기: 簡疏 간소, 上疏 상소, 生疏 생소, 疏開 소개, 疏明 소명, 疏密 소밀, 疏外 소외, 疏遠 소원, 疏通 소통, 疏忽 소홀, 親疏 친소, 稀疏 희소

활용: 지도자는 아랫사람과의 疏通(소통)을 중요시해야 한다.

蘇 되살아날 소
- 3급II
- 부 艸 총 20

읽기: 更蘇 갱소, 美蘇 미소, 三蘇 삼소, 蘇骨 소골, 蘇聯 소련, 蘇方 소방, 蘇復 소복, 蘇生 소생, 蘇息 소식, 蘇鐵 소철, 回蘇 회소

활용: 봄은 만물이 蘇生(소생)하는 계절이다.

訴 호소할 소
- 3급II
- 부 言 총 12
- 유 訟 송사할 송

읽기: 告訴 고소, 公訴 공소, 上訴 상소, 訴願 소원, 訴狀 소장, 訴請 소청, 訴追 소추, 勝訴 승소, 哀訴 애소, 再訴 재소, 提訴 제소, 敗訴 패소, 被訴 피소, 行訴 행소

활용: 그는 친구를 사기죄로 告訴(고소)하였다.

召 부를 소
- 3급
- 부 口 총 5
- 유 聘 부를 빙

읽기: 召南 소남, 召命 소명, 召集 소집, 召天 소천, 召致 소치, 召還 소환, 應召 응소, 徵召 징소, 召集令狀 소집영장, 召還命令 소환명령, 遠禍召福 원화소복

활용: 그녀가 경찰에 召還(소환)되자 방송국 기자들이 몰려들었다.

3급 昭 밝을 소
부 日 / 총 9

읽기: 昭鑑 소감　昭光 소광　昭代 소대　昭明 소명　昭詳 소상　昭雪 소설　昭昭 소소　昭示 소시　昭然 소연　昭應 소응　昭和 소화

활용: 그날 밤에 있었던 일을 昭詳(소상)하게 보고해야 한다.

3급 蔬 나물 소
부 艸 / 총 16

읽기: 果蔬 과소　蔬果 소과　蔬飯 소반　蔬食 소식　蔬店 소점　蔬菜 소채　魚蔬 어소　菜蔬 채소　春蔬 춘소　香蔬 향소　乾菜蔬 건채소

활용: 어머니는 건강을 위해서 菜蔬(채소) 위주의 식단을 짰다.

유 菜 나물 채

3급 騷 떠들 소
부 馬 / 총 20

읽기: 叫騷 규소　騷客 소객　騷動 소동　騷亂 소란　騷說 소설　騷然 소연　騷音 소음　騷人 소인　騷致 소치　風騷 풍소　騷音公害 소음공해　騷人墨客 소인묵객

활용: 한밤중에 큰 騷亂(소란)이 있었다.

6급 速 빠를 속
부 辶 / 총 11

읽기: 秒速 초속　超音速 초음속

쓰기: 가속 加速　과속 過速　변속 變速　속결 速決　속기 速記　속도 速度　속력 速力　속성 速成　속사포 速射砲

활용: 장거리 달리기에서는 초반에 速度(속도)를 내면 안 된다.

상 遲 더딜·늦을 지
유 急 급할 급

5급II 束 묶을 속
부 木 / 총 7

읽기: 拘束 구속　束手無策 속수무책

쓰기: 검속 檢束　결속 結束　광속 光束　단속 團束　밀속 密束　속수 束修　속신 束身　속장 束裝　약속 約束　화속 花束

활용: 집을 비울 때는 문 團束(단속)을 철저히 해야 한다.

유 約 맺을 약

213

俗 풍속 속 (4급II, 부 人, 총 9)

- **읽기**: 卑俗 비속, 還俗 환속
- **쓰기**: 민속 民俗, 속담 俗談, 속물 俗物, 속세 俗世, 속어 俗語, 속칭 俗稱, 저속 低俗, 탈속 脫俗, 통속 通俗, 풍속 風俗
- **활용**: 그는 俗世(속세)를 떠나 불가에 귀의했다.

續 이을 속 (4급II, 부 糸, 총 21, 약 続)

- **읽기**: 續刊 속간, 續編 속편
- **쓰기**: 계속 繼續, 근속 勤續, 상속 相續, 속강 續講, 속개 續開, 속보 續報, 연속 連續, 접속 接續, 존속 存續, 지속 持續
- **활용**: 사고 소식이 전해지고 나서 續報(속보)가 다시 전해졌다.
- **상**: 斷 끊을 단
- **유**: 繼 이을 계, 連 이을 련

屬 붙일 속 (4급, 부 尸, 총 21, 약 属)

- **읽기**: 附屬 부속, 卑屬 비속
- **쓰기**: 귀속 歸屬, 금속 金屬, 등속 等屬, 배속 配屬, 소속 所屬, 속국 屬國, 속성 屬性, 전속 專屬, 족속 族屬, 종속 從屬
- **활용**: 아이는 대학교 附屬(부속) 초등학교에 다닌다.
- **유**: 附 붙을 부

粟 조 속 (3급, 부 米, 총 12)

- **읽기**: 粟豆 속두, 粟米 속미, 粟飯 속반, 粟散 속산, 粟田 속전, 一粟 일속, 積粟 적속, 倉粟 창속, 大海一粟 대해일속
- **활용**: 大海一粟(대해일속)이란 아주 많거나 넓은 것 가운데 있는 매우 하찮고 작은 것을 뜻한다.

孫 손자 손(:) (6급, 부 子, 총 10)

- **읽기**: 曾孫 증손, 玄孫 현손, 孫悟空 손오공
- **쓰기**: 세손 世孫, 손녀 孫女, 손자 孫子, 왕손 王孫, 장손 長孫, 종손 宗孫, 후손 後孫, 대대손손 代代孫孫, 자자손손 子子孫孫
- **활용**: 형은 우리 집안의 長孫(장손)이다.
- **상**: 祖 할아비 조

214

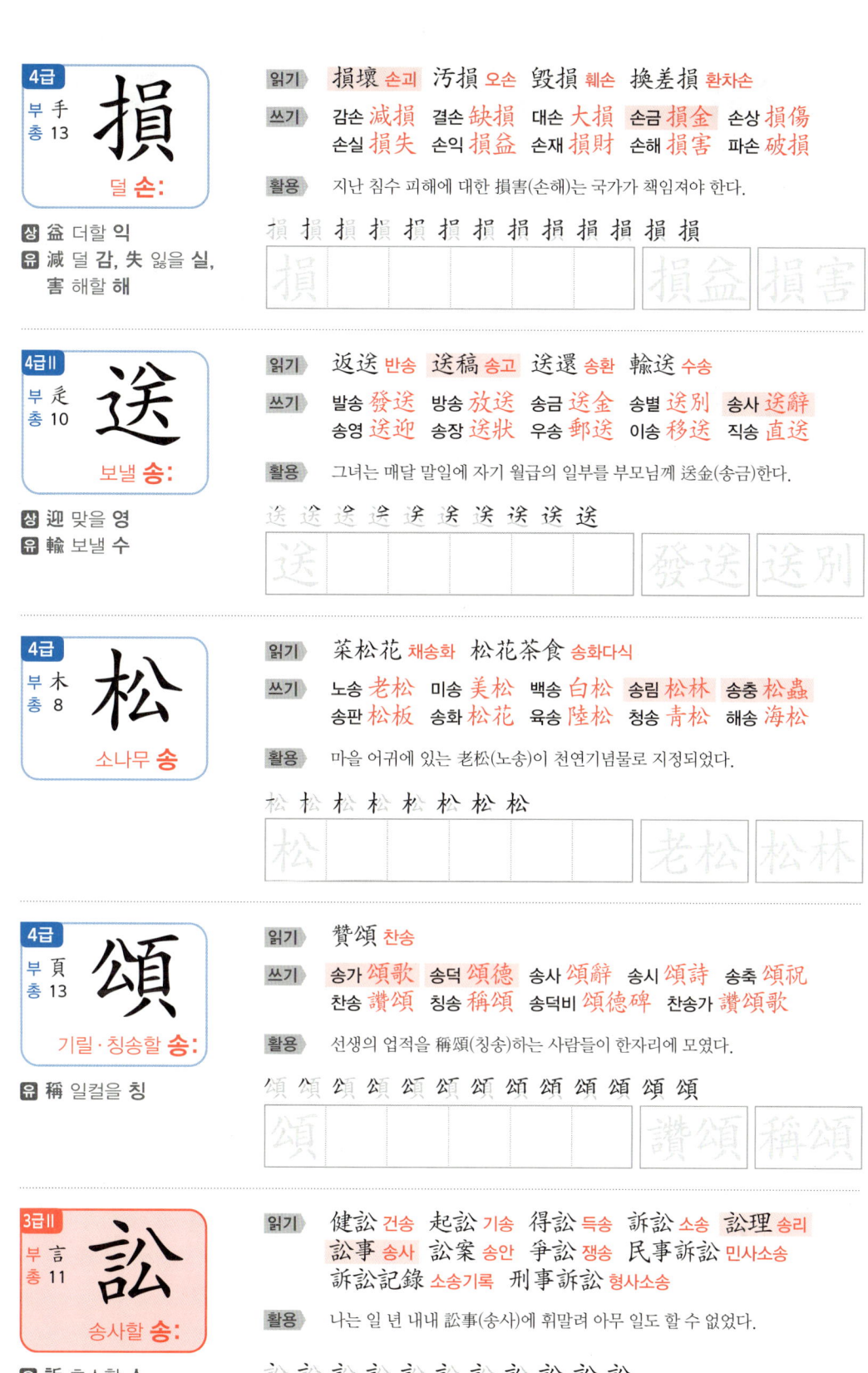

誦

3급 부 言 총 14

욀 송:

유 講 욀 강

읽기 口誦 구송 朗誦 낭송 讀誦 독송 誦經 송경 誦讀 송독
誦詩 송시 誦詠 송영 暗誦 암송 愛誦 애송 念誦 염송
詠誦 영송 再誦 재송 愛誦詩 애송시

활용 그는 특유의 중저음으로 愛誦詩(애송시)를 낭송하였다.

刷

3급II 부 刀 총 8

인쇄할 쇄:

읽기 假刷 가쇄 刷毛 쇄모 刷掃 쇄소 刷新 쇄신 刷還 쇄환
印刷 인쇄 印刷物 인쇄물 印刷所 인쇄소 印刷術 인쇄술
縮刷版 축쇄판 刷新政策 쇄신정책

활용 금속활자의 발명으로 印刷術(인쇄술)이 발달하였다.

鎖

3급II 부 金 총 18

쇠사슬 쇄:

읽기 封鎖 봉쇄 鎖骨 쇄골 鎖國 쇄국 連鎖 연쇄 閉鎖 폐쇄
連鎖的 연쇄적 連鎖店 연쇄점 鎖國政策 쇄국정책
鎖國主義 쇄국주의 連鎖反應 연쇄반응

활용 그 지역에서 連鎖(연쇄) 살인 사건이 일어났다.

衰

3급II 부 衣 총 10

쇠할 쇠

상 盛 성할 성

읽기 減衰 감쇠 老衰 노쇠 盛衰 성쇠 衰降 쇠강 衰落 쇠락
衰亡 쇠망 衰弱 쇠약 衰殘 쇠잔 衰盡 쇠진 衰退 쇠퇴
興亡盛衰 흥망성쇠

활용 나이가 들어 기억력이 衰退(쇠퇴)하였다.

水

8급 부 水 총 4

물 수

상 火 불 화

읽기 水菊 수국 水沒 수몰 潛水 잠수 取水塔 취수탑

쓰기 낙수 落水 냉수 冷水 방수 防水 수로 水路 수심 水深
수온 水溫 수해 水害 향수 香水 배수진 背水陣

활용 水害(수해)를 막기 위해 축대를 점검해야 한다.

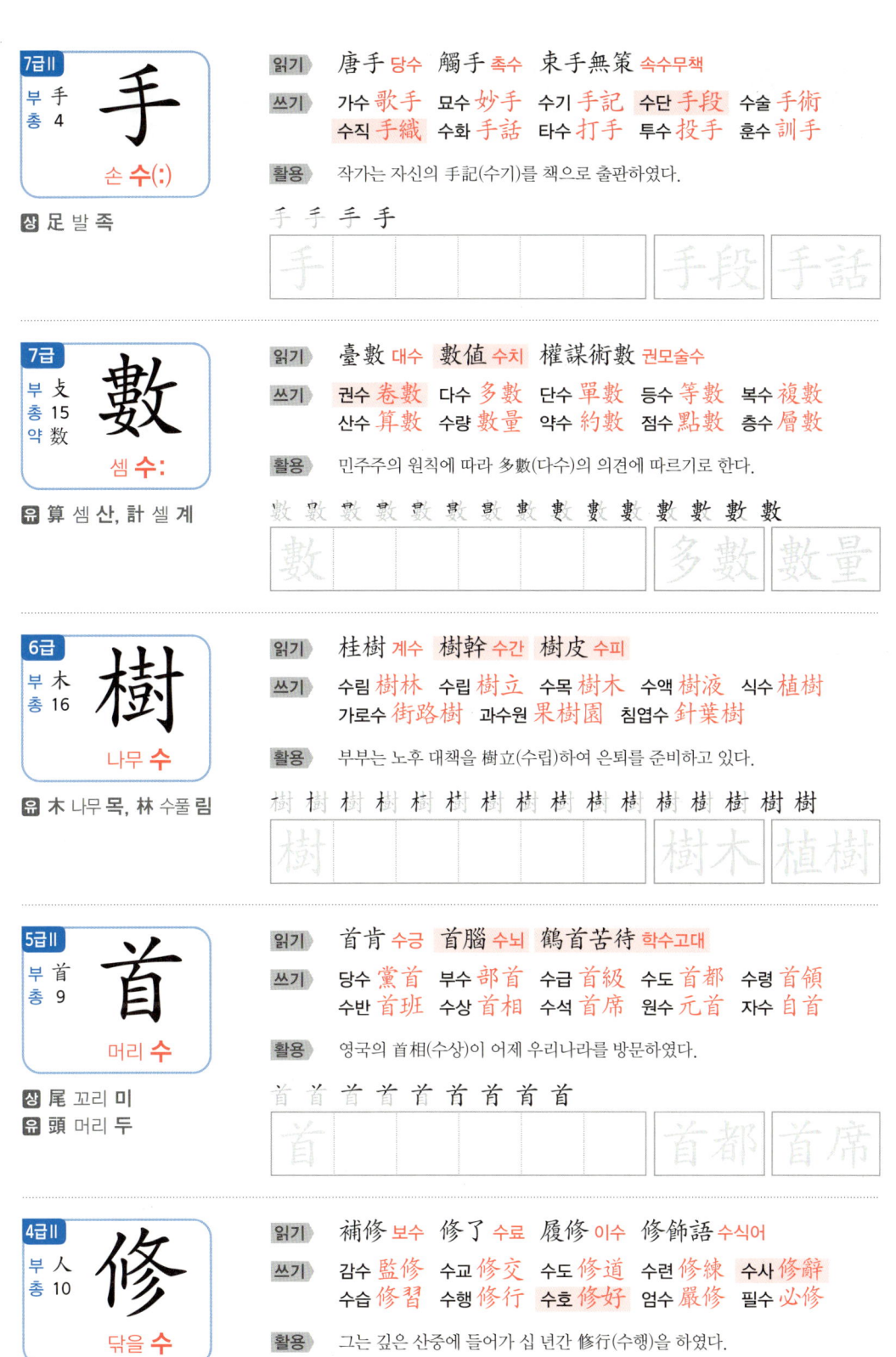

4급Ⅱ	
부 又	
총 8	

받을 수(:)

상 授 줄 수

읽기	受諾 수락 受侮 수모 讓受 양수
쓰기	감수 甘受 수강 受講 수검 受檢 수납 受納 수동 受動 수리 受理 수배 受配 수상 受賞 수용 受容 인수 引受
활용	그녀는 동창 모임의 회장직 제의를 受諾(수락)하였다.

4급Ⅱ	
부 宀	
총 6	

지킬 수

상 攻 칠 공
유 保 지킬 보, 衛 지킬 위

읽기	寡守 과수 遵守 준수 守錢奴 수전노
쓰기	간수 看守 고수 固守 공수 攻守 군수 郡守 보수 保守 사수 死守 수병 守兵 수비 守備 수세 守勢 엄수 嚴守
활용	수영장에서는 안전 수칙을 遵守(준수)하며 물놀이해야 한다.

4급Ⅱ	
부 手	
총 11	

줄 수

상 受 받을 수

읽기	授爵 수작
쓰기	교수 敎授 수권 授權 수상 授賞 수수 授受 수업 授業 수여 授與 수유 授乳 수장 授章 수정 授精 전수 傳授
활용	특정 공무원이 금품 授受(수수)에 대한 혐의를 받고 있다.

4급Ⅱ	
부 攵	
총 6	
약 収	

거둘 수

유 穫 거둘 확, 拾 주울 습

읽기	收拾 수습 收奪 수탈 收穫 수확 徵收 징수 還收 환수
쓰기	세수 稅收 수거 收去 수납 收納 수양 收養 수익 收益 수입 收入 수집 收集 수축 收縮 추수 秋收 회수 回收
활용	우리 아파트에서는 매주 월요일에 분리 收去(수거)를 한다.

4급	
부 禾	
총 7	

빼어날 수

유 俊 준걸 준

읽기	秀眉 수미 秀敏 수민 秀雅 수아 俊秀 준수
쓰기	수려 秀麗 수색 秀色 수영 秀英 수작 秀作 수재 秀才 우수 優秀 청수 淸秀 특수 特秀 최우수 最優秀
활용	그녀는 고교 시절 내내 전교 수석을 놓치지 않은 秀才(수재)였다.

垂 드리울 수
3급Ⅱ / 부 土 / 총 8

읽기: 垂敎 수교, 垂老 수로, 垂涙 수루, 垂範 수범, 垂心 수심, 垂楊 수양, 垂直 수직, 垂下 수하, 垂訓 수훈, 懸垂幕 현수막, 腦下垂體 뇌하수체, 率先垂範 솔선수범

활용: 자식 교육을 위해 부모가 먼저 率先垂範(솔선수범)해야 한다.

壽 목숨 수
3급Ⅱ / 부 士 / 총 14 / 약 寿

읽기: 減壽 감수, 米壽 미수, 壽石 수석, 壽宴 수연, 壽衣 수의, 長壽 장수, 天壽 천수, 祝壽 축수, 獻壽 헌수, 喜壽 희수, 稀壽 희수, 無病長壽 무병장수, 壽福康寧 수복강녕

활용: 윤년과 윤달에 부모님의 壽衣(수의)를 마련해 두면 장수한다는 속설이 있다.

유 命 목숨 명

帥 장수 수
3급Ⅱ / 부 巾 / 총 9 / 약 帅

읽기: 巨帥 거수, 軍帥 군수, 副帥 부수, 帥旗 수기, 帥先 수선, 元帥 원수, 將帥 장수, 總帥 총수, 統帥 통수, 大元帥 대원수, 都元帥 도원수, 統帥權 통수권

활용: 아버지가 죽은 뒤에 아들이 대를 이어 그룹의 總帥(총수)가 되었다.

유 將 장수 장

愁 근심 수
3급Ⅱ / 부 心 / 총 13

읽기: 客愁 객수, 孤愁 고수, 悲愁 비수, 愁苦 수고, 愁死 수사, 愁思 수사, 愁色 수색, 愁殺 수쇄, 愁心 수심, 愁然 수연, 愁意 수의, 愁絕 수절, 哀愁 애수, 憂愁 우수, 鄕愁 향수

활용: 그녀의 憂愁(우수)에 젖은 눈빛이 그의 마음을 움직였다.

유 憂 근심 우

殊 다를 수
3급Ⅱ / 부 歹 / 총 10

읽기: 殊功 수공, 殊技 수기, 殊力 수력, 殊常 수상, 殊勝 수승, 殊遇 수우, 殊恩 수은, 特殊 특수, 特殊性 특수성, 特殊敎育 특수교육, 特殊訓練 특수훈련

활용: 特殊(특수)한 경우를 제외하고 예외 규정은 없다.

3급II	獸 짐승 수
부 犬 총 19 약 獣	

유 畜 짐승 축

읽기 怪獸 괴수 禽獸 금수 猛獸 맹수 百獸 백수 獸醫 수의
獸皮 수피 野獸 야수 鳥獸 조수 獸醫大 수의대
人面獸心 인면수심

활용 그의 외모는 野獸(야수) 같지만, 마음은 천사이다.

獸 獸 獸 獸 獸 獸 獸 獸 獸 獸 獸 獸

獸

3급II	輸 보낼 수
부 車 총 16	

유 送 보낼 송

읽기 空輸 공수 密輸 밀수 輸送 수송 輸入 수입 輸出 수출
輸血 수혈 運輸 운수 輸出入 수출입 逆輸入 역수입
逆輸出 역수출 運輸業 운수업

활용 고속도로를 달리던 현금 輸送(수송) 차량의 뒷문이 열렸다.

輸 輸 輸 輸 輸 輸 輸 輸 輸 輸 輸 輸

輸

3급II	隨 따를 수
부 阜 총 16 약 随	

읽기 隨感 수감 隨伴 수반 隨想 수상 隨俗 수속 隨時 수시
隨員 수원 隨意 수의 隨從 수종 隨筆 수필 隨行 수행
隨喜 수희 夫唱婦隨 부창부수 全身不隨 전신불수

활용 이 금융 상품은 손해도 볼 수 있는 위험 부담을 隨伴(수반)한다.

隨 隨 隨 隨 隨 隨 隨 隨 隨 隨 隨 隨

隨

3급II	需 쓰일·쓸 수
부 雨 총 14	

상 給 줄 급

읽기 軍需 군수 內需 내수 民需 민수 需給 수급 需要 수요
需用 수용 祭需 제수 特需 특수 必需 필수 婚需 혼수
非需期 비수기 盛需期 성수기 必需品 필수품

활용 우리 회사는 올해 인력 需給(수급)에 공을 들이고 있다.

需 需 需 需 需 需 需 需 需 需 需

需

3급	囚 가둘 수
부 口 총 5	

읽기 囚禁 수금 囚徒 수도 囚役 수역 囚衣 수의 囚人 수인
罪囚 죄수 旣決囚 기결수 未決囚 미결수 良心囚 양심수
脫獄囚 탈옥수 囚人勞動 수인노동

활용 그는 징역을 선고받았지만, 良心囚(양심수)로 출소하였다.

囚 囚 囚 囚 囚

囚

3급
부 手 / 총 13 / 약 搜

搜 찾을 수

유 索 찾을 색

읽기 搜檢 수검 搜求 수구 搜得 수득 搜訪 수방 搜查 수사 搜索 수색 搜出 수출 搜探 수탐 搜捕 수포 搜所聞 수소문 搜查機關 수사기관 搜索令狀 수색영장

활용 부부는 잃어버린 아이를 搜所聞(수소문) 끝에 찾았다.

搜 搜 搜 搜 搜 搜 搜 搜 搜 搜

3급
부 目 / 총 13

睡 졸음 수

유 眠 잠잘 면

읽기 假睡 가수 睡蓮 수련 睡眠 수면 睡餘 수여 睡臥 수와 睡中 수중 熟睡 숙수 午睡 오수 坐睡 좌수 昏睡 혼수 昏睡狀態 혼수상태

활용 아버지께서 모처럼 午睡(오수)를 즐기시는 중이다.

睡 睡 睡 睡 睡 睡 睡 睡 睡 睡

3급
부 言 / 총 15

誰 누구 수

읽기 誰某 수모 誰何 수하

활용 그는 검문소에 이를 때마다 誰何(수하)를 당하곤 하였다.

誰 誰 誰 誰 誰 誰 誰 誰 誰 誰 誰

3급
부 辵 / 총 13

遂 드디어 수

읽기 旣遂 기수 未遂 미수 遂事 수사 遂行 수행 完遂 완수 公務遂行 공무수행 毛遂自薦 모수자천 遂行評價 수행평가 職務遂行 직무수행

활용 그녀는 공무 遂行(수행) 중에 교통사고를 당하였다.

遂 遂 遂 遂 遂 遂 遂 遂 遂 遂

3급
부 隹 / 총 17

雖 비록 수

읽기 雖然 수연 雖曰 수일 雖千萬人吾往 수천만인오왕

활용 雖然(수연)은 '그렇지만, 비록 ~라 하더라도'를 뜻한다.

雖 雖 雖 雖 雖 雖 雖 雖 雖 雖 雖

須 (모름지기 수) — 3급, 부 頁, 총 12

읽기: 公須 공수, 須女 수녀, 須要 수요, 須知 수지, 必須 필수, 必須科目 필수과목

활용: 일부 회사는 영어 공인 점수를 지원 必須(필수) 자격 조건으로 정하였다.

宿 (잘 숙/별자리 수:) — 5급II, 부 宀, 총 11

유 寢 잘 침

읽기: 露宿 노숙, 宿泊 숙박, 宿醉 숙취

쓰기: 동숙 同宿, 숙명 宿命, 숙소 宿所, 숙식 宿食, 숙원 宿怨, 숙환 宿患, 유숙 留宿, 투숙 投宿, 합숙 合宿, 혼숙 混宿

활용: 배낭여행을 가면 宿食(숙식)을 해결하는 것이 가장 중요하다.

叔 (아재비 숙) — 4급, 부 又, 총 8

상 姪 조카 질

읽기: 叔伯 숙백, 叔姪 숙질, 妻叔 처숙

쓰기: 가숙 家叔, 당숙 堂叔, 사숙 舍叔, 숙모 叔母, 숙부 叔父, 숙제 叔弟, 외숙 外叔, 숙부모 叔父母, 외숙모 外叔母

활용: 아버지의 형제를 叔父(숙부)라고 부른다.

肅 (엄숙할 숙) — 4급, 부 聿, 총 13, 약 甫肅

유 嚴 엄할 엄

쓰기: 단숙 端肅, 숙당 肅黨, 숙배 肅拜, 숙연 肅然, 숙은 肅恩, 숙정 肅正, 숙청 肅淸, 엄숙 嚴肅, 자숙 自肅, 정숙 靜肅, 자숙자계 自肅自戒

활용: 협회는 임원진에게 활동 자제와 自肅(자숙)을 촉구하였다.

淑 (맑을 숙) — 3급II, 부 水, 총 11

유 淸 맑을 청

읽기: 私淑 사숙, 淑景 숙경, 淑女 숙녀, 淑德 숙덕, 淑明 숙명, 淑謀 숙모, 淑心 숙심, 淑淸 숙청, 淑行 숙행, 貞淑 정숙, 賢淑 현숙

활용: 코흘리개 꼬마가 어느새 어엿한 淑女(숙녀)가 되었다.

熟 (익을 숙) — 3급II, 부 火, 총 15

읽기: 能熟 능숙　成熟 성숙　熟客 숙객　熟考 숙고　熟達 숙달
熟讀 숙독　熟眠 숙면　熟成 숙성　熟省 숙성　熟語 숙어
熟議 숙의　熟知 숙지　完熟 완숙　早熟 조숙　親熟 친숙

활용: 熟眠(숙면)을 하면 정상적으로 생활하는 데 지장이 없다.

孰 (누구 숙) — 3급, 부 子, 총 11

읽기: 孰誰 숙수　孰視 숙시　孰若 숙약　孰與 숙여
孰是孰非 숙시숙비

활용: 孰是孰非(숙시숙비)는 누가 옳고 누가 그른지 분명하지 않음을 뜻한다.

順 (순할 순:) — 5급II, 부 頁, 총 12

읽기: 恭順 공순　柔順 유순
쓰기: 귀순 歸順　순리 順理　순번 順番　순산 順産　순연 順延
순열 順列　순조 順潮　순종 順從　역순 逆順　필순 筆順

활용: 모든 일은 順理(순리)대로 돌아가게 되어 있다.

상: 逆 거스릴 역

純 (순수할 순) — 4급II, 부 糸, 총 10

읽기: 純綿 순면
쓰기: 단순 單純　불순 不純　순결 純潔　순모 純毛　순백 純白
순정 純情　순종 純種　순진 純眞　순화 純化　청순 清純

활용: 그녀는 어린아이처럼 純眞(순진)하다.

유: 潔 깨끗할 결

巡 (돌·순행할 순) — 3급II, 부 巛, 총 7

읽기: 別巡 별순　巡警 순경　巡禮 순례　巡訪 순방　巡査 순사
巡視 순시　巡察 순찰　巡航 순항　巡行 순행　一巡 일순
初度巡視 초도순시

활용: 대통령은 아시아 5개국 巡訪(순방)을 마치고 귀국하였다.

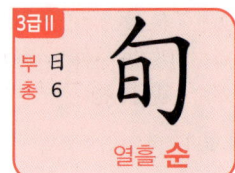

읽기 上旬 상순　旬刊 순간　旬報 순보　旬葬 순장　六旬 육순
中旬 중순　初旬 초순　七旬 칠순　八旬 팔순　下旬 하순
四旬節 사순절　旬望間 순망간　五旬節 오순절

활용 다음 달 中旬(중순) 즈음이 되어야 합격 여부를 알 수 있다.

旬 旬 旬 旬 旬 旬

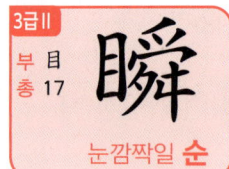

읽기 瞬間 순간　瞬時 순시　瞬視 순시　一瞬 일순　轉瞬 전순
瞬息間 순식간　一瞬間 일순간

활용 가스 폭발 사고가 瞬息間(순식간)에 일어났다.

瞬 瞬 瞬 瞬 瞬 瞬 瞬 瞬 瞬 瞬 瞬 瞬

읽기 循例 순례　循吏 순리　循私 순사　循俗 순속　循守 순수
循次 순차　循行 순행　循環 순환　惡循環 악순환
因循姑息 인순고식　血液循環 혈액순환

활용 이 열차는 시내를 통과하는 循環(순환) 열차이다.

循 循 循 循 循 循 循 循 循

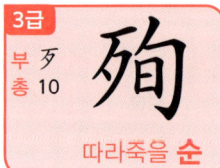

읽기 殉公 순공　殉敎 순교　殉國 순국　殉死 순사　殉愛 순애
殉葬 순장　殉節 순절　殉職 순직　殉愛譜 순애보
殉國先烈 순국선열

활용 젊은 소방관이 동물 구조 활동 중에 殉職(순직)하였다.

殉 殉 殉 殉 殉 殉 殉 殉

읽기 缺脣 결순　脣舌 순설　脣音 순음　脣齒 순치　朱脣 주순
兎脣 토순　脣輕音 순경음　脣亡齒寒 순망치한

활용 두 입술 사이에서 나는 소리를 脣音(순음)이라고 한다.

脣 脣 脣 脣 脣 脣 脣 脣 脣 脣

6급II	
부 行	
총 11	
재주 **술**	

읽기: 劍術 검술　弓術 궁술　術策 술책　整形手術 정형수술
쓰기: 기술 技術　미술 美術　상술 商術　술수 術數　인술 仁術
전술 戰術　점술 占術　화술 話術　처세술 處世術

활용: 누나는 美術(미술)에 뛰어난 재능을 타고났다.

유 技 재주 기, 藝 재주 예, 才 재주 재

術 術 術 術 術 術 術 術 術 術　　技術　美術

3급II	
부 辵	
총 9	
펼 **술**	

읽기: 口述 구술　記述 기술　論述 논술　詳述 상술　述語 술어
述作 술작　述懷 술회　略述 약술　著述 저술　前述 전술
陳述 진술　公述人 공술인

활용: 작가는 요즘 著述(저술) 활동을 하지 않고 은거 중이다.

述 述 述 述 述 述 述 述

3급	
부 戈	
총 6	
개 **술**	

읽기: 甲戌 갑술　庚戌 경술　戊戌 무술　丙戌 병술　戌年 술년
戌方 술방　戌時 술시　戌月 술월　戌日 술일　壬戌 임술
庚戌國恥 경술국치

활용: 戌時(술시)는 오후 일곱 시부터 아홉 시까지를 가리킨다.

戌 戌 戌 戌 戌 戌

4급	
부 山	
총 11	
높을 **숭**	

읽기: 崇嶺 숭령　崇慕 숭모　崇尙 숭상　崇仰 숭앙
쓰기: 숭경 崇敬　숭고 崇古　숭고 崇高　숭덕 崇德　숭미 崇美
숭배 崇拜　숭사 崇事　숭유 崇儒　신숭 信崇　존숭 尊崇

활용: 한 경찰관이 사고 당시 崇高(숭고)한 희생정신을 보여 주었다.

유 高 높을 고

崇 崇 崇 崇 崇 崇 崇 崇 崇 崇 崇　　崇高　崇拜

6급	
부 羽	
총 11	
익힐 **습**	

읽기: 慣習 관습　習慣 습관　弊習 폐습
쓰기: 견습 見習　복습 復習　습득 習得　습성 習性　습작 習作
실습 實習　인습 因習　자습 自習　풍습 風習　학습 學習

활용: 젊은 시인은 고교 시절 시를 習作(습작)하면서 시간을 보내고는 하였다.

유 練 익힐 련, 慣 익숙할 관

習 習 習 習 習 習 習 習 習 習　　復習　實習

225

濕 (3급II, 부 水, 총 17획) 젖을 습

읽기: 乾濕 건습, 冷濕 냉습, 多濕 다습, 濕氣 습기, 濕度 습도, 濕式 습식, 濕地 습지, 濕布 습포, 高溫多濕 고온다습, 風寒暑濕 풍한서습

활용: 곰팡이 번식을 막기 위해서는 濕度(습도) 조절이 중요하다.

상: 乾 마를 건, 燥 마를 조
유: 潤 불을 윤

拾 (3급II, 부 手, 총 9획) 주울 습/열 십

읽기: 收拾 수습, 拾骨 습골, 拾級 습급, 拾得 습득, 拾遺 습유, 拾集 습집, 拾取 습취, 拾萬 십만, 收拾策 수습책, 再收拾 재수습

활용: 휴대전화를 拾得(습득)하신 분은 분실물 센터에 맡겨주세요.

유: 收 거둘 수

襲 (3급II, 부 衣, 총 22획) 엄습할 습

읽기: 強襲 강습, 空襲 공습, 急襲 급습, 奇襲 기습, 來襲 내습, 踏襲 답습, 世襲 세습, 襲擊 습격, 夜襲 야습, 逆襲 역습, 因襲 인습, 被襲 피습

활용: 농가는 한밤중에 멧돼지의 襲擊(습격)을 받았다.

勝 (6급, 부 力, 총 12획) 이길 승

읽기: 勝率 승률, 勝訴 승소, 勝戰鼓 승전고

쓰기: 결승 決勝, 승기 勝機, 승산 勝算, 승인 勝因, 승자 勝者, 승패 勝敗, 연승 連勝, 우승 優勝, 필승 必勝

활용: 이번 게임으로 勝者(승자)를 결정하자.

상: 敗 패할 패, 負 질 부

承 (4급II, 부 手, 총 8획) 이을 승

읽기: 承諾 승낙

쓰기: 계승 繼承, 구승 口承, 승복 承服, 승은 承恩, 승인 承認, 전승 傳承, 승정원 承政院, 기승전결 起承轉結

활용: 친구의 끊임없는 설득 끝에 그가 마침내 承服(승복)하였다.

유: 繼 이을 계

3급II 부 ノ 총 10 약 乘

乘 탈 승

읽기: 大乘 대승　同乘 동승　分乘 분승　乘降 승강　乘客 승객
乘馬 승마　乘船 승선　乘除 승제　乘合 승합　試乘 시승
自乘 자승　便乘 편승　合乘 합승　乘務員 승무원

활용: 선장은 乘客(승객)의 안전을 제일 우선으로 생각해야 한다.

3급II 부 人 총 14

僧 중 승

읽기: 高僧 고승　軍僧 군승　佛僧 불승　僧家 승가　僧舞 승무
僧房 승방　僧服 승복　僧院 승원　僧籍 승적　女僧 여승
帶妻僧 대처승　破戒僧 파계승

활용: 어머니께서 자주 가시던 절은 女僧(여승)이 많기로 유명하다.

3급II 부 日 총 8

昇 오를 승

읽기: 飛昇 비승　上昇 상승　昇降 승강　昇格 승격　昇級 승급
昇給 승급　昇段 승단　昇進 승진　昇天 승천　昇華 승화
急上昇 급상승　昇降機 승강기

활용: 올해 소비자 물가가 지난해 대비 1% 上昇(상승)하였다.

상 降 내릴 강

7급II 부 巾 총 5

市 저자 시:

쓰기: 도시 都市　시가 市價　시가 市街　시내 市內　시도 市都
시립 市立　시민 市民　시비 市費　시세 市勢　시영 市營
시장 市場　시정 市政　시청 市廳　시황 市況　증시 證市

활용: 출퇴근 시간에는 市內(시내) 교통이 복잡하다.

7급II 부 日 총 10

時 때 시

읽기: 隨時 수시　暫時 잠시　卽時 즉시　時限附 시한부
쓰기: 시간 時間　시계 時計　시국 時局　시기 時期　시속 時速
시점 時點　시제 時制　시차 時差　시평 時評　시한 時限

활용: 時間(시간)을 아껴 쓰는 사람이 성공한다.

227

7급 植 (심을 식)
부 木 / 총 12

유 栽 심을 재

읽기: 補植 보식, 植付 식부, 植栽 식재, 心臟移植 심장이식
쓰기: 밀식 密植, 식모 植毛, 식목 植木, 식물 植物, 식수 植樹, 식자 植字, 이식 移植, 식목일 植木日, 식민지 植民地
활용: 교장 선생님께서 개교기념일에 기념 植樹(식수)를 하셨다.

6급 式 (법 식)
부 弋 / 총 6

유 規 법 규, 法 법 법, 典 법 전, 格 격식 격

쓰기: 격식 格式, 단식 單式, 복식 複式, 서식 書式, 식사 式辭, 식순 式順, 식장 式場, 신식 新式, 약식 略式, 양식 樣式, 정식 定式, 형식 形式, 금혼식 金婚式, 조립식 組立式
활용: 태권도는 시드니 올림픽부터 定式(정식) 종목으로 채택되었다.

5급II 識 (알 식/기록할 지)
부 言 / 총 19

유 知 알 지, 認 알 인

읽기: 鑑識 감식, 沒常識 몰상식
쓰기: 무식 無識, 박식 博識, 식견 識見, 식별 識別, 유식 有識, 의식 意識, 인식 認識, 표지 標識, 지식층 知識層
활용: 그녀는 폭넓은 識見(식견)을 갖춘 학자이다.

4급II 息 (쉴 식)
부 心 / 총 10

유 休 쉴 휴

읽기: 姑息的 고식적, 瞬息間 순식간
쓰기: 소식 消息, 안식 安息, 영식 令息, 이식 利息, 탄식 歎息, 휴식 休息, 무소식 無消息, 희소식 喜消息, 자강불식 自强不息
활용: 오랫동안 消息(소식)이 없던 친구에게서 오늘 연락이 왔다.

3급II 飾 (꾸밀 식)
부 食 / 총 14

유 裝 꾸밀 장

읽기: 假飾 가식, 美飾 미식, 服飾 복식, 修飾 수식, 飾辯 식변, 飾非 식비, 飾說 식설, 飾終 식종, 飾智 식지, 飾喜 식희, 外飾 외식, 裝飾 장식, 修飾語 수식어, 虛禮虛飾 허례허식
활용: 그녀는 과거의 服飾(복식)을 연구하는 데 몰두하고 있다.

6급II	읽기	盲信 맹신 信賴 신뢰 信仰 신앙
부 人	쓰기	배신 背信 불신 不信 소신 所信 신념 信念 신용 信用
총 9		신조 信條 신표 信標 위신 威信 자신 自信 확신 確信

믿을 신:

활용 그녀는 그의 말이라면 무조건 盲信(맹신)하였다.

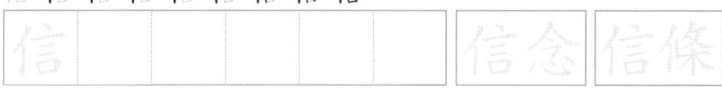

6급II	읽기	刷新 쇄신 新刊 신간 新郎 신랑 新版 신판
부 斤	쓰기	갱신 更新 신당 新黨 신종 新種 신진 新進 신파 新派
총 13		최신 最新 신기록 新記錄 신세대 新世代 송구영신 送舊迎新

새 신

활용 그는 곧 나올 新刊(신간) 표지 선정에 도움을 주었다.

상 舊 예 구, 古 예 고

6급II	읽기	鬼神 귀신 神靈 신령 腦神經 뇌신경 神出鬼沒 신출귀몰
부 示	쓰기	강신 降神 신기 神奇 신동 神童 신명 神明 신부 神父
총 10		신선 神仙 신성 神聖 신통 神通 신화 神話 실신 失神

귀신 신

활용 한의원에서 지은 약을 먹으면 神通(신통)하게도 잠이 잘 온다.

유 鬼 귀신 귀, 靈 신령 령

6급II	읽기	謹身 근신 補身 보신 獻身 헌신
부 身	쓰기	독신 獨身 망신 亡身 보신 保身 신검 身檢 신체 身體
총 7		심신 心身 은신 隱身 투신 投身 피신 避身 호신 護身

몸 신

활용 心身(심신)이 피곤하여 아무것도 할 수 없다.

상 心 마음 심
유 體 몸 체, 己 몸 기, 肉 고기 육

5급II	읽기	姦臣 간신 謀臣 모신 侍臣 시신
부 臣	쓰기	가신 家臣 공신 功臣 군신 君臣 대신 大臣 사신 使臣
총 6		신하 臣下 충신 忠臣 생육신 生六臣 군신유의 君臣有義

신하 신

활용 臣下(신하)들은 왕에게 상소문을 올렸다.

상 君 임금 군

4급II 부 田 총 5
납 **신**

유 告 고할 고

읽기	申聞鼓 신문고　申申當付 신신당부
쓰기	내신 內申　상신 上申　신고 申告　신방 申方　신청 申請 신사임당 申師任堂　이의신청 異議申請　출생신고 出生申告
활용	그는 이번 학기에 장학금을 申請(신청)하였다.

3급II 부 心 총 13
삼갈 **신:**

유 謹 삼갈 근

읽기	敬愼 경신　謙愼 겸신　戒愼 계신　謹愼 근신　獨愼 독신 肅愼 숙신　愼口 신구　愼機 신기　愼默 신묵　愼思 신사 愼辭 신사　愼言 신언　愼重 신중　愼擇 신택
활용	그는 아버지를 닮아 지나치게 愼重(신중)한 것이 단점이다.

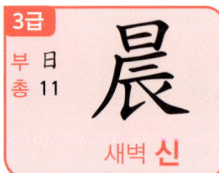

3급 부 人 총 7
펼 **신**

상 縮 줄일 축, 屈 굽힐 굴
유 張 베풀 장

읽기	屈伸 굴신　伸長 신장　伸張 신장　伸鐵 신철　伸縮 신축 延伸 연신　引伸 인신　追伸 추신　伸縮性 신축성 國力伸張 국력신장　女權伸張 여권신장
활용	이 옷감은 伸縮性(신축성)이 뛰어나 운동복을 만드는 데 제격이다.

3급 부 日 총 11
새벽 **신**

유 曉 새벽 효

읽기	晨鷄 신계　晨光 신광　晨起 신기　晨旦 신단　晨明 신명 晨夕 신석　晨星 신성　晨省 신성　晨朝 신조　晨鍾 신종 晨昏 신혼　晨星落落 신성낙락　昏定晨省 혼정신성
활용	새벽과 저녁을 아울러 晨夕(신석)이라고 한다.

3급 부 辛 총 7
매울 **신**

유 烈 매울 렬

읽기	辛苦 신고　辛勤 신근　辛卯 신묘　辛味 신미　辛未 신미 辛方 신방　辛勝 신승　辛日 신일　辛丑 신축　五辛 오신 香辛料 향신료　千辛萬苦 천신만고
활용	요리할 때 香辛料(향신료)는 중요한 역할을 한다.

室 집 실 (8급)
부 宀 / 총 9

- **읽기**: 茶室 다실, 皇室 황실, 娛樂室 오락실, 高臺廣室 고대광실
- **쓰기**: 객실 客室, 거실 居室, 교실 敎室, 밀실 密室, 병실 病室, 실내 室內, 온실 溫室, 욕실 浴室, 침실 寢室, 화실 畫室
- **활용**: 겨울에는 溫室(온실)에서 채소를 재배한다.

유 家 집 가, 堂 집 당

失 잃을 실 (6급)
부 大 / 총 5

- **읽기**: 紛失 분실, 喪失 상실, 失戀 실연, 失策 실책
- **쓰기**: 과실 過失, 실기 失機, 실례 失禮, 실성 失性, 실수 失手, 실업 失業, 실점 失點, 실정 失政, 실직 失職, 실패 失敗
- **활용**: 동료의 失手(실수)를 너그럽게 용서해 주어라.

상 得 얻을 득
유 損 덜 손, 過 지날 과, 喪 잃을 상

實 열매 실 (5급II)
부 宀 / 총 14 / 약 実

- **읽기**: 篤實 독실, 梅實 매실, 實像 실상, 實踐 실천, 實吐 실토
- **쓰기**: 견실 堅實, 결실 結實, 사실 事實, 실습 實習, 실적 實績, 실존 實存, 실증 實證, 실현 實現, 실형 實刑, 충실 忠實
- **활용**: 사건의 목격자는 事實(사실)을 그대로 전달하였다.

상 虛 빌 허
유 果 실과 과

心 마음 심 (7급)
부 心 / 총 4

- **읽기**: 邪心 사심, 心琴 심금, 心靈 심령, 心臟 심장, 心醉 심취
- **쓰기**: 관심 關心, 상심 傷心, 심경 心境, 심란 心亂, 심려 心慮, 심성 心性, 심증 心證, 양심 良心, 진심 眞心, 핵심 核心
- **활용**: 외삼촌은 心性(심성)이 고운 여자와 결혼하였다.

상 身 몸 신, 體 몸 체, 物 물건 물

深 깊을 심 (4급II)
부 水 / 총 11

- **읽기**: 深耕 심경, 甚深 심심, 深醉 심취, 深思熟考 심사숙고
- **쓰기**: 수심 水深, 심각 深刻, 심도 深度, 심야 深夜, 심의 深意, 심층 深層, 심해 深海, 심화 深化, 심호흡 深呼吸
- **활용**: 이곳의 대기는 생활에 영향을 줄 정도로 深刻(심각)하게 오염되었다.

상 淺 얕을 천

審 (3급II, 부 宀, 총 15) 살필 심(:)

읽기: 結審 결심 球審 구심 審理 심리 審問 심문 審査 심사 審議 심의 審察 심찰 審判 심판 豫審 예심 誤審 오심 原審 원심 再審 재심 主審 주심 審美眼 심미안

활용: 심판의 편파적인 誤審(오심)으로 우리 선수가 억울하게 탈락하였다.

甚 (3급II, 부 甘, 총 9) 심할 심:

읽기: 激甚 격심 極甚 극심 甚難 심난 甚大 심대 甚暑 심서 甚深 심심 甚惡 심악 甚嚴 심엄 已甚 이심 太甚 태심 幸甚 행심 甚至於 심지어

활용: 極甚(극심)한 추위와 배고픔을 견디지 못해 결국 등반을 포기하였다.

尋 (3급, 부 寸, 총 12) 찾을 심

읽기: 巡尋 순심 尋問 심문 尋訪 심방 尋思 심사 尋常 심상 尋人 심인 尋討 심토 研尋 연심 千尋 천심 推尋 추심 尋章摘句 심장적구

활용: 은행이 의뢰인으로부터 推尋(추심) 수수료를 징수하였다.

유 訪 찾을 방

十 (8급, 부 十, 총 2) 열 십

읽기: 十字架 십자가 十年減壽 십년감수

쓰기: 십간 十干 십걸 十傑 십계 十戒 십년 十年 십대 十代 십분 十分 십지 十指 십장생 十長生 적십자 赤十字

활용: 진수에게서 十年(십년) 동안이나 연락이 없다.

雙 (3급II, 부 隹, 총 18, 약 双) 두·쌍 쌍

읽기: 無雙 무쌍 雙童 쌍동 雙龍 쌍룡 雙林 쌍림 雙發 쌍발 雙方 쌍방 雙手 쌍수 雙曲線 쌍곡선 雙拳銃 쌍권총 雙罰罪 쌍벌죄 雙眼鏡 쌍안경 變化無雙 변화무쌍

활용: 올해 봄 날씨는 예측할 수 없을 정도로 變化無雙(변화무쌍)하였다.

4급	부 氏	총 4
각시·성씨 **씨**

상 姓 성 성

읽기 諸氏 제씨

쓰기 계씨 季氏 성씨 姓氏 씨명 氏名 씨족 氏族 제씨 弟氏
종씨 宗氏 무명씨 無名氏 씨족사회 氏族社會

활용 옛시조 중에는 無名氏(무명씨)의 작품이 많다.

氏 氏 氏 氏   姓氏 氏族

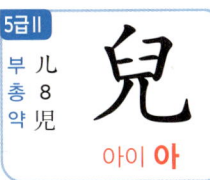

5급II	부 儿	총 8	약 児
아이 **아**

유 童 아이 동

읽기 棄兒 기아 兒役 아역 幼兒 유아 未熟兒 미숙아

쓰기 고아 孤兒 산아 産兒 소아 小兒 아동 兒童 원아 園兒
육아 育兒 우량아 優良兒 풍운아 風雲兒 행운아 幸運兒

활용 쌍둥이를 출산한 후 育兒(육아) 휴직을 신청하였다.

兒 兒 兒 兒 兒 兒   孤兒 育兒

아

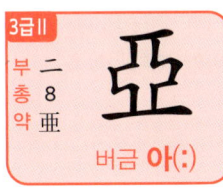

3급II	부 二	총 8	약 亜
버금 **아(:)**

읽기 亞流 아류 亞目 아목 亞聖 아성 亞鉛 아연 亞洲 아주
亞獻 아헌 露西亞 노서아 東南亞 동남아 東北亞 동북아
亞細亞 아세아 亞熱帶 아열대

활용 일본 만화의 亞流(아류) 작품들이 인터넷에 떠돌고 있다.

亞 亞 亞 亞 亞 亞 亞

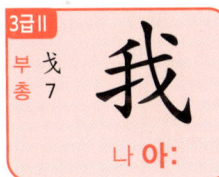

3급II	부 戈	총 7
나 **아:**

상 彼 저 피

읽기 沒我 몰아 小我 소아 我國 아국 我軍 아군 我意 아의
我執 아집 自我 자아 無我境 무아경 彼我間 피아간
物我一體 물아일체 我田引水 아전인수

활용 그는 我執(아집)이 강해서 평생 누구의 말도 듣지 않았다.

我 我 我 我 我 我

3급II	부 牙	총 4
어금니 **아**

읽기 大牙 대아 毒牙 독아 象牙 상아 牙器 아기 牙旗 아기
牙輪 아륜 牙城 아성 牙音 아음 牙錢 아전 齒牙 치아
象牙塔 상아탑 西班牙 서반아

활용 대학은 학문과 진리를 탐구하는 象牙塔(상아탑)이다.

牙 牙 牙 牙

芽 싹 아
3급II 부 艸 총 8

읽기: 冬芽 동아, 豆芽 두아, 麥芽 맥아, 發芽 발아, 新芽 신아, 芽生 아생, 葉芽 엽아, 肉芽 육아, 主芽 주아, 草芽 초아, 出芽 출아, 花芽 화아

활용: 이 술은 麥芽(맥아)에 효모를 넣어 발효시켜 만든 것이다.

阿 언덕 아
3급II 부 阜 총 8

읽기: 阿丘 아구, 阿附 아부, 阿鼻 아비, 阿世 아세, 阿從 아종, 阿片 아편, 阿房宮 아방궁, 阿修羅 아수라, 阿片中毒 아편중독

활용: 阿片(아편)을 밀거래하던 일당이 검거되었다.

雅 맑을 아(:)
3급II 부 隹 총 12

읽기: 高雅 고아, 端雅 단아, 秀雅 수아, 雅潔 아결, 雅淡 아담, 雅量 아량, 雅樂 아악, 雅正 아정, 雅兄 아형, 雅號 아호, 優雅 우아, 淸雅 청아

활용: 그녀는 뛰어난 미인은 아니지만 端雅(단아)한 매력을 지녔다.

餓 주릴 아:
3급 부 食 총 16

유 飢 주릴 기

읽기: 飢餓 기아, 凍餓 동아, 餓鬼 아귀, 餓倒 아도, 餓死 아사, 餓殺 아살, 寒餓 한아, 餓鬼道 아귀도, 餓死線上 아사선상, 餓死之境 아사지경

활용: 아프리카에 사는 어린아이들은 飢餓(기아)에 허덕이고 있다.

惡 악할 악/미워할 오
5급II 부 心 총 12 약 悪

상 善 착할 선, 愛 사랑 애, 好 좋을 호, 美 아름다울 미
유 憎 미울 증

읽기: 惡鬼 악귀, 惡靈 악령, 惡夢 악몽, 惡妻 악처, 憎惡 증오

쓰기: 발악 發惡, 악당 惡黨, 악법 惡法, 악용 惡用, 악평 惡評, 악필 惡筆, 악형 惡刑, 악화 惡化, 죄악 罪惡, 해악 害惡

활용: 소녀는 그날 이후 병이 惡化(악화)되어 오늘 아침에 숨졌다.

3급 岳 큰산 악
부 山 / 총 8

읽기: 南岳 남악　大岳 대악　山岳 산악　岳頭 악두　岳母 악모　岳父 악부　岳丈 악장　楓岳 풍악　冠岳山 관악산　北岳山 북악산　山岳會 산악회

활용: 산악인은 지세가 험준한 山岳(산악)을 잘 오르내린다.

岳 岳 岳 岳 岳 岳 岳

7급Ⅱ 安 편안 안
부 宀 / 총 6

읽기: 安寧 안녕　安逸 안일　安葬 안장　坐不安席 좌불안석

쓰기: 문안 問安　안부 安否　안식 安息　안심 安心　안위 安危　안이 安易　안전 安全　안정 安定　안주 安住　편안 便安

활용: 그들은 은퇴 후 고향에 돌아가 便安(편안)한 여생을 보냈다.

상 危 위태할 위
유 寧 편안 녕, 便 편할 편

安 安 安 安 安 安　　安否　安全

5급 案 책상 안:
부 木 / 총 10

읽기: 懸案 현안　妥協案 타협안

쓰기: 고안 考案　답안 答案　대안 對案　묘안 妙案　방안 方案　안내 案內　안건 案件　원안 原案　제안 提案　초안 草案

활용: 문제를 해결할 妙案(묘안)이 떠오르지 않았다.

案 案 案 案 案 案 案 案 案 案　　答案　妙案

4급Ⅱ 眼 눈 안:
부 目 / 총 11

읽기: 眼疾 안질　慧眼 혜안　雙眼鏡 쌍안경　眼高手卑 안고수비

쓰기: 개안 開眼　노안 老眼　안경 眼鏡　안과 眼科　안구 眼球　안대 眼帶　안목 眼目　안약 眼藥　육안 肉眼　착안 着眼

활용: 스님은 앞날을 내다볼 줄 아는 慧眼(혜안)을 갖고 있었다.

유 目 눈 목

眼 眼 眼 眼 眼 眼 眼 眼 眼　　眼鏡　肉眼

3급Ⅱ 岸 언덕 안:
부 山 / 총 8

읽기: 對岸 대안　西岸 서안　岸壁 안벽　兩岸 양안　沿岸 연안　彼岸 피안　海岸 해안　南海岸 남해안　東海岸 동해안　海岸線 해안선

활용: 우리는 海岸(해안) 도로를 따라 펼쳐지는 자연 풍경에 감탄하였다.

岸 岸 岸 岸 岸 岸 岸

3급II 부 頁 총 18	顔 낯 안:
유 面 낯 면, 容 얼굴 용	

읽기 童顔 동안 無顔 무안 顔料 안료 顔面 안면 顔色 안색
龍顔 용안 破顔 파안 紅顔 홍안 顔面薄待 안면박대
破顔大笑 파안대소 厚顔無恥 후안무치

활용 그녀는 순간 顔色(안색)이 창백해지면서 입술이 파래졌다.

3급 부 隹 총 12	雁 기러기 안:
유 鴻 기러기 홍	

읽기 木雁 목안 白雁 백안 雁奴 안노 雁堂 안당 雁使 안사
雁書 안서 雁信 안신 雁足 안족 雁柱 안주 雁陳 안진
雁行 안항 鴻雁 홍안 候雁 후안

활용 큰 기러기와 작은 기러기를 아울러 鴻雁(홍안)이라고 한다.

3급 부 言 총 16	謁 뵐 알

읽기 內謁 내알 面謁 면알 拜謁 배알 上謁 상알 謁告 알고
謁廟 알묘 謁聖 알성 謁見 알현 請謁 청알 謁聖試 알성시
謁聖及第 알성급제

활용 사제들은 아침에 교황을 謁見(알현)하고 돌아왔다.

4급II 부 日 총 13	暗 어두울 암:
상 明 밝을 명 유 冥 어두울 명	

읽기 暗影 암영 暗行御史 암행어사
쓰기 명암 明暗 암기 暗記 암산 暗算 암살 暗殺 암시 暗示
암투 暗鬪 암호 暗號 암흑 暗黑 암거래 暗去來

활용 승강기에 갇힌 주민들이 30분 동안 暗黑(암흑) 속에 있었다.

3급II 부 山 총 23 약 岩	巖 바위 암
유 石 돌 석	

읽기 怪巖 괴암 奇巖 기암 巖盤 암반 巖壁 암벽 巖石 암석
巖刻畫 암각화 沈積巖 침적암 奇巖怪石 기암괴석
奇巖絶壁 기암절벽

활용 아버지의 유일한 취미 활동은 巖壁(암벽)을 오르는 것이다.

읽기 壓倒 압도　壓迫 압박　抑壓 억압　鎭壓 진압

쓰기 강압 強壓　기압 氣壓　압권 壓卷　압축 壓縮　전압 電壓
제압 制壓　탄압 彈壓　혈압 血壓　고기압 高氣壓

활용 고도가 높아지면 氣壓(기압)이 낮아져 호흡이 가빠진다.

壓 壓 壓 壓 壓 壓 壓 壓 壓 壓 壓 壓

유 抑 누를 억

읽기 手押 수압　押交 압교　押領 압령　押留 압류　押送 압송
押收 압수　押韻 압운　押印 압인　押紙 압지　差押 차압
假押留 가압류

활용 한시의 押韻(압운)에서 독특한 리듬감이 느껴진다.

押 押 押 押 押 押 押

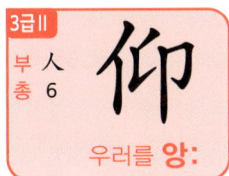

읽기 敬仰 경앙　高仰 고앙　慕仰 모앙　崇仰 숭앙　信仰 신앙
仰望 앙망　仰射 앙사　仰請 앙청　仰祝 앙축　推仰 추앙
仰天大笑 앙천대소

활용 국민은 전쟁에서 이기고 돌아온 장군을 영웅으로 推仰(추앙)하였다.

仰 仰 仰 仰 仰 仰

읽기 中央 중앙　震央 진앙　中央部 중앙부　中央線 중앙선
中央廳 중앙청　中央政府 중앙정부　中央集權 중앙집권
中央統制 중앙통제　中央集權制 중앙집권제

활용 그는 복잡한 거리의 中央(중앙)에 서 있었다.

央 央 央 央 央

유 中 가운데 중

읽기 百殃 백앙　殃慶 앙경　殃及 앙급　殃禍 앙화　餘殃 여앙
災殃 재앙　天殃 천앙　殃及子孫 앙급자손　殃及池魚 앙급지어

활용 災殃(재앙)은 눈썹에서 떨어진다는 말이 있으니 늘 조심해야 한다.

殃 殃 殃 殃 殃 殃 殃

유 災 재앙 재, 禍 재앙 화

愛 사랑 애(:)
6급 부 心 총 13

- 상: 憎 미울 증, 惡 미워할 오
- 유: 慕 그릴 모, 戀 그릴 련

읽기: 戀愛 연애, 慈愛 자애, 割愛 할애, 愛之重之 애지중지

쓰기: 구애 求愛, 애견 愛犬, 애국 愛國, 애독 愛讀, 애용 愛用, 애인 愛人, 애정 愛情, 애호 愛好, 열애 熱愛, 우애 友愛

활용: 어머니께서는 늘 국산품을 愛用(애용)하신다.

哀 슬플 애
3급II 부 口 총 9

- 상: 樂 즐길 락, 歡 기쁠 환
- 유: 悲 슬플 비

읽기: 悲哀 비애, 哀歌 애가, 哀戀 애련, 哀慕 애모, 哀惜 애석, 哀訴 애소, 哀愁 애수, 哀願 애원, 哀切 애절, 哀調 애조, 哀痛 애통, 哀歡 애환, 喜怒哀樂 희로애락

활용: 그녀에게 떠나지 말라고 哀願(애원)했지만 아무 소용이 없었다.

涯 물가 애
3급 부 水 총 11

읽기: 境涯 경애, 無涯 무애, 生涯 생애, 水涯 수애, 涯角 애각, 涯岸 애안, 涯際 애제, 涯限 애한, 天涯 천애, 公生涯 공생애, 半生涯 반생애, 私生涯 사생애

활용: 그는 올림픽에서 금메달을 따던 때를 生涯(생애) 최고의 순간으로 기억한다.

液 진액
4급II 부 水 총 11

읽기: 液肥 액비, 湯液 탕액, 不凍液 부동액

쓰기: 독액 毒液, 송액 松液, 수액 樹液, 액량 液量, 액체 液體, 액화 液化, 혈액 血液, 소화액 消化液, 혈액검사 血液檢查

활용: 수은은 상온에서 液體(액체) 상태로 존재한다.

額 이마 액
4급 부 頁 총 18

쓰기: 감액 減額, 거액 巨額, 고액 高額, 금액 金額, 반액 半額, 소액 少額, 액면 額面, 액수 額數, 액자 額子, 잔액 殘額, 전액 全額, 정액 定額, 증액 增額, 차액 差額, 총액 總額

활용: 그녀의 말을 額面(액면) 그대로 믿어서는 안 된다.

3급 부 厂 총 4

厄

액 **액**

유 災 재앙 **재**, 禍 재앙 **화**

읽기 困厄 곤액 厄苦 액고 厄氣 액기 厄年 액년 厄運 액운 厄禍 액화 災厄 재액 橫厄 횡액 落眉之厄 낙미지액 送厄迎福 송액영복 橫來之厄 횡래지액

활용 厄運(액운)은 모두 이 연에 실어 날려 보내라.

厄 厄 厄 厄

厄

6급 부 夕 총 8

夜

밤 **야:**

상 晝 낮 **주**

읽기 徹夜 철야 夜盲症 야맹증 錦衣夜行 금의야행

쓰기 백야 白夜 심야 深夜 야간 夜間 야경 夜景 야광 夜光 야근 夜勤 야도 夜盜 야식 夜食 야학 夜學 주야 晝夜

활용 그는 십 년째 晝夜(주야) 교대로 근무하고 있다.

夜 夜 夜 夜 夜 夜 夜 夜

夜 夜光 晝夜

6급 부 里 총 11

野

들 **야:**

상 與 더불·줄 **여**
유 郊 들 **교**

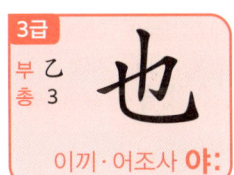

읽기 野薄 야박 野卑 야비 野獸 야수 野慾 야욕 野菜 야채

쓰기 광야 廣野 시야 視野 야담 野談 야망 野望 야생 野生 야속 野俗 야영 野營 야외 野外 야합 野合 여야 與野

활용 그녀는 나의 부탁을 野薄(야박)하게 거절하였다.

野 野 野 野 野 野 野 野 野 野 野

野 野生 野外

3급 부 乙 총 3

也

이끼·어조사 **야:**

읽기 也帶 야대 必也 필야 或也 혹야 及其也 급기야 也無妨 야무방 也乎哉 야호재 獨也青青 독야청청 言則是也 언즉시야

활용 말다툼하던 그들은 及其也(급기야) 몸싸움까지 하였다.

也 也 也

也

3급 부 耳 총 9

耶

어조사 **야**

읽기 賴耶 뇌야 耶蘇 야소 徐耶伐 서야벌 耶華和 야화화 有耶無耶 유야무야 千耶萬耶 천야만야

활용 이 사건을 有耶無耶(유야무야) 덮어 버리면 안 된다.

耶 耶 耶 耶 耶 耶 耶 耶 耶

耶

弱 약할 약
- 6급II
- 부 弓 / 총 10
- 상 強 강할 강

읽기: 微弱 미약, 薄弱 박약, 衰弱 쇠약, 弱冠 약관, 軟弱 연약
쓰기: 강약 強弱, 빈약 貧弱, 약골 弱骨, 약소 弱小, 약점 弱點, 약질 弱質, 약화 弱化, 허약 虛弱, 노약자 老弱者
활용: 할머니께서는 오랜 병치레로 몸이 衰弱(쇠약)해지셨다.

藥 약 약
- 6급II
- 부 艸 / 총 19
- 약 薬

읽기: 補藥 보약, 賜藥 사약, 靈藥 영약, 坐藥 좌약, 丸藥 환약
쓰기: 극약 劇藥, 독약 毒藥, 묘약 妙藥, 안약 眼藥, 약국 藥局, 약사 藥師, 약재 藥材, 약주 藥酒, 약효 藥效, 폭약 爆藥
활용: 할아버지께서는 식사하실 때 藥酒(약주)를 한 잔씩 하신다.

約 맺을 약
- 5급II
- 부 糸 / 총 9
- 유 契 맺을 계, 束 묶을 속

읽기: 契約 계약, 盟約 맹약, 百年佳約 백년가약
쓰기: 규약 規約, 기약 期約, 선약 先約, 약속 約束, 약정 約定, 약혼 約婚, 예약 豫約, 절약 節約, 조약 條約, 청약 請約
활용: 그녀는 節約(절약)하는 습관이 몸에 배어 있다.

若 같을 약/반야 야
- 3급II
- 부 艸 / 총 9

읽기: 蘭若 난야, 萬若 만약, 般若 반야, 若干 약간, 若年 약년, 若是 약시, 若此 약차, 若何 약하, 若或 약혹, 自若 자약, 明若觀火 명약관화, 傍若無人 방약무인, 泰然自若 태연자약
활용: 그는 많은 청중 앞에서 若干(약간) 긴장하는 듯하였다.

躍 뛸 약
- 3급
- 부 足 / 총 21
- 유 跳 뛸 도

읽기: 跳躍 도약, 飛躍 비약, 暗躍 암약, 躍動 약동, 躍進 약진, 一躍 일약, 活躍 활약, 猛活躍 맹활약, 各個躍進 각개약진, 暗中飛躍 암중비약
활용: 이번 연주회는 그녀가 세계 무대로 跳躍(도약)할 수 있는 발판이 될 것이다.

6급	읽기	洋弓 양궁 洋琴 양금 洋裁 양재
부 水	쓰기	동양 東洋 서양 西洋 양복 洋服 양약 洋藥 양옥 洋屋
총 9		양은 洋銀 양장 洋裝 양주 洋酒 태평양 太平洋
큰바다 양	활용	어머니께서는 문화센터에서 패션 洋裁(양재)를 배우신다.

유 海 바다 해

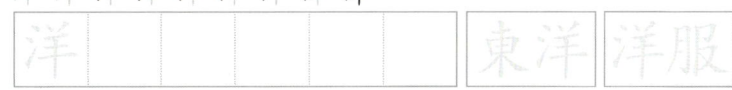

6급	읽기	斜陽 사양 陽曆 양력 陽春佳節 양춘가절
부 阜	쓰기	석양 夕陽 양각 陽刻 양극 陽極 양기 陽氣 양수 陽數
총 12		양지 陽地 음양 陰陽 태양 太陽 한양 漢陽 양성화 陽性化
볕 양	활용	작가는 夕陽(석양)의 아름다움을 시로 표현하였다.

상 陰 그늘 음
유 景 볕 경

5급II	읽기	供養 공양 培養 배양 扶養 부양 養豚 양돈 養蜂 양봉
부 食	쓰기	교양 敎養 소양 素養 수양 修養 양계 養鷄 양병 養兵
총 15		양분 養分 양성 養成 양육 養育 양호 養護 영양 營養
기를 양:	활용	식물은 필요한 養分(양분)을 물과 햇빛에서 얻는다.

유 育 기를 육

4급II	읽기	綿羊 면양 羊皮 양피 羊頭狗肉 양두구육
부 羊	쓰기	견양 犬羊 목양 牧羊 백양 白羊 산양 山羊 양모 羊毛
총 6		양육 羊肉 우양 牛羊 산양유 山羊乳 구절양장 九折羊腸
양 양	활용	며칠 전 멸종 위기인 山羊(산양)의 모습이 카메라에 포착되었다.

4급	쓰기	각양 各樣 다양 多樣 매양 每樣 모양 模樣 문양 文樣
부 木		별양 別樣 양상 樣相 양식 樣式 양태 樣態 외양 外樣
총 15		각양각색 各樣各色 건축양식 建築樣式
모양 양	활용	독특한 文樣(문양)이 새겨진 천들이 가게 안에 가득하였다.

유 態 모습 태

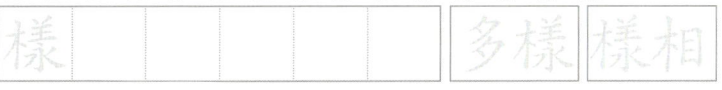

壤

3급II 부 土 총 20 약 壌
흙덩이 **양:**
유 土 흙 토

읽기: 擊壤 격양 雲壤 운양 赤壤 적양 天壤 천양 泉壤 천양 土壤 토양 平壤 평양 黃壤 황양 沙壤土 사양토 天壤之差 천양지차

활용: 그 지역은 土壤(토양)이 척박해서 작물을 재배하기 힘들다.

揚

3급II 부 手 총 12
날릴 **양**
상 抑 누를 억

읽기: 高揚 고양 浮揚 부양 宣揚 선양 揚陸 양륙 揚名 양명 揚揚 양양 抑揚 억양 引揚 인양 止揚 지양 讚揚 찬양 揚水機 양수기 讚揚隊 찬양대 立身揚名 입신양명

활용: 꼭 경기에서 우승하여 국위를 宣揚(선양)하도록 하자.

讓

3급II 부 言 총 24 약 譲
사양할 **양:**
유 謙 겸손할 겸

읽기: 謙讓 겸양 敬讓 경양 分讓 분양 辭讓 사양 讓渡 양도 讓步 양보 讓受 양수 讓與 양여 讓位 양위 禮讓 예양 移讓 이양 辭讓之心 사양지심

활용: 교통이 혼잡한 때일수록 서로 讓步(양보)하고 배려하는 운전이 필요하다.

楊

3급 부 木 총 13
버들 **양**
유 柳 버들 류

읽기: 白楊 백양 垂楊 수양 水楊 수양 楊柳 양류 楊洲 양주 楊枝 양지 赤楊 적양 白楊木 백양목 楊貴妃 양귀비

활용: 楊貴妃(양귀비)는 양귀비과의 한해살이풀이다.

語

7급 부 言 총 14
말씀 **어:**
유 言 말씀 언, 辭 말씀 사

읽기: 語幹 어간 語尾 어미 修飾語 수식어 失語症 실어증

쓰기: 경어 敬語 국어 國語 단어 單語 성어 成語 속어 俗語 어감 語感 어군 語群 어두 語頭 언어 言語 은어 隱語

활용: 각 나라의 言語(언어)에는 그 나라의 문화가 깃들어 있다.

5급 부 水 총 14 / 漁 / 고기잡을 **어**

읽기 漁獲 어획 漁父之利 어부지리

쓰기 어구 漁具 어부 漁夫 어선 漁船 어업 漁業 어항 漁港
어황 漁況 출어 出漁 풍어 豊漁 원양어업 遠洋漁業

활용 그는 고향으로 돌아가 작은 漁船(어선) 한 척을 샀다.

漁 漁 漁 漁 漁 漁 漁 漁 漁 漁 漁

| 漁 | | | | | | | 漁夫 | 漁船 |

5급 부 魚 총 11 / 魚 / 고기·물고기 **어**

읽기 洪魚 홍어 乾魚物 건어물 水魚之交 수어지교

쓰기 북어 北魚 어란 魚卵 어류 魚類 어분 魚粉 어안 魚眼
어족 魚族 어종 魚種 활어 活魚 연목구어 緣木求魚

활용 그와 나는 水魚之交(수어지교)와 같은 만남이다.

魚 魚 魚 魚 魚 魚 魚 魚 魚 魚

| 魚 | | | | | | | 魚卵 | 魚類 |

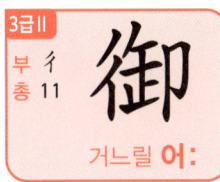

3급II 부 彳 총 11 / 御 / 거느릴 **어:**

읽기 御命 어명 御使 어사 御用 어용 御前 어전 御酒 어주
制御 제어 通御 통어 御史花 어사화 暗行御史 암행어사
御用學者 어용학자

활용 임금은 장원급제를 한 사람에게 御史花(어사화)를 내렸다.

御 御 御 御 御 御 御 御 御 御

| 御 | | | | | | | | |

3급 부 方 총 8 / 於 / 어조사 **어**/탄식할 **오**

읽기 於心 어심 於焉 어언 甚至於 심지어 於其中 어기중
於相半 어상반 於是乎 어시호 於焉間 어언간
於中間 어중간 於此彼 어차피 於東於西 어동어서

활용 시간이 於此彼(어차피) 늦었으니 그녀는 더 놀고 갈 생각이었다.

於 於 於 於 於 於 於

| 於 | | | | | | | | |

5급 부 人 총 15 / 億 / 억 **억**

읽기 億臺 억대 億兆 억조 億兆蒼生 억조창생

쓰기 수억 數億 십억 十億 억년 億年 억대 億代 억만 億萬
억만장자 億萬長者

활용 누가 億萬(억만) 금을 준다 하여도 내 강아지와 바꾸지 않을 것이다.

億 億 億 億 億 億 億 億 億 億

| 億 | | | | | | | 數億 | 億萬 |

3급II 부 心 총 16	憶 생각할 억	읽기	記憶 기억 憶起 억기 憶念 억념 追憶 추억 回憶 회억 記憶力 기억력 記憶喪失 기억상실 記憶素子 기억소자
		활용	그녀들은 학창 시절을 追憶(추억)하면서 이야기 나누었다.

憶 憶 憶 憶 憶 憶 憶 憶 憶 憶 憶

3급II 부 手 총 7	抑 누를 억	읽기	抑留 억류 抑佛 억불 抑壓 억압 抑揚 억양 抑制 억제 抑止 억지 抑奪 억탈 抑揚法 억양법 抑強扶弱 억강부약 抑何心情 억하심정
		활용	그는 강한 경상도 抑揚(억양) 때문에 아나운서 시험에 낙방하였다.

상 揚 날릴 양
유 壓 누를 압

抑 抑 抑 抑 抑 抑 抑

6급 부 言 총 7	言 말씀 언	읽기	妄言 망언 附言 부언 言及 언급 言渡 언도
		쓰기	격언 格言 단언 斷言 선언 宣言 언동 言動 언변 言辯 언약 言約 언행 言行 예언 豫言 중언부언 重言復言
		활용	言行(언행)을 신중하게 하는 사람은 실수가 적다.

유 語 말씀 어, 談 말씀 담,
說 말씀 설, 話 말씀 화,
辭 말씀 사

言 言 言 言 言 言 言

3급 부 火 총 11	焉 어찌 언	읽기	於焉 어언 焉烏 언오 終焉 종언 於焉間 어언간 焉敢生心 언감생심 焉哉乎也 언재호야
		활용	우리 회사가 큰 회사와 경쟁하는 것은 焉敢生心(언감생심)이다.

유 那 어찌 나, 何 어찌 하

焉 焉 焉 焉 焉 焉 焉 焉 焉 焉

4급 부 口 총 20 약 厳	嚴 엄할 엄	읽기	謹嚴 근엄 森嚴 삼엄 莊嚴 장엄 俊嚴 준엄
		쓰기	냉엄 冷嚴 무엄 無嚴 엄격 嚴格 엄계 嚴戒 엄밀 嚴密 엄벌 嚴罰 엄선 嚴選 엄수 嚴守 엄숙 嚴肅 위엄 威嚴
		활용	교수님은 우리가 제출한 리포트를 嚴密(엄밀)히 검토하셨다.

유 肅 엄숙할 숙

嚴 嚴 嚴 嚴 嚴 嚴 嚴 嚴 嚴 嚴 嚴

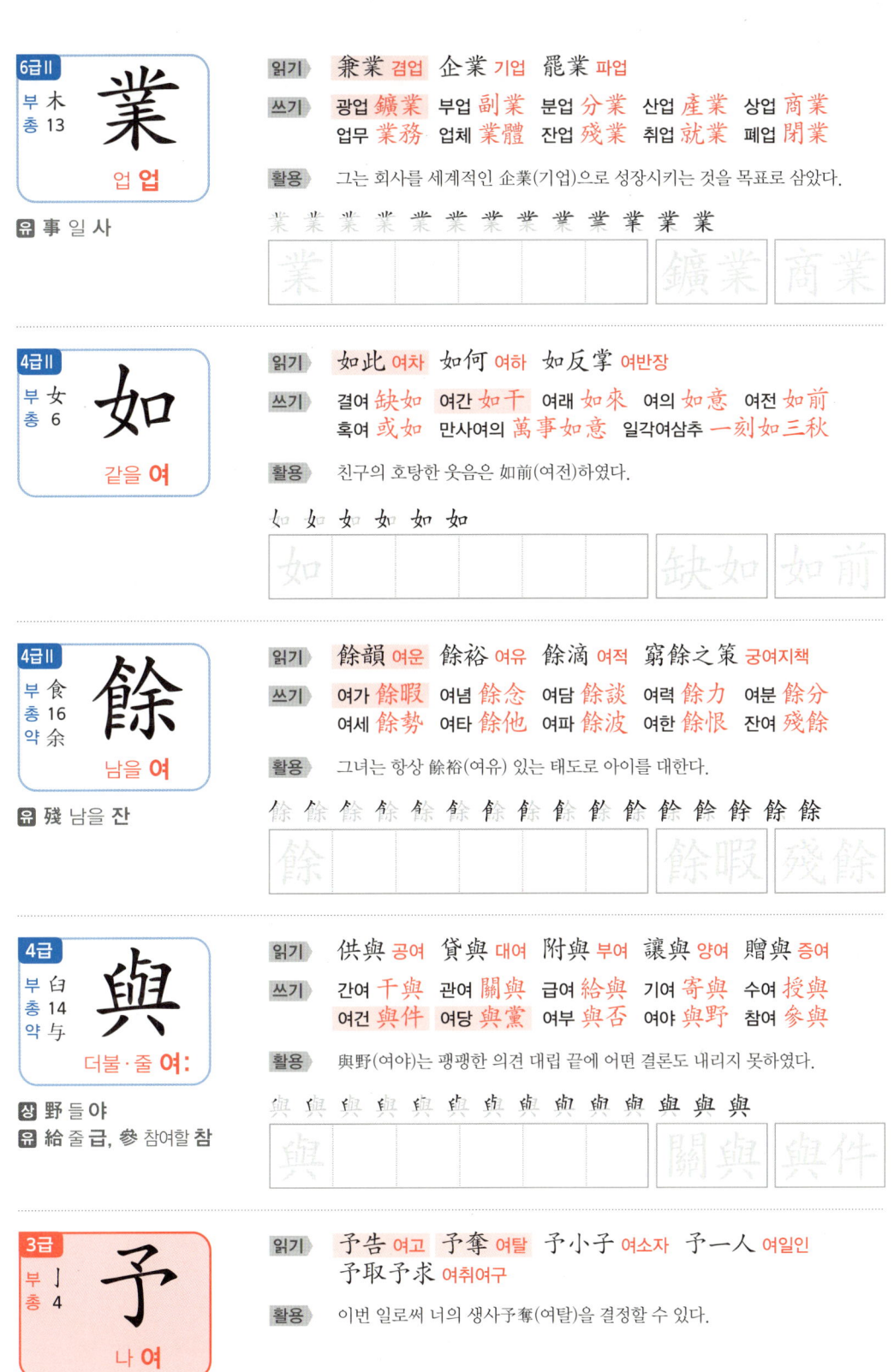

余 (나 여) — 3급, 部 人, 總 7

읽기: 余年 여년, 余等 여등, 余輩 여배, 余月 여월
활용: 음력 4월을 달리 이르는 말은 余月(여월)이다.

汝 (너 여:) — 3급, 部 水, 總 6

읽기: 汝等 여등, 汝輩 여배, 汝矣島 여의도, 汝矣島洞 여의도동
활용: 국회의사당은 영등포구 汝矣島(여의도)에 있다.

輿 (수레 여:) — 3급, 部 車, 總 17

읽기: 權輿 권여, 喪輿 상여, 乘輿 승여, 輿梁 여량, 輿論 여론, 輿望 여망, 輿地 여지, 輿論調査 여론조사, 輿論操作 여론조작, 大東輿地圖 대동여지도
활용: 교내 폭행 사건의 진상을 밝히라는 輿論(여론)이 일고 있다.

逆 (거스릴 역) — 4급Ⅱ, 部 辵, 總 10

읽기: 莫逆 막역, 叛逆 반역, 附逆 부역, 逆謀 역모, 逆襲 역습
쓰기: 거역 拒逆, 역경 逆境, 역광 逆光, 역류 逆流, 역설 逆說, 역적 逆賊, 역전 逆轉, 역정 逆情, 역풍 逆風, 역행 逆行
활용: 그는 뛰어난 순발력으로 상대를 逆襲(역습)하는 축구를 구사한다.

상 順 순할 순

域 (지경 역) — 4급, 部 土, 總 11

쓰기: 광역 廣域, 구역 區域, 묘역 墓域, 서역 西域, 성역 聖域, 수역 水域, 영역 領域, 유역 流域, 음역 音域, 이역 異域, 전역 全域, 지역 地域, 해역 海域, 지역사회 地域社會
활용: 국회의원은 地域社會(지역사회) 발전을 위해 전 재산을 기증하였다.

유 界 지경 계, 境 지경 경

易 바꿀 역/쉬울 이: [4급, 부 日, 총 8]

읽기: 貿易 무역   密貿易 밀무역   易地思之 역지사지

쓰기: 간이 簡易   교역 交易   난이 難易   안이 安易   역경 易經
역서 易書   역학 易學   용이 容易   주역 周易   평이 平易

활용: 온도를 일정하게 유지하면 실험을 容易(용이)하게 할 수 있다.

상: 難 어려울 난
유: 貿 무역할 무

亦 또 역 [3급Ⅱ, 부 亠, 총 6]

읽기: 其亦 기역   亦是 역시   亦然 역연   此亦 차역   其亦是 기역시
亦如是 역여시   此亦是 차역시   亦參其中 역참기중

활용: 네가 싫다면 나도 亦是(역시) 싫다.

役 부릴 역 [3급Ⅱ, 부 彳, 총 7]

읽기: 苦役 고역   勞役 노역   端役 단역   代役 대역   配役 배역
兵役 병역   服役 복역   使役 사역   惡役 악역   役軍 역군
役事 역사   役割 역할   用役 용역   雜役 잡역   轉役 전역

활용: 그는 다수의 작품에서 소름 끼치는 惡役(악역) 연기를 선보였다.

유: 使 부릴 사

疫 전염병 역 [3급Ⅱ, 부 疒, 총 9]

읽기: 檢疫 검역   免疫 면역   防疫 방역   獸疫 수역   疫鬼 역귀
疫病 역병   疫神 역신   疫疾 역질   疫學 역학   紅疫 홍역
檢疫所 검역소   免疫力 면역력   終生免疫 종생면역

활용: 그녀는 몸이 허약해지면서 免疫力(면역력)도 떨어졌다.

譯 번역할 역 [3급Ⅱ, 부 言, 총 20, 약 訳]

읽기: 國譯 국역   內譯 내역   對譯 대역   飜譯 번역   佛譯 불역
新譯 신역   譯書 역서   譯者 역자   誤譯 오역   完譯 완역
意譯 의역   重譯 중역   直譯 직역   抄譯 초역   通譯 통역

활용: 誤譯(오역)이 심한 이 번역 소설은 다시 출판되어야 한다.

유: 飜 번역할 번

驛 역 역 (3급II, 부 馬, 총 23, 약 駅)

읽기: 驛馬 역마, 驛夫 역부, 驛舍 역사, 驛員 역원, 驛長 역장, 驛前 역전, 驛卒 역졸, 簡易驛 간이역, 驛務員 역무원, 終着驛 종착역, 驛傳競走 역전경주

활용: 우리는 낡고 조그만 簡易驛(간이역)에서 만나기로 하였다.

然 그럴 연 (7급, 부 火, 총 12)

읽기: 突然 돌연, 釋然 석연, 偶然 우연, 超然 초연, 忽然 홀연

쓰기: 과연 果然, 단연 斷然, 당연 當然, 미연 未然, 숙연 肅然, 완연 完然, 의연 依然, 천연 天然, 은연중 隱然中

활용: 그는 사고 이후 忽然(홀연) 종적을 감추었다.

演 펼 연: (4급II, 부 水, 총 14)

읽기: 演奏 연주

쓰기: 강연 講演, 공연 公演, 연극 演劇, 연기 演技, 연단 演壇, 연사 演士, 연설 演說, 주연 主演, 예행연습 豫行演習

활용: 그 배우는 신인인데도 演技(연기)가 자연스러웠다.

煙 연기 연 (4급II, 부 火, 총 13)

읽기: 煙幕 연막, 煙霧 연무

쓰기: 금연 禁煙, 무연 無煙, 애연 愛煙, 연경 煙景, 연기 煙氣, 연월 煙月, 연초 煙草, 흑연 黑煙, 흡연 吸煙, 무연탄 無煙炭

활용: 아니 땐 굴뚝에 煙氣(연기) 날까?

硏 갈 연: (4급II, 부 石, 총 11, 약 研)

읽기: 硏磨 연마

쓰기: 연구 硏究, 연수 硏修, 연구생 硏究生, 연구소 硏究所, 연구원 硏究員, 연수원 硏修院, 연구논문 硏究論文

활용: 흡연은 임산부에게 나쁜 영향을 미친다는 硏究(연구) 결과가 나왔다.

유: 磨 갈 마, 究 연구할 구

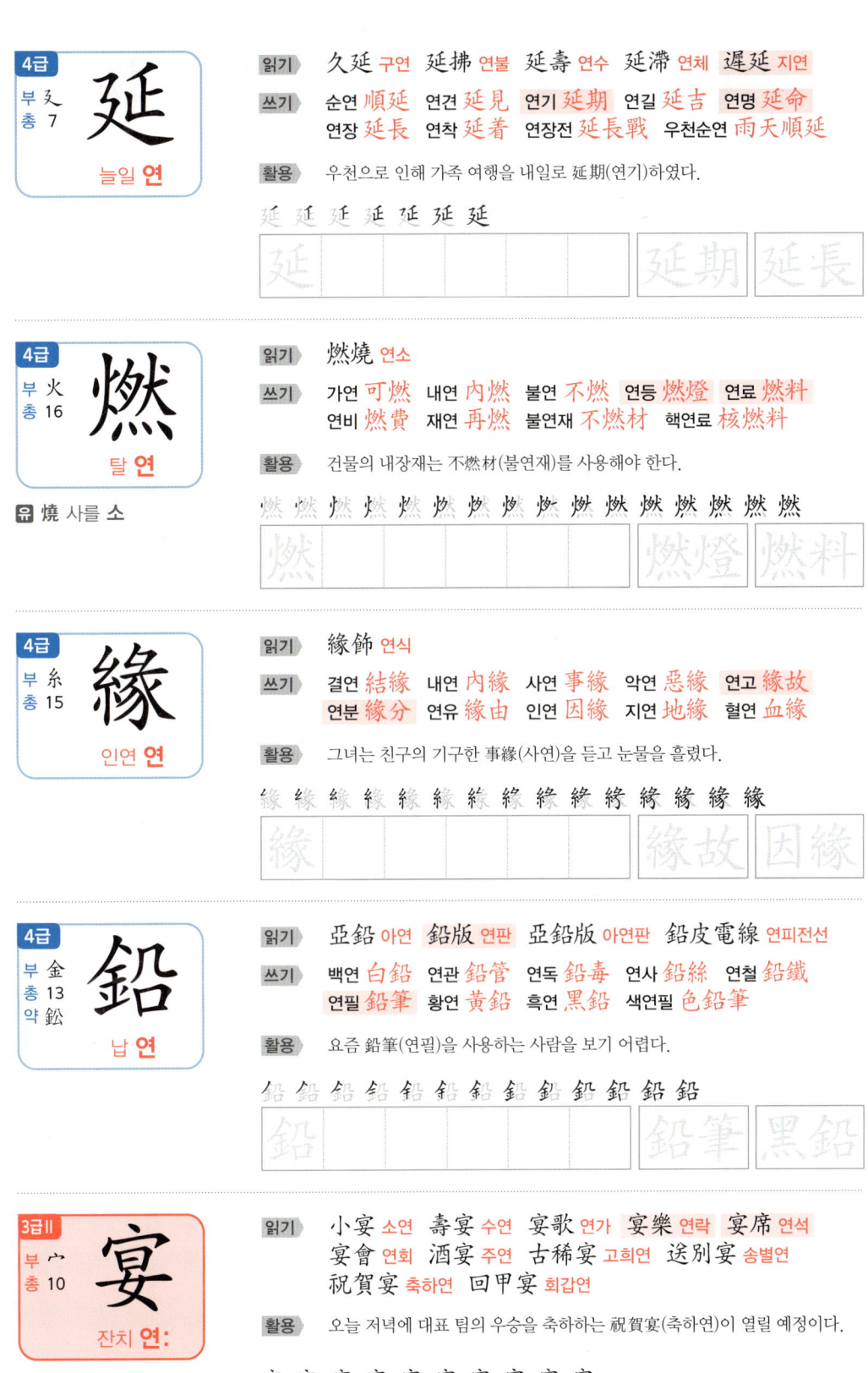

沿 (물따라갈·따를 연)

3급II 부 水 총 8

읽기: 沿江 연강, 沿道 연도, 沿路 연로, 沿邊 연변, 沿線 연선, 沿岸 연안, 沿河 연하, 沿海 연해, 沿革 연혁, 沿近海 연근해, 沿海州 연해주, 沿岸漁業 연안어업

활용: 낙동강 하류 沿岸(연안)에는 희귀한 어종이 살고 있다.

燕 (제비 연)

3급II 부 火 총 16

읽기: 歸燕 귀연, 燕居 연거, 燕京 연경, 燕麥 연맥, 燕尾 연미, 燕息 연식, 燕烏 연오, 燕尾服 연미복, 燕山君 연산군, 燕鴻之歎 연홍지탄

활용: 연주회의 지휘자가 燕尾服(연미복)을 입고 등장하였다.

軟 (연할 연)

3급II 부 車 총 11

읽기: 軟骨 연골, 軟禁 연금, 軟性 연성, 軟水 연수, 軟式 연식, 軟弱 연약, 軟質 연질, 軟打 연타, 軟化 연화, 柔軟 유연, 柔軟性 유연성, 軟體動物 연체동물

활용: 그녀는 너무 軟弱(연약)해서 늘 누군가의 도움이 필요하다.

상 硬 굳을 경

熱 (더울 열)

5급 부 火 총 15

읽기: 耐熱 내열, 微熱 미열, 熱湯 열탕, 亞熱帶 아열대

쓰기: 가열 加熱, 발열 發熱, 열기 熱氣, 열량 熱量, 열망 熱望, 열변 熱辯, 열심 熱心, 열애 熱愛, 열의 熱意, 열정 熱情

활용: 밤늦은 시간에는 熱量(열량)이 높은 음식을 먹지 마세요.

상 寒 찰 한, 冷 찰 랭
유 暑 더울 서

悅 (기쁠 열)

3급II 부 心 총 10

읽기: 感悅 감열, 大悅 대열, 法悅 법열, 不悅 불열, 悅口 열구, 悅樂 열락, 悅慕 열모, 悅服 열복, 悅色 열색, 悅愛 열애, 悟悅 오열, 和悅 화열, 喜悅 희열

활용: 그녀는 후배들의 활발한 해외 진출을 보며 喜悅(희열)을 느꼈다.

유 歡 기쁠 환, 喜 기쁠 희

閱

3급 부 門 총 15

볼 열

유 檢 검사할 검, 查 조사할 사

읽기 簡閱 간열　檢閱 검열　考閱 고열　校閱 교열　查閱 사열
閱讀 열독　閱覽 열람　閱歷 열력　閱兵 열병　閱視 열시
閱月 열월　展閱 전열

활용 자료실에 가서 필요한 자료를 閱覽(열람)하도록 하여라.

染

3급Ⅱ 부 木 총 9

물들 염:

읽기 感染 감염　染料 염료　染法 염법　染色 염색　染織 염직
污染 오염　傳染 전염　香染 향염　染色體 염색체
污染源 오염원　傳染病 전염병

활용 나는 傳染病(전염병)에 걸려 일주일 동안 학교에 가지 못하였다.

炎

3급Ⅱ 부 火 총 8

불꽃 염

읽기 肝炎 간염　老炎 노염　腦炎 뇌염　鼻炎 비염　炎症 염증
炎天 염천　胃炎 위염　腸炎 장염　肺炎 폐렴　暴炎 폭염
胃腸炎 위장염　中耳炎 중이염　日本腦炎 일본뇌염

활용 지난여름의 暴炎(폭염)에 많은 가축이 피해를 보았다.

鹽

3급Ⅱ 부 鹵 총 24 약 塩

소금 염

읽기 食鹽 식염　鹽度 염도　鹽類 염류　鹽分 염분　鹽素 염소
鹽水 염수　鹽田 염전　鹽湖 염호　鹽化 염화　無鹽食 무염식
鹽基性 염기성　鹽藏法 염장법　天日鹽 천일염

활용 영양사가 음식물의 鹽度(염도)를 측정하였다.

葉

5급 부 艹 총 13

잎 엽

읽기 枯葉 고엽　葉茶 엽차　枝葉 지엽　金枝玉葉 금지옥엽

쓰기 낙엽 落葉　단엽 單葉　말엽 末葉　엽서 葉書　엽전 葉錢
중엽 中葉　초엽 初葉　홍엽 紅葉　엽록소 葉綠素

활용 배낭여행 중이던 친구에게서 葉書(엽서)가 왔다.

永 길 영:

6급 | 부 水 | 총 5

유 遠 멀 원

- **읽기**: 永訣 영결, 永久 영구, 永眠 영면
- **쓰기**: 영생 永生, 영세 永世, 영속 永續, 영영 永永, 영원 永遠, 영존 永存, 영주 永住, 영속성 永續性, 영주권 永住權
- **활용**: 세월이 흘러도 추억은 永遠(영원)하다.

英 꽃부리 영

6급 | 부 艸 | 총 9

유 特 특별할 특

- **읽기**: 英靈 영령
- **쓰기**: 영국 英國, 영단 英斷, 영문 英文, 영시 英詩, 영어 英語, 영웅 英雄, 영재 英才, 영특 英特, 영웅심 英雄心
- **활용**: 미국에 사는 친구에게 英文(영문) 편지를 보냈다.

榮 영화 영

4급Ⅱ | 부 木 | 총 14 | 약 栄

상 辱 욕될 욕

- **읽기**: 繁榮 번영, 榮譽 영예, 榮辱 영욕
- **쓰기**: 공영 共榮, 부영 富榮, 영광 榮光, 영달 榮達, 영전 榮轉, 영화 榮華, 허영 虛榮, 허영심 虛榮心, 부귀영화 富貴榮華
- **활용**: 그는 대종상 수상의 榮光(영광)을 부모님께 돌렸다.

映 비칠 영(:)

4급 | 부 日 | 총 9

- **읽기**: 映像 영상, 映彩 영채, 映畫排優 영화배우
- **쓰기**: 반영 反映, 방영 放映, 상영 上映, 영창 映窓, 영화 映畫, 종영 終映, 영사기 映寫機, 영사실 映寫室, 무성영화 無聲映畫
- **활용**: 내가 볼 영화는 上映(상영) 시간이 짧다.

營 경영할 영

4급 | 부 火 | 총 17 | 약 営

- **읽기**: 營倉 영창
- **쓰기**: 경영 經營, 공영 共營, 병영 兵營, 야영 野營, 영농 營農, 영리 營利, 영양 營養, 영업 營業, 운영 運營, 진영 陣營
- **활용**: 형은 아버지의 가업을 이어받기 위해 經營(경영)을 공부하였다.

迎 맞을 영 (4급, 부 辵, 총 8)

- **읽기**: 迎賓 영빈
- **쓰기**: 송영 送迎, 신영 新迎, 영세 迎歲, 영입 迎入, 영접 迎接, 영합 迎合, 출영 出迎, 환영 歡迎, 송구영신 送舊迎新
- **활용**: 올림픽 선수단을 歡迎(환영)하는 인파로 교통이 마비되었다.

상 送 보낼 송

影 그림자 영: (3급II, 부 彡, 총 15)

- **읽기**: 近影 근영, 無影 무영, 反影 반영, 暗影 암영, 影像 영상, 影印 영인, 影響 영향, 殘影 잔영, 眞影 진영, 投影 투영, 惡影響 악영향, 影寫本 영사본
- **활용**: 기성세대의 잘못된 행동이 청소년에게 惡影響(악영향)을 끼칠까 두렵다.

泳 헤엄칠 영: (3급, 부 水, 총 8)

- **읽기**: 競泳 경영, 繼泳 계영, 背泳 배영, 水泳 수영, 泳法 영법, 遠泳 원영, 遊泳 유영, 潛泳 잠영, 蝶泳 접영, 平泳 평영, 混泳 혼영, 水泳服 수영복, 水泳場 수영장
- **활용**: 그는 매일 아침 水泳(수영)으로 몸을 단련한다.

詠 읊을 영: (3급, 부 言, 총 12)

- **읽기**: 朗詠 낭영, 舞詠 무영, 愛詠 애영, 詠歌 영가, 詠物 영물, 詠誦 영송, 詠詩 영시, 詠吟 영음, 詠唱 영창, 詠歎 영탄, 詠懷 영회, 吟詠 음영, 詠歎法 영탄법
- **활용**: 그녀는 시를 쓸 때 詠歎法(영탄법)을 많이 사용한다.

藝 재주 예: (4급II, 부 艸, 총 19, 약 芸藝)

- **읽기**: 陶藝 도예
- **쓰기**: 곡예 曲藝, 공예 工藝, 무예 武藝, 서예 書藝, 연예 演藝, 예능 藝能, 예술 藝術, 공예품 工藝品, 금속공예 金屬工藝
- **활용**: 그는 書藝(서예)에 대해서 일가견이 있다.

유 技 재주 기, 術 재주 술

읽기 豫審 예심 猶豫 유예 起訴猶豫 기소유예 執行猶豫 집행유예
쓰기 예감 豫感 예견 豫見 예고 豫告 예매 豫買 예방 豫防
예보 豫報 예상 豫想 예시 豫示 예약 豫約 예정 豫定
활용 그녀는 자기 죽음을 豫感(예감)하고 주변을 정리하였다.

읽기 名譽 명예 榮譽 영예 譽望 예망 譽聞 예문 譽聲 예성
譽言 예언 稱譽 칭예 虛譽 허예 不名譽 불명예
名譽回復 명예회복
활용 名譽(명예)의 전당에 그의 이름이 오르자 사람들이 환호하였다.

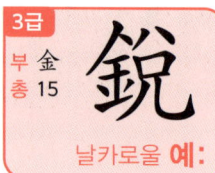

읽기 新銳 신예 銳角 예각 銳刀 예도 銳鈍 예둔 銳利 예리
銳敏 예민 銳兵 예병 銳將 예장 銳智 예지 精銳 정예
尖銳 첨예 尖銳化 첨예화 精銳部隊 정예부대
활용 양측의 대립이 尖銳(첨예)하여 도무지 합의점을 찾을 수가 없었다.

🔵 상 鈍 둔할 둔
🔴 유 利 이할 리

읽기 四分五裂 사분오열 三綱五倫 삼강오륜 五里霧中 오리무중
쓰기 오경 五經 오계 五戒 오곡 五穀 오목 五目 오복 五福
오성 五性 오적 五賊 오미자 五味子 음양오행 陰陽五行
활용 건강한 치아는 五福(오복) 중의 하나이다.

읽기 午睡 오수
쓰기 단오 端午 상오 上午 오시 午時 오전 午前 오후 午後
정오 正午 하오 下午 자오선 子午線 갑오경장 甲午更張
활용 할아버지께서는 正午(정오) 뉴스를 챙겨 보신다.

誤 그르칠 오:
4급II 부 言 / 총 14

- 읽기: 誤審 오심, 誤譯 오역, 錯誤 착오
- 쓰기: 과오 過誤, 오답 誤答, 오도 誤導, 오보 誤報, 오산 誤算, 오용 誤用, 오인 誤認, 오차 誤差, 오판 誤判, 오해 誤解
- 활용: 신문사의 誤報(오보)로 언론기관의 신뢰도가 추락하였다.

상 正 바를 정
유 過 지날 과, 錯 어긋날 착

悟 깨달을 오:
3급II 부 心 / 총 10

- 읽기: 覺悟 각오, 開悟 개오, 妙悟 묘오, 迷悟 미오, 英悟 영오, 悟界 오계, 悟道 오도, 悟性 오성, 悟悅 오열, 悟忍 오인, 悟徹 오철, 悔悟 회오, 孫悟空 손오공
- 활용: 새해를 맞이하여 覺悟(각오)를 새롭게 다지자.

유 覺 깨달을 각

烏 까마귀 오
3급II 부 火 / 총 10

- 읽기: 金烏 금오, 烏梅 오매, 烏石 오석, 烏竹 오죽, 烏骨鷄 오골계, 烏竹軒 오죽헌, 烏飛梨落 오비이락, 烏合之卒 오합지졸
- 활용: 烏骨鷄(오골계)로 만든 백숙은 별미다.

傲 거만할 오:
3급 부 人 / 총 13

- 읽기: 簡傲 간오, 高傲 고오, 傲氣 오기, 傲慢 오만, 傲色 오색, 傲視 오시, 傲然 오연, 急傲 태오, 傲慢無道 오만무도, 傲慢放恣 오만방자, 傲霜孤節 오상고절
- 활용: 그녀의 태도는 傲慢(오만)하기 그지없다.

유 慢 거만할 만

吾 나 오
3급 부 口 / 총 7

- 읽기: 吾君 오군, 吾黨 오당, 吾道 오도, 吾等 오등, 吾門 오문, 吾輩 오배, 吾人 오인, 吾兄 오형, 吾不關焉 오불관언, 吾鼻三尺 오비삼척
- 활용: 吾鼻三尺(오비삼척)이니 내가 다른 사람 일에 감히 나설 처지가 아니다.

257

嗚 슬플 오 (3급, 부 口, 총 13)

읽기: 嗚嗚 오오, 嗚泣 오읍, 嗚呼 오호, 嗚呼哀哉 오호애재, 嗚呼痛哉 오호통재

활용: 嗚呼哀哉(오호애재)라, 그분을 이제 다시 뵐 수 없다니.

娛 즐길 오: (3급, 부 女, 총 10)

유 樂 즐길 락

읽기: 娛樂 오락, 娛遊 오유, 歡娛 환오, 喜娛 희오, 戲娛 희오, 娛樂室 오락실, 娛樂部長 오락부장, 電子娛樂 전자오락

활용: 그녀의 유일한 娛樂(오락)은 탐정 소설을 읽는 것이다.

汚 더러울 오: (3급, 부 水, 총 6)

읽기: 汚名 오명, 汚物 오물, 汚損 오손, 汚水 오수, 汚染 오염, 汚辱 오욕, 汚點 오점, 汚職 오직, 汚濁 오탁, 汚染源 오염원, 貪官汚吏 탐관오리, 環境汚染 환경오염

활용: 주민들이 汚染(오염)된 식수원으로 인하여 식중독에 걸렸다.

屋 집 옥 (5급, 부 尸, 총 9)

유 家 집 가, 舍 집 사

읽기: 漏屋 누옥, 屋塔 옥탑

쓰기: 가옥 家屋, 고옥 古屋, 사옥 社屋, 양옥 洋屋, 옥상 屋上, 옥외 屋外, 초옥 草屋, 한옥 韓屋, 옥외집회 屋外集會

활용: 한옥은 우리 전통 家屋(가옥)의 아름다움을 보여준다.

玉 구슬 옥 (4급Ⅱ, 부 玉, 총 5)

상 石 돌 석
유 珠 구슬 주

읽기: 玉稿 옥고, 玉樓 옥루, 玉顔 옥안, 珠玉 주옥

쓰기: 백옥 白玉, 옥색 玉色, 옥수 玉水, 옥좌 玉座, 옥체 玉體, 옥편 玉篇, 홍옥 紅玉, 옥동자 玉童子, 금과옥조 金科玉條

활용: 한자를 공부할 때는 玉篇(옥편)을 찾는 습관을 길러라.

258

獄 옥 옥
3급II / 부 犬 / 총 14

읽기: 監獄 감옥, 獄苦 옥고, 獄吏 옥리, 獄事 옥사, 獄死 옥사, 獄中 옥중, 地獄 지옥, 出獄 출옥, 脫獄 탈옥, 投獄 투옥, 下獄 하옥, 交通地獄 교통지옥

활용: 유관순은 獄苦(옥고)를 견디다 못해 숨을 거두었다.

溫 따뜻할 온
6급 / 부 水 / 총 13 / 약 温

읽기: 微溫 미온, 溫突 온돌, 溫柔 온유, 恒溫 항온
쓰기: 보온 保溫, 상온 常溫, 온기 溫氣, 온난 溫暖, 온대 溫帶, 온도 溫度, 온천 溫泉, 온화 溫和, 온후 溫厚, 체온 體溫

(상) 冷 찰 랭, 寒 찰 한, 涼 서늘할 량
(유) 暖 따뜻할 난

활용: 난로를 피운 방안에 溫氣(온기)가 가득하다.

擁 낄 옹:
3급 / 부 手 / 총 16

읽기: 相擁 상옹, 擁立 옹립, 擁壁 옹벽, 擁衛 옹위, 擁蔽 옹폐, 擁護 옹호, 圍擁 위옹, 抱擁 포옹, 擁護者 옹호자, 人權擁護 인권옹호

활용: 반대파를 擁護(옹호)하는 세력들이 거칠게 항의하였다.

(유) 抱 안을 포

翁 늙은이 옹
3급 / 부 羽 / 총 10

읽기: 家翁 가옹, 乃翁 내옹, 老翁 노옹, 婦翁 부옹, 山翁 산옹, 漁翁 어옹, 翁姑 옹고, 翁師 옹사, 翁主 옹주, 村翁 촌옹, 塞翁之馬 새옹지마

활용: 덕혜 翁主(옹주)의 이야기가 소설로 출판되었다.

(유) 老 늙을 로

瓦 기와 와:
3급II / 부 瓦 / 총 5

읽기: 蓋瓦 개와, 鬼瓦 귀와, 弄瓦 농와, 瓦家 와가, 瓦器 와기, 瓦當 와당, 瓦石 와석, 瓦屋 와옥, 瓦全 와전, 瓦解 와해, 青瓦臺 청와대

활용: 瓦當(와당)에 새겨진 무늬에서 한국의 미를 느낄 수 있다.

臥 누울 와:
3급 | 부 臣 | 총 8

읽기: 獨臥 독와, 安臥 안와, 仰臥 앙와, 臥龍 와룡, 臥病 와병, 臥床 와상, 臥像 와상, 臥席 와석, 臥室 와실, 臥牛 와우, 閑臥 한와, 橫臥 횡와

활용: 선운사에 가면 부처님의 臥像(와상)을 볼 수 있다.

完 완전할 완
5급 | 부 宀 | 총 7

읽기: 補完 보완, 完了 완료, 完遂 완수, 完熟 완숙, 完譯 완역

쓰기: 완결 完結, 완공 完工, 완납 完納, 완비 完備, 완성 完成, 완승 完勝, 완전 完全, 완치 完治, 완쾌 完快, 완패 完敗

활용: 작업을 시작한 지 6개월 만에 작품을 完成(완성)하였다.

유 全 온전 전

緩 느릴 완:
3급Ⅱ | 부 糸 | 총 15

읽기: 徐緩 서완, 緩曲 완곡, 緩急 완급, 緩慢 완만, 緩着 완착, 緩衝 완충, 緩治 완치, 緩行 완행, 緩刑 완형, 緩和 완화, 緩衝裝置 완충장치, 緩衝地帶 완충지대

활용: 이 열차는 緩行(완행)이라 급행보다 세 시간이나 늦게 도착한다.

상 急 급할 급
유 徐 천천할 서

曰 가로 왈
3급 | 부 曰 | 총 4

읽기: 曰若 왈약, 孔子曰 공자왈, 老子曰 노자왈, 孟子曰 맹자왈, 曰可曰否 왈가왈부, 曰是曰非 왈시왈비, 曰兄曰弟 왈형왈제

활용: 네 소관이 아니라면 曰可曰否(왈가왈부)하지 마라.

王 임금 왕
8급 | 부 玉 | 총 4

읽기: 王冠 왕관, 王陵 왕릉, 王妃 왕비, 王固執 왕고집

쓰기: 왕검 王儉, 왕궁 王宮, 왕권 王權, 왕도 王道, 왕명 王命, 왕손 王孫, 왕정 王政, 왕좌 王座, 용왕 龍王, 제왕 帝王

활용: 자라는 토끼를 꾀어 龍王(용왕)에게 데려갔다.

상 民 백성 민
유 君 임금 군, 皇 임금 황, 帝 임금 제

往

4급II 부 彳 총 8

갈 **왕:**

상 來 올 래, 復 회복할 복

읽기	旣往 기왕　已往 이왕　已往之事 이왕지사
쓰기	왕고 往古　왕년 往年　왕래 往來　왕복 往復　왕왕 往往 설왕설래 說往說來　왕생극락 往生極樂　우왕좌왕 右往左往
활용	서울에서 부산까지 往復(왕복) 몇 시간이나 걸립니까?

往 往 往 往 往 往

外

8급 부 夕 총 5

바깥 **외:**

상 內 안 내

읽기	郊外 교외　外貌 외모　外債 외채　外皮 외피　外換 외환
쓰기	과외 課外　선외 選外　열외 列外　외견 外見　외과 外科 외교 外交　외근 外勤　외양 外樣　외지 外誌　외형 外形
활용	우리 부부는 오랜만에 郊外(교외)로 드라이브를 나갔다.

外 夕 夕 外 外

畏

3급 부 田 총 9

두려워할 **외:**

유 懼 두려워할 구

읽기	可畏 가외　敬畏 경외　無畏 무외　畏敬 외경　畏懼 외구 畏忌 외기　畏事 외사　畏友 외우　畏寒 외한　畏兄 외형 憂畏 우외　敬畏心 경외심
활용	유서 깊은 성전 안에 들어서자 나도 모르게 敬畏心(경외심)이 생겼다.

畏 畏 畏 畏 畏 畏 畏 畏

要

5급II 부 襾 총 9

요긴할 **요(:)**

유 緊 긴할 긴

읽기	槪要 개요　需要 수요　要綱 요강　要緊 요긴　摘要 적요
쓰기	법요 法要　요구 要求　요망 要望　요소 要素　요약 要約 요인 要因　요점 要點　요청 要請　중요 重要　필요 必要
활용	정부는 시민들의 要求(요구)에 귀를 기울여야 한다.

要 要 要 要 要 要 要 要

曜

5급 부 日 총 18

빛날 **요:**

읽기	曜靈 요령
쓰기	요일 曜日　칠요 七曜　현요 顯曜　구요성 九曜星 요일표 曜日表　월요병 月曜病　흑요석 黑曜石
활용	회원들은 각자 봉사에 참여할 曜日(요일)을 정하였다.

曜 曜 曜 曜 曜 曜 曜 曜 曜 曜

4급II 謠 노래 요
부수 言, 총획 17, 약자 谣

유 歌 노래 가

읽기 謠詠 요영 巷謠 항요

쓰기 가요 歌謠 고요 古謠 농요 農謠 동요 童謠 민요 民謠
부요 婦謠 속요 俗謠 시요 詩謠 여요 麗謠 풍요 風謠

활용 그는 사라져 가는 전승 農謠(농요)를 조사하고 있다.

3급 搖 흔들 요
부수 手, 총획 13, 약자 摇

유 動 움직일 동

읽기 動搖 동요 搖改 요개 搖車 요거 搖動 요동 搖落 요락
搖亂 요란 搖舌 요설 搖聲 요성 招搖 초요 橫搖 횡요
搖籃期 요람기 搖之不動 요지부동

활용 시민들은 위급상황에도 動搖(동요)하지 않고 차분하게 대처하였다.

3급 腰 허리 요
부수 肉, 총획 13

읽기 弓腰 궁요 蜂腰 봉요 山腰 산요 細腰 세요 伸腰 신요
腰帶 요대 腰輿 요여 腰折 요절 腰痛 요통 腰下 요하
柳腰 유요 腰折腹痛 요절복통

활용 그녀는 끊어질 듯한 腰痛(요통)으로 잘 걷지 못하였다.

3급 遙 멀 요
부수 辵, 총획 14, 약자 遥

유 遠 멀 원

읽기 遙望 요망 遙拜 요배 遙昔 요석 遙遙 요요 遙遠 요원
遙指 요지 遙天 요천 遙度 요탁

활용 아직은 가야 할 길이 遙遠(요원)하지만 부지런히 최선을 다하자.

5급 浴 목욕할 욕
부수 水, 총획 10

읽기 乾浴 건욕 沙浴 사욕 浴湯 욕탕 森林浴 삼림욕

쓰기 욕객 浴客 욕실 浴室 욕의 浴衣 입욕 入浴 토욕 土浴
온수욕 溫水浴 일광욕 日光浴 해수욕 海水浴

활용 그녀들은 해변에서 日光浴(일광욕)을 즐긴다.

慾

3급II 부 心 총 15
욕심 **욕**

유 貪 탐낼 탐

읽기: 過慾 과욕, 禁慾 금욕, 物慾 물욕, 食慾 식욕, 愛慾 애욕, 野慾 야욕, 慾心 욕심, 肉慾 육욕, 意慾 의욕, 貪慾 탐욕, 虛慾 허욕, 權力慾 권력욕, 私利私慾 사리사욕

활용: 過慾(과욕)은 늘 화를 부른다.

欲

3급II 부 欠 총 11
하고자할 **욕**

읽기: 欲界 욕계, 欲求 욕구, 欲氣 욕기, 欲望 욕망, 欲心 욕심, 欲情 욕정, 情欲 정욕, 欲界三欲 욕계삼욕, 欲求不滿 욕구불만, 欲速不達 욕속부달

활용: 그녀의 출세에 대한 欲望(욕망)은 끝이 없어서 결국 그를 지치게 하였다.

辱

3급II 부 辰 총 10
욕될 **욕**

상 榮 영화 영

읽기: 苦辱 고욕, 困辱 곤욕, 屈辱 굴욕, 多辱 다욕, 侮辱 모욕, 逢辱 봉욕, 雪辱 설욕, 榮辱 영욕, 汚辱 오욕, 辱說 욕설, 辱知 욕지, 忍辱 인욕, 恥辱 치욕

활용: 식민지 시대의 역사는 우리 민족의 恥辱(치욕)스러운 과거이다.

勇

6급II 부 力 총 9
날랠 **용:**

유 猛 사나울 맹

읽기: 勇猛 용맹

쓰기: 무용 武勇, 용감 勇敢, 용기 勇氣, 용단 勇斷, 용명 勇名, 용병 勇兵, 용사 勇士, 용장 勇壯, 용퇴 勇退, 의용 義勇

활용: 그는 자기 과실을 勇敢(용감)하게 인정하였다.

用

6급II 부 用 총 5
쓸 **용:**

유 費 쓸 비

읽기: 兼用 겸용, 慣用 관용, 濫用 남용, 用途 용도, 徵用 징용

쓰기: 복용 服用, 비용 費用, 수용 收用, 용건 用件, 용무 用務, 용변 用便, 인용 引用, 전용 轉用, 채용 採用, 혼용 混用

활용: 청소 도구들을 用途(용도)에 따라 구분하여 사용해야 한다.

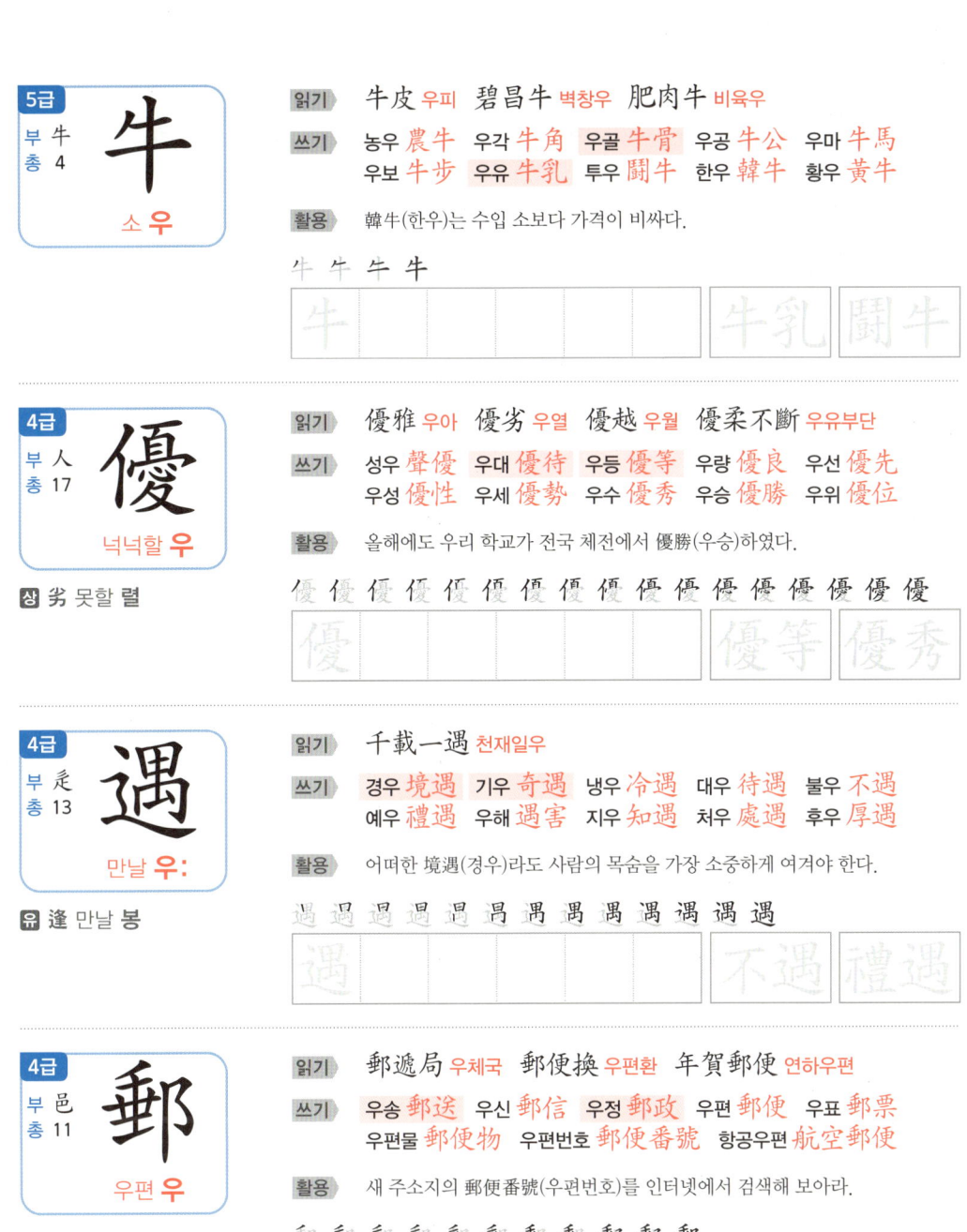

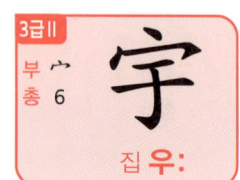

읽기 氣宇 기우 堂宇 당우 御宇 어우 屋宇 옥우 宇內 우내
宇宙 우주 宇下 우하 殿宇 전우 天宇 천우 宇宙船 우주선
宇宙人 우주인 宇宙基地 우주기지

활용 아이의 소원은 宇宙船(우주선)을 타고 달에 가는 것이다.

유 宙 집 주

宇 宇 宇 宇 宇 宇

읽기 大愚 대우 愚見 우견 愚計 우계 愚鈍 우둔 愚弄 우롱
愚民 우민 愚息 우식 愚直 우직 愚策 우책 賢愚 현우
愚公移山 우공이산 愚問賢答 우문현답

활용 그녀는 스스로 愚鈍(우둔)하다고 생각한다.

상 賢 어질 현

愚 愚 愚 愚 愚 愚 愚 愚 愚 愚 愚 愚 愚

읽기 大憂 대우 忘憂 망우 百憂 백우 外憂 외우 憂結 우결
憂國 우국 憂慮 우려 憂愁 우수 憂患 우환 丁憂 정우
內憂外患 내우외환 識字憂患 식자우환

활용 그의 憂愁(우수)에 찬 목소리가 내내 마음에 남아 있다.

유 愁 근심 수, 患 근심 환

憂 憂 憂 憂 憂 憂 憂 憂 憂 憂 憂 憂 憂

읽기 毛羽 모우 尾羽 미우 羽隊 우대 羽毛 우모 羽聲 우성
羽衣 우의 羽翼 우익 羽族 우족 羽蟲 우충 項羽 항우
項羽壯士 항우장사

활용 項羽(항우)는 유방과 힘을 합해 진나라를 멸망시켰다.

유 翼 날개 익

羽 羽 羽 羽 羽 羽

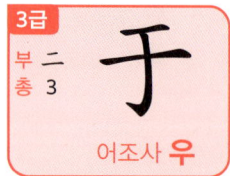

읽기 于歸 우귀 于今 우금 于禮 우례 于飛 우비 于先 우선
于山國 우산국 于山島 우산도 至于今 지우금

활용 무엇보다도 于先(우선) 건강을 챙길 필요가 있다.

于 于 于

3급 부 又 총 2 또 우:	又	읽기	又賴 우뢰 又況 우황 一又 일우 又日新 우일신 又重之 우중지 又重之盟 우중지맹
		활용	又賴(우뢰)는 의뢰받은 사람이 또 다른 사람에게 의뢰함을 뜻한다.

フ 又

3급 부 尢 총 4 더욱 우	尤	읽기	殊尤 수우 尤極 우극 尤妙 우묘 尤物 우물 尤甚 우심 尤險 우험 怨尤 원우 悔尤 회우 不怨天不尤人 불원천불우인
		활용	부모님께서 너를 걱정하시는 마음이 尤甚(우심)하니 꼭 찾아뵙도록 해라.

尢 九 九 尤

6급Ⅱ 부 辶 총 13 옮길 운:	運	읽기	厄運 액운 運賃 운임 運輸會社 운수회사
		쓰기	기운 機運 대운 大運 운동 運動 운명 運命 운송 運送 운수 運數 운영 運營 운전 運轉 운하 運河 운항 運航
유 移 옮길 이		활용	규칙적인 運動(운동)으로 건강을 지키자.

運 運 運 運 運 運 運 軍 軍 運 運 運

5급Ⅱ 부 雨 총 12 구름 운	雲	읽기	祥雲 상운 雲影 운영 望雲之情 망운지정
		쓰기	백운 白雲 성운 星雲 암운 暗雲 운모 雲母 운연 雲煙 운집 雲集 운해 雲海 청운 青雲 풍운아 風雲兒
		활용	광장에는 많은 사람이 雲集(운집)해 있었다.

雲 雲 雲 雲 雲 雲 雲 雲 雲 雲 雲

3급Ⅱ 부 音 총 19 운 운:	韻	읽기	高韻 고운 神韻 신운 押韻 압운 哀韻 애운 餘韻 여운 韻文 운문 韻士 운사 韻律 운율 韻字 운자 韻冊 운책 韻致 운치 韻響 운향 音韻 음운
		활용	영화 주인공의 마지막 대사로 인해 餘韻(여운)이 길게 남았다.

韻 韻 韻 韻 韻 音 音 音 音 韻 韻 韻 韻 韻 韻

3급
부 二
총 4

云 이를 운

유 謂 이를 위

읽기	云云 운운　云謂 운위　云爲 운위
활용	과거의 일로 云云(운운)하지 말고 새 출발을 합시다.

云 云 云 云

5급
부 隹
총 12

雄 수컷 웅

읽기	群雄割據 군웅할거
쓰기	영웅 英雄　웅거 雄據　웅대 雄大　웅변 雄辯　웅비 雄飛 웅자 雄姿　웅장 雄壯　웅지 雄志　영웅심 英雄心
활용	그는 이번 사건을 해결하면서 英雄(영웅)이 되었다.

雄 雄 雄 雄 雄 雄 雄 雄 雄 雄

雄　　　　　　　雄辯 雄壯

6급
부 口
총 13

園 동산 원

읽기	莊園 장원　園頭幕 원두막　幼稚園 유치원
쓰기	공원 公園　낙원 樂園　농원 農園　원예 園藝　전원 田園 정원 庭園　화원 花園　과수원 果樹園　유원지 遊園地
활용	公園(공원)에 휴지를 함부로 버리지 마세요.

園 園 園 園 園 園 園 園 園 園

園　　　　　　　樂園 花園

6급
부 辶
총 14
약 遠

遠 멀 원:

상 近 가까울 근
유 遙 멀 요

읽기	疏遠 소원　遠距離 원거리　遠征隊 원정대　遠征競技 원정경기
쓰기	경원 敬遠　원근 遠近　원대 遠大　원시 遠視　원양 遠洋 망원경 望遠鏡　불원천리 不遠千里　원교근공 遠交近攻
활용	청년들은 遠大(원대)한 꿈을 가져야 한다.

遠 遠 遠 遠 遠 遠 遠 遠 遠 遠

遠　　　　　　　遠大 遠視

5급II
부 儿
총 4

元 으뜸 원

읽기	元旦 원단　元妃 원비　元帥 원수　還元 환원
쓰기	다원 多元　단원 單元　신원 身元　원래 元來　원소 元素 원장 元帳　원조 元朝　장원 壯元　기원전 紀元前
활용	시신의 유전자를 분석하여 身元(신원)을 확인하였다.

元 元 元 元

元　　　　　　　身元 元素

268

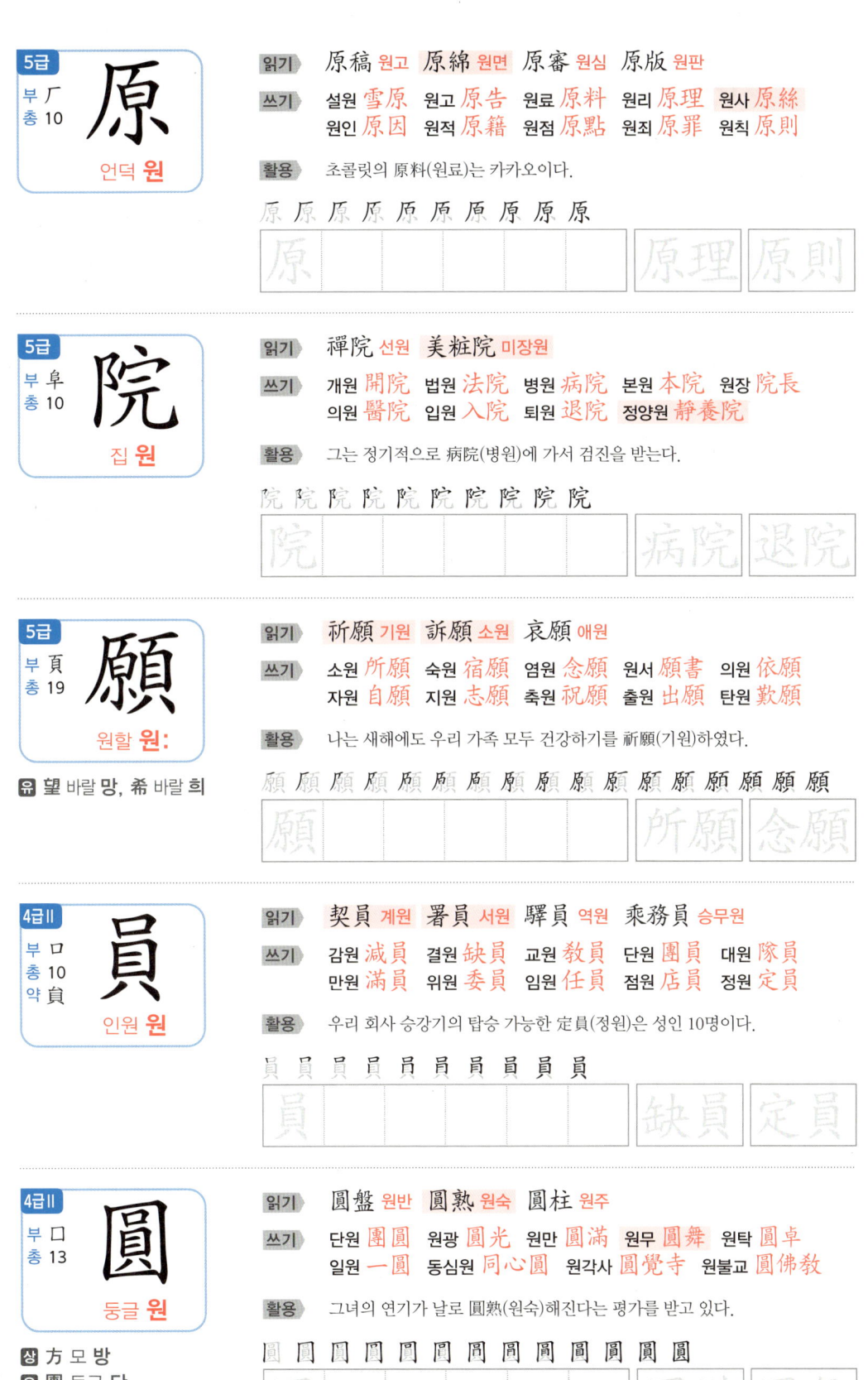

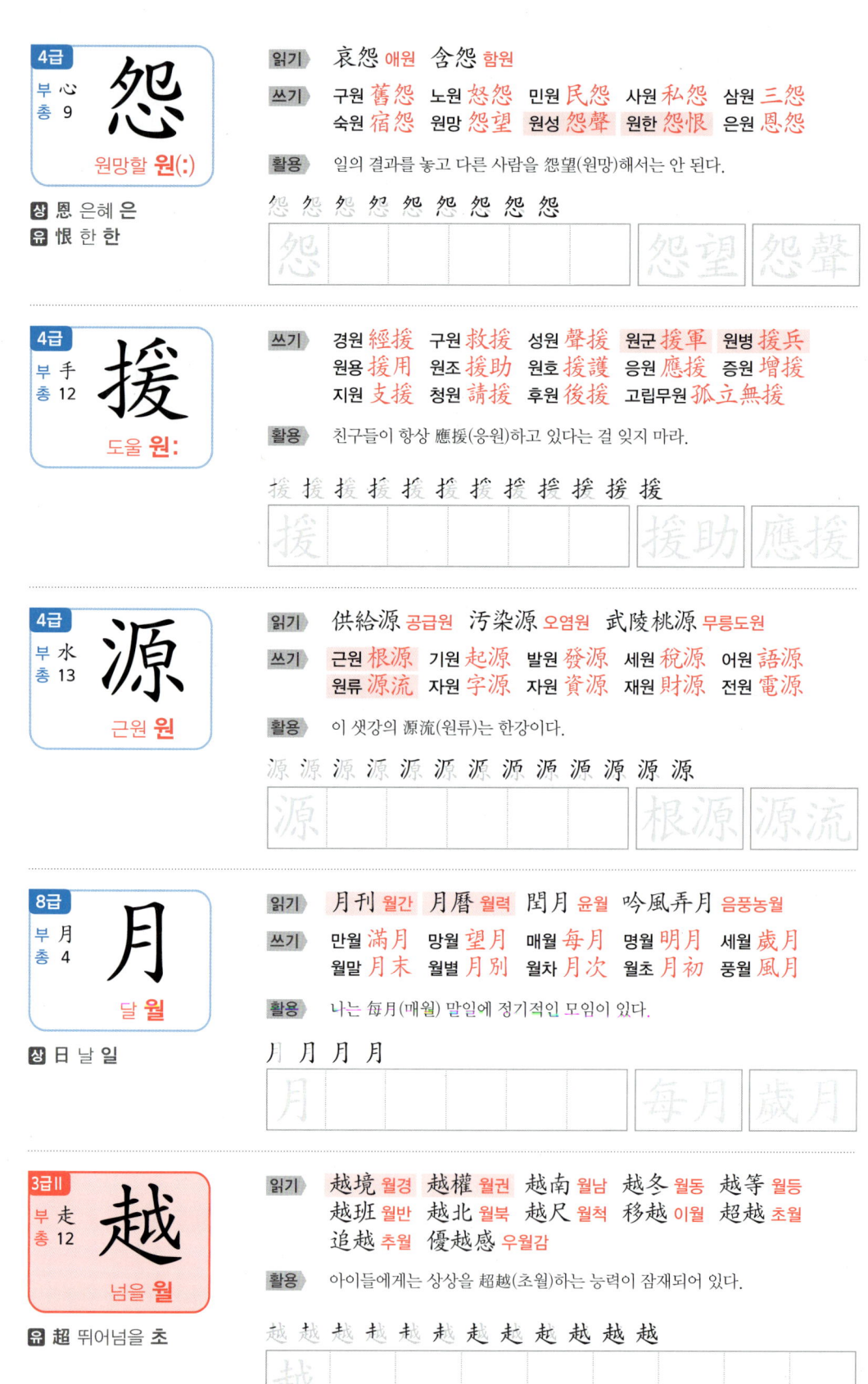

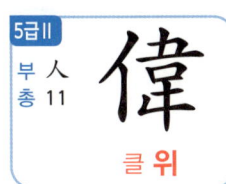

5급II		쓰기	기위 奇偉 영위 英偉 웅위 雄偉 위공 偉功 위관 偉觀
부 人			위대 偉大 위력 偉力 위업 偉業 위용 偉容 위인 偉人
총 11			위재 偉才 위인전 偉人傳 위인전기 偉人傳記

클 위

활용 학창 시절에 偉人(위인)들의 전기를 많이 읽어 두어라.

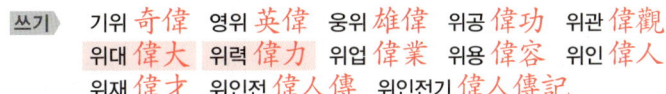

유 大 큰 대

5급	읽기	양위 讓位 제위 諸位 즉위 卽位 위계질서 位階秩序
부 人	쓰기	각위 各位 단위 單位 방위 方位 순위 順位 우위 優位
총 7		위계 位階 위상 位相 위치 位置 고위층 高位層

자리 위

활용 그는 位階秩序(위계질서)가 분명한 회사에 적응하지 못하였다.

4급II	읽기	전화위복 轉禍爲福 지록위마 指鹿爲馬
부 爪	쓰기	소위 所爲 영위 營爲 위시 爲始 위업 爲業 위주 爲主
총 12		당위성 當爲性 무작위 無作爲 무위도식 無爲徒食
약 為		

하·할 위(:)

활용 그녀는 현재의 위기를 轉禍爲福(전화위복)의 계기로 삼았다.

4급II	읽기	시위 侍衛
부 行	쓰기	방위 防衛 수위 守衛 위병 衛兵 위생 衛生 호위 護衛
총 15		민방위 民防衛 위생복 衛生服 위성중계 衛星中繼

지킬 위

활용 학교 급식 업체에 대한 정기적인 衛生(위생) 점검이 이루어져야 한다.

유 守 지킬 수

4급	읽기	위독 危篤 위태 危殆 위구심 危懼心
부 卩	쓰기	안위 安危 위급 危急 위기 危機 위난 危難 위란 危亂
총 6		위로 危路 위망 危亡 위중 危重 위해 危害 위험 危險

위태할 위

활용 할아버지의 병환이 危重(위중)해서 일반 병실에서 중환자실로 옮겼다.

상 安 편안 안
유 殆 거의 태

4급	圍	읽기	擁圍 옹위　圍徑 위경
부 口 총 12 약 囲	에워쌀 **위**	쓰기	공위 攻圍　범위 範圍　사위 四圍　위립 圍立　주위 周圍 중위 重圍　포위 包圍　광범위 廣範圍　주위환경 周圍環境
		활용	周圍(주위)를 둘러보았지만 아무도 도와줄 사람이 없었다.

유 包 쌀 포

圍 圍 圍 圍 圍 圍 圍 圍 圍 圍　範圍　周圍

4급	委	읽기	委棄 위기
부 女 총 8	맡길 **위**	쓰기	교위 敎委　분위 分委　상위 常委　소위 小委　위원 委員 위임 委任　위원장 委員長　위원회 委員會　위임장 委任狀
		활용	팀장으로부터 팀원들을 관리하도록 委任(위임)을 받았다.

유 任 맡길 임

委 委 委 委 委 委 委 委　分委　委任

4급	威	읽기	猛威 맹위　威脅 위협
부 女 총 9	위엄 **위**	쓰기	국위 國威　권위 權威　시위 示威　위력 威力　위세 威勢 위신 威信　위압 威壓　위엄 威嚴　위용 威容　위풍 威風
		활용	그들은 威脅(위협)적인 분위기를 조성하여 물건을 강제로 판매하였다.

威 威 威 威 威 威 威 威 威　權威　威勢

4급	慰	읽기	慰靈祭 위령제　弔慰金 조위금
부 心 총 15	위로할 **위**	쓰기	안위 安慰　위락 慰樂　위로 慰勞　위문 慰問　위안 慰安 위문품 慰問品　위문편지 慰問便紙
		활용	그렇게 힘든 일을 겪었다니 뭐라 慰勞(위로)해야 할지 모르겠다.

慰 慰 慰 慰 慰 慰 慰 慰 慰 慰 慰 慰　慰勞　慰問

3급Ⅱ	僞	읽기	僞計 위계　僞名 위명　僞善 위선　僞作 위작　僞裝 위장 僞造 위조　僞證 위증　僞幣 위폐　眞僞 진위　虛僞 허위 僞證罪 위증죄　僞造紙幣 위조지폐
부 人 총 14 약 偽	거짓 **위**	활용	그의 친절한 태도가 모두 僞善(위선)이었다니 믿어지지 않는다.

상 眞 참 진

僞 僞 僞 僞 僞 僞 僞 僞 僞 僞　僞

胃

3급II 부 肉 총 9 / 밥통 **위**

읽기: 開胃 개위, 健胃 건위, 反胃 반위, 逆胃 역위, 胃經 위경, 胃壁 위벽, 胃病 위병, 胃散 위산, 胃炎 위염, 胃腸 위장, 胃臟 위장, 胃痛 위통

활용: 나는 평소 胃痛(위통)이 심하여 내시경 검사를 받았다.

謂

3급II 부 言 총 16 / 이를 **위**

유 云 이를 운

읽기: 可謂 가위, 來謂 내위, 無謂 무위, 所謂 소위, 云謂 운위, 意謂 의위, 方可謂 방가위, 眞所謂 진소위

활용: 그는 所謂(소위) 일류 대학에 진학하기 위해 최선을 다하였다.

緯

3급 부 糸 총 15 / 씨 **위**

상 經 지날 경

읽기: 經緯 경위, 南緯 남위, 北緯 북위, 五緯 오위, 緯度 위도, 緯書 위서, 緯線 위선, 緯世 위세, 赤緯 적위, 黃緯 황위, 經緯書 경위서

활용: 나는 사건의 經緯(경위)를 모두 알고 나서 그를 이해할 수 있었다.

違

3급 부 辵 총 13 / 어긋날 **위**

읽기: 無違 무위, 非違 비위, 相違 상위, 違令 위령, 違反 위반, 違背 위배, 違犯 위범, 違法 위법, 違約 위약, 違限 위한, 違憲 위헌, 違和感 위화감

활용: 누구든 규칙을 違反(위반)하면 엄하게 벌하겠다.

有

7급 부 月 총 6 / 있을 **유:**

상 無 없을 무

읽기: 有償 유상, 含有 함유, 享有 향유, 長幼有序 장유유서

쓰기: 보유 保有, 유감 有感, 유공 有功, 유능 有能, 유리 有利, 유별 有別, 유세 有勢, 유익 有益, 유기물 有機物

활용: 어머니는 카페인이 含有(함유)된 음료를 드시지 않는다.

4급 부 辶 총 16 遺 남길 유	읽기	遺稿 유고 遺蹟 유적 遺腹子 유복자 後遺症 후유증
	쓰기	유골 遺骨 유물 遺物 유산 遺産 유서 遺書 유아 遺兒 유언 遺言 유업 遺業 유작 遺作 유족 遺族 유품 遺品
	활용	그는 자손에게 한 푼의 遺産(유산)도 남기지 않았다.

遺 遺 遺 遺 貴 貴 貴 貴 貴 貴 遺 遺 遺

3급Ⅱ 부 幺 총 5 幼 어릴 유	읽기	幼君 유군 幼年 유년 幼木 유목 幼少 유소 幼兒 유아 幼弱 유약 幼子 유자 幼蟲 유충 幼稚 유치 長幼 장유 幼兒洗禮 유아세례 長幼有序 장유유서
	활용	그의 幼年(유년) 시절은 어두운 기억으로 일관되어 있다.

상 老 늙을 로, 長 긴 장
유 稚 어릴 치

幼 幼 幼 幼 幼

3급Ⅱ 부 幺 총 9 幽 그윽할 유	읽기	深幽 심유 幽居 유거 幽境 유경 幽谷 유곡 幽靈 유령 幽明 유명 幽遠 유원 幽宅 유택 幽閉 유폐 幽玄 유현 深山幽谷 심산유곡
	활용	그는 죄 없이 감옥에 幽閉(유폐)되어 십 년을 지냈다.

幽 幽 幽 幽 幽 幽 幽 幽

3급Ⅱ 부 心 총 11 悠 멀 유	읽기	悠久 유구 悠然 유연 悠遠 유원 悠悠 유유 悠長 유장 悠忽 유홀 悠悠自適 유유자적
	활용	그녀는 공기 좋은 곳에서 悠悠自適(유유자적)하며 전원생활을 즐기고 있다.

悠 悠 悠 悠 悠 悠 悠 悠 悠

3급Ⅱ 부 木 총 9 柔 부드러울 유	읽기	剛柔 강유 溫柔 온유 柔道 유도 柔順 유순 柔弱 유약 柔軟 유연 懷柔 회유 柔軟性 유연성 外柔內剛 외유내강 優柔不斷 우유부단
	활용	그는 입가에 溫柔(온유)한 미소를 머금고 나에게로 걸어 왔다.

상 剛 굳셀 강

柔 柔 柔 柔 柔 柔 柔 柔

猶 오히려 유
3급II 부犬 총12

읽기: 猶女 유녀 猶孫 유손 猶豫 유예 猶子 유자 猶或 유혹 猶不足 유부족 猶太敎 유태교 過猶不及 과유불급 起訴猶豫 기소유예 執行猶豫 집행유예

활용: 범인은 일 년 징역에 執行猶豫(집행유예) 3년을 선고받았다.

猶 猶 猶 猶 猶 猶 猶 猶 猶 猶

維 벼리 유
3급II 부糸 총14

유 綱 벼리 강

읽기: 綱維 강유 保維 보유 四維 사유 維新 유신 維持 유지 地維 지유 天維 천유 維世次 유세차 維持費 유지비

활용: 그녀는 꾸준한 스트레칭으로 균형 있는 몸을 維持(유지)하고 있다.

維 維 維 維 維 維 維 維 維 維 維

裕 넉넉할 유:
3급II 부衣 총12

읽기: 廣裕 광유 富裕 부유 餘裕 여유 裕寬 유관 裕福 유복 裕足 유족 豊裕 풍유 閑裕 한유 富裕層 부유층 餘裕滿滿 여유만만

활용: 그는 문제 상황을 제대로 파악할 시간적 餘裕(여유)가 없었다.

裕 裕 裕 裕 裕 裕 裕 裕 裕 裕

誘 꾈 유
3급II 부言 총14

읽기: 勸誘 권유 誘導 유도 誘發 유발 誘因 유인 誘引 유인 誘致 유치 誘惑 유혹 誘導彈 유도탄 請誘法 청유법 略取誘引 약취유인 誘導作戰 유도작전

활용: 아이는 게임의 誘惑(유혹)에서 벗어나기 어려웠다.

誘 誘 誘 誘 誘 誘 誘 誘 誘 誘

唯 오직 유
3급 부口 총11

읽기: 唯物 유물 唯心 유심 唯一 유일 唯物論 유물론 唯心論 유심론 唯一神 유일신 唯物史觀 유물사관 唯我獨尊 유아독존 唯唯諾諾 유유낙낙 唯一無二 유일무이

활용: 그녀는 이번 사건의 唯一(유일)한 생존자이다.

唯 唯 唯 唯 唯 唯 唯 唯 唯

惟 생각할 유
3급 / 부 心 / 총 11

유 思 생각 사

읽기: 恭惟 공유, 伏惟 복유, 思惟 사유, 惟獨 유독, 惟房 유방, 竊惟 절유

활용: 여럿 중에서 그녀만 惟獨(유독) 다른 생각을 하고 있다.

愈 나을 유
3급 / 부 心 / 총 13

읽기: 愈怒 유노, 愈甚 유심, 愈愈 유유, 愈好 유호, 快愈 쾌유, 愈出愈怪 유출유괴, 愈出愈奇 유출유기

활용: 선생님의 빠른 快愈(쾌유)를 빕니다.

酉 닭 유
3급 / 부 酉 / 총 7

읽기: 癸酉 계유, 己酉 기유, 卯酉 묘유, 辛酉 신유, 酉年 유년, 酉末 유말, 酉方 유방, 酉時 유시, 酉正 유정, 乙酉 을유, 丁酉 정유

활용: 酉時(유시)는 오후 다섯 시부터 일곱 시까지를 가리킨다.

育 기를 육
7급 / 부 肉 / 총 8

유 養 기를 양

쓰기: 교육 教育, 발육 發育, 보육 保育, 사육 事育, 생육 生育, 양육 養育, 육성 育成, 육아 育兒, 육영 育英, 체육 體育, 훈육 訓育, 교육계 教育界, 육영사업 育英事業

활용: 나는 어머니께서 쓰신 나의 育兒(육아) 일기를 보았다.

肉 고기 육
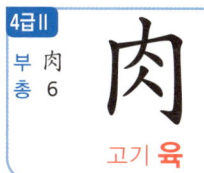
4급II / 부 肉 / 총 6

유 身 몸 신, 體 몸 체

읽기: 靈肉 영육, 肉慾 육욕, 苦肉策 고육책, 酒池肉林 주지육림

쓰기: 육감 肉感, 육류 肉類, 육성 肉聲, 육신 肉身, 육안 肉眼, 육질 肉質, 육체 肉體, 육탄 肉彈, 골육상잔 骨肉相殘

활용: 별의 등급은 肉眼(육안)으로는 식별하기 힘들다.

潤 불을 윤:
- 3급II, 부 水, 총 15
- 유 濕 젖을 습

읽기: 光潤 광윤, 富潤 부윤, 秀潤 수윤, 濕潤 습윤, 玉潤 옥윤, 潤氣 윤기, 潤文 윤문, 潤色 윤색, 潤澤 윤택, 潤筆 윤필, 利潤 이윤, 浸潤 침윤, 河潤 하윤

활용: 건성 피부는 피부에 潤氣(윤기)가 없으며 표면이 거칠다.

潤 潤 潤 潤 潤 潤 潤 潤 潤 潤

閏 윤달 윤:
- 3급, 부 門, 총 12

읽기: 閏年 윤년, 閏朔 윤삭, 閏餘 윤여, 閏月 윤월, 閏位 윤위, 閏日 윤일, 閏集 윤집, 閏秒 윤초, 閏統 윤통, 正閏 정윤

활용: 할머니께서는 閏年(윤년)에 수의를 장만하셨다.

閏 閏 閏 閏 閏 閏 閏 閏 閏 閏

銀 은 은
- 6급, 부 金, 총 14

읽기: 銀塊 은괴, 銀幕 은막, 銀粧刀 은장도

쓰기: 금은 金銀, 양은 洋銀, 은발 銀髮, 은분 銀粉, 은사 銀絲, 은상 銀賞, 은제 銀製, 은파 銀波, 은행 銀行, 은화 銀貨

활용: 나는 현금 대부분을 銀行(은행)에 맡겼다.

銀 銀 銀 銀 銀 銀 銀 銀 銀 銀

恩 은혜 은
- 4급II, 부 心, 총 10
- 상 怨 원망할 원
- 유 惠 은혜 혜

읽기: 忘恩 망은, 背恩忘德 배은망덕

쓰기: 국은 國恩, 보은 報恩, 은공 恩功, 은덕 恩德, 은사 恩師, 은인 恩人, 은정 恩情, 은정 恩政, 은혜 恩惠, 후은 厚恩

활용: 그녀는 자신을 입양한 부모에게 報恩(보은)하였다.

恩 恩 恩 恩 恩 恩 恩 恩 恩 恩

隱 숨을 은
- 4급, 부 阜, 총 17, 약 隐 隠
- 상 現 나타날 현

읽기: 隱忍自重 은인자중

쓰기: 은거 隱居, 은덕 隱德, 은밀 隱密, 은신 隱身, 은어 隱語, 은연 隱然, 은자 隱者, 은퇴 隱退, 은연중 隱然中

활용: 사장은 그 계획을 隱密(은밀)하게 추진해 왔다.

隱 隱 隱 隱 隱 隱 隱 隱 隱 隱 隱 隱 隱

乙 새 을
3급II 부 乙 총 1

읽기 甲乙 갑을 乙骨 을골 乙科 을과 乙未 을미 乙巳 을사
乙時 을시 乙夜 을야 乙酉 을유 乙種 을종 乙丑 을축
乙巳保護條約 을사보호조약

활용 두 사람은 요리 솜씨가 비슷해서 甲乙(갑을)을 가리기 어렵다.

音 소리 음
6급II 부 音 총 9
유 聲 소리 성

읽기 音盤 음반 音韻 음운 音響 음향 濁音 탁음

쓰기 복음 福音 비음 鼻音 음계 音階 음독 音讀 음역 音域
음질 音質 음표 音標 잡음 雜音 저음 低音 폭음 爆音

활용 우리는 곧 새 音盤(음반) 발매를 앞두고 있다.

飮 마실 음(:)
6급II 부 食 총 13

읽기 飮泣 음읍 食飮全廢 식음전폐

쓰기 과음 過飮 미음 米飮 시음 試飮 음독 飮毒 음료 飮料
음복 飮福 음식 飮食 음주 飮酒 통음 痛飮 폭음 暴飮

활용 판매원은 지나가는 사람들에게 새로 나온 차를 試飮(시음)하게 하였다.

陰 그늘 음
4급II 부 阜 총 11
상 陽 볕 양

읽기 陰曆 음력 陰謀 음모 陰濕 음습 陰沈 음침

쓰기 녹음 綠陰 야음 夜陰 음각 陰刻 음산 陰散 음성 陰性
음지 陰地 음해 陰害 음흉 陰凶 일촌광음 一寸光陰

활용 오늘은 온종일 비가 내리고 陰沈(음침)하였다.

淫 음란할 음
3급II 부 水 총 11

읽기 姦淫 간음 賣淫 매음 手淫 수음 淫談 음담 淫樂 음락
淫亂 음란 淫辭 음사 淫慾 음욕 淫貪 음탐 淫行 음행
淫畫 음화 淫荒 음황 淫亂物 음란물

활용 그들은 淫亂物(음란물) 유통 혐의로 구속되었다.

| 3급 부 口 총 7 | 吟 읊을 음 | 읽기: 朗吟 낭음, 微吟 미음, 吟曲 음곡, 吟力 음력, 吟弄 음롱, 吟味 음미, 吟誦 음송, 吟詩 음시, 吟詠 음영, 吟遊 음유, 吟情 음정, 吟唱 음창, 吟遊詩人 음유시인, 吟風弄月 음풍농월 |

활용: 그는 음식의 재료 본연의 맛을 천천히 吟味(음미)하였다.

| 7급 부 邑 총 7 | 邑 고을 읍 | 읽기: 邑徵 읍징, 井邑詞 정읍사
쓰기: 경읍 京邑, 도읍 都邑, 소읍 小邑, 식읍 食邑, 읍내 邑內, 읍민 邑民, 읍인 邑人, 읍장 邑長, 읍지 邑誌, 읍촌 邑村 |

유: 郡 고을 군

활용: 우리는 단양 邑內(읍내)에 들러 가장 큰 식당에서 밥을 먹었다.

| 3급 부 水 총 8 | 泣 울 읍 | 읽기: 感泣 감읍, 悲泣 비읍, 哀泣 애읍, 嗚泣 오읍, 泣感 읍감, 泣哭 읍곡, 泣訴 읍소, 泣眼 읍안, 泣請 읍청, 泣血 읍혈, 天泣 천읍, 號泣 호읍 |

유: 哭 울 곡

활용: 이렇게 은혜를 베풀어주시니 感泣(감읍)할 따름이다.

| 4급II 부 心 총 17 약 応 | 應 응할 응: | 읽기: 應諾 응낙, 應募 응모, 響應 향응, 臨機應變 임기응변
쓰기: 감응 感應, 대응 對應, 반응 反應, 응답 應答, 응당 應當, 응사 應射, 응시 應試, 응용 應用, 적응 適應, 호응 呼應 |

활용: 기본 문제를 다 푼 학생들은 應用(응용) 문제를 풀도록 하여라.

| 3급 부 冫 총 16 | 凝 엉길 응: | 읽기: 凝結 응결, 凝固 응고, 凝思 응사, 凝水 응수, 凝視 응시, 凝寂 응적, 凝集 응집, 凝着 응착, 凝滯 응체, 凝縮 응축, 凝血 응혈, 凝集力 응집력 |

활용: 혈우병 환자는 혈액이 잘 凝固(응고)되지 않는다.

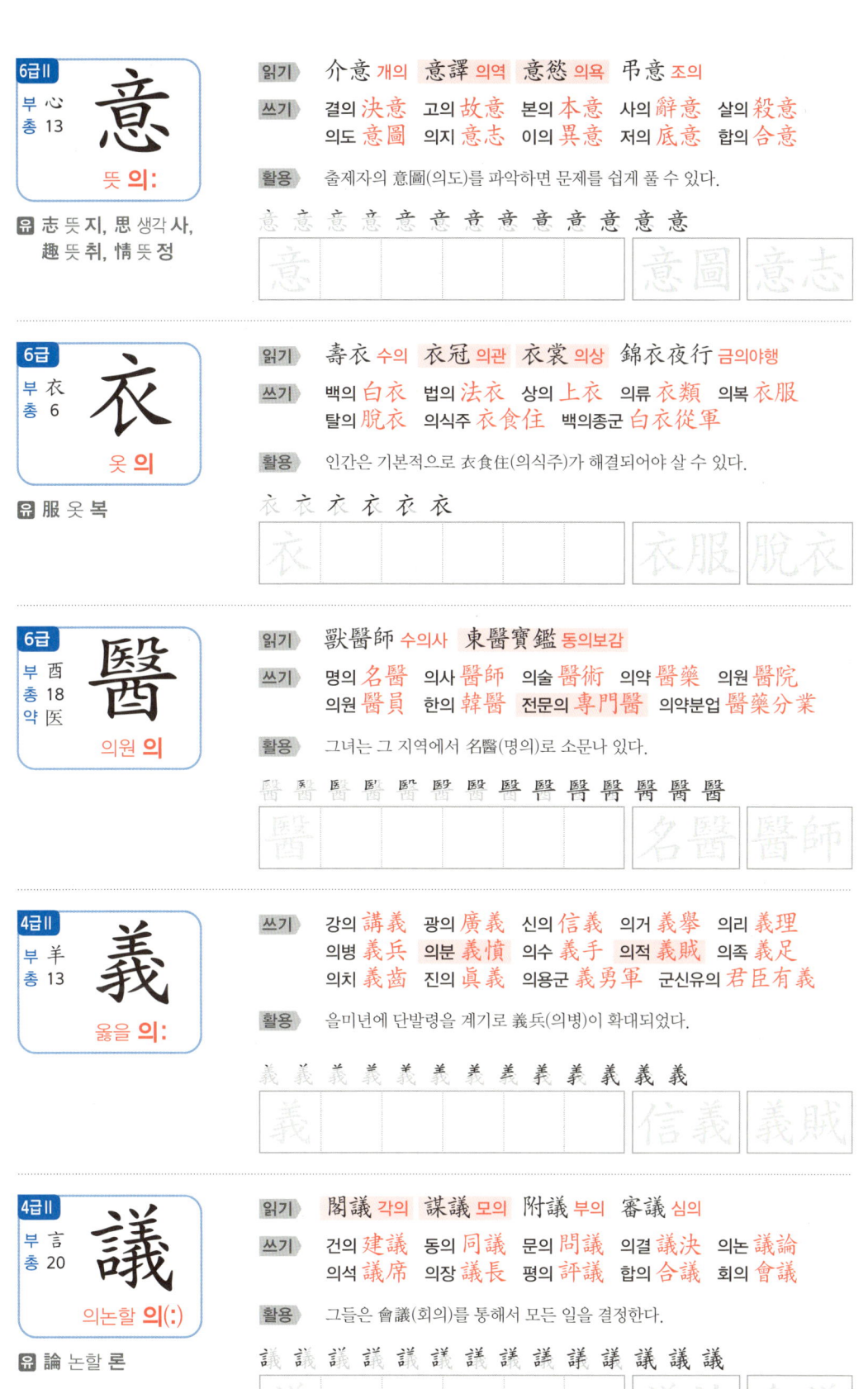

4급 / 부 人 / 총 8
依 의지할 의
유 據 근거 거

읽기: 依賴 의뢰
쓰기: 귀의 歸依 의거 依據 의구 依舊 의법 依法 의원 依願 의존 依存 의지 依支 의타 依他 구태의연 舊態依然
활용: 남에게 依存(의존)하지 말고 스스로 문제를 해결하라.

4급 / 부 人 / 총 15
儀 거동 의

읽기: 葬儀 장의 禮儀凡節 예의범절
쓰기: 예의 禮儀 의례 儀禮 의식 儀式 의용 儀容 의전 儀典 의절 儀節 의표 儀表 제의 祭儀 국민의례 國民儀禮
활용: 葬儀(장의) 행렬이 광화문을 거쳐 서울 광장으로 이동하고 있다.

4급 / 부 足 / 총 14
疑 의심할 의

읽기: 疑懼 의구 疑惑 의혹 懷疑 회의 被疑者 피의자
쓰기: 의념 疑念 의단 疑端 의단 疑團 의려 疑慮 의문 疑問 의심 疑心 의안 疑案 질의 質疑 반신반의 半信半疑
활용: 그녀는 한 치의 疑心(의심)도 없이 그의 말이라면 곧이곧대로 믿는다.

3급 / 부 宀 / 총 8 / 약 宜
宜 마땅 의
유 當 마땅 당

읽기: 機宜 기의 時宜 시의 宜當 의당 宜土 의토 宜合 의합 宜乎 의호 適宜 적의 便宜 편의 便宜店 편의점 時宜適切 시의적절 便宜施設 편의시설
활용: 그가 이 시점에서 양심선언을 한 것은 時宜適切(시의적절)하다.

3급 / 부 矢 / 총 7
矣 어조사 의

읽기: 矣程 의정 汝矣島 여의도 萬事休矣 만사휴의
활용: 이번 일에 성공하지 못하면 萬事休矣(만사휴의)가 된다.

二 (8급, 부 二, 총 2) — 두 이:

읽기 二人三脚 이인삼각

쓰기 이등 二等　이병 二兵　이십 二十　이월 二月　이중 二重　이륜차 二輪車　이모작 二毛作　이중창 二重唱

활용 이 지역은 연평균 기온이 높아 二毛作(이모작)이 가능하다.

以 (5급II, 부 人, 총 5) — 써 이:

쓰기 이내 以內　이래 以來　이상 以上　이전 以前　이하 以下　이후 以後　교우이신 交友以信　보원이덕 報怨以德　사군이충 事君以忠　이실직고 以實直告　자고이래 自古以來

활용 그의 이번 성적은 기대 以上(이상)으로 좋았다.

耳 (5급, 부 耳, 총 6) — 귀 이:

쓰기 내이 內耳　목이 木耳　석이 石耳　외이 外耳　이경 耳鏡　이목 耳目　이순 耳順　마이동풍 馬耳東風　우이독경 牛耳讀經　이목구비 耳目口鼻　충언역이 忠言逆耳

활용 예순 살이 되면 귀가 순해진다는 데서 耳順(이순)이라는 말이 생겨났다.

移 (4급II, 부 禾, 총 11) — 옮길 이

유 運 옮길 운

읽기 移越 이월　移葬 이장　移替 이체

쓰기 변이 變移　이동 移動　이민 移民　이송 移送　이식 移植　이임 移任　이적 移籍　이전 移轉　이주 移住　이행 移行

활용 아버지께서는 간 移植(이식)을 받은 후 현재 회복 중에 계신다.

異 (4급, 부 田, 총 11) — 다를 이:

상 同 한가지 동
유 差 다를 차

읽기 異邦人 이방인　同床異夢 동상이몽　異腹兄弟 이복형제

쓰기 기이 奇異　이견 異見　이단 異端　이례 異例　이변 異變　이상 異常　이색 異色　이의 異議　이구동성 異口同聲

활용 제안에 異議(이의)가 있으신 분은 말씀해 주십시오.

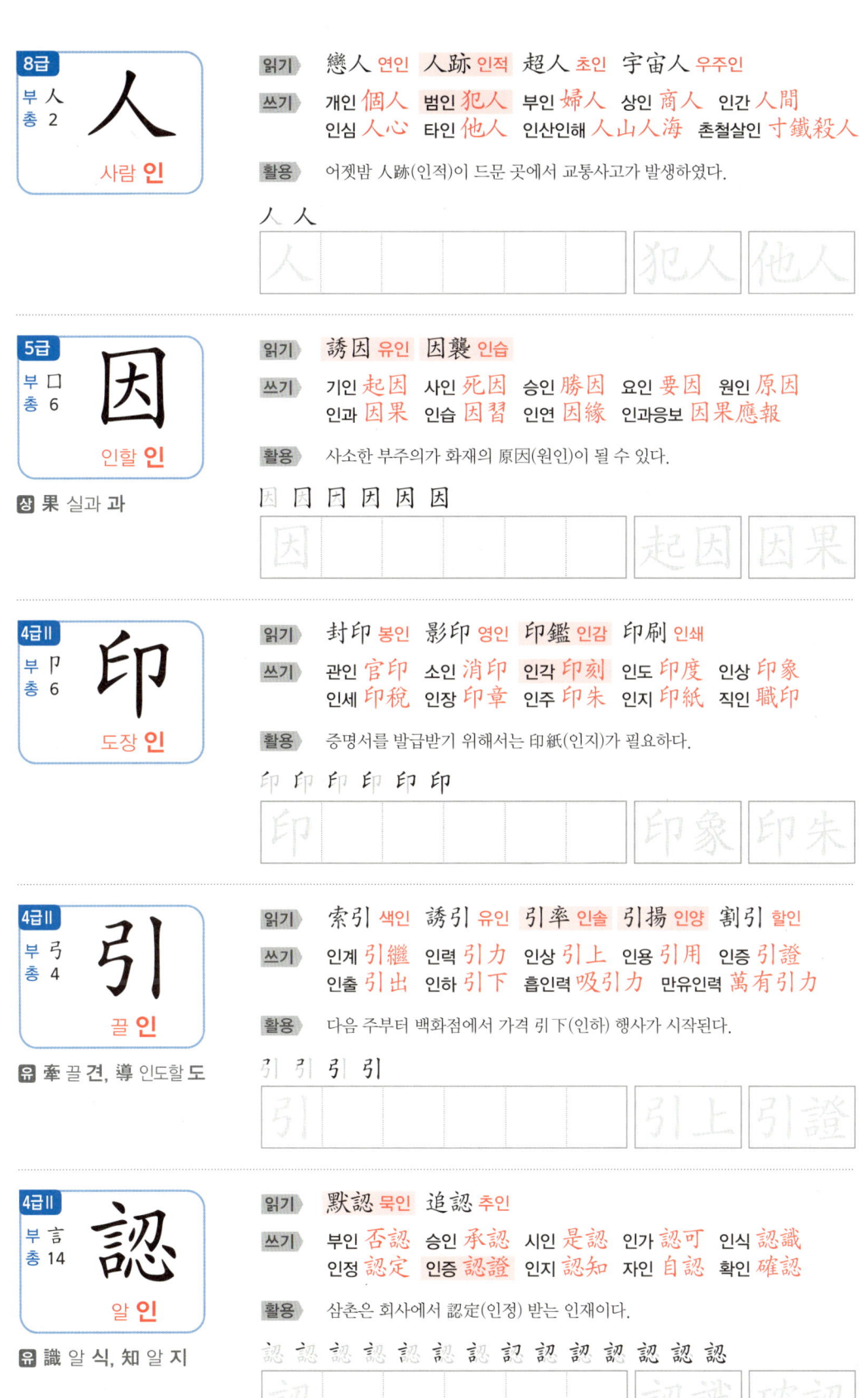

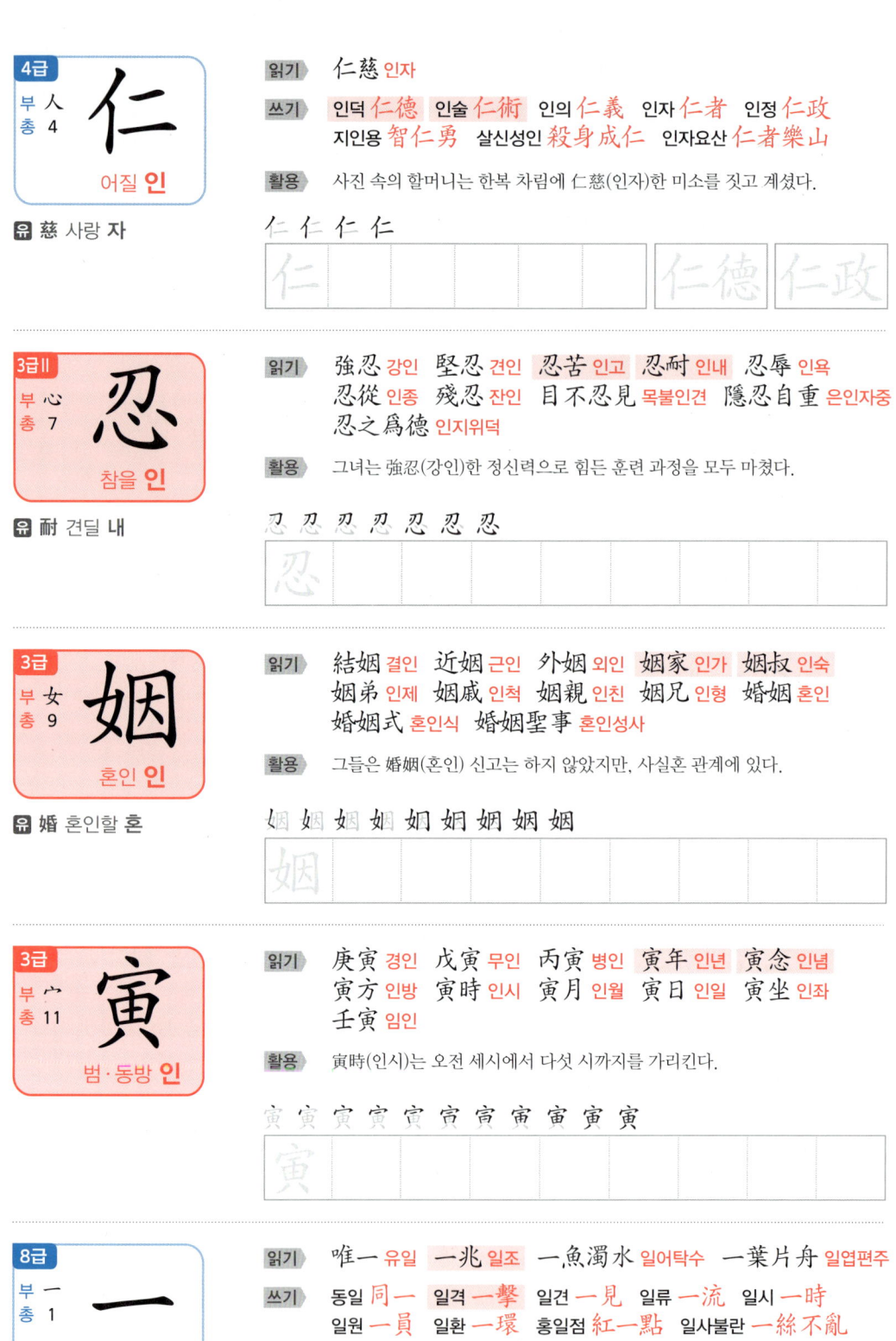

자

入 들 입 (7급, 부 入, 총 2)
- 상 出 날 출
- 유 納 들일 납

읽기: 介入 개입, 沒入 몰입, 入閣 입각, 入館 입관, 潛入 잠입

쓰기: 납입 納入, 신입 新入, 입구 入口, 입대 入隊, 입사 入社, 입양 入養, 입원 入院, 입장 入場, 출입 出入, 흡입 吸入

활용: 근무 중에는 외부인의 회사 出入(출입)을 금지한다.

子 아들 자 (7급II, 부 子, 총 3)
- 상 女 계집 녀, 父 아비 부

읽기: 娘子 낭자, 亭子 정자, 諸子 제자, 遺腹子 유복자

쓰기: 골자 骨子, 박자 拍子, 양자 養子, 이자 利子, 자궁 子宮, 자손 子孫, 자식 子息, 자음 子音, 포자 胞子, 효자 孝子

활용: 우리는 亭子(정자)에 올라 아름다운 경치를 감상하였다.

自 스스로 자 (7급II, 부 自, 총 6)
- 상 他 다를 타
- 유 己 몸 기

읽기: 自愧 자괴, 自滅 자멸, 自我 자아, 悠悠自適 유유자적

쓰기: 자각 自覺, 자기 自己, 자립 自立, 자백 自白, 자상 自傷, 자연 自然, 자율 自律, 자책 自責, 자칭 自稱, 자택 自宅

활용: 용의자가 범행 일체를 自白(자백)하였다.

字 글자 자 (7급, 부 子, 총 6)

읽기: 字幕 자막, 十字架 십자가, 識字憂患 식자우환

쓰기: 문자 文字, 습자 習字, 식자 植字, 액자 額字, 자구 字句, 자형 字形, 적자 赤字, 한자 漢字, 적십자 赤十字

활용: 이번 달에는 집안 행사가 많아서 가계부에 赤字(적자)가 났다.

者 놈 자 (6급, 부 老, 총 9, 약 者)

읽기: 譯者 역자, 著者 저자, 配偶者 배우자, 結者解之 결자해지

쓰기: 기자 記者, 독자 讀者, 병자 病者, 부자 富者, 승자 勝者, 신자 信者, 왕자 王者, 작자 作者, 필자 筆者, 환자 患者

활용: 그는 동네에서 富者(부자)로 소문나 있다.

姉 (4급) 부 女 총 8 — 손윗누이 자
유 妹 누이 매

- **읽기**: 姑姉 고자   愚姉 우자
- **쓰기**: 자매 姉妹   자부 姉夫   자씨 姉氏   자형 姉兄   장자 長姉
  자모회 姉母會   자매결연 姉妹結緣   형제자매 兄弟姉妹
- **활용**: 姉妹(자매)는 너무나 닮아서 마치 쌍둥이 같다.

姉 姉 姉 姉 姉 姉 姉

姿 (4급) 부 女 총 9 — 모양 자:
유 貌 모양 모

- **읽기**: 芳姿 방자   姿貌 자모
- **쓰기**: 용자 容姿   웅자 雄姿   자색 姿色   자세 姿勢   자태 姿態
  고자세 高姿勢   저자세 低姿勢   기본자세 基本姿勢
- **활용**: 설악산의 웅장한 姿態(자태)를 보고 감탄하였다.

姿 姿 姿 姿 姿 姿 姿 姿

資 (4급) 부 貝 총 13 — 재물 자
유 財 재물 재

- **쓰기**: 물자 物資   자격 資格   자금 資金   자력 資力   자료 資料
  자본 資本   자산 資産   자원 資源   자재 資財   자질 資質
  출자 出資   투자 投資   기자재 機資材   원자재 原資材
- **활용**: 그 기업은 資産(자산) 규모가 튼실한 우량기업이다.

資 資 資 資 資 資 資 資 資 資 資 資 資

刺 (3급Ⅱ) 부 刀 총 8 — 찌를 자:/찌를 척

- **읽기**: 亂刺 난자   免刺 면자   刺客 자객   刺激 자격   刺刀 자도
  刺毛 자모   刺墨 자묵   刺殺 자살   刺傷 자상   自刺 자자
  刺字 자자   刺殺 척살
- **활용**: 피해자의 등에는 흉기에 찔린 깊숙한 刺傷(자상)이 있었다.

刺 刺 刺 刺 刺 刺 刺 刺

慈 (3급Ⅱ) 부 心 총 14 — 사랑 자
유 仁 어질 인

- **읽기**: 家慈 가자   仁慈 인자   慈堂 자당   慈母 자모   慈悲 자비
  慈善 자선   慈愛 자애   慈兄 자형   慈惠 자혜   無慈悲 무자비
  大慈大悲 대자대비
- **활용**: 자네 慈堂(자당)께서는 요즘 건강하게 지내시는가?

慈 慈 慈 慈 慈 慈 慈 慈 慈 慈

289

紫 자줏빛 자
3급II 부 糸 총 12

읽기: 紫銅 자동, 紫色 자색, 紫煙 자연, 紫雲 자운, 紫朱 자주, 紫外線 자외선, 紫紅色 자홍색, 山紫水明 산자수명, 千紫萬紅 천자만홍

활용: 새로 산 안경은 紫外線(자외선) 차단 효과가 있다.

恣 마음대로·방자할 자:
3급 부 心 총 10

읽기: 忌恣 기자, 放恣 방자, 恣樂 자락, 恣慾 자욕, 恣意 자의, 恣暴 자포, 恣行 자행, 橫恣 횡자, 恣意的 자의적, 傲慢放恣 오만방자

활용: 문장의 의미를 恣意的(자의적)으로 해석하면 안 된다.

玆 이 자
3급 부 玄 총 10

읽기: 今玆 금자, 來玆 내자, 玆今 자금, 玆其 자기, 玆白 자백, 玆夷 자이, 在玆 재자

활용: 今玆(금자)에 이루지 못한 일들을 새해에는 꼭 이루자.

作 지을 작
6급II 부 人 총 7

읽기: 佳作 가작, 作詞 작사, 拙作 졸작, 著作權 저작권

쓰기: 유작 遺作, 작가 作家, 작곡 作曲, 작문 作文, 작별 作別, 작성 作成, 작용 作用, 작품 作品, 풍작 豊作, 흉작 凶作

활용: 유족은 고인의 遺作(유작)을 다음 달에 공개할 것이라고 하였다.

유: 造 지을 조, 工 장인 공, 製 지을 제

昨 어제 작
6급II 부 日 총 9

쓰기: 작금 昨今, 작년 昨年, 작동 昨冬, 작세 昨歲, 작일 昨日, 작주 昨週, 작추 昨秋, 재작년 再昨年

활용: 昨今(작금)은 어제와 오늘을 아울러 이르는 말이다.
그녀는 昨年(작년)에 있었던 일도 기억하지 못한다.

상: 今 이제 금

290

3급 부 爪 총 18

爵 벼슬 작

유 官 벼슬 관

읽기: 公爵 공작 男爵 남작 伯爵 백작 封爵 봉작 人爵 인작
子爵 자작 爵位 작위 爵號 작호 天爵 천작 獻爵 헌작
侯爵 후작 高官大爵 고관대작

활용: 그는 高官大爵(고관대작)의 자제라는 이유로 쉽게 벼슬에 올랐다.

3급 부 酉 총 10

酌 술부을·잔질할 작

읽기: 對酌 대작 自酌 자작 酌交 작교 酌婦 작부 酌定 작정
前酌 전작 參酌 참작 添酌 첨작 無酌定 무작정
酌水成禮 작수성례 情狀參酌 정상참작

활용: 그녀는 계획도 없이 無酌定(무작정) 혼자서 여행을 떠났다.

4급 부 歹 총 12 약 残

殘 남을 잔

유 餘 남을 여

읽기: 衰殘 쇠잔 殘飯 잔반 殘忍 잔인

쓰기: 잔고 殘高 잔금 殘金 잔당 殘黨 잔량 殘量 잔류 殘留
잔액 殘額 잔여 殘餘 잔존 殘存 동족상잔 同族相殘

활용: 殘金(잔금)은 다음 주중으로 보내 주세요.

3급Ⅱ 부 日 총 15

暫 잠깐 잠(:)

읽기: 暫間 잠간 暫見 잠견 暫留 잠류 暫罰 잠벌 暫逢 잠봉
暫時 잠시 暫定 잠정 暫許 잠허 暫定的 잠정적
暫定結論 잠정결론

활용: 할아버지께서는 暫時(잠시) 걸음을 멈추고 뒤를 돌아보셨다.

3급Ⅱ 부 水 총 15

潛 잠길 잠

유 沈 잠길 침

읽기: 潛伏 잠복 潛水 잠수 潛入 잠입 潛在 잠재 潛跡 잠적
潛航 잠항 潛行 잠행 沈潛 침잠 潛望鏡 잠망경
潛伏期 잠복기 潛水橋 잠수교

활용: 그는 며칠 전 지인들과 연락을 끊고 潛跡(잠적)해 버렸다.

雜 (섞일 잡) — 4급
- 부: 隹, 총: 18, 약: 雑
- 유: 混 섞을 혼

읽기: 煩雜 번잡, 醜雜 추잡
쓰기: 복잡 複雜, 잡곡 雜穀, 잡기 雜技, 잡념 雜念, 잡다 雜多, 잡담 雜談, 잡무 雜務, 잡종 雜種, 잡초 雜草, 혼잡 混雜
활용: 그는 요리와 여행을 좋아하고 雜技(잡기)에 능하다.

長 (긴 장(:)) — 8급
- 부: 長, 총: 8
- 상: 短 짧을 단, 幼 어릴 유

읽기: 長劍 장검, 長久 장구, 無病長壽 무병장수, 長幼有序 장유유서
쓰기: 반장 班長, 성장 成長, 장기 長技, 장단 長短, 장로 長老, 장발 長髮, 장점 長點, 장편 長篇, 만리장성 萬里長城
활용: 선물 받은 와인은 長久(장구)한 역사를 담고 있었다.

場 (마당 장) — 7급II
- 부: 土, 총: 12

읽기: 白沙場 백사장, 一場春夢 일장춘몽
쓰기: 개장 開場, 공장 工場, 극장 劇場, 난장 亂場, 등장 登場, 시장 市場, 장면 場面, 장소 場所, 장외 場外, 퇴장 退場
활용: 마지막 場面(장면)이 공연의 하이라이트이다.

章 (글 장) — 6급
- 부: 立, 총: 11
- 유: 文 글월 문

읽기: 肩章 견장, 詞章 사장, 喪章 상장
쓰기: 기장 紀章, 기장 旗章, 도장 圖章, 문장 文章, 악장 樂章, 인장 印章, 중장 中章, 지장 指章, 초장 初章, 헌장 憲章
활용: 그녀는 상황에 맞는 정확한 文章(문장)을 구사한다.

將 (장수 장(:)) — 4급II
- 부: 寸, 총: 11, 약: 将
- 상: 兵 병사 병, 卒 마칠 졸
- 유: 帥 장수 수

읽기: 猛將 맹장, 將帥 장수
쓰기: 무장 武將, 장교 將校, 장군 將軍, 장래 將來, 장병 將兵, 장사 將士, 장차 將次, 주장 主將, 백전노장 百戰老將
활용: 광화문에 가면 이순신 將軍(장군)의 동상이 있다.

障 (막을 장) — 4급II, 부 阜, 총 14

쓰기: 고장 故障, 내장 內障, 만장 萬障, 보장 保障, 외장 外障, 장벽 障壁, 장해 障害, 지장 支障, 행장 行障, 녹내장 綠內障, 백내장 白內障, 안전보장 安全保障

활용: 그와 그녀는 언어의 障壁(장벽)을 뛰어넘어 사랑을 키워 나갔다.

壯 (장할 장:) — 4급, 부 士, 총 7, 약 壯

읽기: 壯版 장판, 豪言壯談 호언장담

쓰기: 건장 健壯, 비장 悲壯, 웅장 雄壯, 장골 壯骨, 장관 壯觀, 장담 壯談, 장렬 壯烈, 장사 壯士, 장원 壯元, 장정 壯丁

활용: 그는 이번 사업에 성공할 것이라고 壯談(장담)하였다.

帳 (장막 장) — 4급, 부 巾, 총 11

읽기: 臺帳 대장, 帳幕 장막, 帳簿 장부

쓰기: 기장 記帳, 모장 毛帳, 원장 原帳, 장기 帳記, 장설 帳設, 통장 通帳, 포장 布帳, 휘장 揮帳, 일기장 日記帳

활용: 그녀가 평생 써 온 日記帳(일기장)이 무려 200권이 넘었다.

유 幕 장막 막

張 (베풀 장) — 4급, 부 弓, 총 11

읽기: 誇張 과장, 緊張 긴장, 伸張 신장, 張皇 장황, 擴張 확장

쓰기: 장력 張力, 장설 張設, 장수 張數, 주장 主張, 책장 冊張, 출장 出張, 장삼이사 張三李四, 허장성세 虛張聲勢

활용: 여야가 서로의 主張(주장)을 굽히지 않아 결정이 연기되었다.

유 伸 펼 신

腸 (창자 장) — 4급, 부 肉, 총 13

읽기: 肝腸 간장, 盲腸 맹장, 胃腸 위장, 九曲肝腸 구곡간장

쓰기: 결장 結腸, 단장 斷腸, 대장 大腸, 소장 小腸, 직장 直腸, 탈장 脫腸, 구절양장 九折羊腸, 십이지장 十二指腸

활용: 小腸(소장)은 소화기관 중에서 핵심적인 역할을 담당한다.

裝

4급 부 衣 / 총 13 / 약 装

꾸밀 **장**

유 飾 꾸밀 식

- 읽기: 僞裝 위장, 裝飾 장식
- 쓰기: 가장 假裝, 무장 武裝, 변장 變裝, 복장 服裝, 여장 旅裝, 장비 裝備, 장착 裝着, 장치 裝置, 정장 正裝, 포장 包裝
- 활용: 그녀는 차가운 눈빛으로 슬픈 마음을 僞裝(위장)하였다.

獎

4급 부 犬 / 총 15 / 약 奬

장려할 **장(:)**

유 勸 권할 권

- 읽기: 獎勵 장려, 獎勵賞 장려상
- 쓰기: 격장 激獎, 권장 勸獎, 장예 獎譽, 장진 獎進, 장학 獎學, 추장 推獎, 장충단 獎忠壇, 장학금 獎學金
- 활용: 나는 학생들에게 봉사활동을 獎勵(장려)하였다.

丈

3급Ⅱ 부 一 / 총 3

어른 **장:**

- 읽기: 聘丈 빙장, 丈母 장모, 丈夫 장부, 丈人 장인, 丈尺 장척, 老人丈 노인장, 大丈夫 대장부, 女丈夫 여장부, 主人丈 주인장, 春府丈 춘부장, 氣高萬丈 기고만장
- 활용: 그녀는 남자 한 사람의 몫을 거뜬히 해내는 女丈夫(여장부)이다.

掌

3급Ⅱ 부 手 / 총 12

손바닥 **장:**

- 읽기: 管掌 관장, 分掌 분장, 掌骨 장골, 車掌 차장, 合掌 합장, 仙人掌 선인장, 如反掌 여반장, 拍掌大笑 박장대소, 掌篇小說 장편소설
- 활용: 배우의 우스꽝스러운 행동에 우리 모두 拍掌大笑(박장대소)하였다.

粧

3급Ⅱ 부 米 / 총 12

단장할 **장**

- 읽기: 內粧 내장, 丹粧 단장, 美粧 미장, 歲粧 세장, 粧鏡 장경, 粧飾 장식, 治粧 치장, 化粧 화장, 美粧院 미장원, 銀粧刀 은장도, 化粧品 화장품
- 활용: 백제 시대의 공예품은 粧飾(장식)이 정교하고 세련되었다.

臟

3급II 부 肉 총22 약 臓
오장 장:

읽기 肝臟 간장　九臟 구장　內臟 내장　心臟 심장　五臟 오장
臟器 장기　臟物 장물　肺臟 폐장　心臟病 심장병
臟器移植 장기이식

활용 그녀를 만날 때마다 心臟(심장)이 마구 두근거림을 느낀다.

臟 臟 臟 臟 臟 臟 臟 臟 臟 臟 臟 臟 臟 臟

莊

3급II 부 艸 총11 약 荘
씩씩할 장

읽기 別莊 별장　私莊 사장　山莊 산장　莊敬 장경　莊嚴 장엄
莊園 장원　莊子 장자　莊重 장중　田莊 전장
老莊思想 노장사상

활용 이른 새벽 산사에 울리는 북소리는 莊重(장중)하였다.

莊 莊 莊 莊 莊 莊 莊 莊 莊 莊 莊

葬

3급II 부 艸 총13
장사지낼 장:

읽기 安葬 안장　暗葬 암장　葬禮 장례　葬儀 장의　葬地 장지
風葬 풍장　合葬 합장　火葬 화장　高麗葬 고려장
葬禮式 장례식　葬送曲 장송곡　葬儀社 장의사

활용 나는 할아버지의 葬禮式(장례식)에 참석하기 위해 회사에 휴가를 냈다.

葬 葬 葬 葬 葬 葬 葬 葬 葬 葬 葬 葬 葬

藏

3급II 부 艸 총18 약 蔵
감출 장:

읽기 祕藏 비장　死藏 사장　所藏 소장　收藏 수장　藏經 장경
藏書 장서　藏中 장중　貯藏 저장　冷藏庫 냉장고
大藏經 대장경　無盡藏 무진장　貯藏庫 저장고

활용 그들은 지하 貯藏庫(저장고)에 겨울 동안 먹을 식량을 비축해 두었다.

藏 藏 藏 藏 藏 藏 藏 藏 藏 藏 藏 藏 藏 藏 藏

墙

3급 부 土 총16
담 장

읽기 隔墙 격장　宮墙 궁장　越墙 월장　墙角 장각　墙內 장내
墙壁 장벽　墙外 장외　墙衣 장의　墙下 장하　土墙 토장
路柳墙花 노류장화

활용 그는 밤마다 越墙(월장)을 하며 그곳을 드나들다가 붙잡혔다.

墙 墙 墙 墙 墙 墙 墙 墙 墙 墙

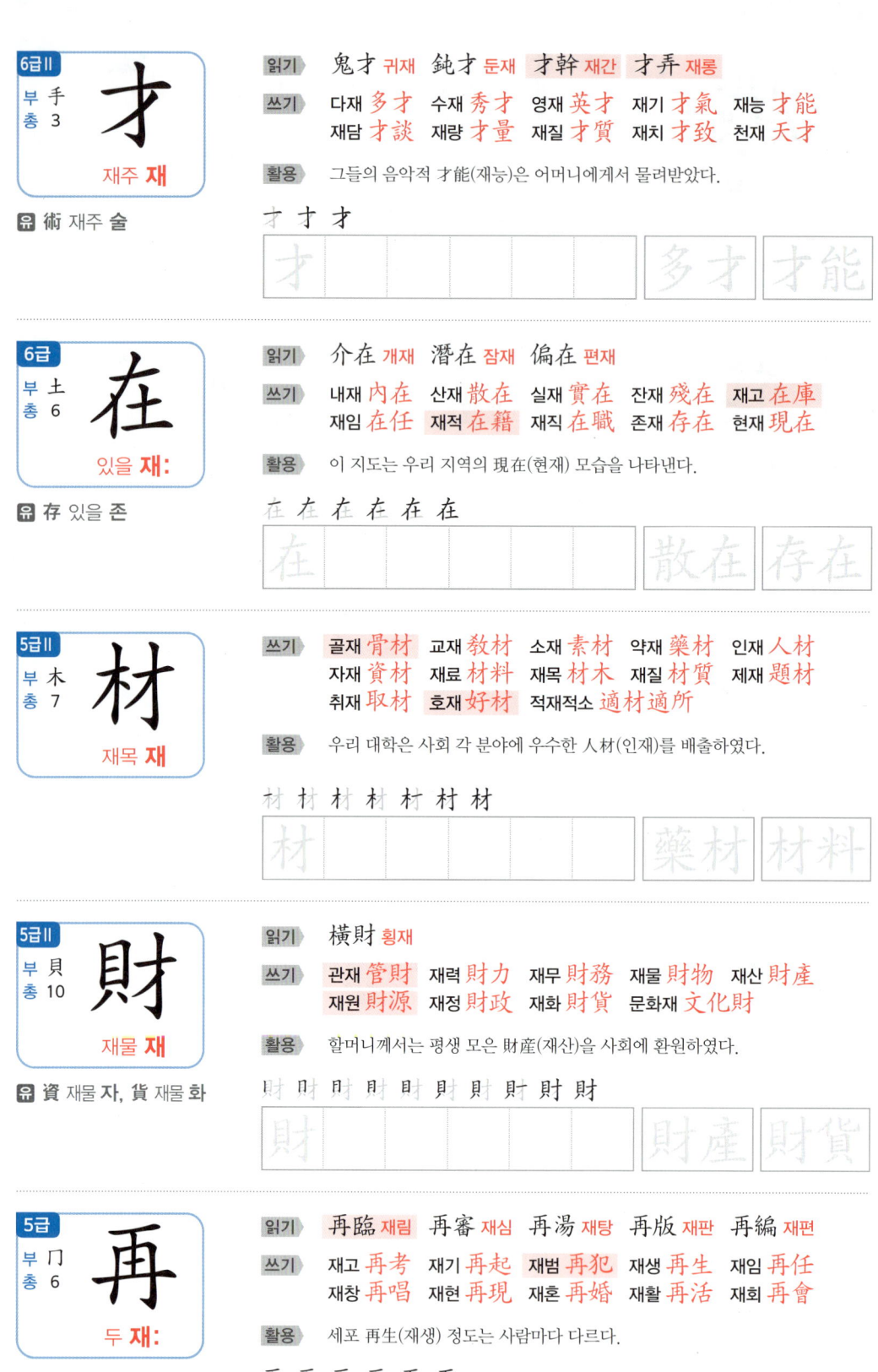

3급	
부 宀	
총 10	

宰 재상 **재**:

읽기: 卿宰 경재　國宰 국재　守宰 수재　宰官 재관　宰木 재목
宰夫 재부　宰殺 재살　宰相 재상　宰臣 재신　宰制 재제
宰割 재할　主宰 주재

활용: 국무총리 主宰(주재)로 긴급회의가 열렸다.

宰 宰 宰 宰 宰 宰 宰 宰 宰 宰

5급	
부 爪	
총 8	
약 争	

爭 다툴 **쟁**

유 競 다툴 경, 戰 싸움 전, 鬪 싸움 투

읽기: 紛爭 분쟁　爭奪 쟁탈
쓰기: 경쟁 競爭　논쟁 論爭　언쟁 言爭　쟁의 爭議　쟁점 爭點
쟁취 爭取　전쟁 戰爭　투쟁 鬪爭　파쟁 派爭　항쟁 抗爭

활용: 競爭(경쟁)에서 이기려면 체력을 길러라.

爭 爭 爭 爭 爭 爭 爭 爭

競爭　戰爭

5급	
부 貝	
총 12	

貯 쌓을 **저**:

유 蓄 모을 축, 積 쌓을 적

읽기: 貯藏 저장　貯水池 저수지　貯蓄性保險 저축성보험
쓰기: 저곡 貯穀　저금 貯金　저수 貯水　저양 貯養　저유 貯油
저재 貯財　저축 貯蓄　저탄 貯炭　근검저축 勤儉貯蓄

활용: 가뭄이 들어 貯水池(저수지)의 물이 모두 말랐다.

貯 貯 貯 貯 貯 貯 貯 貯 貯 貯

貯金　貯蓄

4급Ⅱ	
부 人	
총 7	

低 낮을 **저**:

상 高 높을 고

읽기: 低廉 저렴　低率 저율　低賃金 저임금
쓰기: 저가 低價　저공 低空　저급 低級　저속 低速　저온 低溫
저음 低音　저질 低質　최저 最低　저자세 低姿勢

활용: 산간 지역에 低速(저속)으로 운행하는 모노레일이 설치되었다.

低 低 低 低 低 低 低

低價　最低

4급	
부 广	
총 8	

底 밑 **저**:

읽기: 徹底 철저
쓰기: 근저 根底　기저 基底　도저 到底　저력 底力　저면 底面
저변 底邊　저의 底意　저층 底層　저하 底下　해저 海底

활용: 음식 광고를 보면 到底(도저)히 식욕을 참을 수 없다.

底 底 底 底 底 底 底

底邊　海底

抵 막을 저:
3급II 부 手 총 8

읽기: 大抵 대저　抵達 저달　抵當 저당　抵死 저사　抵觸 저촉　抵抗 저항　根抵當 근저당　無抵當 무저당　抵當權 저당권　抵抗力 저항력

활용: 강도는 경찰에 抵抗(저항)하다가 결국 자수하였다.

著 나타날 저:
3급II 부 艹 총 13

읽기: 共著 공저　論著 논저　遺著 유저　著名 저명　著書 저서　著述 저술　著者 저자　著作 저작　拙著 졸저　快著 쾌저　編著 편저　顯著 현저　著作權 저작권

활용: 그가 평생 출간한 著書(저서)만 하더라도 100권이 넘는다.

的 과녁 적
5급II 부 白 총 8

읽기: 靈的 영적　橫的 횡적　盲目的 맹목적　微視的 미시적

쓰기: 공적 公的　극적 劇的　목적 目的　법적 法的　사적 史的　적실 的實　적중 的中　표적 標的　다목적 多目的

활용: 등산용 칼은 多目的(다목적)으로 사용할 수 있다.

赤 붉을 적
5급 부 赤 총 7

유 朱 붉을 주, 紅 붉을 홍

읽기: 赤手空拳 적수공권

쓰기: 적기 赤旗　적도 赤道　적색 赤色　적수 赤手　적자 赤字　적조 赤潮　적화 赤化　적외선 赤外線　적혈구 赤血球

활용: 그녀는 赤色(적색)과 녹색을 구별하지 못한다.

敵 대적할 적
4급II 부 攵 총 15

읽기: 敵襲 적습　匹敵 필적　衆寡不敵 중과부적

쓰기: 대적 對敵　무적 無敵　적군 敵軍　적기 敵旗　적대 敵對　적수 敵手　적의 敵意　적지 敵地　적진 敵陣　천적 天敵

활용: 너는 어려서 아직 나의 敵手(적수)가 되지 못한다.

4급 부 禾 총 16 / 쌓을 적 積
유 蓄 모을 축, 貯 쌓을 저

읽기: 露積 노적 乘積 승적 積載 적재
쓰기: 견적 見積 면적 面積 선적 船積 적금 積金 적립 積立
　　　적산 積算 적선 積善 적설 積雪 집적 集積 축적 蓄積
활용: 보관 시설이 부족하여 많은 책을 길가에 露積(노적)하였다.

4급 부 竹 총 20 / 문서 적 籍

읽기: 學籍簿 학적부 戶籍抄本 호적초본
쓰기: 국적 國籍 당적 黨籍 본적 本籍 사적 史籍 서적 書籍
　　　이적 移籍 입적 入籍 재적 在籍 제적 除籍 호적 戶籍
활용: 그는 한국 여자와 결혼하여 대한민국 國籍(국적)을 취득하였다.

4급 부 糸 총 17 / 길쌈 적 績

쓰기: 고적 考績 공적 功績 기적 記績 미적 美績 사적 事績
　　　성적 成績 실적 實績 업적 業績 적녀 績女 전적 前績
　　　치적 治績 행적 行績
활용: 그는 40명의 영업 사원 중에서 판매 實績(실적) 1위를 달성하였다.

4급 부 貝 총 13 / 도둑 적 賊
유 盜 도둑 도

쓰기: 거적 巨賊 도적 盜賊 마적 馬賊 산적 山賊 역적 逆賊
　　　외적 外賊 의적 義賊 적도 賊徒 적신 賊臣 적심 賊心
　　　해적 海賊 화적 火賊 흉적 凶賊
활용: 자신을 義賊(의적)이라고 칭하는 그는 어려운 사람들을 많이 도왔다.

4급 부 辵 총 15 / 맞을 적 適

읽기: 悠悠自適 유유자적
쓰기: 적격 適格 적기 適期 적당 適當 적법 適法 적성 適性
　　　적용 適用 적응 適應 적임 適任 적절 適切 적합 適合
활용: 이번 연극의 햄릿 역할에는 그 배우가 適格(적격)이다.

寂 고요할 적
부 宀 총 11
3급II

유 靜 고요할 정

읽기 孤寂 고적 空寂 공적 幽寂 유적 入寂 입적 潛寂 잠적
寂念 적념 寂滅 적멸 寂然 적연 寂寂 적적 靜寂 정적
閑寂 한적 玄寂 현적

활용 소설가는 閑寂(한적)한 시골 마을에서 다음 작품을 구상한다.

摘 딸 적
부 手 총 14
3급II

읽기 摘果 적과 摘記 적기 摘讀 적독 摘錄 적록 摘發 적발
摘示 적시 摘芽 적아 摘要 적요 摘載 적재 摘出 적출
指摘 지적

활용 나는 선생님께서 指摘(지적)해 주신 사항을 고친 후 보고서를 냈다.

笛 피리 적
부 竹 총 11
3급II

읽기 角笛 각적 警笛 경적 鼓笛 고적 口笛 구적 汽笛 기적
牙笛 아적 玉笛 옥적 笛聲 적성 胡笛 호적 號笛 호적
鼓笛隊 고적대

활용 대형 트럭이 警笛(경적)을 크게 울리며 골목을 지나갔다.

跡 발자취 적
부 足 총 13
3급II

읽기 古跡 고적 軌跡 궤적 奇跡 기적 遺跡 유적 履跡 이적
人跡 인적 潛跡 잠적 足跡 족적 追跡 추적 筆跡 필적
航跡 항적 遺跡地 유적지

활용 밤늦게 혼자서 人跡(인적)이 드문 산길로 다니면 위험하다.

蹟 자취 적
부 足 총 18
3급II

읽기 繼蹟 계적 古蹟 고적 奇蹟 기적 文蹟 문적 事蹟 사적
史蹟 사적 聖蹟 성적 烈蹟 열적 遺蹟 유적 行蹟 행적
古蹟地 고적지

활용 나는 고인의 行蹟(행적)이 깃든 자택 앞에서 숙연해졌다.

3급 부 水 총 14	滴 물방울 적		
	읽기	霧滴 무적　餘滴 여적　油滴 유적　一滴 일적　殘滴 잔적 滴露 적로　滴水 적수　點滴 점적　黑滴 흑적　餘滴欄 여적란	
	활용	그들은 차가운 滴露(적로)를 맞으며 밤을 지새웠다.	

滴 滴 滴 滴 滴 滴 滴 滴 滴 滴

7급II 부 入 총 6	全 온전 전		
	읽기	全滅 전멸　全貌 전모　全般 전반　全燒 전소	
	쓰기	건전 健全　완전 完全　전경 全景　전능 全能　전력 全力 전부 全部　전신 全身　전원 全員　전체 全體　전편 全篇	
	활용	오늘 상영될 영화는 全體(전체) 매진이다.	

유 完 완전할 완

全 全 全 全 全 全

7급II 부 刀 총 9	前 앞 전		
	읽기	靈前 영전　前途 전도　前述 전술　前兆 전조	
	쓰기	목전 目前　이전 以前　전략 前略　전례 前例　전반 前半 전후 前後　직전 直前　문전성시 門前成市　풍전등화 風前燈火	
	활용	어머니는 아이들이 잠들기 直前(직전)에 책을 읽어 준다.	

상 後 뒤 후

前 前 前 前 前 前 前 前

7급II 부 雨 총 13	電 번개 전:		
	읽기	漏電 누전　電柱 전주　電池 전지　腦電圖 뇌전도	
	쓰기	감전 感電　발전 發電　방전 放電　전구 電球　전산 電算 전신 電信　전화 電話　축전 祝電　전광석화 電光石火	
	활용	출발하기 전에 미리 電話(전화)를 주세요.	

電 電 電 電 電 電 電 電 電 電 電

6급II 부 戈 총 16 약 战戦	戰 싸움 전:		
	읽기	挑戰 도전　奮戰 분전　戰禍 전화　臨戰無退 임전무퇴	
	쓰기	격전 激戰　관전 觀戰　교전 交戰　선전 善戰　작전 作戰 전란 戰亂　전략 戰略　전선 戰線　전술 戰術　전쟁 戰爭	
	활용	이순신은 뛰어난 戰術(전술)로 왜군을 대파하였다.	

상 和 화할 화
유 鬪 싸움 투, 爭 다툴 쟁

戰 戰 戰 戰 戰 戰 戰 戰 戰 戰 戰

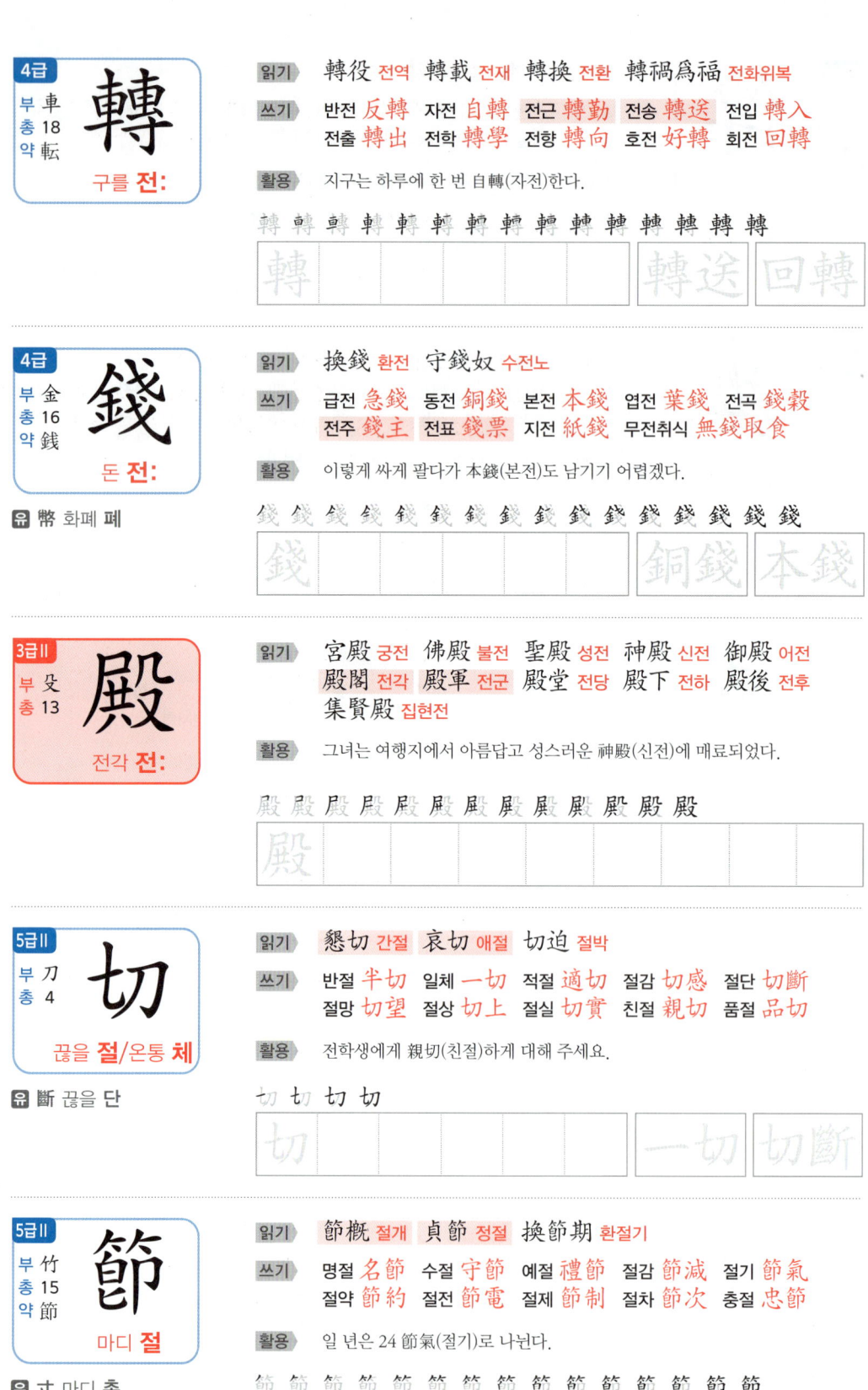

絶 끊을 절 (4급II, 부 糸, 총 12)

- **읽기**: 絶叫 절규, 絶頂 절정, 絶世佳人 절세가인, 抱腹絶倒 포복절도
- **쓰기**: 거절 拒絶, 근절 根絶, 절교 絶交, 절구 絶句, 절대 絶對, 절명 絶命, 절묘 絶妙, 절식 絶食, 절연 絶緣, 절찬 絶讚
- **활용**: 그 배우는 인기 絶頂(절정)의 순간에 돌연 은퇴하였다.

유 斷 끊을 단

折 꺾을 절 (4급, 부 手, 총 7)

- **읽기**: 折腰 절요, 折衝 절충, 腰折腹痛 요절복통
- **쓰기**: 곡절 曲折, 골절 骨折, 굴절 屈折, 단절 斷折, 반절 半折, 절반 折半, 구절양장 九折羊腸, 백절불굴 百折不屈
- **활용**: 그는 교통사고로 다리가 骨折(골절)되었다.

유 屈 굽힐 굴

竊 훔칠 절 (3급, 부 穴, 총 22, 약 窃)

- **읽기**: 狗竊 구절, 竊念 절념, 竊盜 절도, 竊發 절발, 竊位 절위, 竊飮 절음, 竊聽 절청, 竊取 절취, 草竊 초절, 竊盜犯 절도범
- **활용**: 그의 상습적인 竊盜(절도) 행위는 벌을 받아 마땅하다.

유 盜 도둑 도

店 가게 점: (5급II, 부 广, 총 8)

- **읽기**: 露店 노점, 飯店 반점
- **쓰기**: 개점 開店, 매점 賣店, 본점 本店, 분점 分店, 상점 商店, 서점 書店, 점방 店房, 점원 店員, 주점 酒店, 폐점 閉店
- **활용**: 저녁 10시 이후에는 거리의 모든 商店(상점)이 문을 닫는다.

占 점령할 점:/점칠 점 (4급, 부 卜, 총 5)

- **읽기**: 寡占 과점
- **쓰기**: 강점 强占, 독점 獨占, 선점 先占, 점거 占據, 점령 占領, 점술 占術, 점용 占用, 점유 占有, 점성술 占星術
- **활용**: 막내 손녀가 할아버지의 사랑을 獨占(독점)하였다.

4급 點 점 점(:)
부수 黑, 총획 17, 약자 点, 㸃

읽기: 盲點 맹점　汚點 오점　點滅 점멸

쓰기: 감점 減點　결점 缺點　관점 觀點　낙점 落點　단점 短點　점검 點檢　점등 點燈　점수 點數　점심 點心　채점 採點

활용: 이번 중간시험에서 한 문제 틀리면 4점이 減點(감점)된다.

點 點 點 點 點 點 點 點 點 點 點 點 點

點　　　　　　　　點檢　點心

3급Ⅱ 漸 점점 점:
부수 水, 총획 14

읽기: 積漸 적점　漸減 점감　漸高 점고　漸騰 점등　漸落 점락　漸染 점염　漸漸 점점　漸增 점증　漸進 점진　漸次 점차　漸進的 점진적　漸入佳境 점입가경

활용: 우리는 급진적이 아닌 漸進的(점진적)인 변화를 추구해야 한다.

漸 漸 漸 漸 漸 漸 漸 漸 漸 漸 漸 漸

漸

4급Ⅱ 接 이을 접
부수 手, 총획 11

읽기: 接觸 접촉　接尾辭 접미사　皮骨相接 피골상접

쓰기: 간접 間接　근접 近接　영접 迎接　접견 接見　접골 接骨　접대 接待　접선 接線　접수 接受　접전 接戰　접착 接着

활용: 후반전까지 接戰(접전)을 펼치다가 결국 우리가 이겼다.

接 接 接 接 接 接 接 接

接　　　　　　　　接線　接着

3급 蝶 나비 접
부수 虫, 총획 15

읽기: 孤蝶 고접　白蝶 백접　蜂蝶 봉접　遊蝶 유접　蝶夢 접몽　蝶舞 접무　蝶兒 접아　蝶泳 접영　胡蝶 호접　花蝶 화접　蝶形骨 접형골　胡蝶之夢 호접지몽

활용: 그녀는 이제 막 蝶泳(접영)을 배우기 시작하였다.

蝶 蝶 蝶 蝶 蝶 蝶 蝶 蝶 蝶 蝶

蝶

7급Ⅱ 正 바를 정(:)
부수 止, 총획 5

읽기: 補正 보정　訂正 정정　正坐 정좌　賀正 하정

쓰기: 공정 公正　수정 修正　정각 正刻　정답 正答　정문 正門　정상 正常　정식 正式　정오 正午　정오 正誤　정직 正直

활용: 正門(정문) 앞에는 그들을 환영하는 현수막으로 가득하였다.

상 反 돌이킬 반, 誤 그르칠 오
유 直 곧을 직

正 正 正 正 正

正　　　　　　　　正刻　正答

庭 뜰 정 (6급II, 부 广, 총 10)

쓰기: 가정 家庭, 교정 校庭, 내정 內庭, 만정 滿庭, 법정 法庭, 정구 庭球, 정원 庭園, 친정 親庭, 한정 閑庭, 후정 後庭, 정원사 庭園師, 가정교육 家庭教育

활용: 저자는 자신만의 庭園(정원) 가꾸는 방법을 책에 소개하였다.

定 정할 정: (6급, 부 宀, 총 8)

읽기: 鑑定 감정, 肯定 긍정, 定礎 정초, 策定 책정
쓰기: 고정 固定, 안정 安定, 약정 約定, 정가 定價, 정각 定刻, 정규 定規, 정석 定石, 정액 定額, 정원 定員, 정혼 定婚

활용: 숨을 크게 쉬면서 마음을 安定(안정)시켜라.

情 뜻 정 (5급II, 부 心, 총 11)

읽기: 慕情 모정, 戀情 연정, 情緒 정서, 望雲之情 망운지정
쓰기: 감정 感情, 비정 非情, 사정 事情, 애정 愛情, 우정 友情, 정세 情勢, 정열 情熱, 정취 情趣, 진정 眞情, 표정 表情

활용: 그들의 딱한 事情(사정)을 듣고 모두 도움을 주었다.

유 意 뜻 의

停 머무를 정 (5급, 부 人, 총 11)

읽기: 停刊 정간
쓰기: 정년 停年, 정류 停留, 정전 停電, 정지 停止, 정차 停車, 정학 停學, 정회 停會, 조정 調停, 영업정지 營業停止

활용: 전문가가 나서서 노사 간의 의견 대립을 調停(조정)하였다.

유 止 그칠 지, 留 머무를 류

政 정사 정 (4급II, 부 攵, 총 9)

읽기: 臨政 임정, 政綱 정강, 政策 정책, 執政 집정
쓰기: 선정 善政, 정계 政界, 정국 政局, 정권 政權, 정부 政府, 정세 政勢, 정치 政治, 제정 帝政, 폭정 暴政, 행정 行政

활용: 그녀는 국제 政勢(정세)를 민감하게 파악하는 전략가다.

유 治 다스릴 치

307

程 (4급II, 부 禾, 총 12) 한도·길 정

읽기: 驛程 역정, 射程距離 사정거리
쓰기: 과정 科程, 과정 過程, 과정 課程, 규정 規程, 도정 道程, 여정 旅程, 일정 日程, 정도 程度, 이정표 里程標
활용: 요리사는 빵이 만들어지는 過程(과정)을 기록해 두었다.

精 (4급II, 부 米, 총 14) 정할 정

읽기: 精巧 정교, 精靈 정령, 精麥 정맥, 精銳 정예
쓰기: 수정 受精, 정관 精管, 정기 精氣, 정독 精讀, 정밀 精密, 정산 精算, 정성 精誠, 정신 精神, 정진 精進, 정화 精華
활용: 어머니는 精誠(정성)을 들여 된장과 고추장을 만드신다.

丁 (4급, 부 一, 총 2) 고무래·장정 정

읽기: 率丁 솔정, 丁寧 정녕, 丁憂 정우, 甲乙丙丁 갑을병정
쓰기: 가정 家丁, 군정 軍丁, 백정 白丁, 병정 兵丁, 원정 園丁, 장정 壯丁, 정남 丁男, 정년 丁年, 정제 丁祭, 정향 丁香
활용: 이것이 丁寧(정녕) 꿈이기를 바랍니다.

整 (4급, 부 攴, 총 16) 가지런할 정:

읽기: 補整 보정, 整齊 정제
쓰기: 정군 整軍, 정렬 整列, 정리 整理, 정비 整備, 정수 整數, 정연 整然, 정지 整地, 정풍 整風, 정형 整形, 조정 調整
활용: 그녀는 책상 整理(정리)를 잘해서 필요한 물건을 금세 찾아낸다.

유 齊 가지런할 제

靜 (4급, 부 靑, 총 16, 약 静) 고요할 정

읽기: 靜逸 정일, 靜寂 정적, 靜坐 정좌, 鎭靜 진정
쓰기: 냉정 冷靜, 동정 動靜, 안정 安靜, 정관 靜觀, 정맥 靜脈, 정물 靜物, 정숙 靜肅, 정양 靜養, 평정 平靜, 한정 閑靜
활용: 멀리 개 짖는 소리만이 마을의 靜寂(정적)을 깨뜨렸다.

상 動 움직일 동
유 寂 고요할 적

3급II 부 二 총 4
井 우물 정(:)

읽기 管井 관정　油井 유정　井間 정간　井然 정연　天井 천정
井邑詞 정읍사　井華水 정화수　井中觀天 정중관천
天井不知 천정부지

활용 井邑詞(정읍사)는 가사가 전해지는 유일한 백제 가요이다.

井 井 井 井

3급II 부 亠 총 9
亭 정자 정

읽기 孤亭 고정　旗亭 기정　茶亭 다정　驛亭 역정　蓮亭 연정
料亭 요정　亭閣 정각　亭子 정자　老人亭 노인정
八角亭 팔각정　土亭祕訣 토정비결

활용 우리는 남산 八角亭(팔각정) 앞에서 만나기로 하였다.

亭 亭 亭 亭 亭 亭 亭 亭

3급II 부 廴 총 7
廷 조정 정

읽기 開廷 개정　官廷 관정　宮廷 궁정　法廷 법정　訟廷 송정
廷論 정론　廷吏 정리　朝廷 조정　出廷 출정　退廷 퇴정
閉廷 폐정　休廷 휴정

활용 그는 어제 法廷(법정) 출두 명령을 받고 잠을 설쳤다.

廷 廷 廷 廷 廷 廷

3급II 부 彳 총 8
征 칠 정

읽기 北征 북정　外征 외정　長征 장정　征途 정도　征路 정로
征伐 정벌　征服 정복　征夫 정부　征人 정인　征討 정토
出征 출정　遠征隊 원정대

활용 나폴레옹은 세계 征服(정복)을 꿈꾸었지만 실패하였다.

유 伐 칠 벌

征 征 征 征 征 征 征

3급II 부 水 총 11 약 浄
淨 깨끗할 정

읽기 不淨 부정　洗淨 세정　淨潔 정결　淨水 정수　淨土 정토
淨化 정화　淸淨 청정　淨水器 정수기　西方淨土 서방정토
自淨作用 자정작용　淸淨海域 청정해역

활용 이 호텔은 손님에게 淨潔(정결)하고 쾌적한 환경을 제공해 준다.

유 淸 맑을 청,
潔 깨끗할 결

淨 淨 淨 淨 淨 淨 淨 淨 淨

貞 곧을 정 (3급II, 부 貝, 총 9)

유 直 곧을 직

읽기: 堅貞 견정, 童貞 동정, 不貞 부정, 貞潔 정결, 貞烈 정렬, 貞敏 정민, 貞淑 정숙, 貞節 정절, 貞操 정조, 忠貞 충정, 貞夫人 정부인

활용: 그녀는 貞淑(정숙)하게 키운 딸을 친구에게 소개하였다.

頂 정수리 정 (3급II, 부 頁, 총 11)

읽기: 登頂 등정, 山頂 산정, 絶頂 절정, 頂禮 정례, 頂部 정부, 頂上 정상, 頂點 정점, 天頂 천정, 頂上級 정상급, 頂上會談 정상회담

활용: 그들은 쉬지 않고 단숨에 산 頂上(정상)에 올랐다.

訂 바로잡을 정 (3급, 부 言, 총 9)

읽기: 改訂 개정, 考訂 고정, 校訂 교정, 修訂 수정, 新訂 신정, 訂約 정약, 訂正 정정, 訂定 정정, 再訂 재정, 重訂 중정, 改訂版 개정판, 校訂本 교정본

활용: 오자를 수정하고 변화된 내용을 실어 改訂版(개정판)을 내었다.

弟 아우 제: (8급, 부 弓, 총 7)

상 兄 형 형, 師 스승 사

읽기: 妻弟 처제, 異腹兄弟 이복형제

쓰기: 매제 妹弟, 사제 師弟, 자제 子弟, 제부 弟婦, 제자 弟子, 형제 兄弟, 난형난제 難兄難弟, 호형호제 呼兄呼弟

활용: 우리는 어릴 때부터 呼兄呼弟(호형호제)하며 지낸 사이이다.

第 차례 제: (6급II, 부 竹, 총 11)

유 番 차례 번

읽기: 及第 급제, 大科及第 대과급제

쓰기: 낙제 落第, 등제 登第, 제사 第舍, 제일 第一, 제차 第次, 제택 第宅, 향제 鄕第, 제삼자 第三者

활용: 뭐니 뭐니 해도 집에서 먹는 밥이 第一(제일)이다.

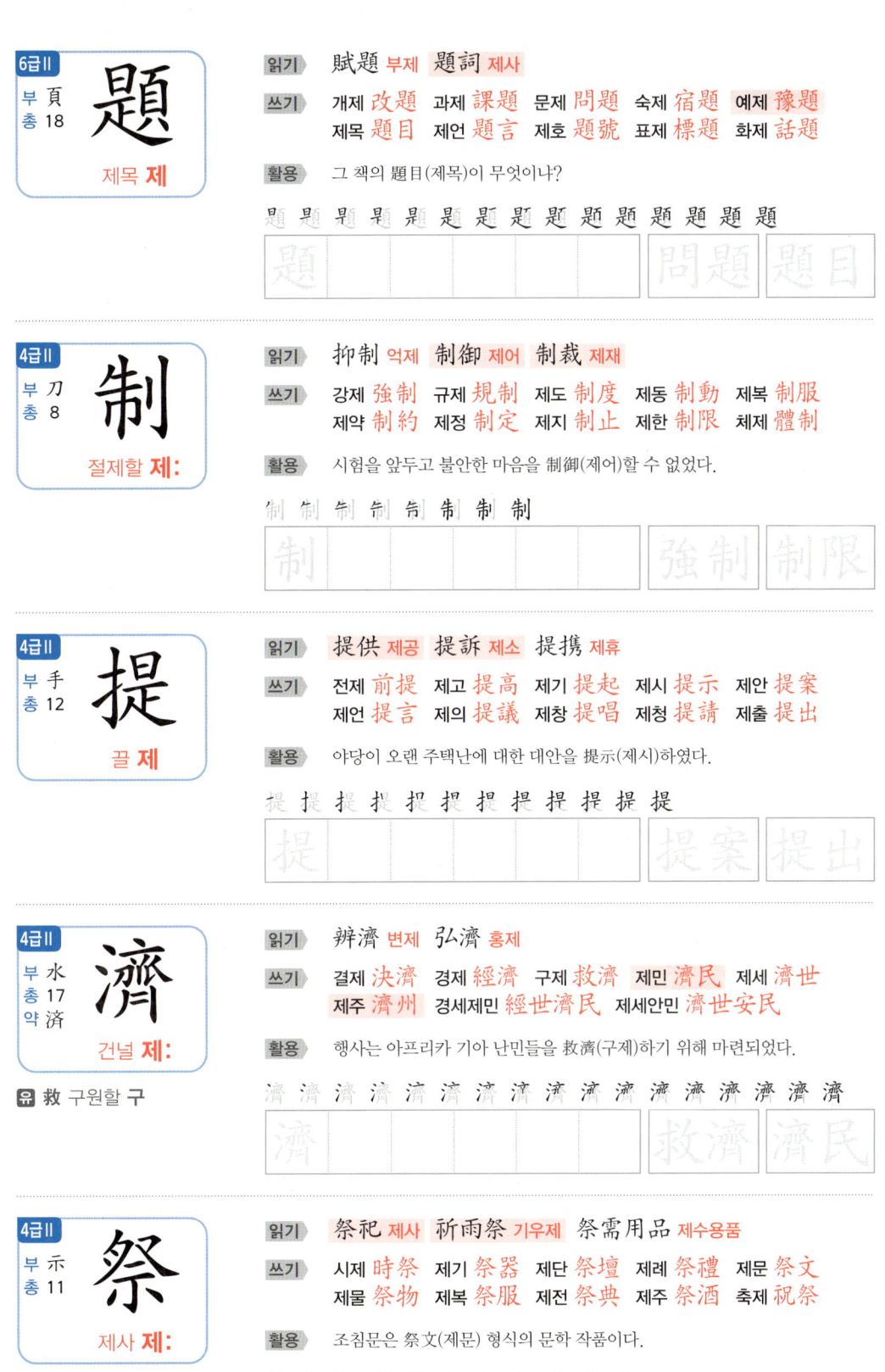

製 지을 제:
- 4급II 부 衣 총 14
- 유 作 지을 작, 造 지을 조

읽기: 製鋼 제강, 製糖 제당, 製鍊 제련

쓰기: 복제 複製, 수제 手製, 외제 外製, 제도 製圖, 제본 製本, 제분 製粉, 제약 製藥, 제작 製作, 제조 製造, 제품 製品

활용: 그녀는 약학 대학을 졸업하고 製藥(제약) 회사에 취직하였다.

除 덜 제
- 4급II 부 阜 총 10
- 유 減 덜 감, 削 깎을 삭

읽기: 免除 면제, 排除 배제, 削除 삭제

쓰기: 소제 掃除, 절제 切除, 제거 除去, 제대 除隊, 제명 除名, 제설 除雪, 제야 除夜, 제외 除外, 제적 除籍, 제초 除草

활용: 지난밤 폭설로 인해 除雪(제설) 작업이 시급하다.

際 즈음·가 제:
- 4급II 부 阜 총 14

읽기: 際涯 제애, 此際 차제, 國際聯合 국제연합

쓰기: 교제 交際, 국제 國際, 무제 無際, 수제 水際, 실제 實際, 제우 際遇, 제회 際會, 국제적 國際的, 국제공항 國際空港

활용: 그녀는 國際的(국제적)으로 인정받은 음악가이다.

帝 임금 제:
- 4급 부 巾 총 9
- 유 王 임금 왕, 皇 임금 황

읽기: 皇帝 황제, 玉皇上帝 옥황상제

쓰기: 대제 大帝, 일제 日帝, 제국 帝國, 제왕 帝王, 제정 帝政, 천제 天帝, 일제시대 日帝時代, 제국주의 帝國主義

활용: 이곳에 日帝(일제) 식민 통치의 잔재가 남아 있다.

諸 모두 제
- 3급II 부 言 총 16

읽기: 諸家 제가, 諸公 제공, 諸國 제국, 諸島 제도, 諸般 제반, 諸氏 제씨, 諸元 제원, 諸員 제원, 諸位 제위, 諸賢 제현, 諸子百家 제자백가

활용: 책임자는 작업의 諸般(제반) 문제점에 관해 설명하였다.

齊 가지런할 제 (3급II, 부 齊, 총 14, 약 斉)

읽기: 均齊 균제 不齊 부제 一齊 일제 整齊 정제 齊家 제가 齊給 제급 齊等 제등 齊民 제민 齊心 제심 齊唱 제창 一齊射擊 일제사격

활용: 교장 선생님이 식장에 입장하자 학생들이 一齊(일제)히 기립하였다.

유 整 가지런할 정

堤 둑 제 (3급, 부 土, 총 12)

읽기: 本堤 본제 雪堤 설제 潛堤 잠제 長堤 장제 堤防 제방 土堤 토제 河堤 하제 橫堤 횡제 防潮堤 방조제 防波堤 방파제

활용: 그녀는 防波堤(방파제) 위에서 하염없이 손을 흔들었다.

祖 할아비 조 (7급, 부 示, 총 10)

읽기: 曾祖父 증조부

쓰기: 고조 高祖 선조 先祖 시조 始祖 왕조 王祖 원조 元祖 조국 祖國 조모 祖母 조상 祖上 조손 祖孫 태조 太祖

활용: 이 책은 우리 祖上(조상) 대대로 전해 내려오는 보물이다.

상 孫 손자 손

朝 아침 조 (6급, 부 月, 총 12)

읽기: 朝刊 조간 朝貢 조공 朝飯 조반 朝廷 조정

쓰기: 왕조 王朝 조례 朝禮 조석 朝夕 조선 朝鮮 조회 朝會 조변석개 朝變夕改 조불려석 朝不慮夕

활용: 전학생은 오늘 朝禮(조례) 시간에 아이들과 처음 대면하였다.

상 夕 저녁 석, 暮 저물 모

調 고를 조 (5급II, 부 言, 총 15)

읽기: 弄調 농조 哀調 애조 調理臺 조리대

쓰기: 강조 強調 곡조 曲調 어조 語調 조련 調練 조리 調理 조사 調查 조절 調節 조정 調定 조화 調和 협조 協調

활용: 선생님께서는 학교생활에서 안전을 가장 強調(강조)하신다.

유 均 고를 균, 和 화할 화

操 잡을 조(:) [5급, 부 手, 총 16]

읽기: 貞操 정조, 操鍊 조련, 操縱 조종
쓰기: 정조 情操, 조신 操身, 조심 操心, 조업 操業, 조작 操作, 조필 操筆, 조행 操行, 지조 志操, 청조 淸操, 체조 體操
활용: 그릇을 옮길 때는 操心(조심)히 다루어 주십시오.

助 도울 조: [4급II, 부 力, 총 7]

읽기: 補助 보조, 扶助 부조, 助詞 조사, 贊助 찬조
쓰기: 공조 共助, 구조 救助, 내조 內助, 원조 援助, 조력 助力, 조산 助産, 조수 助手, 조언 助言, 조연 助演, 조장 助長
활용: 남편을 성공하게 한 아내를 內助(내조)의 여왕이라고 부른다.

유 扶 도울 부, 贊 도울 찬

早 이를 조: [4급II, 부 日, 총 6]

읽기: 早熟 조숙, 早晚間 조만간, 早朝割引 조조할인
쓰기: 조급 早急, 조기 早期, 조로 早老, 조산 早産, 조세 早世, 조속 早速, 조조 早朝, 조춘 早春, 조퇴 早退, 조혼 早婚
활용: 치명적인 질병도 早期(조기)에 발견하면 완치할 수 있다.

상 晩 늦을 만

造 지을 조: [4급II, 부 辵, 총 11]

읽기: 僞造 위조, 造幣 조폐, 被造物 피조물
쓰기: 구조 構造, 급조 急造, 모조 模造, 변조 變造, 조경 造景, 조림 造林, 조성 造成, 조작 造作, 조형 造形, 조화 造化
활용: 그 건축물은 피라미드 構造(구조)로 이루어져 있다.

유 作 지을 작, 製 지을 제, 工 장인 공, 構 얽을 구

鳥 새 조 [4급II, 부 鳥, 총 11]

읽기: 鳥獸 조수, 鳥葬 조장, 鳥足之血 조족지혈
쓰기: 길조 吉鳥, 백조 白鳥, 비조 飛鳥, 익조 益鳥, 조류 鳥類, 화조 花鳥, 황조 黃鳥, 후조 候鳥, 일석이조 一石二鳥
활용: 예로부터 우리나라에서는 까치를 吉鳥(길조)로 여겨 왔다.

유 禽 새 금

4급 | 木 부 총11획 | 條 | 가지 조

- **읽기**: 條項 조항　枝條 지조
- **쓰기**: 신조 信條　조건 條件　조례 條例　조리 條理　조목 條目　조문 條文　조약 條約　부조리 不條理　금과옥조 金科玉條
- **활용**: 대회의 규정은 열 가지 條目(조목)으로 되어 있다.

條 條 條 條 條 條 條 條 條

4급 | 水 부 총15획 | 潮 | 밀물·조수 조

- **읽기**: 防潮堤 방조제
- **쓰기**: 간조 干潮　고조 高潮　만조 滿潮　적조 赤潮　조류 潮流　조수 潮水　조차 潮差　퇴조 退潮　풍조 風潮　홍조 紅潮
- **활용**: 서해에 赤潮(적조)가 심해서 어장의 피해가 우려된다.

潮 潮 潮 潮 潮 潮 潮 潮 潮 潮 潮 潮

4급 | 糸 부 총11획 | 組 | 짤 조

유 織 짤 직

- **읽기**: 組閣 조각　組版 조판
- **쓰기**: 개조 改組　골조 骨組　노조 勞組　조립 組立　조성 組成　조장 組長　조직 組織　조합 組合　협동조합 協同組合
- **활용**: 선배는 지난해 자동차 組立(조립) 공장에 입사하였다.

組 組 組 組 組 組 組 組 組

3급Ⅱ | 儿 부 총6획 | 兆 | 억조 조

- **읽기**: 佳兆 가조　吉兆 길조　亡兆 망조　夢兆 몽조　億兆 억조　前兆 전조　兆民 조민　兆域 조역　徵兆 징조　凶兆 흉조　億兆蒼生 억조창생
- **활용**: 그는 새로 시작한 사업이 크게 성공할 徵兆(징조)의 꿈을 꿨다.

兆 兆 兆 兆 兆 兆

3급Ⅱ | 火 부 총13획 | 照 | 비칠 조:

- **읽기**: 觀照 관조　落照 낙조　對照 대조　日照 일조　轉照 전조　照度 조도　照明 조명　照準 조준　參照 참조　探照 탐조　日照量 일조량　照明燈 조명등
- **활용**: 대구는 日照量(일조량)이 풍부하여 사과 농사에 유리하다.

照 照 照 照 照 照 照 照 照 照 照

315

租 조세 조 (3급II, 부 禾, 총 10)

읽기: 減租 감조, 免租 면조, 年租 연조, 殘租 잔조, 田租 전조, 租界 조계, 租稅 조세, 租借 조차, 租稅法 조세법, 準租稅 준조세

활용: 이번 租稅法(조세법) 개정을 앞두고 여야의 의견이 대립하고 있다.

유 稅 세금 세

弔 조상할 조: (3급, 부 弓, 총 4)

읽기: 慶弔 경조, 謹弔 근조, 弔歌 조가, 弔客 조객, 弔哭 조곡, 弔旗 조기, 弔文 조문, 弔辭 조사, 弔喪 조상, 弔意 조의, 弔狀 조장, 弔電 조전, 弔花 조화, 弔問客 조문객

활용: 밤새도록 弔問客(조문객)들의 발길이 끊이지 않았다.

상 慶 경사 경

燥 마를 조 (3급, 부 火, 총 17)

읽기: 乾燥 건조, 輕燥 경조, 高燥 고조, 煩燥 번조, 燥渴 조갈, 燥強 조강, 燥濕 조습, 燥熱 조열, 燥渴症 조갈증, 無味乾燥 무미건조

활용: 그가 쓴 글들은 대부분 無味乾燥(무미건조)하다.

상 濕 젖을 습
유 乾 마를 건

足 발 족 (7급II, 부 足, 총 7)

읽기: 蛇足 사족, 足掌 족장, 足跡 족적, 鳥足之血 조족지혈
쓰기: 만족 滿足, 발족 發足, 수족 手足, 자족 自足, 장족 長足, 족부 足部, 족지 足指, 충족 充足, 자급자족 自給自足

활용: 그녀의 중국어 실력은 長足(장족)으로 진보하였다.

상 手 손 수

族 겨레 족 (6급, 부 方, 총 11)

읽기: 滅族 멸족, 族譜 족보, 豪族 호족, 皇族 황족
쓰기: 가족 家族, 동족 同族, 민족 民族, 부족 部族, 유족 遺族, 족속 族屬, 종족 種族, 친족 親族, 백의민족 白衣民族

활용: 그들은 만난 지 몇 분 만에 同族(동족) 의식을 느꼈다.

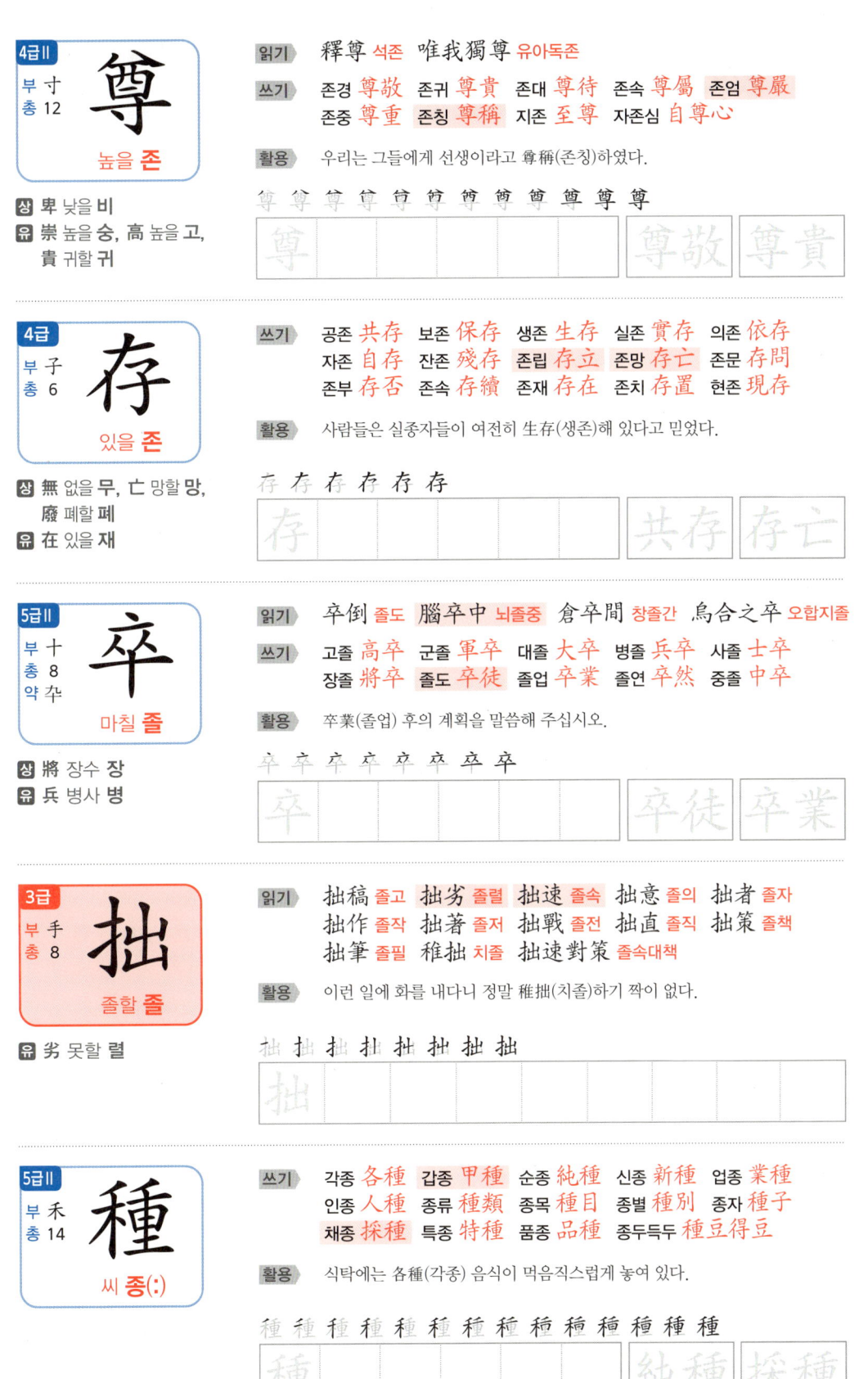

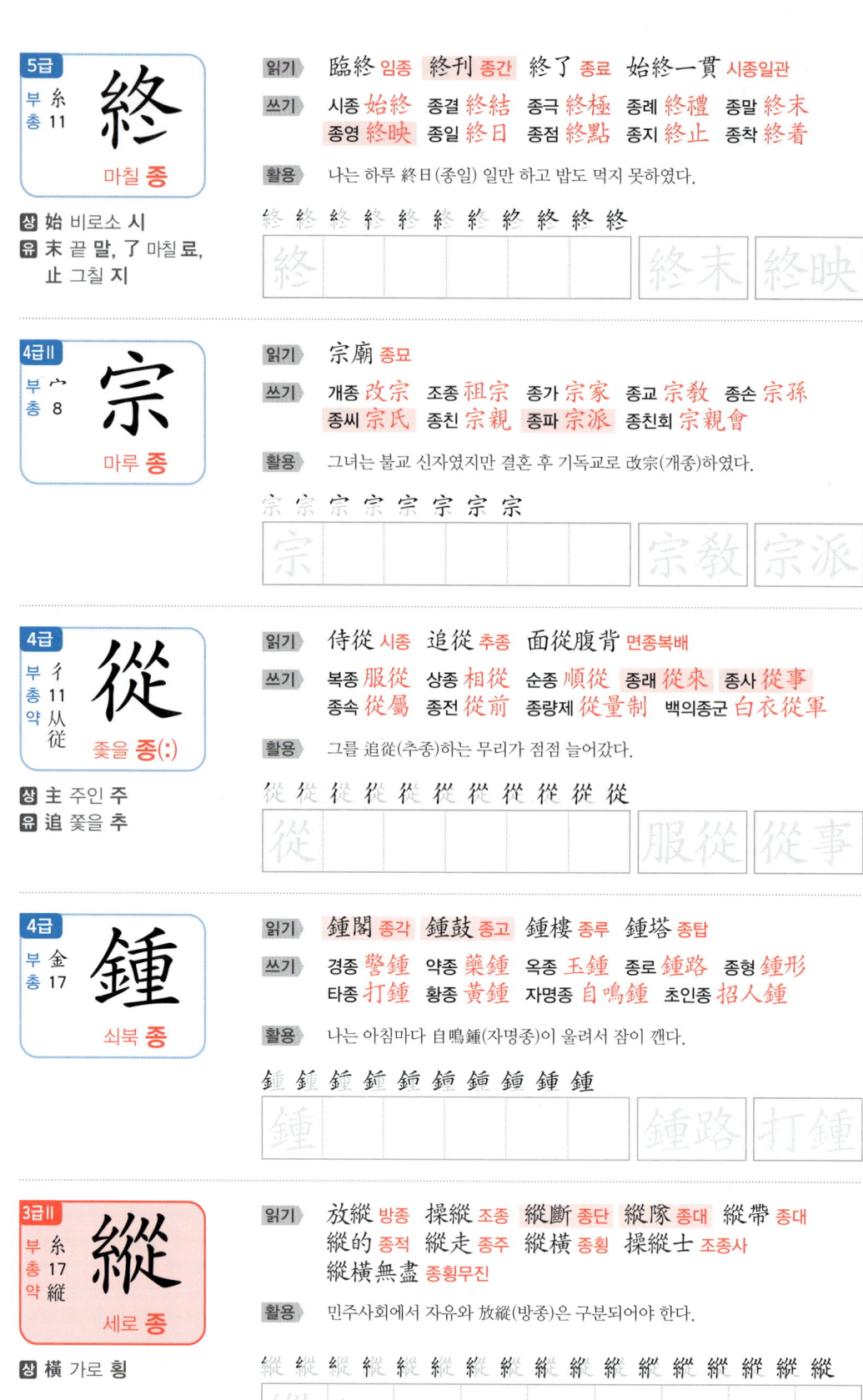

左

7급II
부 工
총 5

왼 좌:

상 右 오른 우

- **읽기**: 左翼 좌익　左遷 좌천　左側 좌측　左衝右突 좌충우돌
- **쓰기**: 좌경 左傾　좌변 左邊　좌상 左相　좌수 左手　좌우 左右
  좌파 左派　좌심실 左心室　우왕좌왕 右往左往
- **활용**: 길을 건널 때는 左右(좌우)를 잘 살펴라.

左 左 左 左 左

座

4급
부 广
총 10

자리 좌:

유 席 자리 석

- **읽기**: 座右銘 좌우명
- **쓰기**: 강좌 講座　계좌 計座　권좌 權座　왕좌 王座　좌객 座客
  좌담 座談　좌석 座席　좌중 座中　좌표 座標　좌흥 座興
- **활용**: 비행기 안에서는 승객 모두가 지정된 座席(좌석)에 앉아야 한다.

座 座 座 座 座 座 座 座

坐

3급II
부 土
총 7

앉을 좌:

- **읽기**: 對坐 대좌　連坐 연좌　正坐 정좌　坐骨 좌골　坐立 좌립
  坐像 좌상　坐視 좌시　坐藥 좌약　坐臥 좌와　坐罪 좌죄
  坐板 좌판　連坐示威 연좌시위　坐不安席 좌불안석
- **활용**: 형은 합격자 발표 시간이 다가오자 내내 坐不安席(좌불안석)이다.

坐 坐 坐 坐 坐 坐

佐

3급
부 人
총 7

도울 좌:

- **읽기**: 技佐 기좌　補佐 보좌　上佐 상좌　良佐 양좌　王佐 왕좌
  佐郞 좌랑　佐命 좌명　佐飯 좌반　佐史 좌사　佐平 좌평
  賢佐 현좌　補佐役 보좌역
- **활용**: 대통령을 補佐(보좌)하던 사람이 사의를 표명하였다.

佐 佐 佐 佐 佐 佐 佐

罪

5급
부 网
총 13

허물 죄:

- **읽기**: 免罪 면죄　罪囚 죄수　免罪符 면죄부
- **쓰기**: 무죄 無罪　범죄 犯罪　원죄 原罪　죄과 罪過　죄명 罪名
  죄목 罪目　죄벌 罪罰　죄악 罪惡　죄인 罪人　죄질 罪質
- **활용**: 그녀는 마침내 자신의 無罪(무죄)를 인정받았다.

罪 罪 罪 罪 罪 罪 罪 罪 罪 罪

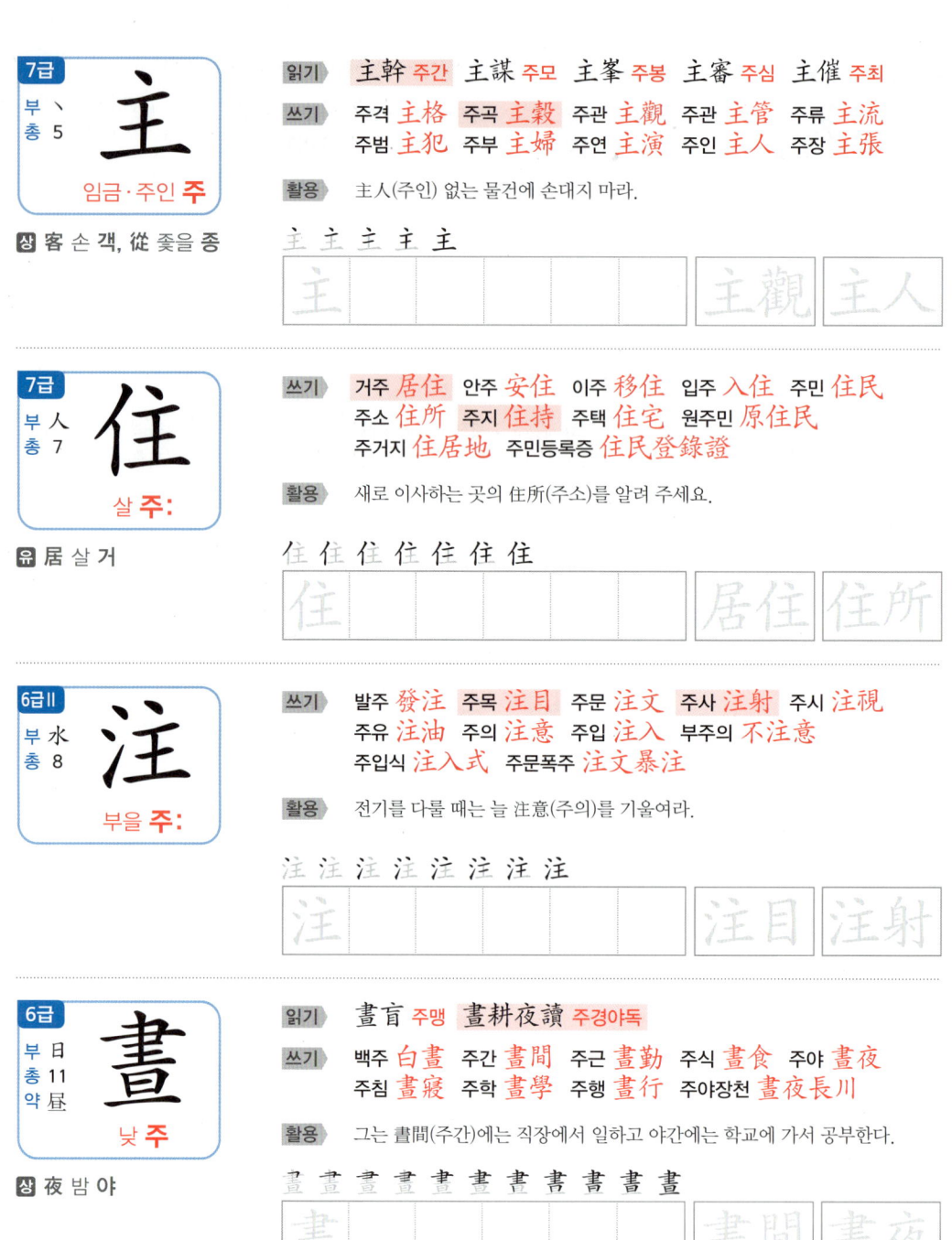

5급II 부 辵 총 12	週 주일 **주**	읽기	週刊 **주간**
		쓰기	금주 今週　내주 來週　매주 每週　주간 週間　주급 週給 주기 週期　주말 週末　주번 週番　주일 週日　주초 週初
		활용	나는 지난 週末(주말)을 친구와 함께 교외에서 보냈다.

週 刀 刀 円 円 周 周 周 週 週 週

4급II 부 走 총 7	走 달릴 **주**	읽기	奔走 **분주**　縱走 **종주**　疾走 **질주**　東奔西走 **동분서주**
		쓰기	경주 競走　계주 繼走　도주 逃走　독주 獨走　주자 走者 주파 走破　주행 走行　탈주 脫走　주마등 走馬燈
		활용	어머니는 아침마다 奔走(분주)히 식사를 준비한다.

유 奔 달릴 분

走 走 走 走 走 走 走

4급 부 口 총 8	周 두루 **주**	읽기	周旋 **주선**　周到綿密 **주도면밀**
		쓰기	일주 一周　주년 周年　주변 周邊　주역 周易　주위 周圍 주지 周知　주파수 周波數　용의주도 用意周到
		활용	그가 정신을 차리고 周圍(주위)를 둘러보니 아무도 보이지 않았다.

周 刀 刀 円 円 周 周 周

4급 부 木 총 6	朱 붉을 **주**	읽기	紫朱 **자주**　朱丹 **주단**　朱墨 **주묵**
		쓰기	인주 印朱　주목 朱木　주문 朱門　주색 朱色　주서 朱書 주토 朱土　주홍 朱紅　주황 朱黃　주자학 朱子學
		활용	여인은 한 번의 실수로 평생 朱紅(주홍) 글씨를 붙이고 살았다.

유 紅 붉을 홍

朱 朱 朱 朱 朱 朱

4급 부 酉 총 10	酒 술 **주(:)**	읽기	飯酒 **반주**　酒幕 **주막**　酒宴 **주연**　酒池肉林 **주지육림**
		쓰기	감주 甘酒　권주 勸酒　금주 禁酒　음주 飮酒　주객 酒客 주기 酒氣　주량 酒量　주세 酒稅　주점 酒店　주조 酒造
		활용	나의 酒量(주량)은 정확히 맥주 한 잔이다.

酒 酒 酒 酒 酒 酒 酒 酒

奏 아뢸 주(:) [3급II, 부 大, 총 9]

읽기: 獨奏 독주 伴奏 반주 演奏 연주 前奏 전주 奏達 주달 奏疏 주소 奏樂 주악 奏者 주자 奏請 주청 奏效 주효 重奏 중주 合奏 합주 變奏曲 변주곡 協奏曲 협주곡

활용: 協奏曲(협주곡)이 모두 끝나기 전에 손뼉을 치지 마라.

奏 奏 三 夫 夫 奏 奏 奏 奏

宙 집 주: [3급II, 부 宀, 총 8]

유 宇 집 우

읽기: 宇宙 우주 大宇宙 대우주 小宇宙 소우주 宇宙界 우주계 宇宙船 우주선 宇宙人 우주인 宇宙基地 우주기지 宇宙往復船 우주왕복선

활용: 宇宙往復船(우주왕복선)은 반복하여 사용할 수 있는 우주선이다.

宙 宙 宙 宙 宙 宙 宙 宙

柱 기둥 주 [3급II, 부 木, 총 9]

읽기: 四柱 사주 石柱 석주 電柱 전주 柱聯 주련 柱石 주석 柱心 주심 支柱 지주 四柱八字 사주팔자

활용: 그는 전각 기둥에 세로로 걸려 있는 柱聯(주련)을 보고 있다.

柱 柱 柱 柱 柱 柱 柱 柱 柱

株 그루 주 [3급II, 부 木, 총 10]

읽기: 舊株 구주 新株 신주 株價 주가 株券 주권 株金 주금 株式 주식 株主 주주 株總 주총 守株待兎 수주대토 新株發行 신주발행 株價指數 주가지수 株式會社 주식회사

활용: 그녀는 이 회사의 최대 株主(주주)이다.

株 株 株 株 株 株 株 株 株

洲 물가 주 [3급II, 부 水, 총 9]

읽기: 大洲 대주 滿洲 만주 美洲 미주 白洲 백주 四洲 사주 沙洲 사주 亞洲 아주 五洲 오주 三角洲 삼각주 六大洲 육대주

활용: 이곳은 조차가 크기 때문에 三角洲(삼각주)가 형성되지 못하였다.

洲 洲 洲 洲 洲 洲 洲 洲 洲

珠 구슬 주 (3급II, 部 玉, 총 10)

읽기: 淚珠 누주, 默珠 묵주, 美珠 미주, 寶珠 보주, 念珠 염주, 珠算 주산, 珠玉 주옥, 珠汗 주한, 珍珠 진주, 眞珠 진주, 如意珠 여의주

활용: 화가는 거대한 용의 그림에 如意珠(여의주)를 그려 넣었다.

유) 玉 구슬 옥

鑄 쇠불릴 주 (3급II, 部 金, 총 22, 약 鋳)

읽기: 改鑄 개주, 私鑄 사주, 再鑄 재주, 鑄工 주공, 鑄金 주금, 鑄物 주물, 鑄字 주자, 鑄錢 주전, 鑄造 주조, 鑄鐵 주철, 鑄幣 주폐, 鑄貨 주화

활용: 큰 행사가 있을 때마다 기념 鑄貨(주화)를 발행하였다.

舟 배 주 (3급, 部 舟, 총 6)

읽기: 同舟 동주, 方舟 방주, 浮舟 부주, 舟車 주거, 舟師 주사, 舟遊 주유, 舟行 주행, 片舟 편주, 刻舟求劍 각주구검, 一葉片舟 일엽편주

활용: 성경에 의하면, 노아는 하느님의 계시로 方舟(방주)를 만들었다.

유) 船 배 선

竹 대 죽 (4급II, 部 竹, 총 6)

읽기: 烏竹 오죽, 竹刀 죽도, 破竹之勢 파죽지세

쓰기: 송죽 松竹, 죽간 竹簡, 죽공 竹工, 죽엽 竹葉, 폭죽 爆竹, 죽부인 竹夫人, 죽림칠현 竹林七賢, 죽마고우 竹馬故友

활용: 그는 나의 둘도 없는 竹馬故友(죽마고우)이다.

準 준할 준: (4급II, 部 水, 총 13, 약 凖)

읽기: 隆準 융준, 照準 조준

쓰기: 기준 基準, 수준 水準, 준거 準據, 준례 準例, 준비 準備, 준용 準用, 준칙 準則, 표준 標準, 준우승 準優勝

활용: 떠날 準備(준비)를 마치는 대로 바로 출발하자.

3급
부 人
총 9

俊 준걸 준:

유 秀 빼어날 수,
　傑 뛰어날 걸

읽기 神俊 신준　英俊 영준　俊傑 준걸　俊敏 준민　俊秀 준수
　　　俊嚴 준엄　俊英 준영　俊異 준이　俊逸 준일　俊才 준재
　　　俊豪 준호　賢俊 현준

활용 그는 俊秀(준수)한 외모와 중저음의 목소리가 매력적이다.

俊 俊 俊 俊 俊 俊 俊

俊							

3급
부 辵
총 16

遵 좇을 준:

읽기 遵據 준거　遵範 준범　遵法 준법　遵奉 준봉　遵守 준수
　　　遵施 준시　遵用 준용　遵行 준행　遵大路 준대로
　　　遵法精神 준법정신

활용 그녀는 遵法(준법)정신이 투철한 민주 시민이다.

遵 遵 遵 遵 遵 遵 遵 遵 遵 遵 遵 遵

遵							

8급
부 丨
총 4

中 가운데 중

유 央 가운데 앙

읽기 中途 중도　中媒 중매　中旬 중순　中央 중앙　醉中 취중
쓰기 명중 命中　중간 中間　중고 中古　중급 中級　중기 中期
　　　중독 中毒　중립 中立　중부 中部　중심 中心　중편 中篇

활용 그는 무릎 부상으로 축구를 中途(중도)에 포기하였다.

中 中 中 中

中						命中	中毒

7급
부 里
총 9

重 무거울 중:

상 輕 가벼울 경

읽기 重鎭 중진　愛之重之 애지중지　隱忍自重 은인자중
쓰기 가중 加重　소중 所重　자중 自重　중량 重量　중범 重犯
　　　중복 重複　중시 重視　중요 重要　중임 重任　중후 重厚

활용 글을 읽을 때는 重要(중요)한 내용에 밑줄을 긋자.

重 重 重 重 重 重 重 重 重

重						重複	重厚

4급Ⅱ
부 血
총 12

衆 무리 중:

상 寡 적을 과
유 群 무리 군

읽기 衆寡不敵 중과부적
쓰기 관중 觀衆　군중 群衆　대중 大衆　민중 民衆　중론 衆論
　　　중생 衆生　중지 衆智　청중 聽衆　중구난방 衆口難防

활용 觀衆(관중)들은 그녀의 노래를 듣고 환호하였다.

衆 衆 衆 衆 衆 衆 衆 衆 衆

衆						群衆	聽衆

仲 버금 중(:)
3급II 부 人 총 6

읽기 伯仲 백중 仲介 중개 仲媒 중매 仲朔 중삭 仲氏 중씨
  仲裁 중재 仲秋 중추 仲兄 중형 伯仲之勢 백중지세
  仲秋佳節 중추가절

활용 신임 대표가 당 사이의 갈등을 조정하고 仲裁(중재)하는 역할을 맡았다.

卽 곧 즉
3급II 부 卩 총 9 약 即

읽기 卽刻 즉각 卽決 즉결 卽答 즉답 卽死 즉사 卽席 즉석
  卽時 즉시 卽審 즉심 卽位 즉위 卽效 즉효 卽興 즉흥
  卽興的 즉흥적 一觸卽發 일촉즉발 卽席食品 즉석식품

활용 아이들은 단시간에 간단히 조리할 수 있는 卽席食品(즉석식품)을 좋아한다.

增 더할 증
4급II 부 土 총 15 약 増

읽기 漸增 점증 增刊 증간 增補 증보 增幅 증폭 割增 할증
쓰기 급증 急增 증가 增加 증감 增減 증강 增強 증대 增大
  증액 增額 증원 增員 증자 增資 증진 增進 증축 增築

활용 아파트 전세 수요가 急增(급증)하면서 전세 물량이 줄어들었다.

상 減 덜 감, 削 깎을 삭
유 加 더할 가

證 증거 증
4급 부 言 총 19 약 証

읽기 傍證 방증 辨證 변증 僞證 위증
쓰기 검증 檢證 보증 保證 실증 實證 인증 引證 입증 立證
  증거 證據 증권 證券 증서 證書 증언 證言 확증 確證

활용 현장을 목격한 그의 證言(증언)이 법원의 판결에 유효하였다.

憎 미울 증
3급II 부 心 총 15

읽기 可憎 가증 愛憎 애증 憎忌 증기 憎念 증념 憎惡 증오
  憎怨 증원 憎斥 증척 憎痛 증통 憎嫌 증혐 疾憎 질증
  憎惡心 증오심

활용 상대를 憎惡(증오)의 눈길로 쳐다보지 마라.

상 愛 사랑 애
유 惡 미워할 오

曾 일찍 증
3급II 부 日 총 12 약 曽

읽기 曾思 증사 曾孫 증손 曾往 증왕 曾遊 증유 曾前 증전
曾祖 증조 曾驗 증험 未曾有 미증유 曾祖父 증조부

활용 일찍이 曾祖父(증조부)께서는 문중의 이름으로 장학 재단을 만드셨다.

症 증세 증(:)
3급II 부 疒 총 10

읽기 渴症 갈증 炎症 염증 重症 중증 症狀 증상 症勢 증세
痛症 통증 不眠症 불면증 食困症 식곤증 自閉症 자폐증
症候群 증후군 後遺症 후유증

활용 그는 사업 실패에 대한 後遺症(후유증)으로 한 달쯤 앓아누웠다.

蒸 찔 증
3급II 부 艹 총 14 약 蒸

읽기 沙蒸 사증 炎蒸 염증 蒸氣 증기 蒸民 증민 蒸發 증발
蒸散 증산 蒸炎 증염 蒸製 증제 汗蒸 한증 黃蒸 황증
水蒸氣 수증기

활용 고양이는 蒸氣(증기)가 뿜어져 나오는 밥솥 가까이에 갔다.

贈 줄 증
3급 부 貝 총 19

읽기 寄贈 기증 贈物 증물 贈與 증여 贈遺 증유 贈進 증진
追贈 추증 投贈 투증 惠贈 혜증 寄贈品 기증품
贈與稅 증여세

활용 그녀는 집안 대대로 내려오는 그림을 박물관에 寄贈(기증)하였다.

地 땅 지
7급 부 土 총 6

읽기 葬地 장지 地塊 지괴 地雷 지뢰 地盤 지반 地獄 지옥
쓰기 궁지 窮地 묘지 墓地 입지 立地 지구 地球 지대 地帶
지도 地圖 지연 地緣 지점 地點 지층 地層 천지 天地

활용 자주 다니던 사거리의 地盤(지반)이 내려앉아 큰 구멍이 생겼다.

상 天 하늘 천
유 坤 땅 곤, 陸 뭍 륙, 土 흙 토

7급	紙 종이 지
부 糸 총 10	

- **읽기**: 紙幣 지폐 片紙 편지 化粧紙 화장지
- **쓰기**: 갱지 更紙 벽지 壁紙 색지 色紙 용지 用紙 지면 紙面
  지전 紙錢 지질 紙質 편지 便紙 표지 表紙 한지 韓紙
- **활용**: 보고 싶은 외국 친구에게 便紙(편지)를 쓰자.

紙 紙 紙 紙 紙 紙 紙 紙 紙

| 紙 | | | | | | | 壁紙 | 便紙 |

5급II	知 알 지
부 矢 총 8	

유 認 알 인, 識 알 식

- **읽기**: 熟知 숙지 沒知覺 몰지각 無知莫知 무지막지
- **쓰기**: 감지 感知 고지 告知 인지 認知 지각 知覺 지능 知能
  지성 知性 지식 知識 지인 知人 친지 親知 탐지 探知
- **활용**: 운동하기 전에 주의 사항을 熟知(숙지)해야 한다.

知 知 知 知 知 知 知

| 知 | | | | | | | 知能 | 知識 |

5급	止 그칠 지
부 止 총 4	

유 停 머무를 정, 終 마칠 종

- **읽기**: 抑止 억지 止揚 지양 廢止 폐지
- **쓰기**: 금지 禁止 정지 停止 제지 制止 중지 中止 지혈 止血
  해지 解止 명경지수 明鏡止水 행동거지 行動擧止
- **활용**: 그는 하던 일을 中止(중지)하고 하늘을 보았다.

止 止 止 止

| 止 | | | | | | | 中止 | 止血 |

4급II	志 뜻 지
부 心 총 7	

유 意 뜻 의

- **읽기**: 初志一貫 초지일관
- **쓰기**: 기지 氣志 동지 同志 의지 意志 입지 立志 지망 志望
  지사 志士 지원 志願 지조 志操 지향 志向 투지 鬪志
- **활용**: 한번 마음을 주었다면 끝까지 志操(지조)를 지켜라.

志 志 志 志 志 志 志

| 志 | | | | | | | 同志 | 志向 |

4급II	指 가리킬 지
부 手 총 9	

- **쓰기**: 지도 指導 지명 指名 지목 指目 지시 指示 지장 指章
  지침 指針 지칭 指稱 지탄 指彈 지표 指標 지휘 指揮
  지명타자 指名打者
- **활용**: 선생님은 계속 준영이만 指目(지목)하여 질문하셨다.

指 指 指 指 指 指 指 指

| 指 | | | | | | | 指針 | 指稱 |

327

支 지탱할 지 (4급II, 부수 支, 총4획)

읽기 支署 지서 支柱 지주

쓰기 의지 依支 지국 支局 지급 支給 지류 支流 지부 支部
지소 支所 지원 支援 지장 支障 지점 支店 지지 支持

활용 재단은 복지 시설 확충에 支援(지원)을 아끼지 않았다.

支 支 支 支

至 이를 지 (4급II, 부수 至, 총6획)

쓰기 동지 冬至 지극 至極 지급 至急 지당 至當 지대 至大
지독 至毒 지론 至論 지성 至誠 지엄 至嚴 지존 至尊
하지 夏至 자초지종 自初至終

활용 그녀는 아들의 합격을 위해 밤마다 至誠(지성)으로 기도를 올렸다.

至 至 至 至 至 至

持 가질 지 (4급, 부수 手, 총9획)

읽기 維持 유지 持久力 지구력 持久戰 지구전

쓰기 견지 堅持 소지 所持 주지 住持 지론 持論 지병 持病
지분 持分 지지 支持 지참 持參 지속성 持續性

활용 일단 결정된 일을 번복하지 않는 것이 그의 持論(지론)이다.

持 持 持 持 持 持 持 持

智 슬기·지혜 지 (4급, 부수 日, 총12획)

유 慧 슬기로울 혜

읽기 銳智 예지 智謀 지모 智慧 지혜

쓰기 기지 奇智 기지 機智 이지 理智 인지 人智 중지 衆智
지략 智略 이지적 理智的 지덕체 智德體 지인용 智仁勇

활용 그녀는 순간적으로 機智(기지)를 발휘하여 위기를 모면하였다.

智 智 智 智 智 智 智 智 智 智

誌 기록할 지 (4급, 부수 言, 총14획)

읽기 銘誌 명지 塔誌 탑지

쓰기 교지 校誌 묘지 墓誌 본지 本誌 일지 日誌 잡지 雜誌
지면 誌面 지상 誌上 지석 誌石 타지 他誌 회지 會誌

활용 雜誌(잡지)에 보도된 기사에 너무 현혹되지 마라.

誌 誌 誌 誌 誌 誌 誌 誌 誌 誌 誌

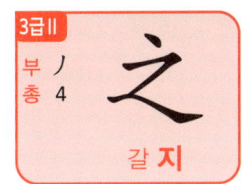

읽기 居之半 거지반 金蘭之交 금란지교 水魚之交 수어지교
易地思之 역지사지 人之常情 인지상정 一言之下 일언지하
自激之心 자격지심 左之右之 좌지우지

활용 어려운 사람을 보면 지나치지 못하는 것이 人之常情(인지상정)이다.

之 之 之 之

읽기 幹枝 간지 枯枝 고지 全枝 전지 接枝 접지 竹枝 죽지
枝幹 지간 枝葉 지엽 枝肉 지육 枝葉的 지엽적
金枝玉葉 금지옥엽

활용 그는 항상 枝葉的(지엽적)인 문제를 집요하게 파고든다.

枝 枝 枝 枝 枝 枝 枝 枝

읽기 內池 내지 滿池 만지 山池 산지 蓮池 연지 玉池 옥지
電池 전지 池閣 지각 天池 천지 乾電池 건전지
水源池 수원지 貯水池 저수지 酒池肉林 주지육림

활용 가뭄이 들어 貯水池(저수지)의 물이 모두 말랐다.

유 澤 못 택

池 池 池 池 池 池

읽기 但只 단지 只管 지관 只今 지금

활용 나는 只今(지금) 막 약속 장소에 도착하였다.

유 但 다만 단

只 只 只 只 只

읽기 遲刻 지각 遲留 지류 遲脈 지맥 遲明 지명 遲發 지발
遲延 지연 遲參 지참 遲滯 지체 遲進兒 지진아
遲遲不進 지지부진

활용 그녀는 매일 아침 회사에 遲刻(지각)하는 것이 일상이다.

상 速 빠를 속

遲 遲 遲 遲 遲 遲 遲 遲 遲 遲 遲 遲

直 곧을 직
- 7급II
- 부 目 총 8

- 상 曲 굽을 곡
- 유 貞 곧을 정, 正 바를 정

읽기: 剛直 강직　硬直 경직　率直 솔직　愚直 우직　直譯 직역
쓰기: 정직 正直　직감 直感　직결 直結　직관 直觀　직면 直面　직사 直射　직영 直營　직장 直腸　이실직고 以實直告
활용: 그녀는 늘 正直(정직)한 생활 태도로 다른 사람의 모범이 된다.

職 직분 직
- 4급II
- 부 耳 총 18

읽기: 兼職 겸직　免職 면직　補職 보직　殉職 순직　賤職 천직
쓰기: 요직 要職　이직 移職　이직 離職　직급 職級　직분 職分　직업 職業　직원 職員　직위 職位　직종 職種　취직 就職
활용: 職業(직업)에는 귀천이 없다.

織 짤 직
- 4급
- 부 糸 총 18

- 유 組 짤 조

읽기: 絹織 견직　染織 염직　綿織物 면직물　牽牛織女 견우직녀
쓰기: 교직 交織　모직 毛織　조직 組織　직공 織工　직기 織機　직녀 織女　직물 織物　직부 織婦　직조 織造　혼직 混織
활용: 그는 織造(직조)에 필요한 원료 및 직기 등을 구매하였다.

眞 참 진
- 4급II
- 부 目 총 10

- 상 假 거짓 가, 僞 거짓 위

읽기: 迫眞 박진　眞率 진솔　眞僞 진위　眞珠 진주
쓰기: 사진 寫眞　순진 純眞　진가 眞假　진골 眞骨　진담 眞談　진리 眞理　진범 眞犯　진상 眞相　진실 眞實　진의 眞意
활용: 사건의 眞相(진상)을 파악하기 위해 조사팀이 파견되었다.

進 나아갈 진:
- 4급II
- 부 辶 총 12

- 상 退 물러날 퇴
- 유 就 나아갈 취

읽기: 累進 누진　突進 돌진　躍進 약진　進獻 진헌
쓰기: 급진 急進　직진 直進　진갑 進甲　진격 進擊　진급 進級　진도 進度　진로 進路　진취 進就　진행 進行　추진 推進
활용: 그는 입사 4년 만에 평사원에서 대리로 進級(진급)하였다.

珍 보배 진 (4급, 부 玉, 총 9, 약 珎)

- **쓰기**: 진경 珍景, 진귀 珍貴, 진기 珍奇, 진미 珍味, 진중 珍重, 진품 珍品, 산해진미 山海珍味
- **활용**: 이렇게 아파 누워 있으니 山海珍味(산해진미)도 그림의 떡이다.

유 寶 보배 보

盡 다할 진: (4급, 부 皿, 총 14, 약 尽)

- **읽기**: 無盡藏 무진장, 縱橫無盡 종횡무진
- **쓰기**: 극진 極盡, 매진 賣盡, 미진 未盡, 소진 消盡, 진력 盡力, 진심 盡心, 타진 打盡, 탈진 脫盡, 무궁무진 無窮無盡
- **활용**: 가족들의 極盡(극진)한 간호로 환자는 마침내 병석에서 일어났다.

유 窮 다할 궁, 極 다할 극

陣 진칠 진 (4급, 부 阜, 총 10)

- **읽기**: 鶴翼陣 학익진
- **쓰기**: 적진 敵陣, 전진 前陣, 진영 陣營, 진지 陣地, 진통 陣痛, 출진 出陣, 퇴진 退陣, 포진 布陣, 배수진 背水陣
- **활용**: 현 정부의 退陣(퇴진)을 요구하는 시위가 이어졌다.

振 떨칠 진: (3급II, 부 手, 총 10)

- **읽기**: 堅振 견진, 大振 대진, 發振 발진, 不振 부진, 三振 삼진, 振起 진기, 振動 진동, 振武 진무, 振作 진작, 振幅 진폭, 振興 진흥
- **활용**: 우리가 응원한 팀의 올 시즌 성적은 不振(부진)하였다.

辰 별 진/때 신 (3급II, 부 辰, 총 7)

- **읽기**: 庚辰 경진, 戊辰 무진, 北辰 북신, 生辰 생신, 良辰 양신, 元辰 원신, 日辰 일진, 壬辰 임진, 辰末 진말, 辰方 진방, 辰時 진시, 辰韓 진한, 誕辰 탄신
- **활용**: 어머님의 生辰(생신)이 얼마 남지 않았다.

鎭 진압할 진(:) [3급II 부 金 총 18]

읽기: 獨鎭 독진　文鎭 문진　書鎭 서진　重鎭 중진　鎭壓 진압　鎭慰 진위　鎭靜 진정　鎭定 진정　鎭重 진중　鎭痛 진통　鎭魂 진혼　鎭火 진화

활용: 화재가 발생한 지 오 분도 채 되지 않아 鎭火(진화) 작업이 시작되었다.

陳 베풀 진:/묵을 진 [3급II 부 阜 총 11]

읽기: 開陳 개진　陳頭 진두　陳腐 진부　陳謝 진사　陳設 진설　陳述 진술　陳言 진언　陳列 진열　陳情 진정　陳皮 진피　陳情書 진정서　新陳代謝 신진대사

활용: 용의자가 자꾸 陳述(진술)을 번복하여 수사에 혼란을 가져왔다.

震 우레 진: [3급II 부 雨 총 15]

유 雷 우레 뢰

읽기: 強震 강진　耐震 내진　微震 미진　弱震 약진　餘震 여진　地震 지진　震驚 진경　震怒 진노　震度 진도　震動 진동　震源 진원　震災 진재　震幅 진폭　震天動地 진천동지

활용: 지난밤 규모 7.5와 7.1의 強震(강진)이 있었다.

質 바탕 질 [5급II 부 貝 총 15 약 貭]

쓰기: 균질 均質　물질 物質　성질 性質　실질 實質　자질 資質　질권 質權　질량 質量　질문 質問　질박 質朴　질소 質素　질의 質疑　체질 體質　품질 品質

활용: 그곳에서 생산되는 농산물은 모두 品質(품질)이 좋다.

疾 병 질 [3급II 부 疒 총 10]

유 病 병 병

읽기: 脚疾 각질　怪疾 괴질　篤疾 독질　水疾 수질　惡疾 악질　眼疾 안질　疾苦 질고　疾病 질병　疾視 질시　疾走 질주　疾風 질풍　疾患 질환

활용: 疾病(질병)을 예방하기 위해 손을 깨끗하게 씻어야 한다.

秩 (차례 질) — 3급II, 부 禾, 총 10

읽기: 高秩 고질, 官秩 관질, 上秩 상질, 秩高 질고, 秩滿 질만, 秩米 질미, 秩卑 질비, 秩序 질서, 秩次 질차, 下秩 하질, 無秩序 무질서, 位階秩序 위계질서

활용: 그 집단은 엄격한 位階秩序(위계질서)가 자리 잡혀 있다.

유 序 차례 서

姪 (조카 질) — 3급, 부 女, 총 9

읽기: 堂姪 당질, 伯姪 백질, 叔姪 숙질, 族姪 족질, 從姪 종질, 姪女 질녀, 姪婦 질부, 姪孫 질손, 妻姪 처질, 戚姪 척질, 叔姪間 숙질간

활용: 아이와 나와의 관계는 叔姪間(숙질간)이다.

상 叔 아재비 숙

集 (모을 집) — 6급II, 부 隹, 총 12

읽기: 募集 모집, 召集 소집, 徵集 징집

쓰기: 수집 收集, 집결 集結, 집계 集計, 집단 集團, 집약 集約, 집적 集積, 집중 集中, 집합 集合, 집회 集會, 채집 採集

활용: 세상의 관심이 이번 사고에 모두 集中(집중)되었다.

상 散 흩을 산, 配 나눌 배
유 會 모일 회

執 (잡을 집) — 3급II, 부 土, 총 11

읽기: 固執 고집, 我執 아집, 執權 집권, 執念 집념, 執刀 집도, 執務 집무, 執事 집사, 執着 집착, 執筆 집필, 執行 집행, 執行部 집행부, 執行猶豫 집행유예

활용: 그가 보여준 칠전팔기의 執念(집념)은 모두에게 귀감이 되었다.

徵 (부를 징) — 3급II, 부 彳, 총 15, 약 徵

읽기: 象徵 상징, 性徵 성징, 徵發 징발, 徵兵 징병, 徵收 징수, 徵用 징용, 徵兆 징조, 徵集 징집, 徵表 징표, 徵候 징후, 追徵 추징, 特徵 특징, 徵兵檢査 징병검사

활용: 조사팀은 독특한 特徵(특징)을 가진 해양 생물들을 조사하고 있다.

3급 부 心 총 19	**懲** 징계할 **징**	읽기	嚴懲 엄징　懲戒 징계　懲罰 징벌　懲惡 징악　懲役 징역 懲止 징지　懲治 징치　刑懲 형징　勸善懲惡 권선징악 懲戒處分 징계처분
유 戒 경계할 계		활용	고전소설의 주제는 대부분 勸善懲惡(권선징악)이다.

懲 懲 懲 懲 懲 懲 懲 懲 懲 懲 懲 懲

4급Ⅱ 부 欠 총 6	**次** 버금 **차**	읽기	屢次 누차　漸次 점차　次官補 차관보
		쓰기	목차 目次　석차 席次　연차 年次　월차 月次　장차 將次 차관 次官　차남 次男　차례 次例　차석 次席　차선 次善
유 副 버금 부		활용	일에 최선을 선택할 수 없다면 次善(차선)을 선택하자.

次 次 次 次 次 次　　　　　席次　次例

4급 부 工 총 10	**差** 다를 **차**	읽기	偏差 편차　日較差 일교차　咸興差使 함흥차사
		쓰기	격차 格差　낙차 落差　시차 時差　오차 誤差　차감 差減 차도 差度　차등 差等　차별 差別　차이 差異　차익 差益
유 異 다를 이		활용	문화적 差異(차이)를 극복한 그들의 사랑 이야기가 잡지에 실렸다.

差 差 差 差 差 差 差 差　　　　差別　差異

3급Ⅱ 부 人 총 10	**借** 빌·빌릴 **차:**	읽기	貸借 대차　賃借 임차　租借 조차　借金 차금　借名 차명 借用 차용　借入 차입　借主 차주　賃貸借 임대차 借用證 차용증　借用證書 차용증서
유 貸 빌릴 대		활용	借名(차명) 계좌로 은행 거래를 하는 것은 위법이다.

借 借 借 借 借 借 借 借

3급Ⅱ 부 止 총 6	**此** 이 **차**	읽기	如此 여차　此生 차생　此時 차시　此夜 차야　此際 차제 此回 차회　此後 차후　彼此 피차　於此彼 어차피 此日彼日 차일피일　彼此一般 피차일반
상 彼 저 피		활용	우리는 만날 약속을 此日彼日(차일피일) 미루다 결국 만나지 못하였다.

此 此 此 此 此 此

且 (또 차:)
3급 / 부 一 / 총 5

읽기: 苟且 구차, 且說 차설, 且月 차월, 且置 차치, 況且 황차, 重且大 중차대, 且驚且喜 차경차희, 且信且疑 차신차의, 且置勿論 차치물론

활용: 이런 重且大(중차대)한 일에 개인적인 이익을 생각하면 안 된다.

着 (붙을 착)
5급II / 부 目 / 총 12
유 附 붙을 부, 到 이를 도

읽기: 逢着 봉착, 附着 부착, 執着 집착, 終着驛 종착역
쓰기: 도착 到着, 밀착 密着, 정착 定着, 착륙 着陸, 착상 着想, 착실 着實, 착안 着眼, 착용 着用, 착의 着衣, 착지 着地

활용: 나는 결혼하여 새로운 도시에 定着(정착)하였다.

錯 (어긋날 착)
3급II / 부 金 / 총 16
유 誤 그르칠 오

읽기: 交錯 교착, 倒錯 도착, 錯覺 착각, 錯亂 착란, 錯列 착렬, 錯視 착시, 錯誤 착오, 錯雜 착잡, 倒錯症 도착증, 施行錯誤 시행착오

활용: 모두 떠나고 혼자 남으니 내 마음이 더 錯雜(착잡)하다.

捉 (잡을 착)
3급 / 부 手 / 총 10

읽기: 捉去 착거, 捉來 착래, 捉送 착송, 捉囚 착수, 推捉 추착, 把捉 파착, 捕捉 포착, 活捉 활착, 瞬間捕捉 순간포착

활용: 어린아이의 사진을 찍을 때는 순간을 잘 捕捉(포착)해야 한다.

讚 (기릴 찬:)
4급 / 부 言 / 총 26 / 약 讃

읽기: 讚揚 찬양
쓰기: 격찬 激讚, 과찬 過讚, 극찬 極讚, 예찬 禮讚, 찬가 讚歌, 찬미 讚美, 찬사 讚辭, 칭찬 稱讚, 자화자찬 自畫自讚

활용: 아이는 선생님의 稱讚(칭찬)을 듣고 기뻐서 어쩔 줄을 몰랐다.

335

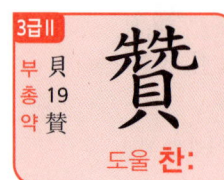

3급II 부 貝 총 19 약 賛
도울 **찬:**

상 反 돌이킬 반
유 助 도울 조

읽기 贊決 찬결 贊同 찬동 贊反 찬반 贊否 찬부 贊成 찬성
贊意 찬의 贊者 찬자 贊助 찬조 贊票 찬표 協贊 협찬
贊助金 찬조금

활용 회원 과반수의 贊成(찬성)을 얻어 의안이 통과되었다.

4급II 부 宀 총 14
살필 **찰**

유 監 볼 감, 省 살필 성

읽기 巡察 순찰 貞察 정찰 警察署 경찰서
쓰기 감찰 監察 검찰 檢察 경찰 警察 고찰 考察 관찰 觀察
불찰 不察 성찰 省察 시찰 視察 추찰 推察 통찰 洞察

활용 하루 동안의 온도 변화를 觀察(관찰)하고 보고서를 작성하자.

5급II 부 厶 총 11 약 参
참여할 **참**/석 **삼**

유 與 더불·줄 여

읽기 參謀 참모 參禪 참선 參酌 참작 參照 참조
쓰기 불참 不參 지참 持參 참가 參加 참견 參見 참고 參考
참관 參觀 참배 參拜 참석 參席 참여 參與 참전 參戰

활용 투표할 때는 주민 등록증이나 여권 등의 신분증을 持參(지참)하십시오.

3급 부 心 총 14 약 惨
참혹할 **참**

읽기 無慘 무참 悲慘 비참 慘景 참경 慘苦 참고 慘劇 참극
慘變 참변 慘事 참사 慘死 참사 慘殺 참살 慘狀 참상
慘敗 참패 慘刑 참형 慘禍 참화

활용 그는 친구의 호의를 無慘(무참)히 거절하고 떠났다.

3급 부 心 총 15
부끄러울 **참**

유 愧 부끄러울 괴

읽기 慙慨 참개 慙愧 참괴 慙德 참덕 慙伏 참복 慙憤 참분
慙死 참사 慙色 참색 慙汗 참한 慙悔 참회

활용 지난 慙死(참사)에 관계자 모두가 문책을 당하였다.

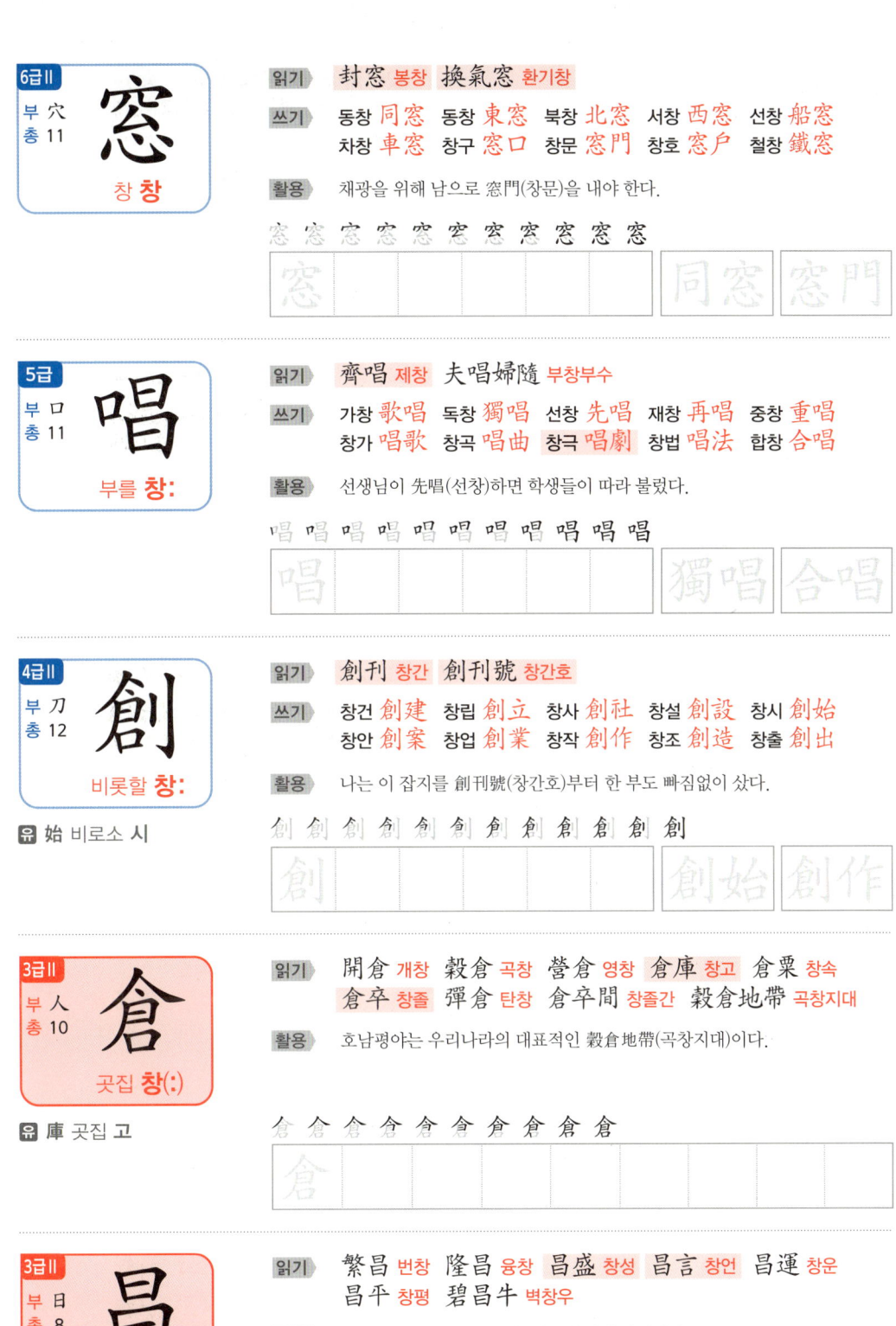

窓 창 창 (6급II, 부 穴, 총 11)

읽기 封窓 봉창 換氣窓 환기창

쓰기 동창 同窓 동창 東窓 북창 北窓 서창 西窓 선창 船窓
차창 車窓 창구 窓口 창문 窓門 창호 窓戶 철창 鐵窓

활용 채광을 위해 남으로 窓門(창문)을 내야 한다.

唱 부를 창: (5급, 부 口, 총 11)

읽기 齊唱 제창 夫唱婦隨 부창부수

쓰기 가창 歌唱 독창 獨唱 선창 先唱 재창 再唱 중창 重唱
창가 唱歌 창곡 唱曲 창극 唱劇 창법 唱法 합창 合唱

활용 선생님이 先唱(선창)하면 학생들이 따라 불렀다.

創 비롯할 창: (4급II, 부 刀, 총 12)

읽기 創刊 창간 創刊號 창간호

쓰기 창건 創建 창립 創立 창사 創社 창설 創設 창시 創始
창안 創案 창업 創業 창작 創作 창조 創造 창출 創出

활용 나는 이 잡지를 創刊號(창간호)부터 한 부도 빠짐없이 샀다.

유 始 비로소 시

倉 곳집 창(:) (3급II, 부 人, 총 10)

읽기 開倉 개창 穀倉 곡창 營倉 영창 倉庫 창고 倉粟 창속
倉卒 창졸 彈倉 탄창 倉卒間 창졸간 穀倉地帶 곡창지대

활용 호남평야는 우리나라의 대표적인 穀倉地帶(곡창지대)이다.

유 庫 곳집 고

昌 창성할 창(:) (3급II, 부 日, 총 8)

읽기 繁昌 번창 隆昌 융창 昌盛 창성 昌言 창언 昌運 창운
昌平 창평 碧昌牛 벽창우

활용 새해에도 사업이 더욱 繁昌(번창)하길 기원한다.

유 隆 높을 륭

蒼 (푸를 창) — 3급II, 부 艸, 총 14

유 靑 푸를 청

읽기: 蒼空 창공, 蒼茫 창망, 蒼白 창백, 蒼生 창생, 蒼遠 창원, 蒼天 창천, 蒼海 창해, 古色蒼然 고색창연, 萬頃蒼波 만경창파, 億兆蒼生 억조창생

활용: 앓고 난 뒤에서 그랬는지 그녀의 얼굴이 蒼白(창백)하였다.

暢 (화창할 창) — 3급, 부 日, 총 14

읽기: 明暢 명창, 流暢 유창, 暢達 창달, 暢樂 창락, 暢茂 창무, 暢月 창월, 暢快 창쾌, 暢懷 창회, 通暢 통창, 和暢 화창, 文化暢達 문화창달

활용: 우리 모두 건전한 언론 문화 暢達(창달)을 위해 힘쓰자.

採 (캘 채) — 4급, 부 手, 총 11

쓰기: 採光 채광, 採錄 채록, 採伐 채벌, 採算 채산, 採石 채석, 採用 채용, 採點 채점, 採集 채집, 採取 채취, 採擇 채택, 採血 채혈, 特採 특채, 採石場 채석장

활용: 나는 지원할 기업의 採用(채용) 정보를 꼼꼼하게 살펴보았다.

債 (빚 채) — 3급II, 부 人, 총 13

읽기: 公債 공채, 國債 국채, 起債 기채, 卜債 복채, 負債 부채, 私債 사채, 外債 외채, 債券 채권, 債權 채권, 債務 채무, 國公債 국공채, 債權者 채권자, 債務國 채무국, 會社債 회사채

활용: 그는 負債(부채)를 모두 청산하고 새 출발을 하였다.

彩 (채색 채) — 3급II, 부 彡, 총 11

읽기: 光彩 광채, 多彩 다채, 色彩 색채, 五彩 오채, 輪彩 윤채, 異彩 이채, 彩度 채도, 彩色 채색, 彩雲 채운, 彩畫 채화, 水彩畫 수채화, 彩文土器 채문토기

활용: 관람객들을 위한 多彩(다채)로운 이벤트가 준비되어 있다.

菜 (나물 채:) — 3급II, 부 艹, 총 12

유 蔬 나물 소

읽기: 乾菜 건채, 山菜 산채, 生菜 생채, 野菜 야채, 菜根 채근, 菜毒 채독, 菜色 채색, 菜蔬 채소, 菜食 채식, 花菜 화채, 菜麻田 채마전, 菜松花 채송화

활용: 우리 식당에서는 신선한 野菜(야채)를 손님들에게 제공한다.

責 (꾸짖을 책) — 5급II, 부 貝, 총 11

쓰기: 문책 問責, 벌책 罰責, 인책 引責, 죄책 罪責, 중책 重責, 직책 職責, 책망 責望, 책무 責務, 책임 責任, 총책 總責, 죄책감 罪責感

활용: 담당 공무원이 그 사건에 責任(책임)을 지고 사표를 냈다.

冊 (책 책) — 4급, 부 冂, 총 5

유 書 글 서

읽기: 冊曆 책력, 冊封 책봉, 世子冊封 세자책봉

쓰기: 공책 空冊, 별책 別冊, 분책 分冊, 서책 書冊, 책립 冊立, 책명 冊名, 책방 冊房, 책상 冊床, 책자 冊子, 책장 冊張

활용: 그녀는 冊房(책방)에서 한번 독서에 빠지면 좀처럼 나오지 않았다.

策 (꾀 책) — 3급II, 부 竹, 총 12

유 計 셀 계, 謀 꾀 모

읽기: 計策 계책, 對策 대책, 妙策 묘책, 秘策 비책, 術策 술책, 施策 시책, 失策 실책, 政策 정책, 策動 책동, 策略 책략, 策命 책명, 策定 책정, 窮餘之策 궁여지책

활용: 신입사원이 위기에 빠져있던 회사를 위해 妙策(묘책)을 제안하였다.

處 (곳 처:) — 4급II, 부 虍, 총 11, 약 処

유 所 바 소

읽기: 某處 모처, 處暑 처서, 何處 하처

쓰기: 도처 到處, 상처 傷處, 처단 處斷, 처리 處理, 처벌 處罰, 처세 處世, 처소 處所, 처신 處身, 처지 處地, 처치 處置

활용: 이 일의 책임자로서 어떤 處罰(처벌)도 달게 받겠다.

賤 천할 천:
3급II 부 貝 총 15 약 賎

상 貴 귀할 귀
유 卑 낮을 비

읽기: 貴賤 귀천　微賤 미천　卑賤 비천　賤價 천가　賤技 천기　賤待 천대　賤民 천민　賤視 천시　賤人 천인　賤職 천직　賤稱 천칭　尊卑貴賤 존비귀천

활용: 도둑고양이들이 길거리 무법자로 賤待(천대)받고 있다.

踐 밟을 천:
3급II 부 足 총 15 약 践

읽기: 騰踐 등천　實踐 실천　踐極 천극　踐年 천년　踐踏 천답　踐歷 천력　踐修 천수　踐約 천약　踐言 천언　踐行 천행　實踐力 실천력　實踐哲學 실천철학

활용: 말만 앞세우지 말고 實踐(실천)하는 모습을 보여주자.

遷 옮길 천:
3급II 부 辵 총 15 약 迁

읽기: 變遷 변천　左遷 좌천　遷客 천객　遷都 천도　遷善 천선　遷延 천연　遷移 천이　播遷 파천　改過遷善 개과천선　孟母三遷 맹모삼천　三遷之敎 삼천지교

활용: 시대의 變遷(변천)에 따라 사람들의 사고방식도 변한다.

薦 천거할 천:
3급 부 艸 총 17

읽기: 公薦 공천　落薦 낙천　自薦 자천　薦擧 천거　薦度 천도　薦新 천신　推薦 추천　他薦 타천　推薦書 추천서　毛遂自薦 모수자천

활용: 교수님께서 나를 장학생으로 推薦(추천)하셨다.

鐵 쇠 철
5급 부 金 총 21 약 鉄

읽기: 鋼鐵 강철　鐵鋼 철강　鐵拳 철권　鐵面皮 철면피

쓰기: 철갑 鐵甲　철골 鐵骨　철관 鐵管　철교 鐵橋　철근 鐵筋　철기 鐵器　철도 鐵道　철벽 鐵壁　철사 鐵絲　철판 鐵板

활용: 수비수는 경기에서 鐵壁(철벽) 수비하는 능력을 과시하였다.

哲 밝을 철

3급 II 부 口 총 10

읽기 明哲 명철　先哲 선철　英哲 영철　哲理 철리　哲人 철인
哲學 철학　賢哲 현철　哲學者 철학자　教父哲學 교부철학
哲學概論 철학개론

활용 그의 뛰어난 직관력과 明哲(명철)한 분석력이 회사 매출에 도움을 준다.

徹 통할 철

3급 II 부 彳 총 15

읽기 貫徹 관철　冷徹 냉철　徹骨 철골　徹夜 철야　徹底 철저
徹曉 철효　通徹 통철　透徹 투철　徹頭徹尾 철두철미

활용 노사 협상의 결렬로 노조 측이 徹夜(철야) 농성을 벌이고 있다.

유 貫 꿸 관, 透 사무칠 투

尖 뾰족할 첨

3급 부 小 총 6

읽기 尖端 첨단　尖兵 첨병　尖峯 첨봉　尖銳 첨예　尖塔 첨탑
尖銳化 첨예화　最尖端 최첨단　尖端技術 첨단기술
尖端産業 첨단산업

활용 우리는 지난해 最尖端(최첨단) 시설을 갖춘 아파트에 입주하였다.

添 더할 첨

3급 부 水 총 11

읽기 別添 별첨　添加 첨가　添減 첨감　添杯 첨배　添附 첨부
添削 첨삭　添酌 첨작　添加物 첨가물　錦上添花 금상첨화
添削指導 첨삭지도

활용 선생님은 학생들의 글쓰기를 添削(첨삭)하느라 밤을 새웠다.

상 減 덜 감, 削 깎을 삭
유 加 더할 가

妾 첩 첩

3급 부 女 총 8

읽기 內妾 내첩　童妾 동첩　美妾 미첩　小妾 소첩　臣妾 신첩
愛妾 애첩　作妾 작첩　妻妾 처첩　賤妾 천첩　妾婦 첩부
妾室 첩실　妾子 첩자　妾出 첩출

활용 妾子(첩자)는 서자(庶子)와 거의 같은 의미로 쓰인다.

青 (푸를 청) — 8급
부수: 青, 총획: 8

유: 碧 푸를 벽, 蒼 푸를 창, 綠 푸를 록

- **읽기**: 丹青 단청, 青丘 청구, 粉青沙器 분청사기
- **쓰기**: 청과 青果, 청록 青綠, 청룡 青龍, 청색 青色, 청송 青松, 청운 青雲, 청춘 青春, 청산유수 青山流水, 청천백일 青天白日
- **활용**: 그는 青雲(청운)의 꿈을 안고 세계 무대로 진출하였다.

淸 (맑을 청) — 6급II
부수: 水, 총획: 11

상: 濁 흐릴 탁
유: 淑 맑을 숙, 淨 깨끗할 정, 潔 깨끗할 결

- **읽기**: 淸溪 청계, 淸廉 청렴, 淸雅 청아, 淸淨 청정
- **쓰기**: 숙청 肅淸, 청결 淸潔, 청명 淸明, 청빈 淸貧, 청소 淸掃, 청순 淸純, 백년하청 百年河淸, 청풍명월 淸風明月
- **활용**: 한국의 가을 하늘은 높고 淸明(청명)하다.

請 (청할 청) — 4급II
부수: 言, 총획: 15

- **읽기**: 懇請 간청, 訴請 소청
- **쓰기**: 신청 申請, 재청 再請, 제청 提請, 청구 請求, 청부 請負, 청약 請約, 청원 請援, 청유 請由, 청혼 請婚, 초청 招請
- **활용**: 그녀와 만난 지 열흘 만에 請婚(청혼)하였다.

廳 (관청 청) — 4급
부수: 广, 총획: 25, 약자: 庁

- **읽기**: 中央廳 중앙청
- **쓰기**: 개청 開廳, 관청 官廳, 구청 區廳, 군청 郡廳, 도청 道廳, 시청 市廳, 청사 廳舍, 경시청 警視廳, 경찰청 警察廳
- **활용**: 그는 내일부터 세종시 정부 廳舍(청사)로 출근한다.

聽 (들을 청) — 4급
부수: 耳, 총획: 22, 약자: 聴

유: 聞 들을 문

- **읽기**: 傍聽 방청, 傍聽客 방청객, 補聽器 보청기
- **쓰기**: 가청 可聽, 경청 敬聽, 난청 難聽, 도청 盜聽, 시청 視聽, 청각 聽覺, 청강 聽講, 청력 聽力, 청중 聽衆, 청취 聽取
- **활용**: 그녀의 강연은 聽衆(청중)들의 마음을 사로잡았다.

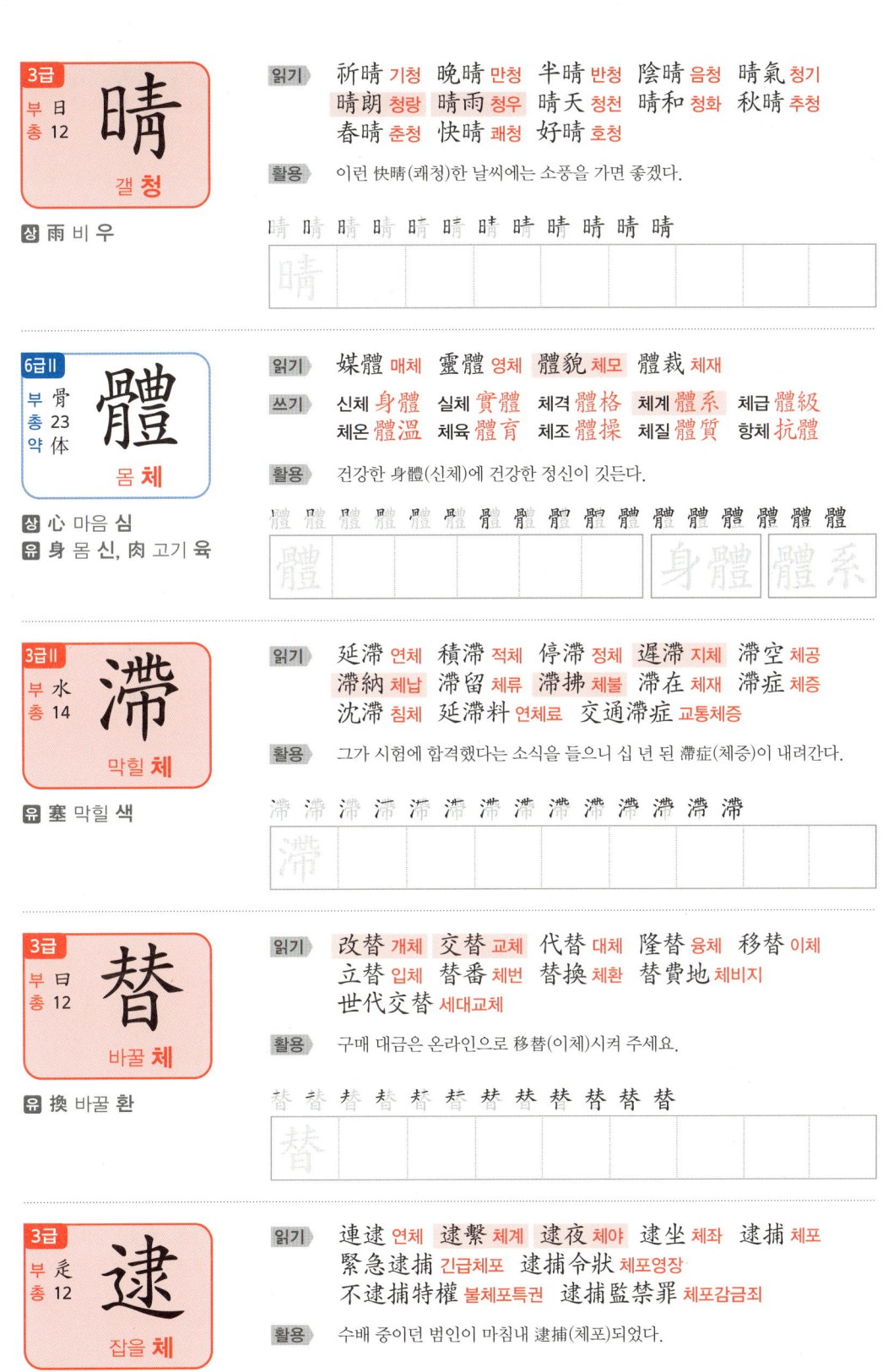

3급 遞 갈릴 체
부 辵 / 총 14 / 약 逓

읽기: 驛遞 역체, 遞減 체감, 遞改 체개, 遞去 체거, 遞歸 체귀, 遞送 체송, 遞信 체신, 遞任 체임, 遞增 체증, 遞差 체차, 郵遞局 우체국, 郵遞夫 우체부, 遞信部 체신부

활용: 郵遞局(우체국)에 가서 이 소포를 부쳐라.

7급 草 풀 초
부 艹 / 총 10

읽기: 乾草 건초, 蘭草 난초, 草稿 초고, 草露 초로, 草幕 초막

쓰기: 제초 除草, 초록 草綠, 초목 草木, 초서 草書, 초안 草案, 초야 草野, 초옥 草屋, 초원 草原, 초창기 草創期

활용: 나는 양에게 잘 말린 乾草(건초)를 먹였다.

5급 初 처음 초
부 刀 / 총 7

읽기: 初盤 초반, 初喪 초상, 初旬 초순, 初審 초심, 初版 초판

쓰기: 시초 始初, 초급 初級, 초기 初期, 초단 初段, 초대 初代, 초범 初犯, 초보 初步, 초심 初心, 초임 初任, 최초 最初

활용: 금오신화는 우리나라 最初(최초)의 한문 소설이다.

유 始 비로소 시

4급 招 부를 초
부 手 / 총 8

읽기: 招聘 초빙, 招魂 초혼, 招魂祭 초혼제

쓰기: 문초 問招, 자초 自招, 초대 招待, 초래 招來, 초청 招請, 초치 招致, 초대권 招待券, 초인종 招人鍾, 초청장 招請狀

활용: 招待(초대)받지 않은 손님의 등장으로 분위기가 썰렁해졌다.

유 聘 부를 빙

3급II 礎 주춧돌 초
부 石 / 총 18

읽기: 階礎 계초, 國礎 국초, 基礎 기초, 斷礎 단초, 定礎 정초, 柱礎 주초, 礎石 초석, 礎業 초업, 礎材 초재, 皇礎 황초, 基礎工事 기초공사

활용: 그녀는 모든 과목에서 基礎(기초)가 부족하다.

3급II 부 肉 총 7	肖 닮을·같을 초	읽기	不肖 불초　肖像 초상　不肖子 불초자　肖像權 초상권 肖像畫 초상화
		활용	그가 그린 肖像畫(초상화)는 인물이 그림 속에서 뛰어나올 것만 같았다.

肖 肖 肖 肖 肖 肖 肖

3급II 부 走 총 12	超 뛰어넘을 초	읽기	超過 초과　超克 초극　超凡 초범　超然 초연　超越 초월 超人 초인　超脫 초탈　超能力 초능력　超音波 초음파 超自然 초자연
		활용	그는 자신이 超能力(초능력)을 가지고 있다고 믿었다.

유 越 넘을 월, 過 지날 과

超 超 超 超 超 超 超 超 超 超 超 超

3급 부 手 총 7	抄 뽑을 초	읽기	雜抄 잡초　抄啓 초계　抄記 초기　抄掠 초략　抄錄 초록 抄本 초본　抄寫 초사　抄譯 초역　抄集 초집　抄出 초출 戶籍抄本 호적초본
		활용	이 논문의 抄錄(초록)을 작성해 주십시오.

抄 抄 抄 抄 抄 抄 抄

3급 부 禾 총 9	秒 분초 초	읽기	記秒 기초　每秒 매초　分秒 분초　閏秒 윤초　秒速 초속 秒針 초침　秒忽 초홀　時分秒 시분초
		활용	벽에 걸린 시계에 秒針(초침)이 없었다.

秒 秒 秒 秒 秒 秒 秒 秒 秒

3급II 부 人 총 9	促 재촉할 촉	읽기	短促 단촉　督促 독촉　促求 촉구　促急 촉급　促迫 촉박 促産 촉산　促成 촉성　促進 촉진　催促 최촉　太促 태촉 販促 판촉
		활용	그녀는 지식인들의 각성을 促求(촉구)하며 일인시위를 벌였다.

유 催 재촉할 최

促 促 促 促 促 促 促 促 促

347

觸 닿을 촉 (3급II, 부수 角, 총20획)

읽기: 感觸 감촉, 不觸 불촉, 抵觸 저촉, 接觸 접촉, 觸角 촉각, 觸覺 촉각, 觸感 촉감, 觸媒 촉매, 觸發 촉발, 觸手 촉수, 一觸卽發 일촉즉발

활용: 이번 사건에 모든 사람이 觸覺(촉각)을 곤두세우고 있다.

燭 촛불 촉 (3급, 부수 火, 총17획)

읽기: 巨燭 거촉, 明燭 명촉, 燭光 촉광, 燭臺 촉대, 燭淚 촉루, 燭數 촉수, 燭心 촉심, 洞燭 통촉, 香燭 향촉, 華燭 화촉, 華燭洞房 화촉동방

활용: 그들은 지난 주말에 교회에서 華燭(화촉)을 밝혔다.

寸 마디 촌: (8급, 부수 寸, 총3획)

읽기: 寸秒 촌초, 妻三寸 처삼촌, 一寸肝腸 일촌간장

쓰기: 사촌 四寸, 삼촌 三寸, 촌각 寸刻, 촌극 寸劇, 촌수 寸數, 촌지 寸志, 촌평 寸評, 일촌광음 一寸光陰

활용: 그는 나의 四寸(사촌) 형이다.

유 節 마디 절

村 마을 촌: (7급, 부수 木, 총7획)

쓰기: 강촌 江村, 농촌 農村, 부촌 富村, 빈촌 貧村, 산촌 山村, 어촌 漁村, 집촌 集村, 촌락 村落, 촌로 村老, 촌부 村婦, 촌장 村長, 광산촌 鑛山村

활용: 소년은 山村(산촌)에서 도시로 이사하였다.

유 里 마을 리

總 다 총: (4급II, 부수 糸, 총17획, 總/総)

읽기: 總帥 총수, 總裁 총재, 總販 총판

쓰기: 총계 總計, 총량 總量, 총론 總論, 총리 總理, 총무 總務, 총액 總額, 총장 總長, 총점 總點, 총평 總評, 총합 總合

활용: 수입과 지출의 總額(총액)이 일치하는지 확인해야 한다.

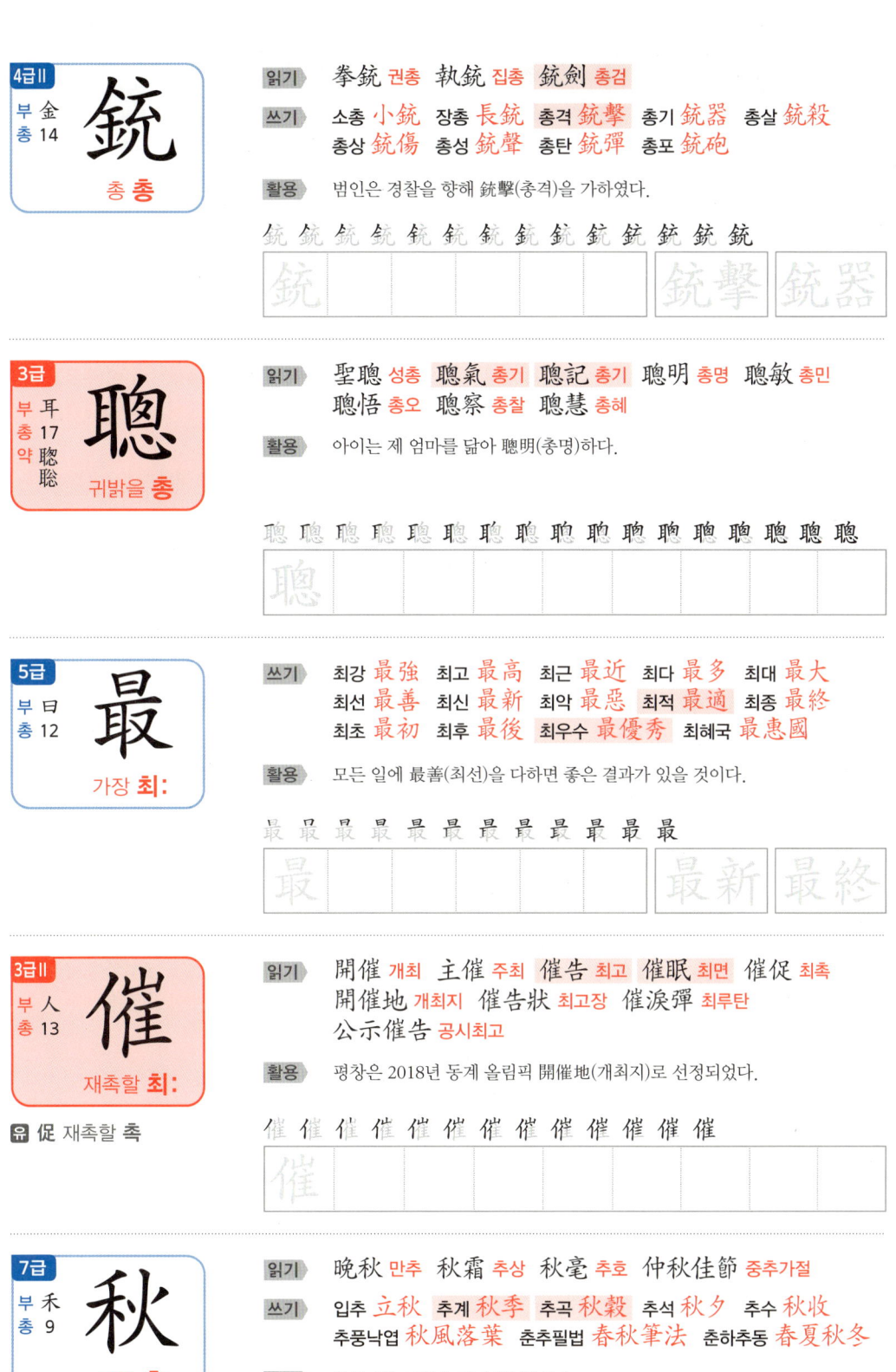

4급 부 手 총 11 推 밀 추	읽기	推尋 추심 推仰 추앙 推薦 추천
	쓰기	유추 類推 추계 推計 추고 推考 추구 推究 추론 推論 추리 推理 추산 推算 추정 推定 추진 推進 추측 推測
	활용	영감은 자기 推測(추측)이 정확하다고 장담하였다.

3급II 부 辵 총 10 追 쫓을·따를 추 유 從 쫓을 종	읽기	追加 추가 追擊 추격 追更 추경 追求 추구 追窮 추궁 追突 추돌 追慕 추모 追放 추방 追憶 추억 追越 추월 追跡 추적 追從 추종 追徵 추징 追擊戰 추격전
	활용	범인을 검거하기 위해 숨 막히는 追擊戰(추격전)이 벌어졌다.

3급 부 手 총 8 抽 뽑을 추	읽기	抽讀 추독 抽利 추리 抽拔 추발 抽象 추상 抽稅 추세 抽身 추신 抽出 추출 抽象畫 추상화 抽出物 추출물 抽象名詞 추상명사
	활용	이 자료들을 통해 핵심 정보를 抽出(추출)해야 한다.

3급 부 酉 총 17 醜 추할 추 상 美 아름다울 미	읽기	免醜 면추 美醜 미추 醜男 추남 醜女 추녀 醜名 추명 醜貌 추모 醜聞 추문 醜夫 추부 醜惡 추악 醜雜 추잡 醜態 추태 醜行 추행
	활용	외적인 아름다움만으로 美醜(미추)의 기준을 정해서는 안 된다.

5급 부 示 총 10 祝 빌 축 유 祈 빌 기	읽기	仰祝 앙축 祝杯 축배 祝壽 축수 祝賀 축하
	쓰기	경축 慶祝 봉축 奉祝 송축 頌祝 자축 自祝 축가 祝歌 축문 祝文 축복 祝福 축사 祝辭 축원 祝願 축전 祝電
	활용	그들의 결혼식에서 인기 가수가 祝歌(축가)를 불렀다.

築 (쌓을 축) — 4급II, 부 竹, 총 16

- **읽기**: 築臺 축대
- **쓰기**: 개축 改築, 건축 建築, 구축 構築, 석축 石築, 신축 新築, 증축 增築, 축성 築城, 축조 築造, 건축양식 建築樣式
- **활용**: 이번 사고는 시설물 불법 增築(증축)으로 인해 빚어졌다.
- 유의어: 構 얽을 구

蓄 (모을 축) — 4급II, 부 艹, 총 14

- **읽기**: 含蓄 함축, 蓄電池 축전지, 含憤蓄怨 함분축원
- **쓰기**: 비축 備蓄, 저축 貯蓄, 축재 蓄財, 축적 蓄積, 축전 蓄電, 축음기 蓄音機
- **활용**: 전시실에 에디슨이 발명한 蓄音機(축음기)가 전시되어 있다.
- 유의어: 貯 쌓을 저, 積 쌓을 적

縮 (줄일 축) — 4급, 부 糸, 총 17

- **읽기**: 緊縮 긴축, 伸縮 신축, 縮刷 축쇄, 縮尺 축척
- **쓰기**: 감축 減縮, 단축 短縮, 수축 收縮, 압축 壓縮, 축도 縮圖, 축미 縮米, 축소 縮小, 축약 縮約, 축지법 縮地法
- **활용**: 마그네슘은 신경 근육의 收縮(수축)과 이완을 조절한다.
- 상대어: 伸 펼 신

畜 (짐승 축) — 3급II, 부 田, 총 10

- **읽기**: 家畜 가축, 農畜 농축, 牧畜 목축, 養畜 양축, 有畜 유축, 種畜 종축, 畜舍 축사, 畜産 축산, 畜生 축생, 畜協 축협, 畜産業 축산업, 養畜農家 양축농가
- **활용**: 정부가 畜産業(축산업) 농가에 대한 지원을 확대할 계획이다.
- 유의어: 獸 짐승 수

丑 (소 축) — 3급, 부 一, 총 4

- **읽기**: 乙丑 을축, 丑年 축년, 丑方 축방, 丑生 축생, 丑時 축시, 丑月 축월, 丑日 축일, 甲丑年 갑축년, 甲子乙丑 갑자을축, 癸丑日記 계축일기
- **활용**: 丑時(축시)는 오전 한 시부터 세 시까지를 가리킨다.

3급 逐 (부 辶, 총 11) 쫓을 축

읽기: 角逐 각축, 驅逐 구축, 逐客 축객, 逐鬼 축귀, 逐鹿 축록, 逐朔 축삭, 逐條 축조, 逐出 축출, 角逐戰 각축전, 逐條審議 축조심의

활용: 우승을 놓고 두 팀 사이에 치열한 角逐戰(각축전)이 벌어졌다.

7급 春 (부 日, 총 9) 봄 춘

상 秋 가을 추

읽기: 春耕 춘경, 春蘭 춘란, 春困症 춘곤증, 一場春夢 일장춘몽

쓰기: 신춘 新春, 조춘 早春, 춘계 春季, 춘곤 春困, 춘기 春期, 춘설 春雪, 춘추복 春秋服, 입춘대길 立春大吉

활용: 그녀는 春困症(춘곤증)을 이기지 못해 근무 시간에 졸았다.

7급 出 (부 凵, 총 5) 날 출

상 入 들 입, 納 들일 납, 沒 빠질 몰, 缺 이지러질 결

읽기: 露出 노출, 出沒 출몰, 出喪 출상, 出獄 출옥, 出版 출판

쓰기: 선출 選出, 연출 演出, 출강 出講, 출격 出擊, 출근 出勤, 출납 出納, 출마 出馬, 출신 出身, 출중 出衆, 출처 出處

활용: 그의 사투리로 보아 이북 出身(출신)임이 틀림없다.

5급Ⅱ 充 (부 儿, 총 6) 채울 충

유 滿 찰 만

읽기: 補充 보충, 擴充 확충

쓰기: 충당 充當, 충만 充滿, 충분 充分, 충실 充實, 충원 充員, 충전 充電, 충족 充足, 충전기 充電器

활용: 이 정도면 일주일 식량으로는 充分(충분)하다.

4급Ⅱ 忠 (부 心, 총 8) 충성 충

읽기: 忠貞 충정, 忠魂 충혼

쓰기: 불충 不忠, 충견 忠犬, 충고 忠告, 충성 忠誠, 충신 忠臣, 충실 忠實, 충심 忠心, 충언 忠言, 충의 忠義, 충효 忠孝

활용: 그는 몸과 마음을 바쳐 국가에 忠誠(충성)을 다하였다.

蟲 벌레 충

4급Ⅱ / 부 虫 / 총 18 / 약 虫

- 읽기: 驅蟲 구충, 桑蟲 상충, 幼蟲 유충
- 쓰기: 독충 毒蟲, 모충 毛蟲, 송충 松蟲, 충치 蟲齒, 해충 害蟲, 기생충 寄生蟲, 병충해 病蟲害
- 활용: 어린아이들의 蟲齒(충치)는 양치 습관으로 예방할 수 있다.

衝 찌를 충

3급Ⅱ / 부 行 / 총 15

- 유: 突 갑자기 돌
- 읽기: 相衝 상충, 緩衝 완충, 要衝 요충, 折衝 절충, 衝擊 충격, 衝突 충돌, 衝動 충동, 衝殺 충살, 衝然 충연, 衝天 충천, 要衝地 요충지, 左衝右突 좌충우돌
- 활용: 내 휴대전화는 약한 衝擊(충격)에도 쉽게 고장이 난다.

取 가질 취:

4급Ⅱ / 부 又 / 총 8

- 상: 捨 버릴 사
- 쓰기: 수취 受取, 약취 略取, 쟁취 爭取, 채취 採取, 청취 聽取, 취득 取得, 취소 取消, 취재 取材, 취조 取調, 취필 取筆, 취득세 取得稅, 무전취식 無錢取食
- 활용: 지난달에 매입한 아파트에 대해 取得稅(취득세)를 내야 한다.

就 나아갈 취:

4급 / 부 尢 / 총 12

- 유: 進 나아갈 진
- 읽기: 就役 취역
- 쓰기: 거취 去就, 성취 成就, 진취 進就, 취업 就業, 취임 就任, 취직 就職, 취침 就寢, 취학 就學, 취항 就航
- 활용: 그녀는 고등학교에 한문 교사로 就職(취직)되었다.

趣 뜻 취:

4급 / 부 走 / 총 15

- 유: 意 뜻 의
- 읽기: 佳趣 가취, 雅趣 아취
- 쓰기: 정취 情趣, 취미 趣味, 취의 趣意, 취향 趣向, 풍취 風趣, 흥취 興趣, 악취미 惡趣味
- 활용: 그녀가 옷을 고르는 趣向(취향)은 정말 독특하다.

3급Ⅱ 부 口 총 7
吹 불 취:

읽기: 歌吹 가취　鼓吹 고취　大吹 대취　力吹 역취　吹口 취구
吹鳴 취명　吹入 취입　吹笛 취적　吹奏 취주　吹打 취타
吹打手 취타수

활용: 사장은 사원들의 사기를 鼓吹(고취)하기 위해 상여금을 지급하였다.

吹 吹 吹 吹 吹 吹 吹

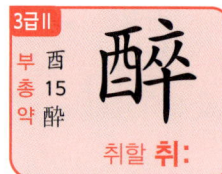

3급Ⅱ 부 酉 총 15 약 醉
醉 취할 취:

읽기: 陶醉 도취　滿醉 만취　宿醉 숙취　熟醉 숙취　心醉 심취
醉客 취객　醉氣 취기　醉眠 취면　醉中 취중　醉興 취흥
醉生夢死 취생몽사

활용: 선수들은 한껏 승리감에 陶醉(도취)되어 함성을 질렀다.

醉 醉 醉 醉 醉 醉 醉 醉 醉 醉 醉

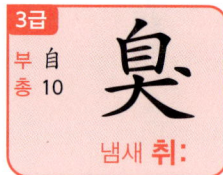

3급 부 自 총 10
臭 냄새 취:

읽기: 口臭 구취　無臭 무취　惡臭 악취　餘臭 여취　除臭 제취
酒臭 주취　體臭 체취　臭氣 취기　脫臭 탈취　香臭 향취
口尙乳臭 구상유취

활용: 숯은 脫臭(탈취)와 제습 효과에 뛰어나다.

臭 臭 臭 臭 臭 臭 臭 臭 臭

4급Ⅱ 부 水 총 12
測 헤아릴 측

읽기: 罔測 망측　怪常罔測 괴상망측

쓰기: 계측 計測　관측 觀測　실측 實測　예측 豫測　추측 推測
측량 測量　측정 測定　측지 測地　흉측 凶測

활용: 측우기는 강우량을 測定(측정)하는 기구이다.

測 測 測 測 測 測 測 測 測 測 測

豫測　測定

3급Ⅱ 부 人 총 11
側 곁 측

읽기: 貴側 귀측　南側 남측　反側 반측　北側 북측　兩側 양측
外側 외측　右側 우측　側近 측근　側面 측면　側目 측목
片側 편측　左右側 좌우측　左側通行 좌측통행

활용: 자신의 側近(측근)을 고위직에 임명한 장관이 주변 사람들에게 원성을 들었다.

유 傍 곁 방

側 側 側 側 側 側 側 側 側 側

層

4급 부 尸 총 15

층 **층**

유 階 섬돌 계

읽기 富裕層 부유층　庶民層 서민층　層層侍下 층층시하

쓰기 각층 各層　계층 階層　고층 高層　기층 基層　단층 單層
심층 深層　지층 地層　층계 層階　층수 層數　하층 下層

활용 법당으로 올라가는 길에 108개의 層階(층계)가 있다.

致

5급 부 至 총 10

이를 **치:**

읽기 韻致 운치　誘致 유치　致賀 치하　致死率 치사율

쓰기 경치 景致　극치 極致　이치 理致　재치 才致　치사 致辭
치사 致謝　치성 致誠　치명상 致命傷　치명타 致命打

활용 지리산의 景致(경치)는 웅장하고 수려하다.

治

4급II 부 水 총 8

다스릴 **치**

유 政 정사 정, 理 다스릴 리

읽기 治濕 치습　治粧 치장

쓰기 법치 法治　완치 完治　정치 政治　치국 治國　치세 治世
치수 治水　치안 治安　치적 治績　퇴치 退治

활용 대한민국은 法治(법치) 국가이다.

置

4급II 부 网 총 13

둘 **치:**

읽기 倒置 도치　置簿 치부　置換 치환　拘置所 구치소

쓰기 대치 代置　방치 放置　배치 配置　비치 備置　설치 設置
안치 安置　위치 位置　처치 處置　치중 置重

활용 나는 영어, 수학에 置重(치중)하다가 암기 과목 시험을 망쳤다.

齒

4급II 부 齒 총 15 약 歯

이 **치**

읽기 齒牙 치아　脣亡齒寒 순망치한　切齒腐心 절치부심

쓰기 건치 健齒　견치 犬齒　의치 義齒　충치 蟲齒　치과 齒科
치석 齒石　치약 齒藥　치열 齒列　치통 齒痛　풍치 風齒

활용 齒藥(치약)을 바꾸고 나서 치통이 줄었다.

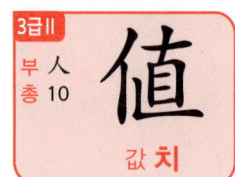

유 價 값 가

읽기 價値 가치　相値 상치　數値 수치　加重値 가중치
價値觀 가치관　平均値 평균치　價値判斷 가치판단
稀少價値 희소가치

활용 선택에 앞서 늘 양쪽의 價値(가치)를 잘 따져 보아라.

읽기 苦恥 고치　國恥 국치　免恥 면치　無恥 무치　雪恥 설치
廉恥 염치　恥部 치부　恥事 치사　恥心 치심　恥辱 치욕
國恥日 국치일　破廉恥 파렴치　厚顔無恥 후안무치

활용 서로에게 자신의 恥部(치부)를 드러낼 만큼 우리는 막역한 사이이다.

읽기 幼稚 유치　稚氣 치기　稚木 치목　稚樹 치수　稚心 치심
稚兒 치아　稚魚 치어　稚子 치자　稚拙 치졸　稚戲 치희
幼稚園 유치원

활용 이제 대학생이 되었으니 幼稚(유치)한 게임은 그만두었으면 한다.

유 幼 어릴 유

읽기 附則 부칙

쓰기 교칙 校則　규칙 規則　벌칙 罰則　법칙 法則　원칙 原則
학칙 學則　회칙 會則　범칙금 犯則金　빈즉다사 貧則多事

활용 회사 사장은 자주 지각하는 사원에게 罰則(벌칙)을 주었다.

유 法 법 법, 規 법 규

읽기 親睦 친목　親喪 친상　親疏 친소　親熟 친숙　親戚 친척

쓰기 양친 兩親　절친 切親　친교 親交　친구 親舊　친근 親近
친밀 親密　친선 親善　친애 親愛　친절 親切　친족 親族

활용 우리는 꾸준한 모임을 통해 親睦(친목)을 다졌다.

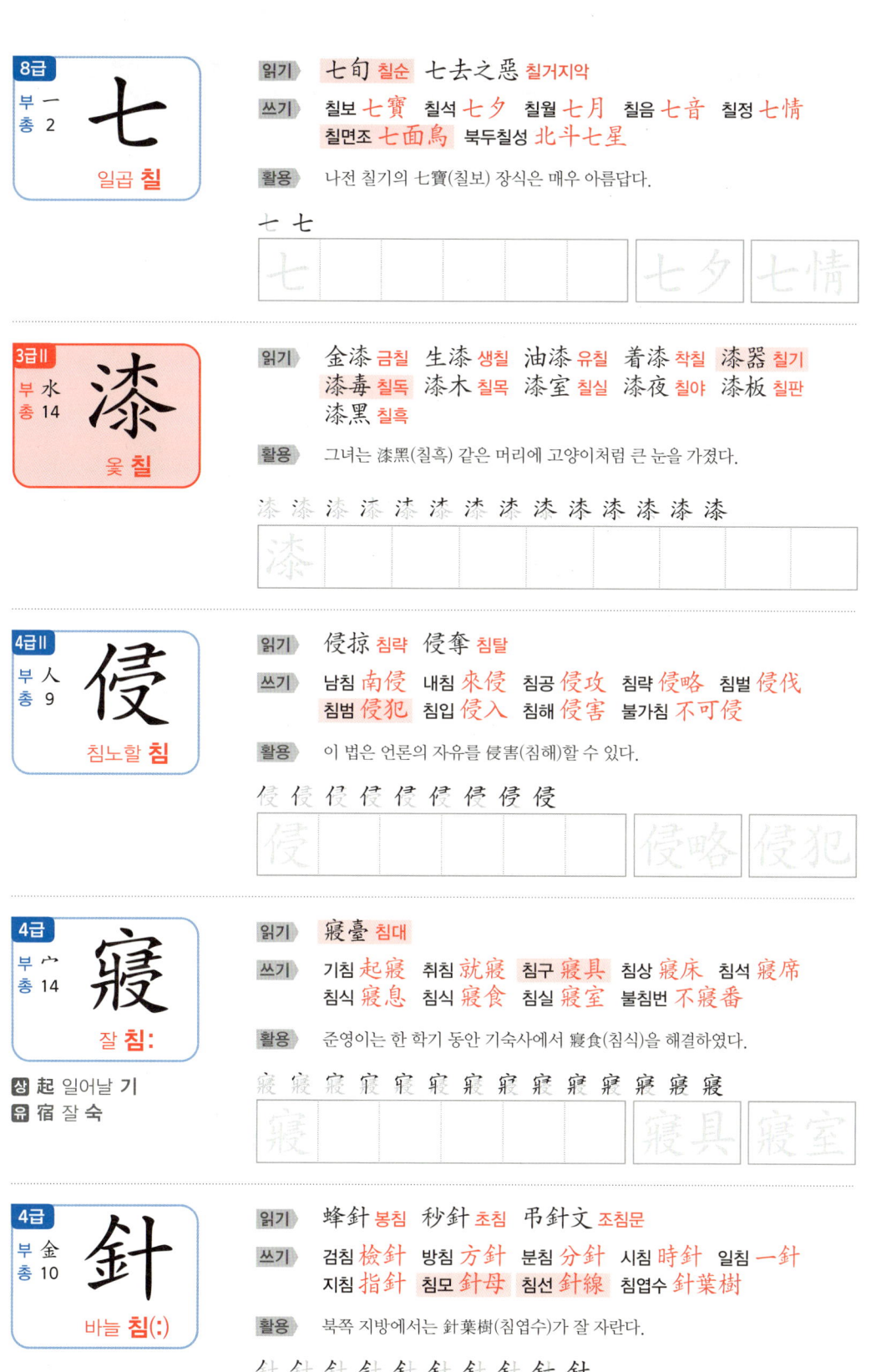

357

沈 — 잠길 침(:)/성 심:
3급II 부 水 총 7

상 浮 뜰 부
유 潛 잠길 잠

읽기: 擊沈 격침, 浮沈 부침, 沈氏 심씨, 陰沈 음침, 沈降 침강, 沈眠 침면, 沈沒 침몰, 沈默 침묵, 沈思 침사, 沈水 침수, 沈潛 침잠, 沈着 침착, 沈痛 침통, 沈淸傳 심청전

활용: 그는 나의 질문에 선뜻 답하지 못하고 잠시 沈默(침묵)하였다.

浸 — 잠길 침:
3급II 부 水 총 10

유 沒 빠질 몰

읽기: 巨浸 거침, 浸禮 침례, 浸水 침수, 浸染 침염, 浸潤 침윤, 浸淫 침음, 浸入 침입, 浸種 침종, 浸出 침출, 浸透 침투, 浸禮敎 침례교

활용: 지난 폭우로 다리가 浸水(침수)되어 주민들의 발이 묶였다.

枕 — 베개 침:
3급 부 木 총 8

읽기: 開枕 개침, 起枕 기침, 木枕 목침, 方枕 방침, 安枕 안침, 玉枕 옥침, 枕頭 침두, 枕木 침목, 枕上 침상, 枕席 침석, 高枕短命 고침단명

활용: 할아버지께서는 딱딱한 木枕(목침)을 베고 주무신다.

稱 — 일컬을 칭
4급 부 禾 총 14 약 称

유 頌 칭송할 송

쓰기: 가칭 假稱, 경칭 敬稱, 명칭 名稱, 별칭 別稱, 속칭 俗稱, 애칭 愛稱, 약칭 略稱, 자칭 自稱, 존칭 尊稱, 지칭 指稱, 칭송 稱頌, 칭찬 稱讚, 칭호 稱號, 통칭 通稱, 호칭 呼稱

활용: 길 위에 쓰러진 노인을 구한 집배원이 있어 주위로부터 稱頌(칭송)이 자자하다.

카

快 — 쾌할 쾌
4급II 부 心 총 7

읽기: 快諾 쾌락, 快哉 쾌재, 快晴 쾌청, 豪快 호쾌

쓰기: 경쾌 輕快, 명쾌 明快, 불쾌 不快, 완쾌 完快, 쾌감 快感, 쾌거 快擧, 쾌락 快樂, 쾌적 快適, 쾌차 快差, 쾌활 快活

활용: 그는 어떤 경우라도 얼굴에 不快(불쾌)한 기색을 드러내지 않는다.

타

5급 他 다를 타
부 人 / 총 5

상 自 스스로 자

- **읽기**: 其他 기타, 排他 배타, 他動詞 타동사
- **쓰기**: 여타 餘他, 의타 依他, 자타 自他, 출타 出他, 타국 他國, 타살 他殺, 타율 他律, 타의 他意, 타인 他人, 타향 他鄕
- **활용**: 그는 이 계통에서 自他(자타)가 인정하는 실력가이다.

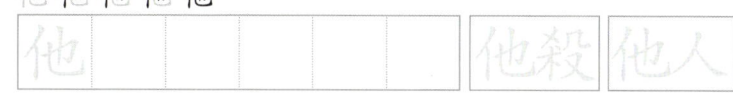

5급 打 칠 타:
부 手 / 총 5
유 擊 칠 격

- **읽기**: 猛打 맹타, 打倒 타도, 打率 타율
- **쓰기**: 안타 安打, 타격 打擊, 타선 打線, 타순 打順, 타점 打點, 타종 打鍾, 타파 打破, 타악기 打樂器, 이해타산 利害打算
- **활용**: 그 팀은 8회 말에 연속 安打(안타)를 기록하였다.

3급 墮 떨어질 타:
부 土 / 총 15 / 약 堕
유 落 떨어질 락

- **읽기**: 失墮 실타, 墮落 타락, 墮淚 타루, 墮獄 타옥, 墮罪 타죄, 墮其術中 타기술중
- **활용**: 그는 지난해 인생에서 가장 墮落(타락)한 시기를 보냈다.

3급 妥 온당할 타:
부 女 / 총 7

- **읽기**: 未妥 미타, 妥結 타결, 妥當 타당, 妥傷 타상, 妥安 타안, 妥協 타협, 妥結策 타결책, 妥當性 타당성, 妥協案 타협안, 普遍妥當 보편타당
- **활용**: 네 의견을 주장하려면 妥當(타당)한 근거를 제시하여라.

5급 卓 높을 탁
부 十 / 총 8
유 高 높을 고

- **읽기**: 卓冠 탁관, 卓拔 탁발, 卓越 탁월
- **쓰기**: 식탁 食卓, 원탁 圓卓, 탁견 卓見, 탁구 卓球, 탁상 卓上, 탁이 卓異, 탁자 卓子, 탁상공론 卓上空論
- **활용**: 卓子(탁자) 위를 깨끗이 치워 주세요.

3급 托 (부수 手, 총 6획) 맡길 탁

읽기: 依托 의탁, 茶托 차탁, 托生 탁생, 托葉 탁엽, 托處 탁처, 無依托 무의탁, 無依無托 무의무탁

활용: 無依托(무의탁) 노인에 대한 정부의 지원이 필요하다.

托 托 托 托 托 托

3급 濁 (부수 水, 총 16획) 흐릴 탁

읽기: 鈍濁 둔탁, 汚濁 오탁, 淸濁 청탁, 濁流 탁류, 濁色 탁색, 濁世 탁세, 濁水 탁수, 濁音 탁음, 濁酒 탁주, 混濁 혼탁, 一魚濁水 일어탁수, 上濁下不淨 상탁하부정

활용: 회의실 안에서 갑자기 鈍濁(둔탁)한 소리가 났다.

濁 濁 濁 濁 濁 濁 濁 濁 濁 濁 濁

상 淸 맑을 청

3급 濯 (부수 水, 총 17획) 씻을 탁

읽기: 童濯 동탁, 洗濯 세탁, 濯足 탁족, 洗濯物 세탁물, 洗濯所 세탁소, 濯枝雨 탁지우, 執熱不濯 집열불탁

활용: 洗濯物(세탁물)은 직원에게 맡겨 주세요.

濯 濯 濯 濯 濯 濯 濯 濯 濯 濯 濯 濯

유 洗 씻을 세

5급 炭 (부수 火, 총 9획) 숯 탄:

읽기: 炭肺 탄폐

쓰기: 목탄 木炭, 백탄 白炭, 분탄 粉炭, 석탄 石炭, 저탄 貯炭, 채탄 採炭, 탄광 炭鑛, 탄소 炭素, 탄수 炭水, 탄층 炭層

활용: 광산에서는 주로 石炭(석탄)과 철광석을 캔다.

炭 炭 炭 炭 炭 炭 炭 石炭 炭鑛

상 氷 얼음 빙

4급 彈 (부수 弓, 총 15획, 약 弹) 탄알 탄:

읽기: 彈琴 탄금, 彈倉 탄창, 彈丸 탄환, 催淚彈 최루탄

쓰기: 방탄 防彈, 실탄 實彈, 육탄 肉彈, 총탄 銃彈, 탄두 彈頭, 탄력 彈力, 탄성 彈性, 탄압 彈壓, 폭탄 爆彈

활용: 윤봉길 의사는 홍구공원에서 도시락 爆彈(폭탄)을 던졌다.

彈 彈 彈 彈 彈 彈 彈 彈 彈 彈 彈 銃彈 爆彈

歎 탄식할 탄:
4급 / 부 欠 / 총 15

읽기: 慨歎 개탄 晚時之歎 만시지탄
쓰기: 감탄 感歎 경탄 敬歎 경탄 驚歎 자탄 自歎 탄복 歎服 탄성 歎聲 탄식 歎息 탄원 歎願 통탄 痛歎 한탄 恨歎
활용: 선생님은 아이가 낸 답안지를 보고 感歎(감탄)하였다.

誕 낳을·거짓 탄:
3급 / 부 言 / 총 14

읽기: 放誕 방탄 生誕 생탄 聖誕 성탄 誕降 탄강 誕妄 탄망 誕生 탄생 誕辰 탄신 誕日 탄일 降誕節 강탄절 佛誕日 불탄일 聖誕節 성탄절 誕日鍾 탄일종
활용: 어젯밤 우리 집안에 예쁜 아기가 誕生(탄생)하였다.

脫 벗을 탈
4급 / 부 肉 / 총 11

읽기: 超脫 초탈 脫稿 탈고 脫獄 탈옥 脫皮 탈피
쓰기: 이탈 離脫 탈곡 脫穀 탈락 脫落 탈선 脫線 탈세 脫稅 탈주 脫走 탈진 脫盡 탈출 脫出 탈퇴 脫退 해탈 解脫
활용: 그 기업은 脫稅(탈세) 의혹을 받아 대대적인 감사에 들어갔다.

奪 빼앗을 탈
3급Ⅱ / 부 大 / 총 14

유 掠 노략질할 략

읽기: 強奪 강탈 削奪 삭탈 收奪 수탈 掠奪 약탈 與奪 여탈 爭奪 쟁탈 侵奪 침탈 奪財 탈재 奪取 탈취 奪還 탈환 奪三振 탈삼진 削奪官職 삭탈관직 生殺與奪 생살여탈
활용: 범죄자는 금품 掠奪(약탈)을 위해 치밀하게 계획을 세웠다.

探 찾을 탐
4급 / 부 手 / 총 11

유 索 찾을 색

읽기: 廉探 염탐 探索 탐색 探照 탐조
쓰기: 내탐 內探 탐구 探求 탐구 探究 탐문 探問 탐방 探訪 탐사 探査 탐정 探情 탐지 探知 탐험 探險
활용: 달 探査(탐사)대가 물의 흔적을 발견하였다.

3급 부 貝 총 11 貪 탐낼 탐

유 慾 욕심 욕

읽기 食貪 식탐　貪權 탐권　貪利 탐리　貪生 탐생　貪慾 탐욕
貪位 탐위　貪財 탐재　貪政 탐정　貪學 탐학　貪好 탐호
貪橫 탐횡　小貪大失 소탐대실　貪官汚吏 탐관오리

활용 물질에 대한 貪慾(탐욕)이 크면 화를 불러온다.

3급Ⅱ 부 土 총 13 塔 탑 탑

읽기 金塔 금탑　佛塔 불탑　寺塔 사탑　石塔 석탑　鐵塔 철탑
塔碑 탑비　管制塔 관제탑　多寶塔 다보탑　司令塔 사령탑
象牙塔 상아탑

활용 그는 축구 대표 팀의 司令塔(사령탑)을 맡게 되었다.

3급Ⅱ 부 水 총 12 湯 끓을 탕:

읽기 冷湯 냉탕　熱湯 열탕　溫湯 온탕　浴湯 욕탕　雜湯 잡탕
再湯 재탕　重湯 중탕　湯器 탕기　湯液 탕액　湯藥 탕약
雙和湯 쌍화탕　藥湯器 약탕기　湯元味 탕원미

활용 집안에는 湯藥(탕약) 달이는 냄새가 진동하였다.

6급 부 大 총 4 太 클 태

읽기 太陽曆 태양력　太陰曆 태음력
쓰기 태고 太古　태극 太極　태반 太半　태양 太陽　태종 太宗
태초 太初　태평 太平　태극기 太極旗　태평성대 太平聖代

활용 이 바다는 일 년 중 太半(태반)이 얼어붙어 있다.

4급Ⅱ 부 心 총 14 態 모습 태:

유 樣 모양 양

쓰기 사태 事態　상태 狀態　생태 生態　실태 實態　양태 樣態
용태 容態　자태 姿態　태도 態度　태세 態勢　형태 形態
구태의연 舊態依然　천태만상 千態萬象

활용 면접에서는 지원자의 態度(태도)와 인성 중심으로 평가한다.

殆 거의 태
3급II 부 歹 / 총 9

유 危 위태할 위

읽기: 困殆 곤태, 不殆 불태, 危殆 위태, 疑殆 의태, 殆無 태무, 殆半 태반, 殆無心 태무심, 百戰不殆 백전불태

활용: 고양이가 건물의 난간에 危殆(위태)롭게 앉아 있다.

泰 클 태
3급II 부 水 / 총 10

읽기: 泰國 태국, 泰陵 태릉, 泰斗 태두, 泰山 태산, 泰然 태연, 泰平 태평, 國泰民安 국태민안, 天下泰平 천하태평, 泰然自若 태연자약

활용: 그는 해야 할 일이 많은데도 泰平(태평)하게 잠만 잔다.

怠 게으를 태
3급 부 心 / 총 9

상 勤 부지런할 근
유 慢 거만할 만

읽기: 過怠 과태, 勤怠 근태, 緩怠 완태, 怠納 태납, 怠慢 태만, 怠業 태업, 怠傲 태오, 昏怠 혼태, 荒怠 황태, 過怠料 과태료

활용: 그녀는 회사에서 근무 怠慢(태만)으로 징계처분을 받았다.

宅 집 택
5급II 부 宀 / 총 6

유 家 집 가, 舍 집 사

읽기: 幽宅 유택, 宅兆 택조, 聯立住宅 연립주택

쓰기: 가택 家宅, 사택 社宅, 사택 私宅, 사택 舍宅, 자택 自宅, 주택 住宅, 택배 宅配, 택지 宅地, 택지개발 宅地開發

활용: 대도시는 住宅(주택) 문제가 심각하다.

擇 가릴 택
4급 부 手 / 총 16 / 약 択

유 選 가릴 선, 拔 뽑을 발

읽기: 取捨選擇 취사선택

쓰기: 선택 選擇, 채택 採擇, 취택 取擇, 택선 擇善, 택일 擇日, 택일 擇一, 택지 擇地, 택혼 擇婚, 양자택일 兩者擇一

활용: 이번 공모전에서 採擇(채택)된 원고는 소정의 상금이 지급된다.

읽기 光澤 광택 德澤 덕택 山澤 산택 手澤 수택 潤澤 윤택
恩澤 은택 仁澤 인택 川澤 천택 澤雨 택우 惠澤 혜택
河海之澤 하해지택

활용 아버지의 구두는 늘 반짝반짝 光澤(광택)이 난다.

유 池 못 지

읽기 淨土 정토 土臺 토대 土壤 토양 土豪 토호 荒土 황토
쓰기 영토 領土 출토 出土 토기 土器 토란 土卵 토성 土星
토속 土俗 토지 土地 토질 土質 풍토 風土 향토 鄕土

활용 신석기 시대 유물이 出土(출토)된 곳이 어디냐?

유 地 땅 지, 壤 흙덩이 양

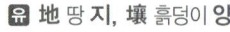

읽기 討索 토색
쓰기 검토 檢討 공토 攻討 성토 聲討 토론 討論 토문 討問
토벌 討伐 토식 討食 토의 討議 토죄 討罪 토파 討破

활용 나는 양측의 열띤 討論(토론)을 듣느라 시간 가는 줄 몰랐다.

유 伐 칠 벌

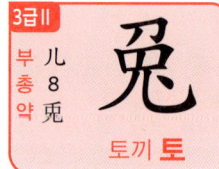

읽기 家兎 가토 野兎 야토 養兎 양토 兎舍 토사 兎脣 토순
兎眼 토안 兎影 토영 兎月 토월 赤兎馬 적토마

활용 赤兎馬(적토마)는 중국 삼국 시대에 관우가 탔었다는 준마의 이름이다.

유 卯 토끼 묘

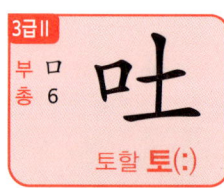

읽기 說吐 설토 實吐 실토 吐氣 토기 吐露 토로 吐說 토설
吐藥 토약 吐盡 토진 吐出 토출 吐破 토파 吐血 토혈
吐乳病 토유병

활용 범인이 범행 사실을 實吐(실토)할 때까지 고문이 가해졌다.

通 (통할 통) — 6급, 부 辶, 총 11

유 貫 꿸 관, 達 통달할 달

읽기: 貫通 관통, 疏通 소통, 通譯 통역, 通弊 통폐, 亨通 형통

쓰기: 통고 通告, 통관 通觀, 통근 通勤, 통념 通念, 통달 通達, 통로 通路, 통보 通報, 통장 通帳, 통화 通貨, 통화 通話

활용: 이런 곳에 비상 通路(통로)가 있을 줄은 꿈에도 몰랐다.

統 (거느릴 통:) — 4급II, 부 糸, 총 12

유 率 거느릴 솔

읽기: 統率 통솔, 統帥權 통수권

쓰기: 계통 系統, 법통 法統, 전통 傳統, 통감 統監, 통계 統計, 통영 統營, 통일 統一, 통치 統治, 통합 統合, 혈통 血統

활용: 할아버지의 소원은 생전에 남북統一(통일)을 보시는 것이다.

痛 (아플 통:) — 4급, 부 疒, 총 12

읽기: 腹痛 복통, 哀痛 애통, 沈痛 침통, 痛哭 통곡, 痛症 통증

쓰기: 고통 苦痛, 두통 頭痛, 비통 悲痛, 통감 痛感, 통념 痛念, 통렬 痛烈, 통분 痛憤, 통쾌 痛快, 통탄 痛歎, 통한 痛恨

활용: 그는 痛快(통쾌)하게 상대편 선수를 넘어뜨렸다.

退 (물러날 퇴:) — 4급II, 부 辶, 총 10

상 進 나아갈 진

읽기: 衰退 쇠퇴, 退役 퇴역, 退廷 퇴정, 臨戰無退 임전무퇴

쓰기: 은퇴 隱退, 퇴거 退去, 퇴근 退勤, 퇴보 退步, 퇴사 退社, 퇴원 退院, 퇴임 退任, 퇴직 退職, 퇴학 退學, 퇴화 退化

활용: 그녀는 대기업에서 退社(퇴사)하고 자기 사업을 시작하였다.

投 (던질 투) — 4급, 부 手, 총 7

읽기: 投稿 투고, 投影 투영, 投獄 투옥

쓰기: 투구 投球, 투기 投機, 투사 投射, 투서 投書, 투숙 投宿, 투약 投藥, 투자 投資, 투표 投票, 투하 投下, 투항 投降

활용: 그는 신춘문예에 단편 소설을 投稿(투고)하였다.

파

鬪 (4급, 부 門, 총 20) 싸움 투
유: 爭 다툴 쟁, 戰 싸움 전

읽기: 拳鬪 권투 · 奮鬪 분투 · 鬪魂 투혼
쓰기: 건투 健鬪 · 격투 激鬪 · 결투 決鬪 · 암투 暗鬪 · 투견 鬪犬 · 투계 鬪鷄 · 투병 鬪病 · 투쟁 鬪爭 · 투지 鬪志 · 혈투 血鬪
활용: 할머니께서는 삼 년 동안 암과 鬪病(투병)하셨다.

透 (3급Ⅱ, 부 辶, 총 11) 사무칠 투
유: 徹 통할 철

읽기: 浸透 침투 · 透明 투명 · 透寫 투사 · 透視 투시 · 透映 투영 · 透徹 투철 · 透明體 투명체 · 透水層 투수층 · 透視圖 투시도 · 透視力 투시력
활용: 그는 透徹(투철)한 군인 정신으로 다른 군인들의 모범이 되었다.

特 (6급, 부 牛, 총 10) 특별할 특
유: 英 꽃부리 영

읽기: 特徵 특징 · 超特急 초특급 · 特許審判 특허심판
쓰기: 기특 奇特 · 독특 獨特 · 영특 英特 · 특가 特價 · 특근 特勤 · 특급 特級 · 특기 特技 · 특별 特別 · 특파원 特派員
활용: 나는 입사 3년 만에 뉴욕 特派員(특파원)으로 발령을 받았다.

波 (4급Ⅱ, 부 水, 총 8) 물결 파
유: 浪 물결 랑

읽기: 腦波 뇌파 · 波及 파급 · 波浪 파랑 · 萬頃蒼波 만경창파
쓰기: 단파 短波 · 세파 世波 · 여파 餘波 · 음파 音波 · 인파 人波 · 전파 電波 · 파동 波動 · 파장 波長 · 풍파 風波 · 한파 寒波
활용: 광화문 광장은 촛불 집회 人波(인파)로 가득하였다.

破 (4급Ⅱ, 부 石, 총 10) 깨뜨릴 파:

읽기: 破壞 파괴 · 破滅 파멸 · 破片 파편 · 破竹之勢 파죽지세
쓰기: 간파 看破 · 독파 讀破 · 발파 發破 · 타파 打破 · 파격 破格 · 파경 破鏡 · 파국 破局 · 파산 破産 · 파손 破損 · 폭파 爆破
활용: 그는 남은 유산을 도박으로 탕진하고 破産(파산)하였다.

派 (갈래 파) — 4급, 부수 水, 총 9획

읽기: 派遣 파견

쓰기: 각파 各派, 급파 急派, 당파 黨派, 신파 新派, 유파 流派, 종파 宗派, 파병 派兵, 파생 派生, 파쟁 派爭, 학파 學派

활용: 이라크전에 派兵(파병)되었던 병사들이 무사히 돌아왔다.

把 (잡을 파:) — 3급, 부수 手, 총 7획

읽기: 劍把 검파, 入把 입파, 銃把 총파, 把盤 파반, 把手 파수, 把守 파수, 把住 파주, 把持 파지, 把捉 파착, 把筆 파필, 把守幕 파수막, 把守兵 파수병

활용: 입구에 把守兵(파수병)이 있어 쉽게 드나들 수 없다.

播 (뿌릴 파(:)) — 3급, 부수 手, 총 15획

읽기: 乾播 건파, 代播 대파, 晚播 만파, 傳播 전파, 直播 직파, 播多 파다, 播說 파설, 播植 파식, 播種 파종, 播遷 파천, 點播機 점파기

활용: 그들이 결혼한다는 소문이 播多(파다)하다.

罷 (마칠 파:) — 3급, 부수 网, 총 15획

읽기: 自罷 자파, 罷家 파가, 罷軍 파군, 罷歸 파귀, 罷免 파면, 罷市 파시, 罷業 파업, 罷場 파장, 罷職 파직, 革罷 혁파, 總罷業 총파업, 封庫罷職 봉고파직

활용: 뇌물을 받은 공직자가 罷免(파면)되었다.

頗 (자못 파) — 3급, 부수 頁, 총 14획

읽기: 頗多 파다, 偏頗 편파, 偏頗的 편파적, 偏頗判定 편파판정

활용: 심판의 판정이 偏頗的(편파적)이어서 상대편 팀 감독이 항의하였다.

367

板 (널 판) — 5급, 부 木, 총 8

- **읽기**: 鋼板 강판, 苗板 묘판, 漆板 칠판, 懸板 현판
- **쓰기**: 간판 看板, 갑판 甲板, 빙판 氷板, 송판 松板, 철판 鐵板, 판각 板刻, 판목 板木, 판본 板本, 합판 合板, 흑판 黑板
- **활용**: 氷板(빙판)길에서 낙상 사고가 자주 일어난다.

判 (판단할 판) — 4급, 부 刀, 총 7

- **읽기**: 菊判 국판, 審判 심판, 裁判 재판
- **쓰기**: 결판 決判, 담판 談判, 비판 批判, 오판 誤判, 판결 判決, 판단 判斷, 판례 判例, 판명 判明, 판이 判異, 판정 判定
- **활용**: 감독은 審判(심판) 판정에 강력하게 항의하였다.

版 (판목 판) — 3급II, 부 片, 총 8

- **읽기**: 鉛版 연판, 原版 원판, 絶版 절판, 製版 제판, 組版 조판, 初版 초판, 出版 출판, 版權 판권, 版圖 판도, 版畫 판화, 銅版畫 동판화, 複寫版 복사판, 限定版 한정판
- **활용**: 그 소설은 판매가 시작된 지 일주일 만에 絶版(절판)되었다.

販 (팔 판) — 3급, 부 貝, 총 11

유 賣 팔 매

- **읽기**: 街販 가판, 共販 공판, 市販 시판, 外販 외판, 直販 직판, 總販 총판, 販禁 판금, 販路 판로, 販賣 판매, 販促 판촉, 外販員 외판원, 自販機 자판기, 販賣員 판매원
- **활용**: 自販機(자판기)에서 커피를 한 잔 뽑아오너라.

八 (여덟 팔) — 8급, 부 八, 총 2

- **읽기**: 八旬 팔순, 八角亭 팔각정, 四柱八字 사주팔자
- **쓰기**: 팔경 八景, 팔곡 八穀, 팔덕 八德, 팔자 八字, 팔절 八節, 팔도강산 八道江山, 팔방미인 八方美人
- **활용**: 그는 멋진 八字(팔자) 콧수염을 기르고 있다.

敗 패할 패:
5급 부 攴 총 11

- 상 勝 이길 승, 成 이룰 성
- 유 北 달아날 배

읽기 惜敗 석패 慘敗 참패 敗訴 패소 敗血症 패혈증

쓰기 대패 大敗 무패 無敗 승패 勝敗 실패 失敗 완패 完敗
패망 敗亡 패배 敗北 패색 敗色 패인 敗因 패전 敗戰

활용 그들은 경기에 진 敗因(패인)을 날씨 탓으로 돌렸다.

貝 조개 패:
3급 부 貝 총 7

읽기 卷貝 권패 魚貝 어패 種貝 종패 貝甲 패갑 貝類 패류
貝物 패물 貝石 패석 貝玉 패옥 貝柱 패주 貝貨 패화
魚貝類 어패류 貝石灰 패석회

활용 한여름에 貝類(패류)를 잘 익혀 먹지 않으면 식중독에 잘 걸린다.

便 편할 편(:)/똥오줌 변
7급 부 人 총 9

- 유 安 편안 안

읽기 便乘 편승 便宜 편의 年賀郵便 연하우편

쓰기 간편 簡便 변기 便器 변소 便所 우편 郵便 편람 便覽
편리 便利 편법 便法 편이 便易 편익 便益 편지 便紙

활용 식기 세척기를 사용하면 설거지가 한결 便利(편리)하다.

篇 책 편
4급 부 竹 총 15

쓰기 단편 短篇 시편 詩篇 옥편 玉篇 장편 長篇 전편 全篇
중편 中篇 하편 下篇 후편 後篇 천편일률 千篇一律
천편일률적 千篇一律的

활용 그 시리즈 영화는 千篇一律的(천편일률적)인 방식에서 벗어나지 못하였다.

偏 치우칠 편
3급II 부 人 총 11

읽기 半偏 반편 偏見 편견 偏光 편광 偏食 편식 偏愛 편애
偏在 편재 偏重 편중 偏差 편차 偏頗 편파 偏向 편향
偏頭痛 편두통 偏執症 편집증 偏頗的 편파적

활용 어릴 때부터 음식을 偏食(편식)하지 않고 골고루 먹어야 한다.

片 (조각 편) — 3급II, 부 片, 총 4

읽기: 斷片 단편, 阿片 아편, 破片 파편, 片刻 편각, 片道 편도, 片面 편면, 片貌 편모, 片紙 편지, 斷片的 단편적, 阿片中毒 아편중독, 一片丹心 일편단심

활용: 선생님이 낸 문제는 斷片的(단편적)인 지식으로 풀 수 없었다.

編 (엮을 편) — 3급II, 부 糸, 총 15

읽기: 改編 개편, 續編 속편, 再編 재편, 編曲 편곡, 編隊 편대, 編物 편물, 編成 편성, 編入 편입, 編者 편자, 編著 편저, 編制 편제, 編織 편직, 編織物 편직물, 編隊飛行 편대비행

활용: 여성 시청자들을 위해 이번 프로그램을 編成(편성)하였다.

遍 (두루 편) — 3급, 부 辶, 총 13

읽기: 普遍 보편, 遍觀 편관, 遍踏 편답, 遍歷 편력, 遍滿 편만, 遍散 편산, 遍身 편신, 遍在 편재, 普遍性 보편성, 普遍的 보편적, 普遍妥當 보편타당

활용: 일을 결정할 때는 가장 普遍的(보편적) 기준을 적용한다.

平 (평평할 평) — 7급II, 부 干, 총 5

읽기: 泰平 태평, 平凡 평범

쓰기: 공평 公平, 평균 平均, 평등 平等, 평민 平民, 평복 平服, 평상 平常, 평소 平素, 평안 平安, 평야 平野, 평일 平日

활용: 모든 국민은 법 앞에 平等(평등)하다.

유) 均 고를 균

評 (평할 평:) — 4급, 부 言, 총 12

읽기: 漫評 만평

쓰기: 강평 講評, 비평 批評, 악평 惡評, 정평 定評, 총평 總評, 평가 評價, 평결 評決, 평론 評論, 평판 評判, 호평 好評

활용: 그 검사는 뛰어난 실력과 훌륭한 인품으로 定評(정평)이 나 있다.

유) 批 비평할 비

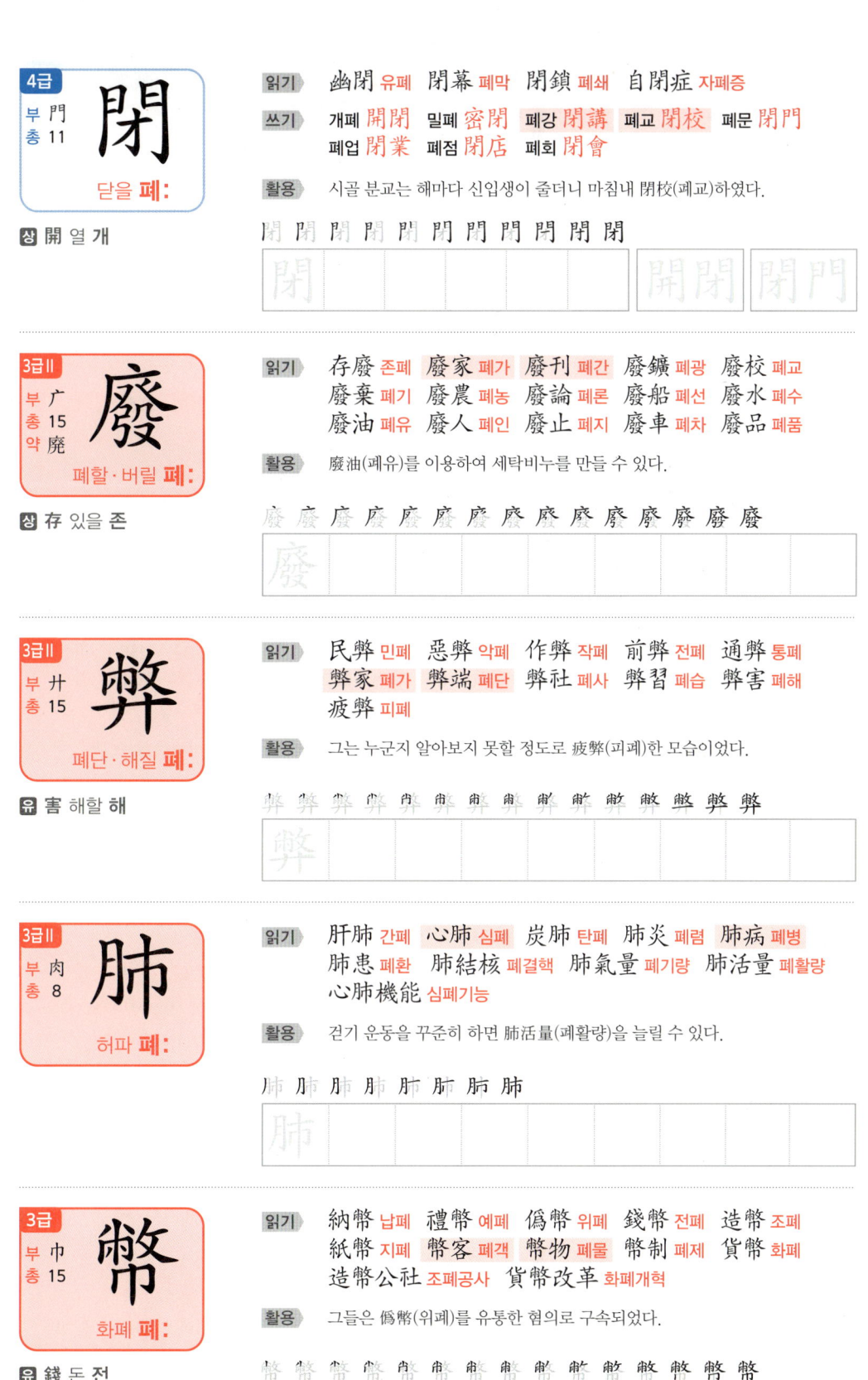

3급
부 艸
총 16

蔽
덮을 폐:

읽기 隱蔽 은폐　陰蔽 음폐　蔽空 폐공　蔽目 폐목　蔽塞 폐색
蔽身 폐신　蔽眼 폐안　蔽野 폐야　建蔽率 건폐율
蔽一言 폐일언

활용 친구는 사실을 隱蔽(은폐)하기 위해 계속 거짓말을 하였다.

4급II
부 勹
총 5

包
쌀 포(:)

유 圍 에워쌀 위

읽기 包皮 포피　包含 포함
쓰기 내포 內包　소포 小包　포용 包容　포위 包圍　포장 包裝
포용력 包容力　진공포장 眞空包裝

활용 인간관계에서 包容力(포용력)은 매우 중요하다.

4급II
부 巾
총 5

布
베·펼 포(:)/보시 보:

쓰기 공포 公布　발포 發布　배포 配布　보시 布施　분포 分布
선포 宣布　유포 流布　포고 布告　포목 布木　포석 布石
포장 布帳　포진 布陣　선전포고 宣戰布告

활용 그래프를 통해 보면 이 지역의 인구 分布(분포)를 한눈에 볼 수 있다.

4급II
부 石
총 10

砲
대포 포:

읽기 砲臺 포대　迫擊砲 박격포　投砲丸 투포환
쓰기 거포 巨砲　대포 大砲　발포 發砲　축포 祝砲　포격 砲擊
포병 砲兵　포성 砲聲　포차 砲車　십자포화 十字砲火

활용 형은 학교를 휴학하고 육군 砲兵(포병) 부대에 지원하였다.

4급
부 肉
총 9

胞
세포 포(:)

읽기 細胞分裂 세포분열
쓰기 동포 同胞　세포 細胞　포궁 胞宮　포의 胞衣　포자 胞子
다세포 多細胞　단세포 單細胞　포자식물 胞子植物

활용 胞子植物(포자식물)은 꽃이 피지 않고 홀씨에 의하여 번식하는 식물이다.

捕 잡을 포: (3급II, 부 手, 총 10)

읽기: 及捕 급포, 生捕 생포, 收捕 수포, 逮捕 체포, 討捕 토포, 捕球 포구, 捕手 포수, 捕卒 포졸, 捕捉 포착, 捕獲 포획, 捕盜廳 포도청

활용: 동물원을 빠져나간 야생 여우를 生捕(생포)하였다.

유 獲 얻을 획

浦 개 포 (3급II, 부 水, 총 10)

읽기: 南浦 남포, 浦口 포구, 浦民 포민, 浦邊 포변, 浦稅 포세, 浦田 포전, 浦村 포촌, 浦港 포항, 金浦空港 김포공항, 浦項製鐵 포항제철

활용: 아이는 浦口(포구)에 배가 닿자마자 어머니 품으로 달려갔다.

抱 안을 포: (3급, 부 手, 총 8)

읽기: 高抱 고포, 宿抱 숙포, 旅抱 여포, 抱卵 포란, 抱病 포병, 抱負 포부, 抱玉 포옥, 抱擁 포옹, 抱主 포주, 懷抱 회포, 抱腹絶倒 포복절도

활용: 우리 오랜만에 만났으니 술이나 한잔하면서 懷抱(회포)를 품시다.

유 擁 낄 옹, 懷 품을 회

飽 배부를 포: (3급, 부 食, 총 14)

읽기: 飽看 포간, 飽滿 포만, 飽聞 포문, 飽食 포식, 飽和 포화, 飽滿感 포만감, 非肉不飽 비육불포, 飽食暖衣 포식난의, 飽和狀態 포화상태

활용: 이 약을 먹으면 飽滿感(포만감)을 느껴 식사량을 줄일 수 있다.

상 飢 주릴 기

暴 사나울 폭/모질 포: (4급II, 부 日, 총 15)

읽기: 暴露 폭로, 暴暑 폭서, 暴炎 폭염, 橫暴 횡포

쓰기: 난폭 亂暴, 포악 暴惡, 폭군 暴君, 폭동 暴動, 폭락 暴落, 폭리 暴利, 폭발 暴發, 폭우 暴雨, 폭풍 暴風, 폭행 暴行

활용: 지난여름 暴炎(폭염)으로 동해안 피서 인파가 급증하였다.

爆 (4급) 부 火 총 19 - 불터질 폭

읽기: 猛爆 맹폭

쓰기: 자폭 自爆 폭격 爆擊 폭발 爆發 폭소 爆笑 폭약 爆藥 폭음 爆音 폭죽 爆竹 폭탄 爆彈 폭파 爆破 폭풍 爆風

활용: 개그맨의 우스꽝스러운 행동에 객석에서 爆笑(폭소)가 터졌다.

幅 (3급) 부 巾 총 12 - 폭 폭

읽기: 江幅 강폭 落幅 낙폭 路幅 노폭 大幅 대폭 步幅 보폭 小幅 소폭 增幅 증폭 振幅 진폭 震幅 진폭 車幅 차폭 幅廣 폭광 畫幅 화폭 車幅燈 차폭등

활용: 그는 다른 사람보다 步幅(보폭)이 커서 나란히 걷기 힘들다.

表 (6급II) 부 衣 총 8 - 겉 표

상 裏 속 리

읽기: 表裏 표리 表皮 표피 表裏不同 표리부동

쓰기: 공표 公表 대표 代表 도표 圖表 발표 發表 표명 表明 표상 表象 표시 表示 표정 表情 표출 表出 표현 表現

활용: 어머니는 아이의 表情(표정)만 보아도 무슨 생각을 하는지 알 수 있다.

票 (4급II) 부 示 총 11 - 표 표

읽기: 鑑票 감표 換票 환표 浮動票 부동표

쓰기: 가표 可票 득표 得票 매표 賣票 부표 否票 수표 手票 암표 暗票 우표 郵票 증표 證票 투표 投票 표결 票決

활용: 신임 회장의 탄핵안에 대해서는 票決(표결)에 붙이겠다.

標 (4급) 부 木 총 15 - 표할 표

읽기: 浮標 부표

쓰기: 목표 目標 상표 商標 음표 音標 좌표 座標 표기 標記 표본 標本 표시 標示 표어 標語 표제 標題 표지 標識

활용: 目標(목표)를 세웠으면 한 걸음씩 앞으로 나아가도록 하라.

漂 (떠다닐 표) — 3급, 부 水, 총 14

읽기: 浮漂 부표, 漂女 표녀, 漂流 표류, 漂母 표모, 漂迫 표박, 漂白 표백, 漂說 표설, 漂失 표실, 漂鳥 표조, 漂着 표착, 漂漂 표표, 漂風 표풍

활용: 한 달 동안 바다에 漂流(표류)하던 선원이 극적으로 구조되었다.

品 (물건 품:) — 5급II, 부 口, 총 9

유 物 물건 물, 件 물건 건

읽기: 返品 반품, 廢品 폐품, 品詞 품사, 化粧品 화장품

쓰기: 경품 景品, 납품 納品, 상품 賞品, 제품 製品, 진품 珍品, 품격 品格, 품계 品階, 품귀 品貴, 품성 品性, 품행 品行

활용: 그녀는 品行(품행)이 단정한 모범생이다.

風 (바람 풍) — 6급II, 부 風, 총 9

읽기: 疾風 질풍, 風蘭 풍란, 風浪 풍랑, 風貌 풍모, 風霜 풍상

쓰기: 순풍 順風, 열풍 熱風, 위풍 威風, 풍격 風格, 풍경 風景, 풍기 風紀, 풍류 風流, 풍미 風味, 추풍낙엽 秋風落葉

활용: 風浪(풍랑)이 거세어 독도에 배를 대지 못하였다.

豊 (풍년 풍) — 4급II, 부 豆, 총 13

쓰기: 대풍 大豊, 등풍 登豊, 연풍 年豊, 풍년 豊年, 풍만 豊滿, 풍미 豊味, 풍부 豊富, 풍성 豊盛, 풍어 豊漁, 풍작 豊作, 풍족 豊足, 풍흉 豊凶

활용: 10년 만에 豊年(풍년)이 되어 농민들의 얼굴에 웃음이 가득하였다.

楓 (단풍 풍) — 3급II, 부 木, 총 13

읽기: 觀楓 관풍, 丹楓 단풍, 霜楓 상풍, 楓菊 풍국, 楓林 풍림, 楓葉 풍엽

활용: 설악산의 丹楓(단풍)은 곱기로 유명하다.

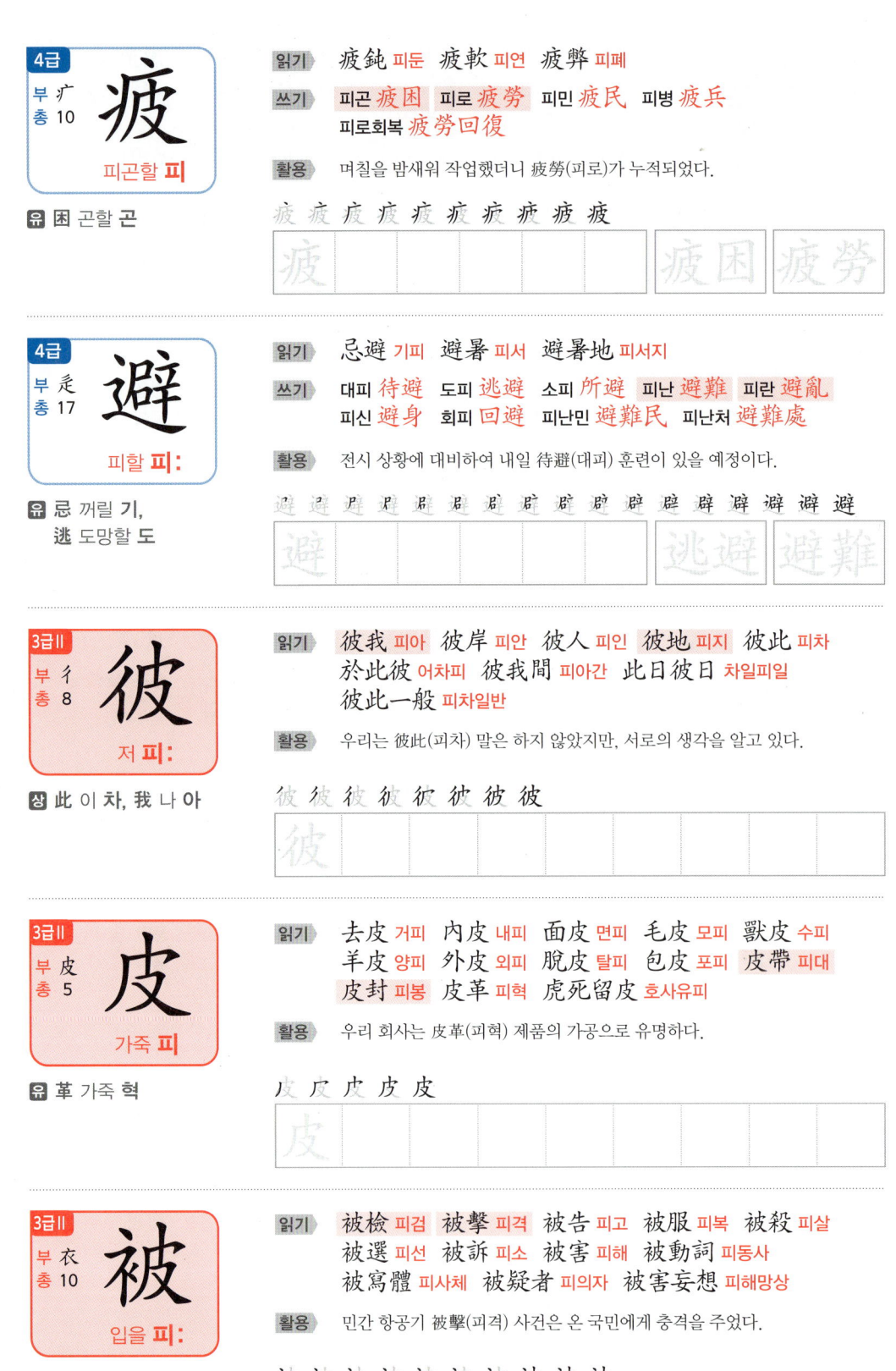

必 (반드시 필) — 5급II, 부 心, 총 5

읽기: 必滅 필멸　必需 필수　必須 필수　何必 하필

쓰기: 기필 期必　필살 必殺　필수 必修　필승 必勝　필시 必是　필연 必然　필요 必要　필독서 必讀書　신상필벌 信賞必罰

활용: 꼭 必要(필요)한 물건만 사도록 해라.

必 必 必 必

必　　　　　　　　　必勝　必要

筆 (붓 필) — 5급II, 부 竹, 총 12

읽기: 漫筆 만필　隨筆 수필　執筆 집필　筆耕 필경　筆跡 필적

쓰기: 달필 達筆　분필 粉筆　세필 細筆　친필 親筆　필기 筆記　필담 筆談　필방 筆房　필법 筆法　필체 筆體　필치 筆致

활용: 액자에 있는 글씨는 추사 선생의 親筆(친필)이다.

筆 筆 筆 筆 筆 筆 筆 筆 筆

筆　　　　　　　　　粉筆　筆體

畢 (마칠 필) — 3급II, 부 田, 총 11

읽기: 未畢 미필　禮畢 예필　完畢 완필　畢竟 필경　畢納 필납　畢生 필생　畢世 필세　畢業 필업　檢査畢 검사필　檢定畢 검정필　納稅畢證 납세필증

활용: 자서전은 아버님 畢生(필생)의 숙원 작업이었다.

유 竟 마침내 경

畢 畢 畢 畢 畢 畢 畢 畢 畢

畢

匹 (짝 필) — 3급, 부 匚, 총 4

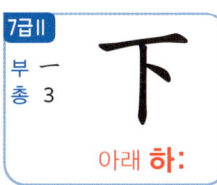

읽기: 馬匹 마필　每匹 매필　配匹 배필　良匹 양필　匹對 필대　匹夫 필부　匹婦 필부　匹敵 필적　匹馬單騎 필마단기　匹夫之勇 필부지용　匹夫匹婦 필부필부

활용: 두 사람은 서로를 配匹(배필)로 맞이하였다.

유 配 짝 배

匹 匹 匹 匹

匹

下 (아래 하:) — 7급II, 부 一, 총 3

읽기: 閣下 각하　侍下 시하　下賜 하사　下旬 하순　下獄 하옥

쓰기: 귀하 貴下　하강 下降　하권 下卷　하단 下端　하달 下達　하대 下待　하락 下落　하차 下車　하청 下請　하향 下鄉

활용: 차가 멈춘 후에 안전하게 下車(하차)해야 한다.

상 上 윗 상

下 下 下

下　　　　　　　　　下降　下卷

하

7급

부 夂
총 10

夏

여름 하:

상 冬 겨울 동

읽기 暑夏 서하 炎夏 염하

쓰기 성하 盛夏 입하 立夏 하계 夏季 하곡 夏穀 하기 夏期
하복 夏服 하절 夏節 하지 夏至 춘하추동 春夏秋冬

활용 학생들은 다음 주부터 夏服(하복)을 착용한다.

夏 夏 夏 夏 夏 夏 夏 夏 夏 夏

夏 立夏 夏至

5급

부 水
총 8

河

물 하

유 江 강 강, 川 내 천, 海 바다 해

읽기 河岸 하안 河堤 하제 河海之澤 하해지택

쓰기 빙하 氷河 운하 運河 하구 河口 하마 河馬 하상 河床
하천 河川 황하 黃河 은하수 銀河水 백년하청 百年河淸

활용 낙동강 河口(하구)에 대규모 철새 공원이 들어설 예정이다.

河 河 河 河 河 河 河 河

河 氷河 河川

3급Ⅱ

부 人
총 7

何

어찌 하

유 豈 어찌 기, 那 어찌 나

읽기 幾何 기하 誰何 수하 如何 여하 何故 하고 何等 하등
何時 하시 何如 하여 何人 하인 何處 하처 何必 하필
何如歌 하여가 抑何心情 억하심정 何待明年 하대명년

활용 우리가 그에게 복종해야 할 何等(하등)의 이유가 없다.

何 何 何 何 何 何 何

何

3급Ⅱ

부 艸
총 11

荷

멜 하(:)

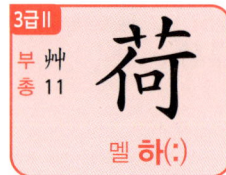

읽기 薄荷 박하 負荷 부하 入荷 입하 集荷 집하 出荷 출하
荷物 하물 荷船 하선 荷役 하역 荷主 하주 荷重 하중
荷花 하화 過負荷 과부하 手荷物 수하물 集荷場 집하장

활용 동료 한 명이 그만두는 바람에 작업에 過負荷(과부하)가 걸렸다.

荷 荷 荷 荷 荷 荷 荷 荷 荷 荷 荷

荷

3급Ⅱ

부 貝
총 12

賀

하례할 하:

읽기 慶賀 경하 祝賀 축하 致賀 치하 賀客 하객 賀禮 하례
賀儀 하의 賀正 하정 年賀狀 연하장 祝賀宴 축하연
謹賀新年 근하신년 年賀郵便 연하우편

활용 사장은 직원들의 수고와 노력을 致賀(치하)하였다.

賀 賀 賀 賀 賀 賀 賀 賀 賀 賀 賀 賀

賀

學 (8급)
부 子 / 총 16 / 약 学
배울 **학**

상 敎 가르칠 교

읽기: 篤學 독학　晚學 만학　哲學 철학
쓰기: 수학 修學　취학 就學　학과 學科　학군 學群　학기 學期
　　　　학력 學歷　학식 學識　학원 學院　학위 學位　학점 學點
활용: 할머니께서는 晚學(만학)의 즐거움을 만끽하고 계신다.

學 學 學 學 學 學 學 學 學 學 學 學 學 學 學 學

鶴 (3급II)
부 鳥 / 총 21
학 **학**

읽기: 白鶴 백학　仙鶴 선학　靑鶴 청학　鶴望 학망　鶴舞 학무
　　　　鶴髮 학발　鶴壽 학수　鶴翼 학익　群鷄一鶴 군계일학
　　　　鶴首苦待 학수고대
활용: 아이는 외국에 계신 아버지가 돌아오기만을 鶴首苦待(학수고대)하고 있다.

鶴 鶴 鶴 鶴 鶴 鶴 鶴 鶴 鶴 鶴 鶴 鶴

韓 (8급)
부 韋 / 총 17
한국·나라 **한(:)**

쓰기: 내한 來韓　방한 訪韓　한복 韓服　한식 韓食　한우 韓牛
　　　　한인 韓人　한지 韓紙　한화 韓貨　한반도 韓半島
　　　　한의원 韓醫院　대한민국 大韓民國
활용: 외국 관광객들이 韓食(한식)의 맛에 푹 빠졌다.

韓 韓 韓 韓 韓 韓 韓 韓 韓 韓 韓 韓 韓

漢 (7급II)
부 水 / 총 14
한수·한나라 **한:**

읽기: 怪漢 괴한　無賴漢 무뢰한
쓰기: 악한 惡漢　한강 漢江　한문 漢文　한성 漢城　한시 漢詩
　　　　한양 漢陽　한자 漢字　한족 漢族　한강투석 漢江投石
활용: 漢字(한자)를 알면 우리말을 이해하기 쉽다.

漢 漢 漢 漢 漢 漢 漢 漢 漢 漢 漢 漢

寒 (5급)
부 宀 / 총 12
찰 **한**

상 暑 더울 서,
　 溫 따뜻할 온,
　 暖 따뜻할 난
유 冷 찰 랭

읽기: 耐寒 내한　脣亡齒寒 순망치한
쓰기: 극한 極寒　빈한 貧寒　오한 惡寒　한대 寒帶　한류 寒流
　　　　한파 寒波　한해 寒害　삼한사온 三寒四溫　엄동설한 嚴冬雪寒
활용: 한국의 겨울은 三寒四溫(삼한사온)이 뚜렷하다.

寒 寒 寒 寒 寒 寒 寒 寒 寒 寒

限 한할 한:
4급II 부 阜 총 9

- 읽기: 限定版 한정판 極限鬪爭 극한투쟁
- 쓰기: 국한 局限 권한 權限 기한 期限 무한 無限 유한 有限 한계 限界 한도 限度 한정 限定 한계상황 限界狀況
- 활용: 인간의 생명은 有限(유한)하지만, 능력은 無限(무한)하다.

恨 한 한:
4급 부 心 총 9

유 怨 원망할 원, 悔 뉘우칠 회

- 읽기: 悔恨 회한 徹天之恨 철천지한
- 쓰기: 여한 餘恨 원한 怨恨 유한 遺恨 정한 情恨 통한 痛恨 한사 恨事 한탄 恨歎 천추유한 千秋遺恨
- 활용: 그의 노랫소리에는 우리 민족의 情恨(정한)이 묻어 있다.

閑 한가할 한
4급 부 門 총 12

상 忙 바쁠 망

- 읽기: 閑寂 한적 忙中閑 망중한
- 쓰기: 한가 閑暇 한담 閑談 한량 閑良 한산 閑散 한화 閑話 농한기 農閑期 등한시 等閑視 유한계급 有閑階級
- 활용: 그는 건강을 等閑視(등한시)할 정도로 일에 몰입하였다.

汗 땀 한(:)
3급II 부 水 총 6

- 읽기: 盜汗 도한 微汗 미한 發汗 발한 油汗 유한 汗黨 한당 汗馬 한마 汗蒸 한증 不汗黨 불한당 汗蒸幕 한증막 汗馬之勞 한마지로
- 활용: 연일 계속되는 더위로 집안은 汗蒸幕(한증막) 같았다.

旱 가물 한:
3급 부 日 총 7

- 읽기: 枯旱 고한 耐旱 내한 大旱 대한 旱氣 한기 旱稻 한도 旱蓮 한련 旱路 한로 旱雷 한뢰 旱暑 한서 旱水 한수 旱熱 한열 旱炎 한염 旱災 한재 旱田 한전 旱害 한해
- 활용: 농작물이 旱害(한해)를 입지 않도록 대비하기 바란다.

割 벨 할
3급II 부 刀 총 12

유 分 나눌 분

읽기: 分割 분할, 役割 역할, 割據 할거, 割當 할당, 割禮 할례, 割腹 할복, 割賦 할부, 割愛 할애, 割引 할인, 割增 할증, 群雄割據 군웅할거

활용: 백화점에서는 송년 割引(할인) 행사가 한창이다.

含 머금을 함
3급II 부 口 총 7

읽기: 包含 포함, 含量 함량, 含默 함묵, 含笑 함소, 含水 함수, 含怨 함원, 含有 함유, 含蓄 함축, 含蓄性 함축성, 含憤蓄怨 함분축원

활용: 이 우유에는 DHA가 다량 含有(함유)되어 있다.

陷 빠질 함:
3급II 부 阜 총 11

유 沒 빠질 몰

읽기: 缺陷 결함, 傾陷 경함, 氣陷 기함, 謀陷 모함, 失陷 실함, 陷落 함락, 陷沒 함몰, 陷城 함성, 陷入 함입, 陷地 함지, 陷害 함해

활용: 그는 동료들의 謀陷(모함)으로 회사를 그만두게 되었다.

咸 다 함
3급 부 口 총 9

읽기: 咸告 함고, 咸氏 함씨, 咸陽 함양, 咸池 함지, 咸察 함찰, 咸興差使 함흥차사

활용: 사흘이면 돌아온다던 사람이 일주일이 지나도록 咸興差使(함흥차사)이다.

合 합할 합
6급 부 口 총 6

상 分 나눌 분, 離 떠날 리

읽기: 封合 봉합, 符合 부합, 合邦 합방, 合乘 합승, 合葬 합장

쓰기: 단합 團合, 복합 複合, 합격 合格, 합당 合當, 합류 合流, 합사 合絲, 합숙 合宿, 합자 合資, 지행합일 知行合一

활용: 누나는 원하는 대학에 合格(합격)하였다.

港 항구 항: (4급II, 부 水, 총 12)

쓰기: 개항 開港, 공항 空港, 군항 軍港, 귀항 歸港, 기항 寄港, 상항 商港, 어항 漁港, 외항 外港, 입항 入港, 축항 築港, 출항 出港, 항구 港口, 항도 港都

활용: 空港(공항)까지 가는 데 시간이 얼마나 걸립니까?

航 배 항: (4급II, 부 舟, 총 10)

읽기: 도항 渡航, 순항 巡航, 잠항 潛航, 항적 航跡

쓰기: 결항 缺航, 귀항 歸航, 난항 難航, 직항 直航, 취항 就航, 항로 航路, 항법 航法, 항속 航速, 외항선 外航船

활용: 비행기는 서울을 떠나 파리로 直航(직항)하였다.

유 船 배 선

抗 겨룰 항: (4급, 부 手, 총 7)

읽기: 저항 抵抗, 항소 抗訴

쓰기: 대항 對抗, 반항 反抗, 항거 抗拒, 항명 抗命, 항변 抗辯, 항의 抗議, 항쟁 抗爭, 항체 抗體, 불가항력 不可抗力

활용: 사춘기에 접어든 아이가 어머니에게 反抗(반항)하였다.

恒 항상 항: (3급II, 부 心, 총 9)

읽기: 항구 恒久, 항덕 恒德, 항산 恒産, 항상 恒常, 항성 恒性, 항성 恒星, 항시 恒時, 항심 恒心, 항온 恒溫, 항용 恒用, 항구적 恒久的, 항다반사 恒茶飯事

활용: 그가 약속을 지키지 않는 것이 恒茶飯事(항다반사)이다.

유 常 떳떳할 상

項 항목 항: (3급II, 부 頁, 총 12)

읽기: 각항 各項, 다항 多項, 문항 問項, 별항 別項, 사항 事項, 여항 餘項, 전항 前項, 조항 條項, 항목 項目, 항쇄 項鎖, 공지사항 公知事項

활용: 내용을 검토하고 문제가 되는 項目(항목)은 삭제해라.

巷 거리 항:
3급 부 己 총 9

읽기: 街巷 가항, 都巷 도항, 貧巷 빈항, 市巷 시항, 里巷 이항, 巷歌 항가, 巷間 항간, 巷談 항담, 巷說 항설, 巷語 항어, 巷議 항의, 街談巷說 가담항설

활용: 巷間(항간)에 떠도는 소문들을 모두 믿어선 안 된다.

유 街 거리 가

海 바다 해:
7급II 부 水 총 10

읽기: 碧海 벽해, 沿海 연해, 海岸 해안, 桑田碧海 상전벽해
쓰기: 심해 深海, 영해 領海, 해경 海警, 해군 海軍, 해류 海流, 해변 海邊, 해송 海松, 해역 海域, 해적 海賊, 해초 海草

활용: 삼촌은 올봄에 海軍(해군)에 지원하였다.

상 陸 뭍 륙, 空 빌 공, 山 메 산
유 河 물 하, 洋 큰바다 양

害 해할 해:
5급II 부 宀 총 10

읽기: 迫害 박해, 霜害 상해, 弊害 폐해, 被害 피해, 旱害 한해
쓰기: 가해 加害, 냉해 冷害, 상해 傷害, 손해 損害, 위해 危害, 음해 陰害, 침해 侵害, 해독 害毒, 백해무익 百害無益

활용: 아버지는 새해부터 百害無益(백해무익)한 담배를 끊기로 하셨다.

상 利 이할 리
유 損 덜 손, 弊 폐단·해질 폐

解 풀 해:
4급II 부 角 총 13

읽기: 解夢 해몽, 解釋 해석, 結者解之 결자해지
쓰기: 해결 解決, 해답 解答, 해독 解毒, 해방 解放, 해법 解法, 해설 解說, 해소 解消, 화해 和解, 고해성사 告解聖事

활용: 굴은 간의 解毒(해독) 작용에 도움을 준다.

유 釋 풀 석, 放 놓을 방

亥 돼지 해:
3급 부 亠 총 6

읽기: 癸亥 계해, 乙亥 을해, 亥年 해년, 亥末 해말, 亥方 해방, 亥生 해생, 亥時 해시, 亥月 해월, 亥日 해일, 亥正 해정, 亥坐 해좌, 亥初 해초

활용: 亥正(해정)은 오후 열 시를 뜻한다.

유 那 어찌 나, 何 어찌 하

읽기 小奚 소해 奚暇 해가 奚琴 해금 奚奴 해노 奚如 해여
  奚特 해특 奚必 해필

활용 어머니께서는 잠 못 이루는 밤에 종종 奚琴(해금) 연주를 들으신다.

奚 奚 奚 奚 奚 奚 奚 奚 奚

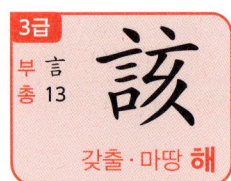

유 當 마땅 당

읽기 該當 해당 該吏 해리 該博 해박 該氏 해씨 該地 해지
  該當者 해당자 該當事項 해당사항

활용 그녀는 該博(해박)한 지식으로 많은 사람을 설득하였다.

該 該 該 該 該 該 該 該 該 該 該

읽기 耐核 내핵 核桃 핵도 肺結核 폐결핵

쓰기 결핵 結核 중핵 中核 핵과 核果 핵심 核心 핵무기 核武器
  핵무장 核武裝 핵실험 核實驗 핵폭탄 核爆彈

활용 結核(결핵)은 완치율이 높은 질병이다.

核 核 核 核 核 核 核 核 核   結核 核心

유 福 복 복

쓰기 경행 慶幸 다행 多幸 대행 大幸 득행 得幸 만행 萬幸
  불행 不幸 천행 天幸 행복 幸福 행운 幸運 행행 行幸
  행운아 幸運兒 천만다행 千萬多幸

활용 不幸(불행) 중 多幸(다행)으로 화재사고에서 인명피해는 없었다.

幸 幸 幸 幸 幸 幸 幸 幸   幸福 幸運

읽기 刊行 간행 竝行 병행 徐行 서행 行脚 행각 行蹟 행적

쓰기 거행 擧行 언행 言行 여행 旅行 행동 行動 행로 行路
  행상 行商 행세 行勢 행실 行實 행위 行爲 행진 行進

활용 우리는 방학을 이용해서 유럽으로 旅行(여행)을 떠났다.

行 行 行 行 行 行

行   言行 行動

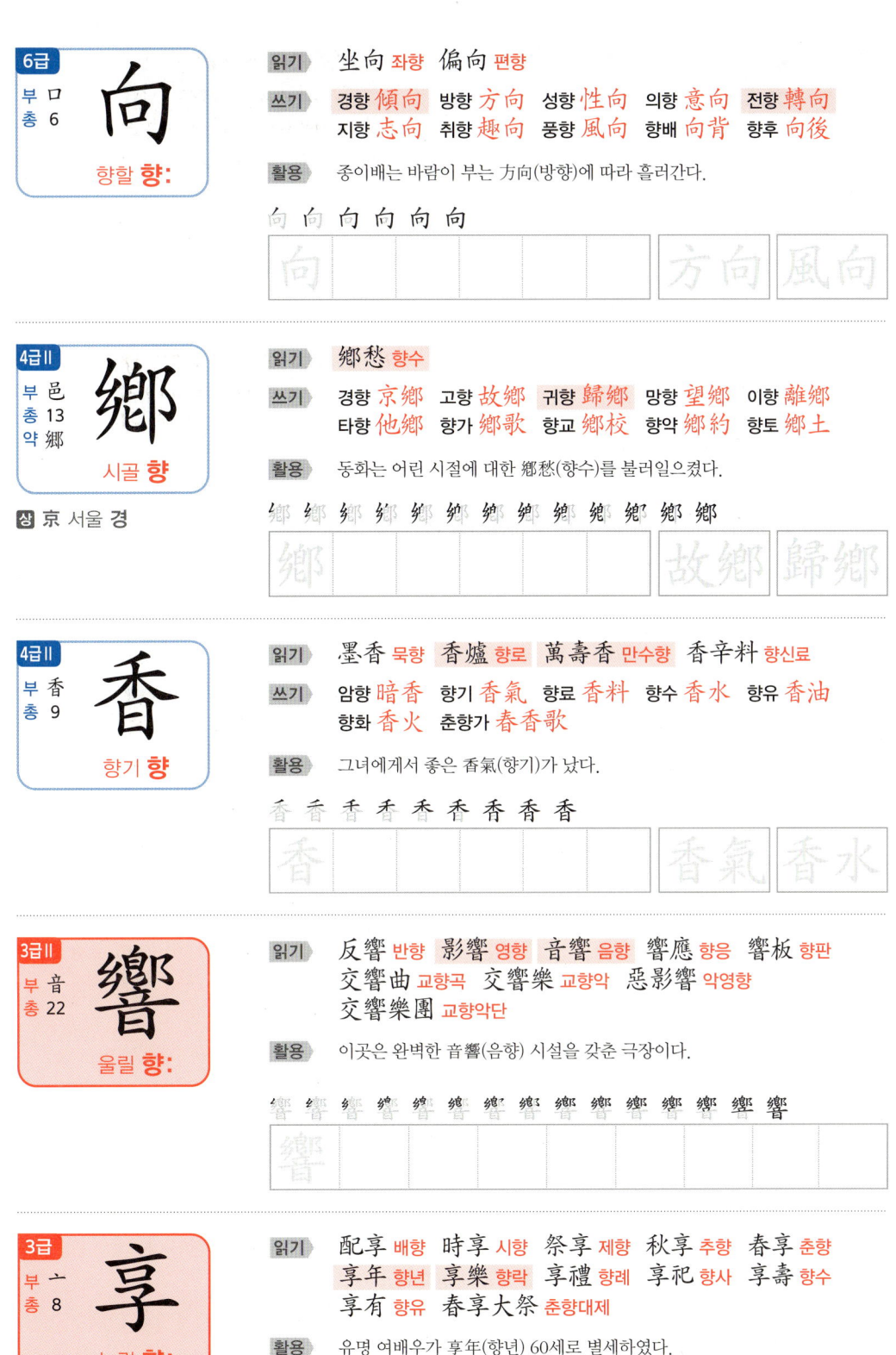

5급 許 허락할 허
부 言 / 총 11

읽기: 幾許 기허 免許 면허 許諾 허락
쓰기: 인허 認許 특허 特許 허가 許可 허다 許多 허용 許容 허혼 許婚 무허가 無許可 특허청 特許廳
활용: 그 건물은 無許可(무허가)로 지어져서 곧 헐릴 예정이다.

유 諾 허락할 낙

4급Ⅱ 虛 빌 허
부 虍 / 총 12 / 약 虚

읽기: 虛妄 허망 虛像 허상 虛慾 허욕 虛禮虛飾 허례허식
쓰기: 허공 虛空 허무 虛無 허비 虛費 허사 虛辭 허상 虛想 허세 虛勢 허실 虛實 허약 虛弱 허송세월 虛送歲月
활용: 게임에 빠져 젊음을 虛費(허비)하지 마라.

상 實 열매 실
유 空 빌 공

4급 憲 법 헌:
부 心 / 총 16

읽기: 違憲 위헌 司憲府 사헌부
쓰기: 개헌 改憲 입헌 立憲 제헌 制憲 헌법 憲法 헌병 憲兵 헌장 憲章 헌정 憲政 호헌 護憲 제헌절 制憲節
활용: 그는 改憲(개헌) 여부를 국민 투표에 부치자고 제안하였다.

유 法 법 법

3급Ⅱ 獻 드릴 헌:
부 犬 / 총 20 / 약 献

읽기: 貢獻 공헌 奉獻 봉헌 終獻 종헌 進獻 진헌 初獻 초헌 獻金 헌금 獻納 헌납 獻堂 헌당 獻壽 헌수 獻身 헌신 獻血 헌혈 獻花 헌화
활용: 복지가는 사회에 貢獻(공헌)한 바를 인정받아 시민표창을 받았다.

유 貢 바칠 공

3급 軒 집 헌
부 車 / 총 10

읽기: 東軒 동헌 軒擧 헌거 軒騎 헌기 軒頭 헌두 軒燈 헌등 軒號 헌호 烏竹軒 오죽헌
활용: 東軒(동헌)은 지방 관아에서 공사(公事)를 처리하던 중심 관청이었다.

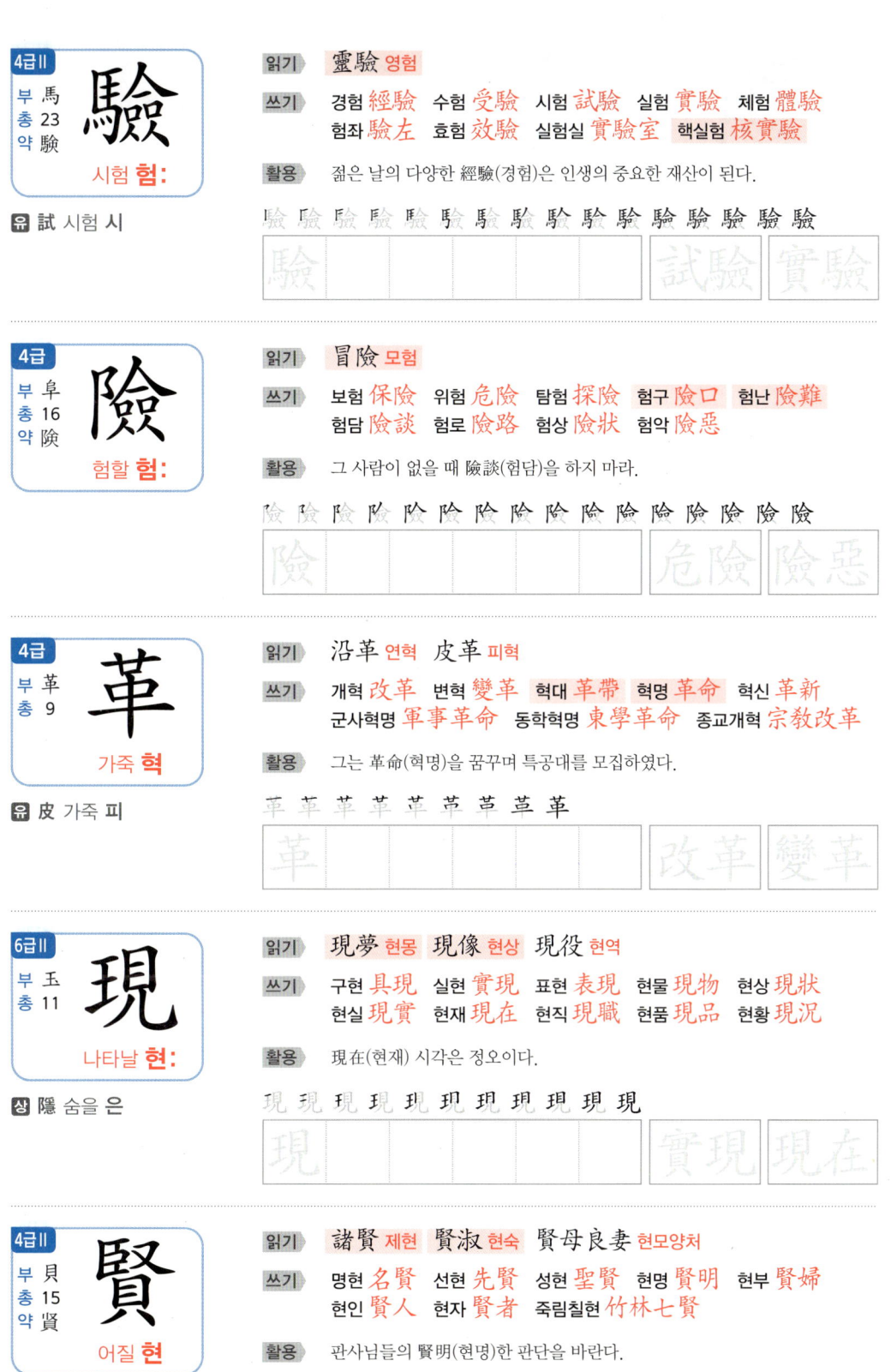

4급 부 頁 총 23 약 顕	顯 나타날 **현:**	읽기	顯著 현저 顯微鏡 현미경
		쓰기	개현 開顯 현고 顯考 현공 顯功 현관 顯官 현귀 顯貴 현달 顯達 현시 顯示 현직 顯職 현충일 顯忠日
		활용	우리는 광학 顯微鏡(현미경)으로 미세 물질을 관찰하였다.

3급II 부 心 총 20	懸 달 **현:**	읽기	懸隔 현격 懸鼓 현고 懸欄 현란 懸賞 현상 懸案 현안 懸珠 현주 懸板 현판 懸賞金 현상금 懸垂幕 현수막 懸板式 현판식
		활용	대통령은 국정 懸案(현안)을 해결하기 위해 장관들을 소집하였다.

3급II 부 玄 총 5	玄 검을 **현**	읽기	幽玄 유현 玄關 현관 玄德 현덕 玄木 현목 玄妙 현묘 玄武 현무 玄米 현미 玄孫 현손 玄室 현실 玄學 현학 玄黃 현황
		활용	玄米(현미)로 밥을 지어 먹으면 건강에 이롭다.

3급 부 糸 총 11	絃 줄 **현**	읽기	三絃 삼현 續絃 속현 絶絃 절현 絃歌 현가 絃誦 현송 絃樂 현악 和絃 화현 管絃樂 관현악 絃樂器 현악기 三絃六角 삼현육각 絃樂三重奏 현악삼중주
		활용	그녀는 絃樂(현악) 삼중주의 매력에 푹 빠져 있다.

유 線 줄 선

3급 부 糸 총 16 약 県	縣 고을 **현:**	읽기	郡縣 군현 州縣 주현 縣監 현감 縣官 현관 縣君 현군 縣令 현령 縣吏 현리 州府郡縣 주부군현
		활용	10대조 할아버지께서는 지방 縣監(현감)을 지내셨다.

유 郡 고을 군

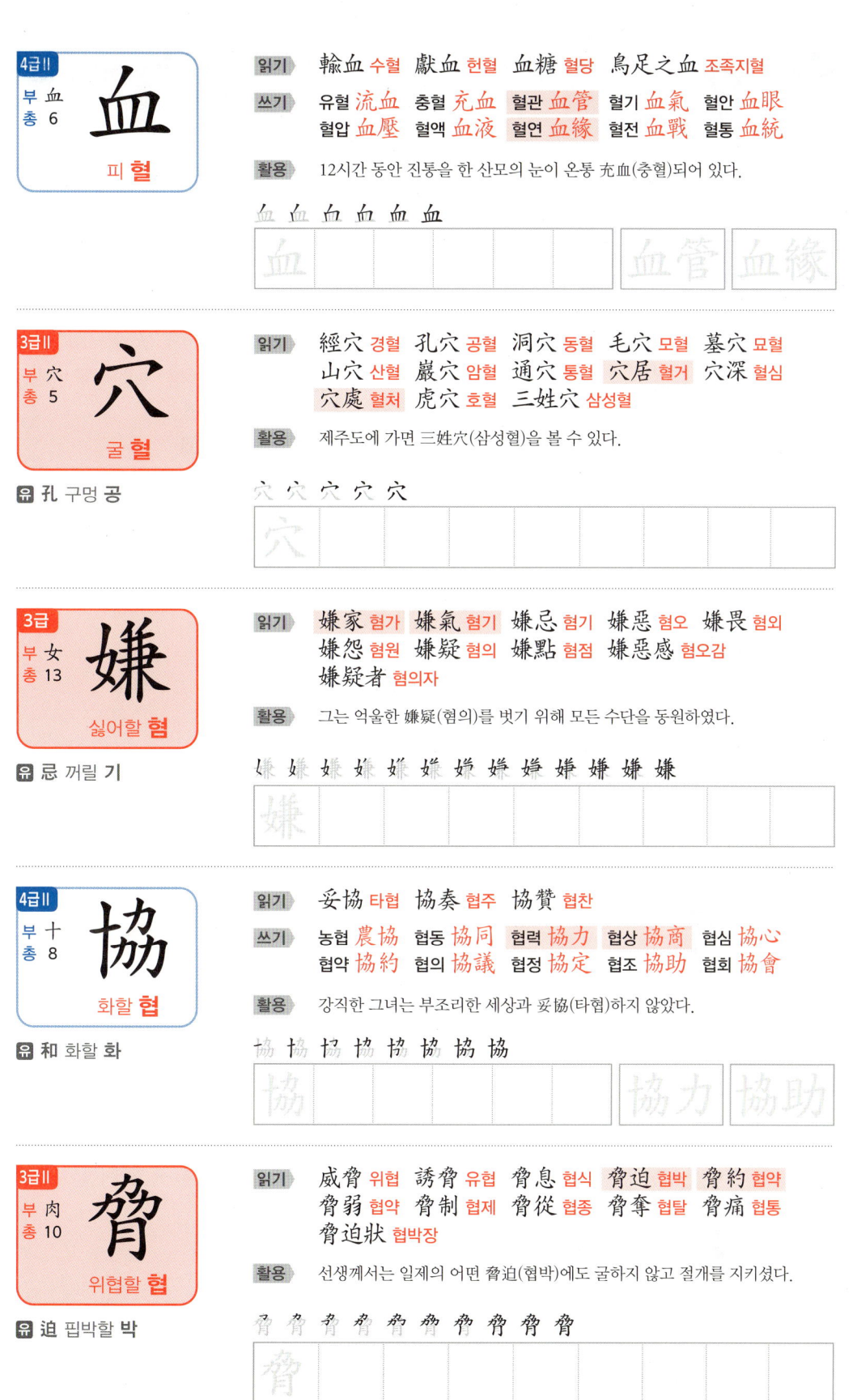

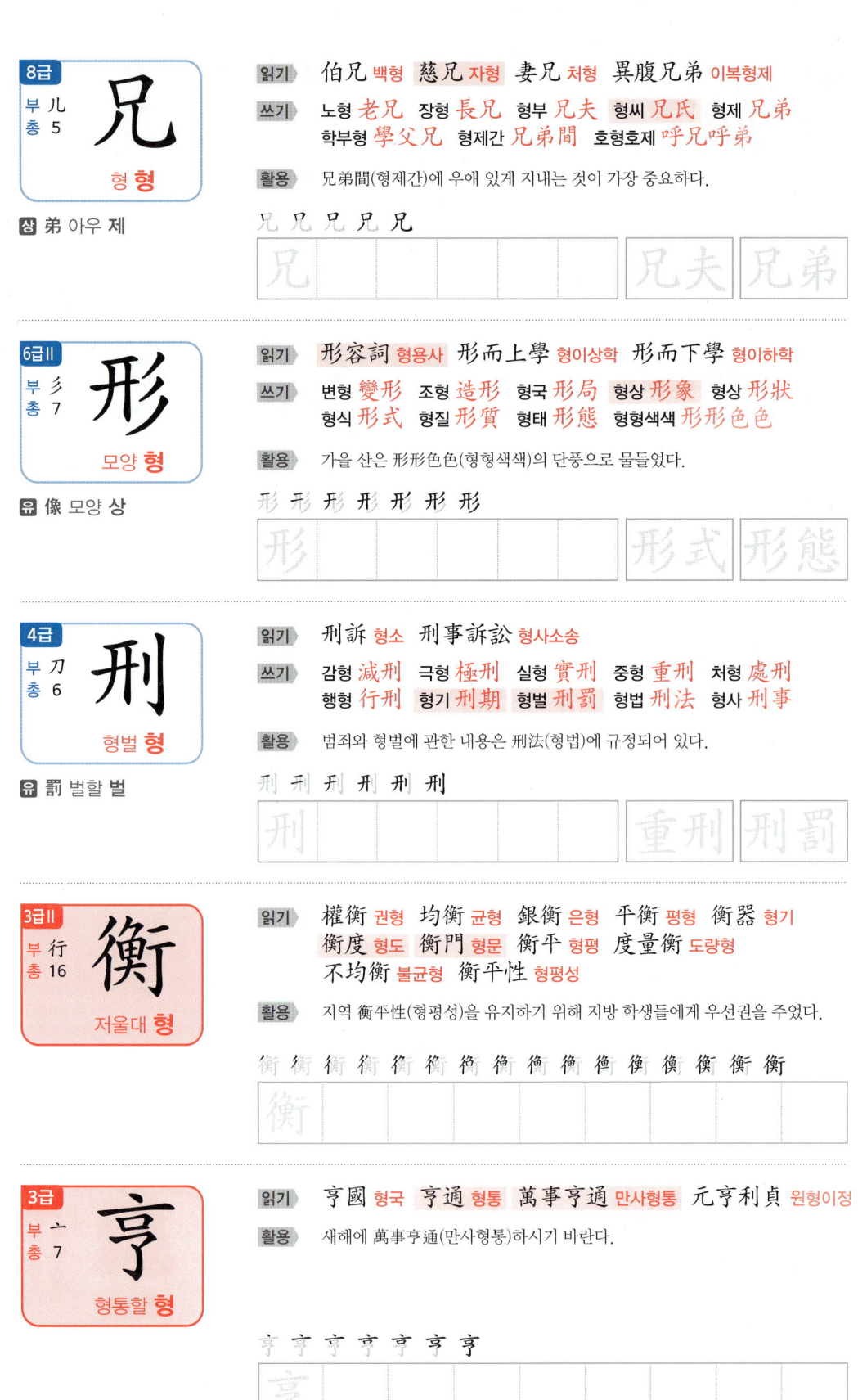

읽기	鹽湖 염호　畿湖地方 기호지방
쓰기	강호 江湖　대호 大湖　호남 湖南　호면 湖面　호서 湖西
	호수 湖水　호심 湖心　호해 湖海　호남평야 湖南平野
활용	아이들은 잔잔한 湖水(호수)에 돌을 던지면서 놀았다.

5급 / 부 水 / 총 12 / 호수 호

읽기	嗚呼 오호　呼訴 호소
쓰기	연호 連呼　점호 點呼　호가 呼價　호객 呼客　호명 呼名
	호응 呼應　호출 呼出　호칭 呼稱　호흡 呼吸　환호 歡呼
활용	의사는 통증을 呼訴(호소)하는 환자에게 진통제를 처방해 주었다.

4급II / 부 口 / 총 8 / 부를 호
상 吸 마실 흡

읽기	好喪 호상
쓰기	선호 選好　애호 愛好　양호 良好　우호 友好　호가 好價
	호감 好感　호기 好奇　호의 好意　호평 好評　호황 好況
활용	그녀를 처음 본 순간부터 好感(호감)을 느꼈다.

4급II / 부 女 / 총 6 / 좋을 호:
상 惡 미워할 오
유 良 어질 량

쓰기	각호 各戶　대호 大戶　만호 萬戶　문호 門戶　상호 商戶
	창호 窓戶　호구 戶口　호당 戶當　호수 戶數　호적 戶籍
	호주 戶主　문호개방 門戶開放
활용	그녀는 부모님이 돌아가시자 戶主(호주)가 되었다.

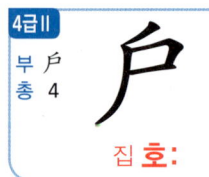

4급II / 부 戶 / 총 4 / 집 호:
유 家 집 가, 門 문 문

읽기	擁護 옹호　護喪 호상
쓰기	가호 加護　간호 看護　경호 警護　구호 救護　보호 保護
	양호 養護　호국 護國　호신 護身　호위 護衛　호헌 護憲
활용	아이들은 성년이 될 때까지 어른들의 保護(보호)를 받아야 한다.

4급II / 부 言 / 총 21 / 도울 호:

浩 (넓을 호:) — 3급II, 부 水, 총 10

읽기: 浩歌 호가, 浩氣 호기, 浩大 호대, 浩博 호박, 浩繁 호번, 浩然 호연, 浩歎 호탄, 浩浩 호호, 浩然之氣 호연지기

활용: 자연과 더불어 浩然之氣(호연지기)를 키우며 어린 시절을 보냈다.

胡 (되 호) — 3급II, 부 肉, 총 9

읽기: 胡桃 호도, 胡亂 호란, 胡麥 호맥, 胡壽 호수, 胡燕 호연, 胡人 호인, 胡笛 호적, 丙子胡亂 병자호란

활용: 丙子胡亂(병자호란)은 1636년에 청나라가 침입한 난리이다.

虎 (범 호(:)) — 3급II, 부 虍, 총 8

읽기: 猛虎 맹호, 白虎 백호, 飛虎 비호, 虎骨 호골, 虎口 호구, 虎班 호반, 虎兵 호병, 虎皮 호피, 虎穴 호혈, 虎患 호환, 三人成虎 삼인성호, 虎死留皮 호사유피

활용: 예로부터 폭정은 虎患(호환)보다 더 무섭다는 말이 있다.

豪 (호걸 호) — 3급II, 부 豕, 총 14

읽기: 強豪 강호, 文豪 문호, 富豪 부호, 土豪 토호, 豪傑 호걸, 豪氣 호기, 豪放 호방, 豪言 호언, 豪雨 호우, 豪族 호족, 豪快 호쾌, 英雄豪傑 영웅호걸, 豪言壯談 호언장담

활용: 그는 가난했지만 어떤 富豪(부호)도 부러워하지 않았다.

乎 (어조사 호) — 3급, 부 丿, 총 5

읽기: 斷乎 단호, 確乎 확호, 不亦樂乎 불역낙호

활용: 어머니는 斷乎(단호)한 어조로 잘못을 저지른 아이를 나무랐다.

互 서로 호:

3급 | 부 二 | 총 4

유 相 서로 상

읽기: 相互 상호, 互角 호각, 互選 호선, 互讓 호양, 互助 호조, 互稱 호칭, 互惠 호혜, 互換 호환, 互角之勢 호각지세, 互惠關稅 호혜관세, 互換機種 호환기종

활용: 그들은 나이를 따져서 서로의 互稱(호칭)을 정하였다.

毫 터럭 호

3급 | 부 毛 | 총 11

유 髮 터럭 발, 毛 터럭 모

읽기: 小毫 소호, 玉毫 옥호, 秋毫 추호, 毫端 호단, 毫末 호말, 毫毛 호모, 毫髮 호발, 揮毫 휘호, 毫忽之間 호홀지간, 揮毫大會 휘호대회

활용: 나는 이 문제에 대해서 秋毫(추호)의 잘못도 없다.

或 혹 혹

4급 | 부 戈 | 총 8

읽기: 或曰 혹왈, 或也 혹야

쓰기: 간혹 間或, 만혹 萬或, 설혹 設或, 여혹 如或, 혹시 或是, 혹시 或時, 혹여 或如, 혹자 或者

활용: 或是(혹시)라도 그 사람을 다시 만나면 좋겠다.

惑 미혹할 혹

3급II | 부 心 | 총 12

유 迷 미혹할 미

읽기: 困惑 곤혹, 當惑 당혹, 妄惑 망혹, 迷惑 미혹, 不惑 불혹, 誘惑 유혹, 疑惑 의혹, 惑道 혹도, 惑亂 혹란, 惑星 혹성, 惑世 혹세, 當惑感 당혹감

활용: 친구의 소식을 듣고 그녀는 매우 當惑(당혹)한 표정을 지었다.

婚 혼인할 혼

4급 | 부 女 | 총 11

유 姻 혼인 인

읽기: 旣婚 기혼, 晚婚 만혼, 婚需 혼수, 婚姻 혼인

쓰기: 결혼 結婚, 구혼 求婚, 약혼 約婚, 이혼 離婚, 정혼 定婚, 혼기 婚期, 혼담 婚談, 혼례 婚禮, 혼사 婚事, 혼처 婚處

활용: 그들은 結婚(결혼)한 지 일 년 만에 첫 아이를 낳았다.

읽기	混泳 혼영　混濁 혼탁
쓰기	혼동 混同　혼란 混亂　혼성 混成　혼숙 混宿　혼식 混食 혼용 混用　혼잡 混雜　혼합 混合　혼혈아 混血兒
활용	시험 당일 교통 混雜(혼잡)을 피하고자 버스를 증편하였다.

유 雜 섞일 잡

읽기	亡魂 망혼　商魂 상혼　靈魂 영혼　鎭魂 진혼　招魂 초혼 忠魂 충혼　鬪魂 투혼　魂氣 혼기　魂靈 혼령　魂神 혼신 靈魂不滅 영혼불멸
활용	그녀는 억울하게 죽은 魂靈(혼령)의 명복을 빌었다.

유 靈 신령 령

읽기	昏明 혼명　昏迷 혼미　昏睡 혼수　昏暗 혼암　昏夜 혼야 昏絶 혼절　昏沈 혼침　黃昏 황혼　昏睡狀態 혼수상태 昏定晨省 혼정신성
활용	인생의 黃昏(황혼)은 아름답다.

상 明 밝을 명
유 冥 어두울 명

읽기	輕忽 경홀　疏忽 소홀　忽待 홀대　忽變 홀변　忽視 홀시 忽然 홀연　忽出 홀출　忽忽 홀홀　忽然忽沒 홀연홀몰 忽往忽來 홀왕홀래
활용	범인은 경찰의 감시가 疏忽(소홀)한 틈을 타 도주하였다.

4급 부 糸 총 9 　紅　붉을 홍

읽기	紅梅 홍매　紅裳 홍상　紅顔 홍안　紅疫 홍역　紅茶 홍차
쓰기	주홍 朱紅　진홍 眞紅　청홍 靑紅　홍백 紅白　홍엽 紅葉 홍옥 紅玉　홍조 紅潮　홍해 紅海　홍일점 紅一點
활용	아이가 紅潮(홍조)를 띤 얼굴로 수줍게 서 있다.

유 朱 붉을 주

洪 넓을 홍 (3급II, 부 水, 총 9)

읽기: 洪規 홍규　洪量 홍량　洪範 홍범　洪福 홍복　洪城 홍성　洪水 홍수　洪魚 홍어　洪震 홍진　洪河 홍하　洪化 홍화　洪吉童傳 홍길동전

활용: 노인은 아내와 백년해로하는 것을 洪福(홍복)으로 여겼다.

弘 클 홍 (3급, 부 弓, 총 5)

읽기: 寬弘 관홍　弘敎 홍교　弘大 홍대　弘道 홍도　弘範 홍범　弘報 홍보　弘誓 홍서　弘益 홍익　弘濟 홍제　弘通 홍통　弘文館 홍문관　弘濟洞 홍제동　弘益人間 홍익인간

활용: 단군왕검은 弘益人間(홍익인간)의 이념으로 나라를 세웠다.

鴻 기러기 홍 (3급, 부 鳥, 총 17)

읽기: 鴻歸 홍귀　鴻基 홍기　鴻圖 홍도　鴻名 홍명　鴻毛 홍모　鴻博 홍박　鴻緒 홍서　鴻雁 홍안　鴻儒 홍유　鴻恩 홍은　鴻志 홍지　鴻澤 홍택　鴻筆 홍필　鴻學 홍학

활용: 鴻毛(홍모)는 매우 가벼운 사물을 이르는 말이다.

유 雁 기러기 안

火 불 화(:) (8급, 부 火, 총 4)

읽기: 鎭火 진화　火爐 화로　火葬 화장　明若觀火 명약관화

쓰기: 발화 發火　방화 放火　소화 消火　인화 引火　점화 點火　화기 火器　화력 火力　화상 火傷　전광석화 電光石火

활용: 강풍이 불어 산불 鎭火(진화)에 어려움을 겪었다.

상 水 물 수

話 말씀 화 (7급II, 부 言, 총 13)

읽기: 逸話 일화　爐邊談話 노변담화

쓰기: 강화 講話　대화 對話　비화 秘話　설화 說話　실화 實話　화법 話法　화술 話術　화자 話者　구연동화 口演童話

활용: 시 속의 話者(화자)를 찾으면 시를 이해하기 쉽다.

유 談 말씀 담, 言 말씀 언

花 (꽃 화) — 7급, 부수 艸, 총 8획

읽기: 菊花 국화, 桃花 도화, 梅花 매화, 獻花 헌화, 花郎 화랑

쓰기: 개화 開花, 화단 花壇, 화분 花粉, 화원 花園, 화조 花鳥, 화환 花環, 무궁화 無窮花, 무화과 無花果, 낙화유수 落花流水

활용: 학생들은 분향소를 방문하여 獻花(헌화)한 뒤 묵념을 하였다.

和 (화할 화) — 6급II, 부수 口, 총 8획

읽기: 和蘭 화란, 和睦 화목, 緩和 완화, 飽和 포화

쓰기: 강화 講和, 조화 調和, 화답 和答, 화색 和色, 화순 和順, 화음 和音, 화합 和合, 화해 和解, 가화만사성 家和萬事成

활용: 그들은 멋진 和音(화음)을 만들기 위해 연습하였다.

- 상: 戰 싸움 전
- 유: 協 화할 협, 調 고를 조, 睦 화목할 목

畫 (그림 화:/그을 획) — 6급, 부수 田, 총 12획, 약 画

읽기: 漫畫 만화, 墨畫 묵화, 畫廊 화랑, 畫伯 화백, 畫像 화상

쓰기: 벽화 壁畫, 서화 書畫, 시화 詩畫, 영화 映畫, 화가 畫家, 화구 畫具, 화법 畫法, 화필 畫筆, 자화자찬 自畫自讚

활용: 그는 어려서부터 畫家(화가)의 꿈을 키워왔다.

- 유: 圖 그림 도

化 (될 화(:)) — 5급II, 부수 匕, 총 4획

읽기: 鈍化 둔화, 軟化 연화, 化粧 화장, 變化無雙 변화무쌍

쓰기: 교화 敎化, 귀화 歸化, 극화 劇化, 동화 同化, 변화 變化, 심화 深化, 액화 液化, 진화 進化, 퇴화 退化, 화합 化合

활용: 뛰어난 경치를 보면 자연에 同化(동화)되는 느낌이 든다.

- 유: 變 변할 변

貨 (재물 화:) — 4급II, 부수 貝, 총 11획

쓰기: 금화 金貨, 보화 寶貨, 악화 惡貨, 외화 外貨, 은화 銀貨, 잡화 雜貨, 재화 財貨, 통화 通貨, 화물 貨物, 화차 貨車, 백화점 百貨店, 화물차 貨物車, 통화개혁 通貨改革

활용: 백화점 1층에 雜貨(잡화)판매장이 자리하고 있다.

- 유: 財 재물 재

華 빛날 화
4급 / 부 艸 / 총 11

읽기: 繁華 번화, 昇華 승화, 豪華 호화, 華燭 화촉, 井華水 정화수

쓰기: 산화 散華, 영화 榮華, 정화 精華, 중화 中華, 화갑 華甲, 화려 華麗, 화상 華商, 화혼 華婚, 부귀영화 富貴榮華

활용: 그녀의 고통과 슬픔이 노래로 昇華(승화)되었다.

禍 재앙 화:
3급II / 부 示 / 총 14

상 福 복 복
유 厄 액 액, 災 재앙 재, 殃 재앙 앙

읽기: 飛禍 비화, 士禍 사화, 輪禍 윤화, 災禍 재화, 戰禍 전화, 慘禍 참화, 筆禍 필화, 禍根 화근, 禍機 화기, 禍福 화복, 禍因 화인, 吉凶禍福 길흉화복, 轉禍爲福 전화위복

활용: 감기를 제때 치료하지 않은 것이 禍根(화근)이 되어 폐렴이 되었다.

禾 벼 화
3급 / 부 禾 / 총 5

유 稻 벼 도

읽기: 晩禾 만화, 松禾 송화, 田禾 전화, 禾穀 화곡, 禾利 화리, 禾苗 화묘, 禾積 화적, 禾主 화주, 禾尺 화척

활용: 그들은 禾利(화리)를 매매함으로써 수입을 얻었다.

確 굳을 확
4급II / 부 石 / 총 15

유 固 굳을 고

쓰기: 명확 明確, 정확 正確, 확고 確固, 확답 確答, 확립 確立, 확보 確保, 확신 確信, 확실 確實, 확약 確約, 확언 確言, 확인 確認, 확정 確定, 확증 確證, 확고부동 確固不動

활용: 確實(확실)한 내 느낌으로 그들은 사귀고 있음이 분명하다.

擴 넓힐 확
3급 / 부 手 / 총 18 / 약 拡

읽기: 擴大 확대, 擴散 확산, 擴延 확연, 擴張 확장, 擴戰 확전, 擴充 확충, 核擴散 핵확산, 擴大鏡 확대경, 擴大率 확대율, 擴聲器 확성기

활용: 전염병 擴散(확산)을 막기 위해 적극적인 조치가 필요하다.

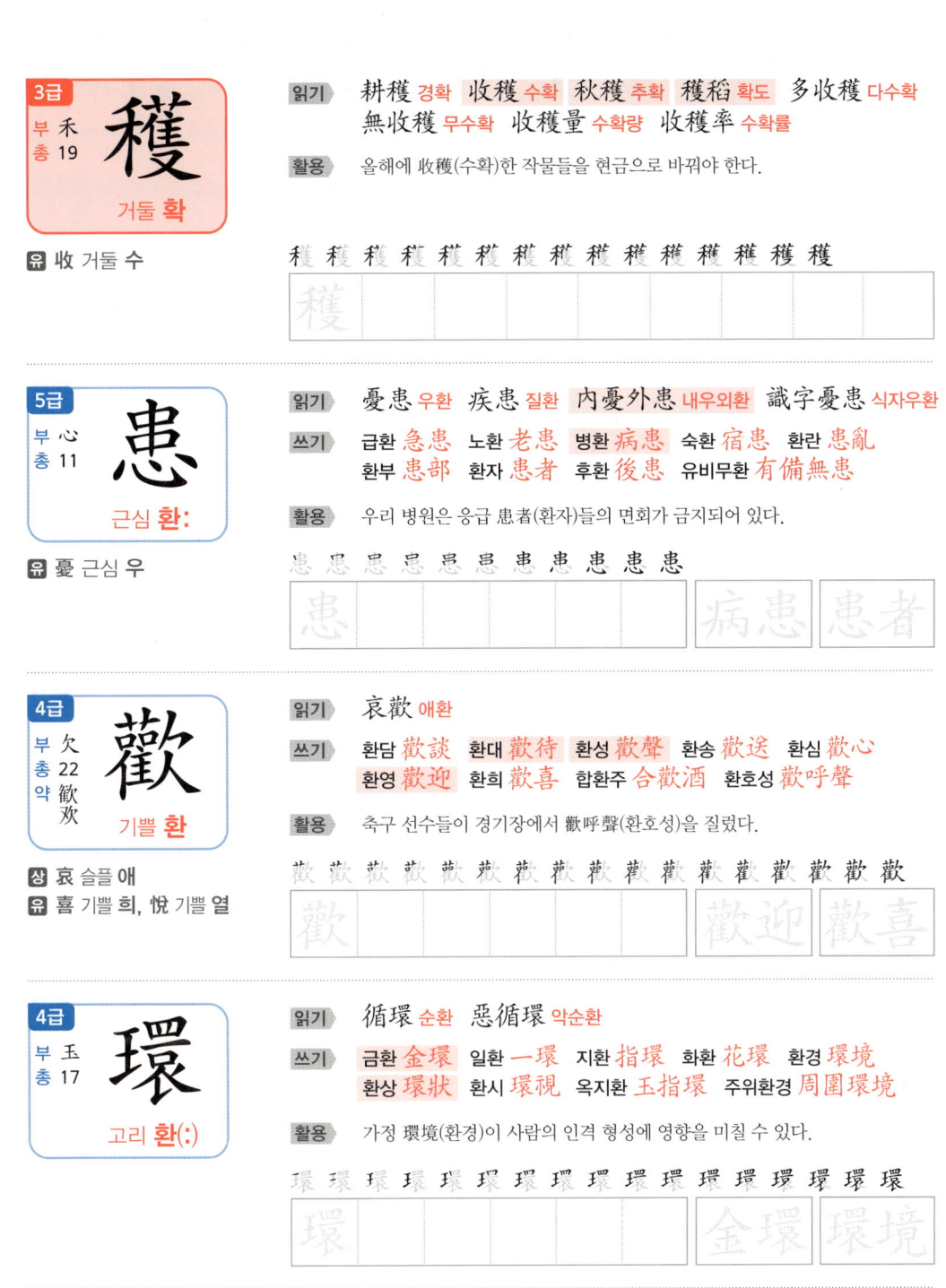

급수	한자	읽기	쓰기/활용
3급II 부 辶 총 17	還 돌아올 환 유 歸 돌아갈 귀, 返 돌이킬 반	歸還 귀환　返還 반환　償還 상환　召還 소환　送還 송환 奪還 탈환　還甲 환갑　還國 환국　還給 환급　還都 환도 還拂 환불　還生 환생　還屬 환속　還收 환수　還元 환원	우리는 도서관에서 빌린 책을 제때에 返還(반환)하였다.
3급 부 丶 총 3	丸 둥글 환	木丸 목환　飛丸 비환　逸丸 일환　彈丸 탄환　投丸 투환 砲丸 포환　丸藥 환약　丸衣 환의　淸心丸 청심환 投砲丸 투포환　彈丸列車 탄환열차	그녀는 국가 대표 投砲丸(투포환) 선수이다.
7급II 부 水 총 9	活 살 활 상 死 죽을 사 유 生 날 생	읽기: 敏活 민활　活躍 활약　活版 활판 쓰기: 부활 復活　쾌활 快活　활극 活劇　활동 活動　활로 活路 활어 活魚　활용 活用　활황 活況　금속활자 金屬活字	우리 팀은 선수단의 고른 活躍(활약)으로 최종 우승을 차지하였다.
6급 부 黃 총 12	黃 누를 황	읽기: 玄黃 현황　黃狗 황구　黃菊 황국　黃桃 황도　黃沙 황사 쓰기: 주황 朱黃　황금 黃金　황우 黃牛　황조 黃鳥　황천 黃泉 황토 黃土　황화 黃化　황모필 黃毛筆　황금만능 黃金萬能	봄철 黃沙(황사)와 미세먼지에 대비해야 한다.
4급 부 水 총 8	況 상황 황:	읽기: 槪況 개황　況且 황차 쓰기: 경황 景況　근황 近況　불황 不況　상황 狀況　성황 盛況 실황 實況　작황 作況　정황 情況　현황 現況　호황 好況	그는 회사 일이 바빠서 가족들을 돌볼 景況(경황)이 없다.

皇 임금 황

- 3급II
- 부수: 白
- 총획: 9

읽기: 敎皇 교황, 張皇 장황, 天皇 천황, 皇國 황국, 皇宮 황궁, 皇女 황녀, 皇命 황명, 皇妃 황비, 皇城 황성, 皇室 황실, 皇恩 황은, 皇帝 황제, 皇族 황족, 三皇五帝 삼황오제

활용: 敎皇(교황)의 방문을 기념하여 거대한 미사가 진행되었다.

유: 王 임금 왕, 帝 임금 제

荒 거칠 황

- 3급II
- 부수: 艸
- 총획: 10

읽기: 虛荒 허황, 荒年 황년, 荒唐 황당, 荒涼 황량, 荒城 황성, 荒野 황야, 荒地 황지, 荒土 황토, 荒廢 황폐, 凶荒 흉황, 荒廢化 황폐화

활용: 그는 아무것도 없는 荒涼(황량)하고 삭막한 겨울 산을 좋아한다.

會 모일 회:

- 6급II
- 부수: 日
- 총획: 13
- 약자: 会

읽기: 司會 사회, 宴會 연회, 照會 조회, 懇談會 간담회

쓰기: 납회 納會, 면회 面會, 법회 法會, 상회 商會, 회견 會見, 회담 會談, 회지 會誌, 회칙 會則, 회자정리 會者定離

활용: 모범수에게 面會(면회)가 허락되었다.

상: 散 흩을 산
유: 集 모을 집, 社 모일 사

回 돌아올 회

- 4급II
- 부수: 口
- 총획: 6

읽기: 旋回 선회, 回顧 회고, 回廊 회랑, 回附 회부, 回旋 회선

쓰기: 회갑 回甲, 회귀 回歸, 회람 回覽, 회로 回路, 회복 回復, 회상 回想, 회유 回遊, 회피 回避, 기사회생 起死回生

활용: 아버지의 回甲(회갑) 기념으로 부모님께서는 여행을 떠나셨다.

유: 旋 돌 선

灰 재 회

- 4급
- 부수: 火
- 총획: 6

쓰기: 목회 木灰, 백회 白灰, 석회 石灰, 양회 洋灰, 회벽 灰壁, 회색 灰色, 암회색 暗灰色, 화산회 火山灰, 회백색 灰白色, 회색분자 灰色分子

활용: 검은색과 흰색을 섞으면 灰色(회색)이 된다.

悔 (뉘우칠 회:) — 3급II, 부 心, 총 10

읽기: 感悔 감회 痛悔 통회 悔改 회개 悔心 회심 悔悟 회오 悔罪 회죄 悔恥 회치 悔歎 회탄 悔恨 회한 後悔 후회 後悔莫及 후회막급

활용: 그는 지난날의 잘못을 悔改(회개)하며 눈물을 흘렸다.

유 恨 한 한

懷 (품을 회) — 3급II, 부 心, 총 19, 약 怀

읽기: 感懷 감회 所懷 소회 述懷 술회 追懷 추회 懷古 회고 懷舊 회구 懷柔 회유 懷疑 회의 懷中 회중 懷抱 회포 懷古談 회고담

활용: 그들은 주민들에게 설득과 懷柔(회유)를 반복하며 목적을 이루었다.

유 抱 안을 포

劃 (그을 획) — 3급II, 부 刀, 총 14

읽기: 計劃 계획 區劃 구획 企劃 기획 劃數 획수 劃順 획순 劃然 획연 劃一 획일 劃定 획정 劃策 획책 劃期的 획기적 區劃整理 구획정리

활용: 한자의 부수와 劃數(획수)를 알면 쉽게 한자를 찾을 수 있다.

獲 (얻을 획) — 3급II, 부 犬, 총 17

읽기: 濫獲 남획 殺獲 살획 生獲 생획 漁獲 어획 捕獲 포획 獲得 획득 獲利 획리 外貨獲得 외화획득

활용: 그 제품은 꾸준한 품질 개발로 KS 마크를 獲得(획득)했다.

유 得 얻을 득, 捕 잡을 포

橫 (가로 횡) — 3급II, 부 木, 총 16

읽기: 專橫 전횡 縱橫 종횡 橫隊 횡대 橫列 횡렬 橫領 횡령 橫流 횡류 橫線 횡선 橫財 횡재 橫暴 횡포 橫行 횡행 縱橫無盡 종횡무진 橫斷步道 횡단보도

활용: 그는 공금을 橫領(횡령)하고 잠적하였다.

상 縱 세로 종

孝 (효도 효:) 7급II 부 子 총 7

쓰기: 불효 不孝, 충효 忠孝, 효녀 孝女, 효도 孝道, 효부 孝婦, 효성 孝誠, 효심 孝心, 효자 孝子, 효친 孝親, 효행 孝行, 불효자 不孝子, 충효사상 忠孝思想

활용: 옆집 아들은 孝子(효자)로 소문나 있다.

效 (본받을 효:) 5급II 부 攵 총 10 약 効

읽기: 즉효 卽效, 효율 效率

쓰기: 무효 無效, 발효 發效, 실효 實效, 효과 效果, 효능 效能, 효용 效用, 효험 效驗, 백약무효 百藥無效, 온실효과 溫室效果

활용: 달래는 콜레스테롤의 수치를 낮춰주는 效能(효능)이 있다.

曉 (새벽 효:) 3급 부 日 총 16 약 暁

읽기: 불효 拂曉, 통효 通曉, 효달 曉達, 효득 曉得, 효로 曉露, 효성 曉星, 효습 曉習, 효연 曉然, 효오 曉悟, 효월 曉月, 잔월효성 殘月曉星

활용: 새벽녘의 달과 별을 殘月曉星(잔월효성)이라고 한다.

유 晨 새벽 신

後 (뒤 후:) 7급II 부 彳 총 9

읽기: 막후 幕後, 차후 此後, 후미 後尾, 후배 後輩, 후회 後悔

쓰기: 배후 背後, 후기 後期, 후문 後聞, 후송 後送, 후원 後援, 후진 後陣, 후퇴 後退, 후편 後篇, 전무후무 前無後無

활용: 그녀는 학교 後輩(후배)를 만나 입사 비결을 알려주었다.

상 前 앞 전, 先 먼저 선

候 (기후 후:) 4급 부 人 총 10

읽기: 징후 徵候, 후보 候補, 입후보 立候補, 증후군 症候群

쓰기: 기후 氣候, 문후 問候, 절후 節候, 천후 天候, 후조 候鳥, 악천후 惡天候, 전천후 全天候, 측후소 測候所

활용: 야구 선수들은 惡天候(악천후)에도 불구하고 선전하였다.

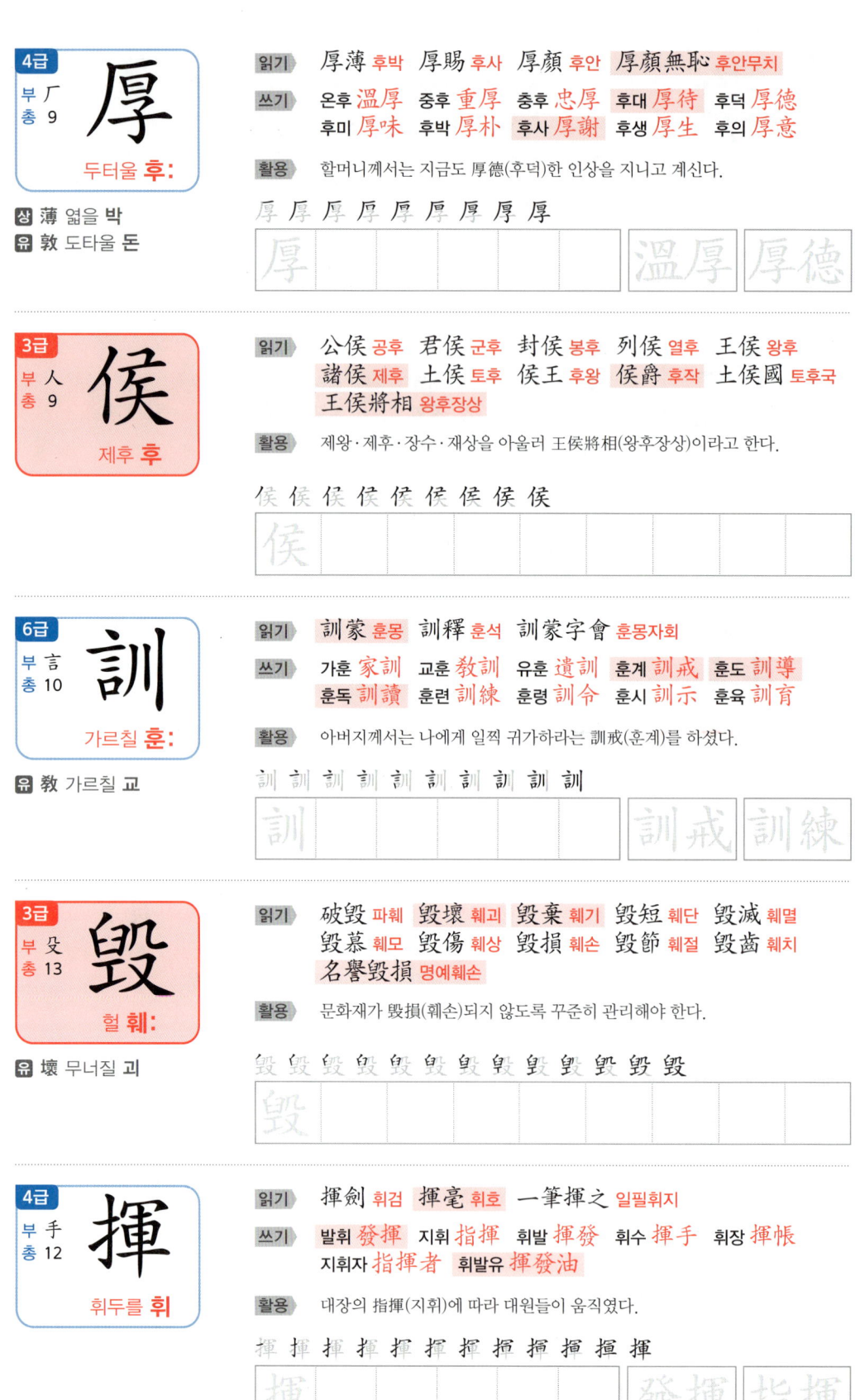

3급 부 車 총 15	輝 빛날 휘	읽기	光輝 광휘　德輝 덕휘　明輝 명휘　星輝 성휘　輝光 휘광 輝度 휘도　輝石 휘석　輝線 휘선　輝巖 휘암　輝映 휘영 輝炭 휘탄
		활용	도자기에서 光輝(광휘)로운 빛이 난다.

7급 부 人 총 6	休 쉴 휴	읽기	休刊 휴간　休耕 휴경　休館 휴관　休眠 휴면　休廷 휴정
		쓰기	연휴 連休　휴가 休暇　휴강 休講　휴무 休務　휴식 休息 휴업 休業　휴일 休日　휴전 休戰　휴직 休職　휴양지 休養地
유 息 쉴 식		활용	休日(휴일)에는 가까운 산에 등산을 갑시다.

3급 부 手 총 13	攜 이끌 휴	읽기	扶攜 부휴　提攜 제휴　攜帶 휴대　攜持 휴지　攜行 휴행 攜帶品 휴대품　技術提攜 기술제휴　事業提攜 사업제휴 攜帶電話 휴대전화
		활용	시험장에 들어가기 전에 攜帶品(휴대품) 검사가 있다.

5급Ⅱ 부 凵 총 4	凶 흉할 흉	읽기	凶兆 흉조　吉凶禍福 길흉화복
		쓰기	음흉 陰凶　흉가 凶家　흉계 凶計　흉기 凶器　흉년 凶年 흉물 凶物　흉사 凶事　흉악 凶惡　흉작 凶作　흉측 凶測
상 吉 길할 길		활용	화재가 지나간 후 이 집은 凶家(흉가)가 되었다.

3급Ⅱ 부 肉 총 10	胸 가슴 흉	읽기	胸骨 흉골　胸背 흉배　胸壁 흉벽　胸腹 흉복　胸部 흉부 胸像 흉상　胸心 흉심　胸液 흉액　胸圍 흉위　胸中 흉중 雙鶴胸背 쌍학흉배
		활용	이모는 胸部(흉부)외과 의사이다.
상 背 등 배			

405

5급	
부 黑	
총 12	
약 黒	

검을 흑

상 白 흰 백

읽기 漆黑 칠흑　黑幕 흑막

쓰기 암흑 暗黑　흑발 黑髮　흑백 黑白　흑색 黑色　흑심 黑心
　　　흑야 黑夜　흑연 黑煙　흑점 黑點　흑조 黑潮　흑판 黑板

활용 선생님께서 黑板(흑판)에 수학 문제를 잔뜩 적어 놓으셨다.

4급Ⅱ	
부 口	
총 7	

마실 흡

상 呼 부를 호

읽기 吸盤 흡반　吸血鬼 흡혈귀

쓰기 호흡 呼吸　흡기 吸氣　흡력 吸力　흡수 吸收　흡연 吸煙
　　　흡입 吸入　흡착 吸着　심호흡 深呼吸　흡인력 吸引力

활용 이곳은 吸煙(흡연) 가능한 식당이 아니다.

4급Ⅱ	
부 臼	
총 16	
약 兴	

일 흥(:)

상 亡 망할 망

읽기 卽興 즉흥　醉興 취흥　興奮 흥분

쓰기 부흥 復興　신흥 新興　여흥 餘興　유흥 遊興　중흥 中興
　　　흥망 興亡　흥미 興味　흥성 興盛　흥취 興趣　흥행 興行

활용 그녀가 투자한 영화가 興行(흥행)에 성공하였다.

4급Ⅱ	
부 巾	
총 7	

바랄 희

유 望 바랄 망, 願 바랄 원

쓰기 희구 希求　희망 希望　희원 希願

활용 CEO의 강연은 젊은이들에게 希望(희망)과 용기를 불어넣었다.

4급	
부 口	
총 12	

기쁠 희

상 悲 슬플 비, 怒 성낼 노
유 歡 기쁠 환, 悅 기쁠 열, 樂 즐길 락

읽기 喜壽 희수　喜悅 희열　喜怒哀樂 희로애락

쓰기 감희 感喜　환희 歡喜　희극 喜劇　희락 喜樂　희비 喜悲
　　　희우 喜雨　희소식 喜消息　일희일비 一喜一悲

활용 합격자 발표가 이루어지던 순간 喜悲(희비)가 엇갈렸다.

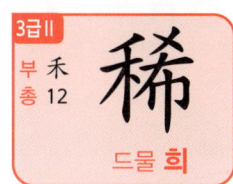

3급II 부 禾 총 12
稀
드물 희

유 貴 귀할 귀

읽기: 古稀 고희 稀貴 희귀 稀年 희년 稀代 희대 稀微 희미
稀薄 희박 稀釋 희석 稀世 희세 稀少 희소 稀壽 희수
稀代未聞 희대미문 稀少價値 희소가치

활용: 그가 만드는 도자기는 소량 생산이기 때문에 稀少價値(희소가치)가 있다.

稀 稀 稀 稀 稀 稀 稀 稀 稀 稀

3급II 부 戈 총 17 약 戯 戱
戲
놀이 희

유 遊 놀 유

읽기: 語戲 어희 演戲 연희 遊戲 유희 戲曲 희곡 戲劇 희극
戲弄 희롱 戲娛 희오 戲稱 희칭 戲筆 희필 戲畫 희화
戲曲化 희곡화

활용: 소설을 戲曲化(희곡화)하여 드라마로 만들었다.

戲 戲 戲 戲 戲 戲 戲 戲 戲 戲 戲 戲

1. 다음 漢字語의 讀音을 쓰시오.

확인 1

(1) 啓蒙   (2) 敦篤   (3) 騷亂
(4) 詐欺   (5) 懲戒   (6) 伴奏
(7) 隔離   (8) 雅淡   (9) 配偶
(10) 孤寂   (11) 苟且   (12) 麥芽
(13) 囚役   (14) 潤澤   (15) 慙愧
(16) 汗蒸   (17) 鴻雁   (18) 携帶
(19) 牽引   (20) 妥協   (21) 隣邦
(22) 嚴肅   (23) 驅逐   (24) 誦詠
(25) 悔悟   (26) 曉星   (27) 毁損
(28) 割賦   (29) 依賴   (30) 濫伐
(31) 飢餓   (32) 弓矢   (33) 廟堂
(34) 踐踏   (35) 翼贊   (36) 屛帳
(37) 逮繫   (38) 戊戌   (39) 刷掃
(40) 狂奔   (41) 軌跡   (42) 廣漠
(43) 貸借   (44) 崩壞   (45) 懷抱
(46) 透徹   (47) 養鷄   (48) 貯藏
(49) 含蓄   (50) 稀薄   (51) 逐邪
(52) 祈願   (53) 勉勵   (54) 懲役
(55) 紫煙   (56) 漏電   (57) 派遣
(58) 碧溪   (59) 超越   (60) 辭讓
(61) 塗炭   (62) 庸拙   (63) 征伐
(64) 朔風   (65) 忍耐   (66) 蓋瓦
(67) 銳敏   (68) 雙肩   (69) 暴騰
(70) 隱蔽   (71) 捕捉   (72) 普遍
(73) 慨歎   (74) 陶醉   (75) 蛇尾
(76) 羽翼   (77) 漆器   (78) 絃樂

실전 대비 문제

확인 2

(1) 排斥 (2) 淨潔 (3) 蜂蜜
(4) 細腰 (5) 齊唱 (6) 坐禪
(7) 聘父 (8) 假飾 (9) 役割
(10) 彼岸 (11) 新羅 (12) 品切
(13) 隔年 (14) 濫發 (15) 統率
(16) 賀禮 (17) 胸中 (18) 樹液
(19) 降伏 (20) 獨特 (21) 拙劣
(22) 弄談 (23) 諒解 (24) 頭髮
(25) 舞臺 (26) 應募 (27) 頻繁
(28) 躍動 (29) 尊貴 (30) 擴散
(31) 踏襲 (32) 屢次 (33) 攝政
(34) 宿泊 (35) 宗廟 (36) 模樣
(37) 愼重 (38) 端緖 (39) 豪傑
(40) 額數 (41) 帳簿 (42) 變更
(43) 條件 (44) 搜索 (45) 紀綱
(46) 背景 (47) 寄贈 (48) 蝶泳
(49) 歸鄕 (50) 束軒 (51) 要塞
(52) 左遷 (53) 硬直 (54) 簡易
(55) 荒廢 (56) 奈何 (57) 卑賤
(58) 奔走 (59) 配分 (60) 攝取
(61) 紛亂 (62) 赴任 (63) 養蜂
(64) 經緯 (65) 姑婦 (66) 開封
(67) 被服 (68) 符號 (69) 該當
(70) 慶賀 (71) 懇切 (72) 振興
(73) 校訂 (74) 種苗 (75) 輿論
(76) 構築 (77) 紙幣 (78) 祝杯

2. 다음 漢字의 訓과 音을 쓰시오.

확인 1

(1) 攝	(2) 漫	(3) 挑
(4) 厥	(5) 免	(6) 扶
(7) 焉	(8) 訂	(9) 漆
(10) 楓	(11) 燭	(12) 燥
(13) 御	(14) 瓦	(15) 堤
(16) 湯	(17) 吹	(18) 冊
(19) 恣	(20) 畏	(21) 像
(22) 絡	(23) 貢	(24) 似
(25) 蒼	(26) 輝	(27) 冒
(28) 乞	(29) 漏	(30) 胸
(31) 菜	(32) 雁	(33) 持
(34) 覽	(35) 威	(36) 燕
(37) 藝	(38) 謹	(39) 秀
(40) 悲	(41) 息	(42) 擊
(43) 拍	(44) 底	(45) 擔
(46) 探	(47) 輪	(48) 伏
(49) 拒	(50) 常	(51) 厚
(52) 衡	(53) 脫	(54) 把
(55) 昔	(56) 秒	(57) 租
(58) 毁	(59) 透	(60) 咸
(61) 惱	(62) 斯	(63) 諒
(64) 遍	(65) 懲	(66) 替
(67) 返	(68) 又	(69) 違
(70) 朋	(71) 聰	(72) 桑
(73) 誕	(74) 蜜	(75) 遞
(76) 閏	(77) 珠	(78) 旱

확인 2

(1) 僚
(2) 僧
(3) 刊
(4) 瞬
(5) 被
(6) 頃
(7) 幣
(8) 割
(9) 宴
(10) 却
(11) 訴
(12) 頻
(13) 懇
(14) 卑
(15) 喪
(16) 睦
(17) 淚
(18) 銘
(19) 賴
(20) 突
(21) 踏
(22) 獵
(23) 缺
(24) 勤
(25) 耐
(26) 筋
(27) 捨
(28) 劇
(29) 殿
(30) 軌
(31) 竊
(32) 妄
(33) 兮
(34) 翁
(35) 亨
(36) 庸
(37) 華
(38) 謀
(39) 侮
(40) 移
(41) 享
(42) 杯
(43) 香
(44) 播
(45) 肺
(46) 砲
(47) 篇
(48) 笛
(49) 幅
(50) 飯
(51) 葬
(52) 險
(53) 潛
(54) 哉
(55) 勵
(56) 譜
(57) 片
(58) 畢
(59) 盤
(60) 隔
(61) 鑄
(62) 蒙
(63) 栗
(64) 胃
(65) 眉
(66) 彙
(67) 顧
(68) 蔬
(69) 垂
(70) 雖
(71) 晨
(72) 謂
(73) 崩
(74) 薄
(75) 芽
(76) 荒
(77) 疏
(78) 磨

3. 다음의 밑줄 친 낱말을 漢字(正字)로 쓰시오.

(1) 질병은 인생을 깨닫게 하는 훌륭한 교사다.
(2) 인생을 소신껏 산다는 것이야말로 단 하나의 성공이다.
(3) 침묵은 어리석은 사람의 지혜이며 현명한 사람의 미덕이다.
(4) 분노하여 가하는 일격은 마지막에 자신을 때린다.
(5) 지나치게 욕심을 부리면 화를 자초한다.
(6) 오랜 약속보다 지금의 거절이 낫다.
(7) 그는 아내의 음식 솜씨를 칭찬하였다.
(8) 삶은 호흡하는 것이 아니라 행위를 하는 것이다.
(9) 재물은 생활을 위한 방편일 뿐 그 자체가 목적일 수 없다.
(10) 빈곤은 가난하다고 느끼는 데서 존재한다.
(11) 그는 어린아이처럼 순진한 표정을 지었다.
(12) 우리 반 아이들은 동요 부르기를 좋아한다.
(13) 우리 직원들은 이 주점에서 회식을 자주 한다.
(14) 성적이 우수한 학생에게 유학 기회가 주어졌다.
(15) 나는 피곤한 몸을 이끌고 남은 일을 마무리하였다.
(16) 스포츠 감독은 선수들의 마음을 헤아릴 줄 알아야 한다.
(17) 그는 인간의 본성과 남녀의 차이를 탐구한다.
(18) 오늘은 나라에 목숨을 바쳐 충성을 다한 사람을 기리는 날이다.
(19) 여동생은 자기만의 방을 가지는 것이 소원이었다.
(20) 외근이 많거나 활동적인 직업에 나에게 적합하다.
(21) 그는 보수적인 성향을 지녔다.
(22) 게임을 좋아하던 친구가 갑자기 게임에 흥미를 잃었다.
(23) 폭설로 마을이 고립되어 식료품을 구할 수 없었다.
(24) 친구가 추천한 소설은 이야기 전개가 산만하다.
(25) 그녀는 그 동안 갈고 닦은 실력을 충분히 발휘하였다.
(26) 소수 세력이 다수를 지배하려고 한다.
(27) 경제가 침체되어 장사가 잘 되지 않았다.

(28) 그는 과정보다 결과를 중시하였다.
(29) 통계 자료를 보면 귀농 가구가 점점 늘어나고 있다.
(30) 그는 그럴듯한 사조로 사람들의 가치관을 혼란시켰다.
(31) 수업 시간에 다문화 가정의 화합과 소통에 대해 토론하였다.
(32) 그 화가의 조각품들 값이 높게 평가되었다.
(33) 그는 자주 정부와 사회의 모순을 비판하였다.
(34) 나는 이번에 중요한 직책을 맡았다.
(35) 그녀는 봉사 활동을 하면서 쾌락을 느꼈다.
(36) 큰아버지께서 18대 국회 의원 선거에 출마하셨다.
(37) 자기 민족의 역사를 아는 것은 매우 중요하다.
(38) 나는 퇴직금을 자본으로 카페를 차리기로 하였다.
(39) 그는 앞에 심사 위원이 있다고 가상하고 수업 시연을 하였다.
(40) 부부는 한가로운 전원생활을 계획하기 시작하였다.
(41) 그는 사람을 구하려고 불길 속에 뛰어든 용감한 경찰이다.
(42) 그녀는 사법시험에 최고 점수로 합격하였다.
(43) 그들은 민중의 권익과 민족의 생존을 위해 항쟁하였다.
(44) 나는 오늘 대학교 입학 관련 서류를 제출하였다.
(45) 우리는 모임을 주도적으로 이끌 임원을 뽑았다.
(46) 20대 때 나는 영원히 20대에 머물러 있을 줄 알았다.
(47) 그녀는 자기를 좋아하는 남자의 정체를 추측해 보았다.
(48) 이것은 두 남녀의 운명적인 사랑 이야기를 담은 영화이다.
(49) 육상부는 올해 전국 체전 종합 우승을 목표로 하고 있다.
(50) 그는 신문사에서 말단 기자로 있을 때 겪은 일을 내게 들려주었다.
(51) 나는 생각한다, 고로 존재한다.
(52) 그녀는 화려한 의상을 입고 무대에 올랐다.
(53) 우리 동아리는 이번 여름에 농촌 일손 돕기를 하였다.
(54) 우리나라의 1인 가구는 매년 증가하고 있다.

4. 다음 訓과 音에 해당하는 漢字를 쓰시오.

(1) 배 항
(2) 사례할 사
(3) 빽빽할 밀
(4) 범할 범
(5) 갈 연
(6) 장할 장
(7) 이 치
(8) 비평할 비
(9) 청할 청
(10) 잡을 조
(11) 영화 영
(12) 순수할 순
(13) 세금 세
(14) 힘쓸 면
(15) 등 배
(16) 상 상
(17) 고울 려
(18) 지킬 보
(19) 물결 파
(20) 맡길 임
(21) 깊을 심
(22) 본뜰 모
(23) 볼 시
(24) 풍년 풍
(25) 마실 흡
(26) 탄알 탄
(27) 가지 조
(28) 거리 가
(29) 부처 불
(30) 머무를 류
(31) 월 강
(32) 기록할 록
(33) 씻을 세
(34) 찰 만
(35) 묘할 묘
(36) 고를 균
(37) 일만 만
(38) 기후 후
(39) 흩을 산
(40) 질 부
(41) 풍속 속
(42) 넉넉할 우
(43) 거울 경
(44) 곳집 고
(45) 술 주
(46) 베풀 설
(47) 일어날 기
(48) 보배 진
(49) 맛 미
(50) 쌓을 축
(51) 새 조
(52) 세포 포
(53) 헌기할 헌
(54) 눈 안
(55) 곡식 곡
(56) 무덤 묘
(57) 없을 무
(58) 견줄 비
(59) 참 진
(60) 말씀 변
(61) 웃음 소
(62) 고기 육
(63) 가늘 세
(64) 정성 성
(65) 넓을 보
(66) 걸음 보
(67) 조사할 사
(68) 모양 자
(69) 더할 익
(70) 의지할 의
(71) 젖 유
(72) 직분 직
(73) 기쁠 희
(74) 갖출 비
(75) 가루 분
(76) 빌 축
(77) 실 사
(78) 충성 충
(79) 곱 배
(80) 덜 제
(81) 따뜻할 온

5. 다음 漢字語의 첫 音節이 長音으로 소리 나는 것의 번호를 쓰시오.

(1) ① 再選   ② 災害   ③ 財政   ④ 裁定
(2) ① 牛乳   ② 郵便   ③ 友情   ④ 優位
(3) ① 家寶   ② 加熱   ③ 假髮   ④ 歌謠
(4) ① 方式   ② 放送   ③ 房門   ④ 防腐
(5) ① 遊泳   ② 油田   ③ 遺傳   ④ 類推
(6) ① 陰謀   ② 吟味   ③ 音調   ④ 飮料
(7) ① 高貴   ② 古典   ③ 苦鬪   ④ 孤兒
(8) ① 練習   ② 聯絡   ③ 鉛筆   ④ 連發
(9) ① 川邊   ② 天涯   ③ 淺薄   ④ 泉原
(10) ① 科學   ② 誇張   ③ 經濟   ④ 姑婦
(11) ① 都市   ② 閉會   ③ 開會   ④ 盜賊
(12) ① 自由   ② 設計   ③ 迷信   ④ 埋沒
(13) ① 甘受   ② 鑑賞   ③ 監査   ④ 減收
(14) ① 嶺東   ② 永同   ③ 寧越   ④ 英陽
(15) ① 寺院   ② 社會   ③ 私服   ④ 謝禮
(16) ① 眞實   ② 進退   ③ 陣營   ④ 珍貴
(17) ① 豊年   ② 中學   ③ 特許   ④ 制服
(18) ① 靜肅   ② 任期   ③ 勿論   ④ 山林
(19) ① 當局   ② 德談   ③ 短點   ④ 便益
(20) ① 劣等   ② 啓發   ③ 毛孔   ④ 請願
(21) ① 貫革   ② 關係   ③ 觀象   ④ 官民
(22) ① 未滿   ② 微笑   ③ 勤苦   ④ 味覺
(23) ① 歡談   ② 構成   ③ 精神   ④ 性格
(24) ① 惡法   ② 水平   ③ 電子   ④ 出馬
(25) ① 銀河   ② 東洋   ③ 保身   ④ 今時
(26) ① 憎惡   ② 夏期   ③ 法學   ④ 石油
(27) ① 絹絲   ② 肩骨   ③ 犬馬   ④ 見聞

6. 다음 漢字와 비슷한 뜻을 가진 漢字(正字)를 써넣으시오.

(1) (　　) ≒ 居　　(2) 聽 ≒ (　　)　　(3) (　　) ≒ 件
(4) 倉 ≒ (　　)　　(5) 皇 ≒ (　　)　　(6) (　　) ≒ 望
(7) 憎 ≒ (　　)　　(8) 圖 ≒ (　　)　　(9) (　　) ≒ 濯
(10) (　　) ≒ 貌　　(11) 引 ≒ (　　)　　(12) 群 ≒ (　　)
(13) 年 ≒ (　　)　　(14) (　　) ≒ 朴　　(15) (　　) ≒ 空
(16) 釋 ≒ (　　)　　(17) 扶 ≒ (　　)　　(18) 恭 ≒ (　　)
(19) 滅 ≒ (　　)　　(20) 貫 ≒ (　　)　　(21) (　　) ≒ 鬪
(22) 變 ≒ (　　)　　(23) 恩 ≒ (　　)　　(24) 連 ≒ (　　)
(25) (　　) ≒ 値　　(26) 攻 ≒ (　　)　　(27) 斷 ≒ (　　)
(28) 談 ≒ (　　)　　(29) (　　) ≒ 訓　　(30) 巨 ≒ (　　)
(31) 堅 ≒ (　　)　　(32) (　　) ≒ 謠　　(33) (　　) ≒ 本
(34) 歡 ≒ (　　)　　(35) 海 ≒ (　　)　　(36) (　　) ≒ 暖
(37) (　　) ≒ 目　　(38) 財 ≒ (　　)　　(39) (　　) ≒ 困
(40) 身 ≒ (　　)　　(41) (　　) ≒ 初　　(42) (　　) ≒ 木
(43) (　　) ≒ 拾　　(44) (　　) ≒ 斜　　(45) (　　) ≒ 算
(46) 壽 ≒ (　　)　　(47) (　　) ≒ 寧　　(48) 森 ≒ (　　)
(49) (　　) ≒ 力　　(50) 茂 ≒ (　　)　　(51) (　　) ≒ 剛
(52) 巧 ≒ (　　)　　(53) 毛 ≒ (　　)　　(54) (　　) ≒ 悟
(55) (　　) ≒ 睦　　(56) 削 ≒ (　　)　　(57) (　　) ≒ 率
(58) (　　) ≒ 失　　(59) (　　) ≒ 祀　　(60) 苦 ≒ (　　)
(61) (　　) ≒ 賊　　(62) (　　) ≒ 術　　(63) 具 ≒ (　　)
(64) 賓 ≒ (　　)　　(65) 養 ≒ (　　)　　(66) (　　) ≒ 聲
(67) 衣 ≒ (　　)　　(68) (　　) ≒ 禍　　(69) 正 ≒ (　　)
(70) 尊 ≒ (　　)　　(71) (　　) ≒ 紅　　(72) (　　) ≒ 識
(73) 討 ≒ (　　)　　(74) 寒 ≒ (　　)　　(75) (　　) ≒ 實
(76) 道 ≒ (　　)　　(77) 永 ≒ (　　)　　(78) (　　) ≒ 織
(79) (　　) ≒ 速　　(80) 文 ≒ (　　)　　(81) 調 ≒ (　　)

7. 다음 漢字와 뜻이 反對 또는 相對 되는 漢字(正字)를 써넣으시오.

(1) 貧 ↔ (　　)　　(2) (　　) ↔ 晚　　(3) (　　) ↔ 否
(4) 開 ↔ (　　)　　(5) (　　) ↔ 逆　　(6) (　　) ↔ 廢
(7) (　　) ↔ 卑　　(8) (　　) ↔ 捨　　(9) (　　) ↔ 伏
(10) 難 ↔ (　　)　　(11) (　　) ↔ 賤　　(12) (　　) ↔ 非
(13) (　　) ↔ 緯　　(14) 吉 ↔ (　　)　　(15) 京 ↔ (　　)
(16) 姑 ↔ (　　)　　(17) 禍 ↔ (　　)　　(18) 送 ↔ (　　)
(19) 斷 ↔ (　　)　　(20) (　　) ↔ 石　　(21) (　　) ↔ 妻
(22) 新 ↔ (　　)　　(23) (　　) ↔ 悲　　(24) (　　) ↔ 退
(25) 損 ↔ (　　)　　(26) (　　) ↔ 暖　　(27) 贊 ↔ (　　)
(28) 安 ↔ (　　)　　(29) (　　) ↔ 淺　　(30) 昇 ↔ (　　)
(31) (　　) ↔ 劣　　(32) (　　) ↔ 薄　　(33) 伸 ↔ (　　)
(34) 哀 ↔ (　　)　　(35) 緩 ↔ (　　)　　(36) 興 ↔ (　　)
(37) (　　) ↔ 尾　　(38) 明 ↔ (　　)　　(39) 黑 ↔ (　　)
(40) (　　) ↔ 僞　　(41) 左 ↔ (　　)　　(42) (　　) ↔ 忘
(43) 遠 ↔ (　　)　　(44) (　　) ↔ 寡　　(45) 賞 ↔ (　　)
(46) (　　) ↔ 活　　(47) 師 ↔ (　　)　　(48) 姉 ↔ (　　)
(49) 賣 ↔ (　　)　　(50) 曲 ↔ (　　)　　(51) (　　) ↔ 低
(52) (　　) ↔ 幼　　(53) (　　) ↔ 異　　(54) (　　) ↔ 臣
(55) 單 ↔ (　　)　　(56) 與 ↔ (　　)　　(57) (　　) ↔ 來
(58) 得 ↔ (　　)　　(59) 多 ↔ (　　)　　(60) (　　) ↔ 外
(61) (　　) ↔ 納　　(62) (　　) ↔ 裏　　(63) 善 ↔ (　　)
(64) (　　) ↔ 受　　(65) 手 ↔ (　　)　　(66) 先 ↔ (　　)
(67) (　　) ↔ 衰　　(68) 甘 ↔ (　　)　　(69) 輕 ↔ (　　)
(70) (　　) ↔ 私　　(71) (　　) ↔ 使　　(72) (　　) ↔ 靜
(73) 問 ↔ (　　)　　(74) (　　) ↔ 醜　　(75) (　　) ↔ 圓
(76) (　　) ↔ 炭　　(77) (　　) ↔ 敗　　(78) 陰 ↔ (　　)
(79) 戰 ↔ (　　)　　(80) 遲 ↔ (　　)　　(81) (　　) ↔ 濁

8. 다음 漢字語의 反對語 또는 相對語를 2음절로 된 漢字(正字)로 쓰시오.

(1) 人爲 ↔ (   )   (2) 直接 ↔ (   )
(3) 敵對 ↔ (   )   (4) 承認 ↔ (   )
(5) 生産 ↔ (   )   (6) 原因 ↔ (   )
(7) 閉鎖 ↔ (   )   (8) 理想 ↔ (   )
(9) 收入 ↔ (   )   (10) 差別 ↔ (   )
(11) 敗北 ↔ (   )   (12) 斷絶 ↔ (   )
(13) 安全 ↔ (   )   (14) 抽象 ↔ (   )
(15) 密集 ↔ (   )   (16) 可決 ↔ (   )
(17) 個別 ↔ (   )   (18) 感性 ↔ (   )
(19) 成功 ↔ (   )   (20) 寒冷 ↔ (   )
(21) 默讀 ↔ (   )   (22) 光明 ↔ (   )
(23) 消滅 ↔ (   )   (24) 減少 ↔ (   )
(25) 虛僞 ↔ (   )   (26) 內容 ↔ (   )
(27) 上昇 ↔ (   )   (28) 當番 ↔ (   )
(29) 加重 ↔ (   )   (30) 擴大 ↔ (   )
(31) 破壞 ↔ (   )   (32) 浪費 ↔ (   )
(33) 送舊 ↔ (   )   (34) 快樂 ↔ (   )
(35) 內包 ↔ (   )   (36) 起立 ↔ (   )
(37) 難解 ↔ (   )   (38) 騷亂 ↔ (   )
(39) 悲哀 ↔ (   )   (40) 遠隔 ↔ (   )
(41) 脫退 ↔ (   )   (42) 寬大 ↔ (   )
(43) 低下 ↔ (   )   (44) 嫌惡 ↔ (   )
(45) 精神 ↔ (   )   (46) 白晝 ↔ (   )
(47) 偏頗 ↔ (   )   (48) 單純 ↔ (   )
(49) 幹線 ↔ (   )   (50) 左遷 ↔ (   )
(51) 緩慢 ↔ (   )   (52) 干涉 ↔ (   )
(53) 非難 ↔ (   )   (54) 獨白 ↔ (   )

9. 다음 漢字語의 同音異義語를 제시된 뜻에 맞는 漢字(正字)로 쓰시오.

(1) 改量 - (   ): 고치어 좋게 함
(2) 級數 - (   ): 물을 대어 줌
(3) 秀才 - (   ): 장마나 홍수로 인한 재난
(4) 動搖 - (   ): 어린이들의 생활 감정이나 심리를 표현한 정형시
(5) 首都 - (   ): 도를 닦음
(6) 家山 - (   ): 더하여 셈함
(7) 定員 - (   ): 집 안에 있는 뜰이나 꽃밭
(8) 報告 - (   ): 귀중한 물건을 간수해 두는 창고
(9) 記述 - (   ): 어떤 일을 솜씨 있게 해내는 방법이나 수단
(10) 經路 - (   ): 노인을 공경함
(11) 起源 - (   ): 연대를 계산하는 데에 기준이 되는 해
(12) 喪家 - (   ): 상점들이 늘어서 있는 거리
(13) 非行 - (   ): 공중으로 날아가거나 날아다님
(14) 電源 - (   ): 전체의 인원
(15) 起床 - (   ): 비, 눈, 바람 등 대기 중에서 일어나는 물리적 현상
(16) 射手 - (   ): 목숨을 걸고 지킴
(17) 戰時 - (   ): 물품을 한곳에 벌여 놓고 보임
(18) 通貨 - (   ): 전화로 말을 주고받음
(19) 鄕愁 - (   ): 향기로운 냄새가 나는 액체 화장품의 하나
(20) 構造 - (   ): 어려운 처지에 빠진 사람을 구하여 줌
(21) 貴中 - (   ): 귀하고 중요함
(22) 空洞 - (   ): 둘 이상의 사람이나 단체가 함께 일을 함
(23) 長官 - (   ): 훌륭하고 장대한 광경
(24) 理解 - (   ): 이익과 손해
(25) 毒酒 - (   ): 혼자서 뜀
(26) 副賞 - (   ): 몸에 상처를 입음
(27) 醫師 - (   ): 의로운 지사

419

10. 다음 (　) 안에 알맞은 漢字(正字)를 써넣어 四字成語를 완성하시오.

(1) 興盡(　)來
(2) 仁者無(　)
(3) 指鹿爲(　)
(4) 百(　)不屈
(5) (　)肉相殘
(6) 矯角(　)牛
(7) 九折羊(　)
(8) 日就月(　)
(9) 守株(　)兎
(10) (　)猶不及
(11) 東奔西(　)
(12) (　)賞必罰
(13) (　)木求魚
(14) 愚公(　)山
(15) 漸入佳(　)
(16) (　)舟求劍
(17) 梁上(　)子
(18) 內憂外(　)
(19) 我田(　)水
(20) (　)鐵殺人
(21) 同(　)相憐
(22) 因(　)應報
(23) 勸善懲(　)
(24) 竹馬故(　)
(25) 刻骨(　)忘
(26) 先(　)後私
(27) 言語(　)斷
(28) 目不識(　)
(29) 百家(　)鳴
(30) 苦(　)甘來
(31) 群(　)一鶴
(32) 烏飛梨(　)
(33) 拍掌大(　)
(34) 螢(　)之功
(35) 拔本塞(　)
(36) 四顧無(　)
(37) 欲(　)不達
(38) (　)國之色
(39) 人(　)獸心
(40) 博學多(　)
(41) 三旬九(　)
(42) 烏合之(　)
(43) 同(　)異夢
(44) 溫(　)知新
(45) 輕(　)妄動
(46) 同價(　)裳
(47) 酒池(　)林
(48) 森羅萬(　)
(49) 深(　)熟考
(50) 會者定(　)
(51) 萬頃蒼(　)
(52) 綠陰芳(　)
(53) 轉禍爲(　)
(54) 五(　)霧中

11. 다음 漢字의 部首를 쓰시오.

(1) 羅
(2) 缺
(3) 鬼
(4) 單
(5) 留
(6) 藝
(7) 委
(8) 束
(9) 壯
(10) 準
(11) 覺
(12) 派
(13) 段
(14) 兩
(15) 舞
(16) 朱
(17) 憲
(18) 眼
(19) 窓
(20) 冬
(21) 鳴
(22) 碑
(23) 直
(24) 正
(25) 畜
(26) 戒
(27) 旱
(28) 丑
(29) 炭
(30) 夷
(31) 翁
(32) 局
(33) 錢
(34) 了
(35) 打
(36) 首
(37) 栽
(38) 執
(39) 延
(40) 帳
(41) 牧
(42) 快
(43) 從
(44) 富
(45) 輪
(46) 稱
(47) 尋
(48) 跳
(49) 胃
(50) 于
(51) 究
(52) 倍
(53) 費
(54) 參
(55) 歌
(56) 頌
(57) 疑
(58) 雁
(59) 豆
(60) 藥
(61) 弱
(62) 奚
(63) 殆
(64) 討
(65) 絃
(66) 負
(67) 猛
(68) 知
(69) 每
(70) 頃
(71) 考
(72) 幸
(73) 云
(74) 充
(75) 娛
(76) 疾
(77) 麥
(78) 唱
(79) 窮
(80) 圓
(81) 遷

12. 다음 漢字의 略字를 쓰시오.

(1) 處　　　　　(2) 將　　　　　(3) 總

(4) 團　　　　　(5) 賣　　　　　(6) 當

(7) 卒　　　　　(8) 錢　　　　　(9) 儉

(10) 擔　　　　(11) 堅　　　　(12) 佛

(13) 兩　　　　(14) 勸　　　　(15) 擇

(16) 雜　　　　(17) 彈　　　　(18) 壓

(19) 單　　　　(20) 師　　　　(21) 圖

(22) 缺　　　　(23) 辭　　　　(24) 點

(25) 與　　　　(26) 黨　　　　(27) 亂

(28) 舊　　　　(29) 繼　　　　(30) 發

(31) 據　　　　(32) 樂　　　　(33) 畫

(34) 邊　　　　(35) 寶　　　　(36) 豫

(37) 萬　　　　(38) 覺　　　　(39) 餘

(40) 條　　　　(41) 個　　　　(42) 屬

(43) 藥　　　　(44) 區　　　　(45) 變

(46) 黑　　　　(47) 廳　　　　(48) 從

(49) 龍　　　　(50) 稱　　　　(51) 營

(52) 號　　　　(53) 轉　　　　(54) 傳

(55) 醫　　　　(56) 體　　　　(57) 盡

(58) 經　　　　(59) 學　　　　(60) 濟

(61) 鑛　　　　(62) 聲　　　　(63) 禮

(64) 獨　　　　(65) 會　　　　(66) 假

(67) 蟲　　　　(68) 廣　　　　(69) 圍

(70) 兒　　　　(71) 裝　　　　(72) 應

(73) 惡　　　　(74) 國　　　　(75) 實

(76) 謠　　　　(77) 氣　　　　(78) 爭

(79) 關　　　　(80) 證　　　　(81) 參

13. 다음 漢字語의 뜻을 쓰시오.

(1) 故意　　　　　　　　(2) 姪女
(3) 呼名　　　　　　　　(4) 採石
(5) 縱橫　　　　　　　　(6) 明星
(7) 暗算　　　　　　　　(8) 虛空
(9) 全員　　　　　　　　(10) 雨衣
(11) 回甲　　　　　　　　(12) 叔父
(13) 一切　　　　　　　　(14) 遷都
(15) 殆半　　　　　　　　(16) 食率
(17) 類似　　　　　　　　(18) 汚染
(19) 濫用　　　　　　　　(20) 假飾
(21) 密集　　　　　　　　(22) 探査
(23) 修正　　　　　　　　(24) 確信
(25) 博識　　　　　　　　(26) 豫想
(27) 歸國　　　　　　　　(28) 遵守
(29) 克己　　　　　　　　(30) 降雨
(31) 最低　　　　　　　　(32) 受容
(33) 定額　　　　　　　　(34) 簡易
(35) 竝立　　　　　　　　(36) 違約
(37) 昌盛　　　　　　　　(38) 豚肉
(39) 免稅　　　　　　　　(40) 足跡
(41) 多忙　　　　　　　　(42) 釋放
(43) 拾得　　　　　　　　(44) 畢竟
(45) 抗拒　　　　　　　　(46) 飽食
(47) 延命　　　　　　　　(48) 巨商
(49) 負擔　　　　　　　　(50) 榮華
(51) 午睡　　　　　　　　(52) 委任
(53) 拘束　　　　　　　　(54) 永久

3급
시험 문제 유형 분석

유형 1 독음 쓰기

[問] 다음 밑줄 친 漢字語의 讀音을 쓰시오.

◎ 중세에 (1)構築된 건물이 전쟁으로 (2)破壞되면서 많은 유물이 (3)埋沒되었다.
　　　　　　구축　　　　　　　　　　　파괴　　　　　　　　　　　　　　매몰

해설

150문제 중 45문제 정도 출제되는 유형으로, 漢字語(한자어)의 讀音(독음)을 쓸 수 있는지 평가하는 문제입니다. 이 유형은 한자능력검정시험에서 讀音(독음)을 묻는 가장 일반적인 유형이므로 고득점을 원한다면 이 유형만큼은 만점을 목표로 준비해야 합니다. 평소 3급 배정 한자 1,817자로 조합된 漢字語(한자어)를 꾸준히 학습하는 것이 바람직합니다.

시험에 잘 나오는 한자어 (형광펜: 출제 빈도가 높음.)

刻骨(각골)	懇切(간절)	渴症(갈증)	減免(감면)	慨歎(개탄)	激勵(격려)	謙讓(겸양)
謙虛(겸허)	硬直(경직)	慶賀(경하)	溪谷(계곡)	啓蒙(계몽)	契約(계약)	苦惱(고뇌)
顧慮(고려)	姑婦(고부)	鼓吹(고취)	困窮(곤궁)	貢獻(공헌)	誇張(과장)	寡默(과묵)
交易(교역)	交替(교체)	拘束(구속)	苟且(구차)	構築(구축)	弓矢(궁시)	拳鬪(권투)
勤儉(근검)	勤勉(근면)	謹愼(근신)	今昔(금석)	禽獸(금수)	紀綱(기강)	飢餓(기아)
祈願(기원)	基礎(기초)	緊縮(긴축)	濫伐(남벌)	耐久(내구)	奴婢(노비)	腦裏(뇌리)
漏濕(누습)	端緒(단서)	團束(단속)	丹楓(단풍)	踏査(답사)	踏襲(답습)	貸與(대여)
對照(대조)	貸借(대차)	到着(도착)	陶醉(도취)	督勵(독려)	督促(독촉)	敦篤(돈독)
鈍濁(둔탁)	蘭草(난초)	掠奪(약탈)	廉恥(염치)	靈魂(영혼)	累積(누적)	漏電(누전)
舞臺(무대)	霧散(무산)	茂盛(무성)	貿易(무역)	微細(미세)	迷惑(미혹)	配偶(배우)
排斥(배척)	煩惱(번뇌)	飜譯(번역)	煩雜(번잡)	辨償(변상)	報償(보상)	補修(보수)
肥滿(비만)	鼻炎(비염)	鼻祖(비조)	卑賤(비천)	頻繁(빈번)	詐欺(사기)	邪惡(사악)
洗濯(세탁)	燒却(소각)	騷動(소동)	騷亂(소란)	訴訟(소송)	疏遠(소원)	刷掃(쇄소)
衰弱(쇠약)	首肯(수긍)	首尾(수미)	輸送(수송)	修飾(수식)	需要(수요)	輸出(수출)
餘暇(여가)	餘裕(여유)	憐憫(연민)	榮譽(영예)	影響(영향)	銳利(예리)	銳敏(예민)
傲慢(오만)	汚染(오염)	緩急(완급)	外貌(외모)	搖動(요동)	庸劣(용렬)	愚鈍(우둔)

憂慮(우려)	雲霧(운무)	運輸(운수)	違背(위배)	僞造(위조)	危殆(위태)	違憲(위헌)	
威脅(위협)	遊說(유세)	柔順(유순)	柔軟(유연)	猶豫(유예)	誘惑(유혹)	遊戲(유희)	
暫時(잠시)	葬禮(장례)	裝飾(장식)	栽培(재배)	災厄(재액)	災禍(재화)	貯藏(저장)	
抵抗(저항)	戰亂(전란)	絶叫(절규)	漸增(점증)	漸次(점차)	淨潔(정결)	征伐(정벌)	
貞淑(정숙)	靜寂(정적)	整齊(정제)	淨化(정화)	租稅(조세)	族譜(족보)	拙劣(졸렬)	
症狀(증상)	症勢(증세)	贈與(증여)	憎惡(증오)	遲刻(지각)	遲延(지연)	振動(진동)	
陳腐(진부)	鎭壓(진압)	懲戒(징계)	懲罰(징벌)	慙愧(참괴)	參禪(참선)	暢達(창달)	
添削(첨삭)	尖塔(첨탑)	招聘(초빙)	礎石(초석)	超越(초월)	觸覺(촉각)	抽象(추상)	
推薦(추천)	縮刷(축쇄)	衝擊(충격)	衝突(충돌)	取捨(취사)	恥辱(치욕)	墮落(타락)	
妥協(타협)	奪還(탈환)	貪慾(탐욕)	怠慢(태만)	討伐(토벌)	透徹(투철)	派遣(파견)	
破壞(파괴)	罷免(파면)	罷業(파업)	播種(파종)	敗北(패배)	廢棄(폐기)	弊端(폐단)	
閉幕(폐막)	廢止(폐지)	飽滿(포만)	飽腹(포복)	捕捉(포착)	捕獲(포획)	被告(피고)	
螢雪(형설)	魂靈(혼령)	昏迷(혼미)	混濁(혼탁)	和睦(화목)	禍福(화복)	貨幣(화폐)	
悔恨(회한)	獲得(획득)	橫暴(횡포)	毁損(훼손)	携帶(휴대)	稀貴(희귀)	稀薄(희박)	

유형 2 훈음 쓰기

[問] 다음 漢字의 訓과 音을 쓰시오.

(1) 竝 나란히 병
(2) 了 마칠 료

해설

150문제 중 27문제 정도 출제되는 유형으로, 漢字(한자)의 訓(훈)과 音(음)을 쓸 수 있는지 평가하는 문제입니다. 이 유형은 한자능력검정시험에서 훈과 음을 묻는 가장 기본적인 유형으로, 각 한자의 대표 訓(훈)과 音(음)을 정확히 알아야 합니다. 이 책의 배정 한자 목록에는 이러한 혼동을 피하고자 정확한 대표 훈(訓)과 음(音)을 실어 두었으니, 평소에 한자의 대표 훈음을 정확히 알고 꾸준히 학습하는 것이 매우 중요합니다.

유형 3 한자 쓰기

[問] 다음 밑줄 친 漢字語를 漢字로 쓰시오.

(1) 우리 민족의 고유문화를 간과해서는 안 된다. 固有
(2) 맞은 문제도 다시 한 번 더 확인하는 습관이 필요하다. 確認

해설

150문제 중 30문제 정도 출제되는 유형으로, 문장 속에 포함된 단어를 漢字(한자)로 쓸 수 있는지 평가하는 문제입니다. 3급의 경우 긴 지문을 제시하는 유형과 위와 같은 유형이 번갈아 출제되고 있습니다. 평소 3급 쓰기 배정 한자 1,000자(4급 배정 한자와 동일)로 조합된 漢字語(한자어)를 꾸준히 학습하는 것이 바람직합니다.

시험에 잘 나오는 한자어 (형광펜: 출제 빈도가 높음.)

강구(講究)	개혁(改革)	거주(居住)	결론(結論)	계속(繼續)	계승(繼承)	고립(孤立)
고유(固有)	고전(古典)	공과(功過)	공용(共用)	공존(共存)	과언(過言)	과정(過程)
관계(關係)	구별(區別)	국익(國益)	굴절(屈折)	규모(規模)	기록(記錄)	기술(技術)
납세(納稅)	노력(努力)	논거(論據)	논어(論語)	담임(擔任)	동지(冬至)	모범(模範)
목표(目標)	묘기(妙技)	미술(美術)	방법(方法)	백제(百濟)	번호(番號)	법률(法律)
보수(保守)	부담(負擔)	비판(批判)	비평(批評)	사명(使命)	사업(事業)	상업(商業)
상처(傷處)	상황(狀況)	서적(書籍)	선거(選擧)	선정(選定)	성대(盛大)	성적(成績)
시행(施行)	신라(新羅)	역사(歷史)	영달(榮達)	영업(營業)	요소(要素)	우수(優秀)
인식(認識)	자세(姿勢)	재료(材料)	재물(財物)	재수(再修)	저축(貯蓄)	전개(展開)
전공(專攻)	전무(全無)	전통(傳統)	정도(程度)	정밀(精密)	정보(情報)	정신(精神)
정확(正確)	제도(制度)	제시(提示)	조사(調査)	조어(造語)	조화(調和)	중론(衆論)
중요(重要)	증거(證據)	증명(證明)	지원(支援)	지조(志操)	창작(創作)	창조(創造)
체계(體系)	초대(招待)	초등(初等)	축약(縮約)	취업(就業)	칭송(稱誦)	혁신(革新)

유형 4 장단음 구분하기

[問] 다음 漢字語 중 첫소리가 長音인 것을 5개 가려 그 기호(㉠-㉺)를 쓰시오.

〈보기〉
㉠ 謹愼   ㉡ 結婚   ㉢ 貿易   ㉣ 溪谷   ㉤ 貸借
㉥ 降臨   ㉦ 開催   ㉧ 貢獻   ㉨ 階段   ㉩ 監督

㉠, ㉢, ㉤, ㉥, ㉧

해설

150문제 중 5문제 정도 출제되는 유형으로, 한자능력검정시험에서 가장 어렵다고 할 수 있을 만큼 학습자들이 부담을 가질 수 있는 부분입니다. 長短音(장단음)이란 우리말을 읽을 때 길게 또는 짧게 발음하는 것을 말합니다. 뚜렷한 원칙을 찾기 또한 쉽지 않기 때문에 우선 눈으로 많이 익히는 것이 가장 중요합니다. 평소 국어사전을 통해 漢字語(한자어)를 확인하는 것도 長短音(장단음) 문제에 대비하는 방법입니다. 국어사전의 모든 漢字語(한자어)에는 ':'와 같이 장음 표시가 되어 있기 때문에 ':' 가 있으면 장음 ':' 가 없으면 단음으로 읽습니다.

> **유형 5** 유의자 쓰기
>
> [問] 다음 漢字와 비슷한 뜻을 가진 漢字(正字)를 써넣으시오.
>
> (1) 그 병원은 고가의 최신 기기를 具(備)하고 있었다.
> (2) 그녀는 라디오에서 흘러나오는 歌(謠)를 따라 불렀다.

해설

150문제 중 5문제 정도 출제되는 유형으로, 뜻이 비슷한 漢字(한자)를 쓸 수 있는지 평가하는 문제입니다. 이 유형 또한 상대자와 마찬가지로 漢字(한자)를 공부하는 데 필수적인 유형이므로 철저히 대비해야 합니다. 부록에 정리된 유의자·유의어를 활용하여 효율적으로 학습할 수 있습니다.

시험에 잘 나오는 유의자 (형광펜: 출제 빈도가 높음.)

價(값 가) ≒ 値(값 치)	歌(노래 가) ≒ 謠(노래 요)	覺(깨달을 각) ≒ 悟(깨달을 오)
健(굳셀 건) ≒ 康(편안 강)	巨(클 거) ≒ 大(큰 대)	經(지날 경) ≒ 過(지날 과)
經(지날 경) ≒ 歷(지날 력)	階(섬돌 계) ≒ 段(층계 단)	繼(이을 계) ≒ 續(이을 속)
恭(공손할 공) ≒ 敬(공경 경)	空(빌 공) ≒ 虛(빌 허)	果(실과 과) ≒ 實(열매 실)
配(짝 배) ≒ 偶(짝 우)	配(짝 배) ≒ 匹(짝 필)	附(붙을 부) ≒ 着(붙을 착)
墳(무덤 분) ≒ 墓(무덤 묘)	貧(가난할 빈) ≒ 窮(다할 궁)	賓(손 빈) ≒ 客(손 객)
思(생각 사) ≒ 想(생각 상)	相(서로 상) ≒ 互(서로 호)	選(가릴 선) ≒ 擇(가릴 택)
尋(찾을 심) ≒ 訪(찾을 방)	眼(눈 안) ≒ 目(눈 목)	養(기를 양) ≒ 育(기를 육)
怨(원망할 원) ≒ 恨(한할 한)	恩(은혜 은) ≒ 惠(은혜 혜)	音(소리 음) ≒ 聲(소리 성)
引(끌 인) ≒ 導(인도할 도)	認(알 인) ≒ 識(알 식)	仁(어질 인) ≒ 慈(사랑 자)
裝(꾸밀 장) ≒ 飾(꾸밀 식)	停(머무를 정) ≒ 止(그칠 지)	組(짤 조) ≒ 織(짤 직)
朱(붉을 주) ≒ 紅(붉을 홍)	憎(미울 증) ≒ 惡(미워할 오)	倉(곳집 창) ≒ 庫(곳집 고)
層(층 층) ≒ 階(섬돌 계)	鬪(싸움 투) ≒ 爭(다툴 쟁)	和(화할 화) ≒ 睦(화목할 목)
歡(기쁠 환) ≒ 喜(기쁠 희)	皇(임금 황) ≒ 帝(임금 제)	希(바랄 희) ≒ 望(바랄 망)

> **유형 6** 상대자 쓰기
>
> [問] 다음 漢字와 뜻이 反對 또는 相對되는 漢字(正字)를 써넣으시오.
>
> (1) 京 ↔ (鄕)
> (2) 斷 ↔ (續)

해설

150문제 중 5문제 정도 출제되는 유형으로, 뜻이 서로 반대되거나 상대되는 漢字(한자)를 쓸 수 있는지 평가하는 문제입니다. 이 유형은 漢字(한자)를 공부하는 데 필수적인 유형이므로 철저히 대비해야 합니다. 부록에 정리된 상대자·상대어를 활용하여 효율적으로 학습할 수 있습니다.

시험에 잘 나오는 상대자 (형광펜: 출제 빈도가 높음.)

加(더할 가) ↔ 減(덜 감)	輕(가벼울 경) ↔ 重(무거울 중)	慶(경사 경) ↔ 弔(조상할 조)
及(미칠 급) ↔ 落(떨어질 락)	難(어려울 난) ↔ 易(쉬울 이)	內(안 내) ↔ 外(바깥 외)
斷(끊을 단) ↔ 續(이을 속)	同(한가지 동) ↔ 異(다를 이)	動(움직일 동) ↔ 靜(고요할 정)
得(얻을 득) ↔ 失(잃을 실)	賣(팔 매) ↔ 買(살 매)	明(밝을 명) ↔ 暗(어두울 암)
夫(지아비 부) ↔ 婦(며느리 부)	貧(가난할 빈) ↔ 富(부자 부)	師(스승 사) ↔ 弟(아우 제)
賞(상줄 상) ↔ 罰(벌할 벌)	先(먼저 선) ↔ 後(뒤 후)	善(착할 선) ↔ 惡(악할 악)
成(이룰 성) ↔ 敗(패할 패)	損(덜 손) ↔ 益(더할 익)	送(보낼 송) ↔ 迎(맞을 영)
順(순할 순) ↔ 逆(거스릴 역)	昇(오를 승) ↔ 降(내릴 강)	勝(이길 승) ↔ 敗(패할 패)
是(옳을 시) ↔ 非(아닐 비)	深(깊을 심) ↔ 淺(얕을 천)	安(편안 안) ↔ 危(위태할 위)
愛(사랑 애) ↔ 憎(미울 증)	哀(슬플 애) ↔ 歡(기쁠 환)	緩(느릴 완) ↔ 急(급할 급)
往(갈 왕) ↔ 來(올 래)	優(넉넉할 우) ↔ 劣(못할 렬)	遠(멀 원) ↔ 近(가까울 근)
陰(그늘 음) ↔ 陽(볕 양)	任(맡길 임) ↔ 免(면할 면)	長(긴 장) ↔ 短(짧을 단)
早(이를 조) ↔ 晚(늦을 만)	尊(높을 존) ↔ 卑(낮을 비)	晝(낮 주) ↔ 夜(밤 야)
主(주인 주) ↔ 客(손 객)	衆(무리 중) ↔ 寡(적을 과)	增(더할 증) ↔ 減(덜 감)
進(나아갈 진) ↔ 退(물러날 퇴)	眞(참 진) ↔ 僞(거짓 위)	集(모을 집) ↔ 散(흩을 산)
淸(맑을 청) ↔ 濁(흐릴 탁)	表(겉 표) ↔ 裏(속 리)	虛(빌 허) ↔ 實(열매 실)
呼(부를 호) ↔ 吸(마실 흡)	禍(재앙 화) ↔ 福(복 복)	厚(두터울 후) ↔ 薄(엷을 박)

유형 7 상대어 쓰기

> [問] 다음 漢字語의 反對語 또는 相對語를 2음절로 된 漢字(正字)로 쓰시오.
>
> (1) (近郊) ↔ 遠郊
>
> (2) 收入 ↔ (支出)

해설

150문제 중 5문제 정도 출제되는 유형으로, 反對語(반대어) 또는 相對語(상대어)를 쓸 수 있는지 평가하는 문제입니다. 이 유형은 漢字(한자)를 공부하는 데 필수적인 유형이므로 상대자와 함께 철저히 대비해야 합니다. 부록에 정리된 상대자·상대어를 활용하여 효율적으로 학습할 수 있습니다.

시험에 잘 나오는 상대어 (형광펜: 출제 빈도가 높음.)

可決(가결) ↔ 否決(부결)	感性(감성) ↔ 理性(이성)	開放(개방) ↔ 閉鎖(폐쇄)
拒絶(거절) ↔ 承諾(승낙)	建設(건설) ↔ 破壞(파괴)	具體(구체) ↔ 抽象(추상)
權利(권리) ↔ 義務(의무)	近郊(근교) ↔ 遠郊(원교)	內容(내용) ↔ 形式(형식)

單純(단순) ↔ 複雜(복잡)	密集(밀집) ↔ 散在(산재)	放心(방심) ↔ 操心(조심)
上昇(상승) ↔ 下降(하강)	收入(수입) ↔ 支出(지출)	勝利(승리) ↔ 敗北(패배)
偶然(우연) ↔ 必然(필연)	原因(원인) ↔ 結果(결과)	理想(이상) ↔ 現實(현실)
主觀(주관) ↔ 客觀(객관)	質疑(질의) ↔ 應答(응답)	縮小(축소) ↔ 擴大(확대)

유형 8 동음이의어 쓰기

[問] 다음 漢字語의 同音異義語를 제시된 뜻에 맞추어 漢字(正字)로 쓰시오.

(1) 給水 – (級數): 기술 등을 우열에 따라 매긴 등급.
(2) 步道 – (報道): 대중 전달 매체를 통하여 일반 사람들에게 새로운 소식을 알림

해설

150문제 중 5문제 정도 출제되는 유형으로, 소리는 같으나 뜻이 다른 漢字語(한자어) 즉, 同音異義語(동음이의어)를 고를 수 있는지 평가하는 문제입니다. 동음이의어를 확실히 학습해 두면 한자 쓰기 실력 향상에 큰 도움이 됩니다. 부록에 정리된 동음이의어를 활용하여 꾸준히 학습할 것을 권합니다.

유형 9 사자성어 완성하기

[問] 다음 (   ) 안에 알맞은 漢字(正字)를 써넣어 四字成語를 완성하시오.

(1) 그는 지역 경제 발전을 위해 東奔西(走)로 뛰어다녔다.
(2) 그녀가 책상을 옮기는 데 도와주는 사람이 없으니 실로 (孤)掌難鳴이다.

해설

150문제 중 10문제 정도 출제되는 유형으로, 四字成語(사자성어)를 완성할 수 있는지 평가하는 문제입니다. 이 유형은 漢字(한자) 낱글자를 아는 데 그치지 않고 四字成語(사자성어)의 의미에 맞는 漢字(한자)를 유추하는 문제 유형입니다. 평소에 四字成語(사자성어)를 많이 익혀두는 습관이 중요합니다. 부록에 정리된 사자성어와 풀이를 활용하여 꾸준히 학습할 것을 권합니다.

시험에 잘 나오는 사자성어 (형광펜: 출제 빈도가 높음.)

刻舟求劍(각주구검)	甘言利說(감언이설)	改過遷善(개과천선)	結者解之(결자해지)
孤掌難鳴(고장난명)	苦盡甘來(고진감래)	九牛一毛(구우일모)	群鷄一鶴(군계일학)
勸善懲惡(권선징악)	錦衣夜行(금의야행)	錦衣還鄉(금의환향)	大器晚成(대기만성)
同價紅裳(동가홍상)	同病相憐(동병상련)	東奔西走(동분서주)	同床異夢(동상이몽)
拍掌大笑(박장대소)	拔本塞源(발본색원)	傍若無人(방약무인)	白骨難忘(백골난망)
百年河淸(백년하청)	百折不屈(백절불굴)	四顧無親(사고무친)	事必歸正(사필귀정)
雪上加霜(설상가상)	信賞必罰(신상필벌)	身言書判(신언서판)	實事求是(실사구시)

羊頭狗肉(양두구육)   易地思之(역지사지)   緣木求魚(연목구어)   烏飛梨落(오비이락)
烏合之卒(오합지졸)   龍頭蛇尾(용두사미)   有備無患(유비무환)   仁者無敵(인자무적)
一擧兩得(일거양득)   一罰百戒(일벌백계)   一石二鳥(일석이조)   日就月將(일취월장)
一片丹心(일편단심)   轉禍爲福(전화위복)   漸入佳境(점입가경)   朝令暮改(조령모개)
天高馬肥(천고마비)   千載一遇(천재일우)   寸鐵殺人(촌철살인)   他山之石(타산지석)

유형 10 부수 쓰기

[問] 다음 漢字의 部首를 쓰시오.

(1) 歲 – (止)
(2) 失 – (大)

해설

150문제 중 5문제 정도 출제되는 유형으로, 漢字(한자)의 部首(부수)를 정확히 알고 있는지 평가하는 문제입니다. 이 유형은 4급Ⅱ~특급까지 출제되고 있는 형태이며 평소에 배정 한자를 익힘과 동시에 部首(부수)도 눈여겨 보아야 합니다. 部首(부수)는 한자의 가장 기본적인 지식이고 특히 字典(자전)을 찾는 데 필요합니다.

유형 11 약자 쓰기

[問] 다음 漢字의 略字를 쓰시오.

(1) 假 – (仮)
(2) 舊 – (旧)

해설

150문제 중 3문제 정도 출제되는 유형으로, 漢字(한자)의 略字(약자)를 정확히 쓸 수 있는지 평가하는 문제입니다. 약자는 말 그대로 획수가 많은 한자를 간단하게 줄여 쓴 글자를 말합니다. 한자능력검정시험에서는 5급Ⅱ부터 略字(약자) 문제가 출제되고 있으며, 공인 급수(3Ⅱ~특급)에서 고득점을 원한다면 기초적인 약자부터 정리해 두는 습관이 중요합니다.

시험에 잘 나오는 약자 (형광펜: 출제 빈도가 높음.)

價(값 가) → 価	假(거짓 가) → 仮	關(관계할 관) → 関	鑛(쇳돌 광) → 鉱
區(구분할 구) → 区	舊(예 구) → 旧	歸(돌아갈 귀) → 帰	亂(어지러울 란) → 乱
斷(끊을 단) → 断	擔(멜 담) → 担	當(마땅 당) → 当	邊(가 변) → 辺
佛(부처 불) → 仏	辭(말씀 사) → 辞	屬(붙일 속) → 属	與(더불 여) → 与
濟(건널 제) → 済	鐵(쇠 철) → 鉄	蟲(벌레 충) → 虫	學(배울 학) → 学

유형 12 한자어 뜻풀이 하기

> [問] 다음 漢字語의 뜻을 쓰시오.
>
> (1) 濫用 함부로 씀
> (2) 軟骨 물렁뼈

해설

150문제 중 5문제 정도 출제되는 유형으로, 제시된 漢字語(한자어)의 뜻을 풀이할 수 있는지 평가하는 문제입니다. 이 유형은 한자능력검정시험에서 뜻풀이 문제로 가장 많이 출제되는 유형입니다. 평소에 漢字語(한자어)의 讀音(독음)만 알 것이 아니라 각 漢字(한자)의 訓(훈)을 알고 뜻풀이하는 습관을 기르는 것이 중요합니다. 이때 국어사전을 통해서 정확한 뜻을 확인할 것을 권합니다.

시험에 잘 나오는 한자어 풀이

屈折(굴절): 휘어서 꺾임
克己(극기): 자기의 욕망이나 감정 따위를 이성적 의지로 눌러 이김
濫用(남용): 함부로 씀
模範(모범): 본받아 배울 만함
伯父(백부): 큰아버지
蜂蜜(봉밀): 꿀
負債(부채): 남에게 빚을 짐
朔望(삭망): 음력 초하룻날과 보름날
損失(손실): 덜리어 없어짐 또는 축나거나 없어짐
瞬間(순간): 눈 깜짝할 사이
軟骨(연골): 물렁뼈
營業(영업): 영리를 목적으로 하는 사업
午睡(오수): 낮잠
雲霧(운무): 구름과 안개
遺族(유족): 죽은 사람의 뒤에 남은 가족
移植(이식): 옮겨서 심음
隣家(인가): 이웃집
調査(조사): 자세히 살펴보거나 찾아봄
足跡(족적): 발자취
衆論(중론): 여러 사람의 의견
遷都(천도): 도읍을 옮김
虛飢(허기): 몹시 굶어서 배고픈 느낌

사자성어

ㄱ

加減乘除 가감승제
덧셈, 뺄셈, 곱셈, 나눗셈을 아울러 이르는 말

街談巷說 가담항설
거리나 항간에 떠도는 소문

佳人薄命 가인박명
여자의 용모가 아름다우면 운명이 짧거나 기구함

刻骨難忘 각골난망
은혜를 입은 고마움이 뼈 속 깊이 새겨져 잊기 어려움

各樣各色 각양각색
각기 다른 여러 가지 모양과 빛깔

角者無齒 각자무치
뿔이 있는 짐승은 이가 없다는 뜻으로, 한 사람이 모든 복이나 재주를 겸하지 못함을 이르는 말

刻舟求劍 각주구검
어리석고 미련하여 융통성이 없음을 비유하여 이르는 말

敢不生心 감불생심
감히 엄두도 내지 못함

甘言利說 감언이설
남의 비위를 맞추는 달콤한 말과 이로운 조건만 들어 그럴듯하게 꾸미는 말

甘井先渴 감정선갈
물맛이 좋은 우물은 먼저 마른다는 뜻으로, 재주가 뛰어난 사람이 일찍 쇠함

感之德之 감지덕지
매우 고맙게 여김

感荷不已 감하불이
감사하여 마지아니함

甲男乙女 갑남을녀
보통의 평범한 사람들을 이르는 말

綱常之變 강상지변
삼강오상(三綱五常)에 맞지 않는 재앙이나 사고

江湖煙波 강호연파
강이나 호수 위에 안개처럼 보얗게 이는 잔물결

改過遷善 개과천선
지나간 잘못을 고치고 착하게 됨

蓋世之才 개세지재
세상을 뒤덮을 만큼 뛰어난 재주

格物致知 격물치지
실제 사물의 이치를 연구하여 지식을 완전하게 함

隔世之感 격세지감
오래지 않은 동안에 몰라보게 변하여 아주 다른 세상이 된 것 같은 느낌

牽強附會 견강부회
이치에 맞지 않은 말을 억지로 끌어다 붙임

見機而作 견기이작
그 일의 기틀을 보아 낌새를 알아채고 미리 조처함

見利忘義 견리망의
눈앞의 이익을 보면 의리를 잊음

見利思義 **견리사의**
눈앞의 이익을 보면 의리를 먼저 생각함

犬馬之勞 **견마지로**
개나 말 정도의 하찮은 힘이란 뜻으로, 자신의 노력을 낮추어 이르는 말

見物生心 **견물생심**
어떠한 실물을 보게 되면 그것을 가지고 싶은 욕심이 생김

堅忍不拔 **견인불발**
굳게 참고 견디어 마음이 흔들리지 않음

決死反對 **결사반대**
죽기를 각오하고 있는 힘을 다하여 반대함

結義兄弟 **결의형제**
의로써 형제의 관계를 맺음

結者解之 **결자해지**
맺은 사람이 풀어야 한다는 뜻으로, 자기가 저지른 일은 자기가 해결하여야 함

結草報恩 **결초보은**
죽은 뒤에라도 은혜를 잊지 않고 갚음

兼人之勇 **겸인지용**
혼자서 능히 몇 사람을 당해 낼 만한 용기

輕擧妄動 **경거망동**
경솔하고 분수없이 행동함

經國濟世 **경국제세**
나라를 잘 다스려 세상을 구제함

傾國之色 **경국지색**
한 나라를 위기에 빠뜨리게 할 만한 미인이라는 뜻으로, 뛰어나게 아름다운 미인

經世濟民 **경세제민**
세상을 다스리고 백성을 구제함

驚天動地 **경천동지**
하늘을 놀라게 하고 땅을 뒤흔든다는 뜻으로, 세상을 몹시 놀라게 함

經天緯地 **경천위지**
하늘을 날줄로 삼고 땅을 씨줄로 삼아 천하를 다스림

鷄卵有骨 **계란유골**
달걀에도 뼈가 있다는 뜻으로, 운수가 나쁜 사람은 모처럼 좋은 기회를 만나도 역시 일이 잘 안됨

鷄鳴狗盜 **계명구도**
비굴하게 남을 속이는 하찮은 재주 또는 그런 재주를 가진 사람

孤立無援 **고립무원**
고립되어 구원을 받을 데가 없음

苦肉之策 **고육지책**
적을 속이기 위해서 자기 몸을 상해 가면서까지 꾸며 내는 계책

孤掌難鳴 **고장난명**
외손뼉만으로는 소리가 울리지 아니한다는 뜻으로, 혼자의 힘만으로 어떤 일을 이루기 어려움

苦盡甘來 **고진감래**
쓴 것이 다하면 단 것이 온다는 뜻으로, 고생 끝에 즐거움이 옴

高枕安眠 **고침안면**
베개를 높이 하여 편안히 잔다는 뜻으로, 근심 없이 편안히 지냄

曲學阿世 **곡학아세**
학문을 왜곡하여 세상 사람에게 아첨함

骨肉相殘 골육상잔
가까운 혈족끼리 서로 해치고 죽임

空中樓閣 공중누각
공중에 떠 있는 누각이라는 뜻으로, 아무런 근거나 토대가 없는 사물이나 생각

公平無私 공평무사
공평하여 사사로움이 없음

過猶不及 과유불급
정도를 지나침은 미치지 못함과 같음

矯角殺牛 교각살우
소의 뿔을 바로잡으려다가 소를 죽인다는 뜻으로, 작은 일에 힘쓰다가 큰일을 그르침

巧言令色 교언영색
아첨하는 교묘한 말과 보기 좋게 꾸미는 얼굴 빛

交友以信 교우이신
세속 오계의 하나로, 벗을 사귐에 믿음으로써 함

九曲肝腸 구곡간장
굽이굽이 서린 창자라는 뜻으로, 깊은 마음속 또는 시름이 쌓인 마음속

救國干城 구국간성
나라를 구하는 방패와 성

口蜜腹劍 구밀복검
입에는 꿀이 있고 배 속에는 칼이 있다는 뜻으로, 말로는 친한 듯하나 속으로는 해칠 생각이 있음

口尙乳臭 구상유취
입에서 아직 젖내가 난다는 뜻으로, 말이나 행동이 유치함

九牛一毛 구우일모
아홉 마리의 소 가운데 박힌 하나의 털이란 뜻으로, 매우 많은 것 가운데 극히 적은 수

九折羊腸 구절양장
아홉 번 꼬부라진 양의 창자라는 뜻으로, 꼬불꼬불하며 험한 산길

群鷄一鶴 군계일학
닭의 무리 가운데에서 한 마리의 학이란 뜻으로, 많은 사람 가운데서 뛰어난 인물

群雄割據 군웅할거
여러 영웅이 각지에 자리 잡고 서로 세력을 다툼

窮餘之策 궁여지책
궁한 나머지 생각다 못하여 짜낸 계책

權謀術數 권모술수
목적 달성을 위하여 수단과 방법을 가리지 아니하는 온갖 모략이나 술책

權不十年 권불십년
권세는 십 년을 가지 못한다는 뜻으로, 아무리 높은 권세라도 오래가지 못함

勸善懲惡 권선징악
착한 일을 권장하고 악한 일을 징계함

克己復禮 극기복례
자기의 욕심을 누르고 예의범절을 따름

近墨者黑 근묵자흑
먹을 가까이하는 사람은 검어진다는 뜻으로, 나쁜 사람과 가까이 지내면 나쁜 버릇에 물들기 쉬움

近朱者赤 근주자적
붉은 것을 가까이하는 사람은 붉게 된다는 뜻으로, 착한 사람과 사귀면 착해지고, 악한 사람과 사귀면 악해짐을 비유

金科玉條 금과옥조
금이나 옥처럼 귀중히 여겨 꼭 지켜야 할 법칙이나 규정

金蘭之契 금란지계
친구 사이의 매우 두터운 정

錦上添花 금상첨화
비단 위에 꽃을 더한다는 뜻으로, 좋은 일 위에 또 좋은 일이 더하여짐

今昔之感 금석지감
지금과 옛날의 차이가 너무 심하여 생기는 느낌

金石之交 금석지교
쇠나 돌처럼 굳고 변함없는 사귐

金城湯池 금성탕지
방어 시설이 잘되어 있는 성

今始初聞 금시초문
바로 지금 처음으로 들음

錦衣夜行 금의야행
비단옷을 입고 밤길을 다닌다는 뜻으로, 자랑삼아 하지 않으면 생색이 나지 않음

錦衣玉食 금의옥식
비단옷과 흰쌀밥이라는 뜻으로, 호화스럽고 사치스러운 생활

錦衣還鄕 금의환향
비단옷을 입고 고향에 돌아온다는 뜻으로, 출세를 하여 고향에 돌아가거나 돌아옴

金枝玉葉 금지옥엽
금으로 된 가지와 옥으로 된 잎이라는 뜻으로, 임금의 가족을 높여 이르는 말

起死回生 기사회생
거의 죽을 뻔하다가 도로 살아남

奇想天外 기상천외
보통사람이 쉽게 짐작할 수 없을 정도로 엉뚱하고 기발한 생각

吉凶禍福 길흉화복
길흉과 화복을 아울러 이르는 말

ㄴ

落落長松 낙락장송
가지가 길게 축축 늘어진 키가 큰 소나무

落花流水 낙화유수
떨어지는 꽃과 흐르는 물이라는 뜻으로, 가는 봄의 경치

難攻不落 난공불락
공격하기가 어려워 쉽사리 함락되지 아니함

亂臣賊子 난신적자
나라를 어지럽히는 신하와 어버이를 해하는 자식

難兄難弟 난형난제
누구를 형이라 하고 누구를 아우라 하기 어렵다는 뜻으로, 두 사물이 비슷하여 낫고 못함을 정하기 어려움

男負女戴 남부여대
남자는 지고 여자는 인다는 뜻으로, 가난한 사람들이 살 곳을 찾아 이리저리 떠돌아다님

內憂外患 내우외환
나라 안팎의 근심과 걱정

怒甲移乙 노갑이을
어떤 사람에게서 당한 노여움을 다른 사람에게 화풀이함

怒發大發 노발대발
몹시 노하여 성을 냄

爐邊情談 노변정담
화롯가에 둘러앉아서 정답게 주고받는 이야기

綠陰芳草 녹음방초
푸르게 우거진 나무와 향기로운 풀이라는 뜻으로, 여름철의 자연경관

累卵之危 누란지위
달걀을 쌓아 놓은 것과 같이 매우 위태로운 형세

ㄷ

多多益善 다다익선
많으면 많을수록 더욱 좋음

多事多難 다사다난
여러 가지 일도 많고 어려움도 많음

斷金之交 단금지교
쇠라도 자를 만큼 강한 교분이라는 뜻으로, 매우 두터운 우정

單刀直入 단도직입
혼자서 칼 한 자루를 들고 적진으로 곧장 쳐들어간다는 뜻으로, 여러 말을 늘어놓지 아니하고 바로 요점이나 본문제를 중심적으로 말함

堂狗風月 당구풍월
서당에서 기르는 개가 풍월을 읊는다는 뜻으로, 그 분야에 대하여 경험과 지식이 전혀 없는 사람이라도 오래 있으면 얼마간의 경험과 지식을 가짐

大驚失色 대경실색
몹시 놀라 얼굴빛이 하얗게 질림

大器晚成 대기만성
큰 그릇을 만드는 데는 시간이 오래 걸린다는 뜻으로, 크게 될 사람은 늦게 이루어짐

代代孫孫 대대손손
오래도록 내려오는 여러 대

大同團結 대동단결
여러 집단이나 사람이 어떤 목적을 이루려고 크게 한 덩어리로 뭉침

大同小異 대동소이
큰 차이 없이 거의 같음

大明天地 대명천지
아주 환하게 밝은 세상

大聲痛哭 대성통곡
큰 소리로 몹시 슬프게 곡을 함

道聽塗說 도청도설
길에서 듣고 길에서 말한다는 뜻으로, 길거리에 퍼져 돌아다니는 뜬소문

獨不將軍 독불장군
무슨 일이든 자기 생각대로 혼자서 처리하는 사람

讀書三到 독서삼도
독서를 하는 세 가지 방법

獨也靑靑 독야청청
남들이 모두 절개를 꺾는 상황 속에서도 홀로 절개를 굳세게 지키고 있음

同價紅裳 동가홍상
같은 값이면 다홍치마라는 뜻으로, 같은 값이면 좋은 물건을 가짐

同苦同樂 동고동락
괴로움도 즐거움도 함께함

東問西答 동문서답
물음과는 전혀 상관없는 엉뚱한 대답

同病相憐 동병상련
같은 병을 앓는 사람끼리 서로 가엾게 여긴다는 뜻으로, 어려운 처지에 있는 사람끼리 서로 가엾게 여김

東奔西走 **동분서주**
동쪽으로 뛰고 서쪽으로 뛴다는 뜻으로, 사방으로 이리저리 몹시 바쁘게 돌아다님

同床異夢 **동상이몽**
같은 자리에 자면서 다른 꿈을 꾼다는 뜻으로, 겉으로는 같이 행동하면서도 속으로는 각각 딴생각을 하고 있음

登高自卑 **등고자비**
높은 곳에 오르려면 낮은 곳에서부터 오른다는 뜻으로, 일을 순서대로 하여야 함

燈下不明 **등하불명**
등잔 밑이 어둡다는 뜻으로, 가까이에 있는 물건이나 사람을 잘 찾지 못함

燈火可親 **등화가친**
등불을 가까이할 만하다는 뜻으로, 서늘한 가을밤은 등불을 가까이 하여 글 읽기에 좋음

ㅁ

馬耳東風 **마이동풍**
동풍이 말의 귀를 스쳐 간다는 뜻으로, 남의 말을 귀담아듣지 아니하고 지나쳐 흘려버림

莫上莫下 **막상막하**
실력에 있어 낫고 못함이 없이 비슷함

莫逆之友 **막역지우**
서로 거스름이 없는 친구라는 뜻으로, 허물이 없이 아주 친한 친구

萬頃蒼波 **만경창파**
만 이랑의 푸른 물결이라는 뜻으로, 한없이 넓고 넓은 바다

萬古不變 **만고불변**
아주 오랜 세월 동안 변하지 아니함

萬死無惜 **만사무석**
만 번 죽어도 아까울 것이 없음

萬事瓦解 **만사와해**
한 가지의 잘못으로 모든 일이 다 틀어짐

萬事亨通 **만사형통**
모든 일이 뜻한 바대로 잘 이루어짐

萬事休矣 **만사휴의**
모든 것이 헛수고로 돌아감

晩時之歎 **만시지탄**
시기에 늦어 기회를 놓쳤음을 안타까워하는 탄식

滿室憂患 **만실우환**
집안에 앓는 사람이 많음

忘年之友 **망년지우**
나이에 거리끼지 않고 허물없이 사귄 벗

亡羊之歎 **망양지탄**
갈림길이 매우 많아 잃어버린 양을 찾을 길이 없음을 탄식한다는 뜻으로, 학문의 길이 여러 갈래여서 한 갈래의 진리도 얻기 어려움

茫然自失 **망연자실**
멍하니 정신을 잃음

望雲之情 **망운지정**
자식이 객지에서 고향에 계신 어버이를 생각하는 마음

孟母斷機 **맹모단기**
맹자가 학업을 중단하고 돌아왔을 때에, 그 어머니가 짜던 베를 잘라서 학문을 중도에 그만둔 것을 훈계한 일을 이름

孟母三遷 **맹모삼천**
맹자의 어머니가 아들의 교육을 위해 세 번 이사했던 일을 이름

面從腹背 면종복배
겉으로는 복종하는 체하면서 내심으로는 배반함

明鏡止水 명경지수
맑은 거울과 고요한 물

名實相符 명실상부
이름과 실상이 서로 꼭 맞음

明若觀火 명약관화
불을 보듯 분명하고 뻔함

目不識丁 목불식정
아주 간단한 글자인 '丁' 자를 보고도 그것이 '고무래'인 줄을 알지 못한다는 뜻으로, 아주 까막눈임

目不忍見 목불인견
눈앞에 벌어진 상황 따위를 눈 뜨고는 차마 볼 수 없음

無男獨女 무남독녀
아들이 없는 집안의 외동딸

武陵桃源 무릉도원
속세를 떠난 별천지

無不通知 무불통지
무슨 일이든지 다 통하여 모르는 것이 없음

無知莫知 무지막지
몹시 무지하고 상스러우며 포악함

文房四友 문방사우
종이, 붓, 먹, 벼루의 네 가지 문방구

聞一知十 문일지십
하나를 듣고 열 가지를 미루어 안다는 뜻으로, 지극히 총명함

門前成市 문전성시
찾아오는 사람이 많아 집 문 앞이 시장을 이루다시피 함을 이르는 말

勿失好機 물실호기
좋은 기회를 놓치지 아니함

美風良俗 미풍양속
아름답고 좋은 풍속

ㅂ

博覽強記 박람강기
책을 많이 읽고 기억을 잘함

拍掌大笑 박장대소
손뼉을 치며 크게 웃음

博學多識 박학다식
학식이 넓고 아는 것이 많음

拔本塞源 발본색원
폐단의 근원을 아주 뽑아서 없애 버림

拔山蓋世 발산개세
산을 무너뜨리고 세상을 뒤엎을 만한 힘과 기운

傍若無人 방약무인
곁에 사람이 없는 것처럼 아무 거리낌 없이 함부로 말하고 행동함

背水之陣 배수지진
강이나 바다를 등지고 치는 진이라는 뜻으로, 어떤 일을 성취하기 위하여 더 이상 물러설 수 없음

百家爭鳴 백가쟁명
많은 학자나 문화인 등이 자기의 학설이나 주장을 자유롭게 발표하여, 논쟁하고 토론함

百計無策 **백계무책**
어려운 일을 당하여 온갖 계교를 다 써도 해결할 방도를 찾지 못함

白骨難忘 **백골난망**
죽어서 백골이 되어도 남에게 입은 은덕을 잊을 수 없음

百年大計 **백년대계**
먼 앞날까지 미리 내다보고 세우는 크고 중요한 계획

百年河淸 **백년하청**
중국의 황허 강(黃河江)이 늘 흐려 맑을 때가 없다는 뜻으로, 아무리 오랜 시일이 지나도 어떤 일이 이루어지기 어려움

白面書生 **백면서생**
한갓 글만 읽고 세상일에는 전혀 경험이 없는 사람

百發百中 **백발백중**
백 번 쏘아 백 번 맞힌다는 뜻으로, 총이나 활 등을 쏠 때마다 겨눈 곳에 다 맞음

白衣民族 **백의민족**
흰옷을 입은 민족이라는 뜻으로, 한민족을 이르는 말

百戰老將 **백전노장**
수많은 싸움을 치른 노련한 장수. 온갖 어려운 일을 많이 겪은 노련한 사람

百戰百勝 **백전백승**
싸울 때마다 다 이김

百折不屈 **백절불굴**
어떠한 난관에도 결코 굽히지 않음

伯仲之勢 **백중지세**
서로 우열을 가리기 힘든 형세

別有天地 **별유천지**
별세계. 우리가 살고 있는 이 세상 밖의 다른 세상

步武堂堂 **보무당당**
걸음걸이가 씩씩하고 위엄이 있음

富國强兵 **부국강병**
나라를 부유하게 만들고 군대를 강하게 함

父傳子傳 **부전자전**
아들의 성격이나 생활 습관 따위가 아버지로부터 대물림된 것처럼 같거나 비슷함

不知其數 **부지기수**
헤아릴 수가 없을 만큼 많음

附和雷同 **부화뇌동**
줏대 없이 남의 의견에 따라 움직임

北窓三友 **북창삼우**
거문고, 술, 시(詩)를 아울러 이르는 말

不老長生 **불로장생**
늙지 아니하고 오래 삶

不問可知 **불문가지**
묻지 아니하여도 알 수 있음

不問曲直 **불문곡직**
옳고 그름을 따지지 아니함

不忍之心 **불인지심**
인정상 차마 하지 못하는 마음

不恥下問 **불치하문**
아랫사람이나 자기보다 못한 사람에게 묻는 것을 부끄러워하지 아니함

朋友有信 **붕우유신**
벗과 벗 사이의 도리는 믿음에 있음

非一非再 **비일비재**
같은 현상이나 일이 한두 번이나 한둘이 아니고 많음

ㅅ

四顧無親 사고무친
사방을 둘러보아도 의지할 만한 사람이 아무도 없음

思考方式 사고방식
어떤 문제에 대하여 생각하고 궁리하는 방법이나 태도

事君以忠 사군이충
세속 오계의 하나로, 임금을 섬김에 충성으로써 함

士農工商 사농공상
예전에, 백성을 나누던 네 가지 계급. 선비, 농부, 공장(工匠), 상인을 이르던 말

四面春風 사면춘풍
누구에게나 좋게 대하는 일

四方八方 사방팔방
여기저기 모든 방향이나 방면

事事件件 사사건건
해당되는 모든 일 또는 온갖 사건

死生決斷 사생결단
죽고 사는 것을 돌보지 않고 끝장을 냄

捨生取義 사생취의
목숨을 버리고 의를 좇는다는 뜻으로, 목숨을 버릴지언정 옳은 일을 함

事實無根 사실무근
근거가 없음

師弟三世 사제삼세
스승과 제자의 인연은 전세(前世)·현세(現世)·내세(來世)에까지 계속된다는 뜻으로, 스승과 제자의 관계는 매우 깊고 밀접함

事親以孝 사친이효
세속 오계의 하나로, 어버이를 섬김에 효도로써 함

四通八達 사통팔달
도로나 교통망, 통신망 등이 이리저리 사방으로 통함

事必歸正 사필귀정
모든 일은 반드시 바른길로 돌아감

四海兄弟 사해형제
온 세상 사람이 모두 형제와 같다는 뜻으로, 친밀함을 이르는 말

山紫水明 산자수명
산은 자줏빛이고 물은 맑다는 뜻으로, 경치가 아름다움

山戰水戰 산전수전
세상의 온갖 고생과 어려움을 다 겪었음

山川草木 산천초목
산과 내와 풀과 나무라는 뜻으로, 자연을 이르는 말

殺生有擇 살생유택
살생하는 데에 가림이 있다는 뜻으로, 살생을 함부로 하지 말고 가려서 해야 함

殺身成仁 살신성인
자기의 몸을 희생하여 인(仁)을 이룸

森羅萬象 삼라만상
우주에 있는 온갖 사물과 현상

三旬九食 삼순구식
삼십 일 동안 아홉 끼니밖에 먹지 못한다는 뜻으로, 몹시 가난함

三位一體 삼위일체
세 가지의 것이 하나의 목적을 위하여 통합되는 일

三遷之敎 **삼천지교**
맹자의 어머니가 아들의 교육을 위해 세 번 이사했던 일을 이름

相扶相助 **상부상조**
서로서로 도움

桑田碧海 **상전벽해**
뽕나무밭이 변하여 푸른 바다가 된다는 뜻으로, 세상 일의 변천이 심함

塞翁之馬 **새옹지마**
인생의 길흉화복은 변화가 많아서 예측하기가 어렵다는 말

生老病死 **생로병사**
사람이 나고 늙고 병들고 죽는 네 가지 고통

生面不知 **생면부지**
서로 한 번도 만난 적이 없어서 전혀 알지 못하는 사람

生不如死 **생불여사**
살아 있음이 차라리 죽는 것만 못하다는 뜻으로, 몹시 어려운 형편에 있음

生死苦樂 **생사고락**
삶과 죽음, 괴로움과 즐거움을 통틀어 이르는 말

先見之明 **선견지명**
앞일을 미리 보아서 판단하는 총명함

善供無德 **선공무덕**
부처에게 공양을 잘하여도 아무 공덕이 없다는 뜻으로, 남을 위하여 힘을 썼으나 그것에 대한 소득이 없음

先公後私 **선공후사**
공적인 일을 먼저 하고 사사로운 일은 뒤로 미룸

善男善女 **선남선녀**
성품이 착한 남자와 여자란 뜻으로, 착하고 어진 사람들

善因善果 **선인선과**
선업을 쌓으면 반드시 좋은 과보가 따름

雪上加霜 **설상가상**
눈 위에 서리가 덮인다는 뜻으로, 난처한 일이나 불행한 일이 잇따라 일어남

說往說來 **설왕설래**
서로 변론을 주고받으며 옥신각신함

騷人墨客 **소인묵객**
시문(詩文)과 서화(書畵)를 일삼는 사람

小貪大失 **소탐대실**
작은 것을 탐하다가 큰 것을 잃음

束手無策 **속수무책**
손을 묶은 것처럼 어찌할 도리가 없어 꼼짝 못함

速戰速決 **속전속결**
싸움을 오래 끌지 아니하고 빨리 몰아쳐 이기고 짐을 결정함

送舊迎新 **송구영신**
묵은해를 보내고 새해를 맞음

首丘初心 **수구초심**
여우가 죽을 때에 머리를 자기가 살던 굴 쪽으로 둔다는 뜻으로, 고향을 그리워하는 마음

隨機應變 **수기응변**
그때그때의 기회에 따라 일을 적절히 처리함

手不釋卷 **수불석권**
손에서 책을 놓지 아니하고 늘 글을 읽음

水魚之交 **수어지교**
물이 없으면 살 수 없는 물고기와 물의 관계라는 뜻으로, 아주 친밀하여 떨어질 수 없는 사이

守株待兎 수주대토
한 가지 일에만 얽매여 발전을 모르는 어리석은 사람을 비유적으로 이르는 말

壽則多辱 수즉다욕
오래 살수록 그만큼 욕됨이 많음

宿虎衝鼻 숙호충비
자는 호랑이의 코를 찌른다는 뜻으로, 가만히 있는 사람을 공연히 건드려서 화를 입거나 일을 불리하게 만듦

脣亡齒寒 순망치한
입술이 없으면 이가 시리다는 뜻으로, 서로 밀접한 사이에 어느 한쪽이 망하면 다른 한쪽도 그 영향을 받아 온전하기 어려움

視死如歸 시사여귀
죽음을 고향에 돌아가는 것처럼 여긴다는 뜻으로, 죽음을 두려워하지 아니함

是是非非 시시비비
옳고 그름을 가림

始終如一 시종여일
처음부터 끝까지 변함없이 한결같음

始終一貫 시종일관
처음부터 끝까지 한결같이 함

識字憂患 식자우환
학식이 있는 것이 오히려 근심을 사게 됨

信賞必罰 신상필벌
상과 벌을 공정하고 엄중하게 하는 일

身言書判 신언서판
예전에, 인물을 선택하는 데 표준으로 삼던 조건으로, 신수, 말씨, 문필, 판단력을 일컬음

神出鬼沒 신출귀몰
귀신같이 나타났다가 사라진다는 뜻으로, 그 움직임을 쉽게 알 수 없을 만큼 자유자재로 나타나고 사라짐

實事求是 실사구시
사실에 토대를 두어 진리를 탐구하는 일

心腹之人 심복지인
마음 놓고 부리거나 일을 맡길 수 있는 사람

心腹之患 심복지환
쉽게 고치기 어려운 병

深思熟考 심사숙고
깊이 잘 생각함

深山幽谷 심산유곡
깊은 산속의 으슥한 골짜기

十年減壽 십년감수
수명이 십 년이나 줄 정도로 위험한 고비를 겪음

十年知己 십년지기
오래전부터 친히 사귀어 잘 아는 사람

十目所視 십목소시
여러 사람이 다 보고 있다는 뜻으로, 세상 사람을 속일 수 없음

十伐之木 십벌지목
열 번 찍어 베는 나무라는 뜻으로, 열 번 찍어 안 넘어가는 나무가 없음

十分無疑 십분무의
근거가 충분하여 조금도 의심할 바가 없음

十中八九 십중팔구
열 가운데 여덟이나 아홉 정도로 거의 대부분이거나 거의 틀림없음

十指不動 십지부동
열 손가락을 꼼짝하지 아니한다는 뜻으로, 게을러서 아무 일도 하지 아니함

ㅇ

我田引水 아전인수
자기 논에 물 대기라는 뜻으로, 자기에게만 이롭게 되도록 생각하거나 행동함

安居危思 안거위사
편안할 때에 어려움이 닥칠 것을 미리 대비하여야 함

安分知足 안분지족
편안한 마음으로 제 분수를 지키며 만족할 줄을 앎

安貧樂道 안빈낙도
가난한 생활을 하면서도 편안한 마음으로 도를 즐겨 지킴

愛人如己 애인여기
남 사랑하기를 자기 몸처럼 함

愛之重之 애지중지
매우 사랑하고 소중히 여기는 모양

野壇法席 야단법석
야외에서 크게 베푸는 설법의 자리

野生動物 야생동물
산이나 들에서 저절로 나서 자라는 동물

弱肉强食 약육강식
약한 자가 강한 자에게 먹힘

羊頭狗肉 양두구육
양의 머리를 걸어 놓고 개고기를 판다는 뜻으로, 겉보기만 그럴듯하게 보이고 속은 변변하지 아니함

梁上君子 양상군자
들보 위의 군자라는 뜻으로, 도둑을 완곡하게 이르는 말

兩是雙非 양시쌍비
양편의 주장이 다 이유가 있어서 시비를 가리기 어려움

良藥苦口 양약고구
좋은 약은 입에 쓰다는 뜻으로, 충언(忠言)은 귀에 거슬리나 자신에게 이로움

語不成說 어불성설
말이 조금도 사리에 맞지 아니함

漁夫之利 어부지리
두 사람이 이해관계로 서로 싸우는 사이에 엉뚱한 사람이 애쓰지 않고 가로챈 이익을 이르는 말

抑强扶弱 억강부약
강한 자를 억누르고 약한 자를 도와줌

焉敢生心 언감생심
어찌 감히 그런 마음을 품을 수 있겠냐는 뜻으로, 전혀 그런 마음이 없었음을 이르는 말

言文一致 언문일치
실제로 쓰는 말과 그 말을 적은 글이 일치함

言語道斷 언어도단
말할 길이 끊어졌다는 뜻으로, 어이가 없어서 말하려 해도 말할 수 없음

言中有骨 언중유골
말 속에 뼈가 있다는 뜻으로, 예사로운 말 속에 단단한 속뜻이 들어 있음

言行一致 언행일치
말과 행동이 하나로 들어맞음

嚴冬雪寒 엄동설한
눈 내리는 깊은 겨울의 심한 추위

如履薄氷 여리박빙
살얼음을 밟는 것과 같다는 뜻으로, 아슬아슬하고 위험한 일

餘無可論 여무가론
이미 본 것에 기초하여 대강이 결정되어 나머지는 논의할 필요가 없음

與民同樂 여민동락
임금이 백성과 함께 즐김

如出一口 여출일구
한 입에서 나오는 것처럼 여러 사람의 말이 같음

易地思之 역지사지
처지를 바꾸어서 생각하여 봄

緣木求魚 연목구어
나무에 올라가서 물고기를 구한다는 뜻으로, 도저히 불가능한 일을 굳이 하려 함

炎涼世態 염량세태
세력이 있을 때는 아첨하여 따르고 세력이 없어지면 푸대접하는 세상인심

五車之書 오거지서
다섯 수레에 실을 만한 책이란 뜻으로, 많은 장서(藏書)를 이르는 말

五里霧中 오리무중
오 리나 되는 짙은 안개 속에 있다는 뜻으로, 무슨 일에 대하여 방향이나 갈피를 잡을 수 없음

吾鼻三尺 오비삼척
내 코가 석자라는 뜻으로, 자기 사정이 급하여 남을 돌볼 겨를이 없음

烏飛梨落 오비이락
까마귀 날자 배 떨어진다는 뜻으로, 아무 관계도 없이 한 일이 공교롭게도 때가 같아 억울하게 의심을 받거나 난처한 위치에 서게 됨

烏飛一色 오비일색
날고 있는 까마귀가 모두 같은 빛깔이라는 뜻으로, 모두 같은 부류이거나 서로 똑같음

烏合之卒 오합지졸
까마귀가 모인 것처럼 질서가 없이 모인 병졸이라는 뜻으로, 임시로 모여들어서 규율이 없고 무질서한 병졸 또는 군중

溫故知新 온고지신
옛것을 익히고 그것을 미루어서 새것을 앎

曰可曰否 왈가왈부
어떤 일에 대하여 옳거니 옳지 아니하거니 하고 말함

外剛內柔 외강내유
겉으로 보기에는 강하게 보이나 속은 부드러움

外柔內剛 외유내강
겉으로는 부드럽고 순하게 보이나 속은 곧고 굳셈

樂山樂水 요산요수
산수(山水)의 자연을 즐기고 좋아함

欲巧反拙 욕교반졸
잘 만들려고 너무 기교를 다하다가 도리어 졸렬한 결과를 보게 되었다는 뜻으로, 너무 잘하려 하면 도리어 잘되지 아니함

欲速不達 욕속부달
일을 빨리하려고 하면 도리어 이루지 못함

欲言未吐 욕언미토
하고 싶은 말은 있어도 아직 다하지 못하였다는 뜻으로, 감정의 깊이가 있음

勇氣百倍 용기백배
격려나 응원 등에 자극을 받아 힘이나 용기를 더 냄

龍頭蛇尾 용두사미
용의 머리와 뱀의 꼬리라는 뜻으로, 처음은 왕성하나 끝이 부진한 현상

龍味鳳湯 용미봉탕
용과 봉황으로 만든 음식이라는 뜻으로, 맛이 매우 좋은 음식

愚公移山 우공이산
우공이 산을 옮긴다는 뜻으로, 어떤 일이든 끊임없이 노력하면 반드시 이루어짐

右往左往 우왕좌왕
이리저리 왔다 갔다 하며 일이나 나아가는 방향을 종잡지 못함

牛耳讀經 우이독경
쇠귀에 경 읽기라는 뜻으로, 아무리 가르치고 일러 주어도 알아듣지 못함

雲泥之差 운니지차
구름과 진흙의 차이라는 뜻으로, 서로 간의 차이가 매우 심함

月下老人 월하노인
부부의 인연을 맺어 준다는 전설상의 늙은이

危機一髮 위기일발
여유가 조금도 없이 몹시 절박한 순간

有口無言 유구무언
입은 있어도 말은 없다는 뜻으로, 변명할 말이 없거나 변명을 못함

有名無實 유명무실
이름만 그럴듯하고 실속은 없음

有備無患 유비무환
미리 준비가 되어 있으면 걱정할 것이 없음

類類相從 유유상종
같은 무리끼리 서로 사귐

悠悠自適 유유자적
속세를 떠나 아무 속박 없이 조용하고 편안하게 삶

遺臭萬年 유취만년
더러운 이름을 후세에 오래도록 남김

隱忍自重 은인자중
마음속에 감추어 참고 견디면서 몸가짐을 신중하게 행동함

陰德陽報 음덕양보
남이 모르게 덕행을 쌓은 사람은 뒤에 그 보답을 받게 됨

異口同聲 이구동성
입은 다르나 목소리는 같다는 뜻으로, 여러 사람의 말이 한결같음

以卵擊石 이란격석
달걀로 돌을 친다는 뜻으로, 아주 약한 것으로 강한 것에 대항하려는 어리석음

耳目口鼻 이목구비
귀·눈·입·코를 아울러 이르는 말

以實直告 이실직고
사실 그대로 고함

以心傳心 이심전심
마음과 마음으로 서로 뜻이 통함

以熱治熱 이열치열
열은 열로써 다스림

利用厚生 이용후생
기구를 편리하게 쓰고 먹을 것과 입을 것을 넉넉하게 하여, 국민의 생활을 나아지게 함

因果應報 인과응보
전생에 지은 선악에 따라 현재의 행과 불행이 있고, 현세에서의 선악의 결과에 따라 내세에서 행과 불행이 있는 일

人面獸心 인면수심
사람의 얼굴을 하고 있으나 마음은 짐승과 같다는 뜻으로, 마음이나 행동이 몹시 흉악함

人命在天 인명재천
사람의 목숨은 하늘에 달려 있다는 뜻으로, 목숨의 길고 짧음은 사람의 힘으로 어쩔 수 없음

人死留名 인사유명
사람은 죽어서 이름을 남긴다는 뜻으로, 사람의 삶이 헛되지 아니하면 그 이름이 길이 남음

人事不省 인사불성
제 몸에 벌어지는 일을 모를 만큼 정신을 잃은 상태

人相着衣 인상착의
사람의 생김새와 옷차림

仁者無敵 인자무적
어진 사람은 모든 사람을 사랑하므로 적대하는 사람이 없음

人海戰術 인해전술
우수한 화기보다 다수의 병력을 투입하여 적을 압도하는 전술

一刻千金 일각천금
아무리 짧은 시간이라도 천금과 같이 귀중함을 이르는 말

一擧兩得 일거양득
한 가지 일을 하여 두 가지 이익을 얻음

日久月深 일구월심
날이 오래고 달이 깊어 간다는 뜻으로, 세월이 흐를수록 더함

一口二言 일구이언
한 입으로 두 말을 한다는 뜻으로, 한 가지 일에 대하여 말을 이랬다저랬다 함

一諾千金 일낙천금
한번 승낙한 것은 천금같이 귀중하다는 뜻으로, 약속을 소중히 여기라는 말

一暖風和 일난풍화
날씨가 따뜻하고 바람이 부드러움

一刀兩斷 일도양단
한 칼에 둘로 나누듯이 일이나 행동을 선뜻 결정함을 이르는 말

一蓮托生 일련탁생
진퇴나 행동을 끝까지 함께 함

一罰百戒 일벌백계
타의 경각심을 불러일으키기 위하여 본보기로 무거운 처벌을 하는 일

一石二鳥 일석이조
돌 한 개를 던져 새 두 마리를 잡는다는 뜻으로, 동시에 두 가지 이득을 봄

一心同體 일심동체
한마음 한 몸이라는 뜻으로, 서로 굳게 결합함

一魚濁水 일어탁수
한 마리의 물고기가 물을 흐린다는 뜻으로, 한 사람의 잘못으로 여러 사람이 피해를 입게 됨

一牛鳴地 일우명지
소의 울음소리가 들릴 정도로 가까운 거리의 땅

一衣帶水 일의대수
한 줄기 좁은 강물이나 바닷물. 겨우 냇물 하나를 사이에 둔 가까운 이웃

一以貫之 **일이관지**
모든 것을 하나의 원리로 꿰뚫어 이야기함

一日三秋 **일일삼추**
하루가 삼 년 같다는 뜻으로, 몹시 애태우며 기다림

一日之長 **일일지장**
하루 먼저 세상에 태어났다는 뜻으로, 나이가 조금 위임

一字無識 **일자무식**
글자를 한 자도 모를 정도로 무식함

一長一短 **일장일단**
일면의 장점과 다른 일면의 단점

一場春夢 **일장춘몽**
한바탕의 봄꿈이라는 뜻으로, 헛된 영화나 덧없는 일을 비유함

一朝一夕 **일조일석**
하루 아침과 하루 저녁이란 뜻으로, 짧은 시일

一進一退 **일진일퇴**
한 번 앞으로 나아갔다 한 번 뒤로 물러섰다 함

一觸卽發 **일촉즉발**
한 번 건드리기만 해도 폭발할 것같이 몹시 위급한 상태

日就月將 **일취월장**
나날이 다달이 자라거나 발전함

一敗塗地 **일패도지**
싸움에 한 번 패하여 간과 뇌가 땅바닥에 으깨어진다는 뜻으로, 여지없이 패하여 다시 일어날 수 없게 되는 지경에 이름

一片丹心 **일편단심**
한 조각의 붉은 마음이라는 뜻으로, 진심에서 우러나오는 변치 아니하는 마음

一筆揮之 **일필휘지**
글씨를 단숨에 죽 내리 씀

一喜一悲 **일희일비**
한편으로는 기뻐하고 한편으로는 슬퍼함. 또는 기쁨과 슬픔이 번갈아 일어남

臨機應變 **임기응변**
그때그때 처한 사태에 맞추어 즉각 그 자리에서 결정하거나 처리함

臨戰無退 **임전무퇴**
세속 오계의 하나로, 전쟁에 나아가서 물러서지 않음

立身揚名 **입신양명**
출세하여 이름을 세상에 떨침

ㅈ

自强不息 **자강불식**
스스로 힘써 몸과 마음을 가다듬어 쉬지 아니함

自激之心 **자격지심**
자기가 한 일에 대하여 스스로 미흡하게 여기는 마음

自給自足 **자급자족**
필요한 물자를 스스로 생산하여 충당함

自問自答 **자문자답**
스스로 묻고 스스로 대답함

自生植物 **자생식물**
산이나 들, 강이나 바다에서 저절로 나는 식물

子孫萬代 **자손만대**
오래도록 내려오는 여러 대

自手成家 자수성가
물려받은 재산이 없이 자기 혼자의 힘으로 집안을 일으키고 재산을 모음

自我實現 자아실현
자아의 본질을 완전히 실현하는 일

自業自得 자업자득
자기가 저지른 일의 결과를 자기가 받음

自由自在 자유자재
거침없이 자기 마음대로 할 수 있음

自中之亂 자중지란
같은 편끼리 하는 싸움

自暴自棄 자포자기
절망에 빠져 자신을 스스로 포기하고 돌아보지 아니함

自畫自讚 자화자찬
자기가 그린 그림을 스스로 칭찬한다는 뜻으로, 자기가 한 일을 스스로 자랑함

作心三日 작심삼일
단단히 먹은 마음이 사흘을 가지 못한다는 뜻으로, 결심이 굳지 못함

張三李四 장삼이사
장씨(張氏)의 셋째 아들과 이씨(李氏)의 넷째 아들이라는 뜻으로, 이름이나 신분이 특별하지 아니한 평범한 사람들

積土成山 적토성산
흙이 쌓여 산을 이룬다는 뜻으로, 작은 것을 힘써 모아서 큰 것을 이룸

電光石火 전광석화
번갯불이나 부싯돌의 불이 번쩍거리는 것과 같이 매우 짧은 시간이나 매우 재빠른 움직임 따위를 비유적으로 이르는 말

前無後無 전무후무
이전에도 없었고 앞으로도 없음

全知全能 전지전능
어떠한 사물이라도 잘 알고, 모든 일을 다 행할 수 있음

轉禍爲福 전화위복
재앙과 화난이 바뀌어 오히려 복이 됨

絕長補短 절장보단
긴 것을 잘라서 짧은 것을 보충한다는 뜻으로, 장점이나 넉넉한 것으로 단점이나 부족한 것을 보충함

切齒腐心 절치부심
몹시 분하여 이를 갈며 속을 썩임

漸入佳境 점입가경
시간이 지날수록 하는 짓이나 몰골이 더욱 꼴불견임을 비유적으로 이르는 말

朝令暮改 조령모개
아침에 명령을 내렸다가 저녁에 다시 고친다는 뜻으로, 법령을 자꾸 고쳐서 갈피를 잡기가 어려움

朝變夕改 조변석개
아침저녁으로 뜯어고친다는 뜻으로, 계획이나 결정 따위를 일관성이 없이 자주 고침

朝三暮四 조삼모사
간사한 꾀로 남을 속여 희롱함

鳥足之血 조족지혈
새 발의 피라는 뜻으로, 매우 적은 분량

足脫不及 족탈불급
맨발로 뛰어도 따라가지 못한다는 뜻으로, 능력·역량·재질 따위가 두드러져 도저히 다른 사람이 따라가지 못할 정도임

存亡之秋 **존망지추**
존속과 멸망, 또는 생존과 사망이 결정되는 아주 절박한 경우나 시기

種豆得豆 **종두득두**
콩을 심으면 반드시 콩이 나온다는 뜻으로, 원인에 따라 결과가 생김

縱橫無盡 **종횡무진**
자유자재로 행동하여 거침이 없는 상태

坐井觀天 **좌정관천**
우물 안에서 하늘을 본다는 뜻으로, 견문이 아주 좁음

左之右之 **좌지우지**
이리저리 제 마음대로 휘두르거나 다룸

左衝右突 **좌충우돌**
이리저리 마구 찌르고 부딪침

主客一體 **주객일체**
주체와 객체가 하나가 됨

晝耕夜讀 **주경야독**
낮에는 밭을 갈고 밤에는 책을 읽는다는 뜻으로, 어려운 여건 속에서도 꿋꿋이 공부함

走馬看山 **주마간산**
말을 타고 달리며 산천을 구경한다는 뜻으로, 자세히 살피지 아니하고 대충대충 보고 지나감

晝夜長川 **주야장천**
밤낮으로 쉬지 아니하고 연달아

酒池肉林 **주지육림**
술로 연못을 이루고 고기로 숲을 이룬다는 뜻으로, 호사스러운 술잔치

竹馬故友 **죽마고우**
대말을 타고 놀던 벗이라는 뜻으로, 어릴 때부터 같이 놀며 자란 벗

衆寡不敵 **중과부적**
적은 수효로 많은 수효를 대적하지 못함

衆口難防 **중구난방**
뭇사람의 말을 막기가 어렵다는 뜻으로, 막기 어려울 정도로 여럿이 마구 지껄임

知己之友 **지기지우**
자기의 속마음을 참되게 알아주는 친구

指鹿爲馬 **지록위마**
윗사람을 농락하여 권세를 마음대로 함

支離滅裂 **지리멸렬**
이리저리 흩어지고 찢기어 갈피를 잡을 수 없음

知命之年 **지명지년**
천명(天命)을 아는 나이라는 뜻으로, 쉰 살이 된 나이

知彼知己 **지피지기**
적의 사정과 나의 사정을 자세히 앎

知行合一 **지행합일**
지식과 행동이 서로 맞음

指呼之間 **지호지간**
손짓하여 부를 만큼 가까운 거리

進退維谷 **진퇴유곡**
이러지도 저러지도 못하고 꼼짝할 수 없는 궁지

ㅊ

此日彼日 **차일피일**
이 날 저 날 하고 자꾸 기한을 미루는 모양

滄海一粟 **창해일속**
넓고 큰 바닷속의 좁쌀 한 알이라는 뜻으로, 아주 많거나 넓은 것 가운데 있는 매우 하찮고 작은 것

天高馬肥 천고마비
하늘이 높고 말이 살쩐다는 뜻으로, 하늘이 맑아 높푸르게 보이고 온갖 곡식이 익는 가을철

千慮一得 천려일득
천 번을 생각하여 하나를 얻는다는 뜻으로, 어리석은 사람이라도 많은 생각을 하면 그 과정에서 한 가지쯤은 좋은 것이 나올 수 있음

千萬多幸 천만다행
아주 다행함

千辛萬苦 천신만고
천 가지 매운 것과 만 가지 쓴 것이라는 뜻으로, 온갖 어려운 고비를 다 겪으며 심하게 고생함

天壤之差 천양지차
하늘과 땅 사이와 같이 엄청난 차이

天長地久 천장지구
하늘과 땅처럼 영구히 변함이 없음

天藏地祕 천장지비
하늘과 땅속에 감추어져 있다는 뜻으로, 파묻혀서 세상에 알려지지 아니함

千載一遇 천재일우
천 년 동안 단 한 번 만난다는 뜻으로, 좀처럼 만나기 어려운 좋은 기회

天災地變 천재지변
지진, 홍수, 태풍 따위의 자연 현상으로 인한 재앙

千篇一律 천편일률
여러 시문의 글귀가 모두 비슷하다는 뜻으로, 사물이 모두 한결같아서 변화가 없음을 비유하여 이르는 말

天下第一 천하제일
세상에 견줄 만한 것이 없이 최고임

晴耕雨讀 청경우독
날이 개면 논밭을 갈고 비가 오면 글을 읽는다는 뜻으로, 부지런히 일하며 공부함

靑山流水 청산유수
푸른 산에 흐르는 맑은 물이라는 뜻으로, 막힘없이 썩 잘하는 말

靑雲之志 청운지지
높은 지위에 오르고자 하는 욕망

靑天白日 청천백일
하늘이 맑게 갠 대낮

淸風明月 청풍명월
맑은 바람과 밝은 달

寸鐵殺人 촌철살인
한 치의 쇠붙이로도 사람을 죽일 수 있다는 뜻으로, 간단한 말로도 남을 감동하게 하거나 남의 약점을 찌를 수 있음

秋風落葉 추풍낙엽
가을바람에 떨어지는 나뭇잎

春夏秋冬 춘하추동
봄·여름·가을·겨울의 네 계절

出將入相 출장입상
나가서는 장수가 되고 들어와서는 재상이 된다는 뜻으로, 문무를 다 갖추어 장상(將相)의 벼슬을 모두 지냄

忠言逆耳 충언역이
충직한 말은 귀에 거슬림

醉生夢死 취생몽사
술에 취하여 자는 동안에 꾸는 꿈 속에 살고 죽는다는 뜻으로, 한평생을 아무 하는 일 없이 흐리멍덩하게 살아감

置之度外 치지도외
마음에 두지 아니함

ㅋ

快刀亂麻 쾌도난마
잘 드는 칼로 마구 헝클어진 삼 가닥을 자른다는 뜻으로, 어지럽게 뒤얽힌 사물을 강력한 힘으로 명쾌하게 처리함

ㅌ

他山之石 타산지석
다른 산의 나쁜 돌이라도 자신의 산의 옥돌을 가는 데에 쓸 수 있다는 뜻으로, 본이 되지 않은 남의 말이나 행동도 자신의 지식과 인격을 수양하는 데에 도움이 될 수 있음

卓上空論 탁상공론
탁자 위에서만 펼치는 헛된 이론이라는 뜻으로, 현실성이 없는 허황한 이론이나 논의

貪官汚吏 탐관오리
백성의 재물을 탐내어 빼앗는, 행실이 깨끗하지 못한 관리

泰山北斗 태산북두
태산(泰山)과 북두칠성이라는 뜻으로, 세상 사람들로부터 존경받는 사람

ㅍ

破邪顯正 파사현정
사견(邪見)과 사도(邪道)를 깨고 정법(正法)을 드러내는 일

破顔大笑 파안대소
매우 즐거운 표정으로 활짝 웃음

破竹之勢 파죽지세
대를 쪼개는 기세라는 뜻으로, 적을 거침없이 물리치고 쳐들어가는 기세

八道江山 팔도강산
팔도의 강산이라는 뜻으로, 우리나라 전체의 강산

八方美人 팔방미인
어느 모로 보나 아름다운 사람

敗家亡身 패가망신
집안의 재산을 다 써 없애고 몸을 망침

抱腹絶倒 포복절도
배를 그러안고 넘어질 정도로 몹시 웃음

表裏不同 표리부동
겉으로 드러나는 언행과 속으로 가지는 생각이 다름

風樹之歎 풍수지탄
효도를 다하지 못한 채 어버이를 여읜 자식의 슬픔

風前燈火 풍전등화
바람 앞의 등불이라는 뜻으로, 사물이 매우 위태로운 처지에 놓여 있음

匹夫匹婦 필부필부
평범한 남녀

ㅎ

何待明年 하대명년
어떻게 명년을 기다리냐는 뜻으로, 기다리기가 몹시 지루함

下等動物 하등동물
진화 정도가 낮아 몸의 구조가 단순한 원시적인 동물

下石上臺 하석상대
아랫돌 빼서 윗돌 괴고 윗돌 빼서 아랫돌 괸다는 뜻으로, 임시변통으로 이리저리 둘러맞춤

下愚不移 하우불이
아주 어리석고 못난 사람의 기질은 변하지 아니함

下學上達 하학상달
아래를 배워 위에 도달한다는 뜻으로, 쉬운 지식을 배워 어려운 이치를 깨달음

下厚上薄 하후상박
아랫사람에게 후하고 윗사람에게 박함

何厚何薄 하후하박
누구에게는 후하고 누구에게는 박하다는 뜻으로, 차별하여 대우함

鶴首苦待 학수고대
학의 목처럼 목을 길게 빼고 간절히 기다림

閑雲野鶴 한운야학
한가로이 떠도는 구름과 들에 노니는 학이라는 뜻으로, 아무 매인 데 없는 한가로운 생활로 유유자적하는 경지

閑話休題 한화휴제
쓸데없는 이야기는 그만한다는 뜻으로, 어떤 내용을 써 나갈 때 한동안 다른 내용을 쓰다가 다시 본래의 내용으로 돌아갈 때 쓰는 말

割半之痛 할반지통
몸의 반쪽을 베어 내는 고통이라는 뜻으로, 형제자매가 죽었을 때의 슬픔

割肉充腹 할육충복
자기 살을 베어 배를 채운다는 뜻으로, 친족의 재물을 빼앗는 짓

割恩斷情 할은단정
애틋한 사랑을 끊음

含憤蓄怨 함분축원
분하고 원통한 마음을 품음

咸興差使 함흥차사
심부름을 가서 오지 아니하거나 늦게 온 사람을 이르는 말

恒茶飯事 항다반사
차를 마시고 밥을 먹는 일이라는 뜻으로, 보통 있는 예사로운 일

項背相望 항배상망
목과 등이 마주 바라본다는 뜻으로, 왕래가 잦음

行動擧止 행동거지
몸을 움직여 하는 모든 짓

行方不明 행방불명
간 곳이나 방향을 모름

虛氣平心 허기평심
기(氣)를 가라앉히고 마음을 편안하게 가짐

虛禮虛飾 허례허식
형편에 맞지 않게 겉만 번드르르하게 꾸밈

虛無孟浪 허무맹랑
터무니없이 거짓되고 실속이 없음

虛張聲勢 허장성세
실속은 없으면서 큰소리치거나 허세를 부림

虛虛實實 허허실실
허를 찌르고 실을 꾀하는 계책

軒軒丈夫 헌헌장부
외모가 준수하고 풍채가 당당한 남자

賢問愚答 현문우답
현명한 물음에 대한 어리석은 대답

懸河口辯 **현하구변**
물이 거침없이 흐르듯 잘하는 말

螢雪之功 **형설지공**
반딧불과 눈빛으로 글을 읽었다는 고사에서, 갖은 고생을 하며 꾸준히 학문을 닦음

形影相同 **형영상동**
형체의 움직임에 따라 그림자도 그대로 나타난다는 뜻으로, 마음먹은 바가 그대로 행동으로 나타남

形影相弔 **형영상조**
자기의 몸과 그림자가 서로 불쌍히 여긴다는 뜻으로, 의지할 곳이 없어 몹시 외로워함

形形色色 **형형색색**
형상과 빛깔 따위가 서로 다른 여러 가지

虎死留皮 **호사유피**
호랑이는 죽어서 가죽을 남긴다는 뜻으로, 사람은 죽어서 명예를 남겨야 함

浩然之氣 **호연지기**
하늘과 땅 사이에 가득 찬 넓고 큰 원기

昏定晨省 **혼정신성**
밤에는 부모의 잠자리를 보아 드리고 이른 아침에는 부모의 밤새 안부를 묻는다는 뜻으로, 부모를 잘 섬기고 효성을 다함

紅爐點雪 **홍로점설**
빨갛게 달아오른 화로 위에 한 송이의 눈을 뿌리면 순식간에 녹아 없어지는 데에서, 도를 깨달아 의혹이 일시에 없어짐

畫蛇添足 **화사첨족**
뱀을 다 그리고 나서 있지도 아니한 발을 덧붙여 그려 넣는다는 뜻으로, 쓸데없는 군짓을 하여 도리어 잘못되게 함

花容月態 **화용월태**
꽃다운 얼굴과 달 같은 자태라는 뜻으로, 아름다운 여인의 얼굴과 맵시를 이르는 말

花朝月夕 **화조월석**
꽃 피는 아침과 달 밝은 밤이라는 뜻으로, 경치가 좋은 시절

會者定離 **회자정리**
만난 자는 반드시 헤어짐

訓民正音 **훈민정음**
백성을 가르치는 바른 소리라는 뜻으로, 1443년에 세종이 창제한 우리나라 글자

凶惡無道 **흉악무도**
성질이 거칠고 사나우며 도의심이 없음

興亡盛衰 **흥망성쇠**
흥하고 망함과 성하고 쇠함

興盡悲來 **흥진비래**
즐거운 일이 다하면 슬픈 일이 닥쳐온다는 뜻으로, 세상일은 순환되는 것임

喜怒哀樂 **희로애락**
기쁨과 노여움과 슬픔과 즐거움

喜喜樂樂 **희희낙락**
매우 기뻐하고 즐거워함

상대자·상대어

상대자
뜻이 반대(反對) 또는 상대(相對)되는 한자

加 더할 가	↔	減 덜 감
可 옳을 가	↔	否 아닐 부
干 방패 간	↔	滿 찰 만
甘 달 감	↔	苦 쓸 고
江 강 강	↔	山 메 산
強 강할 강	↔	弱 약할 약
剛 굳셀 강	↔	柔 부드러울 유
開 열 개	↔	閉 닫을 폐
去 갈 거	↔	來 올 래
乾 하늘 건	↔	坤 땅 곤
乾 마를 건	↔	濕 젖을 습
經 지날 경	↔	緯 씨 위
慶 경사 경	↔	弔 조상할 조
輕 가벼울 경	↔	重 무거울 중
京 서울 경	↔	鄕 시골 향
古 예 고	↔	今 이제 금
苦 쓸 고	↔	樂 즐길 락
姑 시어미 고	↔	婦 며느리 부
古 예 고	↔	新 새 신
高 높을 고	↔	低 낮을 저
曲 굽을 곡	↔	直 곧을 직
功 공 공	↔	過 지날 과
空 빌 공	↔	陸 뭍 륙
攻 칠 공	↔	防 막을 방
公 공평할 공	↔	私 사사 사
攻 칠 공	↔	守 지킬 수
空 빌 공	↔	海 바다 해
敎 가르칠 교	↔	學 배울 학
君 임금 군	↔	臣 신하 신
貴 귀할 귀	↔	賤 천할 천
勤 부지런할 근	↔	怠 게으를 태
及 미칠 급	↔	落 떨어질 락
起 일어날 기	↔	伏 엎드릴 복
起 일어날 기	↔	寢 잘 침
吉 길할 길	↔	凶 흉할 흉
難 어려울 난	↔	易 쉬울 이
男 사내 남	↔	女 계집 녀
南 남녘 남	↔	北 북녘 북
內 안 내	↔	外 바깥 외
多 많을 다	↔	少 적을 소
單 홑 단	↔	複 겹칠 복
旦 아침 단	↔	夕 저녁 석
斷 끊을 단	↔	續 이을 속
當 마땅 당	↔	落 떨어질 락

大 큰 대	↔	小 작을 소		父 아비 부	↔	子 아들 자
貸 빌릴 대	↔	借 빌 차		夫 지아비 부	↔	妻 아내 처
東 동녘 동	↔	西 서녘 서		浮 뜰 부	↔	沈 잠길 침
同 한가지 동	↔	異 다를 이		分 나눌 분	↔	合 합할 합
動 움직일 동	↔	靜 고요할 정		卑 낮을 비	↔	高 높을 고
冬 겨울 동	↔	夏 여름 하		悲 슬플 비	↔	樂 즐길 락
得 얻을 득	↔	失 잃을 실		貧 가난할 빈	↔	富 부자 부
冷 찰 랭	↔	溫 따뜻할 온		氷 얼음 빙	↔	炭 숯 탄
勞 일할 로	↔	使 하여금 사		師 스승 사	↔	弟 아우 제
老 늙을 로	↔	少 적을(젊을) 소		死 죽을 사	↔	活 살 활
陸 뭍 륙	↔	海 바다 해		山 메 산	↔	川 내 천
離 떠날 리	↔	合 합할 합		山 메 산	↔	海 바다 해
利 이할 리	↔	害 해할 해		賞 상줄 상	↔	罰 벌할 벌
賣 팔 매	↔	買 살 매		上 윗 상	↔	下 아래 하
明 밝을 명	↔	暗 어두울 암		生 날 생	↔	死 죽을 사
問 물을 문	↔	答 대답 답		善 착할 선	↔	惡 악할 악
文 글월 문	↔	武 호반 무		先 먼저 선	↔	後 뒤 후
物 물건 물	↔	心 마음 심		盛 성할 성	↔	衰 쇠할 쇠
美 아름다울 미	↔	惡 악할 악		成 이룰 성	↔	敗 패할 패
美 아름다울 미	↔	醜 추할 추		損 덜 손	↔	益 더할 익
民 백성 민	↔	官 벼슬 관		送 보낼 송	↔	迎 맞을 영
方 모 방	↔	圓 둥글 원		需 쓰일 수	↔	給 줄 급
腹 배 복	↔	背 등 배		首 머리 수	↔	尾 꼬리 미
本 근본 본	↔	末 끝 말		授 줄 수	↔	受 받을 수
父 아비 부	↔	母 어미 모		手 손 수	↔	足 발 족
夫 지아비 부	↔	婦 며느리 부		水 물 수	↔	火 불 화

順 순할 순	↔	逆 거스릴 역	有 있을 유	↔	無 없을 무
昇 오를 승	↔	降 내릴 강	隱 숨을 은	↔	現 나타날 현
勝 이길 승	↔	負 질 부	恩 은혜 은	↔	怨 원망할 원
勝 이길 승	↔	敗 패할 패	陰 그늘 음	↔	陽 볕 양
始 비로소 시	↔	末 끝 말	離 떠날 리	↔	合 합할 합
是 옳을 시	↔	非 아닐 비	因 인할 인	↔	果 실과 과
始 비로소 시	↔	終 마칠 종	日 날 일	↔	月 달 월
新 새 신	↔	舊 예 구	任 맡길 임	↔	免 면할 면
伸 펼 신	↔	縮 줄일 축	子 아들 자	↔	女 계집 녀
心 마음 심	↔	身 몸 신	姉 손윗누이 자	↔	妹 누이 매
深 깊을 심	↔	淺 얕을 천	自 스스로 자	↔	他 다를 타
安 편안 안	↔	危 위태할 위	長 긴 장	↔	短 짧을 단
愛 사랑 애	↔	惡 미워할 오	將 장수 장	↔	兵 병사 병
愛 사랑 애	↔	憎 미울 증	長 긴(어른) 장	↔	幼 어릴 유
哀 슬플 애	↔	歡 기쁠 환	將 장수 장	↔	卒 마칠(군사) 졸
抑 누를 억	↔	揚 날릴 양	田 밭 전	↔	畓 논 답
與 줄 여	↔	野 들 야	戰 싸움 전	↔	和 화할 화
玉 구슬 옥	↔	石 돌 석	前 앞 전	↔	後 뒤 후
溫 따뜻할 온	↔	涼 서늘할 량	正 바를 정	↔	反 돌이킬 반
緩 느릴 완	↔	急 급할 급	正 바를 정	↔	誤 그르칠 오
榮 영화 영	↔	辱 욕될 욕	朝 아침 조	↔	夕 저녁 석
王 임금 왕	↔	民 백성 민	早 이를 조	↔	晩 늦을 만
往 갈 왕	↔	來 올 래	祖 할아비 조	↔	孫 손자 손
往 갈 왕	↔	復 회복할 복	尊 높을 존	↔	卑 낮을 비
優 넉넉할 우	↔	劣 못할 렬	存 있을 존	↔	亡 망할 망
遠 멀 원	↔	近 가까울 근	存 있을 존	↔	廢 폐할 폐

縱 세로 종	↔	橫 가로 횡
左 왼 좌	↔	右 오른 우
晝 낮 주	↔	夜 밤 야
主 주인 주	↔	客 손 객
主 주인 주	↔	從 좇을 종
衆 무리 중	↔	寡 적을 과
增 더할 증	↔	減 덜 감
遲 더딜 지	↔	速 빠를 속
眞 참 진	↔	假 거짓 가
眞 참 진	↔	僞 거짓 위
進 나아갈 진	↔	退 물러날 퇴
集 모을 집	↔	配 나눌 배
集 모을 집	↔	散 흩을 산
贊 도울 찬	↔	反 돌이킬 반
天 하늘 천	↔	地 땅 지
添 더할 첨	↔	削 깎을 삭
晴 갤 청	↔	雨 비 우
淸 맑을 청	↔	濁 흐릴 탁
體 몸 체	↔	心 마음 심
春 봄 춘	↔	秋 가을 추
出 날 출	↔	缺 이지러질 결
出 날 출	↔	納 들일 납
出 날 출	↔	沒 빠질 몰
出 날 출	↔	入 들 입
取 가질 취	↔	捨 버릴 사
表 겉 표	↔	裏 속 리

彼 저 피	↔	此 이 차
寒 찰 한	↔	暖 따뜻할 난
寒 찰 한	↔	暑 더울 서
寒 찰 한	↔	熱 더울 열
虛 빌 허	↔	實 열매 실
賢 어질 현	↔	愚 어리석을 우
兄 형 형	↔	弟 아우 제
好 좋을 호	↔	惡 미워할 오
呼 부를 호	↔	吸 마실 흡
昏 어두울 혼	↔	明 밝을 명
禍 재앙 화	↔	福 복 복
厚 두터울 후	↔	薄 엷을 박
胸 가슴 흉	↔	背 등 배
黑 검을 흑	↔	白 흰 백
興 일 흥	↔	亡 망할 망
喜 기쁠 희	↔	怒 성낼 노
喜 기쁠 희	↔	悲 슬플 비

상대어
뜻이 반대(反對) 또는 상대(相對)되는 한자어

可決 가결	↔	否決 부결
架空 가공	↔	實際 실제
假象 가상	↔	實在 실재
加熱 가열	↔	冷却 냉각
却下 각하	↔	接受 접수
幹線 간선	↔	支線 지선

干涉 간섭	↔	放任 방임	光明 광명	↔	暗黑 암흑
感性 감성	↔	理性 이성	巧妙 교묘	↔	拙劣 졸렬
減少 감소	↔	增加 증가	拘束 구속	↔	釋放 석방
剛健 강건	↔	柔弱 유약	具體 구체	↔	抽象 추상
强硬 강경	↔	柔和 유화	舊派 구파	↔	新派 신파
開放 개방	↔	閉鎖 폐쇄	國內 국내	↔	國外 국외
個別 개별	↔	全體 전체	君子 군자	↔	小人 소인
巨富 거부	↔	極貧 극빈	均等 균등	↔	差等 차등
拒否 거부	↔	承認 승인	屈服 굴복	↔	抵抗 저항
拒絶 거절	↔	承諾 승낙	屈辱 굴욕	↔	雪辱 설욕
建設 건설	↔	破壞 파괴	權利 권리	↔	義務 의무
乾燥 건조	↔	濕潤 습윤	近郊 근교	↔	遠郊 원교
傑作 걸작	↔	拙作 졸작	僅少 근소	↔	過多 과다
儉素 검소	↔	浪費 낭비	近接 근접	↔	遠隔 원격
缺席 결석	↔	出席 출석	急性 급성	↔	慢性 만성
輕減 경감	↔	加重 가중	急行 급행	↔	緩行 완행
經度 경도	↔	緯度 위도	肯定 긍정	↔	否定 부정
輕薄 경박	↔	愼重 신중	旣決 기결	↔	未決 미결
輕率 경솔	↔	愼重 신중	起立 기립	↔	着席 착석
高雅 고아	↔	卑俗 비속	奇拔 기발	↔	平凡 평범
固定 고정	↔	流動 유동	飢餓 기아	↔	飽食 포식
公的 공적	↔	私的 사적	吉兆 길조	↔	凶兆 흉조
公平 공평	↔	偏頗 편파	樂觀 낙관	↔	悲觀 비관
空虛 공허	↔	充實 충실	落第 낙제	↔	及第 급제
過去 과거	↔	未來 미래	濫用 남용	↔	節約 절약
寬大 관대	↔	嚴格 엄격	朗讀 낭독	↔	默讀 묵독

來生 내생 ↔ 前生 전생	文語 문어 ↔ 口語 구어
內容 내용 ↔ 形式 형식	物質 물질 ↔ 精神 정신
內包 내포 ↔ 外延 외연	未備 미비 ↔ 完備 완비
老鍊 노련 ↔ 未熟 미숙	敏感 민감 ↔ 鈍感 둔감
弄談 농담 ↔ 眞談 진담	敏速 민속 ↔ 遲鈍 지둔
能動 능동 ↔ 受動 수동	密集 밀집 ↔ 散在 산재
能動 능동 ↔ 被動 피동	反目 반목 ↔ 和睦 화목
多元 다원 ↔ 一元 일원	反抗 반항 ↔ 服從 복종
單純 단순 ↔ 複雜 복잡	發達 발달 ↔ 退步 퇴보
單式 단식 ↔ 複式 복식	放心 방심 ↔ 操心 조심
單一 단일 ↔ 複合 복합	背恩 배은 ↔ 報恩 보은
斷絶 단절 ↔ 連結 연결	白髮 백발 ↔ 紅顔 홍안
短縮 단축 ↔ 延長 연장	白晝 백주 ↔ 深夜 심야
貸邊 대변 ↔ 借邊 차변	繁榮 번영 ↔ 衰退 쇠퇴
大乘 대승 ↔ 小乘 소승	凡人 범인 ↔ 超人 초인
對話 대화 ↔ 獨白 독백	別居 별거 ↔ 同居 동거
都心 도심 ↔ 郊外 교외	別館 별관 ↔ 本館 본관
獨創 독창 ↔ 模倣 모방	保守 보수 ↔ 革新 혁신
冬眠 동면 ↔ 夏眠 하면	普遍 보편 ↔ 特殊 특수
登場 등장 ↔ 退場 퇴장	本業 본업 ↔ 副業 부업
漠然 막연 ↔ 確然 확연	富貴 부귀 ↔ 貧賤 빈천
忘却 망각 ↔ 記憶 기억	不法 불법 ↔ 合法 합법
滅亡 멸망 ↔ 隆盛 융성	部分 부분 ↔ 全體 전체
名譽 명예 ↔ 恥辱 치욕	不實 부실 ↔ 充實 충실
明轉 명전 ↔ 暗轉 암전	不運 불운 ↔ 幸運 행운
母音 모음 ↔ 子音 자음	富裕 부유 ↔ 貧窮 빈궁

否認 부인 ↔ 是認 시인		選擇 선택 ↔ 必須 필수	
富者 부자 ↔ 貧者 빈자		成功 성공 ↔ 失敗 실패	
不幸 불행 ↔ 幸福 행복		騷亂 소란 ↔ 靜肅 정숙	
分斷 분단 ↔ 連結 연결		消滅 소멸 ↔ 生成 생성	
分離 분리 ↔ 統合 통합		消費 소비 ↔ 生産 생산	
紛爭 분쟁 ↔ 和解 화해		送舊 송구 ↔ 迎新 영신	
悲劇 비극 ↔ 喜劇 희극		衰退 쇠퇴 ↔ 隆興 융흥	
卑近 비근 ↔ 深遠 심원		需要 수요 ↔ 供給 공급	
非番 비번 ↔ 當番 당번		收入 수입 ↔ 支出 지출	
非凡 비범 ↔ 平凡 평범		熟達 숙달 ↔ 未熟 미숙	
悲哀 비애 ↔ 歡喜 환희		勝利 승리 ↔ 敗北 패배	
卑語 비어 ↔ 敬語 경어		新語 신어 ↔ 死語 사어	
卑稱 비칭 ↔ 尊稱 존칭		愼重 신중 ↔ 輕率 경솔	
辭任 사임 ↔ 就任 취임		實質 실질 ↔ 形式 형식	
死後 사후 ↔ 生前 생전		惡意 악의 ↔ 善意 선의	
削減 삭감 ↔ 添加 첨가		安全 안전 ↔ 危險 위험	
散文 산문 ↔ 韻文 운문		暗示 암시 ↔ 明示 명시	
殺害 살해 ↔ 被殺 피살		愛好 애호 ↔ 嫌惡 혐오	
相對 상대 ↔ 絶對 절대		語幹 어간 ↔ 語尾 어미	
詳述 상술 ↔ 略述 약술		榮轉 영전 ↔ 左遷 좌천	
上昇 상승 ↔ 下降 하강		靈魂 영혼 ↔ 肉身 육신	
喪失 상실 ↔ 獲得 획득		銳敏 예민 ↔ 愚鈍 우둔	
生食 생식 ↔ 火食 화식		溫暖 온난 ↔ 寒冷 한랭	
生花 생화 ↔ 造花 조화		溫情 온정 ↔ 冷情 냉정	
先輩 선배 ↔ 後輩 후배		緩慢 완만 ↔ 急激 급격	
先天 선천 ↔ 後天 후천		容易 용이 ↔ 難解 난해	

優勢 우세	↔	劣勢 열세		切斷 절단	↔	連結 연결
偶然 우연	↔	必然 필연		漸進 점진	↔	急進 급진
優越 우월	↔	劣等 열등		正當 정당	↔	不當 부당
原告 원고	↔	被告 피고		正常 정상	↔	異常 이상
遠洋 원양	↔	近海 근해		正午 정오	↔	子正 자정
原因 원인	↔	結果 결과		定着 정착	↔	漂流 표류
偉人 위인	↔	凡人 범인		弔客 조객	↔	賀客 하객
遊星 유성	↔	恒星 항성		主觀 주관	↔	客觀 객관
恩惠 은혜	↔	怨恨 원한		增進 증진	↔	減退 감퇴
依他 의타	↔	自立 자립		直系 직계	↔	傍系 방계
異端 이단	↔	正統 정통		直接 직접	↔	間接 간접
裏面 이면	↔	表面 표면		眞實 진실	↔	虛僞 허위
理想 이상	↔	現實 현실		秩序 질서	↔	混亂 혼란
利益 이익	↔	損失 손실		質疑 질의	↔	應答 응답
人爲 인위	↔	自然 자연		集合 집합	↔	解散 해산
入金 입금	↔	出金 출금		創造 창조	↔	模倣 모방
立體 입체	↔	平面 평면		草野 초야	↔	朝廷 조정
自動 자동	↔	手動 수동		聰明 총명	↔	愚鈍 우둔
長點 장점	↔	短點 단점		縮小 축소	↔	擴大 확대
長篇 장편	↔	短篇 단편		稚拙 치졸	↔	洗練 세련
低俗 저속	↔	高尙 고상		稱讚 칭찬	↔	非難 비난
低下 저하	↔	向上 향상		快樂 쾌락	↔	苦痛 고통
積極 적극	↔	消極 소극		快勝 쾌승	↔	慘敗 참패
敵對 적대	↔	友好 우호		妥當 타당	↔	不當 부당
前半 전반	↔	後半 후반		卓越 탁월	↔	平凡 평범
傳統 전통	↔	革新 혁신		濁音 탁음	↔	淸音 청음

極 다할 극	≒	端 끝 단	隆 높을 륭	≒	盛 성할 성
根 뿌리 근	≒	本 근본 본	隆 높을 륭	≒	昌 창성할 창
急 급할 급	≒	迫 핍박할 박	末 끝 말	≒	端 끝 단
急 급할 급	≒	速 빠를 속	末 끝 말	≒	尾 꼬리 미
給 줄 급	≒	與 줄 여	勉 힘쓸 면	≒	勵 힘쓸 려
機 틀 기	≒	械 기계 계	滅 멸할 멸	≒	亡 망할 망
技 재주 기	≒	術 재주 술	毛 터럭 모	≒	髮 터럭 발
飢 주릴 기	≒	餓 주릴 아	模 본뜰 모	≒	範 법 범
技 재주 기	≒	藝 재주 예	茂 무성할 무	≒	盛 성할 성
年 해 년	≒	歲 해 세	文 글월 문	≒	章 글 장
念 생각 념	≒	慮 생각할 려	物 물건 물	≒	件 물건 건
努 힘쓸 노	≒	力 힘 력	迷 미혹할 미	≒	惑 미혹할 혹
單 홑 단	≒	獨 홀로 독	返 돌이킬 반	≒	還 돌아올 환
段 층계 단	≒	階 섬돌 계	配 짝 배	≒	偶 짝 우
斷 끊을 단	≒	絶 끊을 절	配 짝 배	≒	匹 짝 필
談 말씀 담	≒	話 말씀 화	法 법 법	≒	式 법 식
到 이를 도	≒	達 통달할 달	法 법 법	≒	典 법 전
徒 무리 도	≒	黨 무리 당	變 변할 변	≒	化 될 화
道 길 도	≒	路 길 로	兵 병사 병	≒	士 선비 사
逃 달아날 도	≒	亡 망할 망	兵 병사 병	≒	卒 마칠 졸
盜 도둑 도	≒	賊 도둑 적	報 알릴 보	≒	告 고할 고
到 이를 도	≒	着 붙을 착	附 붙을 부	≒	屬 붙일 속
逃 달아날 도	≒	避 피할 피	保 지킬 보	≒	守 지킬 수
圖 그림 도	≒	畵 그림 화	扶 도울 부	≒	助 도울 조
敦 도타울 돈	≒	篤 도타울 독	副 버금 부	≒	次 버금 차
連 이을 련	≒	續 이을 속	附 붙을 부	≒	着 붙을 착

墳 무덤 분	≒	墓 무덤 묘	施 베풀 시	≒	設 베풀 설
批 비평할 비	≒	評 평할 평	始 비로소 시	≒	創 비롯할 창
賓 손 빈	≒	客 손 객	始 비로소 시	≒	初 처음 초
貧 가난할 빈	≒	困 곤할 곤	試 시험 시	≒	驗 시험 험
思 생각 사	≒	考 생각할 고	申 납 신	≒	告 고할 고
思 생각 사	≒	念 생각 념	身 몸 신	≒	體 몸 체
思 생각 사	≒	想 생각 상	尋 찾을 심	≒	訪 찾을 방
辭 말씀 사	≒	說 말씀 설	眼 눈 안	≒	目 눈 목
舍 집 사	≒	屋 집 옥	養 기를 양	≒	育 기를 육
舍 집 사	≒	宅 집 택	言 말씀 언	≒	語 말씀 어
削 깎을 삭	≒	減 덜 감	硏 갈 연	≒	究 연구할 구
森 수풀 삼	≒	林 수풀 림	永 길 영	≒	遠 멀 원
想 생각 상	≒	念 생각 념	英 꽃부리 영	≒	特 특별할 특
相 서로 상	≒	互 서로 호	溫 따뜻할 온	≒	暖 따뜻할 난
釋 풀 석	≒	放 놓을 방	憂 근심 우	≒	愁 근심 수
選 가릴 선	≒	別 나눌 별	怨 원망할 원	≒	恨 한할 한
選 가릴 선	≒	擇 가릴 택	肉 고기 육	≒	身 몸 신
洗 씻을 세	≒	濯 씻을 탁	肉 고기 육	≒	體 몸 체
素 본디 소	≒	朴 성 박	恩 은혜 은	≒	惠 은혜 혜
損 덜 손	≒	失 잃을 실	音 소리 음	≒	聲 소리 성
樹 나무 수	≒	林 수풀 림	衣 옷 의	≒	服 옷 복
壽 목숨 수	≒	命 목숨 명	議 의논할 의	≒	論 논할 론
樹 나무 수	≒	木 나무 목	意 뜻 의	≒	思 생각 사
收 거둘 수	≒	拾 주울 습	意 뜻 의	≒	志 뜻 지
純 순수할 순	≒	潔 깨끗할 결	忍 참을 인	≒	耐 견딜 내
崇 높을 숭	≒	高 높을 고	引 끌 인	≒	導 인도할 도

認 알 인	≒	識 알 식		俊 준걸 준	≒	傑 뛰어날 걸
仁 어질 인	≒	慈 사랑 자		俊 준걸 준	≒	秀 빼어날 수
姿 모양 자	≒	貌 모양 모		中 가운데 중	≒	央 가운데 앙
裝 꾸밀 장	≒	飾 꾸밀 식		增 더할 증	≒	加 더할 가
財 재물 재	≒	貨 재물 화		憎 미울 증	≒	惡 미워할 오
災 재앙 재	≒	禍 재앙 화		知 알 지	≒	識 알 식
貯 쌓을 저	≒	蓄 모을 축		珍 보배 진	≒	寶 보배 보
戰 싸움 전	≒	爭 다툴 쟁		進 나아갈 진	≒	就 나아갈 취
戰 싸움 전	≒	鬪 싸움 투		秩 차례 질	≒	序 차례 서
淨 깨끗할 정	≒	潔 깨끗할 결		參 참여할 참	≒	與 더불 여
停 머무를 정	≒	留 머무를 류		倉 곳집 창	≒	庫 곳집 고
停 머무를 정	≒	止 그칠 지		菜 나물 채	≒	蔬 나물 소
正 바를 정	≒	直 곧을 직		處 곳 처	≒	所 바 소
政 정사 정	≒	治 다스릴 치		淸 맑을 청	≒	潔 깨끗할 결
祭 제사 제	≒	祀 제사 사		聽 들을 청	≒	聞 들을 문
帝 임금 제	≒	王 임금 왕		淸 맑을 청	≒	淨 깨끗할 정
製 지을 제	≒	作 지을 작		超 뛰어넘을 초	≒	過 지날 과
製 지을 제	≒	造 지을 조		蓄 모을 축	≒	積 쌓을 적
組 짤 조	≒	織 짤 직		趣 뜻 취	≒	意 뜻 의
調 고를 조	≒	和 화할 화		稱 일컬을 칭	≒	頌 칭송할 송
尊 높을 존	≒	貴 귀할 귀		打 칠 타	≒	擊 칠 격
存 있을 존	≒	在 있을 재		討 칠 토	≒	伐 칠 벌
終 마칠 종	≒	了 마칠 료		土 흙 토	≒	地 땅 지
終 마칠 종	≒	止 그칠 지		統 거느릴 통	≒	率 거느릴 솔
住 살 주	≒	居 살 거		鬪 싸움 투	≒	爭 다툴 쟁
朱 붉을 주	≒	紅 붉을 홍		捕 잡을 포	≒	獲 얻을 획

畢 마칠 필	≒	竟 마침내 경		格式 격식	≒	規定 규정	
河 물 하	≒	川 내 천		敬仰 경앙	≒	尊敬 존경	
河 물 하	≒	海 바다 해		共鳴 공명	≒	首肯 수긍	
寒 찰 한	≒	冷 찰 랭		貢獻 공헌	≒	寄與 기여	
恒 항상 항	≒	常 떳떳할 상		觀點 관점	≒	見解 견해	
海 바다 해	≒	洋 큰바다 양		敎徒 교도	≒	信徒 신도	
幸 다행 행	≒	福 복 복		交涉 교섭	≒	折衝 절충	
虛 빌 허	≒	空 빌 공		九泉 구천	≒	黃泉 황천	
毫 터럭 호	≒	毛 터럭 모		根源 근원	≒	源泉 원천	
毫 터럭 호	≒	髮 터럭 발		飢死 기사	≒	餓死 아사	
婚 혼인할 혼	≒	姻 혼인 인		緊切 긴절	≒	緊迫 긴박	
魂 넋 혼	≒	靈 신령 령		浪費 낭비	≒	濫用 남용	
昏 어두울 혼	≒	冥 어두울 명		朗讀 낭독	≒	音讀 음독	
混 섞을 혼	≒	雜 섞일 잡		內探 내탐	≒	物色 물색	
和 화할 화	≒	睦 화목할 목		能熟 능숙	≒	老鍊 노련	
和 화할 화	≒	協 화할 협		丹粧 단장	≒	化粧 화장	
歡 기쁠 환	≒	喜 기쁠 희		丹靑 단청	≒	彩色 채색	
皇 임금 황	≒	帝 임금 제		答書 답서	≒	答狀 답장	
休 쉴 휴	≒	息 쉴 식		大衆 대중	≒	群衆 군중	
希 바랄 희	≒	望 바랄 망		同意 동의	≒	贊成 찬성	
希 바랄 희	≒	願 원할 원		同窓 동창	≒	同門 동문	
				莫論 막론	≒	勿論 물론	
				妄想 망상	≒	夢想 몽상	
				媒介 매개	≒	仲介 중개	
				冥府 명부	≒	冥途 명도	
				謀陷 모함	≒	中傷 중상	

유의어
뜻이 비슷한 한자어

改作 개작	≒	改造 개조	
巨商 거상	≒	大商 대상	

469

無窮 무궁	≒	無限 무한		威脅 위협	≒	脅迫 협박
貿易 무역	≒	交易 교역		一毫 일호	≒	秋毫 추호
默讀 묵독	≒	目讀 목독		恣意 자의	≒	任意 임의
薄情 박정	≒	冷情 냉정		才能 재능	≒	才幹 재간
放浪 방랑	≒	流浪 유랑		情景 정경	≒	情狀 정상
訪問 방문	≒	尋訪 심방		精誠 정성	≒	至誠 지성
背恩 배은	≒	亡德 망덕		祭需 제수	≒	祭物 제물
兵營 병영	≒	兵舍 병사		朝廷 조정	≒	政府 정부
保存 보존	≒	保全 보전		造花 조화	≒	假花 가화
符合 부합	≒	一致 일치		參與 참여	≒	參加 참가
思考 사고	≒	思惟 사유		蒼空 창공	≒	碧空 벽공
散策 산책	≒	散步 산보		天地 천지	≒	乾坤 건곤
上旬 상순	≒	初旬 초순		鐵獄 철옥	≒	鐵窓 철창
象徵 상징	≒	表象 표상		招待 초대	≒	招請 초청
先考 선고	≒	先親 선친		治粧 치장	≒	裝飾 장식
先輩 선배	≒	前輩 전배		親分 친분	≒	精分 정분
細密 세밀	≒	綿密 면밀		寢床 침상	≒	寢臺 침대
首肯 수긍	≒	肯定 긍정		他鄕 타향	≒	他官 타관
順從 순종	≒	服從 복종		泰西 태서	≒	西洋 서양
視野 시야	≒	眼界 안계		土臺 토대	≒	基礎 기초
始祖 시조	≒	鼻祖 비조		平等 평등	≒	同等 동등
弱點 약점	≒	短點 단점		漂泊 표박	≒	放浪 방랑
抑壓 억압	≒	壓迫 압박		學費 학비	≒	學資 학자
永眠 영면	≒	別世 별세		懸殊 현수	≒	判異 판이
領土 영토	≒	版圖 판도		脅迫 협박	≒	威脅 위협
要請 요청	≒	要求 요구		興亡 흥망	≒	盛衰 성쇠

동음이의어

가계
- 家系 (집 **가**, 이어맬 **계**)
  : 한 집안의 계통
- 家計 (집 **가**, 셀 **계**)
  : 집안 살림의 수입과 지출의 상태

가구
- 家具 (집 **가**, 갖출 **구**)
  : 집안 살림에 쓰는 기구
- 家口 (집 **가**, 입 **구**)
  : 주거 및 생계를 같이하는 사람의 집단

가산
- 加算 (더할 **가**, 셈 **산**)
  : 더하여 셈함
- 家産 (집 **가**, 낳을 **산**)
  : 한 집안의 재산

감사
- 感謝 (느낄 **감**, 사례할 **사**)
  : 고맙게 여김
- 監査 (볼 **감**, 조사할 **사**)
  : 감독하고 검사함
- 監事 (볼 **감**, 일 **사**)
  : 단체의 서무에 관한 일을 맡아보는 사람

감상
- 感想 (느낄 **감**, 생각 **상**)
  : 마음속에 느끼어 일어나는 생각
- 感傷 (느낄 **감**, 다칠 **상**)
  : 하찮은 일에도 슬퍼져서 마음이 상함
- 感賞 (느낄 **감**, 상줄 **상**)
  : 마음에 깊이 느끼어 칭찬함
- 鑑賞 (거울 **감**, 상줄 **상**)
  : 예술 작품을 이해하여 즐기고 평가함

개량
- 改良 (고칠 **개**, 어질 **량**)
  : 고치어 좋게 함
- 改量 (고칠 **개**, 헤아릴 **량**)
  : 다시 측량함

개정
- 改正 (고칠 **개**, 바를 **정**)
  : 고쳐 바르게 함
- 改定 (고칠 **개**, 정할 **정**)
  : 이미 정하였던 것을 고쳐 다시 정함

경계
- 警戒 (깨우칠 **경**, 경계할 **계**)
  : 뜻밖의 사고가 생기지 않도록 조심하여 단속함
- 境界 (지경 **경**, 지경 **계**)
  : 지역이 구분되는 한계

경기
- 競技 (다툴 경, 재주 기)
  : 일정한 규칙에 따라 기량과 기술을 겨룸
- 景氣 (볕 경, 기운 기)
  : 경제 활동 상태
- 京畿 (서울 경, 경기 기)
  : 서울을 중심으로 한 가까운 주위의 지방

경로
- 敬老 (공경 경, 늙을 로)
  : 노인을 공경함
- 經路 (지날 경, 길 로)
  : 지나는 길

경비
- 警備 (깨우칠 경, 갖출 비)
  : 사고가 나지 않도록 미리 경계하고 지킴
- 經費 (지날 경, 쓸 비)
  : 어떤 일을 하는 데 드는 비용

공동
- 共同 (한가지 공, 한가지 동)
  : 둘 이상의 사람이나 단체가 함께 일을 함
- 空洞 (빌 공, 골 동)
  : 아무것도 없이 텅 비어 있는 굴

공약
- 公約 (공평할 공, 맺을 약)
  : 일반 사람들 앞에서 약속함
- 空約 (빌 공, 맺을 약)
  : 헛된 약속

과거
- 科擧 (과목 과, 들 거)
  : 옛날 관리를 뽑을 때 보던 시험
- 過去 (지날 과, 갈 거)
  : 지나간 때. 지나간 일이나 생활

과정
- 科程 (과목 과, 길 정)
  : 학교에서 학생들이 공부하는 과목의 내용과 체계
- 過程 (지날 과, 길 정)
  : 일이 되어 가는 경로
- 課程 (과정 과, 길 정)
  : 과업의 정도

교감
- 交感 (사귈 교, 느낄 감)
  : 서로 접촉하여 감응함
- 校監 (학교 교, 볼 감)
  : 학교장을 도와서 학교의 일을 관리하거나 수행하는 직책

교단
- 敎團 (가르칠 교, 둥글 단)
  : 종교 단체
- 校壇 (학교 교, 단 단)
  : 교사가 강의 때 올라서는 단

교정

- 交情 (사귈 교, 뜻 정)
  : 사귀는 정
- 校庭 (학교 교, 뜰 정)
  : 학교의 마당이나 운동장
- 校正 (학교 교, 바를 정)
  : 교정쇄와 원고를 대조하여 오자, 배열, 색 등을 바르게 고침
- 校訂 (학교 교, 바로잡을 정)
  : 문장이나 책의 잘못된 글자나 글귀를 바르게 고침
- 矯正 (바로잡을 교, 바를 정)
  : 틀어지거나 잘못된 것을 바로잡음

구상

- 具象 (갖출 구, 코끼리 상)
  : 사물이 뚜렷한 형체나 성질을 갖춤
- 構想 (얽을 구, 생각 상)
  : 예술 작품의 내용이나 형식에 대한 생각을 구체적으로 정리함
- 求償 (구할 구, 갚을 상)
  : 배상 또는 상환을 요구하는 것

구조

- 救助 (구원할 구, 도울 조)
  : 어려운 처지에 빠진 사람을 구하여 줌
- 構造 (얽을 구, 지을 조)
  : 전체를 이루고 있는 관계

구축

- 構築 (얽을 구, 쌓을 축)
  : 어떤 구조물이나 진지 등을 쌓아 올려 만듦
- 驅逐 (몰 구, 쫓을 축)
  : 몰아서 쫓아냄

구호

- 救護 (구원할 구, 도울 호)
  : 어려움에 처한 사람을 도와 보호함
- 口號 (입 구, 이름 호)
  : 어떤 요구나 주장을 간결한 형식으로 표현한 문구

귀중

- 貴中 (귀할 귀, 가운데 중)
  : 상대편을 높이는 말
- 貴重 (귀할 귀, 무거울 중)
  : 귀하고 중요함

극단

- 極端 (다할 극, 끝 단)
  : 맨 끝. 중용을 벗어나 한쪽으로 크게 치우침
- 劇團 (심할 극, 둥글 단)
  : 연극 상연을 목적으로 조직된 단체
- 劇壇 (심할 극, 단 단)
  : 연극의 무대

근간

- 近刊 (가까울 근, 새길 간)
  : 최근에 출판된 간행물
- 近間 (가까울 근, 사이 간)
  : 요사이
- 根幹 (뿌리 근, 줄기 간)
  : 뿌리와 줄기. 사물의 바탕이나 중심이 되는 중요한 것

급수

- 級數 (등급 급, 셈 수)
  : 우열에 따라 매긴 등급
- 給水 (줄 급, 물 수)
  : 물을 대어 줌

기사
- **技師** (재주 기, 스승 사)
  : 전문 지식이 필요한 특별한 기술 업무를 맡아보는 사람
- **奇事** (기특할 기, 일 사)
  : 기이한 일
- **記事** (기록할 기, 일 사)
  : 신문, 잡지 등에 사실을 실어 알리는 글
- **飢死** (주릴 기, 죽을 사)
  : 굶어 죽음
- **騎士** (말탈 기, 선비 사)
  : 말을 탄 무사

기상
- **起床** (일어날 기, 상 상)
  : 잠자리에서 일어남
- **氣象** (기운 기, 코끼리 상)
  : 비, 눈, 바람 등 대기 중에서 일어나는 물리적 현상
- **氣像** (기운 기, 모양 상)
  : 사람의 타고난 기개나 마음씨

기수
- **奇數** (기특할 기, 셈 수)
  : 홀수
- **旗手** (기 기, 손 수)
  : 단체 행렬의 맨 앞에 서서 기를 드는 사람
- **機首** (틀 기, 머리 수)
  : 비행기의 앞부분
- **騎手** (말탈 기, 손 수)
  : 말을 타는 사람

기술
- **技術** (재주 기, 재주 술)
  : 어떤 일을 솜씨 있게 해내는 방법이나 수단
- **奇術** (기특할 기, 재주 술)
  : 기묘한 재주
- **記述** (기록할 기, 펼 술)
  : 사물의 내용이나 특징을 기록하여 서술함
- **旣述** (이미 기, 펼 술)
  : 이미 앞서 기술함

기원
- **紀元** (벼리 기, 으뜸 원)
  : 연대를 계산하는 데에 기준이 되는 해
- **起源** (일어날 기, 근원 원)
  : 사물이 처음으로 생긴 근원
- **祈願** (빌 기, 원할 원)
  : 바라는 일이 이루어지기를 빎

녹음
- **錄音** (기록할 록, 소리 음)
  : 소리를 기록함
- **綠陰** (푸를 록, 그늘 음)
  : 푸른 잎이 우거진 나무나 수풀의 그늘

단결
- **團結** (둥글 단, 맺을 결)
  : 많은 사람이 마음과 힘을 한데 뭉침
- **斷決** (끊을 단, 결단할 결)
  : 결정적인 판단을 하거나 단정을 내림

단서
- **但書** (다만 **단**, 글 **서**)
  : 본문 다음에 그에 대한 조건이나 예외 등을 밝히는 글
- **端緒** (끝 **단**, 실마리 **서**)
  : 어떤 문제를 해결하는 방향으로 이끌어 가는 실마리

단정
- **斷定** (끊을 **단**, 정할 **정**)
  : 딱 잘라서 판단하고 결정함
- **端正** (끝 **단**, 바를 **정**)
  : 옷차림새나 몸가짐 등이 얌전하고 바름
- **斷情** (끊을 **단**, 뜻 **정**)
  : 정을 끊음

답사
- **答辭** (대답 **답**, 말씀 **사**)
  : 식장에서 축사나 환송사 등에 답하는 말
- **踏査** (밟을 **답**, 조사할 **사**)
  : 실제로 현장에 가서 보고 조사함

독자
- **獨子** (홀로 **독**, 아들 **자**)
  : 외아들
- **獨自** (홀로 **독**, 스스로 **자**)
  : 남에게 기대지 아니하는 자기 한 몸
- **讀者** (읽을 **독**, 놈 **자**)
  : 책, 신문 등 출판물을 읽는 사람

독주
- **毒酒** (독 **독**, 술 **주**)
  : 독약을 탄 술
- **獨奏** (홀로 **독**, 아뢸 **주**)
  : 한 사람이 악기를 연주하는 것
- **獨走** (홀로 **독**, 달릴 **주**)
  : 혼자서 뜀

동기
- **同氣** (한가지 **동**, 기운 **기**)
  : 형제와 자매, 남매를 통틀어 이르는 말
- **冬期** (겨울 **동**, 기약할 **기**)
  : 겨울의 시기
- **同期** (한가지 **동**, 기약할 **기**)
  : 같은 시기
- **動機** (움직일 **동**, 틀 **기**)
  : 일이나 행동을 일으키게 하는 계기

동요
- **童謠** (아이 **동**, 노래 **요**)
  : 어린이들의 생활 감정이나 심리를 표현한 정형시
- **動搖** (움직일 **동**, 흔들 **요**)
  : 생각이나 물체 등이 흔들리고 움직임

동정
- **動靜** (움직일 **동**, 고요할 **정**)
  : 상황이 전개되는 상태
- **同情** (한가지 **동**, 뜻 **정**)
  : 남의 어려운 처지를 자기 일처럼 딱하고 가엾게 여김

동지
- 冬至 (겨울 동, 이를 지)
  : 이십사절기의 하나
- 同志 (한가지 동, 뜻 지)
  : 뜻을 같이 함

매장
- 埋葬 (묻을 매, 장사지낼 장)
  : 죽은 사람을 땅속에 묻음
- 埋藏 (묻을 매, 감출 장)
  : 묻어서 감춤
- 賣場 (팔 매, 마당 장)
  : 물건을 파는 장소

무용
- 武勇 (호반 무, 날랠 용)
  : 무예와 용맹을 아울러 이르는 말
- 無用 (없을 무, 쓸 용)
  : 쓸모가 없음

발전
- 發電 (필 발, 번개 전)
  : 전기를 일으킴
- 發展 (필 발, 펼 전)
  : 더 낫고 좋은 상태나 더 높은 단계로 나아감

방문
- 房門 (방 방, 문 문)
  : 방으로 드나드는 문
- 訪問 (찾을 방, 물을 문)
  : 어떤 사람이나 장소를 찾아가서 봄

보고
- 報告 (알릴 보, 고할 고)
  : 결과나 내용을 말이나 글로 알림
- 寶庫 (보배 보, 곳집 고)
  : 귀중한 물건을 간수해 두는 창고

보도
- 報道 (알릴 보, 길 도)
  : 일반 사람들에게 새 소식을 널리 알림
- 步道 (걸음 보, 길 도)
  : 보행자의 통행에 사용하도록 된 길

보수
- 保守 (지킬 보, 지킬 수)
  : 보전하여 지킴
- 補修 (기울 보, 닦을 수)
  : 낡거나 부서진 것을 손보아 고침

부상
- 副賞 (버금 부, 상줄 상)
  : 본상에 덧붙여 주는 상금이나 상품
- 負傷 (질 부, 다칠 상)
  : 몸에 상처를 입음
- 浮上 (뜰 부, 윗 상)
  : 물 위로 떠오름

부인
- 婦人 (며느리 부, 사람 인)
  : 결혼한 여자
- 否認 (아닐 부, 알 인)
  : 옳다고 인정하지 않음
- 夫人 (지아비 부, 사람 인)
  : 남의 아내를 높여 이르는 말

부자
- 父子 (아비 부, 아들 자)
  : 아버지와 아들
- 富者 (부자 부, 놈 자)
  : 재물이 많아 살림이 넉넉한 사람

부정
- 否定 (아닐 부, 정할 정)
  : 그렇지 아니하다고 단정하거나 옳지 아니하다고 반대함
- 不正 (아닐 부, 바를 정)
  : 올바르지 아니하거나 옳지 못함

비명
- 碑銘 (비석 비, 새길 명)
  : 비석에 새긴 글자
- 悲鳴 (슬플 비, 울 명)
  : 다급할 때 지르는 소리

비보
- 飛報 (날 비, 알릴 보)
  : 아주 빨리 보고함
- 悲報 (슬플 비, 알릴 보)
  : 슬픈 기별이나 소식

비행
- 飛行 (날 비, 다닐 행)
  : 공중으로 날아가거나 날아다님
- 非行 (아닐 비, 다닐 행)
  : 도리에 어긋나는 행위

사고
- 思考 (생각 사, 생각할 고)
  : 생각하고 궁리함
- 事故 (일 사, 연고 고)
  : 뜻밖에 일어난 사건

사기
- 士氣 (선비 사, 기운 기)
  : 싸움에 대한 병사의 씩씩한 기세
- 史記 (사기 사, 기록할 기)
  : 중국 한나라의 사마천이 상고(上古)의 황제로부터 전한(前漢) 무제까지의 역대 왕조의 사적을 엮은 역사책
- 事記 (일 사, 기록할 기)
  : 사건 내용을 적은 기록
- 沙器 (모래 사, 그릇 기)
  : 사기그릇
- 詐欺 (속일 사, 속일 기)
  : 못된 꾀로 남을 속임

사설
- 私設 (사사 사, 베풀 설)
  : 어떤 시설을 개인이나 민간에서 사사로이 설립함
- 私說 (사사 사, 말씀 설)
  : 개인의 학설이나 의견
- 社說 (모일 사, 말씀 설)
  : 신문이나 잡지 등에 게재하는 논설
- 辭說 (말씀 사, 말씀 설)
  : 늘어놓는 말이나 이야기

사수
- 射手 (쏠 사, 손 수)
  : 총포를 쏘는 사람
- 死守 (죽을 사, 지킬 수)
  : 목숨을 걸고 지킴

사은
- 謝恩 (사례할 사, 은혜 은)
  : 받은 은혜에 대하여 감사히 여겨 사례함
- 師恩 (스승 사, 은혜 은)
  : 스승의 은혜

사전
- 事典 (일 사, 법 전)
  : 여러 가지 사항을 모아 일정한 순서로 배열하고 그 각각에 해설을 붙인 책
- 辭典 (말씀 사, 법 전)
  : 낱말을 모아 일정한 순서로 배열하여 해설한 책
- 事前 (일 사, 앞 전)
  : 일이 일어나기 전
- 私田 (사사 사, 밭 전)
  : 개인 소유의 논밭

사정
- 事情 (일 사, 뜻 정)
  : 일의 형편
- 査正 (조사할 사, 바를 정)
  : 조사하여 그릇된 것을 바로잡음

상가
- 商街 (장사 상, 거리 가)
  : 상점들이 늘어서 있는 거리
- 喪家 (잃을 상, 집 가)
  : 사람이 죽어 장례를 치르는 집

상품
- 上品 (윗 상, 물건 품)
  : 질이 좋은 물품
- 商品 (장사 상, 물건 품)
  : 사고파는 물품

성대
- 盛大 (성할 성, 큰 대)
  : 아주 성하고 큼
- 聲帶 (소리 성, 띠 대)
  : 소리를 내는 기관

세입
- 稅入 (세금 세, 들 입)
  : 조세의 수입
- 歲入 (해 세, 들 입)
  : 한 회계 연도에 있어서의 모든 수입

수도
- 首都 (머리 수, 도읍 도)
  : 한 나라의 중앙 정부가 있는 도시
- 水道 (물 수, 길 도)
  : 상수도
- 修道 (닦을 수, 길 도)
  : 도를 닦음

수상
- 首相 (머리 수, 서로 상)
  : 내각의 우두머리
- 受賞 (받을 수, 상줄 상)
  : 상을 받음

수석
- 首席 (머리 **수**, 자리 **석**)
  : 등급이나 직위 등에서 맨 윗자리
- 壽石 (목숨 **수**, 돌 **석**)
  : 아름다운 자연석

수신
- 修身 (닦을 **수**, 몸 **신**)
  : 마음과 행실을 바르게 닦음
- 受信 (받을 **수**, 믿을 **신**)
  : 신호나 통신을 받음

수재
- 水災 (물 **수**, 재앙 **재**)
  : 장마나 홍수로 인한 재난
- 秀才 (빼어날 **수**, 재주 **재**)
  : 뛰어난 재주. 또는 머리가 좋고 재주가 뛰어난 사람

시상
- 施賞 (베풀 **시**, 상줄 **상**)
  : 상장이나 상품, 상금 등을 줌
- 詩想 (시 **시**, 생각 **상**)
  : 시를 짓기 위한 착상이나 구상

시인
- 詩人 (시 **시**, 사람 **인**)
  : 시를 짓는 사람
- 是認 (옳을 **시**, 알 **인**)
  : 어떤 내용이나 사실이 옳거나 그러하다고 인정함

시조
- 市朝 (저자 **시**, 아침 **조**)
  : 시정(市井)과 조정(朝廷)을 아울러 이르는 말
- 始祖 (비로소 **시**, 할아비 **조**)
  : 한 겨레나 가계의 맨 처음이 되는 조상
- 時調 (때 **시**, 고를 **조**)
  : 고려 말기부터 발달하여 온 우리나라 고유의 정형시

실수
- 實數 (열매 **실**, 셈 **수**)
  : 실제의 수효. 유리수와 무리수
- 失手 (잃을 **실**, 손 **수**)
  : 잘못을 저지름

실정
- 實情 (열매 **실**, 뜻 **정**)
  : 실제의 사정
- 失政 (잃을 **실**, 정사 **정**)
  : 정치를 잘못함

역설
- 逆說 (거스릴 **역**, 말씀 **설**)
  : 어떤 주의나 주장에 반대되는 이론이나 말
- 力說 (힘 **력**, 말씀 **설**)
  : 자기의 뜻을 힘주어 말함

우수
- 優秀 (넉넉할 **우**, 빼어날 **수**)
  : 여럿 가운데 특별히 빼어남
- 憂愁 (근심 **우**, 근심 **수**)
  : 근심과 걱정

유학
- **留學** (머무를 류, 배울 학)
  : 외국에 머물면서 공부함
- **儒學** (선비 유, 배울 학)
  : 중국 공자의 가르침을 배우는 학문

의사
- **意思** (뜻 의, 생각 사)
  : 무엇을 하고자 하는 생각
- **義士** (옳을 의, 선비 사)
  : 의로운 지사(志士)
- **醫師** (의원 의, 스승 사)
  : 의술과 약으로 병을 치료·진찰하는 것을 직업으로 삼는 사람

이성
- **異性** (다를 이, 성품 성)
  : 성(性)이 다른 것
- **理性** (다스릴 리, 성품 성)
  : 논리적인 마음의 작용

이해
- **理解** (다스릴 리, 풀 해)
  : 사리를 분별하여 해석함
- **利害** (이할 리, 해할 해)
  : 이익과 손해

인도
- **引導** (끌 인, 인도할 도)
  : 이끌어 지도함
- **人道** (사람 인, 길 도)
  : 사람이 다니는 길
- **引渡** (끌 인, 건널 도)
  : 사물이나 권리 등을 넘겨줌

인상
- **引上** (끌 인, 윗 상)
  : 값을 올림
- **印象** (도장 인, 코끼리 상)
  : 어떤 대상에 대하여 마음속에 새겨지는 느낌

인정
- **認定** (알 인, 정할 정)
  : 확실히 그렇다고 여김
- **仁政** (어질 인, 정사 정)
  : 어진 정치

장관
- **長官** (긴 장, 벼슬 관)
  : 행정 각부의 책임자
- **壯觀** (장할 장, 볼 관)
  : 훌륭하고 장대한 광경

장기
- **長期** (긴 장, 기약할 기)
  : 긴 기간
- **臟器** (오장 장, 그릇 기)
  : 내장의 여러 기관
- **帳記** (장막 장, 기록할 기)
  : 물건이나 논밭 등을 팔고 사는 데 관한 품명이나 값을 적어 놓은 글

장편
- **長篇** (긴 장, 책 편)
  : 내용이 긴 작품
- **掌篇** (손바닥 장, 책 편)
  : 손바닥만 한 크기의 작품이라는 뜻으로, 매우 짧은 산문

재고
- 再考 (두 재, 생각할 고)
  : 다시 생각함
- 在庫 (있을 재, 곳집 고)
  : 창고에 쌓여 있음

전경
- 戰警 (싸움 전, 깨우칠 경)
  : '전투 경찰'을 줄여 이르는 말
- 全景 (온전 전, 볕 경)
  : 전체의 경치

전기
- 前期 (앞 전, 기약할 기)
  : 한 기간을 몇 개로 나눈 첫 시기
- 前記 (앞 전, 기록할 기)
  : 어떤 대목을 기준으로 하여 그 앞부분에 기록함
- 傳記 (전할 전, 기록할 기)
  : 어떤 인물의 생애와 활동을 적은 기록
- 電氣 (번개 전, 기운 기)
  : 전자의 이동으로 생기는 에너지의 한 형태
- 轉機 (구를 전, 틀 기)
  : 전환점이 되는 기회나 시기

전례
- 典禮 (법 전, 예도 례)
  : 왕실이나 나라에서 경사나 상사가 났을 때 행하는 의식
- 前例 (앞 전, 법식 례)
  : 이전의 사례

전시
- 戰時 (싸움 전, 때 시)
  : 전쟁하고 있는 때
- 展示 (펼 전, 보일 시)
  : 물품을 한곳에 벌여 놓고 보임

전원
- 田園 (밭 전, 동산 원)
  : 논과 밭이라는 뜻으로, 도시에서 떨어진 시골이나 교외
- 電源 (번개 전, 근원 원)
  : 전력을 공급하는 원천
- 全員 (온전 전, 인원 원)
  : 전체의 인원

정당
- 正當 (바를 정, 마땅 당)
  : 이치에 맞아 올바르고 마땅함
- 政黨 (정사 정, 무리 당)
  : 정치적인 단체

정원
- 庭園 (뜰 정, 동산 원)
  : 집 안에 있는 뜰이나 꽃밭
- 定員 (정할 정, 인원 원)
  : 일정한 규정에 의하여 정한 인원

정전
- 停電 (머무를 정, 번개 전)
  : 오던 전기가 끊어짐
- 停戰 (머무를 정, 싸움 전)
  : 일시적으로 전투를 중단하는 일

조리
- **條理** (가지 조, 다스릴 리)
  : 말이나 글 또는 일이나 행동에서 앞뒤가 들어맞음
- **調理** (고를 조, 다스릴 리)
  : 요리를 만듦

조선
- **朝鮮** (아침 조, 고울 선)
  : 우리나라 옛 이름
- **造船** (지을 조, 배 선)
  : 배를 설계하여 만듦

조정
- **朝廷** (아침 조, 조정 정)
  : 임금이 나라의 정치를 집행하는 곳
- **調停** (고를 조, 머무를 정)
  : 분쟁을 중간에서 화해시킴
- **調整** (고를 조, 가지런할 정)
  : 어떤 기준이나 실정에 맞게 정돈함

조화
- **調和** (고를 조, 화할 화)
  : 서로 잘 어울림
- **造花** (지을 조, 꽃 화)
  : 인공적으로 만든 꽃

주간
- **晝間** (낮 주, 사이 간)
  : 낮
- **週刊** (주일 주, 새길 간)
  : 한 주일에 한 번씩 정해 놓고 책 따위를 발행하는 일
- **週間** (주일 주, 사이 간)
  : 한 주일 동안

지급
- **至急** (이를 지, 급할 급)
  : 매우 급함
- **支給** (지탱할 지, 줄 급)
  : 돈이나 물품 등을 정하여진 몫만큼 내줌

지도
- **指導** (가리킬 지, 인도할 도)
  : 어떤 목적이나 방향으로 남을 가르쳐 이끎
- **地圖** (땅 지, 그림 도)
  : 지구 표면의 상태를 일정한 비율로 줄여, 평면에 나타낸 그림

지성
- **知性** (알 지, 성품 성)
  : 생각하고 판단하는 능력
- **至誠** (이를 지, 정성 성)
  : 지극한 정성

지원
- **志願** (뜻 지, 원할 원)
  : 어떤 일이나 조직에 뜻을 두어 한 구성원이 되기를 바람
- **支援** (지탱할 지, 도울 원)
  : 지지하여 도움

직선
- **直選** (곧을 직, 가릴 선)
  : '직접 선거'를 줄여 이르는 말
- **直線** (곧을 직, 줄 선)
  : 곧은 줄

차례
- 茶禮 (차 **차**, 예도 **례**)
  : 음력 매달 초하룻날과 보름날, 명절날, 조상 생일 등의 낮에 지내는 제사
- 次例 (버금 **차**, 법식 **례**)
  : 순서 있게 구분하여 벌여 나가는 관계

초대
- 招待 (부를 **초**, 기다릴 **대**)
  : 사람을 불러 대접함
- 初代 (처음 **초**, 대신할 **대**)
  : 첫 번째에 해당하는 차례

최고
- 最高 (가장 **최**, 높을 **고**)
  : 가장 높음
- 最古 (가장 **최**, 예 **고**)
  : 가장 오래됨

축전
- 祝電 (빌 **축**, 번개 **전**)
  : 축하하는 뜻을 나타내기 위하여 보내는 전보
- 祝典 (빌 **축**, 법 **전**)
  : 축하하는 뜻으로 행하는 의식이나 행사

통화
- 通話 (통할 **통**, 말씀 **화**)
  : 전화로 말을 주고받음
- 通貨 (통할 **통**, 재물 **화**)
  : 화폐

표지
- 標識 (표할 **표**, 기록할 **지**)
  : 표시나 특징으로 어떤 사물을 다른 것과 구별하게 함
- 表紙 (겉 **표**, 종이 **지**)
  : 책의 맨 앞뒤의 겉장

향수
- 鄕愁 (시골 **향**, 근심 **수**)
  : 고향을 그리워하는 마음이나 시름
- 香水 (향기 **향**, 물 **수**)
  : 향기로운 냄새가 나는 액체 화장품의 하나

화단
- 畫壇 (그림 **화**, 단 **단**)
  : 화가들의 사회
- 花壇 (꽃 **화**, 단 **단**)
  : 꽃을 심기 위하여 흙을 한층 높게 하여 꾸며 놓은 꽃밭

동자이음자

降
- 내릴 **강**: 降雨(강우), 下降(하강)
- 항복할 **항**: 投降(투항), 降服(항복)

車
- 수레 **거**: 車馬(거마), 自轉車(자전거)
- 수레 **차**: 電車(전차), 自動車(자동차)

見
- 볼 **견**: 見聞(견문), 見解(견해)
- 뵈올 **현**: 謁見(알현), 見齒(현치)

更
- 고칠 **경**: 變更(변경)
- 다시 **갱**: 更生(갱생), 更新(갱신)

告
- 고할 **고**: 告示(고시), 豫告(예고)
- 청할 **곡**: 告寧(곡녕), 出必告(출필곡)

龜
- 거북·땅이름 **구**: 龜尾(구미)
- 거북 **귀**: 龜鑑(귀감)
- 터질 **균**: 龜裂(균열)

金
- 쇠 **금**: 金庫(금고), 金錢(금전)
- 성 **김**: 金氏(김씨)

茶
- 차 **다**: 茶道(다도)
- 차 **차**: 綠茶(녹차), 茶禮(차례)

糖
- 엿 **당**: 糖分(당분), 製糖(제당)
- 사탕 **탕**: 沙糖(사탕), 雪糖(설탕)

度
- 법도 **도**: 角度(각도), 制度(제도)
- 헤아릴 **탁**: 度地(탁지)

讀
- 읽을 **독**: 讀書(독서), 讀後感(독후감)
- 구절 **두**: 吏讀(이두), 句讀點(구두점)

洞
- 골 **동**: 洞口(동구), 洞里(동리)
- 밝을 **통**: 洞察(통찰), 洞燭(통촉)

樂
- 즐길 **락**: 樂園(낙원), 娛樂(오락)
- 노래 **악**: 樂譜(악보), 音樂(음악)
- 좋아할 **요**: 樂山樂水(요산요수)

率
- 비율 **률**: 能率(능률), 比率(비율)
- 거느릴 **솔**: 引率(인솔), 統率(통솔)

復
- 회복할 **복**: 復權(복권), 回復(회복)
- 다시 **부**: 復活(부활), 復興(부흥)

否
- 아닐 **부**: 否認(부인), 否定(부정)
- 막힐 **비**: 否塞(비색), 否運(비운)

北
- 북녘 **북**: 北極(북극), 北伐(북벌)
- 달아날 **배**: 敗北(패배)

不
- 아닐 **불**: 不可(불가), 不問(불문)
- 아닐 **부**: 不當(부당), 不足(부족)

寺
- 절 **사**: 寺院(사원)
- 내시 **시**: 寺人(시인)

殺
- 죽일 **살**: 殺生(살생), 殺害(살해)
- 감할 **쇄**: 相殺(상쇄), 殺到(쇄도)

狀
- 형상 **상**: 狀況(상황), 現狀(현상)
- 문서 **장**: 賞狀(상장), 令狀(영장)

塞
- 막힐 **색**: 窮塞(궁색), 閉塞(폐색)
- 변방 **새**: 要塞(요새), 塞翁之馬(새옹지마)

索
- 찾을 **색**: 思索(사색), 索引(색인)
- 노(새끼줄) **삭**: 索道(삭도)

說
- 말씀 **설**: 說得(설득), 說話(설화)
- 달랠 **세**: 說客(세객), 遊說(유세)
- 기쁠 **열**: 說樂(열락), 說懷(열회)

省
- 살필 **성**: 反省(반성), 省察(성찰)
- 덜 **생**: 省略(생략)

數
- 셈 **수**: 數學(수학), 術數(술수)
- 자주 **삭**: 頻數(빈삭), 數白(삭백)

宿
- 잘 **숙**: 宿泊(숙박), 合宿(합숙)
- 별자리 **수**: 星宿(성수)

拾
- 주울 **습**: 收拾(수습), 拾得(습득)
- 열 **십**: 拾萬(십만)

識
- 알 **식**: 認識(인식), 知識(지식)
- 기록할 **지**: 標識(표지)

惡
- 악할 **악**: 善惡(선악), 惡用(악용)
- 미워할 **오**: 惡寒(오한), 憎惡(증오)

若
- 같을 **약**: 若干(약간), 若何(약하)
- 반야 **야**: 般若心經(반야심경)

於
- 어조사 **어**: 於是乎(어시호), 於中間(어중간)
- 탄식할 **오**: 於乎(오호), 於戱(오희)

易
- 바꿀 **역**: 交易(교역), 貿易(무역)
- 쉬울 **이**: 簡易(간이), 容易(용이)

刺
- 찌를 **자**: 刺客(자객)
- 찌를 **척**: 刺殺(척살)

切
- 끊을 **절**: 切斷(절단), 切望(절망)
- 온통 **체**: 一切(일체)

辰
- 별 **진**: 日辰(일진), 辰宿(진수)
- 때 **신**: 生辰(생신)

徵
- 부를 **징**: 徵兵(징병), 特徵(특징)
- 음률이름 **치**: 宮商角徵羽(궁상각치우)

差
- 다를 **차**: 差別(차별), 差額(차액)
- 어긋날 **치**: 參差(참치)

參
- 참여할 **참**: 參加(참가), 參席(참석)
- 석 **삼**: 參拾(삼십)

拓
- 넓힐 **척**: 干拓(간척), 開拓(개척)
- 박을 **탁**: 拓本(탁본)

則
- 법칙 **칙**: 規則(규칙), 罰則(벌칙)
- 곧 **즉**: 然則(연즉)

沈
- 잠길 **침**: 沈沒(침몰), 沈默(침묵)
- 성 **심**: 沈氏(심씨)

宅
- 집 **택**: 家宅(가택), 宅地(택지)
- 집 **댁**: 貴宅(귀댁), 宅內(댁내)

便
- 편할 **편**: 便利(편리), 便紙(편지)
- 똥오줌 **변**: 便祕(변비), 便所(변소)

布
- 베 **포**: 布木(포목)
- 펼 **포**: 公布(공포), 宣布(선포)
- 보시 **보**: 布施(보시)

暴
- 사나울 **폭**: 暴力(폭력), 暴行(폭행)
- 모질 **포**: 暴惡(포악), 橫暴(횡포)

皮
- 가죽 **피**: 毛皮(모피), 皮革(피혁)
- 가죽 **비**: 鹿皮(녹비)

合
- 합할 **합**: 合同(합동), 合意(합의)
- 홉 **홉**: 合(홉)

行
- 다닐 **행**: 行軍(행군), 行路(행로)
- 항렬 **항**: 行列(항렬)

畫
- 그림 **화**: 畫家(화가), 畫廊(화랑)
- 그을 **획**: 計畫(계획)

活
- 살 **활**: 活氣(활기), 活力(활력)
- 물소리 **괄**: 活活(괄괄)

약자

假 거짓 가: ⋯⋯ 仮	輕 가벼울 경 ⋯⋯ 軽	棄 버릴 기 ⋯⋯ 弃
價 값 가 ⋯⋯ 価	繼 이을 계: ⋯⋯ 継	氣 기운 기 ⋯⋯ 気
覺 깨달을 각 ⋯⋯ 覚	繫 맬 계: ⋯⋯ 繋	器 그릇 기 ⋯⋯ 器
減 덜 감 ⋯⋯ 减	穀 곡식 곡 ⋯⋯ 穀	緊 긴할 긴 ⋯⋯ 緊
監 볼 감 ⋯⋯ 监	寬 너그러울 관 ⋯⋯ 寛	寧 편안 녕 ⋯⋯ 寍, 寧
鑑 거울 감 ⋯⋯ 鑑	觀 볼 관 ⋯⋯ 观, 覌, 観	惱 번뇌할 뇌 ⋯⋯ 悩
蓋 덮을 개(:) ⋯⋯ 盖	關 관계할 관 ⋯⋯ 関	腦 골·뇌수 뇌 ⋯⋯ 脳
個 낱 개(:) ⋯⋯ 个	館 집 관 ⋯⋯ 舘	單 홑 단 ⋯⋯ 単
槪 대개 개: ⋯⋯ 概	廣 넓을 광: ⋯⋯ 広	團 둥글 단 ⋯⋯ 団
慨 슬퍼할 개: ⋯⋯ 慨	鑛 쇳돌 광: ⋯⋯ 鉱	斷 끊을 단: ⋯⋯ 断
據 근거 거: ⋯⋯ 拠	壞 무너질 괴: ⋯⋯ 壊	擔 멜 담 ⋯⋯ 担
擧 들 거: ⋯⋯ 挙, 舉	區 구분할·지경 구 ⋯⋯ 区	當 마땅 당 ⋯⋯ 当
儉 검소할 검: ⋯⋯ 倹	舊 예 구: ⋯⋯ 旧	黨 무리 당 ⋯⋯ 党
劍 칼 검: ⋯⋯ 剣	句 글귀 구 ⋯⋯ 勾	對 대할 대: ⋯⋯ 対
檢 검사할 검: ⋯⋯ 検	龜 거북 구·귀/터질 균 ⋯⋯ 亀	臺 대 대 ⋯⋯ 台, 臺
擊 칠 격 ⋯⋯ 撃	國 나라 국 ⋯⋯ 国	德 큰 덕 ⋯⋯ 徳
堅 굳을 견 ⋯⋯ 坚	勸 권할 권: ⋯⋯ 劝, 勧	圖 그림 도 ⋯⋯ 図
缺 이지러질 결 ⋯⋯ 欠	權 권세 권 ⋯⋯ 权, 権	獨 홀로 독 ⋯⋯ 独
徑 지름길·길 경 ⋯⋯ 径	歸 돌아갈 귀: ⋯⋯ 帰	讀 읽을 독/구절 두 ⋯⋯ 読
經 지날·글 경 ⋯⋯ 経	旣 이미 기 ⋯⋯ 既	毒 독 독 ⋯⋯ 毒

燈	등 **등**	灯
樂	즐길 **락**/노래 **악**/좋아할 **요**	
		楽
亂	어지러울 **란:**	乱
濫	넘칠 **람:**	濫
覽	볼 **람**	览, 覧
來	올 **래(:)**	来
兩	두 **량:**	両
涼	서늘할 **량**	涼
勵	힘쓸 **려:**	励
麗	고울 **려**	麗
戀	그리워할·그릴 **련:**	恋
聯	연이을 **련**	联
練	익힐 **련:**	練
鍊	쇠불릴·단련할 **련:**	錬
獵	사냥 **렵**	猟
靈	신령 **령**	灵, 霊
禮	예도 **례:**	礼
勞	일할 **로**	労
爐	화로 **로**	炉
錄	기록할 **록**	录
龍	용 **룡**	竜
樓	다락 **루**	楼

淚	눈물 **루:**	涙
離	떠날 **리:**	離
臨	임할 **림**	临
滿	찰 **만(:)**	満
萬	일만 **만:**	万
賣	팔 **매(:)**	売
麥	보리 **맥**	麦
貌	모양 **모**	皃
夢	꿈 **몽**	梦
廟	사당 **묘:**	庿, 庙
墨	먹 **묵**	墨
默	잠잠할 **묵**	黙
迫	핍박할 **박**	廹
發	필 **발**	発
輩	무리 **배:**	輩
拜	절 **배:**	拝
繁	번성할 **번**	繁
變	변할 **변:**	変
邊	가 **변**	辺, 边
屛	병풍 **병(:)**	屏
竝	나란히 **병:**	並
寶	보배 **보:**	宝
富	부자 **부**	冨

佛	부처 **불**	仏
拂	떨칠 **불**	払
寫	베낄 **사**	写, 写, 寫
師	스승 **사**	师
辭	말씀 **사**	辞
殺	죽일 **살**/감할·빠를 **쇄:**	
		殺
嘗	맛볼 **상**	嘗
桑	뽕나무 **상**	桒
狀	형상 **상**/문서 **장**	状
敍	펼 **서:**	叙
緖	실마리 **서:**	緒
釋	풀 **석**	釈
船	배 **선**	舩
禪	선 **선**	禅
攝	다스릴·잡을 **섭**	摂
聲	소리 **성**	声
歲	해 **세**	岁, 崴
燒	사를 **소**	焼
屬	붙일 **속**	属
續	이을 **속**	続
壽	목숨 **수**	寿
收	거둘 **수**	収

數 셈 수: ········· 数	硏 갈 연 ········· 研	雜 섞일 잡 ········· 雑
獸 짐승 수 ········· 獣	鉛 납 연 ········· 鉛	壯 장할 장: ········· 壮
隨 따를 수 ········· 随	鹽 소금 염 ········· 塩	將 장수 장(:) ········· 将
帥 장수 수 ········· 帥	榮 영화 영 ········· 栄	莊 씩씩할 장 ········· 荘
搜 찾을 수 ········· 捜	營 경영할 영 ········· 営	裝 꾸밀 장 ········· 装
肅 엄숙할 숙 ········· 甫, 粛	藝 재주 예: ········· 芸, 藝	獎 장려할 장(:) ········· 奨, 獎
濕 젖을 습 ········· 湿	譽 기릴·명예 예: ········· 誉	臟 오장 장 ········· 臓
乘 탈 승 ········· 乗	豫 미리 예: ········· 予	藏 감출 장 ········· 蔵
實 열매 실 ········· 実	溫 따뜻할 온 ········· 温	哉 어조사 재 ········· 哉
雙 두·쌍 쌍 ········· 双	謠 노래 요 ········· 謡	爭 다툴 쟁 ········· 争
亞 버금 아(:) ········· 亜	遙 멀 요 ········· 遥	傳 전할 전 ········· 伝
兒 아이 아 ········· 児	搖 흔들 요 ········· 揺	戰 싸움 전: ········· 战, 戦
惡 악할 악/미워할 오 ········· 悪	員 인원 원 ········· 貟	轉 구를 전: ········· 転
巖 바위 암 ········· 岩	遠 멀 원: ········· 遠	錢 돈 전: ········· 銭
壓 누를 압 ········· 圧	僞 거짓 위 ········· 偽	竊 훔칠 절 ········· 窃
藥 약 약 ········· 薬	圍 에워쌀 위 ········· 囲	節 마디 절 ········· 節
壤 흙덩이 양: ········· 壌	爲 하·할 위(:) ········· 為	點 점 점(:) ········· 点, 奌
讓 사양할 양 ········· 譲	隱 숨을 은 ········· 隠, 隐	定 정할 정: ········· 㝎
嚴 엄할 엄 ········· 厳	應 응할 응: ········· 応	靜 고요할 정 ········· 静
與 더불·줄 여: ········· 与	宜 마땅 의 ········· 宜	淨 깨끗할 정 ········· 浄
餘 남을 여 ········· 余	醫 의원 의 ········· 医	濟 건널 제: ········· 済
譯 번역할 역 ········· 訳	者 놈 자 ········· 者	齊 가지런할 제 ········· 斉
驛 역 역 ········· 駅	殘 남을 잔 ········· 残	條 가지 조 ········· 条

繁體	訓音	簡體
卒	마칠 졸	卆
從	좇을 종(:)	从, 従
縱	세로 종	縦
晝	낮 주	昼
鑄	쇠불릴 주	鋳
準	준할 준	准
卽	곧 즉	即
增	더할 증	増
曾	일찍 증	曽
蒸	찔 증	蒸
證	증거 증	証
遲	더딜·늦을 지	遅
珍	보배 진	珎
盡	다할 진:	尽
質	바탕 질	貭
徵	부를 징	徴
贊	도울 찬:	賛
讚	기릴 찬:	讃
參	참여할 참/석 삼	参
慘	참혹할 참	惨
處	곳 처:	処
淺	얕을 천:	浅
賤	천할 천:	賎
踐	밟을 천:	践
遷	옮길 천:	迁
鐵	쇠 철	鉄
廳	관청 청	庁
聽	들을 청	聴
體	몸 체	体
遞	갈릴 체	逓
觸	닿을 촉	触
總	다 총:	總, 総
聰	귀밝을 총	聡, 聪
蟲	벌레 충	虫
醉	취할 취:	酔
齒	이 치	歯
稱	일컬을 칭	称
墮	떨어질 타:	堕
彈	탄알 탄:	弾
擇	가릴 택	択
澤	못 택	沢
兔	토끼 토	兎
廢	폐할·버릴 폐:	廃
學	배울 학	学
鄕	시골 향	郷
虛	빌 허	虚
獻	드릴 헌:	献
險	험할 험:	険
驗	시험 험:	験
縣	고을 현:	県
賢	어질 현	賢
顯	나타날 현:	顕
螢	반딧불 형	蛍
惠	은혜 혜:	恵
號	이름 호(:)	号
畫	그림 화:/그을 획	画
擴	넓힐 확	拡
歡	기쁠 환	欢, 歓
會	모일 회:	会
懷	품을 회	懐
曉	새벽 효	暁
效	본받을 효	効
黑	검을 흑	黒
興	일 흥(:)	兴
戲	놀이 희	戯, 戲

■ 사단법인 한국어문회 321

수험번호 □□□-□□-□□□□   성명 □□□□
생년월일 □□□□□□   ※ 주민등록번호 앞 6자리 숫자를 기입하십시오.   ※ 성명은 한글로 작성
※ 필기구는 검정색 볼펜만 가능

※ 답안지는 컴퓨터로 처리되므로 구기거나 더럽히지 마시고, 정답 칸 안에만 쓰십시오.
  글씨가 채점란으로 들어오면 오답처리가 됩니다.

모의 전국한자능력검정시험 3급 II 답안지(1) (시험시간: 60분)

번호	정답	1검	2검	번호	정답	1검	2검	번호	정답	1검	2검
1				24				47			
2				25				48			
3				26				49			
4				27				50			
5				28				51			
6				29				52			
7				30				53			
8				31				54			
9				32				55			
10				33				56			
11				34				57			
12				35				58			
13				36				59			
14				37				60			
15				38				61			
16				39				62			
17				40				63			
18				41				64			
19				42				65			
20				43				66			
21				44				67			
22				45				68			
23				46				69			

감독위원	채점위원(1)		채점위원(2)		채점위원(3)	
(서명)	(득점)	(서명)	(득점)	(서명)	(득점)	(서명)

※ 뒷면으로 이어짐

모의 전국한자능력검정시험 3급 II 답안지(2)

번호	정답	번호	정답	번호	정답
70		97		124	
71		98		125	
72		99		126	
73		100		127	
74		101		128	
75		102		129	
76		103		130	
77		104		131	
78		105		132	
79		106		133	
80		107		134	
81		108		135	
82		109		136	
83		110		137	
84		111		138	
85		112		139	
86		113		140	
87		114		141	
88		115		142	
89		116		143	
90		117		144	
91		118		145	
92		119		146	
93		120		147	
94		121		148	
95		122		149	
96		123		150	

모의 전국한자능력검정시험 3급 답안지(1) (시험시간: 60분)

번호	정답	번호	정답	번호	정답
1		24		47	
2		25		48	
3		26		49	
4		27		50	
5		28		51	
6		29		52	
7		30		53	
8		31		54	
9		32		55	
10		33		56	
11		34		57	
12		35		58	
13		36		59	
14		37		60	
15		38		61	
16		39		62	
17		40		63	
18		41		64	
19		42		65	
20		43		66	
21		44		67	
22		45		68	
23		46		69	

※ 뒷면으로 이어짐

모의 전국한자능력검정시험 3급 답안지(2)

번호	정답	1검	2검	번호	정답	1검	2검	번호	정답	1검	2검
70				97				124			
71				98				125			
72				99				126			
73				100				127			
74				101				128			
75				102				129			
76				103				130			
77				104				131			
78				105				132			
79				106				133			
80				107				134			
81				108				135			
82				109				136			
83				110				137			
84				111				138			
85				112				139			
86				113				140			
87				114				141			
88				115				142			
89				116				143			
90				117				144			
91				118				145			
92				119				146			
93				120				147			
94				121				148			
95				122				149			
96				123				150			

■ 사단법인 한국어문회　　　　　　　　　　　　　　　　　　　　　　301

수험번호 □□□-□□-□□□□　　　　성명 □□□□

생년월일 □□□□□□　※ 주민등록번호 앞 6자리 숫자를 기입하십시오.
　　　　　　　　　　　　　　　　　　　　　※ 성명은 한글로 작성
　　　　　　　　　　　　　　　　　　　　　※ 필기구는 검정색 볼펜만 가능

※ 답안지는 컴퓨터로 처리되므로 구기거나 더럽히지 마시고, 정답 칸 안에만 쓰십시오.
　글씨가 채점란으로 들어오면 오답처리가 됩니다.

모의 전국한자능력검정시험 3급 답안지(1)　(시험시간: 60분)

번호	답안란 정답	채점란 1검	채점란 2검	번호	답안란 정답	채점란 1검	채점란 2검	번호	답안란 정답	채점란 1검	채점란 2검
1				24				47			
2				25				48			
3				26				49			
4				27				50			
5				28				51			
6				29				52			
7				30				53			
8				31				54			
9				32				55			
10				33				56			
11				34				57			
12				35				58			
13				36				59			
14				37				60			
15				38				61			
16				39				62			
17				40				63			
18				41				64			
19				42				65			
20				43				66			
21				44				67			
22				45				68			
23				46				69			

감독위원	채점위원(1)		채점위원(2)		채점위원(3)	
(서명)	(득점)	(서명)	(득점)	(서명)	(득점)	(서명)

※ 뒷면으로 이어짐

모의 전국한자능력검정시험 3급 답안지(2)

번호	정답	번호	정답	번호	정답
70		97		124	
71		98		125	
72		99		126	
73		100		127	
74		101		128	
75		102		129	
76		103		130	
77		104		131	
78		105		132	
79		106		133	
80		107		134	
81		108		135	
82		109		136	
83		110		137	
84		111		138	
85		112		139	
86		113		140	
87		114		141	
88		115		142	
89		116		143	
90		117		144	
91		118		145	
92		119		146	
93		120		147	
94		121		148	
95		122		149	
96		123		150	